Organização Administrativa

O GEN | Grupo Editorial Nacional – maior plataforma editorial brasileira no segmento científico, técnico e profissional – publica conteúdos nas áreas de concursos, ciências jurídicas, humanas, exatas, da saúde e sociais aplicadas, além de prover serviços direcionados à educação continuada.

As editoras que integram o GEN, das mais respeitadas no mercado editorial, construíram catálogos inigualáveis, com obras decisivas para a formação acadêmica e o aperfeiçoamento de várias gerações de profissionais e estudantes, tendo se tornado sinônimo de qualidade e seriedade.

A missão do GEN e dos núcleos de conteúdo que o compõem é prover a melhor informação científica e distribuí-la de maneira flexível e conveniente, a preços justos, gerando benefícios e servindo a autores, docentes, livreiros, funcionários, colaboradores e acionistas.

Nosso comportamento ético incondicional e nossa responsabilidade social e ambiental são reforçados pela natureza educacional de nossa atividade e dão sustentabilidade ao crescimento contínuo e à rentabilidade do grupo.

Rafael Carvalho Rezende Oliveira

Organização Administrativa

4ª edição | revista e atualizada

- A EDITORA FORENSE se responsabiliza pelos vícios do produto no que concerne à sua edição (impressão e apresentação a fim de possibilitar ao consumidor bem manuseá-lo e lê-lo). Nem a editora nem o autor assumem qualquer responsabilidade por eventuais danos ou perdas a pessoa ou bens, decorrentes do uso da presente obra.

  Todos os direitos reservados. Nos termos da Lei que resguarda os direitos autorais, é proibida a reprodução total ou parcial de qualquer forma ou por qualquer meio, eletrônico ou mecânico, inclusive através de processos xerográficos, fotocópia e gravação, sem permissão por escrito do autor e do editor.

  Impresso no Brasil – *Printed in Brazil*

- Direitos exclusivos para o Brasil na língua portuguesa
  Copyright © 2018 by
  EDITORA FORENSE LTDA.
  Uma editora integrante do GEN | Grupo Editorial Nacional
  Rua Conselheiro Nébias, 1384 – Campos Elíseos – 01203-904 – São Paulo – SP
  Tel.: (11) 5080-0770 / (21) 3543-0770
  faleconosco@grupogen.com.br / www.grupogen.com.br

- O titular cuja obra seja fraudulentamente reproduzida, divulgada ou de qualquer forma utilizada poderá requerer a apreensão dos exemplares reproduzidos ou a suspensão da divulgação, sem prejuízo da indenização cabível (art. 102 da Lei n. 9.610, de 19.02.1998). Quem vender, expuser à venda, ocultar, adquirir, distribuir, tiver em depósito ou utilizar obra ou fonograma reproduzidos com fraude, com a finalidade de vender, obter ganho, vantagem, proveito, lucro direto ou indireto, para si ou para outrem, será solidariamente responsável com o contrafator, nos termos dos artigos precedentes, respondendo como contrafatores o importador e o distribuidor em caso de reprodução no exterior (art. 104 da Lei n. 9.610/98).

- Capa: Danilo Oliveira

- Fechamento desta edição: 02.05.2018

- **CIP – BRASIL. CATALOGAÇÃO NA FONTE.**
  SINDICATO NACIONAL DOS EDITORES DE LIVROS, RJ.

  O51o
  Oliveira, Rafael Carvalho Rezende

  Organização administrativa / Rafael Carvalho Rezende Oliveira. – 4. ed., rev. e atual. – Rio de Janeiro: Forense; São Paulo: MÉTODO, 2018.

  Inclui bibliografia
  ISBN 978-85-309-8118-1

  1. Direito administrativo - Brasil. I. Título.

  18-49432
  CDU: 342.9

  Leandra Felix da Cruz - Bibliotecária - CRB-7/6135

A verdade, se ela existe,
Ver-se-á que só consiste
Na procura da verdade,
Porque a vida é só metade.

Fernando Pessoa

Para meus pais, Celso Rezende Oliveira e
Cleonice Carvalho Rezende Oliveira,
meus grandes amigos.

Para minha mulher, Alessandra Bordeaux,
minha alma gêmea.

Para Lucca Bordeaux Oliveira
e Isabela Bordeaux Oliveira,
amores da minha vida.

Para Renata Oliveira e Karina Oliveira,
irmã e sobrinha amadas.

AGRADECIMENTOS

A presente obra não seria possível sem o apoio de pessoas especiais que tiveram paciência com as minhas angústias durante o período de pesquisa e de elaboração deste livro.

Certamente, o longo caminho percorrido até sua publicação foi suavizado pela presença dos familiares, amigos e alunos.

Agradeço aos meus pais, Celso Rezende Oliveira e Cleonice Carvalho Rezende Oliveira (Dúria), por todas as lições diárias de vida.

À Alessandra Bordeaux, simplesmente por ser a mulher da minha vida e por me ensinar o verdadeiro significado do amor incondicional.

Aos meus filhos, Lucca Bordeaux Oliveira e Isabela Bordeaux Oliveira, motivos da minha felicidade plena, que me encantam diariamente e me enchem de amor.

Ao saudoso e eterno amigo, professor Dr. Marcos Juruena Villela Souto, profissional que inspirou os estudiosos do Direito Administrativo, cujo legado jamais será esquecido.

Ao professor Dr. Marcos Juruena Villela Souto, profissional que inspira a todos que estudam o Direito Administrativo, além de ser um dileto amigo.

Da mesma forma, externo a minha gratidão aos amigos do curso Forum, Marcos Paulo Dutra Santos, Carlos Motta Vinha, Sheila Bierrenbach, Bruno Zampier, Pedro Barrêtto e Gabriel Habib.

Aos meus alunos do curso Forum, da Escola da Magistratura do Estado do Rio de Janeiro (Emerj) e dos cursos de pós-graduação da Fundação Getulio Vargas (FGV), da Pontifícia Universidade Católica do Rio de Janeiro (PUC-RJ) e da Universidade Candido Mendes (Ucam), a minha eterna gratidão. A troca de experiências extraídas da sala de aula tem sido fundamental na minha evolução acadêmica.

Sou grato, ainda, à Procuradoria-Geral do Município do Rio de Janeiro, cuja reputação inabalável advém da qualidade e da dedicação de meus colegas Procuradores no controle da legalidade e da legitimidade dos atos municipais.

Ao meu irmão de coração, Dr. Gustavo da Rocha Schmidt, por ser um amigo sempre presente.

Por fim, minha eterna gratidão a Deus por estar sempre comigo.

Rafael Oliveira

NOTA À 4.ª EDIÇÃO

A quarta edição do livro *Administração Pública, Concessões e Terceiro Setor*, agora com o novo título *Organização administrativa*, representa o amadurecimento da obra e a sua definitiva consagração no cenário jurídico, o que somente foi possível em razão do carinho dos leitores.

As principais novidades desta edição podem ser assim resumidas:

a) inclusão de novos tópicos: a.1) agências reguladoras: "Regulação por incentivos ou por "empurrões" (*nudge*)"; a.2) empresas estatais: "Conceito e estatuto jurídico (Lei 13.303/2016)"; a.3) empresas estatais: "Regime societário"; a.4) empresas estatais: "Licitação nas empresas estatais (Lei 13.303/2016)"; a.5) empresas estatais: "Contratos das empresas estatais"; ; a.6) empresas estatais: "Mecanismos de resolução de conflitos administrativos: negociação, mediação, arbitragem e os *dispute boards* nos contratos das estatais"; a.7) serviços públicos: "Lei de participação, proteção e defesa dos direitos do usuário dos serviços públicos (Lei de Defesa do Usuário do Serviço Público)"; a.8) concessão comum de serviços públicos: "Projeto básico, projeto executivo e Procedimento de Manifestação de Interesse (PMI): elaboração por entidades privadas e participação na licitação para contratação de concessão comum de serviços públicos"; a.9) concessão comum de serviços públicos: "Alteração contratual"; a.10) concessão especial de serviços públicos: Parcerias Público-Privadas (PPPs): "Projeto básico, projeto executivo e Procedimento de Manifestação de Interesse (PMI): elaboração por entidades privadas e participação na licitação para contratação de concessão especial de serviços públicos (PPPs)"; a.11) Terceiro Setor: "Organizações da Sociedade Civil (OSC)";

b) atualização legislativa: b.1) Lei 13.303/2016: dispõe sobre o estatuto jurídico da empresa pública, da sociedade de economia mista e de suas subsidiárias, no âmbito da União, dos Estados, do Distrito Federal e dos Municípios (Lei das Estatais); b.2) Lei 13.360/2016: alterou a Lei 9.074/1995, que estabelece normas para outorga e prorrogações das concessões e permissões de serviços públicos; b.3) Lei 13.460/2017: dispõe sobre participação, proteção e defesa dos direitos do usuário dos serviços públicos da Administração Pública (Lei de Defesa do Usuário do Serviço Público); b.4) Lei 13.529/2017: alterou a Lei 11.079/2004, que dispõe sobre Parcerias Público-Privadas (PPPs);

b.5) Portaria Interministerial 424/2016: estabelece normas para execução do estabelecido no Decreto nº 6.170, de 25 de julho de 2007, que dispõe sobre as normas relativas às transferências de recursos da União mediante convênios e contratos de repasse, revoga a Portaria Interministerial nº 507/MP/MF/CGU, de 24 de novembro de 2011, e dá outras providências;

c) inclusão de novas decisões e orientações do STF, STJ, TCU e Procuradorias;

d) disponibilização na forma *on-line*, no *site* do GEN, do apêndice com a apresentação do texto, com os comentários ao anteprojeto de lei orgânica da Administração Pública, entidades paraestatais e entidades de colaboração.

Boa leitura!

Março de 2018
Rafael Oliveira

PREFÁCIO

O Professor Rafael Oliveira é dos grandes talentos revelados pelo Direito Administrativo do século XXI.

Sua obra, enfrentando o tema *Organização Administrativa*, discorre, com absoluta didática e com a habitual clareza e objetividade, sobre os novos temas e polêmicas que interferem no cotidiano da organização das atividades administrativas.

O autor percorre as principais transformações do Estado, desde o modelo liberal, passando pelo Estado social, o advento do Estado Democrático de Direito, até justificar a figura do Estado subsidiário, já à luz de um Direito Administrativo constitucionalizado. Nesse passo, cuidou não só da constitucionalização no plano nacional, mas, também, no plano comunitário, explicando os impactos do Direito comunitário europeu na mudança de conceitos clássicos do Direito Administrativo.

São explicados os principais conceitos que envolvem a organização e as funções administrativas, até chegar, à luz da subsidiariedade, à busca das parcerias com o setor privado para o desenvolvimento das atividades que cabem à Administração Pública, em prol do cidadão – o centro das atenções neste novo momento histórico.

Ali o trabalho assume o seu compromisso mais importante, de contextualizar os novos institutos pós-reforma do Estado, com a doutrina e os instrumentos clássicos do Direito Administrativo.

Sem a pretensão de construir um novo Direito ou de negar as premissas já consolidadas desde o reconhecimento de uma tripartição de funções do Estado, a obra sistematiza as parcerias econômicas e sociais sem perder de vista os fundamentos, demonstrando sua compatibilidade com o ordenamento jurídico vigente.

É aí que se destaca a genialidade da obra: ser simples para enfrentar o novo, sem destruir o velho; ter o compromisso de alcançar o leitor, e não forçá-lo a abrir dicionários e fazer leituras prévias para tentar alcançar uma pseudoerudição, nem sempre necessária para se fazer compreender. É nesses detalhes que se revela um grande professor, que busca estar próximo do aluno em vez de pretender se mostrar um exemplo inatingível de perfeição e conhecimento; ser simples, claro e direto é uma arte, e isso se percebe com facilidade na leitura desta obra, que nem por isso deixa de percorrer tudo o que se passou no Direito público na virada do século.

Claro que tais méritos não surpreendem este prefaciador. Em sala de aula, quando ainda buscava sua titulação de Mestre, o autor já debatia temas profundos e novos sem jamais perder a modéstia. Embora aluno, já era um reconhecido professor de Direito Administrativo, admirado por seus alunos, além de ser um dedicado Procurador do Município do Rio de Janeiro. Nem toda essa notoriedade lhe retirou a simplicidade no agir, no falar, no escrever e no trato com os colegas, alunos e amigos.

Basta ver que, na sua extensa e bem selecionada bibliografia, cita tanto juristas mundialmente consagrados como jovens desbravadores de novos temas publicando seus primeiros artigos; isso mostra que, sem perder a preocupação em demonstrar que conhece os clássicos, também aceita os riscos de citar os autores menos conhecidos, mas que se afinam com o seu pensamento. Um exemplo de honestidade intelectual.

Enfim, trata-se de uma obra agradável, tanto quanto o convívio com o autor, que de meu aluno, o que muito me honrou, hoje é meu colega de Advocacia Pública e de magistério na Pós-Graduação da Universidade Candido Mendes e da Fundação Getulio Vargas, onde continua fazendo sucesso, sendo atencioso e solícito com todos e se dispondo a enfrentar os mais variados e complexos temas que tais cursos de especialização exigem de um professor.

É claro que muitas palavras mais poderiam ser ditas para elogiar a obra e seu autor; no entanto, como amigo e colega, isso poderia ser visto com suspeição pelo leitor; o exame da obra demonstrará e confirmará todos os méritos aqui destacados e reafirmados. Alongar mais este texto, com comentários doutrinários do prefaciador, só tomaria o tempo do leitor em consultar diretamente a obra; afinal, o papel de um prefácio deve ser apenas o de apresentar a obra e seu autor, e não o de discorrer longamente sobre o tema, como se pretendesse disputar espaço com o autor. Mesmo que este prefaciador tivesse a capacidade de discorrer sobre tão vasto tema num curto espaço, seria um esforço inútil, pois a clareza dos ensinamentos adiante apresentados por Rafael Oliveira deixam evidente que desponta um dos grandes talentos do Direito Público, sendo uma honra poder apresentar esta sua segunda obra. Aliás, como já me disse meu Mestre Diogo de Figueiredo Moreira Neto, a segunda obra é ainda mais importante que a primeira, pois demonstra a consagração e o amadurecimento do autor.

Parabéns, pois, a Rafael Oliveira por esse passo. Obrigado, em nome dos seus alunos, leitores, colegas e amigos, por nos brindar com esse magnífico esforço de explicar, com simplicidade, as mudanças do Direito Público; obrigado, pessoalmente, pela honra da oportunidade em fazer esta apresentação.

Marcos Juruena Villela Souto

SUMÁRIO

ABREVIATURAS.. XXIII

INTRODUÇÃO.. 1

Primeira Parte

A ORGANIZAÇÃO ADMINISTRATIVA E
O ESTADO DEMOCRÁTICO DE DIREITO

Capítulo I – AS TRANSFORMAÇÕES DO ESTADO E A ORGANI-
ZAÇÃO ADMINISTRATIVA MODERNA...................................... 7

1.1. Estado Liberal, Estado Social e o Estado Democrático de
Direito: a eclosão do Estado Subsidiário..................................... 7

1.2. Direito administrativo comunitário e a organização adminis-
trativa... 14

1.3. A constitucionalização do Direito Administrativo: da Administração unitária e imperativa à Administração policêntrica
e consensual... 17

1.4. "A fuga para o Direito privado" e as parcerias entre o poder
público e os particulares: a pluralidade de regimes jurídi-
cos.. 21

1.5. Federação e o princípio da separação de poderes: o exercício
da função administrativa.. 24

1.6. As atividades administrativas e os direitos fundamentais........ 28

1.7. Desconcentração e descentralização administrativa.................. 30

1.8. A organização administrativa em setores: Primeiro Setor:
Estado; Segundo Setor: Mercado; e Terceiro Setor: Sociedade
civil.. 33

Segunda Parte (Primeiro Setor)
ADMINISTRAÇÃO PÚBLICA DIRETA E INDIRETA

Capítulo II – ADMINISTRAÇÃO PÚBLICA 39
2.1. Administração Pública e seus sentidos: subjetivo e objetivo .. 39
2.2. Administração Pública e Governo 40
2.3. A distinção entre Administração Pública Direta e Indireta.... 41

Capítulo III – ÓRGÃOS PÚBLICOS 43
3.1. Conceito e a teoria do órgão público 43
3.2. Criação e extinção 45
3.3. Capacidade processual ou judiciária excepcional 46
3.4. Capacidade contratual e o contrato de gestão 49
3.5. Classificações 51

Capítulo IV – ADMINISTRAÇÃO PÚBLICA INDIRETA 55
4.1. Entidades da Administração Pública Indireta 55
4.2. Características comuns das entidades administrativas 57
    4.2.1. Reserva legal 57
    4.2.2. Controle ou vinculação 58

Capítulo V – AUTARQUIAS 61
5.1. Conceito 61
5.2. Criação 61
5.3. Objeto: atividade típica de Estado 62
5.4. Regime de pessoal 62
5.5. Patrimônio: natureza dos bens 64
5.6. Atos e contratos 66
5.7. Foro processual 67
5.8. Responsabilidade civil 67
5.9. Prerrogativas especiais 69
5.10. Classificações 70
5.11. Agências executivas e agências reguladoras 72
5.12. Associação pública 74

Capítulo VI – AGÊNCIAS REGULADORAS 75
6.1. Origem e evolução das agências reguladoras nos Estados Unidos 75

6.1.1. *New Deal* e o *boom* das agências reguladoras 77

6.1.2. Críticas e desconfianças em relação às agências reguladoras: reforço dos controles judicial, presidencial e parlamentar 78

6.1.3. O poder normativo das agências reguladoras americanas: o *rulemaking* 80

6.1.4. Modalidades de agências administrativas americanas. 81

6.1.5. Lei do Procedimento Administrativo Federal de 1946 (*Federal Administrative Procedure Act* – APA): regulamentos (*rules*) e atos administrativos (*orders*) 82

6.2. Origem e fontes normativas das agências reguladoras no Brasil 86

6.3. Atividade regulatória: sentido 89

6.4. Evolução da regulação e o papel do Estado Regulador 94

6.5. Modalidades de agências reguladoras 97

6.6. Regime jurídico especial 99

6.6.1. Poder normativo e deslegalização 100

6.6.1.1. Lei e superveniência de ato regulatório: revogação diferida 110

6.6.1.2. Atos regulatórios *x* atos regulamentares 113

6.7. Autonomia administrativa 115

6.7.1. Estabilidade reforçada dos dirigentes 115

6.7.2. Impossibilidade de recurso hierárquico impróprio 117

6.8. Autonomia financeira e as taxas regulatórias 120

6.9. Análise de Impacto Regulatório (AIR) 121

6.10. Regulação e promoção da concorrência 127

6.10.1. Liberdade de entrada 127

6.10.2. Liberdade relativa de preços 128

6.10.3. Fragmentação do serviço público (*unbundling*) 129

6.10.4. Compartilhamento compulsório das redes e infraestruturas (*essential facilities doctrine*) 130

6.10.5. Controle da concorrência nos setores regulados: CADE *x* agências reguladoras 132

6.11. Controle de preços 134

6.12. Regulação por incentivos ou por "empurrões" (*nudge*) 135

6.13. Acordos decisórios ou substitutivos na regulação 137

6.14. O risco da teoria da captura e a legitimidade das agências reguladoras 139

Capítulo VII – EMPRESAS ESTATAIS: EMPRESAS PÚBLICAS E SOCIEDADES DE ECONOMIA MISTA 145

7.1. Conceito e estatuto jurídico (Lei 13.303/2016) 145

7.2. Diferenças entre empresas públicas e sociedades de economia mista 149

    7.2.1. Composição 150

    7.2.2. Forma societária 151

    7.2.3. Foro competente para julgamento dos litígios 152

7.3. Criação 152

7.4. Objeto: serviços públicos e atividades econômicas 153

7.5. Regime societário 157

7.6. Regime de pessoal 163

7.7. Patrimônio: natureza dos bens 164

    7.7.1. Penhora 166

    7.7.2. Usucapião 168

7.8. Atos, licitação e contratos 169

    7.8.1. Licitação nas empresas estatais (Lei 13.303/2016) 170

    7.8.2. Contratos das empresas estatais 185

    7.8.3. Mecanismos de resolução de conflitos administrativos: negociação, mediação, arbitragem e os *dispute boards* nos contratos das estatais 189

7.9. Responsabilidade civil 192

7.10. Controle do Tribunal de Contas 193

7.11. Imunidade tributária 196

7.12. Falência 197

Capítulo VIII – FUNDAÇÕES ESTATAIS 199

8.1. Natureza jurídica: fundações estatais de Direito público e fundações estatais de Direito privado 199

8.2. Conceito 200

8.3. Criação 201

8.4. Objeto: atividades sociais 202

8.5. Regime de pessoal 204

8.6. Patrimônio: natureza dos bens 204

8.7. Atos e contratos 204

8.8. Foro processual 205

8.9. Responsabilidade civil 205

| 8.10. | Prerrogativas especiais | 205 |
| 8.11. | Controle | 206 |

Capítulo IX – CONSÓRCIOS PÚBLICOS 207

9.1.	Introdução	207
9.2.	Os consórcios públicos antes da Lei n.º 11.107/2005	209
9.3.	Os consórcios públicos após a Lei n.º 11.107/2005 e suas "novidades"	212
	9.3.1. Contratualização do consórcio	212
	9.3.2. Partícipes	213
	9.3.3. Personalidade jurídica	213
	9.3.4. Necessidade de autorização legislativa	213
9.4.	Discussão sobre a constitucionalidade da Lei n.º 11.107/2005 – competência legislativa da União para legislar sobre normas gerais?	214
9.5.	O procedimento legal para formalização do consórcio	217
	9.5.1. Protocolo de intenções	218
	9.5.2. Autorização legislativa	219
	9.5.3. Contrato de consórcio	219
	9.5.4. Personificação do consórcio	219
	9.5.5. Contrato de rateio	220
	9.5.6. Contrato de programa	221
9.6.	Consórcio público de Direito público: associação pública	222
	9.6.1. Natureza jurídica: autarquia interfederativa	222
	9.6.2. Criação	226
	9.6.3. Objeto	227
	9.6.4. Regime de pessoal	227
	9.6.5. Patrimônio	228
	9.6.6. Atos e contratos	229
	9.6.7. Foro processual	229
	9.6.8. Responsabilidade civil	231
	9.6.9. Controle do Tribunal de Contas	231
9.7.	Consórcio público de Direito privado	232
	9.7.1. Natureza jurídica: fundação estatal de Direito privado interfederativa	233
	9.7.2. Criação	234
	9.7.3. Objeto	234

9.7.4.	Regime de pessoal	234
9.7.5.	Patrimônio	235
9.7.6.	Atos e contratos	235
9.7.7.	Foro processual	235
9.7.8.	Responsabilidade civil	236
9.7.9.	Controle do Tribunal de Contas	236

9.8. Alterações legislativas promovidas pela Lei dos Consórcios Públicos 236

    9.8.1. Licitação (Lei n.º 8.666/1993) 236

        9.8.1.1. Valores diferenciados para escolha da modalidade de licitação (art. 23, § 8.º, da Lei n.º 8.666/1993) 236

        9.8.1.2. Nova hipótese de dispensa de licitação (art. 24, XXVI, da Lei n.º 8.666/1993) 237

        9.8.1.3. Valores diferenciados para dispensa de licitação (art. 24, § 1.º, da Lei n.º 8.666/1993) 238

        9.8.1.4. Licitação compartilhada (art. 112 da Lei n.º 8.666/1993) 240

    9.8.2. Improbidade administrativa (Lei n.º 8.429/1992) 241

Terceira Parte (Segundo Setor)
CONCESSIONÁRIOS DE SERVIÇOS PÚBLICOS

Capítulo X – SERVIÇOS PÚBLICOS 245

10.1. A expressão "serviço público" e sua evolução 245

    10.1.1. O serviço público na França: origem do instituto 245

    10.1.2. As *public utilities* e o sistema da *common law* 248

    10.1.3. Os "serviços de interesse econômico geral" ou "serviços universais" na União Europeia 249

    10.1.4. A crise permanente do serviço público e suas tendências 250

    10.1.5. O serviço público no Direito brasileiro 251

10.2. Criação do serviço público (*publicatio*) 254

10.3. Princípios 255

    10.3.1. Princípio da continuidade 256

    10.3.2. Princípio da igualdade ou uniformidade ou neutralidade 259

10.3.3. Princípio da mutabilidade ou atualidade 260

10.3.4. Princípio da generalidade ou universalidade 261

10.3.5. Princípio da modicidade 261

10.4. Classificação... 262

10.4.1. *Uti universi* e *uti singuli* 262

10.4.2. Federais, estaduais, distritais, municipais e comuns.... 265

10.4.3. Administrativos, comerciais (ou industriais) e sociais 266

10.4.4. Essenciais e não essenciais... 267

10.4.5. Próprios e impróprios (virtuais)..................................... 268

10.4.6. Inerentes e por opção legislativa 269

10.5 Lei de participação, proteção e defesa dos direitos do usuário dos serviços públicos (Lei de Defesa do Usuário do Serviço Público) 269

10.6. Modalidades de execução: direta e indireta............................ 274

Capítulo XI – CONCESSÃO COMUM DE SERVIÇOS PÚBLICOS 275

11.1. Conceito, fontes normativas e modalidades............................ 275

11.2. Concessão de serviço público e autorização legislativa: controvérsias 277

11.3. Concessão *x* permissão de serviço público............................. 279

11.4. Remuneração do concessionário: tarifa e receitas alternativas... 284

11.5. Licitação: peculiaridades 286

11.5.1. Projeto básico, projeto executivo e Procedimento de Manifestação de Interesse (PMI): elaboração por entidades privadas e participação na licitação para contratação de concessão comum de serviços públicos................... 286

11.5.2. Modalidades de licitação... 289

11.5.3. Tipos de licitação... 289

11.5.4. Contratação direta: dispensa e inexigibilidade............. 290

11.6. Contrato de concessão comum: peculiaridades 291

11.6.1. Cláusulas essenciais.. 292

11.6.2. Prazo 293

11.6.3. Prorrogação 294

11.6.4. Subcontratação, subconcessão e transferência da concessão ou do controle acionário 295

11.6.5. Alteração contratual.. 297

11.7. Encargos do poder concedente e da concessionária 298

11.8. Direitos e obrigações dos usuários 300

11.9. Serviço público e o CDC 301

11.10. Interrupção do serviço público por inadimplemento do usuário 308

11.11. Gratuidade do serviço público e o contrato de concessão: limites e possibilidades 312

11.12. Extinção da concessão 318

11.13. Inaplicabilidade da *exceptio non adimpleti contractus* 320

11.14. Arbitragem 322

11.15. Reversão dos bens 325

11.16. Responsabilidade civil 325

11.17. Autorização de serviço público: polêmicas 330

Capítulo XII – CONCESSÃO ESPECIAL DE SERVIÇOS PÚBLICOS: AS PARCERIAS PÚBLICO-PRIVADAS (PPPs) 335

12.1. Origem e justificativas para implementação das PPPs 335

12.2. Competência legislativa 337

12.3. PPPs: sentidos amplo e restrito da expressão 339

12.4. Modalidades de PPPs (PPP patrocinada e PPP administrativa) e suas diferenças 340

    12.4.1. Remuneração 341

    12.4.2. Objeto do contrato 342

12.5. Quadro comparativo (PPP patrocinada x PPP administrativa), exemplos e a questão relativa à indelegabilidade do poder de polícia 344

12.6. Concessões comuns e PPPs: diferenças 347

    12.6.1. Remuneração 348

    12.6.2. Repartição de riscos 350

    12.6.3. Requisitos específicos para as PPPs 352

        12.6.3.1. Valor mínimo do contrato de concessão 352

        12.6.3.2. Prazo contratual 356

        12.6.3.3. Objeto complexo 357

    12.6.4. Quadro comparativo (concessões comuns e PPPs) 358

12.7. O enquadramento jurídico das PPPs 358

12.8. Licitação e contratos de PPPs: peculiaridades........................ 359

12.8.1. Projeto básico, projeto executivo e Procedimento de Manifestação de Interesse (PMI): elaboração por entidades privadas e participação na licitação para contratação de concessão especial de serviços públicos (PPPs)...... 359

12.8.2. Justificativa para formatação da PPP........................... 361

12.8.3. PPP e responsabilidade fiscal..................................... 362

12.8.4. Edital e consulta pública.. 364

12.8.5. Licenciamento ambiental... 365

12.8.6. Necessidade de autorização legislativa em determinados casos... 366

12.8.7. Modalidade de licitação: concorrência, lances de viva voz e inversão de fases 366

12.8.8. Qualificação técnica e tipos de licitação.................... 367

12.8.9. Saneamento de falhas 369

12.8.10. Arbitragem 369

12.9. Sociedade de Propósito Específico (SPE)............................ 370

12.10. Garantias diferenciadas e a constitucionalidade do FGP...... 372

12.11. PPPs e os consórcios públicos....................................... 374

12.12. Responsabilidade civil nas PPPs 376

Quarta Parte (Terceiro Setor)
AS ENTIDADES PÚBLICAS NÃO ESTATAIS

Capítulo XIII – O TERCEIRO SETOR 379

13.1. Fundamentos do Terceiro Setor 379

13.2. Significado da expressão "Terceiro Setor" e suas características gerais 382

13.3. As qualificações jurídicas no Terceiro Setor....................... 383

13.3.1. Serviços sociais autônomos (Sistema S).................... 384

13.3.2. Organizações Sociais (OS) 385

13.3.3. Organizações da Sociedade Civil de Interesse Público (OSCIP)... 388

13.3.4. OS x OSCIP: quadro sinótico 390

13.3.5. Fundações de apoio... 391

13.3.6. Organizações da Sociedade Civil (OSC)................... 393

13.4. Aspectos relevantes e controvertidos no Terceiro Setor.......... 401

13.4.1. Foro processual competente para as causas do Terceiro Setor.. 402

13.4.2. Controle pelo Tribunal de Contas e controle social.... 403

13.4.3. Regime de pessoal 403

13.4.4. Patrimônio 405

13.4.5. Licitação e contratos 406

     13.4.5.1. A necessidade de processo objetivo para celebração do contrato de gestão e do termo de parceria 407

     13.4.5.2. A controvérsia a respeito da necessidade de licitação nas contratações com dinheiro público pelo Terceiro Setor 409

13.4.6. Responsabilidade civil 411

     13.4.6.1. A responsabilidade civil das entidades que integram o Terceiro Setor 412

     13.4.6.2. A responsabilidade civil do Estado em razão dos danos causados por entidades do Terceiro Setor 414

13.4.7. Imunidade tributária 417

Quinta Parte
CONCLUSÕES

Capítulo XIV – CONCLUSÃO E PROPOSIÇÕES FINAIS 423

BIBLIOGRAFIA 425

ABREVIATURAS

ADC: Ação Direta de Constitucionalidade

ADIn: Ação Direta de Inconstitucionalidade

ADPF: Arguição de Descumprimento de Preceito Fundamental

BDA: Boletim de Direito Administrativo

CC: Código Civil

CDC: Código de Defesa do Consumidor

CERJ: Constituição do Estado do Rio de Janeiro

CLT: Consolidação das Leis do Trabalho

CPC: Código de Processo Civil

CRFB: Constituição da República Federativa do Brasil

CTN: Código Tributário Nacional

LINDB: Lei de Introdução às normas do Direito Brasileiro

LRF: Lei de Responsabilidade Fiscal

OS: Organizações Sociais

OSC: Organizações da Sociedade Civil sem fins lucrativos

OSCIP: Organizações da Sociedade Civil de Interesse Público

RDA: Revista de Direito Administrativo

REsp: Recurso Especial

RExt: Recurso Extraordinário

RI: Representação por Inconstitucionalidade

Sistema S: Serviços Sociais Autônomos

STF: Supremo Tribunal Federal

STJ: Superior Tribunal de Justiça

TCU: Tribunal de Contas da União

TJ/RJ: Tribunal de Justiça do Estado do Rio de Janeiro

INTRODUÇÃO

O intuito da presente obra é abordar a organização administrativa, tema fundamental para o estudo do Direito Administrativo, mas que não havia sido objeto de trabalho específico pela doutrina nacional moderna.

A organização do Estado tem se tornado cada vez mais complexa, notadamente pela necessidade de atendimento dos interesses heterogêneos encontrados em uma sociedade pluralista, organizada em rede.[1]

Com a evolução social, surgem novos interesses, que devem ser satisfeitos pelo Estado (finalidade), o que pressupõe, necessariamente, a reformulação e a criação de novos instrumentos administrativos (meios).

Da mesma forma, a sociedade atual, nas palavras do sociólogo alemão Ulrich Beck, pode ser compreendida como uma "sociedade do risco".[2] Em sua visão, a sociedade industrial, caracterizada pela produção e distribuição de bens entre as classes sociais, é substituída pela sociedade de risco, na qual os riscos são globalizados e independem das diferenças sociais, econômicas e geográficas. O desenvolvimento tecnológico não é capaz de prever as consequências que os diversos riscos (ecológicos, econômicos, nucleares etc.) podem acarretar às pessoas e ao meio ambiente.

Por essa razão, a organização administrativa, na atualidade, deve ser repensada e modernizada, pois ela representa o aparato instrumental para que sejam promovidos os fins estatais. A necessidade de diálogo entre as entidades administrativas e entre essas e os particulares demonstra que a organização estatal concentrada e burocratizada não responde aos anseios da atualidade. Não se concebe mais o Estado como uma organização piramidal, fundada exclusivamente na hierarquia.

Do ponto de vista interno, a estrutura estatal deve ser caracterizada por relações de coordenação (e não, necessariamente, subordinação) entre as entidades administrativas e os órgãos públicos, com destaque para os acordos de

---

[1]   Castells, Manuel. *A sociedade em rede*. Rio de Janeiro: Paz e Terra, 1999.

[2]   Segundo Ulrich Beck, a sociedade do risco é uma sociedade de catástrofe e o Estado de exceção ameaça se transformar em um Estado normal. Beck, Ulrich. *La société du risque: sur la voie d'une autre modernité*. Paris: Flammarion, 2008, p. 43.

cooperação, contratos de gestão, entre outros instrumentos, que buscam racionalizar a atuação administrativa com fixação de metas e exigência de resultados.[3]

Por outro lado, na relação com os particulares, é possível perceber uma forte tendência em substituir a administração "autoritária", que impõe a vontade estatal ao cidadão por meio de atos unilaterais, por uma administração "consensual", com legitimidade democrática reforçada, que busca na parceria a legitimidade e a eficiência administrativa.

Outro fator de contribuição para as recentes transformações nas formas de organização estatal é a própria reformulação do papel do Estado, que diminui a sua intervenção direta nas relações econômicas e na prestação de serviços públicos, para reforçar as modalidades de intervenção indireta, por meio da regulação.

Da mesma forma, a velocidade da informação e as constantes transformações tecnológicas, no momento de globalização econômica e jurídica, exigiram, por sua vez, a instituição de entidades administrativas, dotadas de autonomia reforçada, com poderes para editar atos individuais e normativos, com caráter preponderantemente técnico (ex.: agências reguladoras).

É importante destacar, nesse contexto de mudanças, a consagração do princípio da subsidiariedade e a sua implicação na organização administrativa, tendo em vista a crescente valorização (fomento) da sociedade civil na satisfação dos interesses da sociedade. No cenário público não estatal (Terceiro Setor), as entidades privadas, sem fins lucrativos, formalizam vínculos jurídicos com o Estado para atender finalidades públicas, determinadas pelo Estado, mediante o recebimento de determinados benefícios públicos.

As técnicas organizacionais clássicas (desconcentração e descentralização), portanto, têm sofrido mutações importantes para abranger novas formas de gestão de atividades administrativas.

Neste trabalho procuramos abordar, a partir de uma visão simultaneamente analítica e propositiva, as transformações da organização administrativa, com destaque para importantes controvérsias travadas na doutrina e na jurisprudência pátria.

A partir de uma linguagem objetiva e acessível, a obra procura fornecer aos profissionais e aos estudantes do Direito um estudo sistematizado e

---

[3] Nas palavras de Diogo de Figueiredo Moreira Neto: "está no resultado quiçá o paradigma contemporâneo mais significativo, pois, na prática, é através dele que se pode lograr uma efetiva atuação do amplo sistema de controle posto constitucionalmente à disposição da cidadania: o controle administrativo, o controle de contas, o controle político, o controle social, o controle pela imprensa e, na cúpula, o controle jurisdicional". Moreira Neto, Diogo de Figueiredo. *Quatro paradigmas do Direito administrativo pós-moderno: legitimidade, finalidade, eficiência e resultados*. Belo Horizonte: Fórum, 2008, p. 31.

atualizado da Administração Pública, das concessões de serviços públicos e do Terceiro Setor.

Além das referências estrangeiras, foram citadas as principais posições da doutrina nacional e as decisões judiciais (com destaque para os tribunais superiores) sobre as principais polêmicas encontradas neste instigante tema.

O plano de trabalho é dividido em cinco partes.

Na primeira parte (Capítulo I), destacaremos os principais fatores (políticos, filosóficos e jurídicos) de transformação da organização administrativa moderna, propondo, no final, a sua divisão em três setores: Primeiro Setor – Estado; Segundo Setor – Mercado; e Terceiro Setor – Sociedade civil.

Em seguida, a segunda parte do livro (Capítulos II a IX) analisará as principais características e controvérsias da Administração Pública.

Quanto aos órgãos públicos, serão destacados temas relevantes como a questão da capacidade processual e contratual, bem como o estudo do contrato de gestão.

Com relação às entidades da Administração Indireta (autarquias, empresas públicas, sociedades de economia mista e fundações estatais), o trabalho procura sistematizar as controvérsias, a partir de pontos comuns, tais como: forma de instituição, regime de pessoal, patrimônio (natureza dos bens), responsabilidade civil etc.

Foram destacados dois capítulos (VI e IX) para tratar, respectivamente, das agências reguladoras e dos consórcios públicos, tendo em vista a atualidade desses dois temas.

A terceira parte do trabalho (Capítulos X, XI e XII) destina-se ao estudo das concessões de serviços públicos, com especial atenção, em capítulo próprio, para as parcerias público-privadas (PPPs).

O Terceiro Setor foi abordado na quarta parte do livro (Capítulo XIII). Salvo raras exceções, o estudo deste assunto ainda não foi aprofundado no Brasil. O desafio foi apresentar, de maneira sistemática e didática, as principais características das entidades públicas não estatais, com a análise de temas por vezes renegados pela doutrina tradicional.

Por fim, na quinta parte (capítulo XIV), serão apresentadas as palavras finais, em conclusão à obra.

Primeira Parte

A ORGANIZAÇÃO ADMINISTRATIVA E O ESTADO DEMOCRÁTICO DE DIREITO

Capítulo I

AS TRANSFORMAÇÕES DO ESTADO E A ORGANIZAÇÃO ADMINISTRATIVA MODERNA

1.1. ESTADO LIBERAL, ESTADO SOCIAL E O ESTADO DEMOCRÁTICO DE DIREITO: A ECLOSÃO DO ESTADO SUBSIDIÁRIO

O estudo da organização administrativa depende, necessariamente, da compreensão do Estado moderno. Isso porque a forma pela qual o Estado se organiza e se estrutura varia de acordo com a quantidade e a qualidade de atividades que o ordenamento jurídico lhe impõe. Conforme será demonstrado, a evolução do Estado gerou mudanças no papel que deve ser desempenhado pela Administração Pública.

A compreensão da evolução da Administração Pública a partir dos diferentes "tipos históricos" de Estado terá como ponto de partida o Estado de Direito Liberal, ainda que se possa conceber a existência de organizações administrativas antes mesmo da noção do Estado moderno.[1]

O nascimento do Direito Administrativo relaciona-se diretamente com a consagração dos ideais da Revolução Francesa de 1789 e o surgimento do Estado de Direito. A partir da consagração de certos ideais liberais revolucionários da burguesia (separação de poderes, princípio da legalidade e Declaração dos Direitos do Homem e do Cidadão), o poder estatal é limitado e o Direito Administrativo é concebido como ramo especial do Direito, ao lado do Direito Privado, regulador das relações envolvendo o Estado e o exercício das atividades administrativas.

---

[1] Diogo Freitas do Amaral é um dos autores que aborda com proficiência a evolução histórica da Administração Pública nos Estados oriental, grego, romano e medieval, analisando o tema a partir do Estado oriental. Nas palavras do autor: "De facto, a evolução histórica não foi em sentido linear, antes apresenta avanços e retrocessos, e em qualquer caso não começou no século XIX." Amaral, Diogo Freitas do. *Curso de Direito Administrativo*, v. I. 2. ed. Coimbra: Almedina, 2005, p. 52.

As limitações ao poder estatal e a proteção dos cidadãos podem ser justificadas por três conquistas revolucionárias:[2]

a) princípio da legalidade: submissão do Estado à lei (Estado de Direito), deixando de lado a liberdade absoluta e arbitrária do Antigo Regime, substituindo-se o governo dos homens pelo governo das leis;[3]
b) princípio da separação de poderes: mecanismo de limitação do exercício do poder estatal, uma vez que evitava a concentração de poderes nas mãos de um mesmo órgão;[4]
c) Declaração dos Direitos do Homem e do Cidadão: consagra direitos fundamentais que são oponíveis ao Estado.

No período anterior, não se concebia a existência de Direito Administrativo autônomo, uma vez que não havia limites impostos à atuação estatal. O Estado absoluto (Estado de Polícia – *Polizeirecht*),[5] vigente nos séculos XIV a XVIII, caracterizava-se pela centralização do poder nas mãos do monarca, que possuía poderes ilimitados. A vontade do Rei era a própria vontade do Estado, a lei suprema (*l'État c'est moi*). Dessa forma, o Estado, por não se encontrar limitado pela ordem jurídica, não poderia ser responsabilizado pelos danos eventualmente causados a terceiros (*The king can do no wrong*).[6]

A origem do Direito Administrativo remonta ao célebre julgamento do caso Blanco (*arrêt Blanco*). Nesse caso, datado de 1873, uma criança de 5

---

[2]   É importante frisar que, em momento histórico precedente, já existiam documentos jurídicos de limitação do poder estatal, por exemplo, a Magna Carta de João Sem Terra, de 1215. Não obstante, a sistematização dessas limitações estatais vai ser efetivada após a Revolução Francesa e a norte--americana. Neste sentido: Tácito, Caio. Poder de polícia e polícia do poder. In: *Temas de Direito público (estudos e pareceres)*, v. 1. Rio de Janeiro: Renovar, 1997, p. 546.

[3]   Norberto Bobbio demonstra sua predileção pelo "governo das leis", típico dos regimes democráticos, em detrimento do "governo dos homens" (Bobbio, Norberto. *O futuro da democracia*. 9. ed. São Paulo: Paz e Terra, 2004, p. 185).

[4]   Em relação à necessidade de divisão de poderes, Montesquieu afirmava: "Tudo estaria perdido se o mesmo homem, ou o mesmo corpo dos principais, ou dos nobres, ou do povo, exercesse os três poderes". Montesquieu, Charles de Secondat, Baron de. *O espírito das leis*. 3. ed. São Paulo: Martins Fontes, 2005, p. 168.

[5]   Lembre-se que o "Estado de Polícia", concebido no século XIV, não se confunde com o "Estado Polícia" ou "Estado Guarda Noturno", surgido no século XIX e que fazia referência à atuação de polícia do Estado apenas para garantir a ordem e a tranquilidade pública. Vide: Canotilho, José Joaquim Gomes. *Direito constitucional e teoria da Constituição*. 7. ed. Coimbra: Almedina, 2003, p. 41.

[6]   A ideia de um Estado irresponsável e ilimitado nas suas ações não teve caráter absoluto, especialmente com a consagração da teoria do Fisco e o estabelecimento da "dupla personalidade do Estado". Por essa teoria, o Estado se desdobrava entre o "Estado propriamente dito", dotado de soberania e que não respondia pelos seus atos, e o Estado enquanto "Fisco", entidade que estabelecia relações jurídicas com os particulares, sendo perante eles responsável (Estorninho, Maria João. *A fuga para o Direito privado*: contributo para o estudo da actividade de Direito privado da Administração Pública. Coimbra: Almedina, 1999, p. 23 e ss.). Vide, ainda: Amaral, Diogo Freitas do. *Curso de Direito administrativo*, v. II. Coimbra: Almedina, 2004, p. 44; Canotilho, José Joaquim Gomes. *Direito constitucional e teoria da Constituição*. 7. ed. Coimbra: Almedina, 2003, p. 92.

anos, Agnès Blanco, havia sido atropelada por uma vagonete pertencente à Companhia Nacional de Manufatura de Fumo. O Tribunal de Conflitos, ao apreciar uma espécie de conflito negativo de competência entre o Conselho de Estado e a Corte de Cassação, responsáveis, respectivamente, pela jurisdição administrativa e pela jurisdição comum, fixou a competência do Conselho de Estado para o julgamento da causa, tendo em vista a presença do serviço público naquele caso e a necessidade de aplicação de regras publicísticas, diferenciadas daquelas aplicáveis aos particulares.[7]

No campo normativo, a lei do 28 *pluviose* do ano VIII de 1800 é apontada como a "certidão de nascimento" do Direito Administrativo, pois estabeleceu, de forma pioneira, normas de organização administrativa e de solução de litígios contra a Administração Pública.

Na célebre lição de Prosper Weil, o Direito Administrativo seria "fruto de milagre", pois o seu surgimento decorreu da decisão do próprio Estado de se autovincular ao Direito.[8] Essa concepção parte da premissa de ruptura e de descontinuidade com o Antigo Regime, mas, em verdade, não é isenta de críticas.

Paulo Otero, em oposição à tese de ruptura, sustenta que haveria uma relação de continuidade entre a França pós-revolucionária e os ideais consagrados pelo período político anterior, servindo o Direito Administrativo, na verdade, como um mecanismo para legitimar e, ao mesmo tempo, imunizar o poder estatal contra o controle externo, especialmente a partir da instituição de uma justiça administrativa especializada (Conselho de Estado), integrante do Executivo.[9] A confusão das funções de executar e julgar nas mãos de um único "poder" (Executivo) é considerada um "pecado original" do contencioso administrativo francês.[10]

Ao que parece, no entanto, o surgimento do Direito Administrativo não teria sido fruto de um milagre, tampouco representaria uma continuidade do regime anterior. Não se pode afirmar uma origem exclusivamente milagrosa quando a força da Revolução impôs aos governantes a necessidade de estabelecer regras especiais e limitadoras da ação estatal em um novo contexto sociopolítico. Induvidosamente, o surgimento do Direito Administrativo foi fruto da pressão social. De outra parte, não se teria efetivamente uma solução

---

[7] Long, M; Weil, P.; Braibant, G.; Devolvé, P.; Genevois, B. *Les grands arrêts de la jurisprudence administrative*. 16. ed. Paris: Dalloz, 2007, p. 1-7.

[8] Weil, Prosper. *Direito administrativo*. Coimbra: Almedina, 1977, p. 7.

[9] Otero, Paulo. *Legalidade e Administração Pública: o sentido da vinculação administrativa à juridicidade*. Coimbra: Almedina, 2003, p. 271; Binenbojm, Gustavo. *Uma teoria do Direito administrativo*. Rio de Janeiro: Renovar, 2006, p. 9-17.

[10] Silva, Vasco Manuel Pascoal Dias Pereira da. *Em busca do acto administrativo perdido*. Coimbra: Almedina, 2003, p. 28 e ss.

de continuidade com o Velho Regime, pois, ainda que existissem defeitos ou "pecados" importantes, a Administração deixava de ser totalmente arbitrária e passava a encontrar limites em normas legais, respondendo o Estado civilmente pelos seus atos.[11]

Nesse primeiro estágio, em razão da desconfiança e do medo da sociedade em relação ao período anterior, o Estado Liberal de Direito foi concebido como um Estado eminentemente abstencionista ("guarda noturno"), marcado pelo respeito à liberdade dos indivíduos e pela ausência de interferência na ordem social e econômica. O Estado, naquele momento, seria considerado um inimigo do povo, o que era compreensível pelas arbitrariedades cometidas durante a época do Absolutismo.[12] Apenas naquelas situações em que fosse fundamental o poder de autoridade estatal (poder de império), seria o Estado habilitado a intervir nas relações privadas, geralmente através de atos impositivos (atos administrativos), para se garantir a propriedade e a liberdade dos indivíduos (direitos fundamentais de primeira geração).[13]

Em razão das poucas atividades reconhecidas ao Estado, a organização administrativa liberal era reduzida, notadamente se comparada à organização atual, bem como era caracterizada pela centralização das atividades e estruturação hierarquizada do aparelho estatal.

Nada obstante, a evolução do Estado demonstrou a necessidade da intervenção estatal nas relações econômicas e sociais, pela imposição de normas de ordem pública, com o intuito de afastar a desigualdade social gerada pelo abstencionismo do Estado Liberal. Naquele momento, o Estado deixou de ser compreendido como um "inimigo" da sociedade e passou a ser encarado como um aliado que deveria atuar positivamente na ordem econômica e social.

A crise do Estado Liberal restou evidenciada pela Grande Depressão, iniciada em 1929, e que tem como uma das causas a quebra da Bolsa de Valores de Nova Iorque. Evidencia-se, naquele momento, a incapacidade de o mercado se reerguer sozinho e a necessidade de uma maior regulação estatal,

---

[11] Em sentido semelhante, Odete Medauar vincula o surgimento do Direito Administrativo aos princípios da Revolução Francesa, ainda que isso tenha se dado sem o rompimento completo com algumas noções e práticas do Antigo Regime, acolhidas por esse ramo de Direito em formação. Medauar, Odete. *O Direito administrativo em evolução*. 2. ed. São Paulo: RT, 2003, p. 21.

[12] Até o advento do Estado de Direito, não se concebia a existência de limites impostos à atuação estatal. O Estado absoluto (Estado de Polícia – *Polizeirecht*), vigente nos séculos XIV a XVIII, caracterizava-se pela centralização do poder nas mãos do monarca, que possuía poderes ilimitados. A vontade do rei era a própria vontade do Estado, a lei suprema (*l'État c'est moi*), o que acarretava a irresponsabilidade civil do Estado (*The king can do no wrong*).

[13] O Direito Administrativo, como se vê, nasce em período marcado por uma divisão nítida entre o Estado e a sociedade. A dicotomia entre Direito público e Direito privado surge representada pela contraposição entre a Constituição e o Código Civil.

de modo a evitar a repetição dos fatos que levaram à crise, o que justificou a instituição pelo Presidente Franklin D. Roosevelt de programas estatais de caráter intervencionista (*New Deal*).

Com o surgimento do Estado Social de Direito (*Welfare State*), notadamente após a Segunda Guerra Mundial, a intervenção estatal na economia e nas relações sociais ganhou força, minimizando algumas mazelas da época liberal. A ampliação dos serviços públicos exigiu uma atuação mais ágil e eficiente do poder público, fazendo-o adotar modelos e instituições típicas do cardápio do Direito privado. Maria João Estorninho afirma que uma consequência fundamental do alargamento das atividades estatais durante o Estado Social é o fato de a Administração Pública "passar a utilizar o meio de atuação mais típico do Direito Privado, o contrato."[14]

A ampliação e a concentração de atividades administrativas nas mãos do Estado acarretaram a hipertrofia do aparato estatal. Em sua organização administrativa, o Estado passou a contar com as empresas estatais, criadas para prestação de serviços públicos e para o exercício de atividades econômicas, bem como com os concessionários que prestavam serviços públicos por meio de contratos de concessão.

Ocorre que o crescimento desmesurado do Estado e o inchaço da sua máquina administrativa levaram à ineficiência das atividades administrativas.[15]

A necessidade de desburocratização da Administração Pública, com o intuito de agilizar a atuação estatal e torná-la eficiente, acarreta o "retorno do pêndulo",[16] ou seja, o Estado devolve aos particulares diversas tarefas, especialmente as de caráter econômico (diversas empresas públicas e sociedades de economia mista demonstraram-se ineficientes), e entrega, inclusive, tarefas que até então eram exclusivamente desempenhadas pelo poder público (privatização de serviços públicos).

O Estado Pós-Social ou Subsidiário não significa uma desvalorização da Administração Pública, mas, ao contrário, representa uma redefinição das atividades administrativas que devem ser prestadas diretamente pelo Estado e das demais atividades que podem ser prestadas por particulares, notadamente por não envolverem a necessidade do exercício do poder de

---

[14] Estorninho, Maria João. *A fuga para o Direito privado: contributo para o estudo da actividade de Direito privado da Administração Pública*. Coimbra: Almedina, 1999, p. 42. Ademais, o Estado passou a constituir, através da técnica de descentralização, pessoas jurídicas de Direito privado para a execução de serviços que antes eram delegados a particulares.

[15] Ao invés do "Estado do Bem-Estar", a intervenção desmedida do Estado gerou o denominado "Estado do Mal-Estar". Cotarelo, Ramon. *Del Estado del Bienestar al Estado del Malestar*, 2. ed. Madri: Centro de Estudios Constitucionales, 1990.

[16] Tácito, Caio. O retorno do pêndulo: serviço público e empresa privada. O exemplo brasileiro. *RDA*, n.º 202, p. 1-10, out.-dez. 1995.

autoridade. Valoriza-se, atualmente, a sociedade civil no desempenho de atividades socialmente relevantes.

A partir da década de 1980, diversos países iniciaram um movimento de ajuste fiscal e de privatizações, com destaque para a Grã-Bretanha, Estados Unidos e Nova Zelândia.

No Brasil, a reformulação do papel e do tamanho do Estado foi implementada na década de 1990, por meio de alterações legislativas importantes que liberalizaram a economia e efetivaram a desestatização. No âmbito constitucional, as Emendas Constitucionais n.os 6/1995 e 7/1995 abriram a economia para o capital estrangeiro, e as Emendas Constitucionais n.os 5/1995, 8/1995 e 9/1995 atenuaram os monopólios estatais. Nesse período, foi instituído o Programa Nacional de Desestatização (PND) pela Lei n.º 8.031/1990, substituída, posteriormente, pela Lei n.º 9.491/1997.

O aparelho estatal foi reduzido e a "Administração Pública burocrática" foi substituída pela "Administração Pública gerencial", a partir da Reforma Administrativa instituída pela EC n.º 19/1998. Enquanto a Administração Pública burocrática se preocupa com os processos, a Administração Pública gerencial é orientada para a obtenção de resultados (eficiência), sendo marcada pela descentralização de atividades e avaliação de desempenho a partir de indicadores definidos em contratos (contrato de gestão).[17]

No processo de reforma da Administração Pública brasileira, foram definidos os quatro setores do aparelho estatal:[18] a) o núcleo estratégico: responsável pela elaboração das leis, pela definição das políticas públicas e pelo seu respectivo cumprimento (ex.: atividade legislativa, jurisdicional e político-administrativa exercida pela alta cúpula do Executivo); b) atividades exclusivas: envolve atividades em que a presença do Estado é fundamental, seja por imposição constitucional, seja pela necessidade do exercício do poder de autoridade (ex.: atividade de polícia, de regulação, serviços públicos etc.); c) serviços não exclusivos: são aqueles prestados para a coletividade e que não exigem o poder de autoridade do Estado, razão pela qual podem ser prestados pelo setor privado e pelo setor "público não estatal" (ex.: saúde, educação etc.); e d) setor de produção de bens e serviços para o mercado: envolve as atividades econômicas lucrativas (ex.: empresas estatais).

A partir do elenco dos quatro setores do aparelho estatal, é possível afirmar que o núcleo estratégico é inerente ao Estado, sendo vedada a sua delegação

---

[17] Pereira, Luiz Carlos Bresser. Gestão do setor público: estratégia e estrutura para um novo Estado. In: *Reforma do Estado e Administração Pública Gerencial*. 7. ed. Rio de Janeiro: FGV, 2008, p. 29. A preocupação com a busca de parâmetros de governança pública e de eficiência administrativa pode ser exemplificada pelo Decreto 9.203/2017, que dispõe sobre a política de governança da administração pública federal direta, autárquica e fundacional.

[18] *Idem*, p. 33.

aos particulares, ainda que seja possível (e recomendável) a participação de cidadãos na elaboração das políticas públicas. As atividades exclusivas, quando não houver a necessidade de exercício do poder de polícia, devem ser delegadas aos particulares, por meio da concessão e permissão de serviços públicos (art. 175 da CRFB). Os serviços não exclusivos, cuja titularidade não é apenas do estado, devem ser prestados prioritariamente por particulares, cabendo ao Estado o exercício da atividade de fomento (a Lei n.º 9.637/1998 e a Lei n.º 9.790/1999 instituíram, respectivamente, o contrato de gestão e o termo de parceria como instrumentos de fomento às atividades sociais). Por fim, a atividade de produção de bens e serviços ao mercado, por ser de natureza privada, em sua essência, deve ser prestada, via de regra, por particulares (princípios da livre iniciativa e da subsidiariedade), sendo possível sua prestação pelo Estado, por meio das empresas estatais, quando houver interesse coletivo relevante ou imperativo de segurança nacional (art. 173 da CRFB).

É importante esclarecer que a diminuição do aparelho estatal e a reformulação das atividades que devem ser desenvolvidas pelo Estado não significam um simples retorno ao Estado Liberal clássico, pois, agora, o Estado não abdica da intervenção na área econômica e social. A mudança primordial está justamente na técnica utilizada para essa intervenção, que deixa de ser direta e passa a ser indireta (subsidiariedade), notadamente através da regulação (Estado Regulador) e do fomento público.[19]

O Estado Subsidiário atual é caracterizado pela ausência de intervenção direta quando a sociedade for capaz de atender aos interesses sociais. Há uma relativa diminuição do aparelho estatal, notadamente pela extinção de empresas estatais e de outras entidades administrativas a partir da década de 1980, bem como a implementação de novas parcerias com particulares para o desempenho de atividades administrativas. Mencione-se, por exemplo, o Programa de Parcerias de Investimentos – PPI, criado pela Lei 13.334/2016, com o objetivo de ampliar e fortalecer a interação entre o Estado e a iniciativa privada "por meio da celebração de contratos de parceria para a execução de empreendimentos públicos de infraestrutura e de outras medidas de desestatização".[20]

---

[19] Na visão de Vital Moreira, a evolução na relação entre o Estado e a economia pode ser divida em três momentos: a) Estado Liberal: o papel econômico do Estado se resumia à "polícia" econômica; b) Estado Social: o Estado era empresário e prestador de serviços públicos; e c) Estado Regulador: a intervenção estatal é efetivada por meio da regulação. Moreira, Vital. Serviço público e concorrência. In: *Os caminhos da privatização da Administração Pública*. Coimbra: Coimbra Editora, 2001, p. 224.

[20] De acordo com o art. 1.º, § 2.º, da Lei 13.334/2016, "consideram-se contratos de parceria a concessão comum, a concessão patrocinada, a concessão administrativa, a concessão regida por legislação setorial, a permissão de serviço público, o arrendamento de bem público, a concessão de direito real e os outros negócios público-privados que, em função de seu caráter estratégico e de sua complexidade, especificidade, volume de investimentos, longo prazo, riscos ou incertezas envolvidos, adotem estrutura jurídica semelhante".

1.2. DIREITO ADMINISTRATIVO COMUNITÁRIO E A ORGANIZA-ÇÃO ADMINISTRATIVA

Um importante fator de mudança do Direito Administrativo é, sem dúvida alguma, o fenômeno da globalização, com a formação de mercados comuns. Nesse contexto, surge a União Europeia, considerada modelo referencial de união econômica, política e jurídica.

A globalização (ou mundialização) econômica e jurídica e o surgimento de entidades ou comunidades supraestatais, são responsáveis, ao lado de outros fatores, pela denominada "crise do Estado".[21] Nas palavras de Sabino Cassese: "De la manera en que presenta hoy, la 'crisis del Estado' involucra la pérdida de unidad del mayor poder público, internamente, y la pérdida de soberanía en relación con el exterior."[22]

Os modelos clássicos de compreensão das relações entre Estados não respondem hoje aos novos institutos e fisionomias internacionais. As perdas da unidade dos Estados (surgimento de autoridades independentes) e de sua soberania econômica (regras estatais vêm sendo substituídas por regulações bilaterais, multilaterais e supranacionais) acarretam a construção de ordenamentos supranacionais que são constituídos em rede.[23]

Oriol Mir Puigpelat, ao analisar os efeitos da globalização econômica, constata que o Estado-nação está perdendo seu tradicional poder de decisão política e regulação jurídica em favor dos sujeitos supraestatais, seja de caráter privado (grandes empresas transnacionais), seja de caráter público (organizações internacionais ou supranacionais).[24] Nesse sentido, pode-se dizer que "el Derecho, en general, y el Derecho Administrativo, en particular, provienen cada vez menos del Estado-nación".[25]

Essa tendência de cooperação internacional faz eclodir, na segunda metade do século XX, uma série de poderes públicos supranacionais ou regionais, com destaque especial para a União Europeia.

No âmbito da União Europeia surge o denominado Direito comunitário ou Direito da União Europeia, que regula as relações desenvolvidas no âmbito desse "conjunto de organizações criadas entre os países da Europa Ocidental com a finalidade de articular mecanismos de cooperação econômica, política e social que levem a uma progressiva integração destes

---

[21] Cassese, Sabino. *La crisis del Estado*. Buenos Aires: Abeledo Perrot, 2003.

[22] *Idem*, p. 32.

[23] *Idem*, p. 49.

[24] Puigpelat, Oriol Mir. *Globalización, Estado y Derecho: las transformaciones recientes del Derecho Administrativo*. Madri: Civitas, 2004, p. 38.

[25] *Idem*, p. 59.

países".[26] Atualmente, portanto, ao lado dos ordenamentos estatais europeus, vige o ordenamento comunitário.

Fausto de Quadros, na célebre aula proferida na Faculdade de Direito da Universidade de Lisboa, em 27 de novembro de 1998, afirmou com precisão que "o Direito da Comunidade Européia é, na sua essência, Direito Administrativo, e, de modo especial, Direito administrativo da economia".[27] Essa relação é tão estreita que hoje se fala na existência de um verdadeiro "Direito administrativo europeu ou Direito administrativo comunitário".[28]

O ordenamento jurídico internacional não conta, ainda, com uma Constituição ou outro documento formal, nem se encontra submetido a uma "autoridade superior" dotada de soberania. Ao revés, os atores internacionais são os Estados soberanos, os organismos internacionais (ex.: ONU) e as empresas multinacionais que interagem a partir de normas fragmentadas estabelecidas a partir de acordos bilaterais ou multilaterais.

Sabino Cassese, ao tratar da globalização jurídica, afirma que o "ordenamento jurídico global"[29] é marcado pelas seguintes características: a) cooperação entre os atores internacionais; b) inexistência de um "elemento central", ou seja, de uma autoridade superior soberana; c) a legitimidade decorre do Direito e não a partir do consenso do povo, notadamente pelo fato de existirem Estados com mais população, o que poderia levar a uma desigualdade entre os Estados soberanos; e d) variedade de estatutos e capacidade de eleição, por parte dos particulares, das normas que regem as suas relações comerciais internacionais.

A Ordem Jurídica das Comunidades Europeias nasceu essencialmente do Direito Administrativo dos Estados europeus, sob influência marcante dos ordenamentos jurídico-administrativos da França e da Alemanha e, posteriormente, da Itália e Reino Unido. Nada obstante, se no início os ordenamentos administrativos nacionais contribuíram decisivamente para a formação do Direito comunitário, mais tarde o Direito comunitário passou a contribuir para o desenvolvimento daqueles ordenamentos.

---

[26] Vieira, José Ribas (org.). *A Constituição europeia: o projeto de uma nova teoria constitucional*, Rio de Janeiro: Renovar, 2004, p. 88.

[27] Quadros, Fausto de. *A nova dimensão do Direito Administrativo: o Direito Administrativo português na perspectiva comunitária.* Coimbra: Almedina, 1999, p. 11.

[28] Registre-se que não há uma uniformidade de entendimento quanto ao conceito de "Direito administrativo comunitário", apontando a doutrina vários sentidos diferentes para esse termo. Não obstante, Fausto de Quadros, deixando de lado as concepções estáticas sobre o Direito administrativo comunitário, adota uma visão dinâmica segundo a qual o Direito comunitário penetra diretamente no Direito Administrativo nacional, modificando-o decisivamente. Em consequência, pode-se falar na "europeização do Direito Administrativo nacional" ou em "Direito Administrativo comunitarizado". *Ibem*, p. 26-27.

[29] Cassese, Sabino. *La globalización jurídica.* Madri: Inap, 2006, p. 17-31.

Há hoje uma verdadeira "'reconstrução' ou 'reelaboração' dos Direitos Administrativos nacionais",[30] aproximando as ordens jurídicas de matriz românico-germânica às da *common law*, o que acarreta uma mudança de mentalidade em relação à organização administrativa e ao exercício de atividades administrativas.

No cenário da globalização econômica e jurídica, sobressai a importância do estudo da "recepção de direitos" que, segundo a professora Ana Lucia de Lyra Tavares, pode ser compreendida como "a introdução, em um determinado sistema jurídico, de regras, noções ou institutos pertencentes a um outro sistema".[31] Tal fenômeno compreende um movimento de direção única do sistema jurídico exportador para o receptor, não se confundindo com a denominada "circulação de modelos jurídicos" que pressupõe um retorno do instituto ao sistema originário, mas com elementos novos.[32]

Nesse contexto, o Direito Administrativo brasileiro, não obstante sua origem romano-germânica, buscou nos Estados Unidos, país integrante da família da *commom law*, a inspiração para importação de alguns modelos jurídicos, como, por exemplo, o modelo de regulação estatal por meio de agências reguladoras.

Em verdade, a importação de modelos jurídicos americanos (americanização do Direito) não é exclusividade brasileira, mas uma tendência, boa ou ruim, acentuada em tempos de globalização.[33] Papachristos, ao tratar da recepção, sob o enfoque da sociologia jurídica, afirma que geralmente um país economicamente desenvolvido é utilizado como modelo para os países menos desenvolvidos que procuram recepcionar diversos institutos jurídicos.[34] Essa

---

[30] Quadros, Fausto de. *A nova dimensão do Direito administrativo: o Direito administrativo português na perspectiva comunitária*. Coimbra: Almedina, 1999, p. 19.

[31] Tavares, Ana Lúcia de Lyra. O estudo das recepções de direito. In: *Estudos jurídicos em homenagem ao professor Haroldo Valladão*, Rio de Janeiro: Freitas Bastos, 1983, p. 46-47. A ilustre professora demonstra que a expressão "recepção de direitos" não é aceita de forma tranquila por toda a doutrina, preferindo alguns autores a utilização de expressões como "transplantes jurídicos", "migrações jurídicas" ou "importação de direitos".

[32] Tavares, Ana Lúcia de Lyra. Notas sobre as dimensões do Direito Constitucional comparado. *Revista Direito, Estado e Sociedade*, Rio de Janeiro, Departamento de Direito da PUC-RJ, n.º 14, p. 94, 1999.

[33] Segundo Mathias Reimann, o direito positivo europeu, especialmente após a Segunda Guerra Mundial, vem passando por um processo de "americanização": "Depuis la Seconde Guerre Mondiale, le Droit américin a fourni à l'Europe un modèle tout prêt dans de nombreux domaines du Droit." Reimann, Mathias. Droit positif et culture juridique. L'américanisation du Droit européen par réception". In: *Archives de philosophie du Droit. L'américanisation du Droit*. t. 45, Paris: Dalloz, 2001, p. 65.

[34] Ao tratar da "importação de direitos estrangeiros contemporâneos", Papachristos destaca o desenvolvimento econômico do país exportador como importante fator da recepção: "Néanmoins, l'idée même du développement èconomique exerce une influence favorable à la décision de la réception du droit étranger." Papachristos, A. C. *La réception des droits privés étrangers comme phénomène de sociologie juridique*. Paris: Librarie Génerale de Droit et de Jurisprudence, 1975, p. 52.

circunstância denota a necessidade de aclimatação das agências reguladoras e de outros instrumentos jurídicos ao sistema jurídico brasileiro.

Não há, ainda, um desenho definitivo da organização administrativa no âmbito do ordenamento jurídico global, mas é certo que a estruturação dos Estados soberanos tem sofrido forte influência das normas internacionais e da globalização econômica.

1.3. A CONSTITUCIONALIZAÇÃO DO DIREITO ADMINISTRATIVO: DA ADMINISTRAÇÃO UNITÁRIA E IMPERATIVA À ADMINISTRAÇÃO POLICÊNTRICA E CONSENSUAL

A evolução do Estado e a globalização econômico-jurídica acarretaram uma reformulação na organização administrativa dos Estados nacionais, com diminuição da máquina administrativa.

Além das alterações dos modelos estatais analisados anteriormente, todavia, o Direito Administrativo passa por importantes transformações em decorrência do seu processo de constitucionalização.[35]

O constitucionalismo passou por inúmeras transformações nos últimos anos, notadamente após a Segunda Guerra Mundial, quando o Direito foi usado como instrumento legitimador de práticas autoritárias. A passagem do "Estado Legislativo" para o "Estado Constitucional",[36] consagrado pelas Constituições europeias do pós-guerra (especialmente: Itália – 1947; Alemanha – 1949; Portugal – 1976; e Espanha – 1978), representa, sobretudo, uma nova forma de pensar o Direito.

O novo paradigma do Estado Constitucional é fortemente marcado pela crescente aproximação entre o Direito e a moral,[37] podendo ser inserido na expressão "neoconstitucionalismo" ("constitucionalismo contemporâneo" ou "constitucionalismo avançado"),[38] que procura implementar uma abordagem não positivista do Direito.

Nesse contexto, além da importância dos princípios jurídicos, encarados como normas jurídicas (pós-positivismo), o neoconstitucionalismo procura

---

[35] Sobre o tema, vide nosso trabalho: Oliveira, Rafael Carvalho Rezende. *A constitucionalização do Direito Administrativo: o princípio da juridicidade, a releitura da legalidade administrativa e a legitimidade das agências reguladoras.* Rio de Janeiro: Lumen Juris, 2009.

[36] Sobre a evolução do Estado de Direito, vide: Ferrajoli, Luigi. Pasado y futuro del Estado de Derecho. In: Carbonell, Miguel (org.). *Neoconstitucionalismo(s).* 2. ed. Madri: Trotta, 2005.

[37] Nesse sentido: Dworkin, Ronald. *Freedom's Law: the Moral Reading of the American Constitution.* Cambridge: Harvard University Press, 1996.

[38] Carbonell, Miguel (org.). *Neoconstitucionalismo(s).* 2. ed. Madri: Trotta, 2005. O termo "neoconstitucionalismo", como pode ser verificado na obra em comento, não possui sentido unívoco.

implementar a superioridade normativa da Constituição (*Die normative Kraft der Verfassung*)[39] e, com isso, a releitura do ordenamento jurídico a partir do texto constitucional.[40]

Mais do que a necessidade de adequação da legislação infraconstitucional às normas constitucionais (compatibilidade estática das normas com o texto constitucional), constata-se uma tendência da "constitucionalização do ordenamento jurídico", processo dinâmico-interpretativo de releitura (transformação) do ordenamento, que passa a ser impregnado pelas normas constitucionais ("Constituição invasora").[41] O operador do Direito tem o dever de interpretar a legislação à luz da Constituição.

No âmbito de um ordenamento constitucionalizado, os diversos campos do Direito, para serem aplicados, devem passar pelo filtro constitucional ("filtragem constitucional").[42] O Direito Administrativo, assim como todos os demais ramos do Direito, necessita de uma roupagem nova à luz do Estado Democrático de Direito.

Em uma verdadeira "revolução copernicana"[43] do Direito, a Constituição passa a ocupar definitivamente o centro do ordenamento jurídico, e os demais ramos do Direito, que giram ao seu redor, devem ser interpretados e aplicados à luz do texto constitucional.

A concepção liberal do Direito Administrativo, cunhada sob os ideais da burguesia, que pregava a separação absoluta entre o Estado e a sociedade,[44]

---

[39] Hesse, Konrad. *A força normativa da Constituição*. Trad. Gilmar Ferreira Mendes. Porto Alegre: Sergio Antonio Fabris, 1991.

[40] Não obstante a ideia de superioridade da Lei Maior (*higher law*) remontar à célebre decisão do juiz Marshall no caso *Marbury* v. *Madison*, em 1803, a doutrina costuma apontar como precedente do processo de constitucionalização do Direito o caso *Luth*, julgado em 15 de janeiro de 1958 pelo Tribunal Constitucional Federal alemão.

[41] Nas palavras de Ricardo Guastini: "Un ordenamiento jurídico constitucionalizado se caracteriza por una Constitución extremamente invasora, entrometida (pervasiva, invadente), capaz de condicionar tanto la legislación como la jurisprudencia y el estilo doctrinal, la acción de los actores políticos, así como las relaciones sociales." Guastini, Riccardo. La "constitucionalización" del ordenamiento jurídico: el caso italiano. In: Carbonell, Miguel (org.). *Neoconstitucionalismo(s)*. 2. ed. Madri: Trotta, 2005, p. 49.

[42] A expressão "filtragem constitucional" é encontrada em: Schier, Paulo Ricardo. *Filtragem constitucional: construindo uma nova dogmática jurídica*. Porto Alegre: Sergio Antonio Fabris, 1999, p. 104, nota 5.

[43] A substituição da Terra pelo Sol como centro das trajetórias planetárias, defendida por Nicolau Copérnico em 1543 na obra *De Revolutionibus*, mais do que uma reforma astronômica, representou uma revolução (Revolução Copernicana) de ideias, "uma transformação do conceito que o homem tinha do universo e da sua própria relação com ele". Sobre o tema e os três possíveis significados (astronômico, científico e filosófico) dessa revolução, vide: Kuhn, Thomas. *A Revolução Copernicana*. Lisboa: Edições 70, 2002.

[44] Essa é a constatação da professora Maria João Estorninho: "Este nascimento do Direito Administrativo insere-se perfeitamente no contexto da 'visão liberal do mundo', assente na separação entre o Estado e a Sociedade, por forma a garantir a propriedade e a intimidade, valores fundamentais que o liberalismo procura preservar a todo o custo." Estorninho, Maria João. *A fuga para o Direito*

entra em crise[45] e cede lugar ao ideal democrático das sociedades plurais contemporâneas, em que a atuação da Administração Pública deve não só respeitar, como também promover os direitos e valores constitucionais através de procedimentos abertos à participação dos cidadãos. É nesse contexto que a atuação administrativa por meio de atos impositivos (atos administrativos unilaterais) perde o prestígio de outrora para a atuação administrativa orquestrada ou consensual (acordos administrativos, atos complexos e contratos).

No Brasil, Diogo de Figueiredo Moreira Neto, em obra clássica, escreveu sobre as mutações do Direito Administrativo, demonstrando que o "atraso jus-político histórico da administração pública", gerado por princípios e institutos que buscavam preservar a autoridade da Administração (*v.g.*, imperatividade, supremacia do interesse público, insindicabilidade do mérito e poderes administrativos), começa a ser superado no final do século XX por dois fatores essenciais: advento da sociedade participativa e a afirmação do constitucionalismo. A passagem de uma administração impositiva para uma "administração cidadã" é situada no "processo de constitucionalização da Administração Pública".[46]

O advento da Administração Pública consensual gera consequências internas e externas na organização administrativa. Na relação externa (Administração Pública e o particular) sai a autoridade e entra o consenso, com destaque para formalização de novas parcerias (ex.: contrato de gestão com organizações sociais). Por outro lado, na relação interna da Administração Pública há uma crescente simplificação de procedimentos administrativos e busca por resultados, em atenção à eficiência administrativa (ex.: contrato de gestão formalizado com agências executivas).

A organização administrativa do Estado Liberal apoiava-se em premissas que não mais se sustentam na atualidade.

Em primeiro lugar, a homogeneidade dos interesses a serem protegidos – característica típica do Estado Liberal burguês, que deveria atender às necessidades de uma classe dominante (a burguesia) e que estabelecia o voto censitário – cede espaço para a heterogeneidade dos interesses existentes na

---

privado: contributo para o estudo da actividade de Direito privado da Administração Pública. Coimbra: Almedina, 1999, p. 31.

[45] Jean Rivero, com precisão, diagnostica a "crise do Direito Administrativo": "[...] é por demais evidente que o Direito administrativo está hoje em plena crise. Muitas noções fundamentais elaboradas no quadro do Estado liberal já não dão conta das formas tomadas pela actividade administrativa. As novas tarefas que assume – planificação económica, gestão de um sector industrial extenso, organização do território, urbanismo, animação cultural, protecção social, luta contra a poluição, procura de uma melhor 'qualidade de vida' – não podem acomodar-se às estruturas nem aos métodos tradicionais." Rivero, Jean. *Direito Administrativo.* Coimbra: Almedina, 1981, p. 33-34. A crise, como se vê, não é do Direito Administrativo em si, mas do modelo liberal que lhe serviu de inspiração.

[46] Moreira Neto, Diogo de Figueiredo. *Mutações do Direito administrativo.* Rio de Janeiro: Renovar, 2000, p. 10 e ss.

sociedade complexa atual. A consagração do sufrágio universal possibilita a participação política de grupos sociais até então excluídos e a defesa/promoção dos seus interesses. Nesse contexto, em que todos os cidadãos são eleitores e todas as classes sociais (e não apenas uma) são políticas, o Estado, na visão escorreita de Massimo Severo Giannini, passa a ser caracterizado com um verdadeiro "Estado pluriclasse".[47]

Em segundo lugar, a separação absoluta entre Estado e sociedade não se sustenta no âmbito de um sistema jurídico constitucionalizado. No contexto do Estado Liberal, o Estado era o responsável exclusivo pelas atividades administrativas e os particulares desempenhavam atividades privadas fundadas na livre iniciativa. Com o reconhecimento de que os particulares também são importantes no desempenho de atividades administrativas e na satisfação do interesse público (democratização da promoção e defesa do interesse público), bem como pelo reconhecimento da unidade do ordenamento jurídico a partir da Constituição, houve uma forte relativização da dicotomia público-privada.

No Estado Democrático de Direito, foi criada uma "área híbrida" ou "área pública não estadual",[48] ao mesmo tempo pública e privada, localizada entre o Estado e a sociedade. Nessa zona híbrida estão inseridas as entidades sociais que assumem funções públicas sem integrar formalmente o Estado.

Conforme já assinalado, a reforma da Administração brasileira, ocorrida na década de 1990, foi responsável pela superação da administração burocrática, excessivamente preocupada com os procedimentos, e pela ascensão da administração gerencial, orientada pela busca da eficiência e pela redução dos gastos públicos.

A efetivação da administração gerencial exige a reformulação do papel do Estado e a implementação de parcerias com a iniciativa privada, especialmente por meio de delegações de serviços públicos e pelo fomento às atividades sociais desenvolvidas pelo setor público não estatal (Terceiro Setor), com estabelecimento de metas de desempenho e controle dos resultados (ex.: contrato de gestão, termo de parceria etc.).

Em razão da pluralidade da sociedade contemporânea e da aproximação entre o Estado e a sociedade, a organização administrativa liberal, marcada pelo unitarismo (centralização) e pela imperatividade, é substituída por uma administração "pluricêntrica" ou "multiorganizativa",[49] caracterizada pela adoção de diversos modelos organizativos e pela busca do consenso.

---

[47] Gianinni, Massimo Severo. *Diritto pubblico dell'economia*, Bolonha: Il Mulino, 1995, p. 31-32.

[48] Moreira, Vital. *Administração autônoma e associações públicas*, Coimbra: Coimbra Editora, 2003, p. 25 e 27.

[49] A expressão "administração multiorganizativa" é adotada por Sabino Cassese, no lugar de "administração policêntrica", justamente para englobar, ao lado dos diversos interesses subjacentes ao

Vital Moreira afirma com precisão que a unidade da administração é, hoje, uma ficção, sendo indiscutível a sua natureza "plurimórfica e pluricêntrica". A organização administrativa, afirma o autor, não pode ser mais representada pela imagem tradicional de uma pirâmide, mas sim pela imagem de um "planeta com um conjunto de 'satélites', de tamanho variado e a variáveis distâncias do centro".[50]

É lícito, portanto, afirmar que a passagem do Estado monoclasse burguês (Liberal) para o Estado pluriclasse (Democrático de Direito) acarreta, necessariamente, importantes transformações na organização administrativa.

1.4. "A FUGA PARA O DIREITO PRIVADO" E AS PARCERIAS ENTRE O PODER PÚBLICO E OS PARTICULARES: A PLURALIDADE DE REGIMES JURÍDICOS

Uma das principais consequências da pluralidade organizatória da Administração na atualidade é a crescente utilização de formas e instrumentos privados pelo Estado para o desempenho de atividades administrativas.

A "fuga para o Direito privado", afirma Maria João Estorninho, se inicia com o advento do Estado Social de Direito, quando a Administração deixa de atuar predominantemente por meio de atos administrativos e passa a se utilizar, de maneira mais intensa, dos contratos. A generalização da utilização de técnicas contratuais por parte da Administração, afirma a autora, decorre do alargamento das tarefas da Administração Pública, que gera a necessidade de uma atuação mais flexível e célere.[51]

Da mesma forma, a utilização de instrumentos privados pelo Estado Social foi percebida por meio da criação de entidades administrativas com caráter privado (empresas públicas e sociedades de economia mista) para a prestação de serviços públicos e para o desempenho de atividades econômicas.

Após o declínio do Estado Social, com o movimento de privatização, e o surgimento do Estado Subsidiário ou Regulador, o recurso aos instrumentos privados de atuação administrativa se intensificou.

Ao lado das técnicas (contrato) e formas (empresas estatais) de Direito privado, o Estado atual implementou velhas e novas parcerias com a iniciativa privada para o desempenho de atividades sociais relevantes. As parcerias,

---

Estado pluriclasse, os diversos modelos de organização estatal. Cassese, Sabino. *Le basi del Diritto Amministrativo*. 6. ed. Milão: Garzanti, 2000, p. 189-190.

[50] Moreira, Vital. *Administração autônoma e associações públicas*. Coimbra: Coimbra Editora, 2003, p. 33-34.

[51] Estorninho, Maria João. *A fuga para o Direito privado: contributo para o estudo da atividade de Direito privado da Administração Pública*. Coimbra: Almedina, 1999, p. 42.

segundo Maria Sylvia Zanella Di Pietro,[52] buscam alcançar três grandes objetivos: a) diminuição do aparelho estatal (delegação de serviços públicos e extinção de órgão e entidades administrativas); b) fomento à iniciativa privada no desempenho de atividades de interesse público; e c) eficiência, a partir da introdução da administração gerencial com instrumentos que flexibilizam procedimentos e buscam os resultados.

A necessidade de diminuição ao aparato estatal e de uma gestão administrativa eficiente (gerencial) fez que o Estado devolvesse diversas atividades econômicas aos particulares, por meio da privatização de estatais. Da mesma forma, diversos serviços públicos foram concedidos aos particulares (concessionários), e a regulação, em regra, ficou a cargo de entidades regulatórias independentes (agências reguladoras).

No campo da prestação indireta de serviços públicos, foi consagrada uma nova forma (especial) de concessão: as "parcerias público-privadas" (Lei n.º 11.079/2004).

Ademais, o fomento à prestação de atividades privadas socialmente relevantes, por entidades não lucrativas da sociedade civil, torna-se um importante instrumento estatal na satisfação das necessidades coletivas.[53] Aqui, merece destaque a atuação dos serviços sociais autônomos, das organizações sociais e das organizações da sociedade civil de interesse público.

A crescente aproximação entre as esferas pública e privada acarreta a "privatização do Direito público e publicização do Direito privado".[54] No Brasil, é possível citar como exemplos de "privatização" do Direito público a existência de entidades integrantes da Administração Pública Indireta revestidas de formas jurídicas privadas (sociedades de economia mista e empresas públicas); a delegação de serviços públicos a entidades privadas; a instituição das denominadas organizações sociais (OS), organizações da sociedade civil de interesse público (OSCIP) e outras entidades do Terceiro Setor; e a participação dos cidadãos na Administração Pública. De outro lado, a "publicização" do Direito privado é indicada pelo dirigismo contratual imposto para determinadas relações jurídicas (Código de Defesa do Consumidor, Lei de

---

[52] Di Pietro, Maria Sylvia Zanella. *Parcerias na Administração Pública: concessão, permissão, franquia, terceirização, parceria público-privada e outras formas*. 5. ed. São Paulo: Atlas, 2005, p. 41.

[53] Sobre o fomento, vide: Pozas, Luis Jordana de. Ensayo de una teoria general del fomento en el Derecho Administrativo. In: *Estudios de administración local y general. Homenage al professor Jordana de Pozas*, Madri: Instituto de Estudos de Administración Local, 1961; Mello, Célia Cunha. *O fomento da Administração Pública*. Belo Horizonte: Del Rey, 2003; Mendonça, José Vicente Santos de. Uma teoria do fomento público: critérios em prol de um fomento público democrático, eficiente e não paternalista. *Revista dos Tribunais*, 890, dez. 2009, p. 80-140.

[54] Corrêa, Sérvulo. Fundações e associações de Direito privado". In: *Os caminhos da privatização da Administração Pública*. Coimbra: Coimbra Editora, 2001, p. 301-302.

Locações etc.) e pela própria "socialidade"[55] norteadora do Novo Código Civil (função social do contrato e da propriedade; natureza social da posse etc.).

O Estado Democrático de Direito é marcado por essa aproximação entre o Estado e a sociedade civil, relativizando a divisão absoluta entre o Direito público e o privado.[56] Há, atualmente, em razão da consagração do princípio da subsidiariedade, uma valorização da sociedade civil na satisfação do interesse público, devendo o Estado criar condições materiais para que os cidadãos possam atuar.

A utilização de pessoas privadas para o desempenho de atividades administrativas (ex.: empresas estatais de serviços públicos e concessionárias de serviços públicos) e o desempenho de atividades econômicas por entidades administrativas (empresas estatais econômicas) têm gerado consequências importantes no regime jurídico aplicável às entidades mencionadas.

Isso porque o respectivo regime jurídico (público ou privado) não leva, propriamente, em consideração à natureza da entidade, mas sim a atividade por ela desempenhada.

Tradicionalmente, a diferenciação de regimes jurídicos coincidia com a natureza das entidades, pois havia uma separação mais nítida entre o espaço público e o espaço privado. O regime jurídico público (administrativo) aplicava-se às pessoas jurídicas de Direito público, responsáveis por atividades administrativas, e o regime jurídico privado destinava-se às entidades privadas exploradoras de atividades econômicas.

Com a relativização da dicotomia público-privada, houve um hibridismo nesse regime jurídico.

Imagine-se, por exemplo, uma concessionária de serviço público. Apesar de encontrar-se habilitada para explorar atividades econômicas empresariais, essa pessoa privada, como prestadora de serviços públicos, delegados contratualmente, desempenha também atividade administrativa. Não se poderia aceitar a submissão da concessionária à aplicação, exclusiva, do regime privado ou do regime público. O regime será, invariavelmente, híbrido.

Por outro lado, as empresas estatais econômicas são entidades administrativas que desempenham atividades privadas por excelência. Nesse caso, até, o art. 173, § 1.º, II, da CRFB exige a submissão dessas entidades ao mesmo

---

[55] Miguel Reale indica três princípios norteadores do novo Código Civil: eticidade, operabilidade e socialidade (vide prefácio ao *Novo Código Civil brasileiro*. 2. ed. São Paulo: RT, 2002).

[56] Na lição de Teresa Negreiros: "Fica claro, portanto, que num sistema de proeminência da dignidade da pessoa humana, perde eficácia legitimante a oposição entre o público e o privado, já que, contrariamente ao que preside a uma relação dicotômica, o uso axiológico destas duas esferas não mais admite a sua conceituação como esferas reciprocamente exclusivas e impermeáveis". Negreiros, Teresa. A dicotomia público-privado frente ao problema da colisão de princípios. In: Torres, Ricardo Lobo (org.). *Teoria dos direitos fundamentais*. 2. ed. Rio de Janeiro: Renovar, 2001, p. 370.

regime jurídico aplicável aos particulares. Não obstante isso, o próprio texto constitucional determina a aplicação de normas de Direito público às estatais econômicas (ex.: concurso público para contratação de pessoal, licitação etc.), o que revela a existência do regime jurídico híbrido.

Nesse contexto, a organização administrativa para o desempenho das tarefas públicas sofre mutações importantes e deve ser compreendida a partir das novas parcerias previstas no ordenamento jurídico.

1.5. FEDERAÇÃO E O PRINCÍPIO DA SEPARAÇÃO DE PODERES: O EXERCÍCIO DA FUNÇÃO ADMINISTRATIVA

O estudo da organização administrativa, além de estritamente relacionado com a evolução do Estado, depende necessariamente da compreensão de dois princípios constitucionais fundamentais: o princípio federativo e o princípio da separação de poderes.

Primeiramente, a adoção da forma federativa do Estado brasileiro significa a existência da descentralização política do poder entre os diferentes níveis de governo. O Estado Federal brasileiro reconhece a existência de três níveis de poder político: federal, estadual e municipal (art. 18 da CRFB). A autonomia dos Entes Federados pressupõe a concentração de três características: a) auto-organização: os Entes possuem diploma constitutivo e competências legislativas próprias; b) autogoverno: cada ente organiza o respectivo governo e elege seus representantes; c) autoadministração: capacidade de organização e prestação de serviços administrativos, a partir da divisão constitucional, bem como a previsão e receitas tributárias próprias.

É justamente no âmbito da autoadministração que os Entes Federados organizam e prestam, autonomamente ou de forma cooperada, as atividades administrativas. Em consequência, a organização administrativa dos entes leva em consideração as respectivas atividades, que lhes são atribuídas pela Constituição. Como exemplo, pode ser destacado o transporte público rodoviário. A União possui competência para prestar o transporte internacional e interestadual (art. 21, XII, *e*, da CRFB); os Estados prestam o transporte intermunicipal; e os Municípios, o transporte intramunicipal (art. 30, V, da CRFB).

Uma questão prática, envolvendo as competências administrativas em matéria de transporte público e que tem sido discutida pelos tribunais, refere-se à gratuidade conferida para determinadas pessoas. Tendo em vista a autonomia e repartição de competências, a gratuidade no transporte só poderia ser reconhecida pela legislação do ente responsável pela sua prestação. Dessa forma, caso o Município conceda gratuidade no transporte público, esse benefício só poderia ser usufruído por usuários do transporte intramunicipal.[57]

Além da forma federativa de Estado, o princípio da separação de poderes, conforme assinalado anteriormente, também é fundamental para compreensão da organização administrativa.

A separação de funções entre os três poderes (Judiciário, Legislativo e Executivo) é realizada a partir do critério da preponderância, e não da exclusividade. Ou seja: cada um dos poderes exerce, de maneira típica, a função que lhe dá o nome, e, de maneira atípica, as funções que são normalmente desempenhadas pelos outros poderes.[58] Assim, por exemplo, o Judiciário exerce, tipicamente, a atividade jurisdicional, consistente na solução de litígios com força de definitividade. Todavia, o Judiciário exerce atipicamente função normativa (ex.: elaboração do Regimento Interno dos Tribunais – art. 96, I, *a*, da CRFB) e função administrativa (ex.: organização dos seus serviços administrativos internos e concessão de férias aos juízes e serventuários – art. 96, I, *a* e *f*, da CRFB). O Legislativo, por sua vez, além da função legislativa típica, com a criação de direitos e obrigações para as pessoas, exerce funções atípicas (ex.: o Senado processa e julga o Presidente da República – art. 52, I, da CRFB, organização dos seus serviços internos – art. 52, XIII, da CRFB). Por fim, o Poder Executivo, tipicamente, desempenha atividades administrativas e desenvolve, atipicamente, atividades normativas (ex.: medidas provisórias – art. 62 da CRFB, leis delegadas – art. 68 da CRFB) e judicantes (ex.: processo disciplinar).

Afirma-se, tradicionalmente (e sem maiores considerações), que ao Poder Judiciário é vedado revogar atos administrativos, por motivos de conveniência e oportunidade, pois a invasão do mérito do ato seria contrária à separação de poderes. Apenas seria admissível, nesse caso, a anulação do ato ilegal. Ocorre que tal assertiva somente será válida se o ato, submetido ao controle judicial, tiver sido editado por outro poder, já que será possível a revogação,

---

[57] Por esta razão, o TJ/RJ reconheceu a ilegitimidade passiva do Município do Rio de Janeiro em ação proposta por doente crônico que, com base na legislação municipal, pretendia obter gratuidade no transporte público intermunicipal, que é da competência do Estado. "Ação de obrigação de fazer. Pretensão de uso gratuito de transporte coletivo, para fins de realizar tratamento médico-hospitalar. O passe livre seria para locomoção entre o Município de Duque de Caxias (residência do autor apelante) e o Município do Rio de Janeiro (hospitais para tratamento). Ilegitimidade – autor apelante reside em Duque de Caxias. Extinção do processo sem julgamento do mérito. Lei Municipal n.º 3.167/2000 julgada inconstitucional pelo Órgão Especial deste Tribunal. Aplicação obrigatória da decisão a todos os Órgãos do Tribunal. Incumbência do Estado para fornecimento do passe livre intermunicipal – eis que apelante reside em Duque de Caxias. Aplicação do art. 515, § 3.º, do CPC. Desprovimento do apelo" (AP n.º 2008.001.37334, Rel. Des. Wany Couto, 10.ª Câmara Cível, julgamento: 24.09.2008).

[58] Nas palavras de Miguel Seabra Fagundes: "É de notar, porém, que cada um desses órgãos não exerce, de modo exclusivo, a função que nominalmente lhe corresponde, e sim tem nela a sua competência principal ou predominante". Fagundes, Miguel Seabra. *O controle dos atos administrativos pelo Poder Judiciário*. 7. ed. Rio de Janeiro: Forense, 2006, p. 4.

pelo Judiciário, do ato administrativo por ele editado no exercício de sua função administrativa atípica.

Fato é que todos os poderes exercem, em alguma medida, função administrativa (o Executivo de forma típica e os demais poderes de forma atípica). A partir da premissa de que o Direito administrativo tem por objeto o estudo da função administrativa, a organização administrativa é um tema relacionado não apenas ao Poder Executivo, mas também aos Poderes Judiciário e Legislativo. Tanto isso é verdade que o art. 37 da CRFB dispõe sobre a Administração Pública Direta e Indireta de "qualquer dos Poderes da União, dos Estados, do Distrito Federal e dos Municípios".

Ainda que a identificação e conceituação da função administrativa não sejam tarefas fáceis, notadamente pela relativização do princípio da separação de poderes, como já mencionado, elas devem ser enfrentadas.

Diversos são os critérios apontados pela doutrina para a caracterização da função administrativa, com destaque para três deles:

a) subjetivo ou orgânico (realce do sujeito ou agente da função);
b) objetivo material (se examina o conteúdo do ato); e
c) objetivo formal (explica a função em razão do regime jurídico em que se situa a sua disciplina).

Em verdade, nenhum desses critérios, isoladamente, pode ser considerado suficiente para a identificação da função administrativa, ainda que o critério material seja, em princípio, o mais importante. O critério subjetivo não responde à possibilidade de exercício de função administrativa por agentes públicos do Legislativo e do Judiciário, em razão do critério da preponderância (e não exclusividade) da separação de poderes. O critério material, da mesma forma, também apresenta algumas inconsistências, pois alguns atos, com caráter concreto, não serão necessariamente resultado do exercício de atividade administrativa, ainda que o conteúdo seja similar (ex.: a lei de efeitos concretos, materialmente considerada ato administrativo, passível de controle por mandado de segurança, é considerada, sob o ponto de vista formal, uma lei, já que é resultado do processo legislativo). Por fim, o critério formal, em verdade, sequer pode ser considerado apto para a caracterização da função administrativa, pois se refere à consequência dessa caracterização (ou seja, caso se considere uma função administrativa, essa será submetida ao regime jurídico administrativo).

Tendo em vista as dificuldades apontadas, a doutrina tem utilizado o critério residual para definir, *a priori*, a função administrativa.[59] A função

---

[59] Nesse sentido, afirma Diogo de Figueiredo Moreira Neto: "A função administrativa é toda aquela exercida pelo Estado, que não seja destinada à formulação da regra legal nem à expressão da decisão jurisdicional, em seus respectivos sentidos formais". Moreira Neto, Diogo de Figueiredo. *Curso de*

que não representar a criação primária de normas jurídica (função legislativa) nem a resolução de lides com força de coisa julgada (função judiciária), será considerada, residualmente, função administrativa.

Ao que parece, os critérios residual e material devem ser considerados para a definição da função administrativa. Não importa a origem do ato, mas, sim, seu conteúdo para definir a função administrativa e, como consequência, trazer a aplicação do regime jurídico administrativo. Por essa razão, a lei de efeitos concretos, como afirmado, apesar de proveniente do Legislador e do processo legislativo para elaboração de leis, será considerada ato administrativo para fins de controle pela via do mandado de segurança.[60]

É de notar, portanto, que a função administrativa não é facilmente identificada, especialmente em razão da evolução do Estado e da sociedade. Durante muito tempo se imaginou uma função administrativa monopolizada pelo Estado, mas hoje deve ser reconhecida a possibilidade de entidades privadas (sociedade civil e o mercado) exercerem funções materialmente administrativas, submetidas, ainda que parcialmente, ao Direito Administrativo.

De outra banda, é importante destacar que a noção clássica da separação de poderes vem sendo atualizada, juntamente com a concepção do princípio da legalidade, a partir do movimento de constitucionalização do Direito e pela criação de entidades administrativas, dotadas de autonomia relevante, tais como as agências reguladoras.[61] O princípio da separação de poderes, afirma Nuno Piçarra, não pode ser compreendido de maneira abstrata e universal, antes devendo ser considerado à luz do ordenamento constitucional de cada Estado:

> A falência daquela tripartição, como classificação universal e intemporalmente válida das funções estaduais, e, sobretudo, o progressivo esbatimento de fronteiras entre as diversas funções do Estado e a fluidez e relatividade dos critérios de caracterização material e de diferenciação entre elas, tem levado a doutrina a desinteressar-se progressivamente da elaboração de uma teoria geral das funções estaduais como elemento essencial do princípio da separação de poderes, para se fixar numa análise das funções do Estado constitucionalmente adequada, no quadro de uma constituição concreta.[62]

Direito administrativo. 14. ed. Rio de Janeiro: Forense, 2006, p. 24. Vide, também: Carvalho Filho, José dos Santos. *Manual de Direito Administrativo.* 18. ed. Rio de Janeiro: Lumen Juris, 2007, p. 20.

[60] O STF, a Súmula n.º 266, apenas afastou a possibilidade de mandado de segurança contra lei em tese.

[61] Sobre o tema, vide o nosso trabalho: Oliveira, Rafael Carvalho Rezende. *A constitucionalização do Direito Administrativo: o princípio da juridicidade, a releitura da legalidade administrativa e a legitimidade das agências reguladoras.* Rio de Janeiro: Lumen Juris, 2009.

[62] Piçarra, Nuno. *A separação dos poderes como doutrina e princípio constitucional.* Coimbra: Coimbra Editora, 1989, p. 264.

A complexidade, a tecnicidade e a velocidade do mundo atual, aliadas à necessidade de efetivação dos direitos fundamentais, são responsáveis pela maior complexidade da atividade administrativa, que envolve, também, o exercício de poderes normativos e de resolução de controvérsias administrativas. Aliás, verifica-se atualmente uma descentralização do poder normativo para fora dos limites do Poder Executivo (ex.: poderes normativos dos Conselhos Nacionais de Justiça e do Ministério Público, consagrados, respectivamente, nos arts. 103-B, § 4.º, I, e 130-A, § 2.º, I, da CRFB; poder normativo das agências reguladoras etc.).

Nesse contexto, a atividade regulatória exercida pelas agências reguladoras pode ser utilizada como parâmetro dessa evolução da compreensão do princípio da separação de poderes, pois envolve o exercício de atividades administrativas tradicionais (ex.: poder de polícia e fomento), de prerrogativas normativas (normas de caráter técnico) e de funções judicantes (resolução de conflitos nos respectivos setores regulados).

1.6. AS ATIVIDADES ADMINISTRATIVAS E OS DIREITOS FUNDAMENTAIS

No Estado contemporâneo, as atividades administrativas devem ser encaradas como instrumentos necessários à satisfação dos direitos fundamentais.

Primeiramente, é importante destacar a íntima relação entre a função administrativa e a atividade administrativa. Conforme destacado por Marçal Justen Filho, função administrativa "é um conjunto de competências", enquanto a atividade administrativa "é a sequência conjugada de ações e omissões por meio das quais se exercita a função e se persegue a realização dos fins que a norteiam e justificam a sua existência". Nas palavras do autor, "a função administrativa se traduz concretamente na atividade administrativa".[63]

A visão tradicional do regime jurídico administrativo apoiado na dicotomia objetiva entre prerrogativas, de um lado, e sujeições, de outro lado, é relativizada a partir da constitucionalização do Direito e da necessidade de preservação e promoção dos direitos fundamentais.

As prerrogativas estatais, nesse novo contexto, apenas se justificam quando necessárias à satisfação dos direitos fundamentais e devem ser exercidas de maneira proporcional.

Não se pode mais conceber a existência de prerrogativas e privilégios estatais apoiados em uma abstrata supremacia do interesse público sobre os interesses privados. Em que pese a indeterminação da expressão, o interesse

---

[63] Justen Filho, Marçal. *Curso de Direito Administrativo*. São Paulo: Saraiva, 2006, p. 33-34.

público, que legitima a atuação estatal, não se confunde com o interesse do Estado (interesse público secundário) e deve ser entendido como a necessidade de satisfação das necessidades da coletividade (interesse público primário).

A noção de interesse público, hoje, não se opõe necessariamente à noção de interesse privado. Isso porque a atuação estatal atende o interesse público quando promove os direitos fundamentais. Em resumo, não há uma relação de contradição necessária entre o denominado interesse público e o interesse privado.[64]

Em virtude da pluralidade de interesses que devem ser protegidos e promovidos pelo Estado, a atuação administrativa deve passar invariavelmente por ponderações fulcradas no princípio da proporcionalidade. A lei, em verdade, já inicia o processo de ponderação, sinalizando previamente decisões sobre eventuais colisões entre interesses públicos e interesses privados (trata-se da ponderação abstrata, que estabelece os chamados "parâmetros preferenciais"). Isso não afasta a possibilidade das ponderações concretas realizadas pelo administrador, que poderá, até mesmo, se afastar da "indicação" realizada pelo legislador, mas com ônus argumentativo maior para justificar e legitimar as suas decisões, que deverão ser motivadas.[65]

De qualquer modo, o exercício dos poderes (ou deveres) administrativos só se legitima pela necessidade de efetivar os objetivos constitucionais.

Em razão da necessidade de efetivação dos interesses plurais, as atividades administrativas devem ser prestadas pelo Estado de maneira organizada e eficiente.

A evolução do Estado, como visto, gerou a reformulação das atividades administrativas, que não mais se resumem à ordenação da liberdade e da propriedade, englobando hoje atividades prestacionais, de fomento e outras que serão abordadas a seguir.

O reconhecimento constitucional de interesses legítimos de grupos sociais, historicamente excluídos, e de finalidades estatais até então desconhecidas (ex.: direitos sociais e direitos difusos), fez que o Estado tivesse de desempenhar novas atividades administrativas. São diversos os instrumentos possíveis para a satisfação das necessidades coletivas. Em consequência, a

---

[64] Ávila, Humberto. Repensando o "princípio da supremacia do interesse público sobre o particular". *Revista Trimestral de Direito Público* n.º 24, p. 159-180, São Paulo: Malheiros, 1998. Sobre a releitura do princípio da supremacia do interesse público, vide: Sarmento, Daniel (org.). *Interesses públicos versus interesses privados: desconstruindo o princípio de supremacia do interesse público*. Rio de Janeiro: Lumen Juris, 2005; Oliveira, Rafael Carvalho Rezende. *A constitucionalização do Direito Administrativo: o princípio da juridicidade, a releitura da legalidade administrativa e a legitimidade das agências reguladoras*. Rio de Janeiro: Lumen Juris, 2009, p. 100-107.

[65] Barcellos, Ana Paula de. *Ponderação, racionalidade e atividade jurisdicional*. Rio de Janeiro: Renovar, 2005, p. 159-162.

organização estatal sofreu mudanças para se adequar às necessidades atuais. O Estado incrementou as especializações de funções e as descentralizações de suas atividades, valendo-se, até mesmo, de particulares para alcançar os objetivos constitucionalmente estabelecidos.

A redução do tamanho do Estado (Subsidiário) não retira a sua importância. Ao contrário, o que há é uma reformulação das técnicas e meios que serão utilizados para a satisfação do interesse público, reconhecendo a importância de instrumentos privados e dos parceiros privados nesse desiderato.

Tradicionalmente, as atividades administrativas podem ser, resumidamente, inseridas em três grandes categorias: a) atividades de polícia: limitação e condicionamento de direitos; b) atividades de serviço público: prestação de comodidades materiais para as pessoas; e c) atividades de fomento: incentivo e ajudas aos particulares.[66]

Tais atividades dirigem-se aos particulares em geral. É importante frisar, no entanto, que elas dependem do exercício de outras atividades preparatórias, que devem ser adotadas internamente (dentro do aparato estatal), tais como a gestão de recursos orçamentários e do patrimônio público.

No Brasil, apesar das diferentes nomenclaturas encontradas na doutrina, merece destaque a classificação defendida por Carlos Ari Sundfeld,[67] que identifica três setores na teoria da ação administrativa: a) administração de gestão: envolve, basicamente, a prestação de serviços públicos e de serviços sociais, bem como o exercício de atividade econômica; b) administração fomentadora: corresponde à função de indução dos particulares, por meio de incentivos e estímulos, a adotar certos comportamentos; e c) administração ordenadora: pressupõe o exercício do poder de autoridade do Estado para regular o setor privado.

As atividades administrativas, independentemente da classificação adotada, são consideradas instrumentos para a satisfação dos direitos fundamentais.

1.7. DESCONCENTRAÇÃO E DESCENTRALIZAÇÃO ADMINISTRATIVA

A organização administrativa, tradicionalmente, se efetiva por meio de duas técnicas: a desconcentração e a descentralização.

Na desconcentração, existe uma especialização de funções dentro da sua própria estrutura estatal, sem que isso implique a criação de uma nova

---

[66] Parejo Alfonso, Luciano. *Derecho Administrativo*. Barcelona: Ariel, 2003, p. 640. Ao lado das três atividades tradicionais, o autor acrescenta outras, como as atividades econômicas, de planejamento, de infraestrutura e arbitral.

[67] Sundfeld, Carlos Ari. *Direito administrativo ordenador*. São Paulo: Malheiros, 2003, p. 16-17.

pessoa jurídica. Trata-se de distribuição interna de atividades dentro de uma mesma pessoa jurídica. O resultado desse fenômeno é a criação de centros de competências, denominados órgãos públicos, dentro da mesma estrutura hierárquica (ex.: criação de Ministérios, Secretarias etc.).

Por outro lado, a descentralização representa a transferência da atividade administrativa para outra pessoa, física ou jurídica, integrante ou não do aparelho estatal (ex.: descentralização de atividades para entidades da Administração Indireta – autarquias, empresas públicas, sociedades de economia mista e fundações públicas – e para particulares – concessionários e permissionários de serviços públicos).

Existem diversas possibilidades de classificação da descentralização administrativa. Maria Sylvia Zanella Di Pietro,[68] por exemplo, aponta três modalidades de descentralização:

a) **territorial ou geográfica**: quando se atribui à entidade local, geograficamente delimitada, personalidade jurídica de Direito público, com capacidade administrativa genérica (essa descentralização é, normalmente, encontrada nos Estados Unitários – França, Portugal, Espanha etc. –, em que existem as comunas, regiões etc. No Brasil, os territórios federais, hoje inexistentes na prática, poderiam ser citados como exemplo);

b) **por serviços, funcional ou técnica**: o poder público cria uma pessoa jurídica de Direito público ou de Direito privado, que recebe a titularidade e a execução de serviços públicos (ex.: autarquias, estatais e fundações); ou

c) **por colaboração**: a transferência da execução da atividade ocorre por meio de contrato ou ato administrativo unilateral para pessoa jurídica de Direito privado, previamente existente, permanecendo o poder público com a titularidade do serviço (ex.: concessão e permissão de serviço público).

No Brasil, a classificação adotada por Hely Lopes Meirelles,[69] citada reiteradamente na doutrina, diferenciava duas formas de descentralização:

a) **outorga**: a descentralização seria instrumentalizada por meio de lei e a pessoa destinatária receberia a titularidade e a execução da atividade descentralizada (ex.: autarquia); ou

b) **delegação**: a formalização da descentralização ocorreria por contrato ou ato administrativo e a pessoa descentralizada receberia apenas a execução da atividade administrativa (ex.: concessionárias de serviços públicos).

---

[68] Di Pietro, Maria Sylvia Zanella. *Direito administrativo*. 20. ed. São Paulo: Atlas, 2007, p. 381-385.
[69] Meirelles, Hely Lopes. *Direito administrativo brasileiro*. 22. ed. São Paulo: Malheiros, 1997, p. 308.

Em que pesem a importância dessas classificações e a autoridade dos autores que a defendem, certo é que elas não englobam todas as possibilidades de parcerias atualmente existentes no ordenamento brasileiro, não sendo adequadas, por exemplo, para justificar as parcerias com o Terceiro Setor.

Da mesma forma, a distinção entre outorga e delegação, a nosso ver, não se sustenta atualmente, ao menos em relação ao primeiro critério utilizado para diferenciá-las. Não se pode admitir que o Estado transfira a titularidade de uma atividade para entidade administrativa, pública ou privada, pois a titularidade a ele atribuída pela Constituição é irrenunciável. Em verdade, a descentralização só pode abranger a execução da atividade.

Na precisa lição de José dos Santos Carvalho Filho, "os serviços públicos estão e sempre estarão sob a titularidade das pessoas federativas, na forma pela qual a Constituição procedeu à partilha das competências constitucionais", razão pela qual "o alvo da descentralização é tão somente a transferência da execução do serviço (delegação), e nunca a sua titularidade".[70] Por essa razão, o renomado autor abandona o uso da expressão "outorga" e afirma que a delegação da execução da atividade pode ser de duas formas:

a) **legal**: instrumentalizada pela lei (ex.: entidades da Administração Indireta); ou

b) **negocial**: realizada por negócio jurídico (ex.: concessionárias e permissionárias de serviços públicos).

Realmente, não nos parece possível a transferência (descentralização) da titularidade da atividade administrativa à luz do ordenamento vigente. Em qualquer descentralização, operacionalizada por lei ou negócio jurídico, é possível ao Ente Federativo a retomada da atividade transferida, desde que seja respeitado o princípio da simetria das formas (ex.: a lei pode extinguir uma pessoa administrativa e, com isso, a atividade seria devolvida ao ente; a extinção do contrato de concessão acarreta a devolução da execução do serviço ao poder concedente).

Aliás, um exemplo concreto demonstra, com precisão, a inexistência de transferência da titularidade do serviço na criação das entidades administrativas, como sustentava a doutrina tradicional. Caso uma autarquia seja condenada judicialmente a pagar indenização por danos causados ao particular e não possua patrimônio para pagar o que deve, restará ao particular (vítima) a possibilidade de imputar a responsabilidade subsidiária ao Ente Federativo respectivo. A responsabilidade subsidiária dos Entes Federados por danos

---

[70] Carvalho Filho, José dos Santos. *Manual de Direito Administrativo*. 18. ed. Rio de Janeiro: Lumen Juris, 2007, p. 306.

Cap. I - AS TRANSFORMAÇÕES DO ESTADO E A ORGANIZAÇÃO ADMINISTRATIVA MODERNA

causados pelas respectivas entidades administrativas demonstra que a titularidade do serviço permaneceu com o ente, pois caso contrário não haveria qualquer nexo causal capaz de gerar tal responsabilidade.

O estágio atual de evolução do Estado demonstra que as tradicionais técnicas de organização estatal não correspondem com exatidão à complexidade e à diversidade de instrumentos jurídicos capazes de atender o interesse público.

Prova disso é a previsão normativa de novos instrumentos de parcerias entre o Estado e a sociedade civil, sem fins lucrativos, que não representam, a rigor, verdadeira descentralização de serviços, ainda que seja possível a utilização da expressão "descentralização social".[71] No âmbito do Terceiro Setor, o Estado, sem delegar propriamente a atividade social (ex.: educação, saúde etc.), que já é desenvolvida autonomamente por fundação privada ou associação civil, formaliza parceria (ou atos de reconhecimento) para criar condições favoráveis para o alcance de metas socialmente adequadas.

1.8. A ORGANIZAÇÃO ADMINISTRATIVA EM SETORES: PRIMEIRO SETOR: ESTADO; SEGUNDO SETOR: MERCADO; E TERCEIRO SETOR: SOCIEDADE CIVIL

Em razão das limitações das técnicas organizacionais tradicionais (desconcentração e descentralização) e das novas parcerias entre o Estado e os particulares para satisfação do interesse público, é possível analisar a organização administrativa a partir dos diversos sujeitos que atuam como protagonistas na execução de serviços públicos e de atividades privadas de relevância pública.

Os teóricos da Reforma do Estado utilizam a expressão "Terceiro Setor" para se referir às entidades privadas, sem fins lucrativos, que formalizam parcerias com o Estado para a satisfação do interesse público. O Terceiro Setor está localizado entre o Estado e o mercado, englobando as entidades "públicas não estatais".[72] A expressão "público não estatal" é utilizada para ressaltar a finalidade pública buscada por essas organizações ("público"), bem como o fato de que essas pessoas privadas não integram o aparato estatal ("não estatal"). Essa doutrina admite a existência de quatro esferas ou formas de propriedades relevantes no capitalismo contemporâneo: a) a propriedade

---

[71] Moreira Neto, Diogo de Figueiredo. *Curso de Direito Administrativo.* 14. ed. Rio de Janeiro: Forense, 2006, p. 123. Nas palavras do autor, a descentralização social "consiste em aliviar do Estado a execução direta ou indireta de atividades de relevância coletiva que possam ser convenientemente cometidas por credenciamentos ou reconhecimentos a unidades sociais personalizadas".

[72] Pereira, Luiz Carlos Bresser. Grau, Nuria Cunill. Entre o Estado e o mercado: o público não estatal. In: *O público não estatal na reforma do Estado.* Rio de Janeiro: FGV, 1999, p. 15-48.

pública estatal (detém o poder de Estado e/ou é subordinada ao aparato do Estado); b) a pública não estatal (sem fins lucrativos e utilizada para o interesse público); c) a corporativa (também não possuem fins lucrativos, mas são voltadas para a defesa dos interesses de um grupo ou corporação); e d) privada (orientada para o lucro ou o consumo privado).

Ao lado das técnicas tradicionais de organização administrativa, em que o Estado desconcentrava e descentralizava atividades administrativas, por meio de lei ou de negócios jurídicos, hoje existem novas formas de instrumentalização de parcerias com a iniciativa privada para a consecução do interesse público.

No caso do Terceiro Setor, as entidades públicas não estatais, depois de reconhecidas pelo Estado (ato de reconhecimento), normalmente pela concessão de qualificações diferenciadas (ex.: organizações sociais, organizações da sociedade civil de interesse público etc.), formalizam acordos administrativos para o alcance de metas sociais, incentivadas por ajudas públicas (fomento). Tais pessoas privadas são "entidades de colaboração" que atuam sob "vínculo administrativo de reconhecimento".[73]

A expressão Terceiro Setor encontra-se atualmente consagrada na doutrina pátria, o que levou uma parte dela a defender a existência do "Direito do Terceiro Setor".[74] Por outro lado, a consagração da existência do Terceiro Setor acarreta, ainda que implicitamente, a necessidade de identificar os outros dois setores.

Maria Sylvia Zanella Di Pietro prefere utilizar a nomenclatura tradicional do Direito Administrativo brasileiro para incluir essas entidades do Terceiro Setor na categoria das "entidades paraestatais", expressão que, na sua visão, englobaria todas as entidades privadas que colaboram com o Estado no desempenho de atividade não lucrativa e que recebem benefícios públicos.

O problema é a pluralidade de sentidos atribuídos pela doutrina pátria à expressão "entidade paraestatal". Em resumo, os autores nacionais apresentam os seguintes sentidos ao vocábulo: a) autarquias;[75] b) entidades privadas, integrantes ou não da Administração Pública (empresas públicas, sociedades de economia mista e serviços sociais autônomos);[76] c) entidades que possuem vínculo institucional com o a pessoa federativa, submetidas

---

[73] Moreira Neto, Diogo de Figueiredo. *Curso de Direito Administrativo*. 14. ed. Rio de Janeiro: Forense, 2006, p. 123. O renomado autor diferencia as entidades de cooperação (criadas pelo Estado a partir da descentralização funcional) das entidades de colaboração (criadas por particulares por meio da descentralização social).

[74] Nesse sentido: Oliveira, Gustavo Justino de. *Direito do Terceiro Setor*. Belo Horizonte: Fórum, 2008.

[75] Cretella Junior, José. *Curso de Direito Administrativo*. Rio de Janeiro: Forense, 1986, p. 52.

[76] Meirelles, Hely Lopes. *Direito administrativo brasileiro*. 22. ed. São Paulo: Malheiros, 1997, p. 62-63.

ao seu respectivo controle (entidades públicas e privadas da Administração Indireta e serviços sociais autônomos);[77] d) pessoas de Direito privado que desempenham atividades não lucrativas de caráter social (serviços sociais autônomos, entidades de apoio, organizações sociais e organizações da sociedade civil de interesse público).[78]

Em razão das transformações do Direito Administrativo, Diogo de Figueiredo Moreira Neto[79] classifica, a partir do critério funcional, os entes administrativos da seguinte forma: a) entes administrativos estatais: "são pessoas jurídicas de Direito público, às quais a lei outorga o desempenho de funções administrativas"; b) entes administrativos paraestatais: "são pessoas jurídicas de Direito privado, cuja criação foi por lei autorizada, e dele receba delegação para o desempenho de funções administrativas"; c) entes administrativos extraestatais: "são pessoas jurídicas de Direito privado, que se associam ao Estado para o desempenho de funções administrativas ou de simples atividades de interesse público, através de vínculos administrativos unilaterais ou bilaterais".

É possível estabelecer uma organização administrativa moderna dividida em três setores,[80] que são responsáveis pelo atendimento do interesse público e que sofrem a incidência, em maior ou menor medida, do Direito Administrativo:

Primeiro Setor: Estado (Administração Pública Direta e Administração Pública Indireta);

Segundo Setor: mercado (concessionárias e permissionárias de serviços públicos);

Terceiro Setor: sociedade civil – serviços sociais autônomos (Sistema "S"), organizações sociais (OS), organizações da sociedade civil de interesse público (OSCIPs), Organizações da Sociedade Civil (OSCs) etc.

Independentemente da nomenclatura adotada pelos autores que tratam do tema, a organização administrativa moderna envolve o estudo da Administração Pública, dos concessionários de serviços públicos e do Terceiro Setor.

---

[77] Carvalho Filho, José dos Santos. *Manual de Direito Administrativo*. 18. ed. Rio de Janeiro: Lumen Juris, 2007, p. 410.

[78] Di Pietro, Maria Sylvia Zanella. *Direito Administrativo*. 20. ed. São Paulo: Atlas, 2007, p. 456.

[79] Moreira Neto, Diogo de Figueiredo. *Curso de Direito Administrativo*. 14. ed. Rio de Janeiro: Forense, 2006, p. 243.

[80] Essa divisão em três setores é citada por: Justen Filho, Marçal. *Curso de Direito Administrativo*, São Paulo: Saraiva, 2006, p. 137; Di Pietro, Maria Sylvia Zanella. *Direito Administrativo*, 20. ed. São Paulo: Atlas, 2007, p. 456-457.

Segunda Parte
(Primeiro Setor)

ADMINISTRAÇÃO PÚBLICA DIRETA E INDIRETA

Capítulo II

ADMINISTRAÇÃO PÚBLICA

2.1. ADMINISTRAÇÃO PÚBLICA E SEUS SENTIDOS: SUBJETIVO E OBJETIVO

A expressão "Administração Pública" relaciona-se à gestão de interesses públicos e, por essa razão, compreende as pessoas, públicas e privadas, que devem atuar na defesa e promoção desses interesses, e as atividades administrativas. Dessa forma, a expressão pode ser empregada em dois sentidos diversos:[1]

a) **sentido subjetivo, formal ou orgânico (Administração Pública):** são as pessoas jurídicas, os órgãos e os agentes públicos que exercem atividades administrativas; e

b) **sentido objetivo, material ou funcional (administração pública):** é a própria função ou atividade administrativa.

É possível, destarte, distinguir a Administração Pública, com iniciais maiúsculas, que se refere ao aspecto subjetivo, da administração pública, com iniciais minúsculas, que se relaciona com as atividades administrativas.[2]

A Administração Pública encontra-se inserida no estudo da organização administrativa e, geralmente, é dividida em Administração Pública Direta (Entes Federados) e Administração Pública Indireta (entidades administrativas).

A administração pública, por sua vez, deve ser estudada no campo das atividades administrativas internas (instrumentais) e externas (finalísticas). Diogo de Figueiredo Moreira Neto[3] aponta interessante classificação das

---

[1] Di Pietro, Maria Sylvia Zanella. *Direito Administrativo*. 20. ed. São Paulo: Atlas, 2007, p. 45.

[2] Nesse sentido: Carvalho Filho, José dos Santos. *Manual de Direito Administrativo*. 18. ed. Rio de Janeiro: Lumen Juris, 2007, p. 9; Moreira Neto, Diogo de Figueiredo. *Curso de Direito Administrativo*. 14. ed. Rio de Janeiro: Forense, 2006, p. 111.

[3] Moreira Neto, Diogo de Figueiredo. *Curso de Direito Administrativo*. 14. ed. Rio de Janeiro: Forense, 2006, p. 115-120.

atividades administrativas públicas, segundo a natureza dos interesses envolvidos: a) administração pública introversa: são as atividades instrumentais ou institucionais do Estado, relacionadas com o denominado interesse público secundário (finanças públicas e gestão de pessoal, de bens e de serviços internos dos Entes); e b) administração pública extroversa: são as atividades finalísticas do Estado direcionadas para a satisfação do interesse público primário (polícia, serviços públicos, ordenamento econômico, ordenamento social e fomento).

2.2. ADMINISTRAÇÃO PÚBLICA E GOVERNO

A doutrina, tradicionalmente, tem procurado estabelecer distinções entre a Administração (composta por agentes administrativos, responsáveis pela função administrativa) e o Governo (formada por agentes políticos que desempenham função política).[4] No âmbito da Administração, as atividades desenvolvidas resultariam nos atos administrativos; no Governo, os atos editados seriam atos governamentais com características próprias.

Resumidamente, a Administração possui as seguintes características:

a) compreende os agentes, os órgãos e as entidades que integram a estrutura administrativa;
b) exercício de poderes administrativos (polícia, hierárquico, disciplinar, normativo);
c) estudada pelo Direito Administrativo;
d) todos os "poderes" exercem função administrativa (função típica do Executivo e funções atípicas do Legislativo e Judiciário).

Por outro lado, o Governo apresenta características próprias, tais como:

a) compreende os agentes, os órgãos e as entidades que integram a estrutura constitucional do Estado (Poder Executivo, preponderantemente, e o Poder Legislativo);
b) investido de poder político (diretrizes para atuação estatal);
c) é matéria do Direito Constitucional;
d) titularidade preponderante do Executivo, mas também do Legislativo.

Os atos de governo (políticos) seriam provenientes de autoridades do alto escalão do Poder Executivo (Presidente, Governador e Prefeito) e versariam,

---

[4]   As diferenças entre Administração e Governo podem ser encontradas, por exemplo, nas seguintes obras: Meirelles, Hely Lopes. *Direito administrativo brasileiro*. 22. ed. São Paulo: Malheiros, 1997, p. 60-62; Di Pietro, Maria Sylvia Zanella. *Direito Administrativo*. 20. ed. São Paulo: Atlas, 2007, p. 46-49.

predominantemente, sobre o relacionamento com outros poderes (âmbito interno) ou com outros países (âmbito externo). Ex.: apresentação ou retirada de projeto de lei pelo Chefe do Executivo; sanção, promulgação e publicação de leis; veto a projetos de lei; declaração de guerra etc.

Ainda que se possa perceber, em algumas situações, a distinção entre atividades administrativas (prestação de serviços públicos etc.) e atividades de governo (decisões políticas fundamentais na alocação de recursos orçamentários, no planejamento das políticas públicas, nas relações internacionais etc.), fato é que não existe uma fronteira rígida entre essas duas funções. Odete Medauar, nesse sentido, sustenta que, "na prática da atuação do Executivo ocorre, em geral, um emaranhado de governo e administração, o que, segundo alguns, permite evitar um governo puramente político e uma Administração puramente burocrática".[5]

Da mesma forma, a distinção referida geralmente é utilizada com o intuito de afastar os atos políticos do controle judicial, o que, atualmente, deve ser refutado ou ao menos relativizado, já que nenhum ato jurídico (político ou administrativo) pode escapar, em princípio, do controle judicial, em razão do art. 5.º, XXXV, da CRFB. A judicialização das políticas públicas, aliás, demonstra a relativização da divisão rígida entre Administração e Governo.

2.3. A DISTINÇÃO ENTRE ADMINISTRAÇÃO PÚBLICA DIRETA E INDIRETA

A Administração Pública, em seu sentido subjetivo, conforme já demonstrado, engloba todas as pessoas jurídicas e seus respectivos órgãos que executam atividades administrativas.

O Direito positivo consagrou a distinção entre a Administração Pública Direta e Indireta (art. 37, *caput*, da CRFB e art. 4.º do DL n.º 200/1967).

A Administração Direta compreende os Entes Federativos e seus respectivos órgãos. Nesse caso, o Estado, em seu sentido amplo, atua por meio de seus órgãos e de maneira centralizada. Os órgãos estatais, fruto da desconcentração interna de funções administrativas, serão os instrumentos dessa atuação.

Por outro lado, a Administração Pública Indireta compreende as entidades administrativas que exercem funções administrativas, a partir da descentralização legal, e que estão vinculadas ao respectivo Ente Federativo. Na forma

---

[5]   Medauar, Odete. *Direito Administrativo moderno*. 10. ed. São Paulo: RT, 2006, p. 47.

do art. 37, XIX, da CRFB e do art. 4.º, II, do DL n.º 200/1967, são entidades integrantes da Administração Pública Indireta:

a) **as autarquias;**
b) **as empresas públicas (e suas subsidiárias);**
c) **as sociedades de economia mista (e suas subsidiárias);** e
d) **as fundações públicas (estatais) de Direito público e de Direito privado.**

É verdade que o art. 37 da CRFB, em sua redação original, também fez alusão à "Administração fundacional", mas isso não poderia significar uma terceira categoria autônoma de Administração, ao lado da Direta e Indireta. Isso porque as fundações públicas atuam de forma descentralizada, sem qualquer diferença substancial em relação à descentralização administrativa encontrada nas demais entidades administrativas. Em consequência, a Administração Pública seria dividida em Direta e Indireta, sendo inseridas nessa última categoria as fundações públicas. Com a nova redação do art. 37 da CRFB, a partir da EC n.º 19/1998, foi retirada a expressão "fundacional" do texto constitucional, o que parece corroborar a ideia aqui defendida.

Capítulo III

ÓRGÃOS PÚBLICOS

3.1. CONCEITO E A TEORIA DO ÓRGÃO PÚBLICO

Os órgãos públicos são as repartições internas do Estado, criadas a partir da desconcentração administrativa e necessárias à sua organização. A criação dos órgãos públicos é justificada pela necessidade de especialização de funções administrativas, com o intuito de tornar a atuação estatal mais eficiente (ex.: em âmbito federal, os ministérios, ligados à Presidência da República, são responsáveis por atividades específicas. O Ministério da Saúde, por exemplo, é o órgão responsável pela gestão e execução de atividades relacionadas com a saúde).

A principal característica do órgão público é a ausência de personalidade jurídica própria. Em verdade, o órgão público é apenas um compartimento ou centro de atribuições que se encontra inserido em determinada pessoa. Os agentes públicos, que compõem os órgãos públicos, manifestam a vontade do próprio Estado.

Em razão da ligação necessária entre a desconcentração e a hierarquia, os órgãos públicos são ligados por uma relação de subordinação. Frise--se que a hierarquia só existe na estruturação orgânica e interna de uma mesma pessoa estatal, não havendo essa subordinação entre pessoas jurídicas diferentes (nesse caso, há vinculação ou controle, que depende de expressa previsão normativa).

É oportuno salientar que os órgãos públicos existem na Administração Direta e na Indireta. Assim como os Entes Federados, as pessoas administrativas também desconcentram as suas atividades administrativas. Assim, por exemplo, uma autarquia é composta por órgãos próprios com atribuições próprias. Nesse sentido, o art. 1.º, § 2.º, I, da Lei n.º 9.784/1999, que trata do processo administrativo federal, define o órgão público com "a unidade de atuação integrante da estrutura da Administração Direta e da estrutura da Administração Indireta".

A expressão "órgão público" é hoje utilizada com tranquilidade pela doutrina e pela legislação, mas ela é resultado da consagração da denominada teoria do órgão, defendida na Alemanha por Otto Gierke.

O Estado, como se sabe, é uma criação do Direito e não dispõe de vontade própria. Por essa razão, o Estado deve atuar por meio dos agentes públicos para satisfazer as necessidades coletivas.

Diversas teorias procuraram explicar a relação entre o Estado e os agentes públicos que compõem os centros internos de competência. As três teorias mais citadas são as seguintes:[1]

a) **teoria do mandato**: o agente público seria considerado mandatário do Estado. A principal crítica apontada para essa teoria é o fato de o Estado não dispor de vontade própria para constituir mandatário;

b) **teoria da representação**: o agente público seria representante do Estado. Essa teoria não prevaleceu por duas razões: equiparou o Estado ao incapaz, que precisa de representação, e caso houvesse realmente uma representação, os atos do representante que exorbitassem dos poderes de representação não poderiam ser imputados ao Estado (representado);[2]

c) **teoria do órgão**: a partir da analogia entre o Estado e o corpo humano, entende-se que o Estado também atua por meio de órgãos. Os órgãos públicos seriam verdadeiros "braços" estatais. Com isso, a ideia de representação é substituída pela noção de imputação volitiva: a atuação dos agentes públicos, que compõem os órgãos públicos, é imputada à respectiva pessoa estatal. Trata-se de teoria atribuída ao jurista alemão Otto Gierke.

Em virtude da prevalência da teoria do órgão, os centros de competências despersonalizados do Estado são chamados de órgãos públicos.

O princípio da imputação volitiva, atrelada à teoria do órgão, tem importância fundamental no tema da responsabilidade civil do Estado. Isso porque o Estado será responsável pelos danos causados na atuação dos órgãos públicos (por serem despersonalizados, os órgãos não possuem, em regra, capacidade processual). Ademais, a imputação da responsabilidade ao Estado terá lugar, ainda, nos casos em que o órgão atue por meio de

---

[1] Cassagne, Juan Carlos. *Derecho Administrativo*, t. I. 8. ed. Buenos Aires: Abeledo-Perrot, 2006, p. 221-223.

[2] Massimo Severo Giannini afirma que uma das razões para a adoção da teoria do órgão, em substituição à ideia de representação, era a necessidade de se reconhecer a responsabilidade do Estado por todo e qualquer dano causado por seus agentes ao particular. Giannini, Massimo Severo. *Derecho Administrativo*, v. 1, Madri: MAP, 1991, p. 159.

agentes públicos de fato, ou seja, agentes que não possuem vínculo formal legítimo com o Estado, mas que aparentam ser agentes de Direito. A teoria da aparência, nesse caso, ao lado da boa-fé dos terceiros, será suficiente para gerar a responsabilidade estatal.[3]

Essa é a opinião de Juan Alfonso Santamaría Pastor, quando afirma que, apesar da ausência de normas expressas no Direito positivo, deve prevalecer o entendimento no sentido de "dar primacía a los valores de la protección de la apariencia y de la buena fe, considerando imputables a la Administración los actos respectivos", salvo nos casos de usurpação de função pública ou simulação grosseira.[4]

Por fim, a doutrina aponta três teorias a respeito da natureza dos órgãos:

a) **subjetiva ("órgão físico" ou "órgão-indivíduo"):** identifica os órgãos com os agentes públicos;
b) **objetiva ("órgão jurídico" ou "órgão-instituição"):** órgãos seriam apenas um conjunto de atribuições ou unidades funcionais da organização administrativa;
c) **eclética:** os órgãos seriam formados pela soma dos elementos objetivos e subjetivos, ou seja, pelo complexo de atribuições e pelo agente público.[5]

A primeira e a terceira teorias, ao vincularem o órgão ao agente, não explicariam de maneira adequada a subsistência do órgão, mesmo com o desligamento do agente público. Por essa razão, parece que a teoria objetiva, apesar de possuir imperfeições, deve prevalecer.

3.2. CRIAÇÃO E EXTINÇÃO

A criação e a extinção dos órgãos públicos dependem de lei, conforme se extrai da leitura conjugada dos arts. 48, XI, e 84, VI, *a*, da CRFB, alterados pela EC n.º 32/2001.[6]

---

[3]   Nesse sentido: Carvalho Filho, José dos Santos. *Manual de Direito Administrativo*. 18. ed. Rio de Janeiro: Lumen Juris, 2007, p. 11; Di Pietro, Maria Sylvia Zanella. *Direito Administrativo*. 20. ed. São Paulo: Atlas, 2007, p. 471.

[4]   Santamaría Pastor, Juan Alfonso *Principios de Derecho administrativo general I*, Madri: Iustel, 2004, p. 408-409.

[5]   GORDILLO, Augustín. *Tratado de derecho administrativo*. 7. ed. Belo Horizonte: Del Rey, 2003. t. 1, p. XII-1; CARVALHO FILHO, José dos Santos. *Manual de direito administrativo*. 18. ed. Rio de Janeiro: Lumen Juris, 2007. p. 12-13; DI PIETRO, Maria Sylvia Zanella. *Direito administrativo*. 20. ed. São Paulo: Atlas, 2007. p. 472.

[6]   "Art. 48. Cabe ao Congresso Nacional, com a sanção do Presidente da República, não exigida esta para o especificado nos arts. 49, 51 e 52, dispor sobre todas as matérias de competência da União,

E, em regra, a iniciativa para o projeto de lei de criação dos órgãos públicos é do Chefe do Executivo, na forma do art. 61, § 1.º, II, *e*, da CRFB, também alterada pela citada Emenda Constitucional.[7] Todavia, em alguns casos, a iniciativa legislativa é atribuída, pelo texto constitucional, a outros agentes públicos, como ocorre, por exemplo, em relação aos órgãos do Poder Judiciário (art. 96, II, *c* e *d*, da CRFB) e do Ministério Público (127, § 2.º), cuja iniciativa pertence aos representantes daquelas instituições.

Trata-se do princípio da reserva legal aplicável às técnicas de organização administrativa (desconcentração para órgãos públicos e descentralização para pessoas físicas ou jurídicas).

Atualmente, no entanto, não é exigida lei para tratar da organização e do funcionamento dos órgãos públicos, já que tal matéria pode ser estabelecida por meio de decreto do Chefe do Executivo (art. 84, VI, *a*, da CRFB).

Excepcionalmente, a criação de órgãos públicos poderá ser instrumentalizada por ato administrativo, tal como ocorre na instituição de órgãos no Poder Legislativo, na forma dos arts. 51, IV, e 52, XIII, da CRFB.[8]

3.3. CAPACIDADE PROCESSUAL OU JUDICIÁRIA EXCEPCIONAL

A principal característica do órgão público, como já mencionado, é a ausência de personalidade jurídica própria. Por ser uma mera repartição interna de competências e de especialização de funções, o órgão público não é considerado sujeito de direitos e obrigações.

Em razão disso, o órgão público não possui, em regra, capacidade processual (ou judiciária) para demandar ou ser demandado em Juízo, pois o

---

especialmente sobre: [...] XI – criação e extinção de Ministérios e órgãos da administração pública." "Art. 84. Compete privativamente ao Presidente da República: [...] VI – dispor, mediante decreto, sobre: a) organização e funcionamento da administração federal, quando não implicar aumento de despesa nem criação ou extinção de órgãos públicos."

[7] "Art. 61. [...] § 1.º São de iniciativa privativa do Presidente da República as leis que: [...] II – disponham sobre: [...] *e*) criação e extinção de Ministérios e órgãos da administração pública, observado o disposto no art. 84, VI."

[8] "Art. 51. Compete privativamente à Câmara dos Deputados: [...] IV – dispor sobre sua organização, funcionamento, polícia, criação, transformação ou extinção dos cargos, empregos e funções de seus serviços, e a iniciativa de lei para fixação da respectiva remuneração, observados os parâmetros estabelecidos na lei de diretrizes orçamentárias." "Art. 52. Compete privativamente ao Senado Federal: [...] XIII – dispor sobre sua organização, funcionamento, polícia, criação, transformação ou extinção dos cargos, empregos e funções de seus serviços, e a iniciativa de lei para fixação da respectiva remuneração, observados os parâmetros estabelecidos na lei de diretrizes orçamentárias." No mesmo sentido: Oliveira, Rafael Carvalho Rezende. *Curso de Direito Administrativo*. 2. ed. São Paulo: Método, 2014, p. 73; Carvalho Filho, José dos Santos. *Manual de Direito Administrativo*. 18. ed. Rio de Janeiro: Lumen Juris, 2007, p. 12, nota 29.

art. 70 do CPC/2015, que corresponde ao art. 7.º do CPC/1973, só atribui capacidade processual à "pessoa que se encontre no exercício de seus direitos".

Dessa forma, caso a atuação do agente público, ocupante de determinado órgão público, cause dano a alguém, a respectiva ação indenizatória deverá ser direcionada à pessoa jurídica da qual aquele órgão é parte integrante (princípio da imputação volitiva). Por exemplo: se um veículo do Ministério da Saúde, utilizado para a distribuição de vacinas a hospitais públicos, dirigido por agente público federal em alta velocidade, atropela uma pessoa, a respectiva ação indenizatória deve ser proposta perante a União, uma vez que o Ministério é órgão público, despido de personalidade judiciária.[9]

Não obstante a regra geral, algumas exceções têm sido apontadas pela lei e pela jurisprudência, sendo lícito reconhecer, ao menos, duas situações excepcionais nas quais se admite a capacidade judiciária de determinados órgãos públicos.

Em primeiro lugar, a legislação pode atribuir capacidade processual para certos órgãos públicos. Aqui não existe qualquer novidade, pois a lei, que estabelece a regra, pode apontar exceções. É o caso, por exemplo, dos órgãos públicos, que atuam na defesa dos consumidores, cuja capacidade processual é reconhecida pelo art. 82, III, do CDC.[10]

Em segundo lugar, independentemente de lei expressa, a doutrina e a jurisprudência têm reconhecido a capacidade processual aos órgãos públicos que preenchem dois requisitos cumulativos:

a) órgão da cúpula da hierarquia administrativa; e
b) defesa de suas prerrogativas institucionais.

Os requisitos, apontados para essa segunda exceção, são justificáveis. Normalmente, as divergências entre órgãos são resolvidas a partir da hierarquia administrativa. Todavia, em relação aos órgãos públicos, que não se encontram interligados pela hierarquia, não haveria um remédio na via administrativa para solucionar os eventuais conflitos, razão pela qual, em razão do princípio da inafastabilidade do Poder Judiciário (art. 5.º, XXXV, da CRFB), a solução da controvérsia deve ficar a cargo do Poder Judiciário.

Imagine-se, por exemplo, o conflito (positivo ou negativo) instaurado entre a Prefeitura e a Câmara de Vereadores, órgãos de cúpula, respectivamente, do

---

[9] Esse exemplo foi objeto de prova discursiva, aplicada em 05/08/2001, no concurso público para provimento do cargo de Defensor Público da União.

[10] "Art. 82. Para os fins do art. 81, parágrafo único, são legitimados concorrentemente: [...] III – as entidades e órgãos da Administração Pública, Direta ou Indireta, ainda que sem personalidade jurídica, especificamente destinados à defesa dos interesses e direitos protegidos por este código."

Executivo e do Legislativo do Município. Em razão da ausência de hierarquia entre os citados órgãos municipais (o que existe são apenas os controles entre os poderes fixados pela Constituição), deve ser reconhecida, em caráter excepcional, a capacidade processual na hipótese.

Nesse sentido, a Súmula 525 do STJ dispõe: "A Câmara de Vereadores não possui personalidade jurídica, apenas personalidade judiciária, somente podendo demandar em juízo para defender os seus direitos institucionais".

Por essa razão, a Primeira Seção do STJ reiterou a ausência de capacidade processual da Câmara de Vereadores para propositura de ação judicial com o objetivo de discutir a incidência da contribuição previdenciária sobre os vencimentos pagos aos vereadores.[11] Em outra oportunidade, a Corte afirmou a ausência de legitimidade da Câmara Municipal para questionar suposta retenção irregular de valores do Fundo de Participação dos Municípios, pois não se trata de interesse institucional do órgão, mas de interesse patrimonial do ente municipal.[12]

Por outro lado, o STJ já reconheceu a capacidade processual para a Câmara dos Vereadores impetrar mandado de segurança, quando caracterizada a inércia do Município, na defesa de suas prerrogativas institucionais:

> Processual civil. Recurso ordinário. Mandado de segurança. Descentralização do ensino. Escolas estaduais. Municipalização. Inércia do executivo. Impetração de segurança. Legitimidade ativa da Câmara Municipal. Precedentes.
>
> 1. **O Município tem personalidade jurídica e a Câmara de Vereadores personalidade judiciária (capacidade processual) para a defesa dos seus interesses e prerrogativas institucionais.** Afetados os direitos do Município e inerte o Poder Executivo, no caso concreto (municipalização de escolas estaduais), influindo os denominados direitos-função (impondo deveres), não há negar a manifestação de Direito subjetivo público, legitimando-se a Câmara Municipal para impetrar mandado de segurança.
>
> 2. Recurso ordinário conhecido e provido.[13]

Quanto à necessidade de defesa das prerrogativas institucionais, este requisito serve para afastar a capacidade processual para os órgãos que

---

[11] STJ, 1.ª Seção, REsp 1.164.017/PI, Rel. Min. Castro Meira, *DJe* 06.04.2010, Informativo de Jurisprudência do STJ n. 428.

[12] STJ, 2.ª Turma, REsp 1.429.322/AL, Rel. Min. Mauro Campbell Marques, *DJe* 28.02.2014, Informativo de Jurisprudência do STJ n. 537.

[13] STJ, RMS n.º 12068/MG, Ministro Francisco Peçanha Martins, Segunda Turma, *DJ* 11/11/2002 p. 169.

pretendem discutir em Juízo questões que não coloquem em risco a sua dignidade constitucional. As questões de menor importância, que não guardam relação com as prerrogativas desses órgãos, devem ser resolvidas pela pessoa jurídica respectiva.

3.4. CAPACIDADE CONTRATUAL E O CONTRATO DE GESTÃO

Os órgãos públicos, em razão da ausência de personalidade jurídica, não possuem capacidade contratual. Apenas as pessoas possuem capacidade para aquisição de direitos e obrigações (art. 1.º do CC).

É de notar que, na prática, alguns órgãos públicos recebem a incumbência de implementar licitações e acabam por constar, nominalmente, como "parte" de contratos administrativos. A rigor, em que pese essa "irregularidade", o órgão, que consta do referido ajuste, não deve ser considerado parte da relação jurídica, mas sim a pessoa jurídica respectiva (ex.: se determinado Ministério, em âmbito federal, constar do contrato administrativo, em verdade, teremos juridicamente a União como parte do ajuste e não o órgão). Tanto isso é verdade que as eventuais discussões judiciais serão travadas com a pessoa jurídica, de que o órgão é parte integrante.

Não se pode olvidar, todavia, que o art. 37, § 8.º, da CRFB[14] parece consagrar, a partir da sua interpretação literal, uma possibilidade excepcional de celebração de contratos por órgãos públicos.

Trata-se do denominado "contrato de gestão"[15] ou "contrato de autonomia" celebrado por órgãos (relações intra-administrativas) ou entidades administrativas (relações interadministrativas). Na referida norma constitucional, admite-se a celebração de contratos entre órgãos públicos e Entes Federativos com o objetivo de ampliar a autonomia "gerencial, orçamentária e financeira" desses órgãos que deverão cumprir "metas de desempenho" nos prazos estabelecidos.

---

[14] "Art. 37. [...] § 8.º A autonomia gerencial, orçamentária e financeira dos órgãos e entidades da administração direta e indireta poderá ser ampliada mediante contrato, a ser firmado entre seus administradores e o poder público, que tenha por objeto a fixação de metas de desempenho para o órgão ou entidade, cabendo à lei dispor sobre: I – o prazo de duração do contrato; II – os controles e critérios de avaliação de desempenho, direitos, obrigações e responsabilidade dos dirigentes; III – a remuneração do pessoal."

[15] A expressão "contrato de gestão" foi consagrada na Lei n.º 9.649/1998, quando do tratamento das "agências executivas". "Art. 51. O Poder Executivo poderá qualificar como Agência Executiva a autarquia ou fundação que tenha cumprido os seguintes requisitos: I – ter um plano estratégico de reestruturação e de desenvolvimento institucional em andamento; II – ter celebrado Contrato de Gestão com o respectivo Ministério supervisor." "Art. 52. [...] § 1.º Os Contratos de Gestão das Agências Executivas serão celebrados com periodicidade mínima de um ano e estabelecerão os objetivos, metas e respectivos indicadores de desempenho da entidade, bem como os recursos necessários e os critérios e instrumentos para a avaliação do seu cumprimento."

A expressão "contrato de gestão", no Brasil, possui duas aplicações distintas:[16]

a) **contrato de gestão interno ou endógeno**: é formalizado no âmbito interno da Administração Pública com o objetivo de garantir maior eficiência administrativa, por meio da estipulação de metas de desempenho e aumento da autonomia gerencial, orçamentária e financeira do órgão ou entidade administrativa (art. 37, § 8.º, CRFB). O art. 51 da Lei n.º 9.649/1998 consagrou a expressão "contrato de gestão" quando tratou das agências executivas.

b) **contrato de gestão externo ou exógeno**: é aquele formalizado entre a Administração Pública e determinada entidade privada, sem fins lucrativos, qualificada como Organização Social (OS), com a previsão, de um lado, de metas de desempenho, e, de outro lado, incentivos públicos (fomento) à entidade privada (art. 5.º da Lei n.º 9.637/1998).

Neste capítulo, o enfoque será o estudo do contrato de gestão interno, já que o contrato de gestão externo será apreciado adiante, de forma detalhada, no capítulo relativo ao Terceiro Setor.

O contrato de gestão interno (art. 37, § 8.º, da CRFB) tem por objetivo estabelecer uma coordenação gerencial no seio da Administração Pública. Além de estabelecer metas de desempenho e critérios de eficiência administrativa, este instrumento prevê formas mais detalhadas de controle dos resultados da atividade administrativa. É lícito afirmar que o contrato de gestão representa, ao mesmo tempo, um importante acordo organizatório da Administração e um instrumento de controle das atividades administrativas.

Malgrado a literalidade da norma constitucional, que afirma a capacidade contratual dos órgãos públicos, entendemos não haver, propriamente, contrato nessa hipótese.[17] As razões para essa conclusão podem ser assim resumidas:

a) **impossibilidade da figura do "contrato consigo mesmo" ou autocontrato**: em razão da ausência de personalidade jurídica do órgão, a sua atuação é imputada à respectiva pessoa jurídica. Ou seja: em última análise, a pessoa jurídica estabeleceria direitos e obrigações para ela mesma.

b) **inexistência de interesses contrapostos**: no "contrato de gestão" não há interesses antagônicos, característica tradicional dos contratos, mas, sim, interesses comuns e convergentes dos partícipes, o que revelaria a natureza de ato complexo ou de acordo administrativo do ajuste.

---

[16] Oliveira, Gustavo Justino de. *Contrato de Gestão*. São Paulo: RT, 2008, p. 253-255.

[17] Nesse sentido: Di Pietro, Maria Sylvia Zanella. *Direito Administrativo*. 20. ed. São Paulo: Atlas, 2007, p. 313-314; Moreira Neto, Diogo de Figueiredo. *Curso de Direito Administrativo*. 14. ed. Rio de Janeiro: Forense, 2006, p. 24; Mello, Celso Antônio Bandeira de. *Curso de Direito Administrativo*. 21. ed. São Paulo: Malheiros, 2006, p. 224-225.

Por essas razões, o "contrato de gestão" do art. 37, § 8.º, da CRFB deve ser encarado como verdadeiro ato administrativo complexo ou acordo administrativo.[18] Em consequência, cada Ente Federado terá autonomia para regulamentar, por meio de lei ordinária, o art. 37, § 8.º, da CRFB.[19]

3.5. CLASSIFICAÇÕES

Diversas são as classificações de órgãos públicos apontadas pela doutrina. O intuito das classificações doutrinárias de institutos jurídicos é estabelecer uma abordagem didática do assunto, facilitando o estudo do tema.

As classificações não podem, todavia, ser encaradas normalmente como absolutas e precisas, notadamente pela diversidade enorme de situações concretas que, invariavelmente, não se encaixam com exatidão nessas classificações.

Com essas considerações e ressalvas iniciais, é possível destacar, a partir de critérios variados, algumas das mais importantes classificações dos órgãos públicos.

Em primeiro lugar, Hely Lopes Meirelles,[20] quanto à posição que o órgão ocupa na escala governamental ou administrativa, elenca quatro tipos de órgãos:

a) órgãos independentes: são aqueles previstos na Constituição e representativos dos Poderes do Estado (Legislativo, Judiciário e Executivo), situados no ápice da pirâmide administrativa. Tais órgãos não se encontram subordinados a nenhum outro órgão e só estão sujeitos aos controles recíprocos previstos no texto constitucional. Ex.: Casas Legislativas (Congresso Nacional, Senado Federal, Câmara dos Deputados, Assembleias Legislativas, Câmara dos Vereadores), Chefias do Executivo (Presidência da República, Governadorias dos Estados e do DF e Prefeituras Municipais), Tribunais Judiciários e Juízes singulares, Ministério Público e Tribunais de Contas.

b) órgãos autônomos: são aqueles subordinados aos Chefes dos órgãos independentes e que possuem ampla autonomia administrativa, financeira e técnica, com a incumbência de desenvolver as funções de planejamento,

---

[18] Nas palavras de Diogo de Figueiredo Moreira Neto: "a denominação contrato de gestão não é feliz, pois não existem prestações recíprocas ajustadas entre as partes acordantes nem, tampouco, interesses antagônicos a serem compostos, que possam caracterizar o intuito contratual. Há, nitidamente, um pacto: um simples acordo de vontades concorrentes [...]". Moreira Neto, Diogo de Figueiredo. *Curso de Direito Administrativo*. 14. ed. Rio de Janeiro: Forense, 2006, p. 191.

[19] No mesmo sentido, reconhecendo a autonomia legislativa para regulamentação dos contratos de gestão: Moreira Neto, Diogo de Figueiredo. Coordenação gerencial na Administração Pública. *RDA*, n.º 214, out.-dez., 1998, p. 43; Oliveira, Gustavo Justino de. *Contrato de Gestão*. São Paulo: RT, 2008, p. 189.

[20] Meirelles, Hely Lopes. *Direito administrativo brasileiro*. 22. ed. São Paulo: Malheiros, 1997, p. 66-68.

supervisão, coordenação e controle. Ex.: Ministérios, Secretarias Estaduais, Secretarias Municipais e Advocacia-Geral da União.

c) órgãos superiores: estão subordinados a uma chefia e detêm poder de direção e controle, mas não possuem autonomia administrativa nem financeira. Ex.: Gabinetes e Coordenadorias.

d) órgãos subalternos: são aqueles que se encontram na base da pirâmide da hierarquia administrativa, com reduzido poder decisório e com atribuições de execução. Ex.: portarias, seções de expedientes.

Essa primeira classificação, uma das mais festejadas pela doutrina tradicional, apresenta sérias dificuldades que colocam em risco sua subsistência, razão pela qual alguns autores a abandonaram. José dos Santos Carvalho Filho, tendo em vista a imprecisão dos critérios utilizados nessa classificação, prefere apontar, quanto à estrutura estatal, duas espécies de órgãos: diretivos, com funções de comando e direção, e subordinados, responsáveis por funções de execução.[21]

Por um lado, os critérios adotados são nebulosos e insuficientes para diferenciar as espécies de órgãos. Parece impróprio, por exemplo, afirmar que o órgão superior possui poder de direção e controle, mas não autonomia administrativa. Ora, o poder de direção e controle sempre envolverá, em maior ou menor medida, algum grau de autonomia administrativa.

Por outro lado, a complexidade da organização administrativa no Estado atual trouxe problemas na caracterização de determinados órgãos. A autonomia reforçada, conferida pela Constituição e pela legislação ordinária às entidades administrativas e aos órgãos criados recentemente, demonstram a dificuldade de encaixá-las na classificação. Exemplos: agências reguladoras, Defensorias Públicas, CNJ e CNMP.

Em relação ao enquadramento federativo, os órgãos públicos podem ser divididos em:

a) órgãos federais: integrantes da Administração Federal (ex.: Presidência da República, Ministérios, Congresso Nacional);

b) órgãos estaduais: integrantes da Administração Estadual (ex.: Governadoria, Secretarias Estaduais, Assembleia Legislativa);

c) órgãos distritais: integrantes do DF (ex.: Governadoria, Câmara Distrital); e

d) órgãos municipais: integrantes da Administração Municipal (ex.: Prefeitura, Secretarias Municipais, Câmara de Vereadores).

---

[21] Carvalho Filho, José dos Santos. *Manual de Direito Administrativo*. 18. ed. Rio de Janeiro: Lumen Juris, 2007, p. 14.

Quanto à composição, os órgãos são classificados em:[22]

a) órgãos singulares ou unipessoais: quando compostos por um agente público (ex.: Chefia do Executivo).

b) órgãos coletivos ou pluripessoais: integrados por mais de um agente (ex.: Conselhos e Tribunais Administrativos, CNJ e CNMP).

Por fim, em relação às atividades que, preponderantemente, são exercidas pelos órgãos públicos, podem ser citados três tipos de órgãos:[23]

a) órgãos ativos: responsáveis pela execução concreta das decisões administrativas (ex.: órgãos responsáveis pela execução de obras públicas);

b) órgãos consultivos: responsáveis pelo assessoramento de outros órgãos públicos (ex.: procuradorias);

c) órgãos de controle: fiscalizam as atividades de outros órgãos (ex.: controladorias, Tribunais de Contas).

Esta última classificação explica cada vez menos os órgãos públicos atuais, uma vez que, com raras exceções, os órgãos cumulam funções variadas (executivas, consultivas e controladoras).

Todas as classificações aqui demonstradas são adotadas por grande parte da doutrina tradicional, mas, como mencionado, não são absolutas nem afastam outras possibilidades classificatórias.

---

[22] Cassagne, Juan Carlos. *Derecho Administrativo*, t. I. 8. ed. Buenos Aires: Abeledo-Perrot, 2006, p. 227; Santamaría Pastor, Juan Alfonso *Principios de Derecho Administrativo General I*. Madri: Iustel, 2004, p. 409. No Brasil, a classificação é citada por: Di Pietro, Maria Sylvia Zanella. *Direito Administrativo*. 20. ed. São Paulo: Atlas, 2007, p. 473-474. José dos Santos Carvalho Filho também adota essa classificação e faz uma subdivisão dos órgãos coletivos, que podem ser de representação unitária, em que a vontade do dirigente é suficiente para enunciar a vontade do próprio órgão (ex.: departamentos em geral), ou de representação plúrima, quando a vontade do órgão depende do consenso ou da votação entre os seus membros (ex.: Tribunais Administrativos). Carvalho Filho, José dos Santos. *Manual de Direito Administrativo*. 18. ed. Rio de Janeiro: Lumen Juris, 2007, p. 15.

[23] Cassagne, Juan Carlos. *Derecho Administrativo*, t. I. 8. ed. Buenos Aires: Abeledo-Perrot, 2006, p. 228-229; Santamaría Pastor, Juan Alfonso *Principios de Derecho Administrativo General I*, Madri: Iustel, 2004, p. 413. No Brasil, Celso Antônio Bandeira de Mello adota essa classificação, mas acrescenta outras duas espécies de órgãos: órgãos verificadores, encarregados da emissão de perícias ou de conferência de situações fáticas, e órgãos contenciosos, responsáveis pela solução de controvérsias. Mello, Celso Antônio Bandeira de. *Curso de Direito Administrativo*. 21. ed. São Paulo: Malheiros, 2006, p. 137.

Capítulo IV

ADMINISTRAÇÃO PÚBLICA INDIRETA

4.1. ENTIDADES DA ADMINISTRAÇÃO PÚBLICA INDIRETA

A Administração Pública Indireta é composta por entidades administrativas, criadas por descentralização legal e vinculadas ao respectivo Ente Federado.

São entidades da Administração Indireta: a) as autarquias; b) as empresas públicas; c) as sociedades de economia mista; e d) as fundações públicas (estatais). Esse rol encontra-se previsto no art. 37, XIX, da CRFB e no art. 4.º, II, do DL n.º 200/1967. Nesse rol podem ser incluídas ainda as subsidiárias das empresas estatais e as empresas controladas pelo Estado.

Cada Ente Federado possui autonomia para tratar da sua respectiva Administração Pública Indireta, desde que respeitados os limites impostos pela Constituição. Em âmbito federal, por exemplo, o DL n.º 200/1967 dispõe sobre a organização da Administração Pública federal.

É importante destacar a existência de controvérsias doutrinárias em relação ao elenco das pessoas que integram a Administração Indireta.

Por um lado, alguns autores, como a professora Maria Sylvia Zanella Di Pietro,[1] entendem que o rol constitucional e legal da Administração Indireta é imperfeito, pois se a expressão pretende abranger todas as pessoas que prestam serviços públicos descentralizados, deveria ela abranger as concessionárias e as permissionárias de serviços públicos. Da mesma forma, seria inadequada a inclusão, nessa categoria, das empresas públicas e sociedades de economia mista que exercem atividades econômicas, já que tais atividades não seriam fruto de descentralização administrativa.

---

[1] Di Pietro, Maria Sylvia Zanella. *Direito Administrativo*. 20. ed. São Paulo: Atlas, 2007, p. 388. Em sentido análogo, José dos Santos Carvalho Filho sustenta que, *de lege ferenda*, deveriam ser excluídas do rol de entidades da Administração Indireta as pessoas com objetivos empresariais. Carvalho Filho, José dos Santos. *Manual de Direito Administrativo*. 18. ed. Rio de Janeiro: Lumen Juris, 2007, p. 408.

Por outro lado, em razão da Lei n.º 11.107/2005, que regulamenta os consórcios públicos (gestão associada de serviços entre os Entes Federados) e exige a sua personalização (pessoa de Direito público – associação pública – ou pessoa de Direito privado), há o entendimento doutrinário defendido, por exemplo, por Maria Sylvia Zanella Di Pietro e Marçal Justen Filho, no sentido de que esses consórcios personalizados seriam novas entidades da Administração Indireta.[2]

Entendemos que, apesar das imperfeições do legislador, a expressão "Administração Pública Indireta" foi consagrada na Constituição e na legislação infraconstitucional para englobar apenas as autarquias, as empresas públicas, as sociedades de economia mista e as fundações públicas. Isso não impede, todavia, que os princípios e regras aplicáveis às entidades em comento sejam estendidos, eventualmente, para outras entidades públicas ou privadas que exerçam atividades administrativas.

A organização administrativa, como visto, sofreu profundas alterações com a evolução do Estado e da sociedade, não se reduzindo à dicotomia legal Administração Direta e Indireta.

Conforme será aprofundado no momento oportuno, as pessoas jurídicas, públicas (associações públicas) e privadas, criadas no âmbito dos consórcios públicos, não representam verdadeiramente novas entidades administrativas. A associação pública, por suas características, possui natureza jurídica autárquica, e a pessoa privada pode ser considerada espécie de fundação pública de Direito privado ou de empresa pública prestadora de serviços públicos.

As entidades da Administração Pública Indireta estão vinculadas, geralmente, ao Poder Executivo, tendo em vista que esse poder exerce tipicamente funções administrativas. Não obstante isso, é possível a criação de entidades administrativas no âmbito do Poder Judiciário e do Poder Legislativo, quando houver necessidade de desempenho, atípico, de atividades administrativas por meio da descentralização legal. Por esta razão, o art. 37 da CRFB dispõe sobre a "Administração Pública Direta e Indireta de qualquer dos poderes da União, dos Estados, do Distrito Federal e dos Municípios". É de notar que também é possível a criação de entidades administrativas vinculadas aos órgãos constitucionais de cúpula, que não se encontram subordinados a nenhum outro órgão e possuem importante independência, como ocorre, por exemplo, no Ministério Público e no Tribunal de Contas.

---

[2]   Di Pietro, Maria Sylvia Zanella. *Direito Administrativo*. 20. ed. São Paulo: Atlas, 2007, p. 392; Justen Filho, Marçal. *Curso de Direito Administrativo*. São Paulo: Saraiva, 2006, p. 116.

4.2. CARACTERÍSTICAS COMUNS DAS ENTIDADES ADMINIS- TRATIVAS

As entidades da Administração Pública Indireta têm, normalmente, característica e finalidades próprias, razão pela qual é possível afirmar que "cada uma delas tem uma vocação distinta".[3]

É possível afirmar, genericamente, que as autarquias exercem poder de autoridade, as estatais prestam serviços públicos econômicos ou desempenham atividades econômicas e as fundações públicas prestam atividades sociais.

Isso não impede, porém, a existência de diversas características comuns entre essas entidades. As entidades administrativas, por exemplo, possuem personalidade jurídica própria, com poder de autoadministração, e se submetem aos princípios do planejamento, coordenação, descentralização, delegação de competência e controle (art. 6.º do DL n.º 200/1967).

Do rol de características comuns é possível destacar dois princípios de suma importância: princípio da reserva legal e princípio do controle.

4.2.1. Reserva legal

O princípio da reserva legal deve ser observado na instituição das entidades administrativas. Isso porque o art. 37, XIX, da CRFB[4] exige lei específica para criação ou para autorizar a criação dessas entidades. A lei, no caso, será de iniciativa privativa do Chefe do Poder Executivo, na forma do art. 61, § 1.º, II, *b* e *e*, da CRFB.

Enquanto as pessoas jurídicas de direito público (autarquias e fundações públicas de direito público) são instituídas diretamente pela lei, as pessoas jurídicas de direito privado (empresas públicas, sociedades de economia mista e fundações públicas de direito privado) são criadas, após autorização legal, por meio do registro dos respectivos atos constitutivos, como se exige para as pessoas jurídicas privadas em geral (art. 45 do CC).

Ressalte-se que a exigência de lei para a instituição de entidades administrativas se aplica, inclusive, às subsidiárias, por força do art. 37, XX, da CRFB.[5] Todavia, aqui, não é necessária lei específica para a instituição de cada

---

[3] Souto, Marcos Juruena Villela. *Direito administrativo empresarial*. Rio de Janeiro: Lumen Juris, 2006, p. 2.

[4] "Art. 37. [...] XIX – somente por lei específica poderá ser criada autarquia e autorizada a instituição de empresa pública, de sociedade de economia mista e de fundação, cabendo à lei complementar, neste último caso, definir as áreas de sua atuação."

[5] "Art. 37. [...] XX – depende de autorização legislativa, em cada caso, a criação de subsidiárias das entidades mencionadas no inciso anterior, assim como a participação de qualquer delas em empresa privada."

subsidiária, bastando a autorização genérica, contida na lei que autorizou a instituição das estatais, conforme já decidiu o STF.[6]

Em razão do princípio da reserva legal, as entidades administrativas só podem desempenhar as atividades que estiverem especialmente previstas na respectiva lei de criação ou autorizativa. A atuação administrativa em desconformidade com os limites e com as possibilidades legais deve ser considerada inválida.

Outra ressalva importante deve ser feita à interpretação do art. 37, XIX, da CRFB. Isso porque a referida norma exige lei específica (ordinária) para instituir ou para autorizar a instituição das entidades administrativas e, no final, remete à lei complementar a tarefa de definir, "neste último caso", as áreas de sua atuação. A ausência de clareza da redação gera discussão doutrinária: a dúvida consiste em saber se a expressão "neste último caso" refere-se apenas às fundações públicas ou se engloba também as empresas estatais.

O entendimento majoritário é no sentido de que a referida expressão se relaciona apenas com as fundações públicas, de modo que a lei complementar será necessária para definir as áreas de atuação dessas entidades administrativas. No tocante às empresas estatais, exploradoras de atividades econômicas, o art. 173, § 1.º, da CRFB remete à lei ordinária a disciplina do seu regime jurídico.[7]

4.2.2. Controle ou vinculação

O princípio do controle significa que as entidades administrativas, a despeito da sua autonomia, encontram-se vinculadas ao Ente Federativo respectivo.

Aliás, não se poderia admitir que o Estado instituísse uma entidade administrativa que escapasse, por completo, de alguma forma de controle. O art. 84, II, da CRFB dispõe que o Presidente da República exerce, "com o auxílio dos Ministros de Estado, a direção superior da administração federal". Por simetria, essa norma se aplica a todos os demais Chefes do Executivo.

---

[6] STF, ADIn 1649-DF, Min. Rel. Maurício Corrêa, Tribunal Pleno, DJ 28.05.2004, p. 3. Consta da ementa o seguinte trecho: "É dispensável a autorização legislativa para a criação de empresas subsidiárias, desde que haja previsão para esse fim na própria lei que instituiu a empresa de economia mista matriz, tendo em vista que a lei criadora é a própria medida autorizadora. Ação direta de inconstitucionalidade julgada improcedente."

[7] Nesse sentido: Carvalho Filho, José dos Santos. *Manual de Direito Administrativo*. 18. ed. Rio de Janeiro: Lumen Juris, 2007, p. 411; Modesto, Paulo. As fundações estatais de Direito privado e o debate sobre a nova estrutura orgânica da Administração Pública. *Revista Eletrônica sobre a Reforma do Estado*, n.º 14, p. 6, Salvador, IBDP, jun.-jul.-ago. 2008. No sentido contrário, entendendo que a lei complementar é exigida para disciplinar a atuação das estatais: Souto, Marcos Juruena Villela. *Direito administrativo empresarial*. Rio de Janeiro: Lumen Juris, 2006, p. 4-5.

Em âmbito federal, o controle é exercido, em regra, pelos ministérios (supervisão ministerial), em razão do art. 4.º, parágrafo único, do DL n.º 200/1967.

O controle exercido em relação às entidades administrativas pode ser dividido, resumidamente, em três espécies:

a) **controle político**: os dirigentes das entidades administrativas são escolhidos e nomeados, livremente, pela autoridade competente da Administração Direta. Por outro lado, a exoneração desses dirigentes é *ad nutum*, ou seja, não depende de motivação. É claro que existem casos em que a legislação exige procedimento diferenciado para nomeação e para a exoneração de dirigentes, diminuindo a interferência política sobre a entidade, como ocorre, por exemplo, nas agências reguladoras.

b) **controle administrativo e finalístico**: as entidades administrativas devem atender as finalidades que justificaram a sua instituição e que constam da respectiva legislação. Esse controle leva em consideração o atendimento correto das finalidades contempladas na legislação e não deve se referir às atividades rotineiras das entidades. Normalmente, esse controle é exercido por meio do recurso hierárquico impróprio, na forma da lei.

c) **controle financeiro**: as contas das entidades administrativas serão controladas pelos órgãos competentes, notadamente o respectivo Tribunal de Contas.

Ao tratar do controle autárquico, Diogo de Figueiredo Moreira Neto[8] aponta, ainda, um quarto tipo de controle: o "controle em juízo". Existe a "compulsoriedade da assistência em juízo, a ser exercida por órgão da pessoa jurídica *mater*", por duas razões: a) a atividade legal, desempenhada pela autarquia, não pode ser permanentemente destacada do Ente Federado; e b) os bens públicos das autarquias devem ser reintegrados ao Ente Federativo, quando da extinção da entidade administrativa. Na visão do autor, o controle em juízo deve ser reforçado com a criação de um sistema de controle jurídico único, sob a direção de um órgão central de advocacia de Estado, que englobará todas as entidades administrativas e atuará preventivamente.

Não se deve confundir a **vinculação (controle ou tutela)** entre as entidades administrativas e o Ente central com a **subordinação (hierarquia)**.

Isso porque a subordinação (hierarquia) existe apenas entre órgãos de uma mesma pessoa jurídica. A hierarquia existe em toda e qualquer

---

[8] Moreira Neto, Diogo de Figueiredo. *Curso de Direito Administrativo*. 14. ed. Rio de Janeiro: Forense, 2006, p. 259.

desconcentração administrativa, seja entre órgãos da Administração Direta, seja no interior de determinada entidade da Administração Indireta.

Entre pessoas jurídicas distintas, no entanto, em razão da autonomia dessas entidades, não existe hierarquia, mas apenas os controles previstos expressamente na legislação. Em consequência, não existe hierarquia na descentralização administrativa, mas apenas instrumentos de vinculação (controle ou tutela).

A tutela e a hierarquia, espécies de controles administrativos, possuem três diferenças básicas:[9]

a) a tutela não se presume (depende de previsão legal); a hierarquia é inerente à organização interna dos Entes Federados e entidades administrativas (não depende de previsão legal).

b) a tutela pressupõe a existência de duas pessoas jurídicas, em que uma exerce o controle sobre a outra (fruto da descentralização administrativa); a hierarquia existe no interior de uma mesma pessoa (relaciona-se com a ideia de desconcentração).

c) a tutela é condicionada pela lei, só admitindo os instrumentos de controle expressamente previstos em lei; a hierarquia é incondicionada, sendo-lhe inerente uma série de poderes administrativos (ex.: dar ordens, rever os atos dos subordinados, avocar ou delegar atribuições).

Em razão disso, os recursos administrativos interpostos contra decisões de entidades administrativas e dirigidos ao Ente Federativo respectivo (ou ministério) são denominados "recursos hierárquicos impróprios". Não há, propriamente, hierarquia entre pessoas distintas, mas apenas relação de vinculação (controle ou tutela). Como a tutela não se presume (*nulla tutela sine lege*), o recurso hierárquico impróprio é medida excepcional e depende necessariamente de previsão legal expressa.[10]

---

[9] Di Pietro, Maria Sylvia Zanella. *Direito Administrativo*. 20. ed. São Paulo: Atlas, 2007, p. 452. No mesmo sentido: Medauar, Odete. *Direito administrativo moderno*. 10. ed. São Paulo: RT, 2006, p. 59-60.

[10] Nesse sentido: Moreira Neto, Diogo de Figueiredo. *Curso de Direito Administrativo*. 14. ed. Rio de Janeiro: Forense, 2006, p. 259; Di Pietro, Maria Sylvia Zanella. *Direito Administrativo*. 20. ed. São Paulo: Atlas, 2007, p. 454. A discussão atual sobre a possibilidade do recurso hierárquico impróprio no campo das agências reguladoras, notadamente em virtude do Parecer AC- 051 da AGU, será analisada adiante.

Capítulo V

AUTARQUIAS

5.1. CONCEITO

Na sua acepção etimológica, a expressão autarquia significa autogoverno. Isso, no entanto, não é suficiente para conceituar a autarquia e destacá-la das demais entidades que compõem a Administração Indireta, já que todas elas são pessoas jurídicas, criadas por descentralização legal, com capacidade de autoadministração.

A autarquia é uma pessoa jurídica de Direito público, criada por lei e integrante da Administração Pública Indireta, que desempenha atividade típica de Estado. Ex.: INSS (Instituto Nacional do Seguro Social), IBAMA (Instituto Brasileiro do Meio Ambiente e dos Recursos Naturais Renováveis), INCRA (Instituto Nacional de Colonização e Reforma Agrária), CADE (Conselho Administrativo de Defesa Econômica), CVM (Comissão de Valores Mobiliários), ANEEL (Agência Nacional de Energia Elétrica) etc.

5.2. CRIAÇÃO

A autarquia é instituída diretamente pela lei, de iniciativa do Chefe do Executivo (art. 37, XIX, c/c o art. 61, § 1.º, II, *b* e *e*, da CRFB).

A sua personalidade jurídica começa com a vigência da lei criadora, não sendo necessária a inscrição dos atos constitutivos no registro competente. A extinção da entidade, em razão do princípio da simetria das formas jurídicas, depende de lei.

A reserva legal, exigida para a instituição da autarquia, não impede que o detalhamento da sua estruturação interna seja estabelecido por ato administrativo, normalmente decreto.

5.3. OBJETO: ATIVIDADE TÍPICA DE ESTADO

O objeto da autarquia é o exercício de "atividades típicas" de Estado. Essa é a finalidade legítima das autarquias, conforme se extrai do art. 5.º, I, do DL n.º 200/1967.

Ocorre que não há um elenco claro e objetivo das atividades que seriam consideradas "típicas" de Estado. Trata-se, em verdade, de conceito jurídico indeterminado. Isso não impede, todavia, que se apontem algumas atividades que certamente podem ser desempenhadas por autarquias, e outras que estariam vedadas.

Por mais indeterminado que seja o conceito, as expressões por ele utilizadas possuem um mínimo de significado linguístico, sendo possível diferenciar zonas de certezas (positivas e negativas) e zonas de incertezas (cinzentas).

Na zona de certeza positiva, estão inseridas as atividades que, sem qualquer margem de dúvida, devem ser consideradas típicas de Estado (ex.: autarquias podem exercer poder de polícia).[1]

Por outro lado, na zona de certeza negativa, existem as atividades que devem ser excluídas do conceito jurídico indeterminado (ex.: autarquias não podem desempenhar atividades econômicas, tendo em vista que o exercício de atividade empresarial pelo Estado é excepcional e será instrumentalizado por meio de empresas públicas ou sociedades de economia mista, na forma do art. 173 da CRFB).

5.4. REGIME DE PESSOAL

O regime de pessoal das autarquias é estatutário (Regime Jurídico Único – RJU).

Registre-se, contudo, que o regime de pessoal das pessoas de Direito público sofreu alterações constitucionais ao longo do tempo, sendo possível elencar, para fins didáticos, três momentos importantes na evolução desse regime:

a) Promulgação da CRFB (obrigatoriedade do regime jurídico único): o art. 39 da CRFB, em sua redação originária, exigiu a instituição, por meio de lei, do regime jurídico único para os servidores da Administração Direta e das pessoas de Direito público da Administração Indireta. Ainda que a Constituição não tenha definido qual seria o regime de pessoal desses

---

[1] O poder de polícia é atividade típica de Estado que deve ser desempenhada por pessoas jurídicas de Direito público (autarquias). O STF declarou inconstitucional dispositivo legal que considerava os conselhos profissionais entidades privadas, já que tais entidades exercem poder de polícia e, por essa razão, devem possuir natureza autárquica (STF, Tribunal Pleno, ADIn 1717/DF, Rel. Min. Sydney Sanches, *DJ* 28.03.2003, p. 61).

servidores, a doutrina e a legislação entenderam que esse deveria ser o regime estatutário, eminentemente administrativo e diferente do regime de pessoal celetista das entidades privadas (ex.: em âmbito federal, a Lei n.º 8.112/1990 instituiu o regime jurídico único estatutário).

b) Reforma Administrativa – EC n.º 19/1998 (fim da obrigatoriedade do regime jurídico único): retirou-se do art. 39 da CRFB a expressão "regime jurídico único". Com isso, acabou a obrigatoriedade da adoção do citado regime único, viabilizando a instituição do regime celetista para os servidores de pessoas públicas (ex.: em âmbito federal, a Lei n.º 9.962/2000 extinguiu o regime único ao admitir o regime do emprego público no âmbito das pessoas públicas federais). Apesar do silêncio da lei, prevaleceu o entendimento de que a escolha do regime (estatutário ou celetista) não representava um "cheque em branco" para o poder público, devendo ser adotado, necessariamente, o regime estatutário para as atividades típicas de Estado (atividades-fim), dado que, em razão da importância da atividade para a coletividade, seria fundamental a estabilidade dos agentes públicos. Para as atividades instrumentais (atividades-meio) das pessoas públicas, haveria a liberdade para a escolha do regime.[2]

c) Decisão liminar do STF – ADIn 2135/DF (retorno da obrigatoriedade do regime jurídico único): o STF concedeu liminar, com efeitos *ex nunc* (não retroativos), para declarar inconstitucional a redação conferida pela EC n.º 19/1998 ao art. 39 da CRFB. Em razão do efeito repristinatório das decisões proferidas em sede de controle concentrado, voltou a vigorar a redação originária do art. 39 da CRFB que exige a instituição do regime jurídico único.[3]

É importante tecer duas considerações a respeito da decisão do STF:

Primeiro: a declaração de inconstitucionalidade se referiu apenas ao art. 39 da CRFB e levou em consideração vício formal no processo de votação da Proposta de Emenda Constitucional (PEC) que deu origem à EC n.º 19/1998. Não se analisou a questão de fundo (não se afirmou a impossibilidade material de extinção do regime único).

Segundo: trata-se de decisão cautelar do STF com efeitos *ex nunc*, ou seja, com efeitos prospectivos e não retroativos. Isso quer dizer que, até o julgamento do mérito da ação, os agentes públicos celetistas, contratados (por concurso) durante a vigência da redação atribuída pela EC n.º 19/1998 ao art. 39 da CRFB, continuam regidos pela CLT. É razoável esperar, por amor ao

---

[2] O STF, por exemplo, considerou inconstitucional o regime celetista para os agentes dos quadros das agências reguladoras (Lei n.º 9.986/2000), pois o único regime possível seria o estatutário, tendo em vista o exercício de poder de polícia (STF, ADIn 2310 MC/DF, Rel. Min. Marco Aurélio, *DJ* 01.02.2001, p. 5).

[3] STF, Tribunal Pleno, ADIn 2135/DF, Rel. Min. Ellen Gracie, *DJe* 07.03.2008, p. 81. Vide *Informativo de Jurisprudência do STF*, n.º 474.

princípio da segurança jurídica, que o STF, quando do julgamento do mérito, aplique a modulação dos efeitos prevista no art. 27 da Lei n.º 9.868/1999.[4]

É possível concluir que, após a decisão do STF, em razão do retorno do regime único, o regime de pessoal das autarquias deve ser o estatutário, excepcionadas as hipóteses em que os celetistas foram contratados sob a égide do art. 39 da CRFB, com a redação da EC n.º 19/1998.

5.5. PATRIMÔNIO: NATUREZA DOS BENS

O patrimônio das autarquias é constituído por bens públicos, na forma do art. 98 do CC.[5] Em consequência, os bens autárquicos estão submetidos ao regime jurídico diferenciado dos bens públicos em geral e possuem as seguintes características:[6]

a) alienabilidade condicionada pela lei ou inalienabilidade relativa (arts. 100 e 101 do CC; art. 17 da Lei n.º 8.666/1993):[7] a legislação estabelece uma série de requisitos para a alienação dos bens públicos. Os bens públicos só podem ser alienados após a desafetação, momento em que não serão mais utilizados para a satisfação do interesse público. Por essa razão, apenas os bens públicos dominicais podem ser alienados. Os bens de uso comum e de uso especial, enquanto permanecerem com essa qualificação (afetados ao interesse público genérico ou específico), não poderão ser alienados. Ademais, a legislação exige para a alienação: justificativa (motivação), avaliação prévia e licitação (concorrência para os bens imóveis, salvo as hipóteses do art. 19 da Lei n.º 8.666/1993, e leilão para os bens móveis). Por fim, para os bens públicos imóveis, exige-se, ainda, a autorização legislativa.

---

[4] "Art. 27. Ao declarar a inconstitucionalidade de lei ou ato normativo, e tendo em vista razões de segurança jurídica ou de excepcional interesse social, poderá o Supremo Tribunal Federal, por maioria de dois terços de seus membros, restringir os efeitos daquela declaração ou decidir que ela só tenha eficácia a partir de seu trânsito em julgado ou de outro momento que venha a ser fixado."

[5] "Art. 98. São públicos os bens do domínio nacional pertencentes às pessoas jurídicas de Direito público interno; todos os outros são particulares, seja qual for a pessoa a que pertencerem."

[6] Em relação às características dos bens públicos, veja, por exemplo: Oliveira, Rafael Carvalho Rezende. *Curso de Direito Administrativo*. 2. ed. São Paulo: Método, 2014, p. 588-593; Carvalho Filho, José dos Santos. *Manual de Direito Administrativo*. 18. ed. Rio de Janeiro: Lumen Juris, 2007, p. 995-998; Di Pietro, Maria Sylvia Zanella. *Direito Administrativo*. 20. ed. São Paulo: Atlas, 2007, 618-620.

[7] Código Civil: "Art. 100. Os bens públicos de uso comum do povo e os de uso especial são inalienáveis, enquanto conservarem a sua qualificação, na forma que a lei determinar. Art. 101. Os bens públicos dominicais podem ser alienados, observadas as exigências da lei". Lei n.º 8.666/1993: "Art. 17. A alienação de bens da Administração Pública, subordinada à existência de interesse público devidamente justificado, será precedida de avaliação e obedecerá às seguintes normas: I – quando imóveis, dependerá de autorização legislativa para órgãos da Administração Direta e entidades autárquicas e fundacionais, e, para todos, inclusive as entidades paraestatais, dependerá de avaliação prévia e de licitação na modalidade de concorrência, dispensada esta nos seguintes casos: [...] II – quando móveis, dependerá de avaliação prévia e de licitação, dispensada esta nos seguintes casos: [...]."

b) impenhorabilidade (art. 100 da CRFB e art. 535 do CPC/2015):[8] os bens autárquicos não são passíveis de constrição judicial, pois a alienação, conforme já assinalado, depende do cumprimento das exigências legais, e o pagamento decorrente de decisão judicial transitada em julgado deve seguir a ordem do precatório ou, excepcionalmente, da Requisição de Pequeno Valor (RPV).[9] Na execução contra a Fazenda Pública, o que inclui a autarquia, não se prevê a possibilidade de penhora de bens nos ritos previstos nos arts. 534 e 535 do CPC/2015 (execução por título judicial) e 910 do CPC/2015 (execução por título extrajudicial).

c) imprescritibilidade (arts. 183, § 3.º, e 191, parágrafo único, da CRFB, art. 102 do CC e Súmula n.º 340 do STF):[10] o ordenamento jurídico veda a usucapião (prescrição aquisitiva) de bens públicos sem fazer qualquer distinção em relação à categoria do bem. Constituição Federal e o Código Civil proíbem a usucapião (prescrição aquisitiva) de bens públicos sem fazer qualquer distinção em relação à categoria do bem. Por essa razão, o STF editou a Súmula n.º 340.

É possível discutir, atualmente, a possibilidade de usucapião de bens públicos dominicais ou apenas formalmente públicos, tendo em vista os seguintes argumentos:[11] i) esses bens não atendem à função social da propriedade pública, qual seja, o atendimento das necessidades coletivas (interesses

---

[8] CRFB: "Art. 100. Os pagamentos devidos pelas Fazendas Públicas Federal, Estaduais, Distrital e Municipais, em virtude de sentença judiciária, far-se-ão exclusivamente na ordem cronológica de apresentação dos precatórios e à conta dos créditos respectivos, proibida a designação de casos ou de pessoas nas dotações orçamentárias e nos créditos adicionais abertos para este fim." CPC/2015: "Art. 535. A Fazenda Pública será intimada na pessoa de seu representante judicial, por carga, remessa ou meio eletrônico, para, querendo, no prazo de 30 (trinta) dias e nos próprios autos, impugnar a execução, podendo arguir: [...] § 3º Não impugnada a execução ou rejeitadas as arguições da executada: I - expedir-se-á, por intermédio do presidente do tribunal competente, precatório em favor do exequente, observando-se o disposto na Constituição Federal; II - por ordem do juiz, dirigida à autoridade na pessoa de quem o ente público foi citado para o processo, o pagamento de obrigação de pequeno valor será realizado no prazo de 2 (dois) meses contado da entrega da requisição, mediante depósito na agência de banco oficial mais próxima da residência do exequente".

[9] Os créditos de pequeno valor não se submetem ao precatório e o pagamento será requisitado pelo Poder Judiciário por meio de requisição de pagamento (RPV) com prazos reduzidos para pagamento. A definição do crédito de pequeno valor será feita por lei de cada Ente Federado, mas, enquanto isso não ocorre, o art. 87 do ADCT estabelece para os Estados e DF o valor de até 40 salários mínimos, e para os municípios, o valor de até 30 salários mínimos. Em relação à União, o valor será de até 60 salários mínimos, na forma do art. 3.º da Lei n.º 10.259/2001.

[10] CRFB: "Art. 183. [...] § 3.º Os imóveis públicos não serão adquiridos por usucapião. [...] Art. 191. [...] Parágrafo único. Os imóveis públicos não serão adquiridos por usucapião". Código Civil: "Art. 102. Os bens públicos não estão sujeitos a usucapião". Súmula n.º 340 do STF: "Desde a vigência do Código Civil, os bens dominicais, como os demais bens públicos, não podem ser adquiridos por usucapião."

[11] No sentido da possibilidade de usucapião dos bens dominicais: Oliveira, Rafael Carvalho Rezende. *Curso de Direito Administrativo*. 2. ed. São Paulo: Método, 2014, p. 592; Freitas, Juarez. Usucapião de terras devolutas em face de uma interpretação constitucional teleológica. *Revista Trimestral de Jurisprudência dos Estados*, v. 18, n.º 121, fev. 94; Fortini, Cristiana. A função social dos bens públicos

públicos primários), satisfazendo apenas o denominado interesse público secundário (patrimonial) do Estado; ii) em razão da relativização do princípio da supremacia do interesse público sobre o interesse privado por meio do processo de ponderação de interesses, pautado pela proporcionalidade, a solução do conflito resultaria na preponderância concreta dos direitos fundamentais do particular (dignidade da pessoa humana e direito à moradia) em detrimento do interesse público secundário do Estado (o bem dominical, por estar desafetado, não atende às necessidades coletivas, mas possui potencial econômico em caso de eventual alienação).[12]

d) não onerabilidade: os bens públicos não podem ser onerados com garantia real, tendo em vista o regime dos precatórios e do RPV, que impossibilitam a alienação judicial do bem eventualmente gravado. O art. 1.420 do CC estabelece que "só os bens que se podem alienar poderão ser dados em penhor, anticrese ou hipoteca", o que afasta a possibilidade de utilização dos bens públicos para as garantias reais, já que a alienação desses bens depende do cumprimento das exigências legais.

Entendemos, no entanto, que a impossibilidade de oneração de bem público não alcança os bens dominicais que, após o cumprimento dos requisitos legais, podem ser alienados. Conforme assinalado anteriormente, os bens alienáveis podem ser dados em garantia real, não havendo motivo para exclusão dos bens dominicais.[13]

Dessa forma, nada impede, por exemplo, que bens dominicais sejam dados em garantia nos contratos celebrados pela Administração Pública, desde que haja avaliação prévia do bem, justificativa, realização de licitação (obrigatória para celebração do próprio contrato) e, no caso de imóveis, prévia autorização legislativa.

5.6. ATOS E CONTRATOS

Os atos e contratos das autarquias são considerados, em regra, de natureza pública, ainda que excepcionalmente seja possível a edição de atos privados ou a celebração de contratos privados (ex.: compra e venda).

---

e o mito da imprescritibilidade. *Revista Brasileira de Direito Municipal (RBDM)*, n.º 12, p. 113-122, abr.-jun. 2004.

[12] Em relação à distinção entre o interesse público primário e secundário, bem como a releitura do princípio da supremacia do interesse público, vide nosso trabalho: Oliveira, Rafael Carvalho Rezende. *A constitucionalização do Direito Administrativo: o princípio da juridicidade, a releitura da legalidade administrativa e a legitimidade das agências reguladoras*. Rio de Janeiro: Lumen Juris, 2009.

[13] Nesse sentido: Oliveira, Rafael Carvalho Rezende. *Curso de Direito Administrativo*. 2. ed. São Paulo: Método, 2014. p. 593; Marques Neto, Floriano de Azevedo. *Bens públicos: função social e exploração econômica: o regime jurídico das utilidades públicas*. Belo Horizonte: Fórum, 2009. p. 299.

Dessa forma, os atos das autarquias são atos administrativos, dotados normalmente das prerrogativas da presunção de legitimidade (e veracidade), da imperatividade e da autoexecutoriedade. Devem preencher os elementos dos atos administrativos (agente competente, forma, finalidade, motivo e objeto) e estão sujeitos aos controles judiciais diferenciados (ex.: mandado de segurança).

Os contratos celebrados por autarquias são, em regra, contratos administrativos, dotados das cláusulas exorbitantes e submetidos às formalidades previstas na Lei n.º 8.666/1993.

5.7. FORO PROCESSUAL

A fixação da competência para o processo e julgamento das lides autárquicas varia de acordo com o nível federativo da autarquia.

As causas que envolvem as autarquias federais devem ser processadas e julgadas na Justiça Federal, tendo em vista a expressa previsão do art. 109, I, da CRFB. Nesse caso, a própria norma constitucional excepciona as causas relativas à falência, acidentes de trabalho e as sujeitas à Justiça Eleitoral e do Trabalho.

Por outro lado, as autarquias estaduais e municipais terão as suas ações processadas e julgadas na Justiça Estadual.[14]

5.8. RESPONSABILIDADE CIVIL

As autarquias sujeitam-se à responsabilidade civil objetiva, tendo em vista o art. 37, § 6.º, da CRFB. Conforme dispõe essa norma, as pessoas jurídicas de Direito público, o que abrange as autarquias, e as pessoas jurídicas de Direito privado prestadoras de serviços públicos responderão pelos danos que seus agentes, nessa qualidade, causarem a terceiros, independentemente da existência de culpa individual ou anônima. Basta a comprovação da conduta, do dano e do nexo causal para responsabilizar a autarquia.

Caso as autarquias não possuam bens para satisfazer seus débitos, surgirá a responsabilidade civil subsidiária do respectivo Ente Federado. Assim, por exemplo, a União possui responsabilidade subsidiária pelos danos causados por autarquias federais.

O fundamento da responsabilidade civil objetiva, consagrada no art. 37, § 6.º, da CRFB, é a teoria do risco administrativo, que, ao contrário da teoria

---

[14] No Rio de Janeiro, o art. 44, I, do CODJERJ, instituído pela Lei estadual 6.956/2015, estabelece que a competência para o processo e julgamento das autarquias estaduais e municipais é dos juízos fazendários.

do risco integral, admite causas excludentes do nexo causal: fato (ou culpa) exclusivo da vítima, fato de terceiro e caso fortuito/força maior.

Há profunda divergência em relação à natureza da responsabilidade civil do Estado e das entidades administrativas em caso de omissão, sendo possível apontar três entendimentos sobre o tema:

a) Primeiro entendimento: responsabilidade civil sempre será objetiva: o art. 37, § 6.º, da CRFB não fez distinção entre ação e omissão. Nesse sentido: Hely Lopes Meirelles.[15]

b) Segundo entendimento: responsabilidade subjetiva, com presunção de culpa do poder público (presunção *juris tantum* ou relativa), tendo em vista que o Estado, na omissão, não é o causador do dano, mas atua de forma ilícita (com culpa) quando descumpre o dever legal de impedir a ocorrência do dano. O art. 37, § 6.º, da CRFB, ao mencionar os danos causados a terceiros, teve o objetivo de restringir a sua aplicação às condutas comissivas, uma vez que a omissão do Estado, nesse caso, não seria "causa", mas "condição" do dano. Nesse sentido: Oswaldo Aranha Bandeira de Mello, Celso Antônio Bandeira de Mello, Maria Sylvia Zanella Di Pietro, Diógenes Gasparini, Lúcia Valle Figueiredo e Rui Stoco.[16]

c) Terceiro entendimento: na omissão genérica, a responsabilidade seria subjetiva, e na omissão específica, a responsabilidade seria objetiva. Nesse sentido: Guilherme Couto de Castro e Sergio Cavalieri Filho.[17]

Entendemos ser objetiva a responsabilidade civil do Estado em virtude de suas omissões juridicamente relevantes, pois o art. 37, § 6.º, da CRFB e o art. 43 do CC, que consagram a teoria do risco administrativo, não fazem distinção entre ação e omissão estatal. Ainda que a omissão não seja causa do resultado danoso, como afirma a segunda posição anteriormente citada, certo é que a inação do Estado contribui para a consumação do dano. É preciso distinguir a omissão natural e a omissão normativa. Enquanto a primeira relaciona-se com a ausência de movimento ou comportamento físico, sem a produção de qualquer resultado (da inércia nada surge), a omissão normativa, por sua vez, pressupõe o descumprimento de um dever jurídico, gerando,

---

[15] Meirelles, Hely Lopes. *Direito administrativo brasileiro*. 22. ed. São Paulo: Malheiros, 1997, p. 566.

[16] Mello, Oswaldo Aranha Bandeira de. *Princípios gerais de Direito administrativo*, v. II. Rio de Janeiro: Forense, 1979, p. 487; Mello, Celso Antônio Bandeira de. *Curso de Direito Administrativo*. 21. ed. São Paulo: Malheiros, 2006, p. 966-971; Di Pietro, Maria Sylvia Zanella. *Direito Administrativo*. 22. ed. São Paulo: Atlas, 2009, p. 652; Gasparini, Diógenes. *Direito administrativo*. 12. ed. São Paulo: Saraiva, 2007, p. 990; Figueiredo, Lúcia Valle. *Curso de Direito administrativo*. 2. ed. São Paulo: Malheiros, 1995. p. 176; Stoco, Rui. *Tratado de responsabilidade civil*. 6. ed. São Paulo: RT, 2004, p. 963.

[17] Castro, Guilherme Couto de. *A responsabilidade civil objetiva no Direito brasileiro*. Rio de Janeiro: Forense, 1997, p. 37; Cavalieri Filho, Sergio. *Programa de responsabilidade civil*. 7. ed. São Paulo: Atlas, 2007, p. 231.

com isso, consequências jurídicas, inclusive a responsabilidade civil. Dessa forma, a responsabilidade por omissão estatal revela o descumprimento do dever jurídico de impedir a ocorrência de danos.[18]

Somente será possível responsabilizar o Estado nos casos de omissão específica, todavia, quando demonstradas a previsibilidade e a evitabilidade do dano, notadamente pela aplicação da teoria da causalidade direta e imediata quanto ao nexo de causalidade (art. 403 do CC). Vale dizer: a responsabilidade restará configurada nas hipóteses em que o Estado tem a possibilidade de prever e de evitar o dano, mas permanece omisso. Nas omissões genéricas, em virtude das limitações naturais das pessoas em geral, que não podem estar em todos os lugares ao mesmo tempo, e da inexistência do nexo de causalidade, não há falar em responsabilidade estatal, sob pena de considerarmos o Estado segurador universal e adotarmos a teoria do risco integral.

As autarquias, em razão da personalidade jurídica de direito público, submetem-se ao regime dos precatórios ou da Requisição de Pequeno Valor (RPV), conforme o caso, na forma do art. 100 da CRFB. Registre-se, contudo, que o STF, em sede de repercussão geral, afastou o regime dos precatórios dos Conselhos Profissionais, que, apesar de ostentarem a natureza autárquica, não são destinatários de recursos orçamentários.[19]

5.9. PRERROGATIVAS ESPECIAIS

Além das características já mencionadas, as autarquias são detentoras de prerrogativas tributárias e processuais importantes, que podem ser assim resumidas:

a) imunidade tributária (art. 150, § 2.º, da CRFB): vedação de instituição de impostos sobre o patrimônio, a renda e os serviços das autarquias, desde que "vinculados a suas finalidades essenciais ou às delas decorrentes". A imunidade só existe em relação a alguns tributos (não alcança, por exemplo, as taxas) e depende da utilização dos bens, das rendas e dos serviços nas finalidades essenciais da entidade.[20]

---

[18] Oliveira, Rafael Carvalho Rezende. *Curso de Direito Administrativo*. 2. ed. São Paulo: Método, 2014, p. 702. Em sentido semelhante: Willeman, Flávio de Araújo. A responsabilidade civil das pessoas de Direito público e o Código Civil de 2002 (Lei nacional 10.406/2002). *Fórum Administrativo*, ano 5, n.º 56, p. 6.258-6.261, Belo Horizonte, out. 2005.

[19] A tese fixada pela Suprema Corte foi a seguinte: "Os pagamentos devidos, em razão de pronunciamento judicial, pelos Conselhos de Fiscalização não se submetem ao regime de precatórios". STF, RE 938.837/SP, Rel. p/ acórdão Min. Marco Aurélio, Tribunal Pleno, DJe 216, de 25.09.2017, Informativo de Jurisprudência do STF 861.

[20] O STJ entende que a imunidade do IPTU existe mesmo em relação aos imóveis autárquicos concedidos a terceiros, desde que a renda auferida com a sua utilização seja utilizada na satisfação dos objetivos da autarquia. REsp 726.326/MG, Rel. Min. Castro Meira, Segunda Turma, DJ 01.08.2005,

b) prerrogativas processuais: a autarquia é enquadrada no conceito de Fazenda Pública e goza das prerrogativas processuais respectivas, tais como: prazo em dobro para todas as suas manifestações processuais (art. 183 do CPC/2015, não subsistindo a previsão de prazo quadruplicado para contestação que constava do art. 188 do CPC/1973); duplo grau de jurisdição, salvo as exceções legais (art. 496 do CPC/2015, que corresponde ao art. 475 do CPC/1973) etc.

5.10. CLASSIFICAÇÕES

As autarquias podem ser classificadas segundo diversos critérios, merecendo destaque os mencionados a seguir.

Quanto à vinculação federativa das autarquias, elas podem ser divididas em:

a) **monofederativas**: quando integrantes da Administração Indireta de um Ente Federado determinado (ex.: autarquias são federais, estaduais, distritais ou municipais).

b) **plurifederativas (plurifederativas ou interfederativas)**: quando a autarquia integrar, ao mesmo tempo, a Administração Pública Indireta de dois ou mais Entes federados (ex.: associação pública, instituída no âmbito dos consórcios públicos, na forma do art. 6.º, § 1.º, da Lei n.º 11.107/2005).

Em relação ao campo de atuação ou ao objeto, as autarquias podem ser classificadas, exemplificativamente, em:

a) **autarquias assistenciais ou previdenciárias** (ex.: Instituto Nacional do Seguro Social – INSS).

b) **autarquias de fomento** (ex.: Superintendência do Desenvolvimento do Nordeste – SUDENE).

c) **autarquias profissionais ou corporativas** (ex.: Conselho Regional de Medicina – CRM). É importante ressaltar que o STF considerou inconstitucional o art. 58 da Lei n.º 9.649/1998, que pretendia estabelecer o exercício dos serviços de fiscalização das profissões regulamentadas por entidades privadas, delegatárias do poder público.[21] O argumento utilizado pela Suprema Corte

---

p. 422. Em sede de repercussão geral, o STF fixou as seguintes teses: a) "A imunidade recíproca, prevista no art. 150, VI, *a*, da Constituição não se estende a empresa privada arrendatária de imóvel público, quando seja ela exploradora de atividade econômica com fins lucrativos. Nessa hipótese é constitucional a cobrança do IPTU pelo Município" (Tema 385 da Tese de Repercussão Geral do STF); e b) "Incide o IPTU, considerado imóvel de pessoa jurídica de direito público cedido a pessoa jurídica de direito privado, devedora do tributo" (Tema 437 da Tese de Repercussão Geral do STF).

21 ADIn 1.717/DF, Rel. Min. Sydney Sanches, Tribunal Pleno, *DJ* 28.03.2003, p. 61.

foi no sentido de ser indelegável aos particulares a atividade típica de Estado (poder de polícia). Ocorre que, curiosamente, o STF afirmou posteriormente que a Ordem dos Advogados do Brasil (OAB), que também exerce a fiscalização de profissões, não integraria a Administração Pública Indireta.[22] Contudo, a Suprema Corte, em hipótese de repercussão geral, afirmou que as ações que envolvem a OAB devem ser julgadas pela Justiça Federal, em razão da natureza autárquica desta entidade.[23] Em que pese a importância da OAB, esta entidade, a nosso ver, deve ser considerada autarquia, sujeitando-se ao mesmo tratamento jurídico dispensado às demais autarquias profissionais.[24]

d) culturais ou de ensino (ex.: Universidade Federal do Rio de Janeiro – UFRJ).

e) autarquias de controle ou de regulação (ex.: Agência Nacional do Petróleo – ANP e outras agências reguladoras).

Por fim, quanto ao regime jurídico, é possível destacar duas espécies de autarquias:

a) **autarquias comuns ou ordinárias**: são as autarquias em geral, responsáveis pela execução de atividades administrativas tradicionais e típicas de Estado. É verdade que, a rigor, toda autarquia possui peculiaridades e especificidades próprias em razão das características estabelecidas nas respectivas leis de criação.

b) **autarquias especiais**: são as agências reguladoras, dotadas de autonomia administrativa e financeira, com a incumbência de exercer a atividade regulatória, que envolve atividades administrativas tradicionais (ex.: poder de polícia), poderes normativos ampliados (ex.: expedição de normas técnicas para o setor regulado) e poderes judicantes (ex.: resolução de lides administrativas).

---

[22] ADIn 3.026/DF, Rel. Min. Eros Grau, Tribunal Pleno, *DJ* 29/09/2006, p. 31.

[23] STF, Tribunal Pleno, RE 595.332/PR, Rel. Min. Marco Aurélio, j. 31.08.2016, Informativo de Jurisprudência do STF n. 837. Destaque-se, mais uma vez, que a Suprema Corte, em sede de repercussão geral, afastou o regime dos precatórios dos Conselhos Profissionais, que, apesar de ostentarem a natureza autárquica, não são destinatários de recursos orçamentários. STF, RE 938.837/SP, Rel. p/ acórdão Min. Marco Aurélio, Tribunal Pleno, DJe216 25.09.2017, Informativo de Jurisprudência do STF 861.

[24] Nesse sentido: Di Pietro, Maria Sylvia Zanella. *Direito Administrativo.* 20. ed. São Paulo: Atlas, 2007, p. 401; Justen Filho, Marçal. *Curso de Direito Administrativo.* São Paulo: Saraiva, 2006, p. 121. O STJ reafirmou a natureza autárquica dos conselhos profissionais. STJ, REsp 820.696/RJ, Ministro Arnaldo Esteves Lima, Quinta Turma, *DJe* 17/11/2008 (*Informativo de Jurisprudência do STJ* n.º 366). Em sentido contrário, alguns afirmam que os conselhos profissionais são "entes públicos não estatais". A natureza pública decorre da possibilidade de exercício do poder de autoridade; o caráter não estatal significa que os conselhos não integram o Estado, uma vez que não se encontram vinculados à Administração, recebem recursos da própria categoria profissional (e não do orçamento) e seus dirigentes são nomeados pela categoria (e não pelo Chefe do Executivo). Nesse sentido: Sundfeld, Carlos Ari; Câmara, Jacinto Arruda. Conselhos de fiscalização profissional: entidades públicas não estatais. *RDE*, n.º 4, p. 321-333, out.-dez. 2006.

5.11. AGÊNCIAS EXECUTIVAS E AGÊNCIAS REGULADORAS

O uso do vocábulo "agência" para qualificar determinadas entidades administrativas brasileiras tem se intensificado nos últimos anos, notadamente a partir da década de 1990, razão pela qual é possível estabelecer uma tendência atual à "agencificação" do Direito Administrativo.[25]

Nesse contexto, duas agências devem ser destacadas e diferenciadas: as agências executivas e as agências reguladoras. É importante destacar que a expressão "agência", consagrada na legislação, é apenas um rótulo atribuído às autarquias. São expressões novas para entidades administrativas conhecidas.

A qualificação "agência executiva", prevista no art. 51 da Lei n.º 9.649/1998, que dispõe sobre a organização da Presidência da República, e no Decreto n.º 2.487/1998, será atribuída à autarquia ou à fundação que cumprir dois requisitos:

a) possuir um plano estratégico de reestruturação e de desenvolvimento institucional em andamento; e
b) tiver celebrado contrato de gestão com o respectivo Ministério supervisor.[26]

Diversas autarquias já foram qualificadas como agências executivas, com destaque para o Instituto Nacional de Metrologia, Normalização e Qualidade industrial (Inmetro), a primeira autarquia a receber a citada qualificação.

Duas características podem ser destacadas nas agências executivas:

a) a formalização da qualificação da autarquia ou da fundação como agência executiva será feita por decreto do Presidente da República (art. 1.º, § 2.º, do Decreto n.º 2.487/1998); e
b) a entidade, qualificada como agência executiva, deverá implementar as metas definidas no contrato de gestão, de acordo com os prazos e critérios de desempenho definidos no ajuste, e, em contrapartida, receberá maior autonomia de gestão (gerencial, orçamentária e financeira).

---

[25] Nesse sentido: Di Pietro, Maria Sylvia Zanella. *Direito Administrativo*. 20. ed. São Paulo: Atlas, 2007, p. 31.

[26] "Art. 51. O Poder Executivo poderá qualificar como Agência Executiva a autarquia ou fundação que tenha cumprido os seguintes requisitos: I – ter um plano estratégico de reestruturação e de desenvolvimento institucional em andamento; II – ter celebrado Contrato de Gestão com o respectivo Ministério supervisor. § 1.º A qualificação como Agência Executiva será feita em ato do Presidente da República. § 2.º O Poder Executivo editará medidas de organização administrativa específicas para as Agências Executivas, visando assegurar a sua autonomia de gestão, bem como a disponibilidade de recursos orçamentários e financeiros para o cumprimento dos objetivos e metas definidos nos contratos de gestão."

Os contratos de gestão, celebrados por agências executivas, são os denominados "contratos de gestão internos ou endógenos", pois são formalizados no interior da Administração Pública. Tais contratos foram inspirados em experiências adotadas por outros países: a) França: Relatório Nora (1967), com o objetivo de melhorar as relações entre o Estado e as empresas públicas, bem como outros contratos consagrados posteriormente, tais como os contratos de programa (1970), os contratos de empresa (1976), os contratos de plano (1982) e os contratos de objetivos (1988); b) Inglaterra: *Framework document* ou *Framework agreement* (1979): criação de agências executivas para implementação de metas estatais; c) Itália: *Accordo di programma* (Lei n.º 241/1990): coordenação entre órgãos e entidades administrativas com exigência de resultados, bem como estipulação de prazos e simplificação dos processos; d) EUA: *Performance Plan* (acordo de desempenho – *Nacional Performance Review* de 1993): a gestão pública seria baseada em resultados e avaliação de desempenho.[27]

Por um lado, no contrato de gestão, a agência executiva recebe a incumbência de executar metas, dentro dos prazos acordados, e, por outro lado, a entidade autárquica recebe maior autonomia gerencial, orçamentária e financeira (art. 37, § 8.º, da CRFB e art. 52 da Lei n.º 9.649/1998).

Uma consequência importante da qualificação é a maior liberdade para a celebração de contratos administrativos por meio de dispensa de licitação, na forma do art. 24, § 1.º, da Lei n.º 8.666/1993.

Por outro lado, a expressão "agência reguladora" encontra-se prevista em diversas leis específicas e é utilizada para designar as autarquias que possuem a incumbência de regular o desempenho de certas atividades econômicas ou a prestação de serviços públicos.

As agências reguladoras foram instituídas a partir da década de 1990, após o período da desestatização, com destaque para a Agência Nacional de Energia Elétrica (ANEEL) – Lei n.º 9.427/1996, a Agência Nacional de Telecomunicações (ANATEL) – Lei n.º 9.472/1997, a Agência Nacional do Petróleo (ANP) – Lei n.º 9.478/1997, entre outras.

É possível destacar duas características das agências reguladoras que as diferenciam das executivas, a saber:

a) a concessão do rótulo "agência reguladora" é efetivada pela lei que cria a autarquia; e

b) a agência exerce função regulatória que envolve atividades executivas tradicionais, mas também poderes normativos diferenciados e poderes judicantes.

---

[27] Para aprofundamento do tema, vide: Oliveira, Gustavo Justino de. *Contrato de Gestão*. São Paulo: RT, 2008.

Em razão das novidades e controvérsias, as agências reguladoras serão objeto de estudo específico a seguir.

5.12. ASSOCIAÇÃO PÚBLICA

Outra nomenclatura nova, introduzida pela legislação para se referir a determinadas autarquias, é a "associação pública". Trata-se de expressão prevista na Lei n.º 11.107/2005 (arts. 1.º, § 1.º, e 6.º, I), utilizada para as pessoas jurídicas de Direito público que serão criadas para gerir os consórcios públicos entre Entes Federados.

As associações públicas integram a Administração Pública Indireta dos Entes Federados consorciados, conforme estabelece o art. 6.º, § 1.º, da Lei n.º 11.107/2005.

A associação pública é, a rigor, uma verdadeira autarquia, tendo em vista dois argumentos:

a) a associação pública possui as mesmas características das autarquias (são pessoas jurídicas de Direito público, criadas por lei e integrantes da Administração Indireta);

b) o art. 37, XIX, da CRFB, ao tratar das entidades integrantes da Administração Indireta, cita apenas as autarquias, empresas públicas, sociedades de economia mista e as fundações públicas, o que gera, em princípio, a necessidade de enquadramento da associação pública em uma daquelas quatro categorias de sujeitos;

c) o art. 16 da Lei 11.107/2005 alterou o inciso IV do art. 41 do Código Civil para enquadrar a associação pública como espécie de autarquia;[28] e

d) a natureza autárquica da associação pública foi consagrada no art. 2.º, I, do Decreto 6.017/2007, que regulamenta a Lei 11.107/2005.

A peculiaridade dessa autarquia é a sua vinculação aos entes consorciados, o que denota o seu caráter plurifederativo. Trata-se de autarquia plurifederativa.

Os consórcios públicos serão examinados em capítulo próprio, adiante.

---

[28] "Art. 41. São pessoas de direito público interno: [...] IV – as autarquias, inclusive as associações públicas."

Capítulo VI

AGÊNCIAS REGULADORAS

6.1. ORIGEM E EVOLUÇÃO DAS AGÊNCIAS REGULADORAS NOS ESTADOS UNIDOS

O Direito Administrativo brasileiro, não obstante sua origem romano-germânica, buscou nos Estados Unidos, país integrante da família da *commom law*, o modelo de regulação estatal.[1] Na realidade, a importação de modelos jurídicos americanos não é exclusividade brasileira: é uma tendência, boa ou ruim, acentuada em tempos de globalização.[2] Papachristos, ao tratar desse fenômeno da recepção, sob o enfoque da sociologia jurídica, afirma que geralmente um país economicamente desenvolvido é utilizado como modelo para os países menos desenvolvidos, que procuram recepcionar diversos institutos jurídicos.[3] Essa circunstância denota a necessidade de aclimatação das agências reguladoras ao sistema jurídico brasileiro.

A análise da introdução das agências reguladoras norte-americanas no ordenamento jurídico pátrio, assim como ocorre com a recepção de qualquer modelo estrangeiro, depende da compreensão do sistema jurídico "exportador" e "receptor", bem como das circunstâncias sociais, políticas e jurídicas vigentes no momento da recepção.[4]

---

[1] René David agrupa os direitos, segundo critérios didáticos, em três grandes "famílias": romano-germânica, *common law* e direitos socialistas. David, René. *Os grandes sistemas do Direito contemporâneo.* 2. ed. Lisboa: Meridiano, 1978, p. 44 e ss.

[2] Reimann, Mathias. Droit positif et culture juridique: l'américanisation du Droit européen par réception. In: *Archives de philosophie du droit. L'américanisation du droit*, t. 45. Paris: Dalloz, 2001, p. 65.

[3] Papachristos, A. C. *La réception des Droits privés étrangers comme phénomène de sociologie juridique.* Paris: Librarie Générale de Droit et de Jurisprudence, 1975, p. 52.

[4] Em relação ao tema da recepção do modelo norte-americano de agências reguladoras, vide nosso trabalho: Oliveira, Rafael Carvalho Rezende. O modelo norte-americano de agências reguladoras e sua recepção pelo Direito brasileiro. *Boletim de Direito Administrativo*, n.º 2, p. 170-181, fev.-2007.

O sistema da *common law*, em razão das suas características inerentes, sempre constituiu um obstáculo ao desenvolvimento do Direito Administrativo como ramo jurídico autônomo.[5] Entre outros fatores, a ideia da *judicial supremacy*, que atribui ao Judiciário o poder de controle sobre qualquer ato do poder público, inexistindo uma jurisdição administrativa especializada nos moldes franceses, consubstanciava o principal fator pelo reconhecimento tardio da autonomia do Direito Administrativo.[6]

As revoluções liberais do século XVIII refletiram-se de forma diversa na França e nos Estados Unidos. Enquanto a Revolução Francesa de 1789, marcada por uma profunda desconfiança em relação aos juízes, ensejou a criação de uma justiça especializada para a Administração Pública, os revolucionários americanos, desconfiados do Executivo, atribuíram maiores poderes ao Judiciário e ao Legislativo.

Em verdade, o Direito Administrativo norte-americano não pode ser considerado, ao contrário do francês, um Direito Administrativo revolucionário. O surgimento desse ramo do Direito nos Estados Unidos ocorre em virtude da necessidade de atuação crescente do Estado na área social e econômica, notadamente por intermédio das agências. Costuma-se dizer, por isso, que o Direito Administrativo norte-americano é basicamente o "direito das agências".[7]

A organização administrativa americana se resume às agências.[8] Esse modelo organizativo, adotado de forma pioneira[9] nos Estados Unidos desde 1887,[10]

---

[5]   Nesse sentido: Cretella Júnior, José. *Direito Administrativo comparado*. São Paulo: Bushatsky/Edusp, 1972, p. 92.

[6]   Na lição de Caio Tácito: "Sabidamente, foi tardia a acolhida, no Direito anglo-saxão, da autonomia do Direito Administrativo. Identificando a disciplina com o regime francês de dupla jurisdição – que interditava aos tribunais comuns o controle da Administração –, os autores ingleses, com Dicey à frente, repudiavam o *Droit administratif* (expressão que até mesmo se escusavam de traduzir) por incompatível como princípio da supremacia do Judiciário, que era um dos pilares da *rule of law*, em que repousava, na *common law*, o sentido da Constituição e do Estado de Direito." Tácito, Caio. Presença norte-americana no Direito Administrativo brasileiro". In: *Temas de Direito público (estudos e pareceres)*, 1.º vol. Rio de Janeiro: Renovar, 1997, p. 15.

[7]   Carbonell, Eloísa; Muga, José Luis. *Agências y procedimiento administrativo em Estados Unidos de América*. Madri: Marcial Pons/Ediciones Jurídicas y Sociales, 1996, p. 22.

[8]   Inicialmente, a organização administrativa nos Estados Unidos era tema estudado na ciência política, sendo considerada seara estranha ao Direito. Rivero, Jean. *Curso de Direito Administrativo comparado*. São Paulo: RT, 1995, p. 39.

[9]   Apesar da certidão de nascimento ser americana, não se pode desconhecer que os Estados Unidos sofreram forte influência da organização policêntrica inglesa. Nesse sentido: Aragão, Alexandre Santos de. *Agências reguladoras e a evolução do Direito administrativo econômico*. Rio de Janeiro: Forense, 2002, p. 226, nota 18.

[10] A primeira agência reguladora independente nos Estados Unidos foi a *Interstate Commerce Commission* (1887), cujo objeto era a regulamentação, inicialmente, dos serviços interestaduais de transporte ferroviário. Ela acabou em 1995, quando foi substituída pela *Surface Transportation Board* (STB), criada pelo *Interstate Commerce Commission Termination Act*.

foi introduzido recentemente em alguns países da tradição francesa do Direito Administrativo (*v.g*: França, Espanha, Argentina).[11]

6.1.1. *New Deal* e o *boom* das agências reguladoras

Na precisa lição de Cass Sustein, a "agência reguladora moderna", notadamente após o *New Deal*, "foi o resultado, em larga medida, da profunda insatisfação com a ordem privada do sistema da *common law* e a distribuição original dos poderes institucionais".[12]

De um lado, as críticas centradas no caráter antidemocrático (contramajoritário) de criação do Direito pelos juízes – questão especialmente importante no sistema da *common law*, em que existe a força do precedente judicial – ganham maior repercussão durante a chamada *Lochner* era,[13] período da história legal americana (1890 a 1937) em que a Suprema Corte, em nome dos ideais liberais do *laissez-faire*, invalidou diversas tentativas de regulação estatal da economia.

De outro lado, a Grande Depressão, iniciada em 1929 e que tem como uma das causas a quebra da Bolsa de Valores de Nova Iorque, provoca profunda crise na economia americana e põe em xeque os ideais liberais do não intervencionismo estatal. Evidencia-se, naquele momento, a incapacidade do mercado de se reerguer sozinho e a necessidade de uma regulação estatal maior, de molde a evitar a repetição dos fatos que levaram à crise.

---

[11] A formação histórica das agências nos EUA difere daquela Europa Continental e da América Latina. Enquanto nos EUA a adoção do modelo de agências reguladoras independentes foi justificada pelo crescimento da regulação estatal e da produção legislativa, na Europa Continental e na América Latina, as agências foram criadas para a regulação das atividades desestatizadas.

[12] Sustein, Cass R. O constitucionalismo após o *New Deal*. In: Mattos, Paulo (coord.). *Regulação econômica e democracia: o debate norte-americano*. São Paulo: Editora 34, 2004, p. 143.

[13] A nomenclatura advém do julgamento do caso *Lochner* v. *New York*, 198 U.S. 45 (1905), quando a Suprema Corte invalidou uma lei de Nova Iorque que limitava a jornada de trabalho dos padeiros, pois ela violava a liberdade contratual implícita na cláusula do devido processo legal da 14.ª Emenda. Em outras decisões, posteriores a essa, a Suprema Corte seguidamente invalidou sucessivas tentativas de interferência estatal na economia, *v.g*: *Hammer* v. *Dagenhart*, 247 U.S. 251 (1918), *Adkins* v. *Children's Hospital*, 261 U.S. 525 (1923), *Bailey* v. *Drexel Furniture Co.*, 259 U.S. 20 (1922). A postura nitidamente ideológica da Suprema Corte Americana, absolutamente contrária a qualquer intervenção do Estado na economia, passou a representar verdadeiro obstáculo à recuperação econômica dos Estados Unidos. Na tentativa de pôr um fim à Grande Depressão, o então Presidente Franklin Roosevelt propôs o plano econômico conhecido por *New Deal*. Ocorre que, conforme esclarece Keith E. Whittington, em dez casos envolvendo o *New Deal*, entre 1935 e 1936, o governo federal saiu derrotado em oito. Isso gerou uma enorme crise entre o Poder Executivo e o Poder Judiciário, a tal ponto que o Presidente submeteu ao Congresso projeto de lei propondo a criação de mais seis cargos na Corte Suprema. A intenção era forçar uma mudança na orientação que prevalecia na mais alta corte do país. O plano não chegou a vingar, mas teve impacto suficiente para levar à indispensável alteração da jurisprudência até então em vigor. Veja-se: Whittington, Keith E. "Judicial Supremacy in the Twentieth Century". In: Graber, Mark A.; Perhac, Michael. *Marbury* v. *Madison: Documents and Commentary*, 2002, p. 116.

Nesse quadro, o Presidente Franklin D. Roosevelt implementou uma série de programas estatais de caráter intervencionista (*New Deal*). Justamente nesse período é que as agências reguladoras ganham força e proliferam nos Estados Unidos.[14]

O Estado utilizou-se do modelo das agências reguladoras para promover uma intervenção enérgica na ordem econômica e social, corrigindo as falhas do mercado. Buscava-se, com tal modelo, especializar a atuação estatal (reconheciam-se ampla discricionariedade técnica e o controle judicial sobre os atos das agências era restrito) e neutralizar (ou amenizar) a influência política na regulação de setores sensíveis (mediante, *v.g.*, a previsão de estabilidade para os dirigentes).

Em 1946 é promulgada a Lei de Procedimento Administrativo (*Administrative Procedure Act* – APA), responsável pela uniformização do procedimento decisório, estabelecendo duas espécies de procedimentos: *rulemaking* (normas gerais baixadas pelas agências) e *adjudication* (atos individuais). Isso conferiu maior proteção aos cidadãos, uma vez que os atos das agências poderiam ser considerados ilegais pelos tribunais, caso descumprida a Lei de Procedimento.

6.1.2. Críticas e desconfianças em relação às agências reguladoras: reforço dos controles judicial, presidencial e parlamentar

A regulação administrativa, fortemente incrementada durante o *New Deal*, procurava corrigir os problemas da "falha do mercado" (*market failure*),[15] tais como a necessidade de controle dos monopólios, a compensação de informações inadequadas, a correção de problemas de ação coletiva, a correção de "externalidades" (*externalities*) ou "custos de transação",[16] a redistribuição de renda, entre outros.

Em que pese a indiscutível importância das agências reguladoras naquele país, ultrapassado o momento crítico que deu origem ao *New Deal*, cresceram as críticas ao modelo de administração por agências independentes. Parcela significativa dessas críticas era proveniente da "teoria da captura", que apontava para o risco de que a regulação fosse capturada pelos entes

---

[14] Entre as diversas agências criadas durante o *New Deal*, destacam-se: *Securities and Exchange Commission* (1934), *Social Security Administration* (1935); *Federal Power Comission* (1935); *Federal Communication Commission* (1936); *Soil Conservation Service* (1938); etc.

[15] Breyer, Stephen G. *et al. Administrative Law and Regulatory Policy: Problems, Text and Cases.* 6. ed. Nova Iorque: Aspen, 2006, p. 4-11.

[16] A regulação ambiental é o exemplo clássico de tentativa de tratar os problemas das "externalidades" e dos "custos de transação". Em um mercado desregulado, o custo do produto não leva em consideração, por exemplo, as consequências danosas que sua fabricação gera ao meio ambiente. Breyer, Stephen G. *et al.*, *Administrative Law and Regulatory Policy: Problems, Text and Cases.* 6. ed. Nova York: Aspen, 2006, p. 6-7.

regulados para satisfazerem apenas aos interesses privados. Outras críticas foram elaboradas pela teoria econômica da regulação da Escola de Chicago, proposta por George Stigler,[17] desenvolvida na década de 1970, que também apontava para o risco de que a regulação econômica servisse para a satisfação dos interesses privados dos grupos politicamente influentes.[18]

Da mesma maneira, surgem críticas, já na década de 1940, em relação ao enquadramento das agências no modelo tradicional de separação tripartida de funções estatais e no que tange à ausência de responsabilidade eleitoral dos atores das agências.[19]

Com efeito, além do elevado grau de independência conferido aos seus dirigentes, nelas se concentram competências típicas dos três poderes institucionalmente constituídos: administrativas (função de administrar interesses), "quase judiciais" (resolução de conflitos de interesses entre os entes regulados) e "quase legislativas" (poder para editar normas gerais).

Na década de 1970, inicia-se nos Estados Unidos um amplo processo de desregulação da economia (*deregulation*), em que o poder público diminui as restrições impostas a diversos setores econômicos e as agências reguladoras reduzem a intervenção que exerciam sobre os entes privados.[20]

A desconfiança em relação ao modelo regulatório traz como consequência a ampliação do controle exercido pelos poderes constituídos em relação aos atos das agências.

O controle judicial é ampliado através da *hard-look doctrine*,[21] em virtude da qual se permite ao Judiciário avaliar a legalidade e razoabilidade das medidas regulatórias.[22] Dessa forma, além do exame da legalidade do procedimento adotado, o Judiciário poderia verificar a razoabilidade das decisões

---

[17] Stigler, George J., A teoria da regulação. In: Mattos, Paulo (coord.). *Regulação econômica e democracia: o debate norte-americano*. São Paulo: Editora 34, 2004, p. 23-48.

[18] Para uma análise das teorias da regulação econômica (teoria do interesse público, da captura e econômica), vide: Posner, Richard A. Teorias da regulação econômica. In: Mattos, Paulo (coord.). *Regulação econômica e democracia: o debate norte-americano*. São Paulo: Editora 34, 2004, p. 49-80.

[19] Sustein, Cass R. O constitucionalismo após o *New Deal*. In: Mattos, Paulo (coord.). *Regulação econômica e democracia: o debate norte-americano*. São Paulo: Editora 34, 2004, p. 151.

[20] Podem ser citados, como exemplos da desregulação, os seguintes atos: *Airline Deregulation Act* (ADA) (24 de outubro de 1978), *Staggers Rail Act* (14 de outubro de 1980) e o *Motor Carrier Act* (1.º de julho de 1980).

[21] Sobre o controle judicial dos atos das agências reguladoras e a aplicação da *harder-look review* (ou *hard look doctrine*), vide: Edley, Christopher F. *Admnistrative Law: Rethinking Judicial Control of Bureaucracy*, Yale University Press, 1990.

[22] No julgamento do caso *Chevron U.S.A., Inc.* v. *Natural Resources Defense Council, Inc.*, 467 U.S. 837 (1984), a Suprema Corte havia estabelecido a doutrina da "deferência administrativa", segundo a qual o Judiciário deveria deixar de invalidar atos das agências quando se tratasse de caso ambíguo (controvertido) e a decisão administrativa tivesse se pautado pela razoabilidade.

das agências. A ideia aqui, portanto, é evitar que as escolhas tomadas pelas agências sejam caprichosas ou arbitrárias.[23]

O controle presidencial dos atos das agências, por seu turno, é intensificado pela atuação do Escritório de Orçamento e Execução (*Office of Management and Budget* – OMB), encarregado de supervisionar as propostas orçamentárias das agências, e do Escritório de Informação e Regulação (*Office of Information and Regulation Affairs* – Oira), vinculado ao OMB e responsável pela conformidade da atuação das agências com as políticas traçadas pelo Presidente.

Nesse sentido, sucessivas ordens executivas foram editadas com o intuito de restringir a autonomia das agências, destacando-se, a esse propósito: a) *Executive Orders* n°s 12.291 e 12.498, emitidas pelo Presidente Reagan, por via das quais se submeteram os atos das agências à prévia aprovação do OMB, diretamente vinculado ao Presidente; e b) *Executive Order* n.º 12.886/1993 (*Regulatory Planning and Review*), emitida pelo Presidente Bill Clinton, que veio a estabelecer a necessidade de comunicação prévia dos procedimentos regulatórios ao órgão central do Governo (*Regulatory Working Group*).

Por fim, o controle parlamentar foi fortalecido com a necessidade de o Congresso aprovar, a partir de 1993, os projetos e atividades das agências. Os regulamentos passaram a ser submetidos ao controle prévio (*rules review*) – necessidade de exame do projeto antes de iniciar o procedimento regulatório – e ao controle posterior (*legislative veto*).[24]

Tendo em vista os males da "ossificação" do procedimento regulatório, foi promulgada a Lei sobre Negociação de Regulamentos (*Negotiated Rulemaking Act*) em 1990, permitindo que os próprios titulares de interesses afetados pelo regulamento participem de sua elaboração.

6.1.3. O poder normativo das agências reguladoras americanas: o *rulemaking*

O princípio da legalidade administrativa é considerado um produto do Liberalismo. Como se sabe, na concepção liberal, o Poder Legislativo

---

[23] Segundo a doutrina do *hard look*, que procura conter possíveis arbitrariedades na atuação administrativa, as agências devem justificar racionalmente as suas decisões, sob pena de invalidação judicial. Breyer, Stephen G. *et al. Administrative Law and Regulatory Policy: Problems, Text and Cases*. 6. ed. Nova York: Aspen, 2006, p. 349.

[24] O "veto legislativo" é instituído em 1996, por intermédio do *Congressional Review Act* (CRA). Assim, uma resolução conjunta das duas Casas, aprovada por maioria simples e seguida da sanção presidencial, pode sustar uma norma regulatória editada pela agência.

apresentava *status* de superioridade, conforme se extrai dos ensinamentos de John Locke e Jean Jacques Rousseau.[25]

6.1.4. Modalidades de agências administrativas americanas

O termo "agência" nos EUA possui significado amplo, abrangendo, em regra, qualquer entidade da organização administrativa distinta dos "poderes" previstos na Constituição Federal.[26] Nada obstante, levando-se em consideração critérios distintos, podem ser apontadas duas classificações das agências americanas.

Primeiramente, quanto ao poder de interferência das agências nos direitos dos cidadãos, as agências são classificadas em: agências reguladoras (*regulatory agency*) e não reguladoras (*non regulatory agency*).

As agências reguladoras exercem, por delegação legislativa, poder normativo e poder de decisão que afetam direitos dos cidadãos. Ao revés, as agências não reguladoras seriam aquelas típicas do Estado Social de Direito, destinadas a prestar serviços sociais, em auxílio aos mais carentes.[27]

A segunda classificação, que tem como parâmetro o critério da destituição dos dirigentes, divide as agências em: agências executivas (*executive agency*) e agências independentes (*independent regulatory agency or commissions*).

O Presidente é livre para destituir os dirigentes de uma agência executiva, o que não ocorre nas agências independentes, em que a destituição sofre uma série de limitações legais. Essa distinção explica, por exemplo, o amplo poder normativo e decisório das agências independentes. É verdade que, atualmente, existem algumas agências executivas que recebem amplos poderes administrativos, sem a limitação da possibilidade de destituição de dirigentes pelo Presidente da República (agências quase independentes); essa previsão, porém, deve ser vedada ou evitada, pois a dependência ao Presidente retiraria a autonomia e a razão de ser dessas agências, que, em última análise, seriam "dependentes".[28]

---

[25] A superioridade do Legislativo também foi enfatizada pelos federalistas. Madison, James. *Os artigos federalistas, 1787-1788*. Rio de Janeiro: Nova Fronteira, 1993, p. 339.

[26] Carbonell, Eloísa; Muga, José Luis. *Agências y procedimiento administrativo em Estados Unidos de América*. Madri: Marcial Pons/Ediciones Jurídicas y Sociales, 1996, p. 48. Esse conceito amplo foi consagrado na APA, 5 USC, § 551 (1): "'agency' means each authority of the Government of the United States, whether or not it is within or subject to review by another agency [...]".

[27] Carbonell, Eloísa; Muga, José Luis. *Agências y procedimiento administrativo em Estados Unidos de América*. Madri: Marcial Pons/Ediciones Jurídicas y Sociales, 1996, p. 48.

[28] Na lição de Eloísa Carbonell: "En definitiva, debe sostenerse que solo pueden considerarse agencias independientes aquellas en las que la libre destitución se condiciona a la existencia de una buena causa, al margen de los poderes delegados". Carbonell, Eloísa; Muga, José Luis, *Agências y procedimiento*

No que tange à limitação da destituição dos dirigentes das agências, a Suprema Corte, no caso *Myers* v. *United States*,[29] declarou a inconstitucionalidade da lei dos serviços de correios, segundo a qual só o Senado podia destituir alguns administradores. A Corte entendeu que, em virtude do princípio da separação de poderes, o legislador não poderia retirar do Presidente o poder de exonerar dirigentes dessas entidades administrativas.

Nada obstante, mais recentemente, no caso *Humphrey's Executor* v. *United States*,[30] a Suprema Corte Americana admitiu a imposição de limitações ao poder de exoneração exercido pelo Presidente. Com efeito, naquele caso, os membros do *Federal Trade Commisions* tinham "estabilidade reforçada", pois exerciam mandato de sete anos e só perderiam seus cargos por causas expressamente previstas em lei. A Suprema Corte reconheceu a constitucionalidade dessa previsão legal e invalidou a exoneração feita pelo Presidente Roosevelt fora dos casos legais.

6.1.5. Lei do Procedimento Administrativo Federal de 1946 (*Federal Administrative Procedure Act* – APA): regulamentos (*rules*) e atos administrativos (*orders*)

A atuação das agências americanas se resume à edição de normas gerais (*rules*) e à emissão de decisões concretas (*orders*), ambas previstas na Lei do Procedimento Administrativo Federal de 1946 (*Federal Administrative Procedure Act* – APA).[31] Eloísa Carbonell equipara essa dicotomia à distinção entre regulamento e ato administrativo do Direito espanhol.[32]

A diferença entre regulamento (*rules*) e ato administrativo (*orders*) deriva de dois critérios: a) critério temporal: enquanto os regulamentos geram efeitos prospectivos, para o futuro, os atos resolvem conflitos que surgiram no passado; e b) critério da generalidade: os regulamentos são abstratos e afetam genericamente os indivíduos; já os atos são particulares, produzindo efeitos concretos.[33]

As agências administrativas podem atuar pelas duas vias, quer pela edição de regulamento, quer pela prática de ato administrativo. É o que

---

     administrativo em Estados Unidos de América. Madri: Marcial Pons/Ediciones Jurídicas y Sociales, 1996, p. 51.

[29]   272 US 52 (1926).

[30]   295 US 602 (1935).

[31]   As definições de *rules* e *orders* encontram-se, respectivamente, na APA, 5 USC, § 551 (4), e APA, 5 USC, § 551 (6).

[32]   Carbonell, Eloísa; Muga, José Luis. *Agências y procedimiento administrativo em Estados Unidos de América*. Madri: Marcial Pons/Ediciones Jurídicas y Sociales, 1996, p. 56.

[33]   *Idem*, p. 58.

ficou assentado pela Suprema Corte americana no julgamento *Securities and Exchange Commission* v. *Chenery*.[34]

De modo geral, a doutrina destaca a vantagem dos regulamentos. Além de permitir a participação mais ampla dos cidadãos, legitimando a atuação das agências, a adoção de regulamentos permite uma visão global dos problemas, garantindo, normalmente, maior eficiência da decisão. A existência dos regulamentos facilita e agiliza a adoção de decisões individuais posteriores que não precisam seguir algumas formalidades procedimentais.[35]

Em que pesem as citadas vantagens dos regulamentos, algumas "desvantagens" do procedimento regulamentar, notadamente a intervenção do Executivo no procedimento e o formalismo excessivo, fazem que as agências atualmente atuem principalmente por meio de atos individuais.[36]

A elaboração dos regulamentos (*rulemaking*) e dos atos individuais (*adjudication*), como se percebe, segue trâmites diferenciados, previstos na APA.

Quanto à elaboração de regulamentos, a APA prevê dois ritos distintos – o formal e o informal –, que variam de acordo com a participação dos cidadãos.

O procedimento formal, resumidamente, exige a participação dos cidadãos em audiências públicas, com a instituição de debates e colheita de provas, e a formalização de expedientes administrativos que fundamentem a decisão tomada; no procedimento informal, porém, a participação dos cidadãos se restringe basicamente à emissão de opiniões (*notice-and-comment rulemaking*).

Paralelamente aos procedimentos regulamentares adotados pela APA, existem os chamados "procedimentos híbridos" (*hybrid rulemaking*), previstos em normas específicas de cada agência, que impõem requisitos específicos ao procedimento informal, buscando incrementar a participação do cidadão e, com isso, fortalecer a legitimidade democrática dos regulamentos.[37]

A doutrina costuma distinguir os regulamentos em quatro tipos, a saber: a) os regulamentos substantivos ou legislativos (*legislative rules*), assim entendidos os regulamentos que ostentam força de lei, são fruto de delegações do Legislativo e afetam a situação jurídica dos cidadãos, criando ou modificando direitos; b) os regulamentos procedimentais ou organizativos (*procedural rules*) que se dirigem à organização da agência e geram efeitos meramente internos; c) os regulamentos interpretativos (*interpretative rules*), cujo objeto

---

[34]   332, US 194 (1947).

[35]   Carbonell, Eloísa; Muga, José Luis. *Agências y procedimiento administrativo em Estados Unidos de América*. Madri: Marcial Pons/Ediciones Jurídicas y Sociales, 1996, p. 60.

[36]   *Idem*, p. 60-61.

[37]   *Idem*, p. 63.

é tão somente o de esclarecer ou explicar o sentido de leis e regulamentos substantivos da própria agência; e d) as declarações gerais de política (*general statement of policy*), por meio das quais as agências procuram anunciar aos cidadãos as intenções das agências, sem caráter vinculativo algum.[38]

O procedimento informal, pela sua facilidade maior de trâmite, é o normalmente exigido e utilizado para a elaboração dos regulamentos.[39] Conforme já assinalado, a participação do cidadão será uma característica na formulação de todo e qualquer regulamento, ainda que sua operacionalização e valorização, respeitadas as exigências legais, seja decidida por cada agência.[40] A participação deve ser ampla e por meios diversos (escrito ou oral), possibilitando a manifestação das associações e cidadãos cujos interesses possam ser afetados, ainda que incidentalmente.

Apesar de não haver essa previsão na APA, as leis especiais exigem, normalmente, que as agências anunciem a intenção de editar um regulamento, possibilitando o debate da população.[41] Após o anúncio dessa intenção, a agência pode negociar o conteúdo do futuro regulamento com os setores interessados. Trata-se de possibilidade incorporada à APA,[42] por meio do *Negotiated Rulemaking Act*, aprovado em novembro de 1990, que evita ou diminui futuras discussões com os setores regulados.

Uma das principais preocupações atuais é evitar que a participação dos cidadãos na elaboração das normas (*rulemaking*) seja apenas formal. Isso porque a APA exige, unicamente, que a agência leve em consideração os aspectos mais relevantes levantados pelo debate público, conferindo assim uma excessiva margem de discricionariedade para a agência, que tem a possibilidade de valorar apenas os interesses dos grupos de pressão mais fortes, enfraquecendo o cidadão (risco da captura da regulação).

Em razão disso, os tribunais exigem que as agências analisem todas as questões suscitadas pelos cidadãos, devendo motivar as respectivas decisões. Deve haver um procedimento, ainda que informal, de análise e resposta dos

---

[38] *Idem*, p. 64-65. Cornelius Kerwin cita apenas as três primeiras modalidades: 1) *legislative or substantive rules*: são as mais importantes; prescrevem direitos e delineiam políticas; 2) *interpretative rules*: as agências demonstram para os cidadãos como elas interpretam as leis e políticas existentes; 3) *procedural rules*: definem a organização e o procedimento das agências; demonstram como os cidadãos podem participar da tomada de decisões e da elaboração de regulamentos. Kerwin, Cornelius. *Rulemaking: how Government Agencies Write Law and Make Policy*. 2. ed. Washington: Congressional Quarterly, 1999, p. 23.

[39] Carbonell, Eloísa; Muga, José Luis. *Agências y procedimiento administrativo em Estados Unidos de América*. Madri: Marcial Pons/Ediciones Jurídicas y Sociales, 1996, p. 62.

[40] APA, 5 USC, § 555.

[41] Carbonell, Eloísa; Muga, José Luis. *Agências y procedimiento administrativo em Estados Unidos de América*. Madri: Marcial Pons/Ediciones Jurídicas y Sociales, 1996, p. 67.

[42] APA, 5 USC, §§ 561 e ss.

argumentos eventualmente apresentados.[43] Essa linha jurisprudencial que obriga as agências a assegurar a efetividade de participação cidadã nas agências é conhecida como *hard look*.[44]

O procedimento regulamentar híbrido, por sua vez, tem por base o procedimento informal regulado pela APA, acrescido de regras especiais estabelecidas por legislações esparsas. Existem, portanto, diversos "procedimentos híbridos", um específico para cada agência.

Tais procedimentos, de natureza híbrida, surgem a partir de 1970, como forma de superar as falhas contidas nos demais procedimentos, tanto o formal como o informal. E isso porque o procedimento formal era extremamente complexo e o procedimento informal não garantia de maneira adequada a participação do cidadão.[45] Assim, o legislador procurou incrementar a participação dos cidadãos e, ao mesmo tempo, reduzir a discricionariedade das agências, exigindo no procedimento, em princípio informal, requisitos típicos do procedimento formal, como, por exemplo, publicação do texto integral do projeto de regulamento, audiências etc.

A adjudicação, à parte seus diversos significados no Direito norte-americano, refere-se às decisões administrativas que resolvem controvérsias entre particulares ou entre eles e as agências.[46] Assim como o procedimento regulamentar, a adjudicação admite um procedimento formal e um procedimento informal. A adjudicação formal encontra-se regulada na APA[47] e exige a realização de audiência em respeito ao devido processo legal. A adjudicação informal, por seu turno, é regulada por leis específicas das agências e por seus respectivos regulamentos. As especificidades dos procedimentos informais de adjudicação impedem generalizações e um tratamento uniforme. Nesse sentido, Eloisa Carbonell, citando Wagner W. Gardner, afirma: "Al respecto se afirma que la única generalización válida que puede hacerse es que no puede generalizarse sobre los procedimientos informales."[48]

Ao contrário do procedimento regulamentar, em que é oportunizada a participação de todos os interessados diretos ou indiretos, no procedimento de adjudicação admite-se apenas a participação dos interessados diretos na solução da controvérsia. A garantia de imparcialidade na tomada de decisões no processo de adjudicação é assegurada, entre outras maneiras, pela

---

[43]   *Citizens to Preserve Overton Park* v. *Volpe* – 401 US (1971).

[44]   Carbonell, Eloísa; Muga, José Luis. *Agências y procedimiento administrativo em Estados Unidos de América*. Madri: Marcial Pons/Ediciones Jurídicas y Sociales, 1996, p. 71.

[45]   *Idem*, p. 73.

[46]   *Idem*, p. 75.

[47]   APA, 5 USC, §§ 554 e ss.

[48]   Carbonell, Eloísa; Muga, José Luis. *Agências y procedimiento administrativo em Estados Unidos de América*. Madri: Marcial Pons/Ediciones Jurídicas y Sociales, 1996, p. 79.

separação das funções de investigação e de decisão.[49] Ademais, admite-se a utilização de meios alternativos de solução de litígios, com destaque especial para a arbitragem.

6.2. ORIGEM E FONTES NORMATIVAS DAS AGÊNCIAS REGULADORAS NO BRASIL

A década de 1990 no Brasil, período em que as agências foram criadas, sob inspiração norte-americana, apresentou as condições sociais, políticas e jurídicas adequadas para o começo de uma nova Era na regulação estatal.

Do ponto de vista político, o quadro era o mais propício possível, em virtude das ideias liberalizantes da economia adotadas e implementadas pelo governo do então Presidente Fernando Henrique Cardoso. A insatisfação social com a forma ineficiente de atuação do Estado (intervencionista) – que não conseguia, entre outros problemas, diminuir as desigualdades sociais nem a crise econômica (inflação etc.) – fortalece os ideais de liberalização da economia. Pretendia-se, destarte, remodelar a feição do Estado, reduzindo seu tamanho com a transferência de inúmeras atividades ao mercado, mas sem que isso significasse um retorno ao modelo clássico do Estado Liberal, pois agora o Estado passaria a exercer seu papel regulador pelas agências.

Em consequência, como forma de preparação do terreno jurídico para a criação de uma nova forma de regulação estatal, são implementadas diversas modificações na Constituição de 1988 e editadas leis que modificam a feição da ordem econômica brasileira. As alterações legislativas, com o intuito de liberalizar a economia, podem ser assim resumidas:[50]

a) abertura ao capital estrangeiro na Constituição de 1988 (CRFB):
   a.1) Emenda Constitucional n.º 6/1995: i) suprimiu o art. 171 da CRFB, que conceituava a empresa brasileira e admitia a outorga a elas de benefícios especiais e preferências; ii) alterou a redação do art. 176, § 1.º, para permitir que a pesquisa e lavra de recursos minerais e o aproveitamento dos potenciais de energia elétrica sejam concedidos ou autorizados às empresas constituídas sob as leis brasileiras, não exigindo o controle do capital nacional;
   a.2) Emenda Constitucional n.º 7/1995: alterou o art. 178 da CRFB, para deixar de exigir que a navegação de cabotagem e interior seja

---

[49] APA, 5 USC, §§ 554 (d) e 557.

[50] Sobre o tema, vide: Barroso, Luís Roberto. Agências reguladoras: Constituição, transformações do Estado e legitimidade democrática. In: *Temas de Direito Constitucional*, t. II. Rio de Janeiro: Renovar, 2003, p. 271-306.

privativa de embarcações nacionais e a nacionalidade brasileira dos armadores, proprietários e comandantes e, pelo menos, de dois terços dos tripulantes;

a.3) Emenda Constitucional n.º 36/2002: modificou o art. 222, § 1.º, da CRFB e passou a admitir a participação do capital estrangeiro, no limite de até 30%, nas empresas jornalísticas e de radiodifusão;

b) atenuação dos monopólios estatais:[51]

b.1) Emenda Constitucional n.º 5/1995: a nova redação do art. 25, § 2.º, da CRFB permitiu que os Estados-membros concedam às empresas privadas a exploração dos serviços públicos locais de gás canalizado (antes, a concessão só poderia ser feita à empresa estatal);

b.2) Emenda Constitucional n.º 8/1995: o art. 21, XI, da CRFB passou a permitir a delegação dos serviços de telecomunicações às entidades privadas (até a Emenda, a delegação só poderia ser feita à empresa sob controle acionário estatal) e previu a criação de um "órgão regulador"; essa flexibilização já existia em relação aos serviços de radiodifusão sonora e de sons e imagens;

b.3) Emenda Constitucional n.º 9/1995: a alteração do art. 177, § 1.º, da CRFB autorizou a União a contratar de empresas estatais e privadas para executarem diversas atividades ligadas à exploração do petróleo;

c) Programa Nacional de Desestatização (PND), instituído pela Lei n.º 8.031/1990, substituída, posteriormente, pela Lei n.º 9.491/1997.[52]

Após as alterações legislativas, liberalizando a economia e diminuindo o próprio tamanho do Estado, optou-se pela adoção do modelo de agências reguladoras para estabelecer o novo modelo regulatório brasileiro.

---

[51] Recentemente, a Emenda Constitucional n.º 49/2006 alterou o art. 177, V, da CRFB para flexibilizar o monopólio da União em relação aos minérios e minerais nucleares, permitindo que a produção, comercialização e utilização dos radioisótopos sejam transferidas aos particulares sob regime de permissão.

[52] O art. 1.º da Lei n.º 9.491/1997 indica os principais objetivos do PND: "I – reordenar a posição estratégica do Estado na economia, transferindo à iniciativa privada atividades indevidamente exploradas pelo setor público; II – contribuir para a reestruturação econômica do setor público, especialmente através da melhoria do perfil e da redução da dívida pública líquida; III – permitir a retomada de investimentos nas empresas e atividades que vierem a ser transferidas à iniciativa privada; IV – contribuir para a reestruturação econômica do setor privado, especialmente para a modernização da infraestrutura e do parque industrial do País, ampliando sua competitividade e reforçando a capacidade empresarial nos diversos setores da economia, inclusive através da concessão de crédito; V – permitir que a Administração Pública concentre seus esforços nas atividades em que a presença do Estado seja fundamental para a consecução das prioridades nacionais; VI – contribuir para o fortalecimento do mercado de capitais, através do acréscimo da oferta de valores mobiliários e da democratização da propriedade do capital das empresas que integrarem o programa.

A Constituição de 1988, em seu art. 174, já apontava expressamente que o Estado atuava como agente normativo e regulador da atividade econômica.[53] Ademais, as Emendas Constitucionais n.ºs 8/1995 e 9/1995, respectivamente, autorizaram a criação de dois "órgãos reguladores" específicos para os setores de telecomunicações (art. 21, XI, da CRFB)[54] e do petróleo (art. 177, § 2.º, III, da CRFB).[55]

É de bom alvitre ressaltar que a Constituição Federal não exigiu ou optou expressamente pelo modelo das agências norte-americanas, mas abriu a possibilidade de o legislador adotá-lo. Foi exatamente o que ocorreu a partir da década de 1990, com a criação das seguintes agências reguladoras: Lei 9.427/1996 (Agência Nacional de Energia Elétrica – ANEEL); Lei 9.472/1997 (Agência Nacional de Telecomunicações – ANATEL); Lei 9.478/1997 (Agência Nacional do Petróleo, Gás Natural e Biocombustíveis – ANP); Lei 9.782/1999 (Agência Nacional de Vigilância Sanitária – ANVISA); Lei 9.961/2000 (Agência Nacional de Saúde Suplementar – ANS); Lei 9.984/2000 (Agência Nacional de Águas – ANA); Lei 10.233/2001 (Agência Nacional de Transportes Terrestres – ANTT e Agência Nacional de Transportes Aquaviários – ANTAQ); MP 2.228-1/2001 e Lei 10.454/2002 (Agência Nacional do Cinema – ANCINE); Lei 11.182/2005 (Agência Nacional de Aviação Civil – ANAC). Em razão disso, a professora Di Pietro chama a atenção para o fenômeno da "agencificação", compreendida como a outorga de função regulatória às agências reguladoras, como uma tendência atual do Direito Administrativo brasileiro.[56]

Verifica-se, destarte, um aparente paradoxo: enquanto nos Estados Unidos as agências se multiplicam no momento de fortalecimento do Estado, no Brasil as agências são instituídas em período de diminuição do intervencionismo estatal. O ponto comum dos dois processos regulatórios é a insatisfação com o modelo estatal adotado tanto nos Estados Unidos (modelo abstencionista) quanto no Brasil (modelo intervencionista), buscando-se um ponto médio ideal de regulação: a regulação leve (*light intervention*).[57] Em verdade, como

---

[53] "Art. 174. Como agente normativo e regulador da atividade econômica, o Estado exercerá, na forma da lei, as funções de fiscalização, incentivo e planejamento, sendo este determinante para o setor público e indicativo para o setor privado."

[54] "Art. 21. Compete à União: [...] XI – explorar, diretamente ou mediante autorização, concessão ou permissão, os serviços de telecomunicações, nos termos da lei, que disporá sobre a organização dos serviços, a criação de um órgão regulador e outros aspectos institucionais."

[55] "Art. 177. Constituem monopólio da União: [...] § 2.º A lei a que se refere o § 1.º disporá sobre: [...] III – a estrutura e atribuições do órgão regulador do monopólio da União."

[56] Di Pietro, Maria Sylvia Zanella. *Direito Administrativo*. 20. ed. São Paulo: Atlas, 2007, p. 31-33.

[57] Diogo de Figueiredo Moreira Neto, ao abordar os fundamentos políticos da regulação, afirma que a privatização, ocorrida após a Segunda Guerra Mundial com a crise do Estado do Bem-Estar Social, "deixaria de ser um tabu ideológico, abominado pelas radicalizações de esquerda" e passaria a ser "uma opção racional de política pública." Moreira Neto, Diogo de Figueiredo. *Direito Regulatório*. Rio de Janeiro: Renovar, 2003, p. 84.

se percebe, o paradoxo é apenas aparente, uma vez que o processo de desestatização acarretou uma aproximação das circunstâncias político-econômicas brasileira e norte-americana.[58]

O modelo regulatório brasileiro, escolhido pelo legislador infraconstitucional, tem inspiração no modelo norte-americano.

A opção, como se viu, foi pela instituição de entidades administrativas (autarquias), com autonomia reforçada em relação ao Ente central, justamente para evitar a politização do setor regulado (desgovernamentalização da regulação).[59]

Em razão da autonomia, a regulação da atividade econômica ou do serviço público concedido ao particular será efetivada de maneira técnica, relativamente imune às mudanças políticas, o que garante maior segurança jurídica aos investidores, concessionários e particulares.

Outra justificativa para a instituição de autarquias regulatórias, dotadas de poderes normativos, decisórios, sancionatórios e executórios, reside na necessidade de celeridade na regulação de determinadas atividades técnicas, desiderato que não é alcançado normalmente pelo Legislativo ou pelo Judiciário.

6.3. ATIVIDADE REGULATÓRIA: SENTIDO

Com o fim do abstencionismo estatal após a Primeira Guerra Mundial, como destacado por J. M. Keynes,[60] o Estado passou a intervir na economia, para garantir o seu funcionamento adequado, suprindo as falhas do mercado (*market failures*), bem como para satisfazer objetivos sociais.

A crise de 1929, originada nos Estados Unidos, confirmou a tendência de intervenção estatal na economia, uma vez que a política do abstencionismo se mostrou deficiente na garantia da prosperidade da ordem econômica. Sai a "mão invisível do mercado", expressão cunhada por Adam Smith, e entra em cena o que Vital Moreira e Maria Manuel Leitão Marques denominaram "mão visível".[61]

A crescente diminuição da intervenção direta do Estado na economia, mais visível no final do século XX, a partir das décadas de 1980 e 1990,

---

[58] Nesse sentido: Aragão, Alexandre Santos de. *Agências reguladoras e a evolução do direito administrativo econômico*, Rio de Janeiro: Forense, 2002, p. 227.

[59] Moreira, Vital; Maçãs, Fernanda. *Autoridades reguladoras independentes: estudo e projeto de Lei-Quadro*. Coimbra: Coimbra Editora, 2003, p. 10.

[60] Keynes, J. M. *The End of Laissez-Faire*. Londres: Hogarth, 1926.

[61] Marques, Maria Manuel Leitão; Moreira, Vital Moreira. *A mão visível: mercado e regulação*, Coimbra: Almedina, 2003. É de notar que a expressão "mão visível" já havia sido utilizada pelo autor Alfred Chandler na obra The Visible Hand, The Managerial Revolution. In: *American Business*, 1977.

não significa, como visto, um retorno ao modelo liberal clássico de Estado. O que muda, de forma fundamental, é a maneira de intervenção estatal na ordem econômica: em vez do Estado empresário, atuando em concorrência com a iniciativa privada, privilegia-se o "Estado Regulador".

Como consequência, a atividade regulatória na economia é reforçada, por duas razões fundamentais.

Primeiramente, pode-se dizer que a regulação estatal busca a garantia de uma concorrência leal nos variados setores da economia, reprimindo o abuso econômico e a concentração do mercado (*v.g.*: antitruste, repressão aos cartéis).

Ademais, a regulação também se justifica em razão das limitações e "falhas" do mercado. É o que ocorre, *v.g.*, com os monopólios naturais, em que não é possível estabelecer, em princípio, concorrência na produção de um bem. Nesses casos, a atuação regulatória procura justamente criar um espaço possível e saudável de competição, mediante a aplicação do "princípio da obrigatoriedade de interconexão"[62] ou do livre acesso às redes ("indústrias de rede"), em razão dos quais os operadores devem possibilitar aos demais agentes econômicos o acesso às redes de transporte e distribuição, como acontece com o gás, a eletricidade, as telecomunicações etc.[63] Conforme salientado por Marcos Juruena Villela Souto,

> [...] as redes dos operados são tratadas como vias públicas, de modo que os demais podem utilizá-las para prestarem seus serviços desde que (atendidas as citadas condições técnicas e de segurança) paguem por isso um "pedágio" (acordado entre as partes ou fixado pelo órgão regulador por mediação ou arbitragem).[64]

Tais justificativas regulatórias, em última análise, procuram proteger os atores econômicos: não só os agentes econômicos como também os consumidores que, dada a competição existente, terão acesso a bens de melhor qualidade e preço.

---

[62] Souto, Marcos Juruena Villela. *Desestatização: privatização, concessões, terceirizações e regulação.* 4. ed. Rio de Janeiro: Lumen Juris, 2001, Capítulo IV.

[63] Em relação aos serviços de telecomunicações, estabelece o art. 73, *caput* e parágrafo único, da Lei n.º 9.472/1997: "Art. 73. As prestadoras de serviços de telecomunicações de interesse coletivo terão direito à utilização de postes, dutos, condutos e servidões pertencentes ou controlados por prestadora de serviços de telecomunicações ou de outros serviços de interesse público, de forma não discriminatória e a preços e condições justos e razoáveis. Parágrafo único. Caberá ao órgão regulador do cessionário dos meios a serem utilizados definir as condições para adequado atendimento do disposto no *caput.*"

[64] Souto, Marcos Juruena Villela. *Direito administrativo regulatório.* 2. ed. Rio de Janeiro: Lumen Juris, 2005, p. 115.

Mas qual o sentido exato da expressão "regulação"? Intimamente ligada à ciência econômica, tal expressão é polissêmica, não havendo consenso doutrinário sobre a sua conceituação.

Vital Moreira, apoiado nas lições de Hans D. Jarass, aponta três concepções de regulação:

a) **sentido amplo**: a regulação é toda forma de intervenção estatal, correspondendo ao conceito genérico de intervenção estadual na economia, o que engloba tanto a atuação direta do Estado como empresário, como o estabelecimento de condições para o exercício de atividades econômicas;

b) **sentido intermediário**: a regulação estatal equivale ao condicionamento, coordenação e disciplina da atividade privada, excluindo-se, portanto, a atuação direta do Estado na economia; e

c) **sentido restrito**: regulação é somente o condicionamento da atividade econômica por via de lei ou ato normativo.[65]

A segunda noção, a mais difundida na doutrina, engloba os três poderes inerentes à regulação, quais sejam:

a) a edição de normas;

b) a implementação concreta das citadas normas; e

c) a fiscalização do cumprimento das normas e punição das infrações.[66]

Nessa concepção, a regulação, ainda que represente uma forma de intervenção (indireta) estatal na economia, não se refere à atuação empresarial do Estado (intervenção direta). Em verdade, na regulação, o Estado retira-se da intervenção econômica direta e passa a organizar as relações sociais e econômicas. Não se trata, todavia, de simples adoção de uma postura passiva de poder de polícia (na modalidade fiscalizatória), mas sim de uma postura ativa na imposição de comportamentos aos mercados que serão regulados.[67]

Por derradeiro, não devem ser confundidos os termos **regulação** e **regulamentação**.

Maria Sylvia Zanella Di Pietro, após demonstrar o caráter equívoco do vocábulo, conceitua a regulação jurídica como o "conjunto de regras de conduta e de controle da atividade econômica pública e privada e das

---

[65] Moreira, Vital. *Autorregulação profissional e Administração Pública*. Coimbra: Almedina, 1997, p. 35.

[66] Nesse sentido, por exemplo: Moreira, Vital, *Autorregulação profissional e Administração Pública*. Coimbra: Almedina, 1997, p. 36-37; Aragão, Alexandre Santos de. *Agências reguladoras e a evolução do Direito administrativo econômico*. Rio de Janeiro: Forense, 2002, p. 23-24.

[67] Salomão Filho, Calixto. *Regulação da atividade econômica (princípios e fundamentos jurídicos)*. 2. ed. São Paulo: Malheiros, 2008, p. 20.

atividades sociais não exclusivas do Estado, com a finalidade de proteger o interesse público". Já a regulamentação abrange a competência exclusiva do Chefe do Executivo em editar regras jurídicas, conforme estatuído no art. 84, IV, da CRFB.[68]

Por outro lado, Marcos Juruena Villela Souto distingue a função regulamentar da regulatória com fundamento em outra premissa.

A função regulamentar, consoante o art. 84, IV, da CRFB, é exercida privativamente pelo Chefe do Executivo, mediante a expedição de decretos para a fiel execução das leis; ou seja: trata-se de atividade exercida por autoridade política sem compromisso de neutralidade.

Já a função regulatória, prevista no art. 174 da CRFB, por ter sede constitucional distinta, não se confundiria com a função regulamentar e diria respeito à elaboração de normas técnicas, despidas de valorações eminentemente políticas, editadas a partir de uma ponderação entre os custos e os benefícios envolvidos.[69]

Da mesma forma, Diogo de Figueiredo Moreira Neto vai conceituar a regulamentação como uma função política que permite ao Chefe do Executivo, privativamente, estabelecer regras secundárias, complementares às leis, "com o objetivo de explicitá-las e de dar-lhes execução, sem que possa definir quaisquer interesses públicos específicos, tampouco criar, modificar ou extinguir direitos subjetivos". De outra banda, a regulação seria uma função administrativa, sem caráter político, derivada "da abertura, pela lei, de um espaço decisório reservado a uma ponderação politicamente neutra de interesses concorrentes em conflitos setoriais, potenciais ou efetivos." Tal espaço seria deslegalizado para permitir aos agentes politicamente neutros a tomada de decisões reguladoras complexas (normativas, executivas e judicantes).[70]

Estabelecidas as noções gerais da regulação, chega-se ao momento de identificar as modalidades de regulação que podem ser encontradas atualmente.

Em verdade, diversas são as formas ou modelos de regulação de atividades privadas.[71]

É imperioso, antes de mais nada, distinguir a regulação estatal da regulação levada a efeito pelas próprias entidades privadas.

---

[68] Di Pietro, Maria Sylvia Zanella. *Parcerias na Administração Pública: concessão, permissão, franquia, terceirização, parceria público-privada e outras formas*. 5. ed. São Paulo: Atlas, 2005, p. 206.

[69] Souto, Marcos Juruena Villela. *Direito administrativo regulatório*. 2. ed. Rio de Janeiro: Lumen Juris, 2005, p. 28.

[70] Moreira Neto, Diogo de Figueiredo. *Direito regulatório*. Rio de Janeiro: Renovar, 2003, p. 132-133.

[71] Para uma análise de algumas possíveis modalidades de regulação, vide: Moreira, Vital. *Autorregulação profissional e Administração Pública*. Coimbra: Almedina, 1997, p. 39.

No primeiro caso, a regulação estatal da economia é uma espécie de heterorregulação, pois é exercida por órgão ou entidade estatal sobre os agentes econômicos. Nesse tipo de regulação, a característica essencial é a distinção entre agentes reguladores e regulados.[72]

Enquanto o Estado assume o monopólio da produção de normas heterônomas, a sociedade tem a capacidade para estabelecer, por meio da autonomia da vontade, algumas de suas normas mediante autorregulação.

Por essa razão, pode-se afirmar que a autorregulação, como já demonstrado alhures, é aquela em que os próprios agentes regulados exercem o papel de reguladores da atividade econômica. Malgrado a dificuldade inerente de conceituar "autorregulação", pode-se dizer que se trata de regulação exercida pelos próprios agentes regulados.

A autorregulação, espécie do gênero "regulação", representa uma forma de regulação coletiva exercida pelos próprios interessados, fora do âmbito estatal. Isso não impede a existência de duas espécies de autorregulação: a privada, quando a regulação é estabelecida pelos particulares sem a influência estatal, e a pública, formalizada também pelos particulares, mas com a chancela ou reconhecimento do Estado.[73]

A regulação, em seu sentido amplo, compreende quatro possibilidades, a saber:

a) **regulação estatal:** exercida pela Administração Direta ou por entidades da Administração Indireta (ex.: agências reguladoras);
b) **regulação pública não estatal:** exercida por entidades da sociedade, mas por delegação ou por incorporação das suas normas ao ordenamento jurídico estatal (ex.: entidades desportivas, na forma do art. 217, I, da CRFB);
c) **a autorregulação:** realizada por instituições privadas, geralmente associativas, sem nenhuma delegação ou chancela estatal (ex.: Conselho Nacional de Autorregulamentação Publicitária – Conar, selos de qualidade ou de certificação de produtos); e
d) **a desregulação:** quando ausente a regulação institucionalizada, pública ou privada, ficando os agentes sujeitos à mão invisível do mercado.[74]

No Brasil, especialmente a partir da década de 1990, reforça-se a ideia de uma regulação estatal, exercida pelas denominadas agências reguladoras,

---

[72] *Idem*, p. 52.

[73] Moreira, Vital. *Autorregulação profissional e Administração Pública*. Coimbra: Almedina, 1997, p. 54.

[74] Aragão, Alexandre Santos de. *Agências reguladoras e a evolução do Direito administrativo econômico*. Rio de Janeiro: Forense, 2002, p. 33; Oliveira, Rafael Carvalho Rezende. *Curso de Direito Administrativo*. 2. ed. São Paulo: Método, 2014, p. 482.

entidades que concentrariam em suas mãos poderes normativos, administrativos e judicantes.

A atividade regulatória, exercida pelas agências reguladoras brasileiras, é complexa, pois envolve o exercício de três atividades diversas:

a) administrativas clássicas (ex.: poder de polícia);
b) poder normativo (ex.: prerrogativa de editar atos normativos); e
c) judicantes (ex.: atribuição para resolver conflitos entre os agentes regulados).

Por óbvio, as agências não exercem propriamente a função legislativa nem a jurisdicional, uma vez que a edição de normas primárias, gerais e abstratas, continua sendo tarefa precípua do Legislativo, salvo as exceções constitucionais expressas (medidas provisórias e leis delegadas), bem como a resolução de conflitos com força de definitividade, que é tarefa exclusiva do Judiciário.

6.4. EVOLUÇÃO DA REGULAÇÃO E O PAPEL DO ESTADO REGULADOR

A discussão quanto aos fundamentos da regulação pode ser resumida às duas linhas de pensamento a seguir destacadas:[75]

a) **Escola do Interesse Público:** a regulação deve ser intensificada e justificada pela necessidade de satisfação do interesse público ou do bem comum; e

b) **Escola de Chicago (Econômica ou Neoclássica):** a regulação tem por objetivo garantir o adequado funcionamento do mercado, corrigindo as suas falhas (*Market failures*), quais sejam:[76]

b.1) **monopólio e poder de mercado**: o monopólio é o cenário em que existe apenas uma empresa responsável pelo fornecimento do produto ou do serviço, sem qualquer concorrência, que poderá determinar unilateralmente os preços com o objetivo de maximizar seus lucros;

b.2) **externalidades:** os custos e os benefícios gerados pelo desempenho de atividades econômicas não são absorvidos integralmente pelos agentes econômicos (produtores e consumidores) que se

---

[75] Salomão Filho, Calixto. *Regulação da atividade econômica (princípios e fundamentos jurídicos)*. 2. ed. São Paulo: Malheiros, 2008, p. 22-32.

[76] Cooter, Robert; Ulen, Thomas. *Law & Economics*. 5. ed. Boston: Pearson, 2008, p. 43-47.

Viegas, Cláudia; Macedo, Bernardo. Falhas de mercado: causas, efeitos e controles. In: *Direito econômico: Direito econômico regulatório*. São Paulo: Saraiva, 2010, p. 81-109.

relacionam no mercado, mas também por terceiros que não fazem parte diretamente das transações econômicas;[77]

b.3) **"bens coletivos":** de acordo com o conceito econômico (e não jurídico), bens públicos seriam bens não rivais (o consumo por um indivíduo não impede o consumo do mesmo bem ou serviço por outro consumidor) e não exclusivos (pessoas que não pagam pelo bem ou serviço, denominadas "caroneiros" ou *free riders*, usufruem das suas utilidades);

b.4) **assimetrias de informações:** desequilíbrio de informações entre as partes em determinada transação que fomenta condutas oportunistas anteriores (seleção adversa) ou posteriores (risco moral ou *moral hazard*) à compra do bem ou à prestação do serviço. Os defensores da Escola de Chicago,[78] adeptos do liberalismo econômico,[79] sustentam a ausência ou a diminuição da intervenção do Estado na economia, uma vez que a eficiência econômica seria alcançada pelo próprio mercado ("mão invisível do mercado").

As duas visões, contudo, são insuficientes para justificação da regulação no Estado contemporâneo. A intervenção "forte" do Estado na ordem econômica, em virtude da assimetria de informações entre Estado e mercado, pode gerar as denominadas **falhas de governo** (*government failures*),[80] com destaque para os seguintes problemas:

a) **paternalismo estatal (*Nanny State* ou Estado babá):**[81] por meio de uma redução significativa da autonomia dos indivíduos;

---

[77] As externalidades podem ser divididas em duas categorias: a) negativas: o desempenho regular da atividade acarreta ônus (custo externo ou social) que serão suportados por terceiros (ex.: poluição de rios causada por fábricas); e b) positivas: é a produção de efeitos benéficos (benefícios externos ou sociais) para pessoas estranhas às transações econômicas (ex.: empresa que fornece cursos de capacitação para pessoas de determinada cidade com o intuito de qualificar a mão de obra para possível contratação).

[78] Vide, por exemplo: Stigler, George J. A teoria da regulação. In: Mattos, Paulo (coord.). *Regulação econômica e democracia: o debate norte-americano*. São Paulo: Editora 34, 2004, p. 23-48.

[79] É oportuno registrar que o liberalismo econômico não se confunde com o liberalismo político. Enquanto o primeiro relaciona-se com a não intervenção do Estado no domínio econômico (Estado mínimo), o segundo sustenta a necessidade de proteção dos direitos fundamentais (Estado Liberal de Direito).

[80] As falhas de governo são apresentadas pela Teoria da Escolha Pública (*Public Choice*), segundo a qual o governo e o mercado são instituições que buscam a maximização de seus próprios interesses. O objetivo principal dos governantes seria a obtenção do maior número de votos em eleições, e não necessariamente o atendimento do interesse público (Mitchell, William C.; Simmons, Randy T. *Beyond Politics: Markets, Welfare and the Failure of Bureaucracy*. Oxford: Westview, 1994; Tullock, Gordon; Seldon, Arthur; Brady, Gordon L. *Government Failure: a Primer in Public Choice*. Washington: Cato, 2002.

[81] Sobre o tema, vide: Harsanyi, David. *O Estado babá*. Rio de Janeiro: Litteris, 2011; Alemany García, Macario. El concepto y la justificación del paternalismo. *Doxa, Cuadernos de Filosofía del Derecho*,

b) teoria da captura: a captura da regulação pelos regulados, com a satisfação dos interesses dos grupos econômicos regulados em detrimento dos consumidores;

c) asfixia regulatória (*regulatory takings*):[82] inviabilidade do exercício de atividades econômicas em virtude do excesso de restrições estatais, configurando, em alguns casos, desapropriação indireta do direito de exercer determinada atividade econômica.

Por outro lado, a intervenção "leve" na economia não considera a distribuição da riqueza, o que acarreta a permanência e o incremento das desigualdades materiais entre os indivíduos, inviabilizando o desenvolvimento sustentável e igualitário.

Ao longo da história, a intensidade da regulação variou conforme a realidade social e econômica do momento. Assim, por exemplo, na primeira metade do século XX, em virtude da Primeira Guerra Mundial e da crise de 1929, o intervencionismo estatal foi incrementado em razão da constatação da insuficiência da autorregulação do mercado.

Posteriormente, o excesso de intervenção estatal na economia acarretou a ineficiência das atividades administrativas, abrindo caminho para a desregulação da economia. A partir da década de 1980, diversos países iniciaram um movimento de ajuste fiscal e de privatizações, com destaque para a Grã-Bretanha, Estados Unidos e Nova Zelândia. No Brasil, a reformulação do papel e do tamanho do Estado foi implementada na década de 1990, por meio de alterações legislativas importantes que liberalizaram a economia e efetivaram a desestatização. No âmbito constitucional, as Emendas Constitucionais n.os 6/1995 e 7/1995 abriram a economia para o capital estrangeiro e as Emendas Constitucionais n.os 5/1995, 8/1995 e 9/1995 atenuaram os monopólios estatais. Nesse período, foi instituído o Programa Nacional de Desestatização (PND) pela Lei n.o 8.031/1990, substituída, posteriormente, pela Lei n.o 9.491/1997, e foram criadas as agências reguladoras com a incumbência de controlar, no sentido amplo do termo, determinados setores da economia (ex.: ANP) e os serviços públicos delegados (ex.: Aneel).

A sobredita reformulação do papel do Estado é caracterizada, de um lado, pela diminuição da sua intervenção direta nas relações econômicas e

---

n.o 28, p. 265-303, 2005; Garzón Valdés, Ernesto. ¿Es éticamente justificable el paternalismo jurídico? *Doxa, Cuadernos de Filosofia del Derecho*, n.o 5, p. 154-173, 1988.

[82] A origem da *regulatory takings* remonta ao caso *Pennsylvania Coal* v. *Mahon* – 260 US 393, 415 (1922), quando a Suprema Corte reconheceu o direito à indenização em virtude das fortes restrições à mineração de carvão imposta por uma lei da Pensilvânia (Kohler Act) (Epstein, Richard A. *Takings: Private Property and the Power of Eminent Domain*. Cambridge: Harvard University Press, 1985; Fischel, William A. *Regulatory Takings: Law, Economics, and Politics*. Cambridge: Harvard University Press, 1995).

na prestação de serviços públicos (**Estado prestador**) e, de outro lado, pelo incremento das modalidades de intervenção indireta, por meio da regulação (**Estado regulador**).

O aparelho estatal foi reduzido e a **Administração Pública burocrática** foi substituída pela **Administração Pública gerencial** a partir da Reforma Administrativa instituída pela EC n.º 19/1998. Enquanto a Administração Pública burocrática se preocupa com os processos, a Administração Pública gerencial é orientada para a obtenção de resultados (eficiência), sendo marcada pela descentralização de atividades e pela avaliação de desempenho a partir de indicadores definidos em contratos (contrato de gestão).[83]

É possível perceber que o debate tradicional focava a intensidade, maior ou menor, da regulação estatal a partir de ideologias opostas e de preconceitos metafísicos que confrontavam a regulação e a abstenção do Estado na ordem econômica como uma dicotomia entre o Bem e o Mal.

Constata-se, no entanto, uma virada importante nesse debate, com a substituição da intensidade pela qualidade da regulação. Em vez de menos regulação, o ponto central da discussão atual é a efetivação da melhor regulação.[84]

Na atualidade, o Estado Regulador tem por objetivo garantir a efetividade dos direitos fundamentais, com a correção das falhas de mercado, a implementação, quando possível, da concorrência e a proteção dos consumidores.

6.5. MODALIDADES DE AGÊNCIAS REGULADORAS

A instituição das agências reguladoras é justificada não apenas pela necessidade de regulação dos serviços públicos concedidos aos particulares, mas também pela necessidade de controle de determinadas atividades privadas relevantes, destacadas pela lei. Portanto, a partir do tipo de atividade regulada, as agências reguladoras podem ser divididas em duas espécies:

a) **agências reguladoras de serviços públicos concedidos**: o objetivo será, primordialmente, o controle da correta execução dos serviços

---

[83] Pereira, Luiz Carlos Bresser. Gestão do setor público: estratégia e estrutura para um novo Estado. *Reforma do Estado e Administração Pública gerencial*. 7. ed. Rio de Janeiro: FGV, 2008, p. 29.

[84] Sobre o tema, vide: OLIVEIRA, Rafael Carvalho Rezende. *Novo perfil da regulação estatal*: Administração Pública de Resultados e Análise de Impacto Regulatório. São Paulo: Método, 2015; Weatherill, Stephen. The Challenge of Better Regulation. In: *Better Regulation*. Oxford: Hart, 2007, p. 1-17. Nesse sentido, por exemplo, Susan Rose-Ackerman propõe uma nova agenda pública para reformar, e não para desmantelar o Estado Regulador, buscando melhorar a responsabilidade dos agentes políticos e os desenhos dos programas públicos (Rose-Ackerman, Susan. *Rethinking the Progressive Agenda: the Reform of Regulatory State*. Nova Iorque: The Free Press, 1992, p. 187).

públicos por particulares (ex.: Agência Nacional de Energia Elétrica – ANEEL; Agência Nacional de Telecomunicações – ANATEL; Agência Nacional de Transportes Terrestres – ANTT etc.);

b) agências reguladoras de atividades econômicas em sentido estrito (ex.: Agência Nacional do Petróleo – ANP; Agência Nacional do Cinema – ANCINE etc.).

Alguns autores citam, ainda, outras duas possibilidades de agências:[85]

a) agências reguladoras de atividades que são consideradas serviços públicos, quando executadas pelo Estado, ou atividades econômicas, quando prestadas por particulares (ex.: Agência Nacional de Vigilância Sanitária – Anvisa; Agência Nacional de Saúde Suplementar – ANS etc.);

b) agências reguladoras de uso de bem público (ex.: Agência Nacional de Águas – ANA).

Por outro lado, a partir da especificação ou não do setor regulado, as agências podem ser classificadas em:

a) agências reguladoras monossetoriais: regulam, especificamente, uma atividade econômica ou um serviço público. É a regra geral (ex.: ANEEL, ANATEL, ANP etc.);

b) agências reguladoras plurissetoriais: regulam, ao mesmo tempo, diversas atividades econômicas e/ou serviços públicos (ex.: Agência Estadual de Regulação dos Serviços Públicos Delegados do Rio Grande do Sul – AGERGS; Agência Reguladora de Serviços Públicos de Santa Catarina – AGESC).

O ideal é a existência apenas de agências monossetoriais, pois um dos principais objetivos da regulação, por entidades administrativas dotadas de forte autonomia, é justamente assegurar o tratamento, inclusive normativo, técnico ao setor regulado, evitando a sua politização. Percebe-se, com isso, que as agências multissetoriais, em razão da ausência de especialização, não atingem os objetivos regulatórios.

Por essa razão, no estado do Rio de Janeiro, a Agência Reguladora de Serviços Públicos Concedidos (ASEP), que possui atribuições multissetoriais, foi extinta em 2005, quando foram instituídas duas agências reguladoras monossetoriais: a Agência Reguladora de Serviços Públicos Concedidos de Transportes Aquaviários, Ferroviários e Metroviários e de Rodovias do Estado do Rio de Janeiro (AGETRANSP) – Lei estadual n.º 4.555/2005) e a Agência

---

[85] Grotti, Dinorá Adelaide Mussetti. *O serviço público e a Constituição brasileira de 1988*. São Paulo: Malheiros, 2003, p. 157-158.

Reguladora de Energia e Saneamento Básico do Estado do Rio de Janeiro (AGENERSA) – Lei estadual n.º 4.556/2005.

Quanto à titularidade federativa, as agências reguladoras podem ser:

a) agências reguladoras federais (ex.: ANEEL, ANATEL, ANP);

b) agências reguladoras estaduais (ex.: Agência Reguladora de Serviços Públicos Concedidos de Transportes Aquaviários, Ferroviários e Metroviários e de Rodovias do Estado do Rio de Janeiro – AGETRANSP; Agência Reguladora de Energia e Saneamento Básico do Estado do Rio de Janeiro – AGENERSA; Agência Reguladora de Serviços Públicos Delegados de Transporte do Estado de São Paulo – ARTESP; Agência Estadual de Regulação de Serviços Públicos de Energia, Transporte e Comunicações da Bahia – AGERBA; Agência Reguladora de Serviços de Abastecimento de Água e Esgotamento Sanitário do Estado de Minas Gerais – ARSAE-MG);

c) agências reguladoras distritais (ex.: Agência Reguladora de Águas e Saneamento do Distrito Federal – ADASA); e

d) agências reguladoras municipais (ex.: Agência de Regulação dos Serviços Públicos Delegados de Campo Grande – AGEREG).

Registre-se que o objeto das agências reguladoras deve corresponder à atividade de titularidade dos respectivos Entes Federativos. Dessa forma, as agências federais, estaduais, distritais e municipais regulam, respectivamente, atividades de competência da União, dos Estados, do DF e dos Municípios.

6.6. REGIME JURÍDICO ESPECIAL

A doutrina e a própria Legislação têm considerado as agências reguladoras autarquias sob regime especial.[86] A especialidade do regime das agências, que as diferenciam das demais autarquias, pode ser resumida a três aspectos, a saber:

a) autonomia normativa: edição de normas técnicas, justificadas, segundo alguns autores, na técnica da deslegalização;[87]

---

[86] Vide, por exemplo, o art. 1.º da Lei n.º 9.427/1996 ("Art. 1.º É instituída a Agência Nacional de Energia Elétrica – Aneel, autarquia sob regime especial, vinculada ao Ministério de Minas e Energia, com sede e foro no Distrito Federal e prazo de duração indeterminado.") e art. 8.º, § 2.º, da Lei n.º 9.472/1997 ("Art. 8.º Fica criada a Agência Nacional de Telecomunicações, entidade integrante da Administração Pública Federal indireta, submetida a regime autárquico especial e vinculada ao Ministério das Comunicações, com a função de órgão regulador das telecomunicações, com sede no Distrito Federal, podendo estabelecer unidades regionais. [...] § 2.º A natureza de autarquia especial conferida à agência é caracterizada por independência administrativa, ausência de subordinação hierárquica, mandato fixo e estabilidade de seus dirigentes e autonomia financeira.").

[87] Diogo de Figueiredo Moreira Neto aponta alguns exemplos de consagração da deslegalização pela legislação das agências, como, por exemplo: art. 2.º da Lei n.º 9.427/1996 (Aneel), art. 8.º da Lei

b) autonomia administrativa reforçada: traduzida na impossibilidade de recurso hierárquico impróprio e pela estabilidade fortalecida dos dirigentes, especialmente em razão dos mandatos a termo, não coincidentes com os mandatos dos Chefes do Poder Executivo[88], bem como pela impossibilidade de exoneração *ad nutum* de seus dirigentes.[89] Frise-se que a nomeação dos dirigentes, selecionados entre brasileiros de reputação ilibada, formação universitária e especialistas na matéria regulada, segue procedimento peculiar: o Presidente da República escolhe-os e, após aprovação do Senado Federal, nomeia-os.[90]

c) autonomia financeiro-orçamentária: fortalecida com a instituição de receitas próprias ("taxas regulatórias")[91] e de envio de proposta orçamentária ao Ministério ao qual estão vinculadas.[92]

Esses três aspectos da autonomia das agências suscitam polêmicas, como se passa a demonstrar.

6.6.1. Poder normativo e deslegalização

A legislação confere autonomia às agências reguladoras para editar atos administrativos normativos, dotados de conteúdo técnico e respeitados os parâmetros (*standards*) legais, no âmbito de setor regulado. A intenção é despolitizar o respectivo setor, retirando do âmbito político e transferindo ao corpo técnico da agência a atribuição para normatizar a atividade regulada.

Há forte controvérsia doutrinária em relação à constitucionalidade da amplitude e do fundamento do poder normativo conferido às agências reguladoras.

---

n.º 9.472/1997 (Anatel) e art. 7.º da Lei n.º 9.478/1997 (ANP). Moreira Neto, Diogo de Figueiredo. *Direito Regulatório*. Rio de Janeiro: Renovar, 2003, p. 193 e ss.

[88] A Lei n.º 9.986/2000, que dispõe sobre a gestão dos recursos humanos no âmbito das agências reguladoras, estabelece: "Art. 6.º O mandato dos conselheiros e dos diretores terá o prazo fixado na lei de criação de cada agência." [...] "Art. 7.º A lei de criação de cada agência disporá sobre a forma da não coincidência de mandato."

[89] Nesse sentido, prevê o art. 9.º da Lei n.º 9.986/2000: "Art. 9.º Os conselheiros e os diretores somente perderão o mandato em caso de renúncia, de condenação judicial transitada em julgado ou de processo administrativo disciplinar. Parágrafo único. A lei de criação da agência poderá prever outras condições para a perda do mandato."

[90] Vide art. 5.º da Lei n.º 9.986/2000: "Art. 5.º O Presidente ou o Diretor-Geral ou o Diretor-Presidente (CD I) e os demais membros do Conselho Diretor ou da Diretoria (CD II) serão brasileiros, de reputação ilibada, formação universitária e elevado conceito no campo de especialidade dos cargos para os quais serão nomeados, devendo ser escolhidos pelo Presidente da República e por ele nomeados, após aprovação pelo Senado Federal, nos termos da alínea *f* do inciso III do art. 52 da Constituição Federal."

[91] Cite-se, por exemplo: art. 47 da Lei n.º 9.472/1997.

[92] Vide: art. 49 da Lei n.º 9.472/1997.

1.º entendimento: inconstitucionalidade do poder normativo amplo das agências reguladoras, tendo em vista a violação aos princípios constitucionais da separação de poderes e da legalidade, sendo vedada a criação de direito e obrigações por meio de atos regulatórios editados com fundamento em delegação legislativa inominada. O texto constitucional só estabeleceu a possibilidade de exercício do poder normativo primário no Executivo em duas hipóteses: medidas provisórias (art. 62 da CRFB) e leis delegadas (art. 68 da CRFB). Os atos normativos das agências são infralegais e restringem-se a sua organização e funcionamento interno. Nesse sentido: Celso Antônio Bandeira de Mello e Gustavo Binenbojm.[93] Em sentido semelhante, após afirmar a impossibilidade de exercício de poder normativo ampliado por parte das agências reguladoras, Maria Sylvia Zanella Di Pietro excepciona as duas as agências com fundamento expresso na Constituição (Anatel – art. 21, XI, da CRFB; e ANP – art. 177, § 2.º, III, da CRFB).[94]

2.º entendimento: constitucionalidade do poder normativo técnico ampliado reconhecido às agências reguladoras, que poderão editar atos normativos, respeitados os parâmetros (*standards*) legais, em razão do fenômeno da deslegalização. Nesse sentido: José dos Santos Carvalho Filho, Alexandre Santos Aragão, Marcos Juruena Villela Souto e Diogo de Figueiredo Moreira Neto.[95]

Entendemos que as agências reguladoras podem exercer poder normativo, com caráter técnico, no âmbito de suas atribuições, respeitado o princípio da juridicidade.

As normas editadas pelas agências não podem ser classificadas como "autônomas", fruto de delegação legislativa inominada, pois encontram fundamento na lei instituidora da entidade regulatória que estabelece os parâmetros que deverão ser observados pelo regulador. A prerrogativa normativa das agências funda-se na releitura do princípio da legalidade.

O fundamento do poder normativo das agências reguladoras seria a técnica da deslegalização (ou delegificação).[96]

---

[93] Bandeira de Mello, Celso Antônio. *Curso de Direito administrativo*. 21. ed. São Paulo: Malheiros, 2006, p. 165; Binenbojm, Gustavo. *Uma teoria do Direito administrativo*. Rio de Janeiro: Renovar, 2006, p. 277-278.

[94] Di Pietro, Maria Sylvia Zanella. *Direito administrativo*. 22. ed. São Paulo: Atlas, 2009, p. 471-472.

[95] Carvalho Filho, José dos Santos. *Manual de Direito administrativo*. 24. ed. Rio de Janeiro: Lumen Juris, 2011, p. 437; Aragão, Alexandre Santos de. *Agências reguladoras e a evolução do Direito administrativo econômico*. Rio de Janeiro: Forense, 2002, p. 406-425; Souto, Marcos Juruena Villela. *Direito administrativo regulatório*. 2. ed. Rio de Janeiro: Lumen Juris, 2005, p. 48-55; Moreira Neto, Diogo de Figueiredo. *Direito regulatório*. Rio de Janeiro: Renovar, 2003, p. 123-128.

[96] Em que pese a expressão "deslegalização" ser a mais difundida no Brasil, o termo "delegificação" foi utilizado pelo renomado autor Giuseppe Vergottini. Vide: Vergottini, Giuseppe de. A "delegificação" e

Ao abordar o fenômeno da delegificação no sistema constitucional italiano, Giuseppe de Vergottini aponta para o caráter polissêmico da expressão.

Em sentido amplo, a delegificação representa a retirada de determinadas matérias ou atividades da disciplina estatal, sendo caracterizada por alguns fenômenos, tais como: a) *deregulation* (redução da intervenção pública na economia, deixando a atividade econômica submetida às "leis do mercado"); b) desnacionalização (Estado perde a titularidade de determinadas empresas, que se sujeitariam às regras aplicáveis às empresas privadas); c) desburocratização (simplificação de procedimentos administrativos); d) delegificação de fato (fenômenos de aplicação difusa das normas jurídicas).[97]

No segundo sentido possível (intermediário) apontado por Vergottini, o fenômeno significa uma verdadeira "descentralização normativa", em que se opera a transferência da atividade normativa da sede legislativa estatal para entes dotados de autonomia constitucional.[98]

É o sentido restrito, entretanto, que mais precisamente se enquadra no fenômeno de maior relevância para o presente estudo. Nesse sentido, a delegificação representa uma "transferência da disciplina de determinadas matérias ou atividades da esfera legislativa para aquela regulamentar do Governo".[99]

Eduardo Garcia de Enterría também oferece uma importante classificação das delegações legislativas, dividindo-as em três espécies, a saber: a) delegação receptícia; b) delegação remissiva; e c) delegalização.[100]

A delegação receptícia refere-se à delegação da função legislativa ao Poder Executivo para editar, dentro do período e das matérias determinadas na lei delegante, normas com força de lei.[101] No Brasil, essa espécie de delegação encontra-se expressamente prevista nos arts. 59, IV, e 68 da Constituição da República, sendo denominada Lei Delegada.

A segunda espécie de delegação, segundo a classificação elaborada por García de Enterría, é a delegação remissiva (remissão), que significa a

---

a sua incidência no sistema das fontes do Direito. In: *Direito Constitucional: estudos em homenagem a Manoel Gonçalves Ferreira Filho*. São Paulo: Dialética, 1999, p. 163 e ss.

[97] *Idem*, p. 165.

[98] *Idem*, p. 166.

[99] *Ibidem*.

[100] García de Enterría, Eduardo. *Legislacion delegada, potestad reglamentaria y control judicial*. 3. ed. Madri: Civitas, 1998, p. 173 e ss.

[101] Como adverte Eduardo García de Enterría: "Para que el Gobierno pueda ampararse en el encargo del legislativo resulta obvio que debe atenerse a los límites del mismo; una invocación puramente formal por el Gobierno de una delegación abierta para establecer una norma a su arbitrio no da a ésta el rango supremo, que la Ley de delegación ha determinado en función, exclusivamente, de las bases o contenido determinado." García de Enterría, Eduardo, *Legislacion delegada, potestad reglamentaria y control judicial*. 3. ed. Madri: Civitas, 1998, p. 182.

possibilidade de a Administração editar atos normativos, sem força de lei, que deverão respeitar a moldura legal.[102] Trata-se da possibilidade, consagrada há muito tempo em nosso ordenamento pátrio, da edição dos denominados regulamentos executivos pelo Chefe do Poder Executivo (art. 84, IV, da Constituição da República).

Por fim, a terceira espécie de delegação legislativa é a deslegalização, que, na precisa definição de Diogo de Figueiredo Moreira Neto, significa "a retirada, pelo próprio legislador, de certas matérias, do domínio da lei (*domaine de la loi*), passando-as ao domínio do regulamento (*domaine de l'ordonnance*)".[103]

A deslegalização, como se vê, opera uma verdadeira degradação da hierarquia normativa (descongelamento da classe normativa) de determinada matéria, que, por opção do próprio legislador, deixa de ser regulada por lei e passa para a seara do ato administrativo normativo. A lei deslegalizadora não chega a determinar o conteúdo material da futura normatização administrativa, limitando-se a estabelecer *standards* e princípios que deverão ser respeitados na atividade administrativo-normativa. Nas palavras de Eduardo García de Enterría, a deslegalização é uma "operación que efectúa una Ley que, sin entrar en la regulación material de un tema, hasta entonces regulado por Ley anterior, abre dicho tema a la disponibilidad de la potestad reglamentaria de la Administración."[104]

Trata-se, destarte, de um fenômeno que retrata a crise da concepção liberal da legalidade administrativa e o crescente reforço da competência normativa colocada à disposição da Administração Pública. Nas palavras da professora Patrícia Baptista: "Um dos mais claros sinais de erosão da lei formal como condição da atuação administrativa é representado pelo processo de deslegalização."[105]

Em verdade, a deslegalização apenas demonstra que a lei não possui condições de prever todas as situações que podem ocorrer na vida em sociedade, sendo necessária a abertura para a atuação pontual e célere da Administração.

---

[102] Veja-se a definição de remissão apontada por Eduardo García de Enterría: "una Ley remite a una normación ulterior que ha de elaborar la Administración, aunque sin asumir como propio su contenido, la determinación de ciertos elementos normativos que complementan la ordenación que la propia Ley delegante establece." *Idem*, p. 197.

[103] Na preciosa lição do jurista, a Constituição da República de 1988, nitidamente, já relaciona alguns casos de deslegalização, como, *v.g.*, o art. 96, I, *a* (que desloca para o Judiciário o poder de dispor sobre a competência e funcionamento de seus órgãos), o art. 207, *caput* (que transfere do Legislativo para as universidades o poder de dispor sobre matéria didático-científica) e o art. 217, I (que estabelece o poder das entidades desportivas, dirigentes e associações de dispor sobre sua organização e funcionamento). Confira-se: Moreira Neto, Diogo de Figueiredo. *Direito Regulatório*. Rio de Janeiro: Renovar, 2003, p. 122-123.

[104] García de Enterría, Eduardo. *Legislacion delegada, potestad reglamentaria y control judicial*, 3. ed. Madri: Civitas, 1998, p. 220.

[105] Baptista, Patrícia. *Transformações do Direito Administrativo*. Rio de Janeiro: Renovar, 2003, p. 103.

Não há falar aqui em delegação em branco ou inominada, como sustenta, por exemplo, Gustavo Binenbojm,[106] pois a lei deslegalizadora aponta parâmetros e princípios que nortearão a atuação normativa da agência.

Na realidade, inexiste delegação propriamente dita. Da mesma forma que os regulamentos de execução não são editados como fruto de uma delegação legislativa, mas sim como fruto do poder administrativo autônomo, exercido dentro da moldura legislativa, os atos normativos das agências também vão ser editados dentro dos parâmetros legais. Em consequência, quanto mais aberta for a textura da lei, maior será a discricionariedade no exercício das competências normativas das agências.[107] Por esse raciocínio, seria mais adequado falar em atribuição de competência pelo legislador ao administrador, e não em delegação.[108]

Trata-se, destarte, de atividade de execução da vontade da lei, em que existe uma liberdade ampliada para o administrador na escolha dos meios e das técnicas a serem utilizadas para alcançar os objetivos já traçados na legislação. Para usar as palavras de Marcos Juruena Villela Souto, a lei apenas atribui ao regulador "o papel de preencher a moldura com conhecimentos técnicos à luz da realidade em que a lei vai ser aplicada".[109]

A deslegalização, por esse raciocínio, não enseja a formulação pelas agências de atos normativos equiparados à lei. Não se trata, com efeito, das delegações legislativas expressamente previstas na Constituição (art. 68) ou na edição pelo Executivo de atos normativos "com força de lei" (art. 62). A atividade normativa das agências tem caráter infralegal. Eduardo García de Enterría, ao diferenciar a delegação receptícia da deslegalização, aponta que, naquela, o ato normativo do Executivo tem força de lei e é produzido em um único momento, enquanto na deslegalização os atos normativos produzidos pela Administração têm natureza "regulamentar" e são desenvolvidos em momentos diversos.[110]

De outro lado, não pode prosperar a ideia de que o ato normativo da agência seria equivalente a um verdadeiro regulamento autônomo.

---

[106] Binenbojm, Gustavo. *Uma teoria do Direito administrativo*. Rio de Janeiro: Renovar, 2006, p. 277.

[107] A esse propósito, bem acentua Cass Sunstein que a textura aberta da lei, na definição dos parâmetros a serem observados pelas agências, nada tem de inconstitucional. Até porque é impossível, de antemão, delimitar todos os casos em que a agência vai atuar, na sua área de competência. O risco de uma textura fechada é o de inviabilizar a atuação da agência na persecução de seus objetivos. Como diz o jurista da Universidade de Chicago, "the real question is: how much executive discretion is too much? It isn't easy to come up with a standard to answer." Sunstein, Cass R. *Radical in Robes: why Extreme Right-Wing Court are Wrong for America*. Nova Iorque: Basic, 2005, p. 210.

[108] Essa é a posição do professor Alexandre Santos de Aragão, apoiado em Leon Duguit. Aragão, Alexandre Santos de. *Agências reguladoras e a evolução do Direito administrativo econômico*. Rio de Janeiro: Forense, 2002, p. 423.

[109] Souto, Marcos Juruena Villela. *Direito administrativo regulatório*. 2. ed. Rio de Janeiro: Lumen Juris, 2005, p. 51.

[110] García de Enterría, Eduardo. *Legislacion delegada, potestad reglamentaria y control judicial*. 3. ed. Madri: Civitas, 1998, p. 221-222.

Em primeiro lugar porque a dicotomia feita pela doutrina entre regulamento autônomo e executivo deve ser compreendida adequadamente. Não existe a possibilidade de uma atuação administrativa meramente executiva, porquanto toda a atividade interpretativa e de aplicação da lei passa, necessariamente, pela criação do Direito. Por essa razão, todo regulamento administrativo tem um caráter, maior ou menor, de inovação na ordem jurídica.

A diferenciação entre os regulamentos autônomos e os executivos passa, destarte, pela necessidade ou não de atuação prévia do legislador como forma de habilitar a atuação administrativa. A existência de lei é imprescindível para a edição dos regulamentos em geral (executivos), havendo casos excepcionais de edição de regulamentos com fundamento direto na Constituição da República (autônomos).

Conclui-se que, na dicotomia clássica apontada pela doutrina, os atos normativos das agências só podem ser considerados executivos, pois possuem fundamento na própria lei deslegalizadora.

Observe-se, neste ponto, que inexiste "reserva de regulamento" na técnica da deslegalização, pois nada impede que o legislador, que é quem atribui liberdade normativa ampla por meio da lei deslegalizadora, volte a tratar diretamente da matéria deslegalizada.[111]

É imprescindível, contudo, que o exercício da competência normativa por parte das agências receba um reforço de legitimidade. E isso se dá quando a lei deslegalizadora prevê a participação dos cidadãos na discussão e elaboração de normas regulatórias.

A tese da deslegalização de matérias preponderantemente técnicas, em tempos de crise da concepção liberal do princípio da legalidade, vem sendo aceita por parcela substancial da doutrina, desde que a lei deslegalizadora estabeleça os parâmetros e objetivos a serem alcançados pelas agências.[112] Não se trata aqui de afirmar a superioridade hierárquica do regulamento das agências, mas de opção legislativa em ampliar a margem de atuação normativa e da discricionariedade técnica das agências.

O STF, no julgamento do RExt 140.669-1/PE, admitiu a tese da deslegalização, conforme demonstra a ementa a seguir colacionada:

---

[111] Roig, Antoni. *La deslegalización: orígenes y límites constitucionales en Francia, Itália y Espana*. Madri: Dykinson, 2003, p. 25 e 194.

[112] Apontam a deslegalização como fundamento do poder normativo das agências reguladoras, entre outros: Moreira Neto, Diogo de Figueiredo. *Direito Regulatório*. Rio de Janeiro: Renovar, 2003, p. 170 e ss.; Villela Souto, Marcos Juruena. *Direito administrativo regulatório*. 2. ed. Rio de Janeiro: Lumen Juris, 2005, p. 48 e ss.; Carvalho Filho, José dos Santos. Agências reguladoras e poder normativo. In: Aragão, Alexandre Santos de (coord.). *O poder normativo das agências reguladoras*. Rio de Janeiro: Forense, 2006, p. 83.

Ementa: tributário. IPI. Art. 66 da Lei n.º 7.450/1985, que autorizou o Ministro da Fazenda a fixar prazo de recolhimento do IPI, e Portaria n.º 266/88/MF, pela qual dito prazo foi fixado pela mencionada autoridade. Acórdão que teve os referidos atos por inconstitucionais. Elemento do tributo em apreço que, conquanto não submetido pela Constituição ao princípio da reserva legal, fora legalizado pela Lei n.º 4.502/1964 e assim permaneceu até a edição da Lei n.º 7.450/1985, que, no art. 66, o deslegalizou, permitindo que sua fixação ou alteração se processasse por meio da legislação tributária (CTN, art. 160), expressão que compreende não apenas as leis, mas também os decretos e as normas complementares (CTN, art. 96). Orientação contrariada pelo acórdão recorrido. Recurso conhecido e provido.[113]

Em seu voto, o Ministro Relator Ilmar Galvão, apoiado na doutrina de J. J. Gomes Canotilho, afirmou a possibilidade de deslegalização das matérias não sujeitas à reserva legal. O indigitado art. 66 da Lei n.º 7.450/1985, ao atribuir competência ao Ministro da Fazenda para fixar prazos de pagamento de receitas federais compulsórias, teria operacionalizado delegalização de matéria não inserida na reserva legal, não contrariou o princípio da legalidade e conferiu maior flexibilidade à questão do vencimento de tributos, descongestionando o Congresso Nacional.

Não obstante isso, no julgamento da ADIn 1.668, que versava sobre a constitucionalidade de dispositivos da Lei n.º 9.472/1997 (Lei Geral de Telecomunicações), o STF afirmou que o poder normativo da ANATEL tinha caráter regulamentar e deveria observar os parâmetros legais, afastando, em princípio, a tese da deslegalização.[114]

Posteriormente, o STF parece ter voltado a admitir a deslegalização, por ocasião do julgamento da AC 1.193 QO-MC/RJ,[115] quando entendeu ser constitucional o procedimento de licitação simplificado no âmbito da Petrobras, estabelecido em decreto presidencial, conforme permitido pelo art. 67 da Lei n.º 9.478/1997.

No caso, o art. 67 da Lei n.º 9.478/1997, sem estabelecer nenhuma norma substancial sobre a licitação no âmbito da Petrobras, remeteu toda a matéria para o decreto presidencial (Decreto n.º 2.745/1998).[116]

---

[113] STF, RExt 140.669-1/PE, Rel. Min. Ilmar Galvão, Tribunal Pleno, *DJ* 18/05/2001, p. 86.

[114] Justen Filho, Marçal. *O Direito das agências reguladoras*. São Paulo: Dialética, 2002, p. 538-539.

[115] AC 1193 QO-MC/RJ, Rel. Min. Gilmar Mendes, 09/05/2006. (AC-1193). *Informativo de Jurisprudência do STF* n.º 426 do STF.

[116] Sobre a licitação na Petrobras, vide: Oliveira, Rafael Carvalho Rezende. *Licitações e contratos administrativos*. 3. ed. São Paulo: Método, 2014, p. 57-59.

O Tribunal de Contas da União[117] e parcela da doutrina[118] apontavam a inconstitucionalidade do art. 67 da Lei n.º 9.478/1997 e, consequentemente, do Decreto n.º 2.745/1998, por diversos fundamentos, entre os quais podem ser citados:

a) o art. 67 da Lei n.º 9.478/1997 teria realizado uma delegação legislativa em branco em matéria sujeita à reserva legal;

b) nesse passo, o Decreto n.º 2.745/1998 inovaria na ordem jurídica; e

c) a licitação das empresas estatais econômicas, o que incluiria a Petrobras, deve ser regulada no estatuto geral previsto no art. 173, § 1.º, III, da Constituição Federal, devendo as demais entidades administrativas observar as normas gerais previstas na Lei n.º 8.666/1993.

Não nos parecia haver qualquer inconstitucionalidade no art. 67 da Lei n.º 9.478/1997 e no Decreto n.º 2.745/1998, como se passa a demonstrar.

E isso porque, quanto à alegada delegação legislativa em branco, não se pode admitir que a simples ausência de parâmetros previamente estabelecidos pelo art. 67 da Lei n.º 9.478/1997 leve à conclusão de que a atuação regulamentar seria ilimitada e arbitrária. Nesse ponto, não se pode perder de vista a aplicação direta dos princípios constitucionais (expressos e implícitos) às relações administrativas, que funcionarão sempre como parâmetros (*standards*) para toda e qualquer atuação administrativa.

Em relação à reserva de lei para tratar de licitação, deve-se recordar que a Constituição Federal não consagrou a chamada "reserva absoluta de lei" em matéria de licitação, como ocorre em determinados campos ligados à restrição de direitos fundamentais (Direito Tributário e Direito Penal, por exemplo), o que gera a possibilidade de abertura ampla para a atuação regulamentar.

O vocábulo "lei", contido no art. 173, § 1.º, III, da Constituição Federal, não pode ser compreendido no sentido de que todas as matérias relacionadas às estatais econômicas devam ser tratadas em lei formal. Tal exigência, como ressalta Gustavo Binenbojm,[119] só tem cabimento no que tange às restrições a direitos fundamentais, o que não ocorre na definição de procedimentos licitatórios.

Ademais, não nos parece apropriado sustentar que o Decreto n.º 2.745/1998 figuraria na categoria dos decretos autônomos, apesar de não haver óbice

---

[117] TCU, Decisão 663/02, Plenário, Rel. Min. Ubiratan Aguiar, *DOU* 08/07/2002.

[118] Nesse sentido: Justen Filho, Marçal. *Comentários à lei de licitações e contratos administrativos*. 9. ed. São Paulo: Dialética, 2002, p. 26-27; Mello, Celso Antônio Bandeira de. *Curso de Direito Administrativo*. 21. ed. São Paulo: Malheiros, 2006, p. 506.

[119] Binenbojm, Gustavo. *Temas de Direito administrativo e constitucional*. Rio de Janeiro: Renovar, 2008, p. 312-313.

para este poder regulamentar autônomo. As razões para tal afirmação podem ser assim sintetizadas:

a) o referido decreto encontra seu fundamento de validade na legislação infraconstitucional (Lei n.º 9.478/1997), havendo, destarte, intermediação legislativa entre a atuação regulamentar e a Constituição;

b) ainda que não houvesse a Lei n.º 9.478/1997, poderia ser editado decreto autônomo para tratar de licitação, pois o tema relacionado aos procedimentos administrativos, como ensina Gustavo Binenbojm,[120] insere-se na expressão "organização e funcionamento da administração", prevista no art. 84, VI, *a*, da Constituição Federal, habilitando o Chefe do Executivo a manejar decretos com fundamento diretamente no texto constitucional;

c) consoante já assinalado neste trabalho, todo ato administrativo possui algum grau de inovação na ordem jurídica, sendo praticamente impossível exigir-se uma atuação administrativa meramente executiva; e

d) a atuação regulamentar, como visto, deve estar em consonância com os princípios constitucionais aplicáveis à Administração Pública, substituindo-se a visão estrita de legalidade pela noção ampla de juridicidade.

Por derradeiro, não é convincente o argumento de que a licitação da Petrobras só poderia ser regulada em um estatuto único que estabeleceria normas gerais de licitação para toda a Administração Pública, sendo vedada a previsão de estatutos específicos para determinadas entidades administrativas.

Ainda que o art. 173, § 1.º, da Constituição Federal tenha-se referido a "estatuto jurídico" (no singular), nada impede a edição de estatutos dirigidos às entidades administrativas específicas, de modo a atender às peculiaridades que são próprias a elas.

Lembre-se, a esse propósito, que o STF já admitiu a possibilidade de lei ordinária estabelecer normas gerais de licitação para determinado setor econômico, afastando-se expressamente a aplicação da Lei n.º 8.666/1993. Foi o que ocorreu no julgamento relativo à constitucionalidade do art. 210 da Lei n.º 9.472/1997, que assim dispõe:

> Art. 210. As concessões, permissões e autorizações de serviço de telecomunicações e de uso de radiofrequência e as respectivas licitações regem-se exclusivamente por esta Lei, a elas não se aplicando as Leis n.º 8.666, de 21 de junho de 1993, n.º 8.987, de 13 de fevereiro de 1995, n.º 9.074, de 7 de julho de 1995, e suas alterações.

Na hipótese em comento, o STF decidiu pela constitucionalidade do art. 210 da Lei n.º 9.472/1997, pois a norma impugnada não afasta a exigência

---

[120]   *Idem*, p. 314.

da licitação, "mas apenas estabelece para os serviços de telecomunicações um procedimento licitatório específico, previsto na própria Lei n.º 9.472/1997, tendo em conta a natureza destes serviços".[121]

Ora, ao se admitir a consagração de normas gerais de licitação por lei ordinária para setores específicos da economia, sem vinculação com o estabelecido na Lei n.º 8.666/1993, dá-se abertura para que a Lei n.º 9.478/1997 possibilite a edição de normas diferenciadas para o setor do petróleo e, notadamente, para a Petrobras.

Registre-se, contudo, que a discussão quanto à constitucionalidade do art. 67 da Lei 9.478/1997 perdeu força com a sua revogação pelo art. 96, II, da Lei 13.303/2016 (Lei das Estatais).

Por derradeiro, não se pode ignorar que a técnica da deslegalização encontra limites constitucionais. É essencial que a lei deslegalizadora estabeleça parâmetros para a atuação do administrador, pois seria inconcebível uma "deslegalização geral de todo o bloco de legalidade".[122] Nesse ponto, adotando a posição do professor Diogo de Figueiredo Moreira Neto,[123] podem ser apontados os seguintes limites:

a) casos de "reserva legislativa específica" previstos pela Constituição Federal:[124] referem-se às matérias indicadas pelo Constituinte que só podem ser tratadas por lei formal, como, *v.g.*, o art. 5.º, VI, VII, VIII, XII, da CRFB;

b) matérias que devem ser reguladas por lei complementar não admitem deslegalização, pois encerram verdadeiras reservas legislativas específicas, além das matérias que devem ser legisladas com caráter de normas gerais (ex.: art. 24, §§ 1.º e 2.º, da CRFB), tendo em vista que essas últimas possuem alcance federativo, abrangendo Estados-membros e Municípios; e

c) por fim, as medidas provisórias, além de não poderem deslegalizar nos casos referidos (reserva legislativa específica, reserva de lei complementar e reserva para editar normas gerais de alcance federativo), devem respeitar os requisitos constitucionais da relevância e urgência, vez que estes encerram conceitos jurídicos indeterminados, passíveis, portanto, de controle judicial. Ademais, não pode deslegalizar por medidas provisórias as matérias para as quais esteja vedado o uso dessa espécie normativa (arts. 62, § 1.º, I, II, III e

---

[121] STF, ADInMC 1.668-DF, Pleno, Rel. Min. Marco Aurélio, *DJ* 16.04.2004, p. 52. *Informativo de Jurisprudência do STF*, n.º 119.

[122] García de Enterría, Eduardo. *Legislacion delegada, potestad reglamentaria y control judicial*. 3. ed. Madri: Civitas, 1998, p. 223.

[123] Moreira Neto, Diogo de Figueiredo. *Direito Regulatório*. Rio de Janeiro: Renovar, 2003, p. 170 e ss.

[124] Nesse sentido também se posiciona Eduardo García de Enterría: "Por su naturaleza, parece que puede afirmarse con firmeza que la técnica deslegalizadora no es aplicable a las materias constitucionalmente reservadas a la Ley". García de Enterría, Eduardo. *Legislacion delegada, potestad reglamentaria y control judicial*. 3. ed. Madri: Civitas, 1998, p. 223-224.

IV, da CRFB); assim, também, nos casos cabíveis, quando editada, a medida provisória deslegalizadora deve respeitar o ciclo constitucional de legitimação que ocorre com a sanção legislativa (art. 60, § 3.º, da CRFB).

6.6.1.1. Lei e superveniência de ato regulatório: revogação diferida

A deslegalização provoca uma situação peculiar que merece ser salientada neste momento. Trata-se da eventual contradição entre uma norma editada pela agência reguladora e a legislação anterior.

Existe controvérsia doutrinária sobre a norma que prevalecerá no conflito normativo. Os críticos do poder normativo da agência sustentam que, em qualquer hipótese, a lei prevalecerá sobre os atos das agências, especialmente pela inexistência da própria competência normativa ampliada da autarquia regulatória. Por outro lado, os defensores do poder normativo ampliado das agências afirmam a prevalência, no mencionado conflito, dos atos regulatórios em detrimento da legislação anterior.

Entendemos que o ato normativo da agência, que respeita os parâmetros fixados pela própria lei deslegalizadora, prevalece sobre a legislação anterior.

Como visto, a deslegalização opera um verdadeiro rebaixamento da hierarquia normativa em relação ao tratamento de determinado assunto, que deixa de ser regulado por lei e, por vontade do próprio legislador, passa a ser tratado no âmbito dos atos normativos administrativos.

Nesses casos, deve ser privilegiado o ato normativo da agência, ainda que em detrimento da legislação anterior. E isso não significa que o ato administrativo tenha primazia sobre a lei. Definitivamente, não é isso o que ocorre. A lei deslegalizadora, ao efetivar o rebaixamento hierárquico apontado, possibilita que todo o tratamento da matéria por ela especificada seja efetivado por atos da agência.

A revogação da legislação anterior, por certo, não é operada diretamente pelo ato administrativo normativo, mas sim pela própria lei deslegalizadora, que, utilizando-se do ato normativo da agência, opera uma verdadeira "revogação diferida" no tempo. Na precisa lição de Eduardo García de Enterría:

> Una Ley de deslegalización opera como *contrarius actus* de la Ley anterior de regulación material, pero no para innovar directamente esta regulación, sino para degradar formalmente el rango de la misma de modo que pueda ser modificada en adelante por simples Reglamentos.[125]

---

[125] García de Enterría, Eduardo. *Legislacion delegada, potestad reglamentaria y control judicial*. 3. ed. Madri: Civitas, 1998, p. 220.

O ordenamento jurídico italiano, por exemplo, consagrou o fenômeno da "revogação diferida" no art. 17, inciso II, da Lei n.º 400, de 23 de agosto de 1988, que trata da revogação das normas vigentes quando da entrada em vigor das normas regulamentares. Giuseppe de Vergottini, ao tratar da norma em referência, afirma:

> O efeito revogatório neste caso é remetido à lei, enquanto o regulamento de delegificação assume o valor de um simples fato, de modo que a lei autoriza o exercício do poder regulamentar do Governo remete ao efeito de revogar as disposições legais precedentes.[126]

Na doutrina nacional, da mesma forma, alguns autores apontam para o fenômeno da revogação diferida no tempo operada pela lei deslegalizadora. Nesse sentido, Alexandre Santos de Aragão afirma:

> A nosso ver, portanto, não é propriamente o regulamento que revoga a lei anterior. Ele é apenas o instrumento que, dentro do princípio da *lex posterior derogat priori*, se vale a lei posterior para, diferida e dinamicamente, revogar a lei anterior, adequando a disciplina jurídica existente no momento em que entrou em vigor à cambiante realidade social.[127]

No mesmo sentido é a lição de Marcos Juruena Villela Souto, ao explicitar que a deslegalização não significa que um ato administrativo normativo regulatório possa revogar uma lei anterior. A revogação seria ultimada pela própria lei deslegalizadora, sendo diferida apenas a eficácia da revogação no momento da edição da norma regulatória que definirá o conteúdo da regulação:

> A revogação da lei pode ocorrer com a edição de norma superior que modifica a competência da autoridade encarregada de fixar os novos conceitos oriundos da interpretação técnica; a eficácia da revogação é que pode ser diferida para o momento em que o regulador, munido de amparo legal, edita a norma regulatória.[128]

A lei deslegalizadora, ao efetivar o rebaixamento hierárquico apontado, possibilita que todo o tratamento da matéria por ela especificada seja efetivado por atos da agência. Dessa forma, a revogação da legislação anterior não é

---

[126] Vergottini, Giuseppe de. A "Delegificação" e a sua incidência no sistema das fontes do Direito. In: *Direito Constitucional: estudos em homenagem a Manoel Gonçalves Ferreira Filho*. São Paulo: Dialética, 1999, p. 168-169.

[127] Aragão, Alexandre Santos de. *Agências reguladoras e a evolução do Direito administrativo econômico*. Rio de Janeiro: Forense, 2002, p. 423.

[128] Souto, Marcos Juruena Villela. *Direito administrativo regulatório*. 2. ed. Rio de Janeiro: Lumen Juris, 2005, p. 54.

operada diretamente pelo ato administrativo normativo regulatório, mas sim pela própria lei deslegalizadora que utiliza o ato da agência para revogar, de forma diferida no tempo, a lei anterior.

Registre-se que a lei instituidora da agência possui baixa densidade normativa, limitando-se à instituição da agência reguladora e à fixação dos parâmetros genéricos que deverão ser observados pelas agências, sem criar, portanto, direitos e deveres no setor regulado. Por essa razão, a lei deslegalizadora, no momento inicial, não possui conteúdo normativo suficiente para conflitar com a legislação pretérita. Assim como ocorre com as "leis penais em branco", o conteúdo da lei será complementado por atos administrativos. No momento em que a agência edita o ato regulatório, a lei deslegalizadora ("norma regulatória em branco" ou "lei administrativa em branco") é efetivada e complementada, recebendo carga normativa suficiente para revogar a legislação anterior. Ex.: lei estabelece exigências para os veículos que prestam transporte público. Posteriormente, a legislação institui agência reguladora de transporte público, fixando parâmetros para a edição de normas regulatórias. Os atos regulatórios, respeitados os *standards* legais, prevalecerão sobre a legislação anterior.

Portanto, tendo em vista que a revogação da legislação anterior é efetivada pela lei deslegalizadora, e não pela norma regulatória baixada pela agência, mantém-se intacto o princípio da hierarquia da lei em relação aos demais atos normativos da Administração.

No julgamento do RExt 140.669-1/PE,[129] citado anteriormente, em que o STF admitiu a tese da deslegalização, acabou sendo consagrado, ainda que implicitamente, o fenômeno da revogação diferida.

Com efeito, naquele caso, discutia-se o prazo para recolhimento do Imposto sobre Produtos Industrializados (IPI), uma vez que o prazo previsto originariamente no DL n.º 326/1967 encontrava-se em contradição com a Portaria n.º 266/1988, editada pelo Ministro da Fazenda, com fundamento no art. 66 da Lei n.º 7.450/1986. A decisão final do STF foi no sentido de prevalecer o prazo previsto na Portaria, pois a Lei n.º 7.450/1986, em razão do fenômeno da deslegalização, teria revogado o DL n.º 326/1967.

Ainda que a Corte Suprema não tenha falado expressamente da "revogação diferida", certo é que foi esse o fenômeno que levou à revogação da lei anterior. E isso porque o DL n.º 326/1967 havia fixado prazos específicos para o pagamento do IPI. Posteriormente, o art. 66 da Lei n.º 7.450/1986 operou a deslegalização do tema, tão somente para remeter a fixação dos prazos de pagamento de receitas federais compulsórias, o que inclui o IPI,

---

[129] STF, RExt 140.669-1/PE, Rel. Min. Ilmar Galvão, Tribunal Pleno, *DJ* 18/05/2001, p. 86.

para o Ministro da Fazenda. Ocorre que apenas com a edição da Portaria Ministerial n.º 266/1988 é que, efetivamente, foi fixado prazo diferente para pagamento do tributo federal e revogada, portanto, a legislação anterior.

Cabe registrar, neste ponto, a recente edição da Súmula n.º 356 do STJ, que estabeleceu a legitimidade da cobrança da tarifa básica pelo uso dos serviços de telefonia fixa.

A discussão subjacente ao conteúdo do sobredito enunciado refere-se ao aparente conflito entre o CDC (arts. 6.º, III, 39, V, e 51, IV), que possui *status* de lei ordinária, e a Resolução n.º 85/1998 da Anatel, revogada, posteriormente, pela Resolução n.º 426/2005.

De um lado, o CDC veda a cobrança por serviços não usufruídos pelos consumidores. De outro lado, o art. 3.º, XXI, da Resolução n.º 85/1998, editada na forma do art. 19, IV e X, da Lei n.º 9.472/1997, estabelece a possibilidade de cobrança de tarifa básica, independentemente da utilização efetiva do serviço no mês de referência.[130]

Em sua conclusão, o STJ definiu que a cobrança de tarifa básica para os serviços de telefonia não configura cobrança abusiva, pois seu objetivo é remunerar os custos de disponibilização do serviço, o que justifica a juridicidade das resoluções das agências, editadas com fundamento na interpretação sistemática das seguintes normas: art. 175, parágrafo único, III, da CRFB, art. 2.º, II, da Lei n.º 8.987/1995, arts. 19, IV e X, e 93, VII, da Lei n.º 9.472/1997.

6.6.1.2. Atos regulatórios x atos regulamentares

Outra questão interessante dentro dessa perspectiva da deslegalização consiste na existência de eventual conflito normativo entre um regulamento presidencial e um ato normativo de alguma das agências reguladoras.

Alguns autores afirmam que todas as entidades administrativas – e não apenas o Chefe do Executivo – têm competência para editar regulamentos, o que decorre, entre outros fatores, da descentralização administrativa e da função reguladora da Administração (art. 174 da Constituição da República).[131]

---

[130] Resolução n.º 85/1998: "Art. 3.º Para fins deste Regulamento, aplicam-se as seguintes definições: XXI – Tarifa ou Preço de Assinatura: valor de trato sucessivo pago pelo Assinante à Prestadora, durante toda a prestação do serviço, nos termos do contrato de prestação de serviço, dando-lhe direito à fruição contínua do serviço." A citada resolução foi revogada pela Resolução n.º 426/2005, que, em seu art. 3.º, XXIV, estabelece: "tarifa ou preço de assinatura: valor devido pelo assinante em contrapartida da manutenção da disponibilidade do acesso telefônico de forma individualizada para fruição contínua do serviço". Registre-se que a cobrança de tarifa básica encontrava previsão anterior nas Portarias n.ºs 217 e 226, ambas de 3 de abril de 1997, editadas pelo Ministério das Comunicações.

[131] Nesse sentido: Tacito, Caio. Comissão de Valores Mobiliários. Poder regulamentar. In: *Temas de Direito Público: estudos e pareceres*. Rio de Janeiro: Renovar, 1997, p. 1.079. Binenbojm, Gustavo. *Uma teoria do Direito administrativo*. Rio de Janeiro: Renovar, 2006, p. 154 e ss.

Dessa afirmação resulta uma classificação dos regulamentos que leva em conta o órgão ou entidade administrativa que o edita. Assim, o regulamento pode ser considerado gênero do qual são espécies o regulamento presidencial, formalizado por decreto,[132] e o regulamento setorial, editado por outros órgãos ou entidades administrativas que regulam determinado setor econômico ou social.[133]

A questão é: qual espécie normativa (regulamento presidencial ou setorial) deve prevalecer em caso de eventual conflito, especialmente quando o "regulamento setorial" é editado por agências reguladoras?

Alguns doutrinadores, como Gustavo Binenbojm,[134] afirmam que os regulamentos setoriais preponderam sobre os regulamentos presidenciais, não por um critério de hierarquia, já que ambos os regulamentos estariam no mesmo patamar hierárquico, mas sim em decorrência do critério da especialidade. A partir do momento em que se admite que o poder regulamentar não é exclusividade do Chefe do Executivo, podendo ser exercido por outros órgãos e entidades administrativas, o critério hierárquico perde o sentido (princípio da concordância prática). Em consequência, deve-se recorrer a outro critério de resolução de antinomias jurídicas: o critério da especialidade. O regulamento setorial é editado para tratar de uma situação específica, inerente à área da agência reguladora. Em razão disso, deverá prevalecer, pois será considerado especial em relação ao regulamento presidencial.[135]

Outra vertente doutrinária sustenta a prevalência dos regulamentos presidenciais sobre os setoriais. Assim pensa Maria Sylvia Zanella Di Pietro. Partindo da premissa de que o poder regulamentar seria exercido com exclusividade pelo Chefe do Executivo – admitindo-se a delegação desse poder apenas na hipótese do art. 84, IV, *a*, da Constituição da República –, a professora entende que as agências não poderiam baixar unilateralmente regras de conduta, impondo deveres e obrigações. Segundo Di Pietro, os regulamentos regulatórios teriam um alcance muito restrito, uma vez que apenas seriam admitidos os denominados "regulamentos administrativos ou de organização", hierarquicamente inferiores à legislação e aos regulamentos presidenciais.[136]

Decerto, a primeira corrente doutrinária parece ter razão. Apesar de não se tratar de regulamento propriamente dito, como já defendido, o ato

---

[132] A doutrina, de modo geral, concorda que o decreto é o meio adequado para formalizar os atos do Chefe do Executivo: atos gerais (regulamentos) e concretos.

[133] Sobre essa classificação, vide: Binenbojm, Gustavo. *Temas de Direito administrativo e constitucional.* Rio de Janeiro: Renovar, 2008, p. 156.

[134] *Ibidem.*

[135] *Idem,* p. 156.

[136] Di Pietro, Maria Sylvia Zanella. *Parcerias na Administração Pública: concessão, permissão, franquia, terceirização, parceria público-privada e outras formas.* 5. ed. São Paulo: Atlas, 2005, p. 212.

normativo da agência tem caráter regulatório e fundamento em disposição constitucional (art. 174 da Constituição da República); já o regulamento presidencial fundamenta-se em dispositivo constitucional diverso: art. 84, IV, da Constituição da República. Levando em consideração, portanto, que os referidos atos normativos possuem respaldo constitucional, a resolução da antinomia não poderia ser implementada pelo critério da hierarquia, mas sim pelo critério da especialidade, prevalecendo, nesse caso, o ato regulatório da agência.

Analisadas as peculiaridades e discussões relativas ao poder normativo das agências, chega-se ao momento de abordar o outro aspecto da autonomia diferenciada dessas entidades: a autonomia administrativa.

6.7. AUTONOMIA ADMINISTRATIVA

A autonomia administrativa, reforçada, das agências reguladoras pode ser afirmada por duas características básicas: a estabilidade reforçada dos dirigentes e a impossibilidade de recurso hierárquico impróprio contra as decisões das entidades regulatórias.

6.7.1. Estabilidade reforçada dos dirigentes

Em primeiro lugar, a autonomia administrativa das agências reguladoras pode ser auferida da estabilidade dos seus dirigentes, nomeados pelo Chefe do Executivo e aprovados pela respectiva Casa Legislativa.[137]

Trata-se de estabilidade diferenciada, caracterizada pelo exercício de mandato a termo,[138] não coincidente com o mandato do agente político,[139] bem como pela impossibilidade de exoneração *ad nutum*.

O ex-dirigente da agência reguladora deve cumprir o período de quarentena, sendo impedido de prestar atividades no setor regulado pela respectiva agência pelo período de seis meses, na forma do art. 6.º, II, da Lei n.º

---

[137] A nomeação está prevista no art. 5.º da Lei n.º 9.986/2000, que dispõe sobre a gestão de recursos humanos das agências reguladoras: "O Presidente ou o Diretor-Geral ou o Diretor-Presidente (CD I) e os demais membros do Conselho Diretor ou da Diretoria (CD II) serão brasileiros, de reputação ilibada, formação universitária e elevado conceito no campo de especialidade dos cargos para os quais serão nomeados, devendo ser escolhidos pelo Presidente da República e por ele nomeados, após aprovação pelo Senado Federal, nos termos da alínea *f* do inciso III do art. 52 da Constituição Federal." A participação do Legislativo na nomeação de dirigentes de entidades administrativas pelo Executivo tem previsão no art. 52, III, da CRFB.

[138] Art. 6.º da Lei n.º 9.986/2000: "O mandato dos conselheiros e dos diretores terá o prazo fixado na lei de criação de cada agência."

[139] Art. 7.º da Lei n.º 9.986/2000: "A lei de criação de cada agência disporá sobre a forma da não coincidência de mandato."

12.813/2013. Registre-se que, anteriormente, o art. 8.º da Lei n.º 9.986/2000 estabelecia o prazo de quatro meses para quarentena.

Os dirigentes, na forma da legislação em vigor, só perdem os seus cargos por meio de **renúncia, sentença transitada em julgado** ou por meio de **processo administrativo, sempre com observância da ampla defesa e do contraditório.**[140]

O STF, no julgamento da ADIn 1949/RS, após declarar a inconstitucionalidade de dispositivo de lei estadual que admitia a exoneração de dirigentes das agências pela Assembleia Legislativa, asseverou: "A investidura a termo – não impugnada e plenamente compatível com a natureza das funções das agências reguladoras – é, porém, incompatível com a demissão *ad nutum* pelo Poder Executivo."[141]

Há divergência doutrinária sobre a constitucionalidade da não coincidência dos mandatos dos dirigentes das agências com os dos chefes do Executivo estabelecida no art. 7.º da Lei n.º 9.986/2000.

1.º entendimento: inconstitucionalidade, pois a não coincidência de mandatos viola o princípio republicano, cuja essência é a temporariedade dos mandatos. Com efeito, ao permitir que um dirigente escolhido por determinado governante se mantenha no cargo no governo seguinte, ocorreria uma prorrogação indireta e disfarçada do mandato daquele governante que não mais está ocupando o cargo, razão pela qual os mandatos dos dirigentes devem perdurar apenas durante o período governamental em que houve a nomeação. Nesse sentido: Celso Antônio Bandeira de Mello.[142]

2.º entendimento: constitucionalidade, uma vez que os dirigentes são independentes e responsáveis por decisões técnicas (e não políticas), bem como os órgãos colegiados das agências são formados por correntes diversas de pensamento da sociedade (pluralismo político). Nesse sentido: Marcos Juruena Villela Souto e Floriano de Azevedo Marques Neto.[143]

Sustentamos a constitucionalidade da ausência de coincidência dos mandatos, especialmente por dois argumentos:

---

[140] Art. 9.º da Lei n.º 9.986/2000: "Os conselheiros e os diretores somente perderão o mandato em caso de renúncia, de condenação judicial transitada em julgado ou de processo administrativo disciplinar." Nada impede que as leis especiais das agências estabeleçam outras hipóteses de perda do cargo (art. 9.º, parágrafo único, da Lei n.º 9.986/2000).

[141] STF, ADInMC 1.949/RS, Rel. Min. Sepúlveda Pertence, Julgamento: 18/11/1999, Tribunal Pleno, *DJ* 25.11.2005.

[142] Bandeira de Mello, Celso Antônio. *Curso de Direito administrativo.* 21. ed. São Paulo: Malheiros, 2006, p. 168.

[143] Souto, Marcos Juruena Villela. *Direito administrativo regulatório.* 2. ed. Rio de Janeiro: Lumen Juris, 2005, p. 128; Marques Neto, Floriano de Azevedo. *Agências reguladoras independentes: fundamentos e seu regime jurídico.* Belo Horizonte: Fórum, 2009, p. 103.

a) objetivo da regulação é "despolitizar" a área regulada; e

b) o próprio chefe do Executivo, responsável pela nomeação do dirigente da agência, não possui poder (formal) de ingerência e pressão, uma vez que a legislação veda a exoneração *ad nutum*, não havendo prorrogação indireta e disfarçada do seu respectivo mandato.

6.7.2. Impossibilidade de recurso hierárquico impróprio

A autonomia administrativa, como se viu, se caracteriza também pela impossibilidade do chamado "recurso hierárquico impróprio",[144] cujo efeito é vedar, em princípio, o reexame das decisões da agência, tornando-a responsável pela última palavra na esfera administrativa, notadamente quanto à resolução de conflitos entre os entes regulados.[145]

O recurso hierárquico impróprio, segundo entendimento prevalecente na doutrina, é aquela modalidade recursal excepcional só tolerada nos casos expressamente previstos em lei, tendo em vista a sua utilização no bojo de uma relação administrativa em que inexiste hierarquia (subordinação é inerente à estrutura interna das pessoas administrativas e órgãos públicos), mas apenas vinculação (a relação de vinculação existe entre pessoas administrativas).[146]

As leis que criam as agências reguladoras não estabelecem expressamente, em seus respectivos textos normativos, a possibilidade do recurso hierárquico impróprio – daí a conclusão no sentido da impossibilidade, em princípio, do citado recurso.

Não obstante, no âmbito federal, a Advocacia-Geral da União (AGU) emitiu o Parecer n.º AC 051, que, aprovado pelo Presidente da República, passou a ostentar caráter normativo para toda a Administração Pública federal, na forma do art. 40, § 1.º, da Lei Complementar n.º 73/1993.[147] No referido parecer, reconheceu-se a possibilidade de revisão, por parte dos respectivos ministérios (de ofício ou mediante recurso hierárquico impróprio), dos atos

---

[144] Segundo leciona Di Pietro, recurso hierárquico impróprio é aquele "dirigido à autoridade de outro órgão não integrado na mesma hierarquia daquele que proferiu o ato." Di Pietro, Maria Sylvia Zanella. *Direito Administrativo*. 20. ed. São Paulo: Atlas, 2007, p. 680.

[145] Moreira, Vital; Maçãs, Fernanda. *Autoridades reguladoras independentes: estudo e projeto de lei-quadro*. Coimbra: Coimbra Editora, 2003, p. 26.

[146] Nesse sentido, por exemplo: Di Pietro, Maria Sylvia Zanella. *Direito administrativo*. 20. ed. São Paulo: Atlas, 2007, p. 680; Mello, Celso Antônio Bandeira de. *Curso de Direito Administrativo*. 21. ed. São Paulo: Malheiros, 2006, p. 143.

[147] No supracitado parecer, a questão concreta envolvia uma divergência instaurada entre o Ministério dos Transportes e a Agência Nacional de Transportes Aquaviários (Antaq) acerca da cobrança que operadores portuários do Porto de Salvador faziam de taxa de segregação dos contêineres destinados aos demais recintos alfandegários. O Ministério havia provido recurso hierárquico impróprio para rever ato exarado pela agência.

das agências que, primeiro: extrapolem os limites legais de suas competências; segundo: que violem as políticas públicas setoriais de competência do ministério ou da Administração Central.

A autonomia e o "regime especial" das agências, segundo o parecer, não seriam óbice à supervisão ministerial e ao cabimento do recurso hierárquico impróprio, sendo os argumentos assim sintetizados:

a) o Presidente da República exerce a direção superior de toda a Administração Pública Direta e Indireta federal (art. 84, II, da CRFB);

b) a direção superior presidencial é exercida com o auxílio dos respectivos ministérios, aos quais incumbe orientar, coordenar e supervisionar os órgãos e entidades em sua área de competência (art. 87, parágrafo único, I, da CRFB); e

c) a Administração Pública deve pautar-se sempre pela observância dos princípios da legalidade, impessoalidade, moralidade, publicidade e eficiência (art. 37 da CRFB).

Na doutrina, Marcos Juruena Villela Souto[148] admite que o Chefe do Executivo, instado a se manifestar em recurso hierárquico impróprio, declare a nulidade do ato da agência que contrarie a ordem jurídica. No entanto, seria vedada a simples revisão do ato regulatório pelo Executivo central, a partir de critérios subjetivos. Ao que parece, segundo esse entendimento, seria possível a interposição de recurso hierárquico quando fundamentado em ilegalidade praticada pela agência, mas não para rever questões que dizem respeito ao mérito administrativo.

Tal orientação doutrinária foi consagrada no estado do Rio de Janeiro com a promulgação da Lei n.º 5.427/2009, que estabelece normas sobre atos e processos administrativos. Isso porque o art. 66 da citada Lei dispõe: "Das decisões finais produzidas no âmbito das entidades da Administração Indireta caberá recurso administrativo, por motivo de ilegalidade, nas mesmas condições estabelecidas neste capítulo, para o titular da Secretaria de Estado à qual se vinculem."[149]

---

[148] Nas palavras do autor: "Como se trata de autonomia para agir dentro da Constituição, ultrapassar tais limites pode ensejar o desfazimento do ato por recurso hierárquico impróprio. O Chefe do Poder Executivo, no exercício da 'direção superior Administração' (CF, art. 84, II), pode declarar a nulidade do ato (mas não pode rever o ato – no sentido de substituir a valoração do ato). Souto, Marcos Juruena Villela. Extensão do poder normativo das agências reguladoras. In: Aragão, Alexandre Santos de (coord.). *O poder normativo das agências reguladoras*. Rio de Janeiro: Forense, 2006, p. 141-142.

[149] É interessante notar que o art. 66 da citada Lei estadual exige a demonstração da repercussão geral para o cabimento do recurso hierárquico impróprio, bem como limita o controle à declaração de ilegalidade, com a devolução da matéria à entidade administrativa de origem para prolação de nova decisão.

Parece-nos, todavia, que a orientação contida no parecer da AGU, com a devida vênia, é inconsistente com a própria lógica que justificou a implementação do modelo de agências reguladoras no Brasil. Ao se admitir a interposição de recurso hierárquico impróprio nas situações apontadas no parecer, poderia "jogar por terra" toda a autonomia das agências reguladoras e a pretendida despolitização de setores marcadamente técnicos que necessitam de maior segurança jurídica. Sob o pretexto genérico de que o ato da agência viola determinada "política pública", o Chefe do Executivo sempre teria a possibilidade de rever o ato regulatório, o que não seria, em princípio, recomendável.

Por essa razão, aparentemente, o parecer da AGU contraria a Constituição da República e a legislação infraconstitucional,[150] pois:

a) a Constituição, não obstante estabeleça a direção superior da Administração pelo Chefe do Executivo (art. 84, II, da CRFB), consagra o princípio da descentralização administrativa (art. 37, XIX, da CRFB). As pessoas administrativas descentralizadas (entidades integrantes da Administração Indireta, como é o caso das agências reguladoras) gozam de autonomia administrativa, não havendo subordinação hierárquica entre elas e a Administração Direta, sendo certo que a possibilidade aberta de revisão de ofício ou mediante recurso hierárquico impróprio de atos regulatórios pelo Executivo central aniquila a autonomia inerente das agências;

b) o recurso hierárquico impróprio, como já assinalado, só pode ser admitido, segundo a doutrina majoritária e a jurisprudência, caso expressamente previsto em lei, não decorrendo, portanto, do texto constitucional;[151]

c) a avocação, em âmbito federal, possui caráter excepcional e não pode ser utilizada para revisão de atos das agências. Os diplomas normativos federais, genericamente aplicáveis à Administração Pública federal, *v.g.*, DL n.º 200/1967 e Lei n.º 9.784/1999, não se sobrepõem à legislação especial das agências (princípio da especialidade). De qualquer forma, a avocação pressupõe relação de hierarquia,[152] o que, repita-se, não existe na relação entre as agências e a Administração Direta.

---

[150] Nesse sentido, apontando, ainda, outros argumentos: Aragão, Alexandre Santos de. Supervisão ministerial das agências reguladoras: limites, possibilidades e o parecer AGU n.º AC – 051. *RDA*, v. 245, p. 237-262, São Paulo, Atlas, maio-ago. 2007.

[151] O Superior Tribunal de Justiça já teve a oportunidade de afirmar que "o controle exercido pelo Poder Central em relação aos entes descentralizados é limitado ao especificado em lei, preservando-se, por conseguinte, a autonomia administrativa destes" (RMS 12467/MG, Ministra Laurita Vaz, Quinta Turma, julgado em 20/04/2006, *DJ* 22.05.2006, p. 220).

[152] Art. 15 da Lei n.º 9.784/1999: "Será permitida, em caráter excepcional e por motivos relevantes devidamente justificados, a avocação temporária de competência atribuída a órgão hierarquicamente inferior."

Portanto, em nossa opinião, não cabe recurso hierárquico impróprio contra as decisões das agências reguladoras na atualidade, em razão da ausência de previsão legal expressa. O recurso hierárquico impróprio é modalidade recursal excepcional só tolerada nos casos expressamente previstos em lei, tendo em vista a sua utilização no bojo de uma relação administrativa em que inexiste hierarquia (subordinação é inerente à estrutura interna das pessoas administrativas e órgãos públicos), mas apenas vinculação (a relação de vinculação existe entre pessoas administrativas).

6.8. AUTONOMIA FINANCEIRA E AS TAXAS REGULATÓRIAS

Por fim, outro aspecto que bem caracteriza a autonomia diferenciada das agências reside, entre outras formas de receitas, na possibilidade de instituição das chamadas "taxas regulatórias" (*v.g.*: art. 47 da Lei n.º 9.472/1997) e de envio de proposta orçamentária ao ministério ao qual estão vinculadas (*v.g.*: art. 49 da Lei n.º 9.472/1997).

Existe importante polêmica doutrinária em relação à natureza jurídica das "taxas regulatórias".

1.º entendimento: as taxas regulatórias são tributos (art. 145, II, da CRFB), tendo em vista a sua instituição legal (princípio da legalidade tributária), o exercício do poder de polícia (fato gerador das taxas) e o seu caráter compulsório. Nesse sentido: José dos Santos Carvalho Filho.[153]

2.º entendimento: a natureza da "taxa regulatória" depende da atividade desempenhada pela agência. Em relação às agências reguladoras de atividades econômicas, a taxa tem natureza tributária; ao contrário, no tocante às agências que regulam serviços públicos concedidos, as "taxas" não ostentam natureza tributária e são consideradas preços públicos. Nesse sentido: Alexandre Santos de Aragão, Marcos Juruena Villela Souto.[154]

A natureza dos valores arrecadados pelas agências varia em conformidade com as peculiaridades apresentadas por cada lei que institui determinada autarquia regulatória.

Entendemos que, em regra, a "taxa regulatória" será tributo (taxa propriamente dita) apenas na hipótese de agências que regulam atividades econômicas, em razão da presença dos pressupostos normativos: legalidade,

---

[153] Carvalho Filho, José dos Santos. *Manual de Direito administrativo*. 24. ed. Rio de Janeiro: Lumen Juris, 2011, p. 439.

[154] Aragão, Alexandre Santos de. *Agências reguladoras e a evolução do Direito administrativo econômico*. Rio de Janeiro: Forense, 2002, p. 332-333; Souto, Marcos Juruena Villela. *Direito administrativo regulatório*. 2. ed. Rio de Janeiro: Lumen Juris, 2005, p. 259-260.

compulsoriedade e o fato gerador – poder de polícia (art. 145, II, CRFB e art. 78 do CTN).[155]

Por outro lado, a "taxa" cobrada por agência reguladora de serviços públicos não possui natureza tributária, mas sim contratual (preço público), pois não há exercício do poder de polícia propriamente dito por parte das agências, mas, sim, poder disciplinar no âmbito de relação de supremacia especial (fiscalização do contrato de concessão, e não poder de autoridade em relação aos particulares em geral). A "taxa", *in casu*, servirá apenas para ressarcir as despesas com a fiscalização, inerente ao contrato de concessão, exercida pela agência sobre os atores envolvidos na prestação do serviço público.

O professor Alexandre Santos de Aragão coloca as atividades econômicas monopolizadas ao lado dos serviços públicos, para afirmar, nesses casos, a natureza contratual da cobrança. Realmente, o STF tem conferido um tratamento diferenciado para as empresas que exercem atividades econômicas monopolizadas, reconhecendo, *v.g.*, a extensão da imunidade tributária prevista no art. 150, VI, *a*, da CRFB às empresas estatais que exercem atividades econômicas em regime de monopólio, tal como ocorreu em relação à ECT[156] e à Infraero.[157]

A distinção sugerida *supra* é de enorme importância, uma vez que somente as taxas propriamente ditas, concebidas como espécies tributárias, estariam submetidas aos limites constitucionais e legais estabelecidos ao poder de tributar (princípio da legalidade, da anterioridade etc.).

6.9. ANÁLISE DE IMPACTO REGULATÓRIO (AIR)

A necessidade de implementação da governança regulatória, com a diminuição das assimetrias informacionais e racionalização da atividade estatal, abriu caminho para institucionalização da denominada Análise de Impacto Regulatório (AIR), que pode ser conceituada como um processo que envolve a avaliação dos efeitos atuais e futuros da regulação, por meio

---

[155] Alexandre Santos de Aragão admite ainda que, nesse caso, a cobrança tenha a natureza de contribuição de intervenção no domínio econômico, de competência da União (art. 149 da CRB), "nas hipóteses em que se destinarem ao fomento e à conformação do próprio setor regulado (ex.: as contribuições para o Fundo de Universalização dos Serviços de Telecomunicações – Fust e para o Fundo para o Desenvolvimento Tecnológico das Telecomunicações – Funttel, instituídas, respectivamente, pelas Leis n.os 9.998/2000 e 10.052/2000)". Aragão, Alexandre Santos de. *Agências reguladoras e a evolução do Direito administrativo econômico*. Rio de Janeiro: Forense, 2002, p. 333.

[156] Vide *Informativos de Jurisprudência do STF* n.os 353 (RExt 407.099-RS, Rel. Min. Carlos Velloso) e 443 (ACO 765-RJ, Rel. para acórdão Min. Eros Grau). É importante lembrar que a discussão em relação à natureza da atividade postal – serviço público ou atividade econômica – encontra-se pendente de julgamento na ADPF 46 perante o próprio STF.

[157] Vide *Informativo de Jurisprudência do STF* n.º 475 (RExt 363.412-BA, Rel. Min. Celso de Mello).

do planejamento e da participação social, conferindo maior legitimidade para as políticas regulatórias.[158]

Ressalte-se que a AIR não funciona apenas como instrumento para definição da intensidade e/ou da qualidade da regulação estatal. Em verdade, a própria decisão quanto à necessidade de instituição da regulação é discutida na AIR. Durante o processo, as alternativas à regulação direta (ex.: subsídios, disponibilização de informação ao público, instituição de taxas, autorregulação etc.) devem ser ponderadas para se eleger a melhor decisão para o setor.

Os fundamentos da AIR podem ser assim resumidos:

a) princípio da eficiência, pragmatismo e Análise Econômica do Direito (AED): ponderação entre as consequências previstas no ordenamento e que devem ser implementadas por meio da regulação (Administração de Resultados).[159] De acordo com a Análise Econômica do Direito, a economia, especialmente a microeconomia, deve ser utilizada para resolver problemas legais e, por outro lado, o Direito acaba por influenciar a economia. Na medida em que todos os direitos possuem custos e o orçamento é limitado, a eficiência estatal dependerá da ponderação entre os custos e os benefícios da decisão regulatória a ser tomada, sendo relevante a análise do impacto econômico das ações estatais.[160] É importante salientar, contudo, que a AIR não deve ser pautada exclusivamente por critérios econômicos, especialmente pelo fato de que a Administração tem o dever de considerar outros aspectos igualmente fundamentais: diminuição da pobreza, qualidade do serviço ou do bem, durabilidade, confiabilidade, universalização do serviço para o maior número possível de pessoas etc. Nem sempre a medida mais barata será a mais eficiente ("o barato pode custar caro");

---

[158] Sobre a AIR, vide: Oliveira, Rafael Carvalho Rezende. Governança e análise de impacto regulatório. *Revista de Direito Público da Economia – RDPE*, ano 9, n.º 36, Belo Horizonte, Fórum, out.-dez. 2011; Kirkpatrick, Colin; Parker, David. Regulatory Impact Assessment: an Overview. In: *Regulatory Impact Assessment: towards Better Regulation?* Massachusetts: Edward Elgar, 2007; Introductory Handbook for Undertaking Regulatory Impact Analysis (RIA), OECD (2008), p. 3. Disponível em: http://www.oecd.org/dataoecd/48/14/44789472. pdf. Acesso em 7 jul. 2011.

[159] O pragmatismo não possui concepção unívoca, mas há relativo consenso de que as suas características básicas são: a) antifundacionalismo: rejeita a existência de entidades metafísicas ou conceitos abstratos, estáticos e definitivos no Direito; b) contextualismo: a interpretação jurídica é norteada por questões práticas e o Direito é visto como prática social; e c) consequencialismo: as decisões devem ser tomadas a partir de suas consequências práticas (olhar para o futuro e não para o passado). Pogrebinschi, Thamy. *Pragmatismo: teoria social e política*. Rio de Janeiro: Relume Dumará, 2005, p. 27-62; Oliveira, Rafael Carvalho Rezende. A releitura do Direito administrativo à luz do pragmatismo jurídico. *RDA*, v. 256, p. 129-163, 2011.

[160] Holmes, Stephen; Sunstein, Cass R. *The Cost of Rights*: why Liberty Depends on Taxes. Nova Iorque: W. W. Norton, 1999; Amaral, Gustavo. *Direito, escassez & escolha*. 2. ed. Rio de Janeiro: Lumen Juris, 2010; Galdino, Flávio. *Introdução à teoria dos custos do Direito. Direitos não nascem em árvores*. Rio de Janeiro: Lumen Juris, 2005. Sobre a análise econômica do Direito, vide: Cooter, Robert; Ulen, Thomas. *Law & Economics*. 5. ed. Boston: Pearson, 2008.

b) pluralismo jurídico e a visão sistêmica do Direito: o pluralismo jurídico e a Teoria dos Sistemas acarretam a necessidade de uma política regulatória que leve em consideração os diversos interesses jurídicos a ser protegidos e promovidos pelo Estado, bem como a autonomia e a coordenação entre o sistema jurídico e os demais sistemas (ex.: sociedade, economia etc.) e entre os subsistemas regulados.[161]

O sistema jurídico é um sistema dinâmico complexo que possui capacidade autorreguladora e autogerativa. Em razão da denominada "clausura organizacional", o sistema jurídico autopoiético é autorreferencial (*self-reference*), uma vez que possui autonomia para processar, segundo seus critérios (código valorativo e binário: lícito e ilícito), as mensagens enviadas pelo ambiente. Vale dizer: o sistema jurídico é fechado operacionalmente (ou normativamente) e aberto cognitivamente em relação aos demais sistemas sociais.[162] No campo específico da regulação, a aplicação da Teoria dos Sistemas tem ao menos duas implicações importantes: a) determinar a necessidade de instituição da regulação estatal sobre os sistemas sociais e econômicos, sendo certo que, em determinadas hipóteses, a autorregulação pode ser a melhor opção para o desenvolvimento de certos setores ("Direito reflexivo");[163] e b) pautar a coordenação entre os diversos setores regulados, a partir de uma visão sistêmica que acarreta troca de informações e soluções específicas fornecidas pelos setores autônomos (ex.: a autonomia do setor de energia não afasta a necessidade de abertura cognitiva e coordenação com o setor que regula o sistema hídrico);

c) legitimidade democrática: a AIR representa um reforço à legitimidade das decisões regulatórias na medida em que efetiva os ideais de democracia deliberativa. A decisão regulatória, nesse cenário, não pode ser justificada por argumentos abstratos, distorcidos do contexto e sem consideração das respectivas consequências (sociais e econômicas). Daí a necessidade de reforçar a legitimidade e melhorar a qualidade da regulação por meio da

---

[161] A importância da avaliação dos efeitos sistêmicos na análise de custo-benefício é apontada por: Sunstein, Cass R. Cognition and Cost-Benefit Analysis. In: Adler, Matthew D.; Posner, Eric A. *Cost-Benefit Analysis: Legal, Economic and Philosophical Perspectives*. Chicago: The University of Chicago Press, 2001, p. 234.

[162] Sobre a *autopoiese*, vide, por exemplo: Luhmann, Niklas. *Introdução à teoria dos sistemas*. 2. ed. Rio de Janeiro: Vozes, 2010; Villas Bôas Filho, Orlando. *Teoria dos sistemas e o Direito brasileiro*. São Paulo: Saraiva, 2009.

[163] Gunther Teubner, ao tratar do "direito reflexivo" (*reflexive law*), afirma que a racionalidade reflexiva, surgida com a crise do Estado Social, impõe limites ao papel do legislador e não deve ser justificada pela autonomia perfeita ou pela regulação coletiva dos comportamentos humanos. De acordo com o autor, a reflexividade pressupõe a "autonomia regulada", ou seja, a autorregualção dos sistemas sociais por meio de normas de organização e de procedimento que deixem espaço para a participação dos indivíduos (Teubner, Gunther. Substantive and Reflexive Elements in Modern Law. *Law & Society Review*, v. 17, n.º 2, p. 254-255 e 274-275, 1983).

procedimentalização e da participação dos interessados (empresários, usuários e consumidores) na elaboração da política regulatória, conferindo maior legitimidade democrática à regulação.

O processo de implementação da AIR passa necessariamente por três fases:

1) **inicial (expositiva):** definição dos objetivos e das consequências da ação regulatória proposta ou já existente;
2) **intermediária (debate/ponderação):** debate, com a participação dos regulados (empresários, usuários e consumidores), para definição dos critérios de escolha da melhor decisão, com a atribuição de pesos valorativos às alternativas apresentadas; e
3) **final (decisória):** implementação ou revisão da regulação.[164]

Não existe, todavia, uma metodologia uniforme ou imune às falhas para definir qual é a melhor decisão a ser tomada em cada caso concreto. Ao revés, a experiência do Direito comparado demonstra a utilização de metodologias distintas que podem ser utilizadas para avaliação dos impactos da regulação, por exemplo, a Análise Custo-Benefício (ACB) e a Análise do Custo-Efetividade (ACE).[165] Da mesma forma, o objeto da AIR pode ser mais amplo ou restrito, e sua utilização pode ser facultativa ou obrigatória.

Para fins didáticos, apresentaremos três classificações distintas para a AIR.

Quanto à metodologia, a AIR divide-se em:

a) **Análise Custo-Benefício (ACB):** o regulador deve levar em consideração todos os custos e os benefícios envolvidos na regulação por ele proposta, inclusive aqueles que não podem ser auferidos economicamente. Trata-se de um método regulatório que convida os reguladores a identificar os

---

[164] Com o intuito de facilitar a elaboração da AIR, a Organização para a Cooperação e Desenvolvimento Econômico (OCDE) indica os seis momentos básicos que devem ser observados pelo formulador da política regulatória: 1) definição do contexto e dos objetivos políticos; 2) identificação de todas as opções possíveis, regulatórias e não regulatórias, que permitam atingir o objetivo político; 3) identificação e quantificação dos impactos das opções consideradas, incluindo os custos, benefícios e os efeitos distributivos; 4) desenvolvimento de estratégias de execução e cumprimento de cada opção apresentada, incluindo uma avaliação da sua eficácia e eficiência; 5) previsão de mecanismos de monitoramento para avaliação do sucesso da política proposta, bem como para o desenvolvimento de futuras respostas regulatórias; 6) incorporação sistemática da consulta pública para fornecer a oportunidade de participação de todos os interessados no processo regulatório. Vide: Building an Institutional Framework for Regulatory Impact Analysis (RIA): *Guidance for Policy Makers*, OCDE, 2008, p. 16. Disponível em http://www.oecd.org/dataoecd/44/15/40984990. pdf. Acesso em 7 jul. 2011.

[165] Sobre os métodos analíticos da AIR, vide: Jacobs, Scott H. Current Trends in the Process and Methods of Regulatory Impact Assessment: Mainstreaming RIA into Policy Process. *Regulatory Impact Assessment: towards Better Regulation?* Massachusetts: Edward Elgar, 2007, p. 17-35; Salgado Lucia Helena; Borges, Eduardo Bizzo de Pinho. *Análise de impacto regulatório: uma abordagem exploratória.* Brasília: Ipea, 2010, p. 10 e ss.

efeitos positivos e negativos da regulação e quantificá-los na medida do possível, auxiliando a decisão pública;[166] ou

b) **Análise do custo-efetividade (ACE):** é marcada pela definição prévia das metas regulatórias que devem ser implementadas pela forma menos custosa. Ao contrário da ACB, em que se discutem os custos e os benefícios da regulação, a ACE pressupõe a decisão prévia, legislativa e/ou administrativa, quanto aos resultados da regulação.

A partir do critério a abrangência, a AIR que pode ser:

a) **Análises Gerais (AGs):** levam em consideração os impactos que a regulação proporcionará a toda a sociedade e à economia de modo geral. Trata-se de análise que avalia as consequências inter e extrassistêmicas da regulação; ou

b) **Análises Parciais (APs):** analisam os impactos da regulação para determinado setor da economia ou da sociedade. Registre-se que as análises gerais e parciais não são excludentes.

Por fim, a terceira classificação leva em consideração a obrigatoriedade ou não de realização da AIR:

a) **AIR obrigatória:** imposição, pelo legislador, da obrigatoriedade de realização da AIR na elaboração ou revisão de ações regulatórias; ou

b) **AIR facultativa:** o regulador poderá optar pela sua implementação.

Entendemos que, em virtude dos imperativos de planejamento e de eficiência da ação estatal, a decisão pela não efetivação da AIR deve ser fundamentada.

A AIR tem sido amplamente utilizada no Direito comparado, mas no Brasil sua incidência ainda é embrionária. Não obstante, é possível perceber, em âmbito federal, uma preocupação crescente com a qualidade da regulação. O Decreto n.º 4.176/2002, que estabelecia normas e diretrizes para a elaboração, a redação, a alteração, a consolidação e o encaminhamento ao Presidente da República de projetos de atos normativos de competência dos órgãos executivos federais, pode ser considerado um marco inicial da AIR no Brasil.[167] O Anexo I do mencionado Decreto estabelecia a necessidade de avaliação do impacto produzido pelos atos normativos propostos pelo Executivo federal.

---

[166] Nesse sentido: Sunstein, Cass R. Cognition and Cost-Benefit Analysis. In: Adler, Matthew D.; Posner, Eric A. *Cost-Benefit Analysis: Legal, Economic and Philosophical Perspectives.* Chicago: The University of Chicago Press, 2001, p. 228.

[167] Nesse sentido: Salgado, Lucia Helena; Borges, Eduardo Bizzo de Pinho. *Análise de impacto regulatório: uma abordagem exploratória.* Brasília: Ipea, 2010, p. 17.

Registre-se que o referido Decreto foi revogado pelo Decreto n.º 9.191/2017, cujo anexo mantém a preocupação com a avaliação dos impactos que devem ser levados em consideração na elaboração dos atos normativos.

Outro marco importante para o fortalecimento da AIR no Brasil foi edição do Decreto n.º 6.062/2007, que instituiu o **Programa de Fortalecimento da Capacidade Institucional para Gestão em Regulação (Pro-Reg)**, com o objetivo de fortalecer os mecanismos institucionais para gestão regulatória, com ênfase na autonomia decisória das agências reguladoras e no aprimoramento do controle institucional e social.[168] O art. 2.º do Decreto n.º 6.062/2007 elenca os objetivos específicos do Pro-Reg, sendo possível destacar a necessidade de aprimoramento da "capacidade de formulação e análise de políticas públicas em setores regulados", a "melhoria da coordenação e do alinhamento estratégico entre políticas setoriais e processo regulatório", o "fortalecimento da autonomia, transparência e desempenho das agências reguladoras", bem como o desenvolvimento e aperfeiçoamento de mecanismos para o exercício do controle social do processo regulatório.

Inspirado nas práticas adotadas pelos países-membros da OCDE, o Pro-Reg prevê a necessidade de implementação da Análise de Impacto Regulatório como importante ferramenta de apoio à decisão regulatória.[169] Nesse contexto, o Pro-Reg optou por instituir inicialmente projetos-piloto em quatro agências reguladoras (ANVISA, ANEEL, ANCINE e ANS) para avaliar os resultados da AIR em agências reguladoras distintas.[170]

O sucesso da AIR para melhoria da política regulatória brasileira depende, no entanto, de esforços por parte dos governantes e da sociedade no aprofundamento do debate. Por essa razão, são apresentadas neste momento algumas sugestões de aprimoramento da AIR no ordenamento pátrio:[171]

1) **institucionalização:** edição de normas legais e regulamentares que estabeleçam a obrigatoriedade da AIR para edição de determinados atos regulatórios, salvo casos excepcionais devidamente justificados;

---

[168] Sobre o Pro-Reg, vide www.regulação.gov.br. Acesso em 7 jul. 2011.

[169] A AIR tem sido utilizada, por exemplo, nos EUA, Reino Unido e na União Europeia. Sobre o tema, vide: Oliveira, Rafael Carvalho Rezende. Governança e análise de impacto regulatório. *Revista de Direito Público da Economia – RDPE*, ano 9, n.º 36, Belo Horizonte, Fórum, out.-dez. 2011.

[170] Fonte: Avaliação dos projetos-piloto para implementação da Análise do Impacto Regulatório (AIR) nas agências reguladoras federais. Disponível em www.regulação.gov.br. Acesso em 7 jul. 2011.

[171] Da mesma forma, José Vicente Santos de Mendonça apresenta algumas sugestões pertinentes, tais como: a) tornar a discussão acessível aos profissionais do Direito; b) consagrar a AIR na legislação; c) criar estruturas institucionais especializadas; d) estabelecer um método consistente; e e) mostrá-la como politicamente neutra (Mendonça, José Vicente Santos de. Análise de impacto regulatório: o novo capítulo das agências reguladoras. *Revista Justiça e Cidadania*, n.º 122, p. 33-34, Rio de Janeiro, 30 set. 2010).

2) padronização mínima: a AIR deve observar uma padronização mínima, prevista em normas gerais, com o objetivo de garantir uniformidade às regulações, sem desmerecer as exigências específicas a serem definidas no âmbito de cada setor regulado;

3) agenda regulatória: estipulação de agendas regulatórias (compatíveis com o orçamento anual e com o Plano Plurianual) com a definição dos objetivos regulatórios a serem alcançados, tendo em vista a necessidade de planejamento na ação estatal. A Agência Nacional de Saúde Suplementar (ANS), por exemplo, criou sua primeira agenda regulatória estabelecendo um cronograma de atividades prioritárias para o período 2011/2012;[172]

4) participação popular: reforço da previsão e da efetivação dos instrumentos de participação popular (audiências e consultas públicas) na formulação e no controle dos atos regulatórios, inclusive no procedimento da AIR; e

5) transparência: ampla divulgação dos atos necessários à implementação da AIR, com a publicação na imprensa e na Internet, com a criação de site específico para centralizar as informações relevantes dos diversos setores regulados.

6.10. REGULAÇÃO E PROMOÇÃO DA CONCORRÊNCIA

Conforme analisado anteriormente, a regulação tem como um de seus objetivos principais a garantia da concorrência no mercado e na prestação de serviços públicos.

Os principais mecanismos para promoção da concorrência podem ser assim resumidos:

a) liberdade de entrada;
b) liberdade relativa de preços;
c) fragmentação da estrutura da prestação dos serviços públicos (*unbundling*); e
d) compartilhamento de infraestrutura (*essential facility doctrine*).[173]

6.10.1. Liberdade de entrada

A denominada "liberdade de entrada" compreende a eliminação ou diminuição de barreiras para prestação de atividades socialmente relevantes e

---

[172] A agenda regulatória da ANS pode ser consultada no seguinte endereço eletrônico: http://www.ans. gov.br/index.php/aans/transparencia-institucional/2025-agenda-regulatoria2. Acesso em 5 dez. 2014.

[173] Em sentido semelhante: Ortiz, Gaspar Ariño. *Princípios de Derecho público econômico*. 3. ed. Granada: Comares, 2004, p. 609-617.

de serviços públicos. Além dos esforços a ser envidados pelos agentes reguladores, a legislação deve ser orientada para o novo cenário concorrencial dos serviços públicos, afastando os entraves à competição (ex.: previsão de autorizações vinculadas para prestação de serviços de telecomunicações no regime privado, na forma do art. 131, § 1.º, da Lei n.º 9.472/1997; incentivo à concorrência na prestação de serviços públicos, viabilizando, quando possível, a prestação de serviço por empresas diversas, conforme previsão contida no art. 16 da Lei n.º 8.987/1995).[174]

6.10.2. Liberdade relativa de preços

A liberdade relativa de preços é possível quando houver competição na prestação do serviço. Em vez de impor o preço, o regulador deve permitir, na medida do possível, a sua fixação a partir da concorrência entre os agentes regulados com o intuito de gerar maior eficiência.

Tradicionalmente, o valor da tarifa sempre foi calculado levando em consideração o custo histórico do serviço (COS: *cost-of-service*) ou a taxa de retorno (ROR: *rate-of-return* ou *cost-plus*), o que sempre gerou entraves, tendo em vista a dificuldade de definição prévia de todos os custos e investimentos que deveriam integrar a base de cálculo, bem como a ausência de preocupação com o desempenho (eficiência) do prestador do serviço.

A atual regulação tarifária (regulação por incentivos), no entanto, preocupada com a eficiência do serviço, busca outros critérios, por exemplo, o preço-teto (*price cap*), no qual o regulador estabelece um valor-teto para a tarifa, reajustada anualmente pela taxa de inflação, descontada de um índice de ganho de produtividade prefixado. Nesse caso, os ganhos de produtividade, superiores ao valor projetado pelo regulador, são revertidos à concessionária e compartilhados com os consumidores a partir da aplicação de um redutor de tarifa em revisões periódicas.[175]

---

[174] "Art. 16. A outorga de concessão ou permissão não terá caráter de exclusividade, salvo no caso de inviabilidade técnica ou econômica justificada no ato a que se refere o art. 5.º desta Lei." O art. 29, XI, da Lei n.º 8.987/1995 determina que o poder concedente deve incentivar a competitividade. O art. 2.º do Decreto n.º 2.655/1998, por exemplo, dispõe que "as atividades de geração e de comercialização de energia elétrica, inclusive sua importação e exportação, deverão ser exercidas em caráter competitivo, assegurado aos agentes econômicos interessados livre acesso aos sistemas de transmissão e distribuição, mediante o pagamento dos encargos correspondentes e nas condições gerais estabelecidas pela Aneel".

[175] Para uma análise específica da regulação tarifária, vide: Almeida, Aline Paola Correa Braga Camara de. *As tarifas e as demais formas de remuneração dos serviços públicos*. Rio de Janeiro: Lumen Juris, 2009; Lucinda, Cláudio R. Regulação tarifária: princípios introdutórios. *Direito econômico: Direito econômico regulatório*. São Paulo: Saraiva, 2010, p. 239-265.

6.10.3. Fragmentação do serviço público (*unbundling*)

A desverticalização ou fragmentação do serviço público (*unbundling*)[176] implica a dissociação das diversas etapas de prestação do serviço, atribuindo-as a particulares diversos, com o intuito de evitar a concentração econômica ou abuso econômico. Ex.: o fornecimento de energia elétrica pode ser fragmentado em diversas etapas, tais como a geração, transmissão, distribuição e comercialização.[177]

Há, basicamente, três formas de desverticalização, que devem ser adotadas de acordo com o princípio da proporcionalidade, conforme o grau de concentração e de risco para a implementação e manutenção de um mercado competitivo:[178]

a) **contábil:** a empresa deve manter contabilidades distintas para cada uma das etapas da cadeia produtiva, de modo independente, a permitir identificação de qualquer prática de subsídio de uma etapa à outra e seu impacto sobre a formação dos preços e destes na concorrência com os demais agentes econômicos;[179]

b) **jurídica:** cada segmento regulado deve ser obrigatoriamente explorado por pessoa jurídica diversa, com a imposição, por exemplo, de criação de subsidiárias;[180]

---

[176] Sobre a separação das atividades reguladas por meio da desverticalização, vide Lasheras, Miguel Angel. *La regulación económica de los servicios públicos*. Barcelona: Ariel, 1999, p. 161-162.

[177] Nesse sentido, dispõe o art. 1.º do Decreto n.º 2.655/1998: "Art. 1.º A exploração dos serviços e instalações de energia elétrica compreende as atividades de geração, transmissão, distribuição e comercialização, as quais serão desenvolvidas na conformidade da legislação específica e do disposto neste regulamento."

[178] Sobre as três formas de desconcentração (contábil, jurídica e societária) que propiciam a desverticalização, vide: Aragão, Alexandre Santos de. *Direito dos serviços públicos*. Rio de Janeiro: Forense, 2007. p. 437-438; NESTER, Alexandre Wagner. *Regulação e concorrência: compartilhamento de infraestruturas e redes*. São Paulo: Dialética, 2006, p. 57-58.

[179] A desverticalização contábil é exigida, por exemplo, nas atividades de exploração de energia elétrica, conforme disposição contida no art. 3.º do Decreto n.º 2.655/1998: "Art 3.º No exercício das atividades vinculadas à exploração de energia elétrica serão observadas as seguintes regras: I – o concessionário de distribuição contabilizará, em separado, as receitas, despesas e custos referentes à distribuição, à comercialização para consumidores cativos e à comercialização para consumidores livres; II – o concessionário de transmissão contabilizará, em separado, as receitas, despesas e custos referentes às instalações de rede básica e os relativos às demais instalações de transmissão; III – os concessionários de serviço público de energia elétrica contabilizarão, em separado, as receitas, despesas e custos referentes às atividades vinculadas à concessão e os relativos a outras atividades econômicas porventura exercidas."

[180] A obrigatoriedade de desverticalização jurídica foi imposta, por exemplo, à Petrobras pelo art. 65 da Lei n.º 9.478/1997: "Art. 65. A Petrobras deverá constituir uma subsidiária com atribuições específicas de operar e construir seus dutos, terminais marítimos e embarcações para transporte de petróleo, seus derivados e gás natural, ficando facultado a essa subsidiária associar-se, majoritária ou minoritariamente, a outras empresas."

c) **societária:** impede que um mesmo grupo econômico concentre a exploração de mais de uma etapa do ciclo dos serviços públicos.[181]

6.10.4. Compartilhamento compulsório das redes e infraestruturas (*essential facilities doctrine*)

De acordo com a teoria das *essential facilities*, a infraestrutura monopolizada por determinado agente econômico e considerada essencial para o desempenho da atividade deve ser compartilhada pelos concorrentes.[182]

São requisitos para aplicação da referida teoria:

a) controle da *essential facility* por um monopolista;
b) inviabilidade prática ou razoável de duplicação da *essential facility*;
c) restrição de uso da *essential facility* por outros competidores; e
d) viabilidade técnica de acesso à *essential facility*.[183]

Nesse caso, o regulador obrigará o monopolista a compartilhar a sua infraestrutura com os seus concorrentes, mediante o recebimento de preço razoável que permita o acesso por terceiros interessados e, ao mesmo tempo, remunere o titular da *facility* pelos investimentos realizados.[184]

A regulação, nesses casos, justifica-se em razão das limitações e "falhas" do mercado, tendo em vista que as instalações essenciais são monopolizadas (monopólios naturais). O objetivo do regulador é a criação de um espaço

---

[181] Mencione-se como exemplo o art. 4.º, § 7.º, da Lei n.º 9.074/1995: "Art. 4.º [...] § 7.º As concessionárias e as autorizadas de geração de energia elétrica que atuem no Sistema Interligado Nacional (SIN) não poderão ser coligadas ou controladoras de sociedades que desenvolvam atividades de distribuição de energia elétrica no SIN."

[182] A origem da *essential facility doctrine* remonta ao caso *United States* v. *Terminal Railroad Association*, julgado pela Suprema Corte dos Estados Unidos em 1912 – 224 US 383 (1912). Na hipótese, a Suprema Corte determinou que o grupo econômico, que monopolizava os terminais ferroviários da cidade de St. Louis, permitisse o acesso das instalações férreas (*essencial facilities*) por terceiros, em condições razoáveis, sob pena de dissolução do referido grupo controlador. Sobre o tema, vide: Nester, Alexandre Wagner. *Regulação e concorrência: compartilhamento de infraestruturas e redes*. São Paulo: Dialética, 2006, p. 78.

[183] Os requisitos foram apresentados em 1983 pela Corte de Apelação do 7.º Circuito da Justiça Federal norte-americana, por ocasião do julgamento do caso *MCI Communications* v. *AT&T* – 708 F.2d 1081, 1132 (7th Cir. 1983). Vide: *The Essential Facilities Concept. Organisation for Economic Cooperation and Development*, Paris, OCDE, 1996, p. 88. Disponível em: http://www.oecd.org. Acesso em 10 fev. 2011.

[184] Há controvérsia quanto à natureza jurídica do compartilhamento compulsório das infraestruturas. Alguns sustentam tratar-se de servidão administrativa. Nesse sentido: Di Pietro, Maria Sylvia Zanella. *Parcerias na Administração Pública*. 5. ed. São Paulo: Atlas, 2005, p. 427-430. Outros afirmam a natureza de contrato regulamentado (com cláusulas predeterminadas coercitivamente) e autorizado (sujeito à prévia aprovação da Administração) ou, ainda, contrato forçado (quando imposto pela agência reguladora diante do impasse das partes). Nesse sentido: Aragão, Alexandre Santos de. *Direito dos serviços públicos*. Rio de Janeiro: Forense, 2007, p. 473.

possível e saudável de competição, mediante a aplicação do "princípio da obrigatoriedade de interconexão"[185] ou do livre acesso às redes ("indústrias de rede"), em razão dos quais os operadores devem possibilitar aos demais agentes econômicos o acesso às redes de transporte e distribuição, como acontece com o gás, a eletricidade, as telecomunicações etc.[186]

A expressão *essential facility* tem sido traduzida pela doutrina nacional como "instalações essenciais", "infraestrutura essencial", "insumos essenciais" ou bens essenciais". Apesar de sua relação inicial com o compartilhamento de bens materiais (ferrovias, por exemplo), a referida teoria tem, hoje, aplicação mais abrangente e inclui também o compartilhamento compulsório de bens imateriais (ex.: listas de assinantes de telefone, direitos do autor etc.).[187]

A imposição do compartilhamento da infraestrutura é justificada pela necessidade de cumprimento da função social da propriedade (art. 5.º, XXII e XXIII, da CRFB), em consonância com o princípio constitucional da livre concorrência e da defesa do consumidor (arts. 170, IV, V, e 173, § 4.º, da CRFB), bem como com a consagração do Estado Regulador (art. 174 da CRFB).

O compartilhamento de infraestrutura pode ser dividido em duas espécies:[188]

a) compartilhamento interno: com os serviços do mesmo setor regulado. Ex.: no setor de telecomunicações, a Lei 13.116/2015 estabelece normas gerais para implantação e compartilhamento da infraestrutura de telecomunicações e a Lei 9.472/1997 dispõe sobre o compartilhamento de "postes, dutos, condutos e servidões pertencentes ou controlados por prestadora de serviços de telecomunicações ou de outros serviços de interesse público" (art. 73), cabendo à ANATEL a homologação do acordo e a fixação das condições de interconexão (art. 153, *caput*, §§ 1.º e 2.º); e

b) compartilhamento externo: entre serviços de setores regulados distintos, em razão da necessidade de diálogo institucional entre as agências responsáveis por setores que possuem interesses comuns em relação à determinada infraestrutura. Ex.: Resolução Conjunta Anel/Anatel/ANP n.º 1/1999, que aprova o "Regulamento Conjunto para Compartilhamento de Infraestrutura entre os Setores de Energia Elétrica, Telecomunicações e Petróleo".

---

[185] Souto, Marcos Juruena Villela. *Desestatização: privatização, concessões, terceirizações e regulação.* 4. ed. Rio de Janeiro: Lumen Juris, 2001, Capítulo IV.

[186] Souto, Marcos Juruena Villela. *Direito administrativo regulatório.* 2. ed. Rio de Janeiro: Lumen Juris, 2005, p. 115.

[187] Sundfeld, Carlos Ari; Câmara, Jacintho Arruda. A regulação e as listas telefônicas. *Revista Eletrônica de Direito Administrativo Econômico (Redae)*, n.º 19, p. 9, Salvador, IBDP, ago.-set.-out. 2009. Disponível em www.direitodoestado.com.br. Acesso em 10 fev. 2011.

[188] Salomão Filho, Calixto. *Regulação da atividade econômica (princípios e fundamentos jurídicos).* 2. ed. São Paulo: Malheiros, 2008, p. 76.

Questão interessante é saber se a empresa que detém a infraestrutura pode suspender o compartilhamento em caso de inadimplemento da "empresa ingressante", sem violar a necessidade de continuidade da prestação do serviço público.

Entendemos que a instituição e a permanência do compartilhamento compulsório dependem do pagamento do preço ajustado, razão pela qual o inadimplemento justifica a suspensão do compartilhamento. É essencial, no entanto, a interferência prévia da autoridade reguladora para adoção de medidas que impeçam a eventual descontinuidade do serviço público.[189]

6.10.5. Controle da concorrência nos setores regulados: CADE *x* agências reguladoras

A concorrência nos setores regulados acarreta potencial conflito de competências entre autarquias distintas: o CADE e as agências reguladoras.

É possível perceber que a ordem jurídica estabelece intervenções distintas em matéria de concorrência. De um lado, o CADE atua no mercado em geral, que é pautado pelo princípio da livre-iniciativa, devendo preservar a livre concorrência por meio de sua atuação judicante (análise das operações de concentração e cooperação econômica, bem como investigação e punição de condutas anticompetitivas). Por outro lado, as agências reguladoras foram criadas para exercer funções complexas (normativas, administrativas e judicantes), inclusive aquelas relacionadas à promoção da concorrência, em relação às atividades econômicas em mercados específicos e à prestação de serviços públicos.

Em razão da especialidade, deveria ser reconhecida, em princípio, a competência das agências reguladoras para promoção da concorrência nos setores econômicos regulados, salvo previsão legal em contrário ou a celebração de instrumentos jurídicos específicos (ex.: convênios) entre o CADE e as autarquias. Em relação aos serviços públicos, em que não há livre-iniciativa e incidem exigências distintas daquelas encontradas nas atividades econômicas em geral (ex.: exigência de solidariedade etc.), não haveria que falar em atuação do CADE, mas sim das agências reguladoras.[190]

---

[189] Sundfeld, Carlos Ari. Estudo jurídico sobre o preço de compartilhamento de infraestrutura de energia elétrica. *Revista Diálogo Jurídico*, v. I, n.º 7, p. 20, Salvador, CAJ – Centro de Atualização Jurídica, out. 2001. Disponível em http://www.direitopublico.com.br. Acesso em 9 fev. 2011; Aragão, Alexandre Santos de. *Direito dos serviços públicos*. Rio de Janeiro: Forense, 2007, p. 464-465.

[190] Nesse sentido: Souto, Marcos Juruena Villela. As agências reguladoras e os princípios constitucionais. In: *Direito administrativo em debate*. 2. série. Rio de Janeiro: Lumen Juris, 2007, p. 41-43; Amaral, Flávio. Conflito de competência entre o Cade e as agências reguladoras que atuam no campo dos serviços públicos. In: *Direito empresarial público*. Rio de Janeiro: Lumen Juris, 2002, p. 239-245; Sundfeld, Carlos Ari. O Cade e a competição nos serviços públicos. *Revista Trimestral de Direito*

Em sentido semelhante, o STJ e a Advocacia Geral da União (AGU) manifestam-se pela prevalência do Banco Central sobre o CADE para analisar e aprovar os atos de concentração das instituições integrantes do sistema financeiro nacional, bem como de regular as condições de concorrência entre instituições financeiras, com fundamento no princípio da especialidade.[191]

Parcela da doutrina, entretanto, sustenta a prevalência do CADE em detrimento das agências reguladoras, especialmente com o intuito de evitar a incoerência e a fragmentação da política de concorrência.[192] Aliás, essa é a tendência da legislação regulatória, que prevê a competência do CADE para decidir sobre os assuntos relacionados à concorrência nos setores regulados. Em relação aos serviços de telecomunicações, por exemplo, o art. 7.º, § 2.º, da Lei n.º 9.472/1997 determina que a Anatel submeterá ao CADE a apreciação dos atos de concentração econômica.[193]

No mesmo sentido, o art. 10 da Lei n.º 9.478/1997 dispõe que a ANP, ao tomar conhecimento de fato que possa configurar indício de infração da ordem econômica, deverá comunicá-lo imediatamente ao CADE e à SDE/MJ, para que estes adotem as providências cabíveis no âmbito da legislação pertinente.

Entendemos que a articulação entre o CADE, as agências reguladoras e as demais entidades administrativas, por meio de convênios ou outros instrumentos análogos, é a melhor solução para defesa efetiva da concorrência nos setores regulados.

Enquanto, porém, não houver a mencionada articulação e a previsão normativa em sentido contrário, deve ser reconhecida a competência das

---

Público, v. 33, p. 54, São Paulo, Malheiros, 2001. Alexandre Santos de Aragão, por sua vez, afirma que, no silêncio da lei, deve prevalecer a competência do Cade em detrimento das competências das agências reguladoras quando se tratar de atividades econômicas em sentido estrito. Ao revés, tratando-se de serviços públicos, tendo em vista as suas peculiaridades, a última palavra deve ser das agências, salvo dispositivo legal em sentido contrário (Aragão, Alexandre Santos de. *Agências reguladoras e a evolução do Direito administrativo econômico*. Rio de Janeiro: Forense, 2002, p. 295).

[191] STJ, 1.ª Seção, REsp 1094218/DF, Rel. Min. Eliana Calmon, *DJe* 12.04.2011; AGU, Parecer AGU/LA-01/2001 (Anexo ao Parecer GM-020). Disponível em http://www.agu.gov.br. Acesso em 20 fev. 2011. O Parecer n.º 09/2009/MP/CGU/AGU, que manteve esse posicionamento, tem efeito vinculante para a Administração Pública, na forma dos arts. 40 e 41 da LC n.º 73/1993. Nesse sentido, Eros Grau e Paula Forgioni também defendem a competência do Banco Central para apreciação dos atos de concentração de instituições financeiras, bem como a necessidade de cumprimento do Parecer GM-020 pelo Cade. Grau, Eros; Forgioni, Paula A. Cade *v.* Bacen: conflitos de competência entre autarquias e a função da Advocacia-Geral da União. *Revista de Direito Público da Economia*, ano 2, n.º 8, p. 51-77, out.-dez. 2004.

[192] Nusdeo, Ana Maria de Oliveira. Agências reguladoras e concorrência. In: *Direito administrativo econômico*. São Paulo: Malheiros, 2006, p. 178-187.

[193] O art. 19, XIX, da Lei n.º 9.472/1997 dispõe ainda que a Anatel deve controlar, prevenir e reprimir as infrações da ordem econômica, ressalvadas as competências pertencentes ao Conselho Administrativo de Defesa Econômica (Cade).

agências reguladoras para garantir a concorrência nos respectivos setores, com fundamento no princípio da especialidade.

6.11. CONTROLE DE PREÇOS

O Estado possui a prerrogativa de estabelecer, por meio de lei, o regime jurídico para prestação de serviços públicos, bem como a respectiva política tarifária (art. 175, parágrafo único, III, da CRFB). Dessa forma, o controle estatal sobre os valores das tarifas (preços públicos) que remuneram os serviços públicos é previsto no texto constitucional e decorre da titularidade do Estado sobre tais atividades.

No tocante às atividades econômicas, todavia, a fixação de preços (privados) é inerente ao princípio da livre-iniciativa, razão pela qual o controle prévio e reiterado de preços no mercado, em princípio, deve ser considerado inconstitucional.

Ocorre que o princípio da livre-iniciativa não possui caráter absoluto, admitindo-se a sua ponderação com outros princípios constitucionais. Em consequência, é possível o controle de preços (tabelamento ou congelamento de preços), em casos excepcionais, justificados e limitados no tempo, com o intuito de corrigir falhas de mercado, que colocam em risco o princípio constitucional da livre concorrência, bem como garantir a proteção do consumidor e reduzir as desigualdades sociais.

Mencione-se, por exemplo, o art. 2.º, II, da Lei Delegada n.º 4/1962, que prevê a possibilidade de controle de abastecimento e de preços no mercado.

O STF, ao julgar a constitucionalidade da Lei n.º 8.039/1990, que estabeleceu critérios de reajuste das mensalidades escolares, afirmou que o Estado pode regular, por via legislativa, a política de preços de bens e de serviços quando constatado o abuso do poder econômico no aumento arbitrário dos lucros.[194] Em outra oportunidade, o STF afirmou que a intervenção do poder público no domínio econômico para fixar preços, no setor sucroalcooleiro, abaixo dos custos de produção afronta o princípio da livre-iniciativa e acarreta a responsabilidade civil do poder público.[195]

---

[194] STF, Tribunal Pleno, ADI 319 QO/DF, Rel. Min. Moreira Alves, *DJ* 30.04.1993, p. 7.563. Vale lembrar que a Lei 8.039/1990 foi revogada pela Lei 8.170/1991 que, por sua vez, foi substituída pela Lei 9.870/1999.

[195] STF, 2.ª Turma, RE 422.941/DF, Rel. Min. Carlos Velloso, *DJ* 24.03.2006, p. 55. No caso, o Instituto Nacional do Açúcar e do Álcool (IAA), com fundamento no art. 9.º da Lei n.º 4.870/1965, contratou a FGV para apurar os preços do setor e, contrariando os estudos encomendados, fixou os preços abaixo dos custos de produção.

Em síntese, o controle estatal dos preços deve respeitar alguns parâmetros, tais como:

a) excepcionalidade da medida, pautada pela razoabilidade e justificada na necessidade de garantia do funcionamento adequado do mercado concorrencial, evitando lucros abusivos;
b) essencialidade da atividade econômica que será controlada;
c) temporariedade do controle de preços;
d) impossibilidade de fixação de preços em patamar inferior aos respectivos custos.[196]

6.12. REGULAÇÃO POR INCENTIVOS OU POR "EMPURRÕES" (*NUDGE*)

No âmbito da Administração de resultados, marcada pelo consensualismo, em vez de imposição de sanções negativas ao regulado, que não cumpre as metas estabelecidas no ordenamento jurídico ou nos ajustes eventualmente celebrados, o regulador deve estabelecer também mecanismos indutivos, com a previsão de incentivos positivos para as hipóteses em que as metas forem implementadas pelo agente regulado.

Destaque-se que a sanção, na atualidade, possui caráter bifronte, admitindo duas conotações: a) sanções negativas (ordenamento repressivo): coação/punição pelo descumprimento do ordenamento; e b) sanções positivas (ordenamento promocional): premiação pelo adimplemento das normas em vigor.[197]

Aliás, sob a ótica da análise econômica do Direito, os seres humanos, ao efetuar escolhas, ponderam os custos e benefícios em busca da maximização dos benefícios. As regras jurídicas, por sua vez, moldam e direcionam os incentivos para influenciar a decisão a ser tomada pelo indivíduo, adequando-a à satisfação do interesse público.

Não se trata de afastar a autoridade e a repressão da regulação, mas sim de inserir, no cardápio de opções de atividades, a atuação por meio de incentivos ou recomendações que induzam o comportamento dos atores regulados, sem necessidade de coerção, naquilo que se convencionou denominar *soft law* (Direito brando ou suave).

---

[196] Sobre a possibilidade, excepcional e limitada, de controle estatal de preços, vide: Reale, Miguel. Controle ministerial de preços. *RDP* v. 22, n.º 89, p. 235-241, jan.-mar. 1989; Ferraz Jr., Tércio Sampaio. Congelamento de preços – tabelamentos oficiais. *RDP*, n.º 91, p. 76-86, jul.-set. 1989; Barroso, Luís Roberto. A ordem econômica constitucional e os limites à atuação estatal no controle de preços. In: *Temas de direito constitucional*, t. II. Rio de Janeiro: Renovar, 2003, p. 78.

[197] BOBBIO, Norberto. *Da estrutura à função: novos estudos de teoria do Direito.* São Paulo: Manole, 2007. p. 24.

A atuação por incentivos é encontrada, primordialmente, no fomento e na regulação estatais que estabelecem prêmios para os atores econômicos e sociais que atuarem de determinada forma ou atingirem as metas fixadas pela Administração Pública, assim como ocorre (ex.: metas fixadas nas parcerias com o Terceiro Setor; concessões com remuneração variável de acordo com o desempenho da concessionária).

Nesse ponto, destaca-se a regulação por incentivos ou por empurrões (*nudge*), que, inspirada na economia comportamental, imputa ao Estado o papel de "arquiteto de escolhas" que organiza o contexto em que as pessoas decidem, de forma a orientar a decisão sem substituir as opções dos indivíduos.[198]

De acordo com os neurocientistas e psicólogos, existem dois sistemas de pensamento nas pessoas: sistema automático (rápido e instintivo) e sistema reflexivo (deliberativo e consciente). Em razão da escassez de tempo e da assimetria de informações, é impossível exigir que todas as escolhas dos indivíduos sejam reflexivas e levem em consideração todas as variáveis no contexto decisório. Os empurrões regulatórios pretendem facilitar as escolhas automáticas que as pessoas fazem no dia a dia.

Em estudo seminal sobre o tema na década de 1970, os israelenses Amos Tversky e Daniel Kahneman identificaram três heurísticas ou "regras de ouro" sobre a forma de pensamento:[199]

a) **ancoragem (*anchoring*)**: as pessoas normalmente pensam e decidem a partir de dados e informações que possuem previamente ou que são colocadas nas perguntas (ex.: as pessoas costumam fazer maiores doações quando, na pergunta, são colocadas opções de valores maiores);

b) **disponibilidade (*availability*)**: as pessoas costumam analisar os riscos envolvidos em suas escolhas a partir de exemplos vivenciados (ex.: alguém que vivenciou um terremoto normalmente supervaloriza o risco de sua ocorrência) ou divulgados pela imprensa (ex.: logo após a ocorrência de ataque terrorista, as pessoas assustadas supervalorizarão os riscos da ocorrência de um novo ataque); e

c) **representatividade (*representativeness*)**: pensamentos e escolhas a partir de estereótipos (ex.: o elevado número de casos de câncer em determinado bairro pode acarretar a falsa ideia de que existe uma epidemia nacional).

---

[198] THALER, Richard H.; SUNSTEIN, Cass. *Nudge*: Improving Decisions about Health, Wealth, and Happiness. New York: Penguin, 2009. p. 3. Sobre a regulação por incentivo, *vide*: OLIVEIRA, Rafael Carvalho Rezende. *Novo perfil da regulação estatal: Administração Pública de Resultados e Análise de Impacto Regulatório*. São Paulo: Método, 2015.

[199] TVERSKY, Amos; KAHNEMAN, Daniel. Julgamento sob incerteza: heurísticas e vieses. In: KAHNEMAN, Daniel. *Rápido e devagar: duas formas de pensar*. Rio de Janeiro: Objetiva, 2012. p. 524-539.

O Estado, nesse contexto, deveria arquitetar as escolhas dos indivíduos por meio da apresentação das informações e das alternativas possíveis, especialmente nos casos em que há lapso temporal entre os custos e os benefícios da decisão (ex.: fomentar a dieta para garantir melhor saúde no futuro), decisões sobre questões pouco frequentes ou sem *feedback* e situações envolvendo assimetria de informações ou ausência de tempo para avaliar as opções envolvidas. São exemplos de empurrões regulatórios: a fixação de informação, nos pacotes de cigarro, demonstrando os malefícios do fumo, o que induz a diminuição do consumo e a melhoria da saúde da população; a colocação de alimentos saudáveis nas prateleiras das cantinas escolares, na altura dos olhos dos estudantes e na frente de outros alimentos menos saudáveis, com o objetivo de incentivar o consumo daqueles que geram maiores benefícios à saúde etc.

6.13. ACORDOS DECISÓRIOS OU SUBSTITUTIVOS NA REGULAÇÃO

A eficiência da regulação encontra-se relacionada à efetivação dos resultados perseguidos pelo Estado.

No Direito Regulatório, marcado por questões técnicas e complexas, bem como pela fixação de parâmetros legais abertos para os agentes regulados, a maleabilidade regulatória, até mesmo na aplicação de sanções, é uma necessidade que se impõe para viabilizar o atendimento do interesse público.

Em consequência, a atuação regulatória deve ser pautada pela máxima efetivação dos direitos fundamentais subjacentes à regulação da economia e dos serviços públicos, o que permite a relativização da concepção legalista do Direito, com a flexibilização do rigor do formalismo legal, desde que acompanhada da competente justificativa e razoabilidade.

Da mesma forma, o consensualismo delineador do perfil da atual Administração Pública acarreta mudanças relevantes na atuação administrativa, que deixa de ser marcada exclusivamente pela imposição unilateral da vontade estatal e cede espaço para uma atuação administrativa consensualizada.[200]

Em razão da pluralidade de interesses públicos e da necessidade de maior eficiência na ação administrativa, a legitimidade dos atos estatais não está restrita ao cumprimento da letra fria da lei, devendo respeitar o ordenamento jurídico em sua totalidade (juridicidade).

---

[200] Nesse sentido, cabe destacar a instituição da Câmara de Conciliação e Arbitragem da Administração Federal (CCAF), no âmbito da Advocacia-Geral da União (AGU), que tem procurado reduzir a litigiosidade entre órgãos e entidades administrativas. A Câmara de Conciliação e Arbitragem da Administração Federal (CCAF) foi instituída pelo Ato Regimental n.º 5/2007 e a respectiva competência está definida no Decreto n.º 7.392/2010, alterado pelo Decreto n.º 7.526/2011.

Por essa razão, os acordos decisórios são previstos e incentivados no controle das políticas públicas, tal como ocorre, por exemplo, nos seguintes casos: a) Termo de Ajustamento de Conduta (TAC): art. 5.º, § 6.º, da Lei n.º 7.347/1985 (Ação Civil Pública – ACP); b) Termo de Compromisso: art. 11, § 5.º da Lei n.º 6.385/1976 (Comissão de Valores Mobiliários – CVM); c) Acordos terminativos de processos administrativos: art. 46 da Lei n.º 5.427/2009 (Lei do Processo Administrativo do Estado do Rio de Janeiro); d) Termo do compromisso de cessação de prática e acordo de leniência: arts. 85 e 86 da Lei n.º 12.529/2011 (Sistema Brasileiro de Defesa da Concorrência – SBDC); e) Acordo de leniência: art. 16 da Lei n.º 12.846/2013 (Lei Anticorrupção); etc.

Em determinadas hipóteses, a aplicação da sanção tipificada em lei pode frustrar a efetividade dos resultados esperados pela legislação que poderiam ser implementados por vias alternativas definidas pelo poder público. Imagine-se, por exemplo, a celebração de acordo decisório (Termo de Ajuste de Gestão – TAG) entre o regulador e o agente econômico, que infringe a legislação ambiental, com o intuito de substituir a multa prevista em lei por imposição de investimento do mesmo montante financeiro na restauração do meio ambiente (compensações ambientais).

Nesse caso, o acordo decisório que substitui a possibilidade da multa por investimentos satisfaz com maior intensidade o resultado subjacente à própria sanção regulatória, qual seja, a restauração do dano gerado pela atuação ilícita do agente regulado.

Em vez de aplicar a multa e cobrá-la, pela via administrativa e/ou judicial, com a consequente (e potencial) arrecadação e posterior aplicação dos recursos na restauração do bem jurídico lesado, o regulador, por meio do acordo decisório, estabeleceria, *prima facie*, a obrigação de o agente regulado investir o mesmo montante diretamente na recuperação do dano causado, evitando desperdício de tempo e de recursos públicos.[201]

Não se pode perder de vista que a sanção não é um fim em si mesmo, mas um instrumento de restauração ou compensação dos danos ocasionados pelo ilícito praticado. Ao lado da sanção, existem outros instrumentos que possuem o condão de atingir o interesse público de forma mais eficiente e econômica, tal como ocorre com o acordo que substitui processos sancionatórios por medidas preventivas e compensatórias do dano. Não se trata

---

[201] Sobre os acordos decisórios ou substitutivos na Administração, vide: Oliveira, Rafael. Carvalho Rezende. *Princípios do Direito Administrativo*. 2. ed. São Paulo: Método, 2013, p. 151-156; Sundfeld, Carlos Ari; Câmara, Jacintho Arruda. Acordos substitutivos nas sanções regulatórias. *RDPE*, ano 9, n.º 34, p. 23, Belo Horizonte, abr.-jun. 2011; Willeman, Flávio de Araújo. *Temas relevantes no Direito de energia elétrica*. Rio de Janeiro: Synergia, 2012; Marques Neto, Floriano de Azevedo; Cymbalista, Tatiana Matiello. Os acordos substitutivos do procedimento sancionatório e da sanção. *RBDP*, ano 8, n.º 31, p. 68, Belo Horizonte, out.-dez. 2010.

de dispor do interesse público, mas, ao contrário, da escolha do melhor instrumento para sua implementação.

A possibilidade de celebração de acordos decisórios ou substitutivos nas agências reguladoras encontra fundamento genérico nos princípios da legalidade e da eficiência, no art. 5.º, § 6.º, da Lei n.º 7.347/1985, que trata da proteção do consumidor e de outros direitos coletivos, bem como nas leis e regulamentos setoriais regulatórios (ex.: ANS: art. 29 da Lei n.º 9.656/1998, com a redação dada pela MP n.º 2.177-44/2001; ANTT: arts. 16 a 18 da Resolução n.º 442/2004; c) Antaq: arts. 83 a 87 da Resolução n.º 3.259/2014 etc.).

De qualquer forma, a celebração de acordos decisórios ou substitutivos de sanções depende do cumprimento de alguns requisitos, a saber: a) previsão geral ou específica na legislação; b) concordância do agente regulado; c) justificativa ou motivação que deve ser expressa no acordo; d) proporcionalidade, com a demonstração de que a medida alternativa adotada é adequada, necessária e representa melhor custo-benefício que a sanção inicialmente prevista na norma jurídica.

6.14. O RISCO DA TEORIA DA CAPTURA E A LEGITIMIDADE DAS AGÊNCIAS REGULADORAS

A autonomia, reforçada e ampla, conferida às agências reguladoras pode ampliar o risco da captura dos interesses regulados pelos agentes que atuam no mercado.

A teoria da captura[202] afirma a possibilidade de os assuntos regulados serem apropriados (capturados) indevidamente pelos grupos economicamente mais fortes e politicamente mais influentes.

Com o passar do tempo, até mesmo em razão da ausência de interesse dos cidadãos ou pela impossibilidade de uma participação popular efetiva em todas as decisões das agências, as empresas reguladas influenciariam, de forma preponderante, a tomada da decisão regulatória.

Apesar das controvérsias atinentes às agências reguladoras não vislumbramos uma incompatibilidade absoluta do modelo regulatório atual com o ordenamento jurídico pátrio. Ao contrário, o tratamento legal das agências consagra importantes tendências modernas do Direito Administrativo, tais como a releitura do princípio (liberal) da legalidade administrativa e a necessidade de reforço da legitimidade democrática da Administração Pública.

---

[202] Sobre a teoria da captura e suas críticas, vide: Posner, Richard A. Teorias da regulação econômica. In: Mattos, Paulo (coord.). *Regulação econômica e democracia: o debate norte-americano*. São Paulo: Editora 34, 2004, p. 49-80.

Às agências, compostas preferencialmente por especialistas do assunto a ser regulado, são destinadas as decisões de caráter técnico (discricionariedade técnica, segundo alguns autores), o que permite um melhor atendimento ao princípio da eficiência administrativa (art. 37, *caput*, da CRFB).

Geralmente, as críticas apontadas ao modelo de agências adotado no Brasil fundamentam-se no seu déficit democrático, já que as entidades regulatórias teriam autonomia reforçada, com poderes amplos, o que geraria, como visto, a possibilidade de captura da regulação pelas empresas do setor.[203]

O risco da "captura", ou seja, de que apenas os interesses dos agentes regulados sejam atendidos na regulação, pode ser afastado pela qualificação dos dirigentes das agências[204] e mediante a utilização dos mecanismos de controle à disposição do Executivo.[205]

O principal instrumento inibidor da captura, no entanto, é a participação popular na tomada de decisões e no controle dos atos das agências.[206]

Para que isso ocorra faz-se necessário impor transparência ao processo regulatório, com a divulgação das informações necessárias à participação popular efetiva, bem como imiscuir na mente da população a importância da mobilização social.

As audiências públicas, por exemplo, devem ser precedidas de ampla informação à sociedade civil e as manifestações apresentadas, devidamente analisadas e motivadas (*hard look*).

Da mesma forma, os órgãos colegiados das agências reguladoras devem ser compostos de representantes das mais diversas linhas de interesse (governo, empresas reguladas e sociedade civil), o que garante a pluralidade representativa e democrática. O art. 34 da Lei n.º 9.472/1997, por exemplo, ao tratar do conselho consultivo da Anatel, dispõe que ele deve ser composto por pessoas indicadas pelo Senado Federal, pela Câmara dos Deputados, pelo Poder Executivo, pelas entidades de classe das prestadoras de serviços de

---

[203] Sobre o déficit democrático das agências, vide: Moreira, Egon Bockmann. Agências reguladoras independentes, déficit democrático e a "elaboração processual de normas". *Revista de Direito Público da Economia*, v. 2, p. 221-255, Belo Horizonte, 2003.

[204] Souto, Marcos Juruena Villela. As agências reguladoras e os princípios constitucionais. In: *Direito administrativo em debate*. 2. série. Rio de Janeiro: Lumen Juris, 2007, p. 260.

[205] Alexandre Santos de Aragão assevera com propriedade: "A autonomia não pode servir para isentá-las da obrigação de se inserirem nos planos e diretrizes públicas gerais. Se fossem colocados em compartimentos estanques, a descentralização revelar-se-ia antitética aos valores de eficiência e pluralismo que constituem o seu fundamento." Aragão, Alexandre Santos de. *Agências reguladoras e a evolução do Direito administrativo econômico*. Rio de Janeiro: Forense, 2002, p. 355.

[206] A institucionalização de procedimentos que favoreçam a participação e o contraditório dos destinatários da regulação, como forma de inibição da captura, é defendida por Vital Moreira e Fernanda Maçãs. Moreira, Vital; Maçãs, Fernanda. *Autoridades reguladoras independentes: estudo e projeto de lei-quadro*. Coimbra: Coimbra Editora, 2003, p. 27.

telecomunicações, por entidades representativas dos usuários e por entidades representativas da sociedade, nos termos do regulamento.

Em relação a essa última exigência, o Tribunal Federal da 5.ª Região já teve a oportunidade de anular a nomeação de representantes do Conselho Consultivo da Anatel com fundamento no risco de captura do setor regulado. Naquele caso, presidente e representante de empresas reguladas foram nomeados para vagas do Conselho Consultivo destinadas aos representantes da sociedade civil e dos usuários, o que por certo violou o caráter democrático daquele órgão. A ementa, em síntese, pode ser assim colacionada:

> [...] 17. A nomeação dos apelantes como membros do Conselho Consultivo da Anatel representa o que a doutrina estrangeira e alguns doutrinadores brasileiros têm denominado de captura da agência pelos interesses regulados.
>
> 18. Ocorre a captura do ente regulador quando grandes grupos de interesses ou empresas passam a influenciar as decisões e atuação do regulador, levando assim a agência a atender mais aos interesses das empresas (de onde vieram seus membros) do que os dos usuários do serviço, isto é, do que os interesses públicos. "É a situação em que a agência se transforma em via de proteção e benefício para setores empresarias regulados" [...].[207]

Nesse contexto, o grande desafio enfrentado pelas agências reguladoras está na superação do seu aparente déficit democrático. A possibilidade de que agentes públicos tecnocratas e sem responsabilidade política possam, de forma autônoma em relação aos representantes do povo, decidir questões de enorme relevância social, coloca no centro da discussão hoje a legitimidade desse modelo institucional.

Em razão dessa celeuma, tem-se defendido o reforço da legitimidade dessas entidades, principalmente por meio da participação dos agentes regulados e dos administrados em geral, na tomada das decisões administrativas das agências,[208] assim como na elaboração das normas regulatórias.[209] O princípio da participação administrativa deve ser um parâmetro imposto

---

[207] TRF5, AC 342.739/PE, 2.ª Turma, Relator: Francisco Cavalcanti, j. 30.11.2004.

[208] Na regulação do setor de telecomunicações, a Lei n.º 9.472/1997 estabelece, em vários dispositivos, a necessidade de submissão do ato da agência à prévia consulta pública, destacando-se: art. 19, III (submete diversos atos à prévia consulta pública); art. 89, II (a minuta do instrumento convocatório será submetido à prévia consulta pública); e art. 195 (o modelo de reestruturação e desestatização das empresas enumeradas no art. 187 deve ser submetido à consulta pública).

[209] Cite-se, *v.g.*, o art. 42 da Lei n.º 9.472/1997: "As minutas de atos normativos serão submetidas à consulta pública, formalizada por publicação no *Diário Oficial da União*, devendo as críticas e sugestões merecer exame e permanecer à disposição do público na Biblioteca."

como um dever à atuação das agências, garantindo com isso a legitimidade e a eficiência de suas decisões.

Não se trata apenas da garantia da realização de consultas públicas e audiências públicas, mas efetivamente do dever de analisar as opiniões dos administrados, motivando as decisões respectivas.[210] Ademais, a tomada das decisões é precedida da ponderação de interesses por parte da agência, o que faz transparecer seu caráter preponderantemente consensual, em vez do impositivo.

Outro fundamento para apontar a legitimidade das agências é a própria transferência de legitimidade democrática que ocorre no momento da nomeação dos dirigentes. Ao se exigir que a nomeação passe pelo crivo do Executivo e do Legislativo, a legitimidade, inerente a esses poderes de forte expressão majoritária (representantes eleitos pelo povo), seria transferida para os dirigentes das agências.

Por fim, a doutrina costuma apontar, ainda, a teoria dos poderes neutrais para justificar a legitimidade das agências. A expressão "Estado Neutral"[211] tem relação com as instituições estatais que gozam de forte autonomia em relação às diretrizes político-governamentais, compreendendo portanto as agências reguladoras.

A ideia dos poderes neutrais não é nova, sendo lícito afirmar que sua inspiração é o "poder moderador", tratado na obra de Benjamin Constant. Em sua doutrina, o Chefe de Estado desempenharia um poder neutro, com uma função eminentemente moderadora perante os conflitos políticos que poderiam surgir na sociedade.[212] Posteriormente, Carl Schmitt, ao fundamentar a defesa da Constituição, reafirma a tese do poder neutral de Benjamin Constant a partir da interpretação do art. 48 da Constituição de Weimar, que conferia ao presidente do Reich poderes excepcionais na guarda da Constituição.[213]

A doutrina atual, afastando o viés originariamente autoritário da citada teoria, apoia-se nos poderes neutrais para justificar a legitimidade de diversos órgãos ou entidades estatais independentes (ex.: Tribunais de Contas, Conselhos Nacionais etc.). Isso porque restou constatada a insuficiência dos

---

[210] Registre-se que as audiências e consultas públicas realizadas pelas agências reguladoras devem observar o Decreto n.º 8.243/2014 (art. 20), que institui a Política Nacional de Participação Social (PNPS) e o Sistema Nacional de Participação Social (SNPS).

[211] A expressão foi utilizada por José Manuel Sala Arquer ao se referir à "independência" das "administrações independentes" espanholas. Arquer, José Manuel Sala. El Estado neutral. Contribución al estudio de las administraciones independientes. *Revista Española de Derecho Administrativo – Reda*, n.º 42, p. 401-422, abr.-jun. 1984 (versão eletrônica).

[212] Constant, Benjamin. *Princípios políticos constitucionais*. Rio de Janeiro: Líber Juris, 1989, p. 77.

[213] Schmitt, Carl. *La defesa de la Constitución: estudio acerca de las diversas especies y possibilidade de savaguardia de la Constitución*. Barcelona: Labor, 1931.

poderes de soberania popular para resguardar a democracia (cite-se, por exemplo, o Nazismo, que, não obstante implementado com o apoio popular, significou um dos períodos de maior escuridão democrática de todos os tempos). Faz-se necessário garantir os direitos fundamentais da coletividade como um todo, o que inclui os direitos das minorias, desiderato que pode ser alcançado mediante a criação de órgãos ou entidades estatais situadas fora do sistema político-eleitoral.

Ressalte-se, contudo, ser impossível dissociar por completo a política e o Direito. O que pode haver, em verdade, é uma autonomia maior ou menor de entidades estatais em relação às ingerências políticas dos representantes eleitos.

A autonomia reforçada das agências reguladoras poderia ser explicada à luz dos poderes neutrais. Nesse sentido, Alexandre Santos de Aragão afirma que a Teoria dos Poderes Neutrais pode ser de enorme valia na tentativa de eliminar algumas perplexidades que são apontadas para a autonomia das agências, pois os poderes neutrais do Estado representam uma feliz combinação entre o pluralismo com o princípio democrático:

> Estes poderes neutrais do estado, especialmente as agências reguladoras independentes, infensos ao menos imediatamente às mudanças político-eleitorais, longe de serem antinômicos à democracia em razão da possibilidade de contradição com as forças políticas majoritárias, asseguram o pluralismo no seio do Estado sem retirar totalmente os poderes do Chefe do Poder Executivo e do Poder Legislativo.[214]

Consoante assinalado alhures, as agências reguladoras brasileiras foram inspiradas no modelo das *independent regulatory agencies* norte-americanas.[215] Algumas dificuldades são inerentes à recepção desse modelo jurídico concebido originariamente em um país de tradição da *common law*. Outras dificuldades, que aparentemente seriam comuns ao Brasil e aos Estados Unidos – tendo em vista a consagração de princípios constitucionais idênticos, *v.g.*, a separação de poderes e o princípio da legalidade –, devem ser tratadas à luz da realidade jurídica de cada país.

---

[214] Aragão, Alexandre Santos de. *Agências reguladoras e a evolução do Direito administrativo econômico*. Rio de Janeiro: Forense, 2002, p. 442.

[215] Na lição do Ministro Joaquim B. Barbosa Gomes: "Nossas agências configuram, portanto, uma importação de um conceito, de um formato e de um modo específico de estruturação do Estado. Faltam-lhes, contudo, e isso poderá lhes ser fatal no curso do seu amadurecimento institucional, um maior rigor na delimitação de seus poderes e na compatibilização destes com os princípios constitucionais." Gomes, Joaquim B. Barbosa. Agências reguladoras: a "metamorfose" do Estado e da democracia: uma reflexão de Direito Constitucional e Comparado. *Revista de Direito da Associação dos Procuradores do novo Estado do Rio de Janeiro*, v. XI, p. 94, Rio de Janeiro, Lumen Juris, 2002.

Pode-se afirmar, contudo, que o fenômeno da recepção de modelos jurídicos típicos de países da *common law* por países de tradição romano--germânica não representa uma exclusividade brasileira. Trata-se de uma tendência do mundo globalizado e interligado. Nesse contexto, a doutrina, ao lado dos juízes, assume papel de destaque no processo de aclimatação do modelo jurídico importado. Na lição de Jean Rivero:

> A tendência geral é no sentido de aproximação dos direitos anglo--saxônicos e continentais. [...]
>
> Nesse contexto de aproximação das famílias jurídicas americanas e europeias, a doutrina assume papel fundamental: "Os doutrinadores são, cada um a sua maneira, os responsáveis pela unidade dos direitos, os fatores determinantes dessa unidade."[216]

A realidade atual brasileira, especialmente após a primeira sucessão presidencial, depois de criadas as agências, demonstra a necessidade de amadurecimento institucional das questões polêmicas em torno do tema. O que se verifica, hoje, é uma tentativa de enfraquecimento das agências sem a utilização do processo democrático que deve nortear eventuais mudanças do modelo regulatório. Em vez de alterações legislativas, do debate democrático e da análise judicial dos problemas apontados, procura-se retirar o poder das agências por meio de subterfúgios, como, *v.g.*, a nomeação de dirigentes por razões políticas, sem a observância das qualificações técnicas, e até mesmo a ausência de nomeação desses dirigentes, impedindo a tomada de decisões deliberativas no seio das agências.[217]

É preciso, portanto, encarar o problema, amadurecer institucionalmente o debate e encontrar possíveis soluções para a aclimatação das agências reguladoras ao ordenamento jurídico brasileiro.

---

[216] Rivero, Jean. *Curso de Direito Administrativo comparado*. São Paulo: RT, 1995, p. 167. Da mesma forma, René David aponta para a tendência de aproximação entre as famílias da *common law* e da tradição romano-germânica. David, René. *Os grandes sistemas do Direito contemporâneo*. 2. ed. Lisboa: Meridiano, 1978, p. 48.

[217] Nesse sentido foi a conclusão do editorial Destruição das agências, do jornal *O Estado de S. Paulo* de 05/06/2006: "O presidente Luiz Inácio Lula da Silva criticou as agências reguladoras logo no começo de seu governo. Passados três anos e meio, ele parece estar vencendo a guerra sempre intensa, ainda que nunca declarada, que moveu contra elas. Quando pôde, usou critérios políticos nas nomeações de diretores, sujeitando a conveniências partidárias e eleitorais o sistema regulatório da infraestrutura. Pôs em risco, assim, atividades básicas para a economia e para normalidade da vida brasileira. Mas foi além da distribuição política de cargos e deixou as agências serem sufocadas por falta de recursos e, no final, também por falta de direção. Estão incompletas as diretorias de várias agências. Algumas têm apenas três diretores, número mínimo para deliberação."

Capítulo VII

EMPRESAS ESTATAIS: EMPRESAS PÚBLICAS E SOCIEDADES DE ECONOMIA MISTA

7.1. CONCEITO E ESTATUTO JURÍDICO (LEI 13.303/2016)

A expressão "empresas estatais" tem sido utilizada pela doutrina para designar toda e qualquer entidade, civil ou comercial, sob o controle acionário do Estado, englobando as empresas públicas, as sociedades de economia mista, suas subsidiárias e as demais sociedades controladas pelo Estado.

É de notar que as espécies de empresas estatais mais conhecidas são as empresas públicas e as sociedades de economia mista, especialmente pelo fato de receberem tratamento constitucional e legal de forma detalhada.

Isso não afasta, no entanto, a possibilidade de existirem outras entidades privadas que venham a ser controladas pelo Estado. Nessas hipóteses, em virtude do controle estatal dessa entidade privada, teremos empresas estatais, mas não propriamente uma sociedade de economia mista, pois não foram observadas as exigências para essa qualificação. Não houve, por exemplo, lei autorizativa para sua instituição, requisito indispensável para a caracterização da sociedade de economia mista.[1]

As sociedades controladas pelo poder público submetem-se, ainda que parcialmente, ao regime de Direito público (ex.: arts. 37, XVII, e 71, II, da CRFB).

---

[1] Maria Sylvia Zanella Di Pietro afirma que "a exigência de autorização legislativa de tal forma se incorporou ao conceito de sociedade de economia mista, que a doutrina e a jurisprudência vêm entendendo que, se não houve autorização legislativa, não existe esse tipo de entidade, mas apenas uma empresa estatal sob controle acionário do Estado". Di Pietro, Maria Sylvia Zanella. *Direito Administrativo*. 20. ed. São Paulo: Atlas, 2007, p. 415. Nesse sentido é a jurisprudência do STF: RExt 93.175-9, Rel. Min. Soares Munõz, Primeira Turma, *DJ* 13/02/1981; RExt 92.288-1, Rel. Min. Leitão de Abreu Segunda Turma, *DJ* 20/03/1981; RExt 94.777-9, Rel. Min. Décio Miranda, Segunda Turma, *DJ* 04/09/1981); etc.

As referidas sociedades são pessoas jurídicas de Direito privado, constituídas por particulares, cujo controle acionário foi assumido pelo Estado, momento em que a entidade passa a integrar a Administração Pública Indireta.

Marcos Juruena Villela Souto[2] afirma que essas entidades privadas, sob controle estatal, criadas sem autorização legal, encontram-se submetidas às normas de funcionamento das demais empresas privadas. Todavia, as ações de titularidade do Estado são consideradas bens móveis da Administração e a respectiva alienação, após avaliação prévia, podem prescindir de licitação (art. 17, II, *c*, *d* e *e*, da Lei n.º 8.666/1993).

Dessa forma, ao lado das empresas públicas e das sociedades de economia mista, o texto constitucional prevê ainda as demais sociedades, controladas pelo poder público, como espécies de empresas estatais (ex.: art. 37, XVII, e 71, II, da CRFB).

Excluem-se, todavia, da Administração Indireta e do conceito de empresas estatais, as entidades privadas que possuem participação minoritária do Estado,[3] ainda que recebam influência estatal em razão das ações de classe especial (*golden shares*)[4] e dos acordos de acionistas.

As sociedades de mera participação acionária do Estado não integram a Administração Pública, razão pela qual não se aplicam as normas constitucionais e legais relativas a esta última entidade, salvo expressa referência normativa.[5]

---

[2] Souto, Marcos Juruena Villela. *Direito administrativo da economia*. 3. ed. Rio de Janeiro: Lumen Juris, 2003, p. 78-80.

[3] Sobre a intervenção do Estado na economia como acionista minoritário, *vide*: SCHWIND, Rafael Wallbach. *O Estado acionista: empresas estatais e empresas privadas com participação estatal*, São Paulo: Almedina, 2017; GUEDES, Filipe Machado. *A atuação do Estado na economia como acionista minoritário: possibilidades e limites*, São Paulo: Almedina, 2015.

[4] A *golden share* foi prevista expressamente no art. 8.º da Lei n.º 9.491/1997 (Programa Nacional de Desestatização – PND): "Sempre que houver razões que justifiquem, a União deterá, direta ou indiretamente, ação de classe especial do capital social da empresa ou instituição financeira objeto da desestatização, que lhe confira poderes especiais em determinadas matérias, as quais deverão ser caracterizadas nos seus estatutos sociais." O objetivo é resguardar os interesses estratégicos do Estado nas entidades privatizadas, sem aniquilar a sua liberdade empresarial. Foi o que ocorreu, por, exemplo, na Empresa Brasileira de Aeronáutica S.A. (Embraer) e Companhia Vale do Rio Doce. Frise-se, ainda, que a Lei n.º 10.303/2001 inseriu o § 7.º no art. 17 da Lei n.º 6.404/1976 (Lei das S.A.) para admitir a *golden share* nas entidades desestatizadas: "Art. 17. As preferências ou vantagens das ações preferenciais podem consistir: [...] § 7.º Nas companhias objeto de desestatização poderá ser criada ação preferencial de classe especial, de propriedade exclusiva do ente desestatizante, à qual o estatuto social poderá conferir os poderes que especificar, inclusive o poder de veto às deliberações da assembleia-geral nas matérias que especificar."

[5] Nesse sentido: Oliveira, Rafael Carvalho Rezende. *Curso de Direito Administrativo*. 2. ed. São Paulo: Método, 2014, p. 107-108; Di Pietro, Maria Sylvia Zanella. *Direito administrativo*. 20. ed. São Paulo: Atlas, 2007, p. 416; Souto, Marcos Juruena Villela. *Direito administrativo da economia*. 3. ed. Rio de Janeiro: Lumen Juris, 2003, p. 79; Justen Filho, Marçal. *Curso de Direito Admnistrativo*. 10. ed. São Paulo: RT, 2014, p. 320.

Nas parcerias público-privadas, por exemplo, é possível a instituição de sociedade de propósito específico (SPE), com a participação minoritária do Estado, na forma do art. 9.º da Lei n.º 11.079/2004, o que viabiliza o reforço da participação do Estado na gestão do empreendimento.[6]

Isto não significa que a participação societária minoritária do Estado em sociedades privadas seja completamente livre. A participação do Estado em pessoas jurídicas de direito privado depende de prévia autorização legislativa, na forma do art. 37, XX, da CRFB. Em razão da ausência de critérios objetivos para escolha do sócio, que será pautada por questões estratégicas e, naturalmente, subjetivas (*affectio societatis*, identidade de objetivos, know-how do sócio privado etc.), entendemos ser inexigível a licitação na participação acionária do Estado nas empresas privadas (art. 25, *caput*, da Lei 8.666/1993).[7]

Nesse contexto, as próprias empresas estatais podem deter participação acionária em sociedades empresariais, sem que assumam o controle societário, mas, nessas hipóteses, deverão adotar, no dever de fiscalizar, práticas de governança e controle proporcionais à relevância, à materialidade e aos riscos do negócio do qual são partícipes (art. 1.º, § 7.º, da Lei 13.303/2016 – Lei das Estatais).

Em razão da importância das empresas públicas e das sociedades de economia mista, essas duas entidades serão destacadas nesse capítulo, especialmente pelos diversos traços comuns existentes. Em verdade, salvo algumas diferenças pontuais, as duas estatais possuem características semelhantes.

As empresas públicas e as sociedades de economia mista podem ser assim conceituadas: são pessoas jurídicas de Direito privado, integrantes da Administração Pública Indireta, criadas por autorização legal, que prestam serviços públicos ou executam atividades econômicas.

Conforme será salientado a seguir, existem diferenças importantes entre as espécies de estatais, razão pela qual é aconselhável estabelecer conceitos próprios para cada uma dessas entidades.

A empresa pública é pessoa jurídica de direito privado, integrante da Administração Indireta, criada por autorização legal, sob qualquer forma societária admitida em direito, cujo capital é formado por bens e valores

---

[6] Forgioni, Paula A. PPPs e participação minoritária do Estado-acionista: o Direito societário e sua instrumentalidade para o Direito administrativo. *Revista de Direito Público da Economia – RDPE*, n.º 16, p. 177-182, Belo Horizonte, out.-dez., 2006. Cabe registrar que o art. 9.º, § 4.º, da Lei n.º 11.079/2004 não permite que o controle acionário da SPE seja assumido pelo Estado, ressalvada a hipótese excepcional prevista no § 5.º da citada norma.

[7] No mesmo sentido: SOUTO, Marcos Juruena Villela. *Direito Administrativo em debate*. Rio de Janeiro: Lumen Juris, 2004. p. 156-157; ARAGÃO, Alexandre Santos de. *Empresa público-privada. Empresas públicas e sociedades de economia mista*. Belo Horizonte: Fórum, 2015. p. 39.

oriundos de pessoas administrativas, que prestam serviços públicos ou executam atividades econômicas. Ex.: BNDES (Banco Nacional de Desenvolvimento Econômico e Social), ECT (Empresa de Correios e Telégrafos), Caixa Econômica Federal, EBSERH (Empresa Brasileira de Serviços Hospitalares), EBC (Empresa Brasil de Comunicação) etc. De acordo com o art. 3.º, parágrafo único, da Lei 13.303/2016, ainda que as pessoas de direito público ou de direito privado da Administração Indireta possam ser acionistas das empresas públicas, o controle societário deve permanecer com o Ente federado (União, Estado, DF ou Município).[8]

A sociedade de economia mista é pessoa jurídica de direito privado, integrante da Administração Indireta, criada por autorização legal, sob a forma societária de sociedade anônima, cujo capital é formado por bens e valores oriundos de pessoas administrativas e de particulares, com controle acionário do Estado, que prestam serviços públicos ou executam atividades econômicas. Exemplos: PETROBRAS (Petróleo Brasileiro S.A.), Banco do Brasil S.A. etc. Nesse caso, ainda que seja possível a participação societária de pessoas da iniciativa privada, o controle societário deve permanecer com os Entes federados ou com entidades da Administração Pública Indireta.[9]

No tocante ao regime jurídico das empresas estatais, o art. 173, § 1.º, da CRFB, alterado pela EC 19/1998, remeteu a sua definição ao legislador ordinário. Após, aproximadamente, 18 anos de espera, o estatuto jurídico das estatais foi fixado pela Lei 13.303/2016, que dispõe sobre regime societário, licitações, contratos e controle das empresas públicas, sociedades de economia mista e suas subsidiárias, exploradoras de atividades econômicas, ainda que em regime de monopólio, e prestadoras de serviços públicos. Em âmbito federal, o Decreto 8.945/2016 regulamentou a Lei 13.303/2016.

Não obstante o art. 173, § 1.º, da CRFB dispor sobre as estatais econômicas, inclusive por se encontrar no Capítulo I do Título VII da Constituição, que trata dos "princípios gerais da atividade econômica", verifica-se que a Lei 13.303/2016 extrapolou, em certa medida, para englobar, ainda, as estatais que atuam em regime de monopólio e as que prestam serviços públicos.

---

[8]   A Lei 13.303/2016 apresenta a seguinte definição de empresa pública: "art. 3.º Empresa pública é a entidade dotada de personalidade jurídica de direito privado, com criação autorizada por lei e com patrimônio próprio, cujo capital social é integralmente detido pela União, pelos Estados, pelo Distrito Federal ou pelos Municípios. Parágrafo único. Desde que a maioria do capital votante permaneça em propriedade da União, do Estado, do Distrito Federal ou do Município, será admitida, no capital da empresa pública, a participação de outras pessoas jurídicas de direito público interno, bem como de entidades da administração indireta da União, dos Estados, do Distrito Federal e dos Municípios".

[9]   De acordo com o art. 4.º da Lei 13.303/2016: "Sociedade de economia mista é a entidade dotada de personalidade jurídica de direito privado, com criação autorizada por lei, sob a forma de sociedade anônima, cujas ações com direito a voto pertençam em sua maioria à União, aos Estados, ao Distrito Federal, aos Municípios ou a entidade da administração indireta".

Não se questiona, aqui, a complexidade cada vez maior em identificar e caracterizar, nos objetivos sociais das diversas empresas estatais, as respectivas atividades como serviços públicos ou atividades econômicas. O desafio decorre, em grande medida, da própria dificuldade da conceituação do serviço público, que também pode ser considerado, ao lado da atividade econômica em sentido estrito, espécie de atividade econômica em sentido lato. O problema é agravado nas estatais que exploram, de forma concomitante, atividades econômicas e serviços públicos.

O que não parece razoável é a fixação de normas homogêneas para toda e qualquer empresa estatal, independentemente da atividade desenvolvida (atividade econômica ou serviço público) e do regime de sua prestação (exclusividade, monopólio ou concorrência).[10]

Independentemente das críticas que podem ser lançadas contra a Lei 13.303/2016, é relevante notar que o referido Estatuto tem aplicação nacional, devendo ser observado por todas as estatais da União, Estados, DF e Municípios (art. 1.º).

7.2. DIFERENÇAS ENTRE EMPRESAS PÚBLICAS E SOCIEDADES DE ECONOMIA MISTA

Antes de analisarmos as principais características e controvérsias comuns às empresas públicas e às sociedades de economia mista, é fundamental elencar as principais diferenças entre essas estatais.

Tradicionalmente, a doutrina destaca três diferenças entre as empresas públicas e as sociedades de economia mista, levando em consideração critérios diferentes, a saber: composição do capital ou composição societária, forma societária e foro competente para o processo e julgamento dos litígios.

Além dessas três diferenças, que serão destacadas a seguir, Marcos Juruena Villela Souto destaca outra distinção que leva em conta o critério do lucro. Enquanto a empresa pública não exige finalidade lucrativa, a sociedade de economia mista deve possuir, necessariamente, finalidade lucrativa. Isso porque nessa última entidade, como o Estado busca investidores e parceiros no mercado (capital privado), ele deve remunerar adequadamente a expectativa de retorno do investimento feito pelo particular.[11]

---

[10] Sobre o tema: OLIVEIRA, Rafael Carvalho Rezende. As licitações na Lei 13.303/2016 (Lei das Estatais): mais do mesmo? *Revista Colunistas de Direito do Estado*, n. 230, 9 ago. 2016.

[11] Souto, Marcos Juruena Villela. *Direito administrativo empresarial*. Rio de Janeiro: Lumen Juris, 2006, p. 4. O critério do lucro (causa final) também é utilizado por Mario Engler Pinto Junior para distinguir a empresa pública e a sociedade de economia mista. Pinto Junior, Mario Engler. *Empresa estatal: função econômica e dilemas societários*. São Paulo: Atlas, 2010, p. 317.

7.2.1. Composição

A primeira diferença leva em consideração a composição do capital dessas empresas estatais.

Nas empresas públicas, apenas as pessoas administrativas participam da formação do capital.

Note-se que toda e qualquer pessoa administrativa, pública ou privada, pode participar da formação do capital da empresa pública. De forma semelhante ao que constava do art. 5º do DL 900/1969, o art. 3.º, parágrafo único, da Lei 13.303/2016 dispõe: "Desde que a maioria do capital votante permaneça em propriedade da União, do Estado, do Distrito Federal ou do Município, será admitida, no capital da empresa pública, a participação de outras pessoas jurídicas de direito público interno, bem como de entidades da administração indireta da União, dos Estados, do Distrito Federal e dos Municípios". É possível, por exemplo, que uma sociedade de economia mista, mesmo que possua parcela do seu capital com caráter privado, participe do capital de empresa pública.

Há a possibilidade, inclusive, de criação de empresas públicas unipessoais, ou seja, com um único sócio (exs.: Caixa Econômica Federal, Empresa Brasileira de Serviços Hospitalares – EBSERH).[12]

Por outro lado, as sociedades de economia mista são formadas por capital público e privado. Por essa razão, tanto as pessoas administrativas quanto os particulares podem participar da formação do capital. É fundamental, no entanto, que o controle acionário da entidade pertença ao Estado. Em outras palavras: o Estado deve possuir a maioria das ações com direito a voto (art. 5.º, III, do DL n.º 200/1967).[13]

Enquanto nas empresas públicas o controle societário pertence ao Ente federado, ainda que possa haver a participação minoritária de entidades da

---

[12] FERREIRA, Sergio de Andréa. O direito administrativo das empresas governamentais brasileiras. *RDA*, n. 136, p. 1-33, abr.-jun. 1979. Trata-se de exceção à regra geral do Direito Societário, que exige a presença de dois ou mais sócios para a instituição da sociedade, ainda que seja possível a unipessoalidade temporária (ex.: art. 206, I, "d", da Lei 6.404/1976). A unipessoalidade permanente também é possível para as subsidiárias.

[13] Registre-se que, tradicionalmente, a noção de controle no Direito Administrativo tem relação com o critério da maioria das ações com direito a voto (art. 5º, III, do DL 200/1967), o que é criticado por desconsiderar outras formas de dominação societárias previstas na atualidade. No Direito Societário, por sua vez, o controle vincula-se ao direito que assegure, de modo permanente, a maioria dos votos nas deliberações das assembleias e na eleição dos administradores, bem como o poder de direção sobre os atos e funcionamento da companhia, o que pode ocorrer, por exemplo, através de acordos de acionistas (art. 116 da Lei 6.404/1976 – Lei das SA). Normalmente, o Estado exerce o seu poder de controle finalístico, no interior da companhia, por meio de sua participação nas deliberações da Assembleia Geral (arts. 121 e 238 da Lei das SA). A sociedade de economia mista conta, ainda, com o Conselho de Administração, órgão responsável pela escolha do diretor da entidade, e com o Conselho Fiscal (arts. 239 e 240 da Lei das SA).

Cap. VII – EMPRESAS ESTATAIS: EMPRESAS PÚBLICAS E SOCIEDADES DE ECONOMIA MISTA **151**

Administração Indireta, nas sociedades de economia mista o controle pode ser assumido por Ente federado ou entidade da Administração Indireta, com a participação minoritária de pessoas da iniciativa privada (arts. 3.º e 4.º da Lei 13.303/2016).

A administração das empresas estatais é exercida pelo Conselho de Administração e pela diretoria (art. 16, parágrafo único, Lei 13.303/2016).

Ressalte-se, mais uma vez, que a simples participação do Estado em entidades privadas ou até mesmo a eventual aquisição do controle de sociedades privadas não acarretam a transformação da entidade privada em sociedade de economia mista, especialmente por faltar, no caso, a autorização legislativa necessária para a criação das sociedades de economia mista (art. 37, XIX, da CRFB). Em relação às sociedades de mera participação acionária do Estado, sem a qualificação de sociedade de economia mista, não se aplicam as normas constitucionais e legais relativas a essa última entidade, salvo expressa referência normativa, conforme destacado anteriormente.[14]

É oportuno notar que os estatutos das empresas públicas e sociedades de economia mista, com mais de duzentos empregados, deverão prever a participação, nos seus conselhos de administração, de representante dos trabalhadores, assegurado o direito da União de eleger a maioria dos seus membros, na forma da Lei n.º 12.353/2010.[15]

7.2.2. Forma societária

A segunda diferença é estabelecida a partir da forma societária possível para cada uma das empresas estatais.

As empresas públicas podem ser revestidas por qualquer forma societária admitida em Direito (art. 3.º da Lei 13.303/2016 e art. 5.º, II, do DL n.º 200/1967).

As sociedades de economia mista são sociedades anônimas. Essa forma societária deverá ser observada por todos os Entes da Federação, inclusive Estados, Distrito Federal e Municípios (arts. 4.º e 5.º da Lei 13.303/2016; art. 5.º, III, do DL 200/1967; e art. 235 da Lei 6.404/1976).

---

[14]   Nesse sentido: Di Pietro, Maria Sylvia Zanella. *Direito Administrativo*. 20. ed. São Paulo: Atlas, 2007, p. 416; Souto, Marcos Juruena Villela. *Direito Administrativo da Economia*. 3. ed. Rio de Janeiro: Lumen Juris, 2003, p. 79.

[15]   O STF havia declarado a inconstitucionalidade de normas da Constituição do Estado do Rio de Janeiro que tratavam da participação de empregados nos Conselhos de Administração das empresas estatais, tendo em vista a competência privativa da legislação federal para dispor sobre Direito comercial. STF, ADI 238/RJ, Rel. Min. Joaquim Barbosa, Tribunal Pleno, *DJe-062* (*Informativo de Jurisprudência do STF* n.º 576).

7.2.3. Foro competente para julgamento dos litígios

Por fim, a terceira diferença diz respeito ao foro competente para processar e julgar as empresas estatais.

Com relação às empresas públicas, a Justiça Federal possui competência para processar e julgar as empresas públicas federais, conforme previsão expressa do art. 109, I, da CRFB.

As demais empresas públicas (estaduais, distritais e municipais) serão processadas e julgadas na Justiça Estadual.

No tocante às sociedades de economia mista, a competência para processá-las e julgá-las será da Justiça Estadual, mesmo que a sociedade de economia mista seja federal, pois essas entidades não foram mencionadas expressamente no art. 109 da CRFB, que define a competência da Justiça Federal. Esse é o entendimento do STF, consagrado na Súmula n.º 556, que dispõe: "É competente a justiça comum para julgar as causas em que é parte sociedade de economia mista."

As sociedades de economia mista federais serão processadas e julgadas, excepcionalmente, na Justiça Federal se a União intervier como assistente ou opoente, conforme o enunciado da Súmula n.º 517 do STF.

A Justiça Federal também é competente para processar e julgar mandado de segurança contra ato ou omissão do dirigente da sociedade de economia mista federal, investido em função administrativa, na forma do art. 109, VIII, da CRFB.[16]

Dessa forma, a Justiça Estadual será competente para processar e julgar as empresas públicas estaduais e municipais, assim como todas as sociedades de economia mista. O Juízo competente será definido pelos Códigos de Organização e Divisão Judiciária de cada Estado.

7.3. CRIAÇÃO

A instituição de empresas estatais depende de lei autorizativa específica, cuja iniciativa é do Chefe do Executivo (art. 37, XIX, c/c o art. 61, § 1.º, II, b e e, da CRFB). É preciso que a criação de cada estatal esteja autorizada

---

[16] "Art. 109. Aos juízes federais compete processar e julgar: [...] VIII – os mandados de segurança e os *habeas data* contra ato de autoridade federal, exceatuados os casos de competência dos tribunais federais." Nesse sentido, por exemplo: STJ, AgRg no CC 97.889/PA, Rel. Min. Humberto Martins, Primeira Seção, *DJe* 04/09/2009; AgRg no CC 101.260/SP, Rel. Min. Mauro Campbell Marques, Primeira Seção, *DJe* 09/03/2009. A Súmula n.º 60 do extinto TFR consagrava o mesmo entendimento. No mesmo sentido dispõe a Súmula n.º 151 do TJ/RJ: "É competente a Justiça Federal comum para processar e julgar mandado de segurança contra ato ou omissão de dirigente de sociedade de economia mista federal, investido em função administrativa."

por lei específica. Contudo, o nascimento das empresas públicas e das sociedades de economia mista somente ocorrerá com a inscrição dos atos constitutivos no respectivo registro (art. 45 do CC). Em outras palavras: as estatais são criadas como as demais pessoas privadas, com a peculiaridade da exigência de lei específica prévia autorizando essa criação.

Da mesma forma, é necessária autorização legal para a criação das subsidiárias, que são empresas controladas por empresas públicas e sociedades de economia mista (art. 37, XX, da CRFB). Aqui, todavia, basta autorização genérica, contida na lei que autorizou a criação das empresas estatais matrizes (ou de primeiro grau), para que as subsidiárias sejam criadas, conforme já decidiu o STF.[17] Ou seja: não precisa haver uma lei específica para a criação de cada uma das subsidiárias.

Em virtude da teoria da simetria das formas, a extinção das empresas estatais depende de autorização legislativa.

7.4. OBJETO: SERVIÇOS PÚBLICOS E ATIVIDADES ECONÔMICAS

As empresas públicas e as sociedades de economia mista podem desempenhar dois tipos de atividades: atividades econômicas e serviços públicos.

Em primeiro lugar, as empresas estatais podem executar atividades econômicas, até mesmo em concorrência com as empresas privadas, conforme previsto no art. 173 da CRFB.

É importante esclarecer, todavia, que a atuação empresarial do Estado é excepcional, pois vigora na ordem econômica o princípio da livre-iniciativa (art. 170 da CRFB). Isso quer dizer que a atividade econômica é típica dos particulares, cabendo ao Estado, em princípio, estabelecer o disciplinamento dessa atividade. Excepcionalmente, o art. 173 da CRFB admite a exploração direta da atividade econômica pelo Estado, desde que cumpridos dois requisitos:

(i) a intervenção deve ser necessária "aos imperativos da segurança nacional ou a relevante interesse coletivo, conforme definidos em lei";[18] e

(ii) a formalização da intervenção deverá ser feita por meio da criação de empresas públicas ou sociedades de economia mista.

---

[17] STF, ADIn 1.649/DF, Rel. Min. Maurício Corrêa, Tribunal Pleno, *DJ* 28/05/2004, p. 3 (*Informativo de Jurisprudência do STF* n.º 341).

[18] Na precisa ponderação de Marcos Juruena Villela Souto, a função social das empresas estatais econômicas (relevante interesse coletivo e imperativo de segurança nacional) deve ser definida no Plano de Desenvolvimento Econômico (art. 174 da CRFB). Souto, Marcos Juruena Villela. *Direito administrativo empresarial*. Rio de Janeiro: Lumen Juris, 2006, p. 5.

Registre-se, contudo, que o art. 27 da Lei 13.303/2016, ao definir a função social das empresas estatais, sem qualquer distinção em relação à atividade desenvolvida (atividade econômica ou serviço público), afirmou a necessidade de realização do interesse coletivo ou de atendimento a imperativo da segurança nacional expressa no instrumento de autorização legal para a sua criação.

Vale dizer: o dispositivo legal em comento alargou o alcance do art. 173 da CRFB para exigir o cumprimento da função social por parte das estatais de serviços públicos. Entendemos que a própria caracterização de determinada atividade econômica como serviço público por parte do legislador já seria, em princípio, suficiente para demonstração do interesse coletivo necessário à instituição de estatais para sua prestação.

A realização do interesse coletivo por parte das estatais será orientada para (i) o alcance do bem-estar econômico, (ii) alocação socialmente eficiente dos seus recursos, (iii) ampliação economicamente sustentada do acesso de consumidores aos seus produtos e serviços e (iv) desenvolvimento ou emprego de tecnologia brasileira para produção e oferta de produtos e serviços, sempre de maneira economicamente justificada (art. 27, § 1.º, I e II, da Lei 13.303/2016).

Além disso, as estatais devem adotar práticas de sustentabilidade ambiental e de responsabilidade social corporativa compatíveis com o mercado em que atuam (art. 27, § 2.º, da Lei 13.303/2016).

Verifica-se, assim, que a atuação empresarial do Estado deve ser feita por meio de pessoas jurídicas de Direito privado que integram a Administração Pública: as empresas estatais. Não é lícito ao Estado criar pessoas jurídicas de Direito público para o exercício de atividades econômicas.

Em segundo lugar, as empresas estatais podem prestar serviços públicos de titularidade do respectivo Ente Federativo. Nesse caso, o fundamento constitucional dessa atuação é o art. 175 da CRFB, que afirma incumbir ao poder público, "diretamente ou sob regime de concessão ou permissão", a prestação de serviços públicos. É fácil perceber que, nessa hipótese, o poder público pode prestar serviços públicos diretamente, por meio de sua Administração Direta e Indireta, ou indiretamente, a partir de concessões ou permissões à iniciativa privada.

É importante notar que, normalmente, não há tecnicamente concessão e permissão de serviço público para as entidades da Administração Indireta. Isso porque tais entidades são criadas por lei ou têm a sua criação autorizada pela lei que já define seu objeto de atuação. As concessões e permissões são formalizadas por contratos administrativos. Nada impede, todavia, que as estatais sejam concessionárias quando partes em contratos de concessão de serviço público.[19]

A área de atuação das empresas estatais será definida em lei, na forma do art. 37, XIX, da CRFB, que dispõe: "somente por lei específica poderá ser criada autarquia e autorizada a instituição de empresa pública, de sociedade de economia mista e de fundação, cabendo à lei complementar, neste último caso, definir as áreas de sua atuação". Há, contudo, importante controvérsia em relação à natureza dessa lei (complementar ou ordinária), pois a redação da referida norma constitucional não é clara nesse ponto. A dificuldade reside em saber se a expressão "neste último caso" refere-se apenas às fundações ou também às empresas estatais.

Conforme já afirmamos anteriormente, entendemos que a exigência de lei complementar, no caso, se aplica apenas às fundações públicas e não às empresas estatais, já que, em relação às empresas estatais, exploradoras de atividades econômicas, o art. 173, § 1.º, da CRFB remete à lei ordinária a disciplina do seu regime jurídico.[20]

A distinção relativa ao objeto da estatal influencia decisivamente no respectivo regime jurídico. Enquanto a atividade econômica encontra-se submetida ao princípio da livre iniciativa, a prestação do serviço público é de titularidade estatal.

Isso quer dizer que o desempenho de atividades econômicas por estatais não pode significar prejuízo para os particulares que atuam no setor econômico e que são os seus verdadeiros protagonistas. Por essa razão, o art. 173, § 1.º, II, da CRFB estabelece a sujeição das estatais "ao regime jurídico próprio das empresas privadas, inclusive quanto aos direitos e obrigações civis, comerciais, trabalhistas e tributários". O intuito do legislador constituinte é claro: prestigiar a concorrência leal no cenário econômico.

---

[19] Nesse sentido, Marçal Justen Filho afirma: "Sob esse ângulo, reputa-se que a entidade integrante da Administração Indireta que prestar serviços públicos não será caracterizada como uma 'concessionária'. [...] Ao ver do signatário, o serviço público é prestado diretamente quando o Estado (Administração Direta ou Indireta) assume seu desempenho. Há prestação de serviço público indiretamente quando há delegação à iniciativa privada." Justen Filho, Marçal. Empresas estatais e a superação da dicotomia "prestação de serviço público/exploração de atividade econômica". In: Estudos de Direito Público em homenagem a Celso Antônio Bandeira de Mello, São Paulo: Malheiros, 2006, p. 407-408. Em sentido contrário, Maria Sylvia Zanella Di Pietro sustenta que "a empresa estatal que desempenha serviço público é concessionária de serviço público". Di Pietro, Maria Sylvia Zanella. Direito Administrativo. 20. ed. São Paulo: Atlas, 2007, p. 413.

[20] Nesse sentido: Carvalho Filho, José dos Santos. Manual de Direito Administrativo. 18. ed. Rio de Janeiro: Lumen Juris, 2007, p. 411; Modesto, Paulo. As fundações estatais de Direito privado e o debate sobre a nova estrutura orgânica da Administração Pública. Revista Eletrônica sobre a Reforma do Estado, n.º 14, p. 6, Salvador, IBDP, jun.-jul.-ago. 2008. Por outro lado, Marcos Juruena Villela Souto, por exemplo, sustenta a necessidade de lei complementar para definir a atuação das estatais e das fundações: Souto, Marcos Juruena Villela. Direito Administrativo Empresarial. Rio de Janeiro: Lumen Juris, 2006, p. 4-5.

Devem ser feitas duas considerações em relação a essa relativa igualdade de regimes jurídicos entre as estatais e as empresas privadas em geral.

Primeiro: a igualdade relativa de tratamento jurídico só faz sentido quando houver concorrência, não se aplicando o art. 173, § 1.º, da CRFB às estatais que exploram serviços públicos ou desempenham atividades econômicas em regime de monopólio.

Segundo: a aplicação do regime próprio das empresas privadas às empresas estatais não significa dizer que o tratamento entre essas entidades será absolutamente igual, pois não se pode perder de vista que as estatais são entidades integrantes da Administração Indireta, submetidas às exigências constitucionais do concurso público, da licitação, do controle pelo tribunal de contas etc. Ainda que, em regra, o regime jurídico das estatais se aproxime do regime privado, não pode ser afastado o regime público inerente às entidades que compõem a Administração Pública. Daí ser lícito afirmar que o regime jurídico das estatais econômicas será híbrido.

Em relação às empresas estatais que prestam serviços públicos, também é possível afirmar que o regime jurídico será híbrido, pois são entidades privadas que integram a Administração Pública.

Nada obstante, ao contrário das estatais econômicas, as estatais que exploram serviços públicos terão tratamento diferenciado em razão dos princípios informativos dos serviços públicos e da ausência de concorrência com os particulares.[21] Conforme será demonstrado a seguir, enquanto as estatais econômicas, por exemplo, podem ter seus bens penhorados e não são beneficiadas pela imunidade tributária, as estatais de serviço público terão alguns bens afastados da possibilidade da penhora, em razão do princípio da continuidade do serviço público, e contarão com a imunidade tributária do art. 150, VI, *a*, da CRFB.

Não é fácil, por vezes, identificar de maneira precisa a atividade desenvolvida por algumas empresas estatais. Isso porque é possível encontrar uma empresa estatal que desempenha serviços públicos e exerce atividade econômica.

Imagine-se, por exemplo, uma empresa estatal que tenha sido criada com o intuito de prestar serviços públicos. Nada impede o desempenho de atividades econômicas conexas ao serviço público que invariavelmente repercutem nos custos da prestação do serviço público e na sua universalidade.

---

[21] O STJ, por exemplo, reconheceu a legitimidade das estatais prestadoras de serviços públicos para propositura da suspensão de liminar ou de sentença, com o objetivo de evitar grave lesão à ordem, à saúde, à segurança e à economia públicas, na forma do art. 15 da Lei n.º 12.016/2009, que trata do mandado de segurança individual e coletivo. Frise-se que a literalidade da norma em comento menciona apenas a "pessoa jurídica de Direito público interessada ou do Ministério Público" (*Informativo de Jurisprudência do STJ* n.º 466).

A exploração de publicidade, associada à prestação de serviço público, tendo sido considerada uma importante fonte de receita ("receita alternativa") das concessionárias de serviços públicos que servem para tornar módica a tarifa paga pelo usuário. As estatais de serviços públicos também poderiam explorar a publicidade e, nessa hipótese, desempenhariam atividade econômica.[22]

Aliás, é importante frisar a tendência universal em estabelecer concorrência, que existe naturalmente no cenário privado, na prestação de serviços públicos. Nesse cenário, as estatais poderiam ser instituídas para prestar serviços públicos em concorrência com as concessionárias. Em relação aos serviços de telecomunicações, por exemplo, o art. 70 da Lei n.º 9.472/1997 coíbe "comportamentos prejudiciais à competição livre, ampla e justa entre as prestadoras do serviço, no regime público ou privado".

Alexandre Santos de Aragão[23] aponta algumas causas que justificam a fixação de concorrência na prestação de serviços públicos: a) separação da propriedade das redes (infraestruturas) e o direito de prestação do serviço, o que possibilita a utilização da mesma rede por vários prestadores; b) a partir da globalização, ocorre a "desterritorialização" dos serviços que, em muitos casos, são prestados por um Estado a outro (ex.: transmissão por TV a cabo); c) evolução tecnológica, com novas formas de prestação do serviço; etc.

As empresas estatais "híbridas", que exploram serviços públicos e atividades econômicas, não possuem regime jurídico uniforme. Quanto à prestação de serviços públicos, o regime será predominantemente público; em relação às atividades econômicas, o regime será, em regra, privado. Em suma: o regime jurídico depende da atividade e não da qualificação da entidade.

7.5. REGIME SOCIETÁRIO

O regime societário das empresas estatais é disciplinado nos arts. 5.º ao 26 da Lei 13.303/2016.

Conforme destacado anteriormente, a sociedade de economia mista deve assumir a forma de sociedade anônima, submetendo-se à Lei 6.404/1976 (Lei das S.A.), na forma do art. 5.º da Lei 13.303/2016. A empresa pública,

---

[22] Marçal Justen Filho afirma que o desempenho de atividades econômicas, conexas aos serviços públicos delegados e necessárias à ampliação dos benefícios desse serviço, podem ser prestadas por estatais de serviços públicos. Nas palavras do autor, "o custo total da prestação do serviço público conjuntamente com a exploração da atividade econômica é inferior se houver uma única empresa atuando, relativamente à hipótese de empresas distintas assumirem uma das atividades". Justen Filho, Marçal. Empresas estatais e a superação da dicotomia "prestação de serviço público/exploração de atividade econômica". In: *Estudos de Direito Público em homenagem a Celso Antônio Bandeira de Mello*. São Paulo: Malheiros, 2006, p. 417.

[23] Aragão, Alexandre Santos de. *Direito dos serviços públicos*. Rio de Janeiro: Forense, 2007, p. 413-417.

por sua vez, pode assumir qualquer forma societária compatível com a sua natureza, sendo vedado o lançamento de debêntures ou outros títulos ou valores mobiliários, conversíveis em ações, bem como a emissão de partes beneficiárias (art. 11 da Lei 13.303/2016).

A Lei das S.A. e as normas da Comissão de Valores Mobiliários (CVM) sobre escrituração e elaboração de demonstrações financeiras, inclusive a obrigatoriedade de auditoria independente, devem ser observadas pelas empresas públicas, sociedades de economia mista de capital fechado e suas subsidiárias (art. 7.º da Lei 13.303/2016).

De resto, as regras societárias previstas no Estatuto das Estatais devem ser aplicadas às sociedades de economia mista e empresas públicas.

Os estatutos das empresas estatais devem observar regras de governança corporativa, de transparência e de estruturas, práticas de gestão de riscos e de controle interno, composição da administração e, havendo acionistas, mecanismos para sua proteção (art. 5.º da Lei 13.303/2016).

Os requisitos de transparência, que devem ser observados pelas estatais, encontram-se previstos no art. 8.º da Lei 13.303/2016, cabendo mencionar, exemplificativamente: a) elaboração de carta anual, subscrita pelos membros do Conselho de Administração, com a explicitação dos compromissos de consecução de objetivos de políticas públicas com definição clara dos recursos a serem empregados para esse fim, bem como dos impactos econômico-financeiros da consecução desses objetivos, mensuráveis por meio de indicadores objetivos; b) divulgação tempestiva e atualizada de informações relevantes, em especial as relativas a atividades desenvolvidas, estrutura de controle, fatores de risco, dados econômico-financeiros, comentários dos administradores sobre o desempenho, políticas e práticas de governança corporativa e descrição da composição e da remuneração da administração; c) elaboração e divulgação de política de divulgação de informações, em conformidade com a legislação em vigor e com as melhores práticas; d) divulgação anual de relatório integrado ou de sustentabilidade etc. Os documentos resultantes do cumprimento dos mencionados requisitos de transparência deverão ser divulgados na internet de forma permanente e cumulativa (art. 8.º, § 4.º, da Lei 13.303/2016).

Eventuais condições distintas das estatais econômicas em detrimento daquelas aplicáveis às empresas privadas concorrentes deverão satisfazer dois requisitos, a saber: a) definição clara em lei ou regulamento, bem como previsão em contrato, convênio ou ajuste celebrado com o ente público competente para estabelecê-las, observada a ampla publicidade desses instrumentos; e b) discriminação e divulgação transparente, inclusive no plano contábil, dos custos e receitas discriminados e divulgados de forma transparente (art. 8.º, § 2.º, da Lei 13.303/2016).

As estatais deverão adotar regras de estruturas e práticas de gestão de riscos e controle interno (*compliance*) que abranjam: a) ação dos administradores e empregados, por meio da implementação cotidiana de práticas de controle interno; b) área responsável pela verificação de cumprimento de obrigações e de gestão de riscos, vinculada ao diretor-presidente e liderada por diretor independente; c) auditoria interna e Comitê de Auditoria Estatutário, vinculados ao Conselho de Administração (art. 9.º, I ao III, e §§ 2.º e 3.º, da Lei 13.303/2016).

Além disso, devem elaborar e divulgar Código de Conduta e Integridade, cujo conteúdo deve observar o disposto no art. 9.º, § 1.º, da Lei 13.303/2016.

O estatuto social deverá prever, ainda, a possibilidade de que a área de *compliance* se reporte diretamente ao Conselho de Administração em situações em que se suspeite do envolvimento do diretor-presidente em irregularidades ou quando este se furtar à obrigação de adotar medidas necessárias em relação à situação a ele relatada (art. 9.º, § 4.º, da Lei 13.303/2016).

A legislação impõe a criação do comitê estatutário para verificar a conformidade do processo de indicação e de avaliação de membros para o Conselho de Administração e para o Conselho Fiscal, com competência para auxiliar o acionista controlador na indicação desses membros (art. 10 da Lei 13.303/2016).

As estatais devem divulgar toda e qualquer forma de remuneração dos administradores, bem como adequar constantemente suas práticas ao Código de Conduta e Integridade e a outras regras de boa prática de governança corporativa (art. 12 da Lei 13.303/2016).

Admite-se a utilização da arbitragem por parte da sociedade de economia mista para solução de divergências entre acionistas e a sociedade, ou entre acionistas controladores e acionistas minoritários (art. 12, parágrafo único, da Lei 13.303/2016).

O estatuto da estatal, na forma da respectiva lei autorizativa, deverá observar as seguintes diretrizes e restrições: a) constituição e funcionamento do Conselho de Administração, observados o número mínimo de 7 e o número máximo de 11 membros; b) requisitos específicos para o exercício do cargo de diretor, observado o número mínimo de três diretores; c) avaliação de desempenho, individual e coletiva, de periodicidade anual, dos administradores e dos membros de comitês; d) constituição e funcionamento do Conselho Fiscal, que exercerá suas atribuições de modo permanente; e) constituição e funcionamento do Comitê de Auditoria Estatutário; f) prazo de gestão dos membros do Conselho de Administração e dos indicados para o cargo de diretor, que será unificado e não superior a 2 anos, sendo permitidas, no máximo, três reconduções consecutivas; g) prazo de gestão dos membros do Conselho Fiscal não superior a dois anos, permitidas duas reconduções consecutivas (art. 13 da Lei 13.303/2016).

O acionista controlador (ente da Administração Pública) das empresas estatais deve observar, especialmente: a) inclusão no Código de Conduta e Integridade, aplicável à alta administração, da vedação de divulgação, sem autorização do órgão competente da estatal, de informação que possa causar impacto na cotação dos títulos da empresa e em suas relações com o mercado ou com consumidores e fornecedores; b) preservar a independência do Conselho de Administração no exercício de suas funções; c) cumprimento da política de indicação na escolha dos administradores e membros do Conselho Fiscal (art. 14 da Lei 13.303/2016).

Os atos praticados com abuso de poder acarretam a responsabilidade do acionista controlador, nos termos da Lei das S.A., cuja ação de reparação, que prescreve em seis anos, contados da prática do ato, poderá ser proposta pela sociedade, pelo terceiro prejudicado ou pelos demais sócios, independentemente de autorização da assembleia geral de acionistas (art. 15, *caput* e §§ 1.º e 2.º, da Lei 13.303/2016).

Os administradores das empresas estatais são os membros do Conselho de Administração e da diretoria (art. 16, parágrafo único, da Lei 13.303/2016).

Os membros do Conselho de Administração e os diretores, inclusive presidente, diretor-geral e diretor-presidente, devem preencher os seguintes requisitos (art. 17 da Lei 13.303/2016): a) cidadãos de reputação ilibada e de notório conhecimento; b) experiência profissional mínima em determinados cargos e por prazos mínimos fixados na Lei das Estatais;[24] c) formação acadêmica compatível com o cargo para o qual foi indicado; e d) não se enquadrar nas hipóteses de inelegibilidade previstas no 1.º, I, da LC 64/1990.

Por outro lado, o art. 17, § 2.º, da Lei 13.303/2016 estabelece vedações em relação aos nomes indicados para o Conselho de Administração e diretoria:

---

[24] De acordo com o art. 17, I, da Lei 13.303/2016, os membros do Conselho de Administração e da diretoria devem ter experiência profissional de, no mínimo: a) dez anos, no setor público ou privado, na área de atuação da estatal ou em área conexa àquela para a qual forem indicados em função de direção superior; ou b) quatro anos ocupando pelo menos um dos seguintes cargos: b.1) cargo de direção ou de chefia superior em empresa de porte ou objeto social semelhante ao da estatal, entendendo-se como cargo de chefia superior aquele situado nos dois níveis hierárquicos não estatutários mais altos da empresa; b.2) cargo em comissão ou função de confiança equivalente a DAS-4 ou superior, no setor público; b3) cargo de docente ou de pesquisador em áreas de atuação da estatal; c) quatro anos de experiência como profissional liberal em atividade direta ou indiretamente vinculada à área de atuação da estatal. Esses requisitos de experiência profissional podem ser dispensados no caso de indicação de empregado da estatal para cargo de administrador ou como membro de comitê, desde que atendidos os seguintes quesitos mínimos por parte do empregado (art. 17, § 5.º, da Lei 13.303/2016): a) ingresso na estatal por meio de concurso público; b) mais de dez anos de trabalho efetivo na estatal; c) ocupação de cargo na gestão superior da empresa pública ou da sociedade de economia mista, comprovando sua capacidade para assumir as responsabilidades dos cargos de administrador ou membro de comitê.

a) representante do órgão regulador ao qual a estatal está sujeita, Ministro de Estado, Secretários estadual e municipal, titular de cargo, sem vínculo permanente com o serviço público, de natureza especial ou de direção e assessoramento superior na Administração Pública, dirigente estatutário de partido político e titular de mandato no Poder Legislativo de qualquer ente da federação, ainda que licenciados do cargo; b) pessoa que atuou, nos últimos 36 meses, como participante de estrutura decisória de partido político ou em trabalho vinculado a organização, estruturação e realização de campanha eleitoral;[25] c) pessoa que exerça cargo em organização sindical; d) pessoa que tenha firmado contrato ou parceria, como fornecedor ou comprador, demandante ou ofertante, de bens ou serviços de qualquer natureza, com a pessoa político-administrativa controladora da estatal ou com a própria empresa ou sociedade em período inferior a três anos antes da data de nomeação; e) pessoa que tenha ou possa ter qualquer forma de conflito de interesse com a pessoa político-administrativa controladora da estatal ou com a própria empresa ou sociedade.

Admite-se que o estatuto da estatal disponha sobre a contratação de seguro de responsabilidade civil pelos administradores (art. 17, § 1.º, da Lei 13.303/2016).

Em relação ao Conselho de Administração das estatais, as suas competências encontram-se elencadas no art. 18 da Lei 13.303/2016: a) discussão, aprovação e monitoramento das decisões envolvendo práticas de governança corporativa, relacionamento com partes interessadas, política de gestão de pessoas e código de conduta dos agentes; b) implementação e supervisionamento dos sistemas de gestão de riscos e de controle interno estabelecidos para a prevenção e mitigação dos principais riscos a que está exposta a estatal, inclusive os riscos relacionados à integridade das informações contábeis e financeiras e os relacionados à ocorrência de corrupção e fraude; c) fixação da política de porta-vozes visando a eliminar risco de contradição entre informações de diversas áreas e as dos executivos da estatal; d) avaliação dos diretores, podendo contar com apoio metodológico e procedimental do comitê estatutário.

É assegurada a participação, no Conselho de Administração, de representante dos empregados e dos acionistas minoritários (art. 19 da Lei 13.303/2016). Os acionistas minoritários têm o direito de eleger um conselheiro, se maior número não lhes couber pelo processo de voto múltiplo previsto na Lei das S.A. (art. 19, § 2.º, da Lei 13.303/2016).

Não é possível a participação remunerada de membros da Administração Pública, direta ou indireta, em mais de dois conselhos, de administração ou fiscal, de empresa estatal, na forma do (art. 20 da Lei 13.303/2016).

---

[25] Essas vedações também se aplicam aos respectivos parentes consanguíneos ou afins até o terceiro grau, na forma do (art. 17, § 3.º, da Lei 13.303/2016).

O Conselho de Administração deve ser composto, no mínimo, por 25% de membros independentes ou por pelo menos um, caso haja decisão pelo exercício da faculdade do voto múltiplo pelos acionistas minoritários, nos termos do art. 141 da Lei das S.A., incluindo-se no referido percentual os conselheiros eleitos por acionistas minoritários e excluindo-se os conselheiros eleitos por empregados (art. 22, *caput*, e nos §§ 3.º e 4.º, da Lei 13.303/2016). As características do conselheiro independente encontram-se previstas no § 1.º do art. 22 da Lei das Estatais.

Quanto aos membros da diretoria, a respectiva investidura está condicionada à assunção de compromisso com metas e resultados específicos a serem alcançados, que deverá ser aprovado pelo Conselho de Administração, a quem incumbe fiscalizar seu cumprimento (art. 23 da Lei 13.303/2016).

Além disso, a diretoria deve apresentar, até a última reunião ordinária do Conselho de Administração do ano anterior, a quem compete sua aprovação: a) plano de negócios para o exercício anual seguinte; e b) estratégia de longo prazo atualizada com análise de riscos e oportunidades para, no mínimo, os próximos cinco anos (art. 23, § 1.º, da Lei 13.303/2016).

Ressalvadas as hipóteses de informações de natureza estratégica, cuja divulgação possa ser comprovadamente prejudicial ao interesse da estatal, o Conselho de Administração, sob pena de responsabilidade de seus integrantes, deve publicar as conclusões sobre o atendimento das metas e resultados na execução do plano de negócios e da estratégia de longo prazo, bem como informá-las ao Congresso Nacional, às Assembleias Legislativas, à Câmara Legislativa do Distrito Federal ou às Câmaras Municipais e aos respectivos tribunais de contas, quando houver (art. 23, §§ 2.º e 3.º, da Lei 13.303/2016).

No tocante ao Comitê de Auditoria Estatutário, que atua como órgão auxiliar do Conselho de Administração, as suas competências encontram-se definidas no art. 24, § 1.º, da Lei das Estatais. O Comitê deverá possuir autonomia operacional e dotação orçamentária, anual ou por projeto, dentro de limites aprovados pelo Conselho de Administração, para conduzir ou determinar a realização de consultas, avaliações e investigações dentro do escopo de suas atividades, inclusive com a contratação e utilização de especialistas externos independentes (art. 24, § 7.º, da Lei 13.303/2016).

Em sua composição, o Comitê de Auditoria Estatutário será integrado por, no mínimo, três e, no máximo, cinco membros, em sua maioria independentes, preenchidos os requisitos previstos no art. 25, *caput* e § 1.º, da Lei das Estatais.

Por fim, as estatais devem possuir Conselho Fiscal que será composto por pessoas naturais, residentes no País, com formação acadêmica compatível com o exercício da função e que tenham exercido, por prazo mínimo de três

Cap. VII – EMPRESAS ESTATAIS: EMPRESAS PÚBLICAS E SOCIEDADES DE ECONOMIA MISTA **163**

anos, cargo de direção ou assessoramento na Administração Pública ou cargo de conselheiro fiscal ou administrador em empresa (art. 26, § 1.º, da Lei das Estatais). No Conselho Fiscal, ao menos um membro deve ser indicado pelo ente controlador, que deverá ser servidor público com vínculo permanente com a Administração Pública (art. 26, § 2.º, da Lei das Estatais).

7.6. REGIME DE PESSOAL

Os agentes públicos integrantes das empresas estatais encontram-se submetidos ao regime celetista (CLT), que é o regime próprio das pessoas jurídicas de Direito privado, integrantes ou não da Administração Pública. Ademais, o art. 173, § 1.º, II, da CRFB exige a sujeição das estatais (econômicas) ao regime jurídico próprio das empresas privadas, inclusive quanto aos direitos e obrigações trabalhistas.

Os empregados públicos das empresas estatais, por se enquadrarem na categoria dos agentes públicos, encontram-se submetidos às normas constitucionais que tratam dos agentes públicos em geral, tais como:

a) concurso público (art. 37, II, da CRFB);
b) impossibilidade de acumulação de empregos públicos com outros empregos, cargos ou funções públicas (art. 37, XVII, da CRFB, salvo as exceções admitidas pelo próprio texto constitucional);
c) submissão ao teto remuneratório, salvo os empregados das empresas estatais não dependentes do orçamento (art. 37, § 9.º, da CRFB).[26]

Da mesma forma, os empregados públicos são agentes públicos para fins penais (art. 327, *caput* e § 1.º, do CP) e submetem-se à Lei de Improbidade Administrativa (art. 2.º da Lei n.º 8.429/1992).

Todavia, a Súmula n.º 455 do TST afirma a inaplicabilidade da vedação à equiparação prevista no art. 37, XIII, da CRFB às sociedades de economia mista, pois, ao admitir empregados sob o regime da CLT, equipara-se a empregador privado, conforme disposto no art. 173, § 1.º, II, da CF/1988.

---

[26] Na forma do art. 2.º, III, da LRF, a empresa estatal dependente é a "empresa controlada que receba do ente controlador recursos financeiros para pagamento de despesas com pessoal ou de custeio em geral ou de capital, excluídos, no último caso, aqueles provenientes de aumento de participação acionária". Em sentido semelhante, o art. 1.º, § 1.º, II, da Resolução n.º 40/2001 do Senado Federal, dispõe: "Art. 1.º [...] § 1.º Considera-se, para os fins desta Resolução, as seguintes definições: [...] II – empresa estatal dependente: empresa controlada pelo estado, pelo Distrito Federal ou pelo município, que tenha, no exercício anterior, recebido recursos financeiros de seu controlador, destinados ao pagamento de despesas com pessoal, de custeio em geral ou de capital, excluídos, neste último caso, aqueles provenientes de aumento de participação acionária, e tenha, no exercício corrente, autorização orçamentária para recebimento de recursos financeiros com idêntica finalidade."

No tocante à exigência de concurso público, alguns autores atenuam a regra em relação às empresas estatais econômicas. Nesse sentido, Celso Antônio Bandeira de Mello[27] afirma ser prescindível o concurso público "nas situações em que sua realização obstaria a alguma necessidade de imediata admissão de pessoal ou quando se trate de contratar profissionais de maior qualificação, que não teriam interesse em se submeter a prestá-lo, por serem absorvidos avidamente pelo mercado". Com as devidas vênias, entendemos que a regra do concurso público é exigida, sem distinção, para o ingresso em toda e qualquer entidade administrativa, e as suas exceções devem estar previstas expressamente na Constituição.

Ao contrário dos servidores estatutários, os empregados públicos das estatais não gozam da estabilidade e serão sempre julgadas perante a Justiça do Trabalho (art. 114 da CRFB).

Em que pese a ausência de estabilidade, a demissão dos empregados públicos não é completamente livre. Em razão da necessidade de observância dos princípios da Administração Pública, com destaque, no caso, para os princípios da impessoalidade e da moralidade, tem sido exigida a motivação, fundamentada no interesse público, para a demissão dos empregados públicos.[28] Assim como não é livre a escolha do empregado público, que deve se submeter ao concurso público, não deve ser livre a sua demissão. A motivação é considerada um parâmetro imprescindível para controlar a observância dos princípios constitucionais citados, além de viabilizar o exercício da ampla defesa e do contraditório pelo empregado público.

Quanto aos dirigentes das empresas estatais, que ocupam cargos (*rectius*: empregos) em comissão ou exercem função de confiança, a nomeação, ainda que não se submeta à regra do concurso público (art. 37, II e V, da CRFB), deve respeitar os requisitos estabelecidos na Lei 13.303/2016.

7.7. PATRIMÔNIO: NATUREZA DOS BENS

O patrimônio das empresas estatais é constituído por bens privados, tendo em vista a redação do art. 98 do CC.[29]

---

[27] Mello, Celso Antônio Bandeira de. *Curso de Direito Administrativo*. 21. ed. São Paulo: Malheiros, 2006, p. 212-213.

[28] Nesse sentido: STF, Tribunal Pleno, RExt 589.998/PI, Rel. Min. Ricardo Lewandowski, *DJ* 12.09.2013, p. 15, *Informativo de Jurisprudência do STF* n.º 699; Souto, Marcos Juruena Villela. *Direito administrativo empresarial*. Rio de Janeiro: Lumen Juris, 2006, p. 8; Sundfeld, Carlos Ari. Não é livre a demissão sem justa causa de servidor celetista. *BDA*, v. 7, p. 395-397, jul. 1995. Celso Antônio Bandeira de Mello também condiciona a demissão do celetista da estatal ao processo administrativo, com ampla defesa e contraditório, reconhecendo, ainda, o direito à reintegração do servidor (e não mera compensação financeira) quando houver demissão irregular. Mello, Celso Antônio Bandeira de. *Curso de Direito Administrativo*. 21. ed. São Paulo: Malheiros, 2006, p. 213.

[29] Hely Lopes Meirelles entendia que os bens das estatais eram públicos, com destinação especial. Meirelles, Hely Lopes. *Direito administrativo brasileiro*. 22. ed. São Paulo: Malheiros, 1997, p. 337.

Verifica-se que o legislador leva em consideração o critério da titularidade para distinguir os bens públicos e os bens privados. Os bens de titularidade das pessoas de Direito público são públicos; os bens pertencentes às pessoas de Direito privado são considerados privados.

Não há, no entanto, consenso doutrinário sobre o conceito de bens públicos, sendo possível apontar, em síntese, duas acepções:

Primeira posição (critério subjetivo ou da titularidade): os bens públicos são aqueles que integram o patrimônio das pessoas de Direito público. É o conceito adotado no art. 98 do CC. Nesse sentido: José dos Santos Carvalho Filho, Lucas Rocha Furtado, Alexandre Santos de Aragão.[30]

Segunda posição (concepção material ou funcionalista): além dos bens integrantes das pessoas de Direito público, também seriam considerados bens públicos aqueles integrantes das pessoas jurídicas de Direito privado afetados à prestação de serviços público. Nesse sentido: Celso Antônio Bandeira de Mello, Diógenes Gasparini.[31]

Conforme demonstrado anteriormente, o conceito adotado pelo legislador (art. 98 do CC) leva em conta a respectiva titularidade, razão pela qual somente serão considerados bens formalmente públicos aqueles integrantes das pessoas jurídicas de Direito público.

Em consequência, os bens integrantes das entidades administrativas de Direito privado (empresas públicas, sociedades de economia mista e fundações estatais de Direito privado) e das demais pessoas jurídicas de Direito privado serão considerados bens privados.

Os bens das pessoas jurídicas de Direito privado, inclusive as concessionárias e permissionárias, que estiverem vinculados à prestação do serviço público sofrerão, contudo, a incidência de algumas limitações inerentes aos bens públicos (ex.: impenhorabilidade), tendo em vista o princípio da continuidade do serviço público, com derrogação parcial do regime de Direito privado, o que permite qualificá-los como bens materialmente públicos ou "quase públicos".[32]

Todavia, a possibilidade de penhora dos bens das estatais demonstrava que essa posição doutrinária não poderia prevalecer.

[30] Carvalho Filho, José dos Santos. *Manual de Direito administrativo*. 24. ed. Rio de Janeiro: Lumen Juris, 2011, p. 1.045; Furtado, Lucas Rocha. *Curso de Direito administrativo*. 2. ed. Belo Horizonte: Fórum, 2010. p. 837; Aragão, Alexandre Santos de. *Curso de Direito administrativo*. Rio de Janeiro: Forense, 2012, p. 472.

[31] Mello, Celso Antônio Bandeira de. *Curso de Direito administrativo*. 21. ed. São Paulo: Malheiros, 2006, p. 866; Gasparini, Diógenes. *Direito administrativo*. 12. ed. São Paulo: Saraiva, 2007, p. 812. No mesmo sentido, o Enunciado n.º 287 da IV Jornada de Direito Civil do Conselho da Justiça Federal dispõe: "O critério da classificação de bens indicado no art. 98 do Código Civil não exaure a enumeração dos bens públicos, podendo ainda ser classificado como tal o bem pertencente à pessoa jurídica de Direito privado que esteja afetado à prestação de serviços públicos."

[32] Juarez Freitas utiliza a nomenclatura "bens quase públicos" para os bens das entidades privadas afetados à utilidade pública ou publicizados (Freitas, Juarez. *Estudos sobre Direito administrativo*. São Paulo: Malheiros, 1995, p. 70).

Tanto isso é verdade que a legislação não faz maiores exigências para a alienação dos bens privados das concessionárias de serviços públicos, bem como pelo fato de ser possível a usucapião dos bens das estatais, independentemente de serem prestadoras de serviços públicos ou executoras de atividade econômica.

Por essa razão, quanto às empresas estatais, executoras de atividades econômicas ou prestadoras de serviços públicos, os bens devem ser considerados privados, na forma do art. 173, § 1.º, II, da CRFB e art. 98 do CC, parte final. No entanto, no tocante às estatais prestadoras de serviços públicos, os bens afetados à prestação dos referidos serviços sofrerão a incidência de restrições normalmente aplicadas aos bens públicos. A mesma conclusão pode ser aplicada aos bens das concessionárias e permissionárias afetados à prestação do serviço público (bens reversíveis).

Em consequência, os bens das empresas estatais não gozam, em princípio, das prerrogativas inerentes aos bens públicos. Isso não significa que esses bens serão submetidos ao mesmo tratamento dos bens privados em geral.

Em primeiro lugar, tais bens integram o patrimônio das entidades administrativas e, por essa razão, dependem do cumprimento das exigências legais para serem alienados (arts. 49 e 50 da Lei 13.303/2016).

Em segundo lugar, os bens das estatais que prestam serviços públicos sofrerão limitações diferenciadas em relação aos bens das estatais econômicas, tendo em vista os princípios inerentes ao serviço público. Como será demonstrado a seguir, os bens, que estiverem afetados ao serviço público e forem necessários à sua continuidade não serão passíveis de penhora.

7.7.1. Penhora

Em regra, os bens das empresas estatais podem ser penhorados, pois são bens privados, despidos das prerrogativas inerentes aos bens públicos.

É importante, todavia, distinguir as duas espécies de empresas estatais (econômicas e de serviços públicos) para apontar situações excepcionais em que a penhora não será admitida.

Os bens das empresas estatais econômicas podem ser penhorados, da mesma forma que podem sê-los os bens das empresas privadas. Não fosse a própria natureza privada do bem suficiente para chegar a essa conclusão, o art. 173, § 1.º, II, da CRFB exige a submissão das estatais ao regime jurídico próprio das empresas privadas.

Ao contrário, os bens das empresas estatais, prestadoras de serviços públicos, podem ser excepcionalmente afastados da penhora quando estiverem afetados aos serviços públicos e forem necessários à sua continuidade. A

Cap. VII – EMPRESAS ESTATAIS: EMPRESAS PÚBLICAS E SOCIEDADES DE ECONOMIA MISTA

impenhorabilidade excepcional dos bens das estatais, aqui, decorre do princípio da continuidade dos serviços públicos.

Ora, ao se admitir a penhora do bem imprescindível à prestação do serviço público, se estaria colocando em risco a continuidade desse serviço. Caso a estatal não possua bens penhoráveis e patrimônio suficiente para arcar com as suas dívidas, haverá a responsabilidade subsidiária do Ente Federado respectivo.[33]

O STF já afirmou a impenhorabilidade dos bens afetados ao serviço público, com fundamento no princípio da continuidade do serviço público.[34]

É verdade, todavia, que a Corte Suprema, com evidente exagero, tem dispensado tratamento diferenciado para a Empresa de Correios e Telégrafos (ECT), notadamente quando afirma a impenhorabilidade de todos os seus bens e exige a observância do regime do precatório para o pagamento de suas dívidas. Transcreva-se a ementa do julgamento do RExt 220.906/DF:[35]

> Recurso extraordinário. Constitucional. Empresa Brasileira de Correios e Telégrafos. Impenhorabilidade de seus bens, rendas e serviços. Recepção do art. 12 do Decreto-lei n.º 509/1969. Execução. Observância do regime de precatório. Aplicação do art. 100 da Constituição Federal. 1. À empresa Brasileira de Correios e Telégrafos, pessoa jurídica equiparada à Fazenda Pública, é aplicável o privilégio da impenhorabilidade de seus bens, rendas e serviços. Recepção do art. 12 do Decreto-lei n.º 509/1969 e não incidência da restrição contida no art. 173, § 1.º, da Constituição Federal, que submete a empresa pública, a sociedade de economia mista e outras entidades que explorem atividade econômica

---

[33] Nesse sentido: Di Pietro, Maria Sylvia Zanella. *Parcerias na Administração Pública*. 5. ed. São Paulo: Atlas, 2005, p. 301-317.

[34] *Informativo de Jurisprudência* n.º 404 STF: "Sociedade de economia mista: penhora de rendimentos e continuidade do serviço público. [...] Tendo em conta tratar-se de empresa estatal prestadora de serviço público de caráter essencial, qual seja, o transporte metroviário (CF, art. 30, V), e que a penhora recai sobre as receitas obtidas nas bilheterias da empresa que estão vinculadas ao seu custeio, havendo sido reconhecida, nas instâncias ordinárias, a inexistência de outros meios para o pagamento do débito, entendeu-se, com base no princípio da continuidade do serviço público, bem como no disposto no art. 620 do CPC, densa a plausibilidade jurídica da pretensão e presente o *periculum in mora*. Vencido o Min. Marco Aurélio, que indeferia a liminar ao fundamento de que a empresa em questão é sociedade de economia mista que exerce atividade econômica em sentido estrito, não lhe sendo extensível a orientação fixada pelo Supremo em relação à ECT.AC 669 MC/SP, rel. Min. Carlos Britto, 06.10.2005 (AC-669)." O STJ, todavia, já admitiu a penhora da bilheteria do Metrô quando não houvesse inviabilização do funcionamento do serviço de transporte (*Informativo de Jurisprudência do STJ* n.º 122). A nosso ver, a possibilidade ou não de penhora da bilheteria do Metrô depende do caso concreto e da efetiva demonstração do comprometimento da continuidade do serviço público.

[35] STF, RExt 220.906/DF, Rel. Min. Maurício Corrêa, Tribunal Pleno, *DJ* 14/11/2002, p. 15. Vide: *Informativo de Jurisprudência* n.º 213 do STF. De acordo com o STF: "É válida a penhora em bens de pessoa jurídica de direito privado, realizada anteriormente à sucessão desta pela União, não devendo a execução prosseguir mediante precatório" (Tema 355 da Tese de Repercussão Geral do STF).

ao regime próprio das empresas privadas, inclusive quanto às obrigações trabalhistas e tributárias. 2. Empresa pública que não exerce atividade econômica e presta serviço público da competência da União Federal e por ela mantido. Execução. Observância ao regime de precatório, sob pena de vulneração do disposto no art. 100 da Constituição Federal. Recurso extraordinário conhecido e provido.

O citado exagero reside na equiparação, ainda que de forma mascarada, da ECT à autarquia, pois se consagra a impenhorabilidade de todos os seus bens, regra que só é encontrada nos bens públicos, e se exige a submissão ao precatório, o que só seria possível para as pessoas jurídicas de Direito público. Fato é que a ECT, por conta desse tratamento autárquico anômalo, acabou sendo descaracterizada como empresa pública e se aproximou das autarquias ("autarquização" da estatal).[36] A nosso juízo, por se tratar de empresa pública, a ECT deveria receber o mesmo tratamento dispensado às demais empresas públicas prestadoras de serviços públicos.

7.7.2. Usucapião

Assim como os bens privados em geral, os bens das estatais podem ser adquiridos por usucapião. Conforme já salientado, os bens privados das estatais não possuem as prerrogativas dos bens públicos, razão pela qual não há, aqui, a imprescritibilidade. Os bens das estatais são prescritíveis.

A dúvida, contudo, reside em saber se as ponderações, realizadas para a penhora dos bens das estatais, podem ser também lançadas à usucapião. Ou seja: a regra seria a possibilidade de usucapião, salvo em relação aos bens afetados aos serviços públicos.

Entendemos que os bens das estatais podem ser adquiridos por usucapião, independentemente da atividade desenvolvida pela empresa (serviço público ou atividade econômica). Isso quer dizer que, ao contrário do que foi afirmado em relação à penhora, os bens, ainda que utilizados para a prestação de serviços públicos, podem ser adquiridos por usucapião.

Não seria razoável o argumento do princípio da continuidade do serviço público para se obstar a usucapião dos bens afetados aos serviços públicos, pois o requisito do tempo, necessário à consumação da usucapião, demonstraria, no caso concreto, que o bem não seria imprescindível à continuidade dos serviços. Em regra, para a usucapião extraordinária de bem imóvel, é

---

[36] Sobre o processo de captura pelo Direito Público das empresas estatais, notadamente as prestadoras de serviços públicos, vide: Silva, Rodrigo Crelier Zambão da. A captura das estatais pelo regime jurídico de direito público: algumas reflexões. *Empresas públicas e sociedades de economia mista.* Alexandre Santos de Aragão (Coord.). Belo Horizonte: Fórum, 2015, p. 258-262.

Cap. VII – EMPRESAS ESTATAIS: EMPRESAS PÚBLICAS E SOCIEDADES DE ECONOMIA MISTA

exigida a posse mansa e pacífica por, no mínimo, dez ou quinze anos, o que revelaria a desnecessidade do bem para a continuidade do serviço público (art. 1.238, *caput* e parágrafo único, do CC).

Nesse sentido, o STJ já afirmou a possibilidade de usucapião de bens das empresas públicas e das sociedades de economia mista, independentemente da atividade desenvolvida. No julgamento do REsp 647.357/MG,[37] sob a égide do CC de 1916, decidiu o Tribunal:

> Recurso especial. Ação reivindicatória. Usucapião extraordinário. Matéria de defesa. Bem pertencente a sociedade de economia mista. Possibilidade.
>
> I – Entre as causas de perda da propriedade está o usucapião que, em sendo extraordinário, dispensa a prova do justo título e da boa-fé, consumando-se no prazo de vinte anos ininterruptos, em consonância com o art. 550 do Código Civil anterior, sem que haja qualquer oposição por parte do proprietário.
>
> II – Bens pertencentes à sociedade de economia mista podem ser adquiridos por usucapião. Precedentes. Recurso especial provido.

Registre-se, contudo, que o tema não é imune à polêmica. Em sentido contrário à tese aqui defendida, há entendimento no sentido da impossibilidade de usucapião de bens das estatais afetados à prestação de serviços públicos, sob o fundamento de que, nesse caso, os bens seriam considerados públicos. A 3.ª Turma do STJ afirmou a impossibilidade de usucapião de imóvel da Caixa Econômica Federal, vinculado ao Sistema Financeiro de Habitação, uma vez que se trataria de bem público em razão da afetação à prestação de serviço público.[38]

Não obstante a polêmica sobre o tema, sustentamos a possibilidade de usucapião dos bens das empresas estatais, mesmo quando houver a prestação de serviços públicos, pois o decurso do tempo, necessário à prescrição aquisitiva, demonstraria a desnecessidade do bem para a continuidade do serviço.

7.8. ATOS, LICITAÇÃO E CONTRATOS

Os atos praticados por empresas públicas e sociedades de economia mista devem ser caracterizados como atos privados, em razão da natureza privada

---

[37] STJ, REsp 647.357/MG, Rel. Min. Castro Filho, Terceira Turma, *DJ* 23/10/2006, p. 300. Vide: *Informativo de Jurisprudência* n.º 297 do STJ. No mesmo sentido: STJ, REsp 120.702/DF, Rel. Min. Ruy Rosado de Aguiar, Quarta Turma, *DJ* 20/08/2001; e REsp 37.906/ES, Min. Rel. Barros Monteiro, *DJ* de 15/12/1997, p. 66.414.

[38] STJ, 3.ª Turma, REsp 1.448.026/PE, Rel. Min. Nancy Andrighi, *DJe* 21.11.2016.

dessas entidades e, em relação às estatais econômicas, pela sujeição ao mesmo tratamento jurídico das empresas privadas (art. 173, § 1.º, II, da CRFB).

Os atos praticados por estatais no desempenho de funções administrativas serão, todavia, considerados atos administrativos, passíveis do respectivo controle. Os atos administrativos são editados, por pessoas públicas ou privadas, no desempenho de atividades administrativas. Por essa razão, as empresas estatais editam atos materialmente administrativos quando desempenham atividades eminentemente administrativas, como a realização de concurso público e de licitação. Nesse sentido, o STJ editou a Súmula n.º 333, que dispõe: "Cabe mandado de segurança contra ato praticado em licitação promovida por sociedade de economia mista ou empresa pública."[39]

Em relação aos contratos celebrados pelas empresas estatais, a respectiva natureza jurídica depende da atividade desenvolvida. As estatais econômicas somente celebram contratos privados da Administração, despidos, em regra, das cláusulas exorbitantes e regidos, predominantemente, por normas de direito privado (art. 62, § 3.º, I, da Lei 8.666/1993), tendo em vista a submissão ao mesmo regime jurídico das empresas privadas (art. 173, § 1.º, II da CRFB). Por outro lado, as estatais que prestam serviços públicos, além dos contratos privados, podem celebrar contratos administrativos vinculados à prestação do serviço público.

Todavia, a referida distinção não aparece expressamente na Lei 13.303/2016 (Lei das Estatais), que, em seu art. 68, dispõe que os contratos celebrados por todas as empresas estatais regulam-se pelas suas cláusulas, pelo disposto na própria Lei em referência e pelos preceitos de direito privado.

A licitação é exigida para celebração dos contratos celebrados pelas estatais, ressalvada as hipóteses de contratação direta prevista na Lei 13.303/2016.

7.8.1. Licitação nas empresas estatais (Lei 13.303/2016)

As empresas públicas e as sociedades de economia mista que exploram atividades econômicas se sujeitarão ao regime próprio de licitação, na forma do art. 173, § 1.º, III, da CRFB, pois essas entidades concorrem com empresas privadas, razão pela qual necessitam de maior velocidade em suas contratações.

Quanto às estatais prestadoras de serviços públicos, não há qualquer ressalva constitucional, devendo ser aplicada a regra geral de licitação

---

[39] O STJ, no entanto, não admitiu a utilização do mandado de segurança contra multa, decorrente de contrato, imposta por empresa estatal, tendo em vista tratar-se de ato de gestão (negocial) e não de ato de autoridade. STJ, REsp 1.078.342/PR, Rel. Min. Luiz Fux (*Informativo de Jurisprudência do STJ* n.º 422). Frise-se que o art. 1.º, § 2.º, da Lei n.º 12.016/2009 dispõe: "Não cabe mandado de segurança contra os atos de gestão comercial praticados pelos administradores de empresas públicas, de sociedade de economia mista e de concessionárias de serviço público."

(Lei 8.666/1993). Após, aproximadamente, 18 anos de espera, foi elaborado o estatuto jurídico das estatais, que dispõe, inclusive, sobre licitações e contratos.

Ao regulamentar o art. 173, § 1.º, da CRFB, alterado pela EC 19/1998, a Lei 13.303/2016 (Lei das Estatais) estabeleceu normas de licitações e contratos para empresas públicas, sociedades de economia mista e suas subsidiárias, exploradoras de atividades econômicas, ainda que em regime de monopólio, e prestadoras de serviços públicos. Em âmbito federal, o Decreto 8.945/2016 regulamenta a Lei 13.303/2016.

Verifica-se que a Lei 13.303/2016 fixou normas homogêneas de licitação para toda e qualquer empresa estatal, sem distinção entre o tipo de objeto prestado: serviço público e/ou atividade econômica. O regime jurídico das licitações nas estatais foi claramente inspirado nos regimes previstos na Lei 10.520/2002 (pregão) e na Lei 12.462/2011 (Regime Diferenciado de Contratações Públicas – RDC).

Entendemos que a Lei das Estatais extrapolou os limites fixados na Constituição, pois, em vez de tratar apenas das estatais econômicas que atuam em regime de concorrência, englobou, também, as estatais que atuam em regime de monopólio e as que prestam serviços públicos.

Ora, a Lei das Estatais regulamenta o art. 173, § 1.º, da CRFB, que dispõe sobre as estatais econômicas e está inserido no Capítulo I do Título VII da Constituição ("princípios gerais da atividade econômica"). A referida norma constitucional, no campo das contratações, remeteu ao legislador ordinário a tarefa de elaborar o estatuto jurídico das empresas estatais exploradoras de atividade econômica que deveria dispor, entre outros temas, sobre "licitação e contratação de obras, serviços, compras e alienações, observados os princípios da administração pública". O objetivo foi estabelecer regime distinto daquele aplicado às demais entidades da Administração Pública, na forma dos arts. 21, XXVII, e 37, XXI, da CRFB.

É verdade que há uma dificuldade cada vez maior em identificar e caracterizar, nos objetivos sociais das diversas empresas estatais, as respectivas atividades como serviços públicos ou atividades econômicas, sem olvidar a existência de estatais que prestam as duas atividades. Aliás, a dificuldade, por vezes, encontra-se na própria conceituação do serviço público, que também pode ser considerado, ao lado da atividade econômica em sentido estrito, espécie de atividade econômica em sentido lato.

Contudo, não nos parece adequada a fixação de normas homogêneas para toda e qualquer empresa estatal, independentemente da atividade desenvolvida (atividade econômica ou serviço público) e do regime de sua prestação (exclusividade, monopólio ou concorrência).

A ausência de assimetria normativa no tratamento da licitação entre as diversas estatais, a partir das respectivas atividades desenvolvidas, pode ser questionada sobre diversos aspectos.

Em primeiro lugar, os Tribunais Superiores, o TCU e parcela da doutrina sempre apresentaram distinções quanto ao regime jurídico das estatais a partir da atividade desenvolvida, aproximando, com maior intensidade, o regime das estatais econômicas, que atuam em regime de concorrência no mercado, ao regime das demais empresas privadas.

No campo das licitações, o entendimento tradicional também sustentava a necessidade do tratamento diferenciado entre as estatais a partir dos respectivos objetos sociais. Enquanto as empresas estatais prestadoras de serviços públicos seriam tratadas como as demais entidades da Administração Pública Direta e Indireta, submetendo-se à Lei 8.666/1993 e legislação correlata, as estatais econômicas estariam autorizadas a celebrar contratações diretas para exploração de suas atividades econômicas (atividades finalísticas), aplicando-se às demais contratações (atividades instrumentais) as normas de licitação existentes até o advento do regime próprio exigido pela Constituição (ex.: a Petrobras Distribuidora S.A. – BR não precisa realizar licitação para o transporte de combustíveis, tendo em vista tratar-se de desempenho de atividade-fim, mas a licitação é necessária para aquisição de material de almoxarifado).[40]

A mencionada assimetria no tocante às licitações era justificada em razão da necessidade de maior celeridade na exploração das atividades econômicas, uma vez que as referidas estatais, ao contrário das demais entidades administrativas, concorrem com empresas privadas que, por sua vez, não se submetem às regras da licitação.

Em resumo, a distinção relativa ao objeto da estatal influencia decisivamente no respectivo regime licitatório. Enquanto a atividade econômica encontra-se submetida ao princípio da livre concorrência, a prestação do serviço público é de titularidade estatal.

---

[40] A tese foi sustentada nas edições anteriores deste livro. No mesmo sentido: CARVALHO FILHO, José dos Santos. *Manual de direito administrativo*. 22. ed. Rio de Janeiro: Lumen Juris, 2009. p. 229; BANDEIRA DE MELLO, Celso Antônio. *Curso de direito administrativo*. 21. ed. São Paulo: Malheiros, 2006. p. 514; JUSTEN FILHO, Marçal. *Comentários à Lei de Licitações e Contratos Administrativos*. 9. ed. São Paulo: Dialética, 2002. p. 24-26; FURTADO, Lucas Rocha. *Curso de licitações e contratos administrativos*. Belo Horizonte: Fórum, 2007. p. 431-438; TCU, Plenário, Acórdão 121/1998, Rel. Min. Iram Saraiva, *DOU* 04.09.1998. Note-se, contudo, que alguns autores criticam a distinção entre atividade-fim e atividade-meio por ser de difícil operacionalização. Segunda essa visão doutrinária, as estatais competitivas não se submetem à Lei 8.666/1993 (SUNDFELD, Carlos Ari; SOUZA, Rodrigo Pagani de. Licitação nas estatais: levando a natureza empresarial a sério. *RDA*, n. 245, maio 2007).

Não se pode desconsiderar, contudo, que, mesmo na prestação de serviços públicos, a Administração deve promover a concorrência, na forma do art. 16 da Lei 8.987/1995, o que poderia justificar a submissão às regras diferenciadas de licitação.

O que não parece razoável é a fixação de normas homogêneas de licitação para toda e qualquer empresa estatal, independentemente da atividade desenvolvida (atividade econômica ou serviço público) e do regime de sua prestação (exclusividade, monopólio ou concorrência).

É preciso levar a sério a personalidade jurídica de direito privado e a atuação concorrencial por parte das estatais. Assim como as pessoas jurídicas de direito privado não devem ser submetidas ao idêntico tratamento dispensado às pessoas jurídicas de direito público da Administração Direta e Indireta, não seria prudente fixar o mesmo tratamento jurídico para pessoas jurídicas de direito privado que atuam em exclusividade (ou monopólio) e em regime concorrencial.

A possível solução é a interpretação conforme a Constituição da Lei 13.303/2016 para que as suas normas de licitação sejam aplicadas às empresas estatais que exploram atividades econômicas *lato sensu* em regime concorrencial, excluindo-se da sua incidência as estatais que atuam em regime de monopólio e na prestação de serviços públicos em regime de exclusividade.[41]

Cabe ressaltar que a Lei 13.303/2016 entrou em vigor na data da sua publicação, que ocorreu no dia 01.07.2016 (art. 97 da Lei), mas as estatais já existentes terão o prazo de 24 meses para promoção das adaptações necessárias à adequação ao disposto na nova Lei, e durante esse prazo as licitações e os contratos continuarão regidos pela legislação anterior (art. 91, *caput* e § 3.º).

Destaque-se, ainda, que até o advento da Lei 13.303/2016, algumas estatais utilizavam procedimentos simplificados de licitação, previstos em regulamentos.

Os regulamentos deverão ser revistos para se adaptarem à nova legislação. No caso específico da Petrobras, o Decreto 2.745/1998, que estabelecia o regime simplificado de licitação, não poderá mais ser utilizado após a revogação da norma legal que lhe dava fundamento. Com

---

[41] Sobre o tema: OLIVEIRA, Rafael Carvalho Rezende. As licitações na Lei 13.303/2016 (Lei das Estatais): mais do mesmo? *Revista Colunistas de Direito do Estado*, n. 230, publicado em 09.08.2016; OLIVEIRA, Rafael Carvalho Rezende. *Curso de Direito Administrativo*, 5. ed., São Paulo: Método, 2017, p. 394/397. Para o aprofundamento do regime jurídico das empresas estatais, remetemos o leitor ao livro: OLIVEIRA, Rafael Carvalho Rezende. *Curso de Direito Administrativo*. 5. ed., São Paulo: Método, 2017.

efeito, o art. 67 da Lei 9.478/1997, que remetia ao decreto presidencial a definição do procedimento licitatório simplificado na Petrobras, foi revogado pelo art. 96, II, da Lei 13.303/2016.[42]

As principais características das licitações previstas na Lei 13.303/2016 são:

a) âmbito federativo (lei nacional): a Lei das Estatais contém normas gerais aplicáveis às estatais da União, Estados, DF e Municípios, na forma do art. 22, XXVII, da CRFB (art. 1.º da Lei 13.303/2016);

b) destinatários: não obstante as críticas apresentadas anteriormente, o Estatuto, em sua literalidade, incide sobre estatais, prestadora de atividades econômicas, em regime de concorrência ou monopólio, e de serviços públicos (art. 1.º da Lei 13.303/2016);

c) objeto dos contratos: a exigência de licitação aplica-se aos contratos de prestação de serviços, inclusive de engenharia e de publicidade, aquisição, locação de bens, alienação de bens e ativos integrantes do respectivo patrimônio ou execução de obras a serem integradas a esse patrimônio, bem como implementação de ônus real sobre tais bens, ressalvadas as hipóteses de contratação direta previstas na Lei das Estatais (art. 28 da Lei 13.303/2016);[43]

d) as licitações devem observar o tratamento diferenciado conferido às microempresas e empresas de pequeno porte pelos arts. 42 a 49 da LC 123/2006 (art. 28, § 1.º, da Lei 13.303/2016);

e) inaplicabilidade da licitação (licitação dispensada): e.1) comercialização, prestação ou execução, de forma direta, pelas empresas estatais, de produtos, serviços ou obras especificamente relacionados com seus respectivos objetos sociais (atividades finalísticas);[44] e e.2) casos em que a escolha do parceiro esteja associada a suas características particulares, vinculada a

---

[42] Conforme destacado nas edições anteriores desta obra, havia relevante discussão sobre a constitucionalidade do regime simplificado de licitação previsto no Decreto 2.745/1998, notadamente pela suposta violação ao princípio da legalidade. No sentido da inconstitucionalidade: JUSTEN FILHO, Marçal. *Comentários à Lei de Licitações e Contratos Administrativos*. 9. ed. São Paulo: Dialética, 2002. p. 26-27; BANDEIRA DE MELLO, Celso Antônio. *Curso de direito administrativo*. 21. ed. São Paulo: Malheiros, 2006. p. 506; TCU, Plenário, Acórdão 2.811/2012, Rel. Min. Raimundo Carreiro e Red. Min. Augusto Nardes, *DOU* 17.10.2012. No sentido da constitucionalidade: DALLARI, Adilson Abreu. Licitação nas empresas estatais. *RDA*, n. 229, p. 69-85, jul.-set. 2002; BINENBOJM, Gustavo. *Temas de direito administrativo e constitucional*. Rio de Janeiro: Renovar, 2008. p. 312-313; STF, 2.ª Turma, AC-MC-QO 1193/RJ, Rel. Min. Gilmar Mendes, DJ 30.06.2006, p. 18, *Informativo de Jurisprudência do STF* n. 426. Nas edições anteriores, sustentamos a constitucionalidade do Decreto 2.745/1998.

[43] As normas de licitações e contratos da Lei das Estatais são aplicáveis, também, aos convênios e contratos de patrocínio celebrados com pessoa física ou jurídica para promoção de atividades culturais, sociais, esportivas, educacionais e de inovação tecnológica, desde que comprovadamente vinculadas ao fortalecimento da marca da estatal (art. 27, § 3.º, e art. 28, § 2.º, da Lei 13.303/2016).

[44] O TCU decidiu que, embora as empresas estatais estejam dispensadas de licitar a prestação de serviços relacionados com seus respectivos objetos sociais (art. 28, § 3º, inciso I, da Lei 13.303/2016), devem conferir lisura e transparência a essas contratações, em atenção aos princípios que regem a atuação da Administração Pública, selecionando seus parceiros por meio de processo competitivo,

oportunidades de negócio definidas e específicas, justificada a inviabilidade de procedimento competitivo (art. 28, § 3.º, I e II, da Lei 13.303/2016). Aqui, a legislação ratifica o entendimento tradicional no sentido da inaplicabilidade da licitação para as atividades finalísticas das empresas estatais;[45]

f) licitação dispensável (art. 29 da Lei das Estatais), nos seguintes casos taxativos: f.1) para obras e serviços de engenharia de valor até R$ 100.000,00, desde que não se refiram a parcelas de uma mesma obra ou serviço ou ainda a obras e serviços de mesma natureza e no mesmo local que possam ser realizadas conjunta e concomitantemente; f.2) para outros serviços e compras de valor até R$ 50.000,00 e para alienações, nos casos previstos na Lei das Estatais, desde que não se refiram a parcelas de um mesmo serviço, compra ou alienação de maior vulto que possa ser realizado de uma só vez;[46] f.3) licitação deserta, quando, justificadamente, não puder ser repetida sem prejuízo para a estatal, desde que mantidas as condições preestabelecidas; f.4) quando as propostas apresentadas consignarem preços manifestamente superiores aos praticados no mercado nacional ou incompatíveis com os fixados pelos órgãos oficiais competentes; f.5) para a compra ou locação de imóvel destinado ao atendimento de suas finalidades precípuas, quando as necessidades de instalação e localização condicionarem a escolha do imóvel, desde que o preço seja compatível com o valor de mercado, segundo avaliação prévia; f.6) na contratação de remanescente de obra, de serviço ou de fornecimento, em consequência de rescisão contratual, desde que atendida a ordem de classificação da licitação anterior e aceitas as mesmas condições do contrato encerrado por rescisão ou distrato, inclusive quanto ao preço, devidamente corrigido;[47] f.7) na contratação de instituição brasileira incumbida regimental ou estatutariamente da pesquisa, do ensino ou do desenvolvimento institucional ou de instituição dedicada à recuperação social do preso, desde

---

isonômico, impessoal e transparente (Acórdão 2.033/2017 Plenário, Denúncia, Rel. Min. Benjamin Zymler, 13.09.2017, *Informativo de Jurisprudência sobre Licitações e Contratos do TCU* n. 331).

[45] De acordo com o art. 28, § 4.º, da Lei 13.303/2016, consideram-se oportunidades de negócio "a formação e a extinção de parcerias e outras formas associativas, societárias ou contratuais, a aquisição e a alienação de participação em sociedades e outras formas associativas, societárias ou contratuais e as operações realizadas no âmbito do mercado de capitais, respeitada a regulação pelo respectivo órgão competente".

[46] Os valores estabelecidos nos incisos I e II do art. 29 da Lei podem ser alterados, para refletir a variação de custos, por deliberação do Conselho de Administração da estatal, admitindo-se valores diferenciados para cada sociedade (art. 29, § 3.º, da Lei 13.303/2016). Em razão dos valores previstos no art. 29, I e II, da Lei 13.303/2016, deve ser considerado derrogado o § 1.º do art. 24 da Lei 8.666/1993 na parte relativa às estatais.

[47] Na hipótese de nenhum dos licitantes aceitar a contratação nas mesmas condições do contrato encerrado, a empresa estatal poderá convocar os licitantes remanescentes, na ordem de classificação, para a celebração do contrato nas condições ofertadas por estes, desde que o respectivo valor seja igual ou inferior ao orçamento estimado para a contratação, inclusive quanto aos preços atualizados nos termos do instrumento convocatório (art. 29, § 1.º, da Lei 13.303/2016).

que a contratada detenha inquestionável reputação ético-profissional e não tenha fins lucrativos; f.8) para a aquisição de componentes ou peças de origem nacional ou estrangeira necessários à manutenção de equipamentos durante o período de garantia técnica, junto ao fornecedor original desses equipamentos, quando tal condição de exclusividade for indispensável para a vigência da garantia; f.9) na contratação de associação de pessoas com deficiência física, sem fins lucrativos e de comprovada idoneidade, para a prestação de serviços ou fornecimento de mão de obra, desde que o preço contratado seja compatível com o praticado no mercado; f.10) na contratação de concessionário, permissionário ou autorizado para fornecimento ou suprimento de energia elétrica ou gás natural e de outras prestadoras de serviço público, segundo as normas da legislação específica, desde que o objeto do contrato tenha pertinência com o serviço público; f.11) nas contratações entre empresas públicas ou sociedades de economia mista e suas respectivas subsidiárias, para aquisição ou alienação de bens e prestação ou obtenção de serviços, desde que os preços sejam compatíveis com os praticados no mercado e que o objeto do contrato tenha relação com a atividade da contratada prevista em seu estatuto social; f.12) na contratação de coleta, processamento e comercialização de resíduos sólidos urbanos recicláveis ou reutilizáveis, em áreas com sistema de coleta seletiva de lixo, efetuados por associações ou cooperativas formadas exclusivamente por pessoas físicas de baixa renda que tenham como ocupação econômica a coleta de materiais recicláveis, com o uso de equipamentos compatíveis com as normas técnicas, ambientais e de saúde pública; f.13) para o fornecimento de bens e serviços, produzidos ou prestados no País, que envolvam, cumulativamente, alta complexidade tecnológica e defesa nacional, mediante parecer de comissão especialmente designada pelo dirigente máximo da empresa pública ou da sociedade de economia mista; f.14) nas contratações visando ao cumprimento do disposto nos arts. 3.º, 4.º, 5.º e 20 da Lei 10.973/2004, observados os princípios gerais de contratação dela constantes; f.15) em situações de emergência, quando caracterizada urgência de atendimento de situação que possa ocasionar prejuízo ou comprometer a segurança de pessoas, obras, serviços, equipamentos e outros bens, públicos ou particulares, e somente para os bens necessários ao atendimento da situação emergencial e para as parcelas de obras e serviços que possam ser concluídos no prazo máximo de 180 dias consecutivos e ininterruptos, contado da ocorrência da emergência, vedada a prorrogação dos respectivos contratos;[48] f.16) na transferência de bens a órgãos e entidades da Administração Pública, inclusive quando efetivada mediante permuta; f.17)

---

[48] No caso de contratação emergencial, sem licitação, deverá ser promovida a responsabilização de quem, por ação ou omissão, tenha dado causa a situação emergencial, inclusive no tocante à improbidade administrativa (art. 29, § 2.º, da Lei 13.303/2016).

na doação de bens móveis para fins e usos de interesse social, após avaliação de sua oportunidade e conveniência socioeconômica relativamente à escolha de outra forma de alienação; e f.18) na compra e venda de ações, de títulos de crédito e de dívida e de bens que produzam ou comercializem;

g) licitação inexigível ou "contratação direta" (art. 30 da Lei das Estatais), quando houver inviabilidade de competição, nos casos seguintes exemplificativos:[49] g.1) aquisição de materiais, equipamentos ou gêneros que só possam ser fornecidos por produtor, empresa ou representante comercial exclusivo; g.2) contratação dos seguintes serviços técnicos especializados, com profissionais ou empresas de notória especialização,[50] vedada a inexigibilidade para serviços de publicidade e divulgação: (i) estudos técnicos, planejamentos e projetos básicos ou executivos; (ii) pareceres, perícias e avaliações em geral; (iii) assessorias ou consultorias técnicas e auditorias financeiras ou tributárias; (iv) fiscalização, supervisão ou gerenciamento de obras ou serviços; (v) patrocínio ou defesa de causas judiciais ou administrativas; (vi) treinamento e aperfeiçoamento de pessoal; (vii) restauração de obras de arte e bens de valor histórico;[51]

h) nos casos de dispensa ou inexigibilidade (contratação direta) de licitação, o processo será instruído, no que couber, com os seguintes dados: h.1) caracterização da situação emergencial ou calamitosa que justifique a dispensa, quando for o caso; h.2) razão da escolha do fornecedor ou do executante; h.3) justificativa do preço (art. 30, § 3.º, da Lei 13.303/2016). Na hipótese de comprovação, pelo órgão de controle externo, de sobrepreço ou superfaturamento, respondem solidariamente pelo dano causado quem houver decidido pela contratação direta e o fornecedor ou o prestador de serviços (art. 30, § 2.º, da Lei 13.303/2016);

i) fundamentos e princípios: as licitações destinam-se a assegurar a seleção da proposta mais vantajosa, inclusive no que se refere ao ciclo de vida do objeto, e a evitar operações em que se caracterize sobrepreço ou superfaturamento, devendo observar os princípios da impessoalidade, da moralidade, da igualdade, da publicidade, da eficiência, da probidade administrativa, da

---

[49] Entendemos que o legislador deveria ter utilizado a nomenclatura "licitação inexigível" ou "inexigibilidade de licitação", consagrada em outros diplomas legislativos. Isso porque a expressão "contratação direta" envolveria toda e qualquer contratação sem licitação prévia, abarcando, por isso, também os casos de dispensa.

[50] De acordo com o art. 30, § 1.º, da Lei 13.303/2016: "Considera-se de notória especialização o profissional ou a empresa cujo conceito no campo de sua especialidade, decorrente de desempenho anterior, estudos, experiência, publicações, organização, aparelhamento, equipe técnica ou outros requisitos relacionados com suas atividades, permita inferir que o seu trabalho é essencial e indiscutivelmente o mais adequado à plena satisfação do objeto do contrato".

[51] Os serviços técnicos enumerados no art. 30 da Lei das Estatais devem ser considerados, em nossa opinião, exemplificativos, tendo em vista os mesmos argumentos que são normalmente apresentados para se considerar também exemplificativo o rol de serviços técnicos do art. 13 da Lei 8.666/1993.

economicidade, do desenvolvimento nacional sustentável, da vinculação ao instrumento convocatório, da obtenção de competitividade e do julgamento objetivo (art. 31 da Lei 13.303/2016);

j) Procedimento de Manifestação de Interesse (PMI): possibilidade de adoção do procedimento de manifestação de interesse privado para o recebimento de propostas e projetos de empreendimentos com o intuito de atender necessidades previamente identificadas, cabendo a regulamento a definição de suas regras específicas (art. 31, § 4.º, da Lei 13.303/2016). Nesse caso, o autor ou financiador do projeto poderá participar da licitação para a execução do empreendimento, podendo ser ressarcido pelos custos aprovados pela estatal caso não vença o certame, desde que seja promovida a cessão de direitos patrimoniais e autorais do projeto (art. 31, § 5.º, da Lei 13.303/2016);

k) Diretrizes (art. 32 da Lei 13.303/2016): k.1) padronização do objeto da contratação, dos instrumentos convocatórios e das minutas de contratos; k.2) busca da maior vantagem competitiva para a estatal, considerando custos e benefícios, diretos e indiretos, de natureza econômica, social ou ambiental, inclusive os relativos à manutenção, ao desfazimento de bens e resíduos, ao índice de depreciação econômica e a outros fatores de igual relevância; k.3) parcelamento do objeto, visando ampliar a participação de licitantes, sem perda de economia de escala, e desde que não atinja valores inferiores aos limites estabelecidos para dispensa (art. 29, I e II, da Lei); k.4) adoção preferencial do pregão para a aquisição de bens e serviços comuns; k.5) observação da política de integridade nas transações com partes interessadas;

l) função regulatória da licitação que deve respeitar (art. 32, § 1.º, da Lei 13.303/2016): l.1) disposição final ambientalmente adequada dos resíduos sólidos gerados pelas obras contratadas; l.2) mitigação dos danos ambientais por meio de medidas condicionantes e de compensação ambiental, que serão definidas no procedimento de licenciamento ambiental; l.3) utilização de produtos, equipamentos e serviços que, comprovadamente, reduzam o consumo de energia e de recursos naturais; l.4) avaliação de impactos de vizinhança; l.5) proteção do patrimônio cultural, histórico, arqueológico e imaterial, inclusive por meio da avaliação do impacto direto ou indireto causado por investimentos realizados por estatais; l.6) acessibilidade para pessoas com deficiência ou com mobilidade reduzida. Caso se verifique potencial impacto negativo sobre bens tombados, a contratação dependerá de autorização da esfera de governo encarregada da proteção do respectivo patrimônio, devendo o impacto ser compensado (art. 32, § 2.º, da Lei 13.303/2016);

m) sigilo do orçamento: o valor estimado do contrato será sigiloso, salvo para os órgãos de controle, facultando-se à contratante, mediante justificação na fase de preparação, conferir publicidade ao valor estimado do objeto da licitação sem prejuízo da divulgação do detalhamento dos quantitativos e das demais informações necessárias para a elaboração das propostas (art. 34, *caput* e § 3.º, da Lei 13.303/2016);[52]

n) sociedades impedidas de participar de licitação promovida por estatais (art. 38 da Lei 13.303/2016): n.1) sociedade cujo administrador ou sócio detentor de mais de 5% do capital social seja diretor ou empregado da estatal; n.2) suspensa pela estatal; n.3) declarada inidônea pelo ente federado a que está vinculada a estatal, enquanto perdurarem os efeitos da sanção; n.4) constituída por sócio de empresa que estiver suspensa, impedida ou declarada inidônea; n.5) cujo administrador seja sócio de empresa suspensa, impedida ou declarada inidônea; n.6) constituída por sócio que tenha sido sócio ou administrador de empresa suspensa, impedida ou declarada inidônea, no período dos fatos que deram ensejo à sanção; n.7) cujo administrador tenha sido sócio ou administrador de empresa suspensa, impedida ou declarada inidônea, no período dos fatos que deram ensejo à sanção; n.8) que tiver, nos seus quadros de diretoria, pessoa que participou, em razão de vínculo de mesma natureza, de empresa declarada inidônea.[53]

Nas contratações para obras e serviços, a Lei 13.303/2016 prevê os seguintes regimes:

a) empreitada por preço unitário, nos casos em que os objetos, por sua natureza, possuam imprecisão inerente de quantitativos em seus itens orçamentários;

b) empreitada por preço global, quando for possível definir previamente no projeto básico, com boa margem de precisão, as quantidades dos serviços a serem posteriormente executados na fase contratual;

c) contratação por tarefa, em contratações de profissionais autônomos ou de pequenas empresas para realização de serviços técnicos comuns e de curta duração;

d) empreitada integral, nos casos em que o contratante necessite receber o empreendimento, normalmente de alta complexidade, em condição de operação imediata;

---

[52] O sigilo do orçamento não se aplica às licitações que adotarem o critério de julgamento "maior desconto", quando o valor estimado será informado no instrumento convocatório, bem como no julgamento "melhor técnica", em que o valor do prêmio ou remuneração será incluído no edital (art. 34, §§ 1.º e 2.º, da Lei 13.303/2016).

[53] O impedimento para participar de licitações das estatais também se aplica aos seguintes casos: a) à contratação do próprio empregado ou dirigente, como pessoa física, bem como à participação dele em procedimentos licitatórios, na condição de licitante; b) a quem tenha relação de parentesco, até o terceiro grau civil, com: b.1) dirigente de estatal; b.2) empregado de estatal cujas atribuições envolvam a atuação na área responsável pela licitação ou contratação; b.3) autoridade do ente público a que a estatal esteja vinculada; c) cujo proprietário, mesmo na condição de sócio, tenha terminado seu prazo de gestão ou rompido seu vínculo com a respectiva estatal promotora da licitação ou contratante há menos de 6 meses (art. 38, parágrafo único, da Lei 13.303/2016).

e) contratação semi-integrada, quando for possível definir previamente no projeto básico as quantidades dos serviços a serem posteriormente executados na fase contratual, em obra ou serviço de engenharia que possa ser executado com diferentes metodologias ou tecnologias;

f) contratação integrada, quando a obra ou o serviço de engenharia for de natureza predominantemente intelectual e de inovação tecnológica do objeto licitado ou puder ser executado com diferentes metodologias ou tecnologias de domínio restrito no mercado.[54]

A contratação integrada é a única hipótese em que a licitação não será precedida de projeto básico, mas é necessária a elaboração de anteprojeto de engenharia, com elementos técnicos que permitam a caracterização da obra ou do serviço e a elaboração e comparação, de forma isonômica, das propostas a serem ofertadas pelos particulares (art. 42, § 1.º, I, *a*, e 43, § 1.º, da Lei). A execução de obras e serviços de engenharia, em qualquer caso, exige projeto executivo (art. 43, § 2.º, da Lei).

Não podem participar, direta ou indiretamente, das licitações para obras e serviços de engenharia (art. 44 da Lei das Estatais): a) pessoa física ou jurídica que tenha elaborado o anteprojeto ou o projeto básico da licitação; b) pessoa jurídica que participar de consórcio responsável pela elaboração do anteprojeto ou do projeto básico da licitação; c) pessoa jurídica da qual o autor do anteprojeto ou do projeto básico da licitação seja administrador, controlador, gerente, responsável técnico, subcontratado ou sócio, neste último caso quando a participação superar 5% do capital votante.[55]

Na contratação de obras e serviços, inclusive de engenharia, poderá ser estabelecida remuneração variável vinculada ao desempenho do contratado, com base em metas, padrões de qualidade, critérios de sustentabilidade ambiental e prazos de entrega definidos no instrumento convocatório e no contrato (art. 45 da Lei das Estatais).

É possível a divisão do objeto contratado, mediante justificativa expressa e desde que não implique perda de economia de escala, com a celebração

---

[54] A contratação semi-integrada envolve a elaboração e o desenvolvimento do projeto executivo, a execução de obras e serviços de engenharia, a montagem, a realização de testes, a pré-operação e as demais operações necessárias e suficientes para a entrega final do objeto (art. 42, V, da Lei das Estatais). A contratação integrada envolve a elaboração e o desenvolvimento dos projetos básico e executivo, a execução de obras e serviços de engenharia, a montagem, a realização de testes, a pré-operação e as demais operações necessárias e suficientes para a entrega final do objeto (art. 42, VI, da Lei das Estatais). A contratação semi-integrada será utilizada preferencialmente para obras e serviços de engenharias contratados por estatais, salvo se a estatal justificar a adoção de outro regime de execução (art. 42, § 4.º).

[55] As duas últimas vedações (*b* e *c*) não impedem que a pessoa física ou jurídica participe, como consultor ou técnico, nas funções de fiscalização, supervisão ou gerenciamento, exclusivamente a serviço da estatal interessada (art. 44, § 2.º, da Lei).

Cap. VII – EMPRESAS ESTATAIS: EMPRESAS PÚBLICAS E SOCIEDADES DE ECONOMIA MISTA **181**

de mais de um contrato para executar serviço de mesma natureza quando o objeto puder ser executado de forma concorrente e simultânea por mais de um contratado (art. 46 da Lei das Estatais).

Na contratação que tenha por objeto a aquisição de bens pelas estatais, as licitações poderão: a) indicar marca ou modelo, nas seguintes hipóteses: a.1) em decorrência da necessidade de padronização do objeto; a.2) quando determinada marca ou modelo comercializado por mais de um fornecedor constituir o único capaz de atender o objeto do contrato; a.3) quando for necessária, para compreensão do objeto, a identificação de determinada marca ou modelo apto a servir como referência, situação em que será obrigatório o acréscimo da expressão "ou similar ou de melhor qualidade"; b) exigir amostra do bem no procedimento de pré-qualificação e na fase de julgamento das propostas ou de lances, desde que justificada a necessidade de sua apresentação; c) solicitar a certificação da qualidade do produto ou do processo de fabricação, inclusive sob o aspecto ambiental, por instituição previamente credenciada. Além disso, o edital poderá exigir, como condição de aceitabilidade da proposta, a adequação às normas da Associação Brasileira de Normas Técnicas (ABNT) ou a certificação da qualidade do produto por instituição credenciada pelo Sistema Nacional de Metrologia, Normalização e Qualidade Industrial (Sinmetro) (art. 47, *caput* e parágrafo único, da Lei das Estatais).

Na alienação de bens, as estatais deverão efetuar (i) a avaliação formal do bem contemplado e (ii) a licitação (art. 49 da Lei das Estatais).[56]

As licitações realizadas pelas estatais, independentemente do objeto a ser contratado, observarão a seguinte sequência de fases (art. 51 da Lei das Estatais): a) preparação; b) divulgação; c) apresentação de lances ou propostas, conforme o modo de disputa adotado; d) julgamento; e) verificação de efetividade dos lances ou propostas; f) negociação; g) habilitação; h) interposição de recursos; i) adjudicação do objeto; j) homologação do resultado ou revogação do procedimento.

O procedimento segue a tendência já consagrada na legislação do pregão e em outras normas específicas, com a realização da habilitação após o julgamento.

---

[56] A avaliação formal não é necessária em dois casos que envolvem, inclusive, dispensa de licitação: a) transferência de bens a órgãos e entidades da Administração, inclusive quando efetivada mediante permuta; e b) compra e venda de ações, de títulos de crédito e de dívida e de bens que produzam ou comercializem. A licitação para alienação de bens das estatais não é exigida nos casos em que a licitação é dispensada pela própria Lei, na forma do art. 28, § 3.º, da Lei das Estatais. As regras para alienação e os casos de dispensa e inexigibilidade de licitação são aplicáveis à atribuição de ônus real a bens integrantes do acervo patrimonial de estatais (art. 50 da Lei das Estatais).

Todavia, a habilitação poderá, excepcionalmente, anteceder a fase de apresentação de lances e as fases subsequentes, desde que expressamente prevista no instrumento convocatório (art. 51, § 1.º, da Lei).

Ainda inspirada na legislação do pregão, a Lei das Estatais dispõe que o procedimento deverá ser preferencialmente eletrônico, com divulgação dos avisos dos resumos dos editais e dos contratos no Diário Oficial do ente federado e na internet (art. 51, § 2.º, da Lei).

Nas licitações das estatais, poderão ser adotados os modos de disputa aberto, inclusive com a admissão de lances intermediários, ou fechado (arts. 52 e 53 da Lei 13.303/2016).[57]

Na etapa de julgamento, a estatal não levará em consideração vantagens não previstas no instrumento convocatório e os critérios de julgamento (tipos de licitação) que poderão ser utilizados são: a) menor preço; b) maior desconto;[58] c) melhor combinação de técnica e preço;[59] d) melhor técnica; e) melhor conteúdo artístico; f) maior oferta de preço; g) maior retorno econômico;[60] h) melhor destinação de bens alienados[61] (art. 54, *caput* e § 3.º, da Lei).

Em caso de empate, serão utilizados, nesta ordem, os seguintes critérios de desempate (art. 55 da Lei): a) disputa final, em que os licitantes empatados poderão apresentar nova proposta fechada, em ato contínuo ao encerramento da etapa de julgamento; b) avaliação do desempenho contratual prévio dos licitantes, desde que exista sistema objetivo de avaliação instituído; c) os critérios estabelecidos no art. 3.º da Lei 8.248/1991 e no § 2.º do art. 3.º da Lei 8.666/1993; e d) sorteio.

Após o julgamento dos lances ou propostas, será promovida a sua efetividade, que poderá se restringir aos que tiverem melhor classificação,

---

[57] Consideram-se intermediários os lances: a) iguais ou inferiores ao maior já ofertado, quando adotado o julgamento pelo critério da maior oferta; e b) iguais ou superiores ao menor já ofertado, quando adotados os demais critérios de julgamento (art. 53, parágrafo único, da Lei).

[58] O critério "maior desconto" terá como referência o preço global fixado no instrumento convocatório, estendendo-se o desconto oferecido nas propostas ou lances vencedores a eventuais termos aditivos. No caso de obras e serviços de engenharia, o desconto incidirá de forma linear sobre a totalidade dos itens constantes do orçamento estimado, que deverá obrigatoriamente integrar o instrumento convocatório (art. 54, § 4.º, da Lei).

[59] Nesse critério de julgamento, a avaliação das propostas técnicas e de preço considerará o percentual de ponderação mais relevante, limitado a 70% (art. 54, § 5.º, da Lei).

[60] No critério "maior retorno econômico", os lances ou propostas terão o objetivo de proporcionar economia à estatal, por meio da redução de suas despesas correntes, remunerando-se o licitante vencedor com base em percentual da economia de recursos gerada (art. 54, § 6.º, da Lei).

[61] Nesse último critério de julgamento, será obrigatoriamente considerada, nos termos do respectivo instrumento convocatório, a repercussão, no meio social, da finalidade para cujo atendimento o bem será utilizado pelo adquirente. O descumprimento dessa finalidade resultará na imediata restituição do bem alcançado ao acervo patrimonial da estatal, vedado o pagamento de indenização em favor do adquirente (art. 54, §§ 7.º e 8.º, da Lei).

Cap. VII – EMPRESAS ESTATAIS: EMPRESAS PÚBLICAS E SOCIEDADES DE ECONOMIA MISTA

promovendo-se a desclassificação daqueles que: a) contenham vícios insanáveis; b) descumpram especificações técnicas constantes do instrumento convocatório; c) apresentem preços manifestamente inexequíveis; d) se encontrem acima do orçamento estimado para a contratação; e) não tenham sua exequibilidade demonstrada, quando exigida pela estatal; f) apresentem desconformidade com outras exigências do instrumento convocatório, salvo se for possível a acomodação a seus termos antes da adjudicação do objeto e sem que se prejudique a atribuição de tratamento isonômico entre os licitantes (art. 56, *caput* e § 1.º, da Lei).

Confirmada a efetividade do lance ou proposta mais bem classificada, inicia-se a fase de negociação de condições mais vantajosas (art. 57 da Lei das Estatais). Caso o preço do primeiro colocado permaneça acima do orçamento estimado, a estatal deverá negociar com os demais licitantes, observada a ordem de classificação, e, se não for obtido preço igual ou inferior ao referido orçamento, a licitação será revogada (art. 57, §§ 1.º e 3.º, da Lei).

Na etapa seguinte, a estatal verificará a habilitação do primeiro colocado a partir dos seguintes parâmetros: a) exigência da apresentação de documentos aptos a comprovar a possibilidade da aquisição de direitos e da contração de obrigações por parte do licitante; b) qualificação técnica, restrita a parcelas do objeto técnica ou economicamente relevantes, de acordo com parâmetros estabelecidos de forma expressa no instrumento convocatório; c) capacidade econômica e financeira; d) recolhimento de quantia a título de adiantamento, tratando-se de licitações em que se utilize como critério de julgamento a maior oferta de preço (art. 58 da Lei).[62]

O procedimento licitatório possui, em regra, fase recursal única, e o recurso, que poderá discutir questões relacionadas à habilitação, ao julgamento e à efetividade dos lances e propostas, será interposto no prazo de cinco dias úteis após a habilitação (art. 59, § 1.º, da Lei). Excepcionalmente, quando houver a inversão de fases, com a realização da habilitação anterior à etapa de julgamento, serão admitidos recursos após a habilitação e a verificação da efetividade dos lances ou propostas (art. 59, § 2.º, da Lei).

A homologação do resultado acarreta o direito do licitante vencedor à celebração do contrato, sendo vedada a celebração de contrato com preterição da ordem de classificação ou com pessoas estranhas à licitação (arts. 60 e 61 da Lei).

---

[62] Quando o critério de julgamento utilizado for a maior oferta de preço, os requisitos de qualificação técnica e de capacidade econômica e financeira poderão ser dispensados. Nesse caso, reverterá a favor da estatal o valor de quantia eventualmente exigida no instrumento convocatório a título de adiantamento, caso o licitante não efetue o restante do pagamento devido no prazo para tanto estipulado (art. 58, §§ 1.º e 2.º, da Lei).

Admite-se a revogação da licitação por razões de interesse público decorrentes de fato superveniente que constitua óbice manifesto e incontornável (art. 62 da Lei).[63]

Na hipótese de ilegalidade, quando não for possível a convalidação, a licitação será anulada pela estatal de ofício ou por provocação de terceiros (art. 62 da Lei).

A nulidade da licitação ou do procedimento de contratação direta induz à do contrato e não gera obrigação de indenizar (art. 62, §§ 1.º, 2.º e 4.º, da Lei).

Entendemos que a nulidade decretada no curso da execução do contrato não pode afastar o dever de indenização por tudo aquilo que foi executado até aquele momento, salvo comprovada má-fé da contratada, tendo em vista a presunção de boa-fé e a vedação do enriquecimento sem causa.

A revogação e a anulação efetivadas após a fase de apresentação de lances ou propostas deverão ser precedidas do contraditório e da ampla defesa (art. 62, § 3.º, da Lei).

O art. 63 da Lei das Estatais prevê os seguintes procedimentos auxiliares das licitações: a) pré-qualificação permanente; b) cadastramento; c) sistema de registro de preços; e d) catálogo eletrônico de padronização.

O procedimento de pré-qualificação, com prazo de validade de até um ano, será público e permanentemente aberto à inscrição de qualquer interessado, com o objetivo de identificar (a) fornecedores que reúnam condições de habilitação exigidas para o fornecimento de bem ou a execução de serviço ou obra nos prazos, nos locais e nas condições previamente estabelecidos; e (b) bens que atendam às exigências técnicas e de qualidade da Administração (art. 64, *caput* e §§ 1.º e 5.º, da Lei).

A estatal poderá restringir a participação em suas licitações a fornecedores ou produtos pré-qualificados, nas condições estabelecidas em regulamento (art. 64, § 2.º, da Lei).

A pré-qualificação poderá ser efetuada nos grupos ou segmentos, segundo as especialidades dos fornecedores, bem como poderá ser parcial ou total, contendo alguns ou todos os requisitos de habilitação ou técnicos necessários à contratação, assegurada, em qualquer hipótese, a igualdade de condições entre os concorrentes (art. 64, §§ 3.º e 4.º, da Lei).

No tocante ao cadastramento, os registros cadastrais poderão ser mantidos para efeito de habilitação dos inscritos em procedimentos licitatórios e

---

[63] A revogação também é possível quando a proposta apresentada, mesmo após a fase de negociação, for superior ao valor do orçamento estimado (art. 57, § 3.º), bem como na hipótese em que o licitante vencedor convocado pela estatal não assinar o termo de contrato no prazo e nas condições estabelecidos (art. 75, § 2.º, II, da Lei).

Cap. VII – EMPRESAS ESTATAIS: EMPRESAS PÚBLICAS E SOCIEDADES DE ECONOMIA MISTA **185**

serão válidos por um ano, no máximo, podendo ser atualizados a qualquer tempo (art. 65 da Lei).

Os registros cadastrais serão amplamente divulgados e ficarão permanentemente abertos para a inscrição de interessados que serão admitidos segundo requisitos previstos em regulamento (art. 65, §§ 1.º e 2.º da Lei).

No registro cadastral, será anotada a atuação do licitante no cumprimento das obrigações assumidas, admitindo-se a alteração, a suspensão ou o cancelamento, a qualquer tempo, do registro do inscrito que deixar de satisfazer as exigências estabelecidas para habilitação ou para admissão cadastral (art. 65, §§ 3.º e 4.º, da Lei).

Quanto ao Registro de Preços, que será regulado por decreto do Poder Executivo, o procedimento deverá respeitar as seguintes disposições (art. 66, *caput*, §§ 1.º, 2.º e 3.º, da Lei): a) possibilidade de adesão ao registro de qualquer estatal, independentemente da atividade desenvolvida; b) realização prévia de ampla pesquisa de mercado; c) seleção de acordo com os procedimentos previstos em regulamento; d) rotina de controle e atualização periódicos dos preços registrados; e) definição da validade do registro; f) inclusão, na respectiva ata, do registro dos licitantes que aceitarem cotar os bens ou serviços com preços iguais aos do licitante vencedor na sequência da classificação do certame, assim como dos licitantes que mantiverem suas propostas originais; g) a existência de preços registrados não obriga a estatal a firmar os contratos que deles poderão advir, sendo facultada a realização de licitação específica, assegurada ao licitante registrado preferência em igualdade de condições.

Por fim, o catálogo eletrônico de padronização de compras, serviços e obras, que poderá ser utilizado nas licitações com critério de julgamento menor preço ou maior desconto, consiste em sistema informatizado, de gerenciamento centralizado, destinado a permitir a padronização dos itens a serem adquiridos pela estatal que estarão disponíveis para a realização de licitação (art. 67, *caput* e parágrafo único, da Lei).

7.8.2. Contratos das empresas estatais

A Lei 13.303/2016 (Lei das Estatais) estabelece as normas aplicáveis aos contratos celebrados por empresas públicas e sociedades de economia mista que, independentemente do objeto, possuem as seguintes características:[64]

---

[64] As características das licitações promovidas por empresas estatais foram abordadas nos itens 1.7.2.1 e 1.7.2.2.

a) os contratos são regulados por suas cláusulas, pela Lei 13.303/2016 e pelos preceitos de direito privado, o que denota a caracterização como contratos privados da Administração Pública (art. 68 da Lei das Estatais). Entendemos, contudo, que os contratos celebrados por empresas estatais que tenham por objeto a prestação de serviços públicos deveriam ser considerados contratos administrativos, conforme destacado no item 18.3, com a aplicação do regime público no tocante à execução do serviço público;

b) são cláusulas necessárias (art. 69 da Lei): b.1) o objeto e seus elementos característicos; b.2) o regime de execução ou a forma de fornecimento; b.3) o preço e as condições de pagamento, os critérios, a data-base e a periodicidade do reajustamento de preços e os critérios de atualização monetária entre a data do adimplemento das obrigações e a do efetivo pagamento; b.4) os prazos de início de cada etapa de execução, de conclusão, de entrega, de observação, quando for o caso, e de recebimento; b.5) as garantias oferecidas para assegurar a plena execução do objeto contratual, quando exigidas; b.6) os direitos e as responsabilidades das partes, as tipificações das infrações e as respectivas penalidades e valores das multas; b.7) os casos de rescisão do contrato e os mecanismos para alteração de seus termos; b.8) a vinculação ao instrumento convocatório da respectiva licitação ou ao termo de dispensas ou inexigibilidade, bem como ao lance ou proposta do licitante vencedor; b.9) a obrigação do contratado de manter, durante a execução do contrato, em compatibilidade com as obrigações por ele assumidas, as condições de habilitação e qualificação exigidas no curso do procedimento licitatório; b.10) matriz de riscos;

c) possibilidade de exigência de prestação de garantia nas contratações de obras, serviços e compras, cabendo ao contratado optar por uma das seguintes modalidades: caução em dinheiro, seguro-garantia ou fiança bancária (art. 70, *caput* e § 1.º, da Lei);[65]

d) não se admitem contratos por prazo indeterminado e os prazos não podem ultrapassar cinco anos, salvo em duas hipóteses (art. 71, *caput* e parágrafo único, da Lei): d.1) projetos contemplados no plano de negócios e investimentos da estatal; e d.2) casos em que a pactuação por prazo superior a cinco anos seja prática rotineira de mercado e a imposição desse prazo inviabilize ou onere excessivamente a realização do negócio;

---

[65] A garantia não excederá a 5% do valor do contrato e terá seu valor atualizado nas mesmas condições nele estabelecidas, admitindo-se a elevação para 10% para obras, serviços e fornecimentos de grande vulto envolvendo complexidade técnica e riscos financeiros elevados (art. 70, §§ 2.º e 3.º, da Lei). A garantia prestada pelo contratado será liberada ou restituída após a execução do contrato, devendo ser atualizada monetariamente na hipótese de caução em dinheiro (art. 70, § 4.º, da Lei).

e) impossibilidade de alteração unilateral do contrato (art. 72 da Lei), admitindo-se apenas alterações por acordo das partes nas hipóteses previstas no art. 81 da Lei. O art. 81, §§ 1.º e § 2.º, da Lei das Estatais estabelece limites para as alterações contratuais.[66] A criação, a alteração ou a extinção de quaisquer tributos ou encargos legais, bem como a superveniência de disposições legais, quando ocorridas após a data da apresentação da proposta, com comprovada repercussão nos preços contratados, implicarão a revisão destes para mais ou para menos, conforme o caso (art. 81, § 5.º, da Lei). Em caso de alteração do contrato que aumente os encargos do contratado, a estatal deverá restabelecer, por aditamento, o equilíbrio econômico-financeiro inicial, sendo vedada a celebração de aditivos decorrentes de eventos supervenientes alocados, na matriz de riscos, como de responsabilidade da contratada (art. 81, §§ 6.º e 8.º, da Lei);

f) vedação de contratos verbais, salvo no caso de pequenas despesas de pronta entrega e pagamento das quais não resultem obrigações futuras por parte da estatal, o que não afasta o dever de registro contábil dos valores despendidos e a exigência de recibo por parte dos respectivos destinatários (art. 73, *caput* e parágrafo único, da Lei). Contudo, a Lei não define o que seriam "pequenas despesas", o que pode abrir a possibilidade para aplicação analógica do art. 60, parágrafo único, da Lei 8.666/1993;

g) qualquer interessado poderá obter cópia autenticada de seu inteiro teor ou de qualquer de suas partes, admitida a exigência de ressarcimento dos custos (art. 74 da Lei);

h) responsabilidade objetiva do contratado por danos causados diretamente a terceiros ou à estatal na execução do contrato (art. 76 da Lei);

i) responsabilidade do contratado pelos encargos trabalhistas, fiscais e comerciais resultantes da execução do contrato, inexistindo, em caso de inadimplemento, responsabilidade da estatal pelo pagamento dos referidos encargos (art. 77, *caput* e § 1.º, da Lei). Trata-se, a nosso ver, de vedação semelhante àquela prevista no art. 71, § 1.º, da Lei 8.666/1993 e, dessa forma, não afasta a incidência da Súmula 331, IV e V, do TST, que dispõe sobre a responsabilidade subsidiária da Administração Pública em casos de omissão culposa na fiscalização

---

[66] "Art. 81. (...) § 1.º O contratado poderá aceitar, nas mesmas condições contratuais, os acréscimos ou supressões que se fizerem nas obras, serviços ou compras, até 25% (vinte e cinco por cento) do valor inicial atualizado do contrato, e, no caso particular de reforma de edifício ou de equipamento, até o limite de 50% (cinquenta por cento) para os seus acréscimos. § 2.º Nenhum acréscimo ou supressão poderá exceder os limites estabelecidos no § 1.º, salvo as supressões resultantes de acordo celebrado entre os contratantes."

do cumprimento das obrigações contratuais e legais da prestadora de serviço como empregadora;[67]

j) admite-se a subcontratação parcial da obra, serviço ou fornecimento, até o limite admitido, em cada caso, pela estatal, conforme previsto no edital (art. 78 da Lei). É vedada, no entanto, a subcontratação de empresa ou consórcio que tenha participado da licitação ou, direta ou indiretamente, da elaboração de projeto básico ou executivo (art. 78, § 2.º, da Lei);[68]

k) os direitos patrimoniais e autorais de projetos ou serviços técnicos especializados desenvolvidos por profissionais autônomos ou por empresas contratadas passam a ser propriedade da estatal que os tenha contratado, sem prejuízo da preservação da identificação dos respectivos autores e da responsabilidade técnica a eles atribuída (art. 80 da Lei);

l) o contrato deve prever as sanções administrativas decorrentes de atraso injustificado na execução do contrato, sujeitando o contratado a multa de mora, na forma prevista no instrumento convocatório ou no contrato, que será aplicada após regular processo administrativo e descontada da garantia do respectivo contratado (art. 82, *caput*, §§ 2.º e 3.º, da Lei);[69]

m) as estatais podem aplicar, após a ampla defesa, as seguintes sanções ao contratado inadimplente (art. 83 da Lei): advertência; multa, na forma prevista no instrumento convocatório ou no contrato; e suspensão temporária de participação em licitação e impedimento de contratar com a entidade sancionadora, por prazo não superior a dois anos.[70] A multa é a única sanção que pode ser aplicada, de forma cumulativa, com as demais sanções, e se a multa for superior ao valor da garantia prestada, além da perda desta, responderá o contratado pela sua diferença, que

---

[67] Registre-se que o § 2.º do art. 77 do PL 555/2015, que resultou na Lei das Estatais e estabelecia a responsabilidade solidária das estatais pelos encargos previdenciários decorrentes da execução do contrato, foi vetado pelo Presidente da República, sob o argumento de que o art. 31 da Lei 8.212/1991 não mais prevê a referida solidariedade, salvo nas contratações de construção civil, na forma do art. 30 da mesma Lei.

[68] As empresas de prestação de serviços técnicos especializados deverão garantir que os integrantes de seu corpo técnico executem pessoal e diretamente as obrigações a eles imputadas, quando a respectiva relação for apresentada em procedimento licitatório ou em contratação direta (art. 78, § 3.º, da Lei).

[69] Se a multa for de valor superior ao valor da garantia prestada, além da perda desta, responderá o contratado pela sua diferença, a qual será descontada dos pagamentos eventualmente devidos pela estatal ou, ainda, quando for o caso, cobrada judicialmente (art. 82, § 3.º, da Lei).

[70] A suspensão temporária de participação em licitação e o impedimento de contratar com a entidade sancionadora, por prazo não superior a dois anos, poderão ser aplicados também a quem: a) tenha sofrido condenação definitiva por praticar, por meios dolosos, fraude fiscal no recolhimento de quaisquer tributos; b) tenha praticado atos ilícitos visando a frustrar os objetivos da licitação; c) demonstrar não possuir idoneidade para contratar com a estatal em virtude de atos ilícitos praticados (art. 84 da Lei).

será descontada dos pagamentos eventualmente devidos pela estatal ou cobrada judicialmente (art. 83, §§ 1.º e 2.º, da Lei).

7.8.3. Mecanismos de resolução de conflitos administrativos: negociação, mediação, arbitragem e os *dispute boards* nos contratos das estatais

Destacam-se, como principais métodos alternativos ao Poder Judiciário de solução de conflitos (*Alternative Dispute Resolution* – ADRs), a negociação, a mediação, a conciliação e a arbitragem.

A negociação, a mediação e a conciliação são formas de autocomposição de conflitos, uma vez que as partes, com ou sem o auxílio de terceiro, solucionarão suas controvérsias.

Na negociação, as próprias partes buscam a solução do conflito, sem a participação de terceiros.

Em relação à mediação e à conciliação, a diferença entre os instrumentos é tênue. Enquanto na mediação o mediador, neutro e imparcial, auxilia as partes na composição do conflito, na conciliação, o conciliador, mantida a neutralidade e a imparcialidade, pode exercer papel mais ativo na condução do diálogo, apresentação de sugestões e na busca pelo acordo.[71]

A arbitragem, por sua vez, representa forma de heterocomposição de conflitos, pois o terceiro, *expert* e imparcial (árbitro), por convenção privada das partes envolvidas, decide o conflito, e não o Estado-juiz.[72]

Além dos métodos tradicionais de resolução de conflitos, mencionados acima, é possível mencionar, ainda, os *dispute boards*, utilizados de forma pioneira nos Estados Unidos na década de 1970, durante a construção do *Eisenhower Tunnel* no Colorado. O *dispute board*, também conhecido como Comitê de Resolução de Conflitos, pode ser considerado órgão colegiado, geralmente formado por três *experts,* indicados pelas partes no momento da celebração do contrato, que tem por objetivo acompanhar

---

[71] Em razão da importância da autocomposição de conflitos, o CNJ editou a Resolução 125/2010, que dispõe sobre a Política Judiciária Nacional de tratamento adequado dos conflitos de interesses no âmbito do Poder Judiciário e prevê a oferta pelos órgãos judiciários de mecanismos de soluções de controvérsias, em especial os chamados meios consensuais, como a mediação e a conciliação. Destaque-se, ainda, a instituição da Câmara de Conciliação e Arbitragem da Administração Federal (CCAF), no âmbito da Advocacia-Geral da União (AGU), que tem procurado reduzir a litigiosidade entre órgãos e entidades administrativas.

[72] A previsão da arbitragem no ordenamento jurídico é antiga, cabendo mencionar, exemplificativamente: Constituição/1824 (art. 160); Código Comercial/1850; Decreto 3.084/1898; Código Civil/1916 (arts. 1.037/1.048); DL 2.300/1986 (art. 45); Código de Processo Civil/1973 (arts. 1.072/1.102); Constituição/1988 (art. 114, § 1º); Lei 9.307/1996 (Lei de Arbitragem); Código Civil/2002 (arts. 851/853); Código de Processo Civil/2015 (art. 3º, § 1º).

a sua execução, com poderes para emitir recomendações e/ou decisões, conforme o caso.[73]

A utilização da arbitragem nos contratos celebrados pela Administração Pública tem sido objeto de discussões na doutrina e na jurisprudência.

Primeira posição: impossibilidade de solução das controvérsias em contratos da Administração por meio da arbitragem. Os fundamentos, normalmente apontados, são os princípios da indisponibilidade do interesse público e da legalidade. Não seria lícito ao particular (árbitro) decidir sobre o correto atendimento do interesse público inerente ao contrato da Administração, cabendo ao agente público a interpretação sobre a correta aplicação da lei. As divergências contratuais poderiam ser dirimidas na via judicial, em decorrência do princípio da inafastabilidade do controle judicial.

Segunda posição: a arbitragem deve ser considerada compatível com os contratos da Administração Pública. Nesse sentido (doutrina majoritária): Diogo de Figueiredo Moreira Neto, Marcos Juruena Villela Souto, Caio Tácito, José dos Santos Carvalho Filho e STJ.[74]

Entendemos que a arbitragem deve ser admitida nos contratos administrativos, uma vez que se trata de forma moderna de solução de lides que atende às exigências de eficiência administrativa (princípio da eficiência), notadamente pela velocidade e tecnicidade da decisão.

Em relação aos contratos privados da Administração (ex.: contratos celebrados por empresas estatais, contratos de locação em que a Administração é locatária), não há óbice na utilização da arbitragem, posto que esses contratos se submetem predominantemente às normas de Direito privado (art. 62, § 3.º, I, da Lei n.º 8.666/1993). É o que ocorre com os contratos celebrados por empresas estatais que são regulados pelo direito privado, na forma do art. 68 da Lei 13.303/2016.

Quanto aos contratos administrativos, a legislação tem admitido a arbitragem como forma de solução de controvérsias contratuais (ex.: art.

---

[73] Sobre o tema, vide: WALD, Arnoldo. A arbitragem contratual e os *dispute boards*. In: *Revista de Arbitragem e Mediação*, v. 2, n. 6, 9-24, jul./set. 2005. Na forma do regulamento da *International Chamber of Commerce (ICC)*, existem três tipos de *dispute boards*: a) *Dispute Review Boards (DRBs)*: emitem recomendações sobre determinada controvérsia, sem caráter vinculante imediato; b) *Dispute Adjudication Boards (DABs)*: decidem as controvérsias contratuais, com caráter vinculante; e c) *Combined Dispute Boards (CDBs)*: emitem recomendações e, em determinados casos, decidem disputas contratuais. Fonte: <http://www.iccwbo.org/products-and-services/arbitration-and-adr/dispute-boards/dispute-board-rules/#article_4>. Acesso em: 02/06/2015.

[74] Moreira Neto, Diogo de Figueiredo; Souto, Marcos Juruena Villela. Arbitragem em contratos firmados por empresas estatais. *RDA*, n.º 236, p. 215-261, abr.-jun. 2004; Tácito, Caio. Arbitragem nos litígios administrativos. *RDA*, n.º 210, p. 111-115, out.-dez. 1997; Carvalho Filho, José dos Santos. *Manual de Direito Administrativo*. 22. ed. Rio de Janeiro: Lumen Juris, 2009, p. 210-211; STJ, 2.ª Turma, REsp 612.439/RS, Rel. Min. João Otávio de Noronha, *DJ* 14.09.2006, p. 299, *Informativo de Jurisprudência do STJ* n.º 266.

23-A da Lei 8.987/1995 e art. 11, III, da Lei 11.079/2004). A legislação, no entanto, estabelece que a arbitragem deve ser realizada no Brasil e em língua portuguesa, o que, a nosso ver, pode representar óbice às contratações internacionais.[75]

Em regra, os contratos administrativos devem prever cláusula que declare competente o foro da sede da Administração para dirimir qualquer questão contratual, salvo nas seguintes hipóteses: a) licitações internacionais para a aquisição de bens e serviços cujo pagamento seja feito com o produto de financiamento concedido por organismo financeiro internacional de que o Brasil faça parte, ou por agência estrangeira de cooperação; b) contratação com empresa estrangeira, para a compra de equipamentos fabricados e entregues no exterior, desde que para este caso tenha havido prévia autorização do chefe do Poder Executivo; e c) aquisição de bens e serviços realizada por unidades administrativas com sede no exterior (art. 32, § 6.º c/c o art. 55, § 2.º, ambos da Lei 8.666/1993).

É importante notar que a arbitragem é uma forma moderna de solução de lides que atende às exigências de eficiência administrativa (princípio da eficiência), notadamente pela velocidade e tecnicidade da decisão.

Em todos os contratos da Administração, a arbitragem só pode dizer respeito às questões predominantemente patrimoniais ou técnicas (direitos disponíveis), não sendo possível ao árbitro decidir sobre o poder de autoridade do Estado.

A tese defendida nas primeiras edições desta obra foi consagrada na Lei 13.129/2015, que alterou a Lei 9.307/1996 (Lei de Arbitragem), para estabelecer, de forma expressa, que a Administração Pública, direta e indireta, por meio da autoridade competente para realização de acordos e transações, poderá estabelecer convenção de arbitragem de direito (e não por equidade) para dirimir conflitos relativos a direitos patrimoniais disponíveis, respeitado o princípio da publicidade (art. 1.º, §§ 1.º e 2.º, e art. 2.º, § 3.º, da Lei 9.307/1996).[76]

Mencione-se, ainda, a Lei 13.105/2015, que instituiu o novo CPC e estabeleceu a arbitragem, a conciliação e a mediação como importantes instrumentos de solução de controvérsias (art. 3º, §§ 1º, 2º e 3º), bem como a Lei 13.140/2015, que prevê a mediação entre os particulares e a autocomposição de conflitos no âmbito da administração pública.

---

[75] Mencione-se, por exemplo, a lei-modelo da UNCITRAL sobre arbitragem comercial internacional que permite a eleição, pelas partes contratantes, do lugar e da língua a ser utilizada na arbitragem. Disponível em: <http://www.uncitral.org>. Acesso em: 10 jun. 2011.

[76] Sobre a arbitragem na Administração Pública, *vide*: OLIVEIRA, Rafael Carvalho Rezende. *Licitações e contratos administrativos*, 7. ed., São Paulo: Método, 2018, item 3.11.3.

7.9. RESPONSABILIDADE CIVIL

As empresas estatais respondem pelos danos que causarem a terceiros com seu patrimônio, tendo em vista a personalidade jurídica própria, nos moldes do que ocorre para as demais entidades administrativas.

A natureza e os fundamentos dessa responsabilidade, no entanto, variam de acordo com a atividade desenvolvida por essas empresas.

Em relação às empresas públicas e sociedades de economia mista prestadoras de serviços públicos, a responsabilidade civil será objetiva, com fundamento no art. 37, § 6.º, da CRFB. A referida norma constitucional consagra a responsabilidade objetiva para as pessoas jurídicas de Direito privado que prestam serviços públicos, o que engloba as estatais de serviços públicos.

Por outro lado, as empresas públicas e sociedades de economia mista econômicas respondem, em regra, de maneira subjetiva, como as demais pessoas privadas, tendo em vista dois argumentos:

a) inaplicabilidade do art. 37, § 6.º, da CRFB; e

b) aplicação do mesmo tratamento dispensado às empresas privadas em geral, "inclusive quanto aos direitos e obrigações civis" (art. 173, § 1.º, II, da CRFB).

Ainda que muito relativizada, a responsabilidade subjetiva continua sendo a regra adotada no ordenamento pátrio.

Nada impede, todavia, que as estatais econômicas respondam objetivamente, com fundamento na legislação infraconstitucional (ex.: relação de consumo; art. 927, parágrafo único, do CC etc.).

Caso as estatais não possuam bens suficientes para arcar com suas dívidas, surgirá a responsabilidade subsidiária do respectivo Ente Federado.

É de notar que poderia ser sustentada a tese de que a responsabilidade subsidiária do Estado só existiria por dívidas das estatais de serviços públicos. Em relação às estatais econômicas, a lei não pode estabelecer a responsabilidade subsidiária do Estado, tendo em vista o art. 173, § 1.º, II, da CF, pois isso representaria uma garantia maior para os credores da estatal, colocando-a em desigualdade com as empresas da iniciativa privada.[77]

Entendemos, todavia, que haverá responsabilidade subsidiária do Estado por danos causados por estatais econômicas e de serviços públicos, tendo

---

[77] Nesse sentido: Gasparini, Diógenes. *Direito Administrativo*. 12. ed. São Paulo: Saraiva, 2007, p. 444 e 457.

em vista que ambas são entidades integrantes da Administração Indireta e sujeitas ao controle estatal.[78]

Em razão da personalidade jurídica de direito privado, as empresas estatais não se submetem às regras dos precatórios e da Requisição de Pequeno Valor (RPV) previstas no art. 100 da CRFB. Contudo, o STF consolidou entendimento no sentido da aplicação do regime dos precatórios às empresas estatais prestadoras de serviços públicos próprios do Estado e de natureza não concorrencial.[79]

7.10. CONTROLE DO TRIBUNAL DE CONTAS

As empresas estatais, assim como as demais entidades da Administração Indireta, são controladas, com intensidades variadas, pelo próprio Executivo e pelo Legislativo, sem olvidar do controle judicial de juridicidade em relação aos seus respectivos atos.

No âmbito do Poder Executivo federal, as estatais sofrem o controle do Departamento de Coordenação e Governança das Empresas Estatais (Dest), subordinado ao Ministério do Planejamento, Orçamento e Gestão (MPOG), do Ministério da Fazenda e do respectivo Ministério Setorial, responsável pelas atividades desempenhadas pela estatal.

Quanto ao controle legislativo, o STF tradicionalmente afastava as estatais do controle pelo Tribunal de Contas, tendo em vista o patrimônio privado dessas entidades, o que afastaria a aplicação do art. 71, II, da CRFB, que prevê o referido controle em relação às "contas dos administradores e demais responsáveis por dinheiros, bens e valores públicos da administração direta e indireta".[80]

Atualmente, no entanto, a Corte Suprema alterou seu entendimento para admitir o controle das estatais pelo Tribunal de Contas.[81] Em verdade, sem

---

[78] Essa também é a opinião de José dos Santos Carvalho Filho. Carvalho Filho, José dos Santos. *Manual de Direito Administrativo*. 18. ed. Rio de Janeiro: Lumen Juris, 2007, p. 457-458. Alguns autores discordam da responsabilidade subsidiária do Estado em relação às estatais econômicas, pois representaria garantia maior para os credores das estatais, em detrimento das demais empresas privadas concorrentes, o que violaria o art. 173, § 1.º, II, da CRFB. Nesse sentido: Bandeira de Mello, Celso Antônio. *Curso de Direito administrativo*. 21. ed. São Paulo: Malheiros, 2006, p. 198-199; Gasparini, Diógenes. *Direito administrativo*. 12. ed. São Paulo: Saraiva, 2007, p. 444 e 457.

[79] STF, Tribunal Pleno, ADPF 387/PI, Rel. Min. Gilmar Mendes, DJe-244 25.10.2017, Informativo de Jurisprudência do STF n. 858. De acordo com o STF: "Sociedades de economia mista que desenvolvem atividade econômica em regime concorrencial não se beneficiam do regime de precatórios, previsto no art. 100 da Constituição da República" (Tema 253 da Tese de Repercussão Geral do STF).

[80] Nesse sentido: *Informativos de Jurisprudência do STF* n.os 250, 259 e 260.

[81] STF, Tribunal Pleno, MS 25.092/DF, Rel. Min. Carlos Velloso, DJ 17.03.2006, p. 6, *Informativo de Jurisprudência do STF* n.os 408 e 411. Ressalte-se que, nas hipóteses de empresas estatais com

que houvesse qualquer alteração no dispositivo, o STF implementou uma nova interpretação ao art. 71, II, da CRFB para afirmar a possibilidade do controle, tendo em vista que, na instituição das empresas estatais, haveria a contribuição do Erário (patrimônio público). Ou seja: o dano às estatais representaria, ainda que reflexamente, um dano ao Erário.

Diversamente do entendimento consagrado na jurisprudência, consideramos que o controle pelo Tribunal de Contas depende da atividade desenvolvida pela empresa estatal. Em relação às estatais prestadoras de serviços públicos, o controle pelo Tribunal de Contas é exercido sem maiores restrições.

Por outro lado, no tocante às estatais econômicas, é preciso distinguir a atividade-meio (instrumental) e a atividade-fim da entidade. Com o objetivo de ponderar a necessidade do referido controle e a agilidade exigida no mercado concorrencial, o controle das estatais econômicas deve incidir sobre a atividade instrumental, mas não sobre a atividade-fim, tendo em vista que o próprio texto constitucional estabeleceu tratamento diferenciado quanto às formas de "fiscalização pelo Estado" das estatais econômicas, bem como a necessidade de aplicação às estatais econômicas do mesmo regime jurídico aplicável às empresas privadas concorrentes (art. 173, § 1.º, I e II, da CRFB).[82]

O intuito é evitar que o controle sobre as atividades que justificaram a instituição da estatal (atividades-fim) coloque em risco a agilidade e a economicidade das estatais que concorrem com as demais empresas privadas. O controle dificulta a agilidade necessária à efetivação das finalidades institucionais e gera aumento de custo para essas entidades.

Não se trata de defender o afastamento do controle dos Tribunais de Contas sobre os atos praticados por empresas estatais que desenvolvem atividades econômicas,[83] mas, sim, de estabelecer limites para esse controle. Com o objetivo de ponderar a necessidade do referido controle e a agilidade exigida no mercado concorrencial, conclui-se que o Tribunal de Contas fiscalizará as atividades instrumentais dessas entidades, mas não as atividades finalísticas.[84]

---

participação de mais de um Ente Federado, o STF entendeu que o controle será exercido apenas pelo Tribunal de Contas, responsável pelo controle das contas do Ente Federado administrador da estatal (STF, Tribunal Pleno, MS 24.423/DF, Rel. Min. Gilmar Mendes, *DJe*-035 20.02.2009, *Informativo de Jurisprudência do STF* n.º 519).

[82] Nesse sentido: Aragão, Alexandre Santos de. Empresas estatais e o controle pelos Tribunais de Contas. *Revista de Direito Público da Economia*, n.º 23, p. 9-40, Belo Horizonte, Fórum, jul.-set. 2008.

[83] Alguns autores, como Toshio Mukai, defendem a ausência de controle das estatais econômicas por parte dos Tribunais de Contas. Mukai, Toshio. *O Direito administrativo e os regimes jurídicos das empresas estatais*. Belo Horizonte: Fórum, 2004, p. 300-301.

[84] Nesse sentido: Aragão, Alexandre Santos de. Empresas estatais e o controle pelos Tribunais de Contas. *Revista de Direito Público da Economia*, n.º 23, p. 9-40, Belo Horizonte, Fórum, jul.-set. 2008.

Cap. VII – EMPRESAS ESTATAIS: EMPRESAS PÚBLICAS E SOCIEDADES DE ECONOMIA MISTA

Essa orientação foi adotada pelo o STJ, que afastou a fiscalização dos Tribunais de Contas em relação às atividades econômicas (atividades-fim) das empresas estatais, na forma da ementa a seguir:

Mandado de segurança. Sigilo bancário. Sociedade de economia mista exploradora de atividade econômica. Fiscalização pelo Tribunal de Contas. Fornecimento de informações. Sigilo bancário. Contrato administrativo. Operações comerciais.

1. Não configura violação de sigilo bancário a intervenção dos Tribunais de Contas visando aferir a regularidade de contratos administrativos formalizados no âmbito das instituições financeiras exploradoras de atividade econômica.

2. **Em se tratando de sociedades de economia mista ou de empresas públicas referidas no art. 173 da Constituição Federal, a fiscalização dos Tribunais de Contas não poderá abranger as atividades econômicas das instituições, ou seja, os atos realizados com vistas ao atingimento de seus objetivos comerciais.**

3. Recurso ordinário parcialmente provido.[85] (Grifo nosso)

Não obstante o entendimento aqui sustentado, o art. 87 da Lei 13.303/2016 submeteu as empresas estatais, independentemente do seu objeto, ao controle pelo tribunal de contas respectivo. O controle, contudo, não pode implicar interferência na gestão das empresas estatais, nem ingerência no exercício de suas competências ou na definição de políticas públicas (art. 90 da Lei 13.303/2016).

As normas sobre transparência e controle interno e externo, institucional e social, das empresas estatais, inclusive aquelas domiciliadas no exterior e as de caráter transnacional no que se refere aos atos de gestão e aplicação do capital nacional, encontram-se previstas nos arts. 85 ao 90 da Lei 13.303/2016.[86]

Ressalte-se que, nas hipóteses de empresas estatais com participação de mais de um Ente Federado, o STF entendeu que o controle será exercido apenas pelo Tribunal de Contas, responsável pelo controle das contas do Ente Federado administrador da estatal. No caso concreto, determinada sociedade de economia mista era composta por patrimônio da União e do DF, sendo este último Ente o controlador e o administrador da entidade. O STF afirmou que o TCU não poderia fiscalizar a citada entidade, mas sim o Tribunal de

---

[85] STJ, 2.ª Turma, RMS 17.949/DF, Rel. Min. João Otávio de Noronha, *DJ* 26.09.2005, p. 271.

[86] Os órgãos de controle externo e interno das três esferas de governo deverão ter acesso irrestrito aos documentos e às informações necessários à realização dos trabalhos, inclusive aqueles classificados como sigilosos pela empresa estatal, tornando-se o respectivo órgão de controle responsável pela manutenção do seu sigilo (art. 85, §§ 1.º e 2.º, da Lei 13.303/2016).

Contas do DF.[87] Nesse caso, pensamos que o TCU poderia exercer o controle em relação aos eventuais repasses de recursos orçamentários federais à entidade administrativa.

7.11. IMUNIDADE TRIBUTÁRIA

O regime jurídico tributário das empresas estatais deve ser analisado a partir da distinção das atividades por ela desenvolvidas.

Ao tratar das empresas estatais econômicas, que atuam em regime concorrencial, o art. 173, § 1.º, II, da CF, conforme já assinalado, exige a sujeição dessas entidades administrativas ao regime jurídico próprio das empresas privadas, inclusive quanto aos direitos e obrigações tributários.

Da mesma forma, o art. 173, § 2.º, da CRFB veda a concessão às estatais econômicas de privilégios fiscais não extensivos às do setor privado.

Por outro lado, as empresas estatais prestadoras de serviços públicos e as estatais que exercem atividades econômicas monopolizadas não se encontram, necessariamente, submetidas ao mesmo tratamento tributário dispensado às entidades privadas. Isso porque a Constituição não traz essa exigência, já que não há concorrência com os particulares e, por isso, risco de violação ao tratamento isonômico que deve nortear as pessoas que atuam na economia.

O STF tem reconhecido a imunidade tributária do art. 150, VI, *a*, da CRFB às estatais de serviços públicos e às estatais que exercem atividades monopolizadas, uma vez que não se aplica, nessas hipóteses, o art. 173 da CRFB.[88]

A imunidade tributária recíproca do art. 150, VI, *a*, da CRFB não se aplica todavia, às estatais econômicas que atuam no mercado concorrencial, nem aos serviços públicos remunerados por preços ou tarifas pelo usuário, tendo em vista o art. 150, § 3.º, da CRFB.

Por essa razão, o STF considerou que a referida imunidade recíproca não se estende a empresa estatal ocupante de bem público, quando for exploradora de atividade econômica com fins lucrativos.[89] Em sede de repercussão geral, o STF fixou as seguintes teses: a) "A imunidade recíproca, prevista no art.

---

[87] *Informativo de Jurisprudência do STF* n.º 519.

[88] A imunidade tributária foi admitida pelo STF em relação à ECT (Informativo de Jurisprudência do STF n. 443, 763, 767 e 769), à INFRAERO (Informativo de Jurisprudência do STF n. 475) e à Companhia Docas do Estado de São Paulo – CODESP (Informativos de Jurisprudência do STF n. 597 e 602). STF: "Os serviços prestados pela Empresa Brasileira de Correios e Telégrafos – ECT, inclusive aqueles em que a empresa não age em regime de monopólio, estão abrangidos pela imunidade tributária recíproca (CF, art. 150, VI, *a*, e §§ 2.º e 3.º)" (Tema 235 da Tese de Repercussão Geral do STF).

[89] Informativos de Jurisprudência do STF n. 860 e 861.

150, VI, *a*, da Constituição não se estende a empresa privada arrendatária de imóvel público, quando seja ela exploradora de atividade econômica com fins lucrativos. Nessa hipótese é constitucional a cobrança do IPTU pelo Município" (Tema 385 da Tese de Repercussão Geral do STF); e b) "Incide o IPTU, considerado imóvel de pessoa jurídica de direito público cedido a pessoa jurídica de direito privado, devedora do tributo" (Tema 437 da Tese de Repercussão Geral do STF).

Lembre-se, por fim, que a referida imunidade tributária alcança apenas os impostos sobre patrimônio, rendas e serviços, não englobando os demais tributos.

7.12. FALÊNCIA

Outra questão que tem gerado polêmica doutrinária diz respeito à possibilidade ou não de falência das empresas estatais.

Tradicionalmente, a discussão envolvia a interpretação do art. 242 da Lei n.º 6.404/1976, que afastava as sociedades de economia mista da falência. No entanto, a referida norma foi revogada pela Lei n.º 10.303/2001.

Atualmente, o art. 2.º, I, da Lei n.º 11.101/2005 exclui as empresas públicas e as sociedades de economia mista da falência. Não obstante a literalidade da norma, a doutrina tem apresentado interpretações diversas nesse tema, devendo ser destacadas três opiniões principais:

1.º entendimento: as empresas públicas e as sociedades de economia mista sujeitam-se à falência, devendo ser considerado inconstitucional o art. 2.º, I, da Lei n.º 11.101/2005, em razão da afronta ao art. 173, § 1.º, II, da CRFB. Nesse sentido: José Edwaldo Tavares Borba.[90]

2.º entendimento: interpretação conforme a Constituição do art. 2.º, I, da Lei 11.101/2005, que deve ser compatibilizado com o art. 173, § 1.º, II, da CRFB: apenas as empresas estatais, prestadoras de serviços públicos, podem ser afastadas da falência, uma vez que as estatais econômicas se submetem ao mesmo regime jurídico das empresas privadas, inclusive quanto aos direitos e obrigações comerciais. Nesse sentido: Celso Antônio Bandeira de Mello, José dos Santos Carvalho Filho, Diógenes Gasparini e Maria Sylvia Zanella Di Pietro.[91]

---

[90] Borba, José Edwaldo Tavares. *Direito societário*. 12. ed. Rio de Janeiro: Renovar, 2010, p. 510.

[91] Mello, Celso Antônio Bandeira de. *Curso de Direito administrativo*. 21. ed. São Paulo: Malheiros, 2006, p. 198; Carvalho Filho, José dos Santos. *Manual de Direito administrativo*. 18. ed. Rio de Janeiro: Lumen Juris, 2007, p. 455; Gasparini, Diógenes. *Direito administrativo*. 12. ed. São Paulo: Saraiva, 2007, p. 443; Di Pietro, Maria Sylvia Zanella. *Direito administrativo*. 20. ed. São Paulo: Atlas, 2007, p. 427-428.

3.º entendimento: as empresas públicas e as sociedades de economia mista não se sujeitam à falência, conforme dispõe literalmente o art. 2.º, I, da Lei 11.101/2005. Nesse sentido: Marcos Juruena Villela Souto e Marcos Bemquerer.[92]

Entendemos que as empresas públicas e as sociedades de economia mista não podem falir, tendo em vista a inadequação do processo falimentar às entidades administrativas. As estatais são criadas por autorização legal para atender relevante interesse social ou imperativo de segurança nacional, pontos que não poderiam ser afastados pelo Judiciário para satisfação de interesses privados (econômicos) de credores. Em caso de impossibilidade de cumprimento das obrigações por parte da estatal, haverá a responsabilidade subsidiária do Ente Federado controlador.

---

[92] Souto, Marcos Juruena Villela. *Direito administrativo da economia*. 3. ed. Rio de Janeiro: Lumen Juris, 2003, p. 100-101; Bemquerer, Marcos. *O regime jurídico das empresas estatais após a Emenda Constitucional n.º 19/1998*. Belo Horizonte: Fórum, 2012, p. 172.

Capítulo VIII

FUNDAÇÕES ESTATAIS

8.1. NATUREZA JURÍDICA: FUNDAÇÕES ESTATAIS DE DIREITO PÚBLICO E FUNDAÇÕES ESTATAIS DE DIREITO PRIVADO

As fundações em geral são pessoas jurídicas, sem fins lucrativos, cujo elemento essencial é a utilização do patrimônio para satisfação de objetivos sociais, definidos pelo instituidor.

É importante esclarecer, de início, que as fundações podem ser instituídas por particulares ou pelo Estado. No primeiro caso, temos a fundação privada, regida pelo Código Civil (art. 44, III, e arts. 62 a 69 do CC). No segundo caso, a hipótese é de fundação estatal (também denominada governamental ou pública), integrante da Administração Pública Indireta (art. 37, XIX, da CRFB e art. 4.º, II, *d*, do DL n.º 200/1967).

Há enorme divergência em relação à natureza jurídica das fundações estatais:

1.º entendimento: as fundações estatais são pessoas de Direito público, pois o texto constitucional confere tratamento jurídico similar às fundações estatais e às demais pessoas de Direito público da Administração (ex.: arts. 37, XI, 38 e 39 da CRFB). Nesse sentido: Celso Antônio Bandeira de Mello.[1]

2.º entendimento: as fundações estatais são pessoas de Direito privado. Nesse sentido: Marçal Justen Filho e Marcos Juruena Villela Souto.[2]

3.º entendimento (majoritário): as fundações estatais podem ser de Direito público ou de Direito privado. A personalidade jurídica, pública ou privada, dependerá da opção legislativa e da presença (ou não) das

---

[1] Bandeira de Mello, Celso Antônio. *Curso de Direito administrativo*. 21. ed. São Paulo: Malheiros, 2006, p. 176-179.

[2] Justen Filho, Marçal. *Curso de Direito Administrativo*. São Paulo: Saraiva, 2006, p. 129; Souto, Marcos Juruena Villela. *Direito Administrativo em debate*. Rio de Janeiro: Lumen Juris, 2004, p. 172.

prerrogativas públicas (poder de império). Nesse sentido: STF, Maria Sylvia Zanella Di Pietro, Diógenes Gasparini.[3]

Entendemos que as fundações estatais devem ser consideradas pessoas jurídicas de Direito privado, integrantes da Administração Indireta, tendo em vista os seguintes argumentos:

a) as fundações tradicionalmente são pessoas jurídicas privadas, e a utilização dessas entidades pelo poder público teria o objetivo de desburocratizar e agilizar o desempenho de certas atividades sociais, sem a necessidade do exercício de potestades públicas (poder de polícia);

b) as fundações estatais com personalidade jurídica de Direito público seriam verdadeiras autarquias (autarquias fundacionais ou fundações públicas), sendo incoerente a previsão de pessoas distintas no art. 37, XIX, da CRFB com características idênticas;

c) o art. 5.º, IV, do DL n.º 200/1967 define as fundações estatais como entidades dotadas de personalidade jurídica de Direito privado.

Em razão dessa posição majoritária, o quadro das fundações, instituídas por particulares e pelo poder público, pode ser assim sintetizado:

a) Fundações privadas (instituídas por particulares e regidas pelo CC);

b) Fundações estatais ou públicas (instituídas pelo Estado e regidas, predominantemente, por normas de Direito público):

b.1) Fundações estatais de Direito público (personalidade jurídica de Direito público e dotadas de prerrogativas administrativas);

b.2) Fundações estatais de Direito privado (personalidade jurídica de Direito privado, despidas de potestades públicas).

Em razão do entendimento consolidado no STF, trataremos das fundações estatais a partir da dicotomia: fundações estatais de direito público (ex.: Instituto Brasileiro de Museus – IBRAM, instituído pela Lei 11.906/2009) e fundações estatais de direito privado (ex.: Fundação Nacional do Índio – FUNAI, cuja instituição foi autorizada pela Lei 5.371/1967 e Fundação Nacional de Arte – FUNARTE, na forma da Lei 6.312/1975).

8.2. CONCEITO

As fundações estatais podem ser conceituadas como entidades administrativas de Direito público, quando necessário o exercício de poder de autoridade, ou

---

[3] STF, Tribunal Pleno, RExt 101.126/RJ, Min. Rel. Moreira Alves, *DJ* 01.03.1985, p. 2098; Di Pietro, Maria Sylvia Zanella. *Direito administrativo*. 20. ed. São Paulo: Atlas, 2007, p. 404. Gasparini, Diógenes. *Direito administrativo*. 12. ed. São Paulo: Saraiva, 2007, p. 326.

de Direito privado, nas demais hipóteses, integrantes da Administração Indireta e instituídas para o exercício de atividades sociais, sem intuito lucrativo.

De lado algumas semelhanças, existem importantes diferenças entre as fundações estatais de Direito público e as fundações estatais de Direito privado.

Por essa razão, a escolha entre o caráter público ou privado da fundação deve ser feita pelo legislador, com a participação do Chefe do Executivo, que possui a iniciativa do projeto de lei.

8.3. CRIAÇÃO

As fundações estatais de Direito público possuem as mesmas características das autarquias. Por essa razão, essas fundações são criadas por lei específica, de iniciativa do Chefe do Executivo (art. 37, XIX, c/c o art. 61, § 1.º, II, *b* e *e*, da CRFB).

Por outro lado, as fundações estatais de Direito privado, assim como as demais entidades administrativas privadas (empresas estatais), dependem de autorização legal para serem instituídas, mas o nascimento efetivo da personalidade jurídica só ocorre com a inscrição dos atos constitutivos no respectivo registro (art. 37, IX, c/c o art. 61, § 1.º, II, *b* e *e*, da CRFB e art. 45 do CC).[4]

Em verdade, o art. 37, XIX, da CRFB não é categórico na presente distinção em relação à criação das duas fundações estatais. No entanto, ao se referir à necessidade de lei específica para a criação de autarquias, a norma constitucional acaba por englobar também as fundações estatais de Direito público, já que essas entidades, como visto, são verdadeiras autarquias (fundações autárquicas ou autarquias fundacionais). Por outro lado, a referida norma constitucional exige lei autorizativa para a criação das "fundações", sem estabelecer qualquer distinção ou adjetivação, razão pela qual deve prevalecer a interpretação segundo a qual a necessidade de autorização se aplica às fundações estatais de Direito privado.

Quanto à criação das entidades administrativas, portanto, temos duas regras distintas: a lei institui as pessoas jurídicas de Direito público e a lei autoriza a instituição das pessoas jurídicas de Direito privado.

A extinção das fundações estatais, em razão do princípio da simetria, dependerá, inicialmente, de lei, não se aplicando a elas as hipóteses de extinção das fundações privadas do art. 69 do CC.

---

[4] No Estado do Rio de Janeiro, por exemplo, a Lei estadual n.º 5.164/2007 autorizou a instituição de três fundações públicas (Fundação Estatal dos Hospitais Gerais, Fundação Estatal dos Hospitais de Urgência e Emergência e Fundação Estatal dos Institutos de Saúde), com personalidade jurídica de Direito privado, para executar e prestar serviços de saúde ao poder público, especialmente por meio da gestão de hospitais públicos.

8.4. OBJETO: ATIVIDADES SOCIAIS

As fundações estatais, independentemente da personalidade jurídica, assim como as fundações privadas, não possuem finalidade lucrativa e desenvolvem atividades socialmente relevantes.

Registre-se que a ausência de lucro não afasta a necessidade de eficiência por parte da entidade. Na hipótese de resultados financeiros positivos, quando os créditos superam as despesas, os valores, considerados superávit (e não lucro), deverão ser reinvestidos nas finalidades da entidade, não sendo permitida a sua distribuição ou repartição entre seus administradores.

O objeto das fundações privadas deve ser o desempenho de atividades sociais, tais como (art. 62, parágrafo único, do CC, alterado pela Lei 13.151/2015): assistência social; cultura, defesa e conservação do patrimônio histórico e artístico; educação; saúde; segurança alimentar e nutricional; defesa, preservação e conservação do meio ambiente e promoção do desenvolvimento sustentável; pesquisa científica, desenvolvimento de tecnologias alternativas, modernização de sistemas de gestão, produção e divulgação de informações e conhecimentos técnicos e científicos; promoção da ética, da cidadania, da democracia e dos direitos humanos; e atividades religiosas.

Nas três edições iniciais desta obra e anteriores às modificações implementadas pela Lei 13.151/2015, sustentamos que a restrição do objeto das fundações privadas afigurava-se desproporcional, pois afastava outras atividades sociais vinculadas à satisfação de direitos fundamentais (exs.: preservação do meio ambiente, pesquisa, saúde e desporto).[5] A discussão foi esvaziada e a tese aqui defendida foi consagrada com a promulgação da Lei 13.151/2015, que ampliou o objeto da fundação privada.

Em relação às fundações públicas, no entanto, o art. 37, XIX, da CRFB remete à lei complementar a função de estabelecer o objeto dessas entidades. Nesse sentido, Alexandre Santos de Aragão[6] afirma que "o campo de atuação das fundações do poder público só pode ser definido pela lei complementar prevista na parte final do inciso XIX do art. 37 da Constituição Federal, não pelo Código Civil – lei ordinária".

É necessário estabelecer o alcance da lei complementar, definidora do objeto das fundações.

Conforme asseveramos anteriormente, o art. 37, XIX, da CRFB, após exigir lei específica (ordinária) para instituir ou para autorizar a instituição

---

[5] Nesse sentido: Souto, Marcos Juruena Villela. *As fundações públicas e o novo Código Civil. Direito Administrativo em debate*. Rio de Janeiro: Lumen Juris, 2004. p. 173.

[6] Aragão, Alexandre Santos de. As fundações públicas e o novo Código Civil. *RDA*, n.º 231, p. 327, jan.-mar. 2003. Essa posição também é defendida por: Souto, Marcos Juruena Villela. As fundações públicas e o novo Código Civil. In: *Direito Administrativo em debate*. Rio de Janeiro: Lumen Juris, 2004, p. 176.

das entidades administrativas, remete à lei complementar a tarefa de definir, "neste último caso", as áreas de sua atuação. Afirmamos naquela oportunidade que, apesar da ausência de clareza da norma, a expressão "neste último caso" pretendeu se referir à expressão "fundações".

Da mesma forma, como demonstrado no item anterior, as fundações estatais de Direito público (fundações autárquicas) se inserem na expressão "autarquia", enquanto as demais fundações estatais de Direito privado se inserem na expressão "fundação", termos utilizados pelo art. 37, XIX, da CRFB.

Destarte, é possível concluir que apenas o objeto das fundações estatais de Direito privado será definido em lei complementar, pois tais entidades é que estão inseridas nas expressões "fundação" e "neste último caso", contidas no art. 37, XIX, da CRFB. Aliás, por se tratar de matéria afeta à organização administrativa de cada ente, cada Ente Federado terá autonomia para legislar sobre o assunto.

No Estado do Rio de Janeiro, a LC n.º 118/2007 admitiu o exercício da atividade de saúde por fundação pública de Direito privado.[7] Dessa forma, conforme já salientado, a Lei estadual n.º 5.164/2007 autorizou a instituição de fundações estatais, com personalidade jurídica de Direito privado, para prestação e gestão de serviços de saúde.[8] Com o objetivo de garantir a eficiência na gestão desses serviços, a citada Lei ordinária determinou a celebração de contrato de gestão que terá por objeto a contratação de serviços e a fixação de metas de desempenho para a fundação.

Já o objeto das fundações estatais de Direito público, assim como o das autarquias, será definido em lei ordinária.

A ausência da lei complementar não impede a instituição das fundações estatais de Direito privado para o desempenho de atividades socialmente relevantes.[9] O art. 37, XIX, da CRFB, nessa parte, deve ser interpretado como norma de eficácia contida ou contível, para usar a expressão do professor José Afonso da Silva.[10] Ou seja: a norma constitucional tem aplicação imediata e a sua eficácia poderá ser contida quando da promulgação da lei complementar. Enquanto não promulgada a referida lei, as fundações poderão ser instituídas pelo Estado.

---

[7] Na Bahia, a LC n.º 29/2007 estabelece normas sobre criação, estruturação e área de atuação das fundações estatais de Direito público e de Direito privado, admitindo o exercício de atividades de saúde. Entendemos que a referida lei complementar deveria restringir-se às fundações estatais de Direito privado.

[8] É oportuno registrar que o PSOL propôs a ADIn 4.247/RJ, pendente de julgamento, na qual se argui a inconstitucionalidade do art. 22 da Lei n.º 5.164/2007 e da LC n.º 118/2007. Quanto à LC n.º 118/2007, afirma-se, na petição inicial, a impossibilidade de definição da área de atuação das fundações pelo legislador estadual, tese com a qual não concordamos.

[9] Nesse sentido: Carvalho Filho, José dos Santos. *Manual de Direito Administrativo*. 18. ed. Rio de Janeiro: Lumen Juris, 2007, p. 465.

[10] Silva, José Afonso da. *Aplicabilidade das normas constitucionais*. 2. ed. São Paulo: RT, 1982.

8.5. REGIME DE PESSOAL

Em razão da personalidade pública das fundações estatais de Direito público, bem como pela necessidade de observância do regime jurídico único, a partir da restauração da redação originária do art. 39 da CRFB, por decisão do STF,[11] o regime de pessoal dessas entidades deve ser necessariamente o estatutário.

Já o regime de pessoal das fundações estatais de Direito privado deve ser o regime tradicional das demais pessoas privadas: regime celetista. Da mesma forma que os empregados públicos das empresas estatais, os agentes dessas fundações são, em última análise, agentes públicos, que possuem algumas características diferenciadas em relação ao regime celetista puro, como, por exemplo: necessidade de motivação para demissão desses agentes, tendo em vista a necessidade de respeito aos princípios constitucionais da impessoalidade e da moralidade; vedação de acumulação de empregos públicos, ingresso mediante concurso público etc.

8.6. PATRIMÔNIO: NATUREZA DOS BENS

O patrimônio das fundações estatais de Direito público é composto por bens públicos, na forma do art. 98 do CC, submetendo-se ao regime de Direito público (alienação condicionada, impenhorabilidade, imprescritibilidade e não onerabilidade).

Por outro lado, as fundações estatais de Direito privado possuem bens privados, o que não afasta algumas prerrogativas de Direito público (ex.: impenhorabilidade dos bens afetados ao serviço público e necessários à sua continuidade; exigências próprias para alienação do patrimônio, na forma do art. 17 da Lei n.º 8.666/1993).

8.7. ATOS E CONTRATOS

Os atos e contratos das pessoas administrativas públicas são considerados, em regra, públicos. Dessa forma, os atos das fundações estatais de Direito público são atos administrativos, dotados das prerrogativas que lhes são inerentes (presunção de legitimidade e veracidade, imperatividade e autoexecutoriedade) e submetidos aos controles diferenciados (ex.: mandado de segurança). Os contratos, por sua vez, serão contratos administrativos, marcados pelo desequilíbrio contratual em favor da fundação, em razão da presença das cláusulas exorbitantes, e pela submissão predominante às normas administrativas.

---

[11] STF, Tribunal Pleno, ADI 2135 MC/DF, Rel. p/ Acórdão Min. Ellen Gracie, *DJe*-041 07.03.2008, *Informativo de Jurisprudência do STF* n.º 474.

As fundações estatais de Direito privado, ao contrário, editam em regra atos privados e celebram os denominados "contratos privados da Administração". Ainda que o regime jurídico privado seja aplicado às fundações de Direto privado, devem ser observadas as derrogações constitucionais (ex.: concurso público para contratação de pessoal, licitação para celebração de contratos, teto remuneratório, controle do Tribunal de Contas). Nesse caso, os atos praticados no âmbito de procedimentos públicos devem ser considerados atos administrativos, notadamente para fins de controle (ex.: cabimento do mandado de segurança contra ato ilegal praticado em concurso público).

8.8. FORO PROCESSUAL

As causas envolvendo as fundações estatais federais de Direito público, em razão da natureza autárquica, são processadas e julgadas pela Justiça Federal, exceto as de falência, as de acidentes de trabalho e as sujeitas à Justiça Eleitoral e à Justiça do Trabalho, na forma do art. 109, I, da CRFB.

Em razão do silêncio do texto constitucional, as causas das fundações estaduais e municipais de Direito público, bem como das fundações estatais de Direito privado, são da competência da Justiça Estadual.

8.9. RESPONSABILIDADE CIVIL

As fundações estatais de Direito público respondem civilmente de forma objetiva, na forma do art. 37, § 6.º, da CRFB. Outrossim, as fundações estatais de Direito privado, quando prestam serviços públicos, respondem objetivamente pelos danos causados a terceiros.

8.10. PRERROGATIVAS ESPECIAIS

As "fundações instituídas e mantidas pelo poder público", o que abrange as fundações estatais de Direito público e de Direito privado, gozam da "imunidade tributária recíproca", que compreende os impostos sobre patrimônio, renda e serviços vinculados às suas finalidades essenciais ou às delas decorrentes (art. 150, VI, *a* e § 2.º, da CRFB).

Existem prerrogativas, no entanto, que não são comuns às duas fundações estatais.

As prerrogativas processuais da Fazenda Pública (ex.: prazos diferenciados para contestação e para recursos, duplo grau obrigatório etc.) são reconhecidas para as fundações estatais de Direito público, pois as pessoas públicas se inserem no conceito de Fazenda Pública, mas não se aplicam às fundações estatais de Direito privado.

8.11. CONTROLE

Por fim, as fundações estatais encontram-se submetidas ao controle estatal, assim como ocorre em relação às demais entidades administrativas, públicas ou privadas.

Além do controle administrativo, exercido pelo respectivo Ente Federado (ou ministério), as fundações estatais são controladas pelo Tribunal de Contas. O art. 71, II, da CRFB consagra a possibilidade de controle de legalidade, de legitimidade e de economicidade, pela Corte de Contas, das fundações "instituídas e mantidas pelo poder público".

Há, no entanto, controvérsias em relação à possibilidade de controle das fundações estatais por parte do Ministério Público, com fundamento no art. 66 do CC.

Ainda que alguns autores defendam a possibilidade do controle, em razão da presença do interesse público, entendemos que não pode haver o controle ministerial sobre as fundações estatais. São três as justificativas para essa conclusão:[12]

a) o art. 66 do CC, que trata do controle ministerial das fundações, só se refere às fundações privadas, situadas fora da Administração Pública. A norma exige esse controle, pois, caso contrário, as fundações privadas não sofreriam controles estatais rotineiros em suas atividades. Ao Ministério Público foi reconhecida a prerrogativa de fiscalizar a compatibilidade das atividades das fundações, instituídas por particulares, com a vontade do instituidor.

b) o § 3.º do art. 5.º do DL n.º 200/1967, acrescentado pela Lei n.º 7.596/1987, afasta, em sua parte final, a aplicação das normas do Código Civil, relativas às fundações privadas, às fundações estatais. Com isso, as normas do Código Civil, que preveem o controle do Ministério Público sobre as fundações, não seriam aplicáveis às fundações estatais.

c) as fundações estatais já estão submetidas ao controle do Executivo e do Legislativo, não sendo razoável estabelecer duplicidade de controle, excesso que prejudicaria, por certo, o desempenho das atividades rotineiras e finalísticas dessas entidades.

O Ministério Público, ainda que não exerça o controle no ato de instituição das fundações estatais, pode (e deve) atuar, caso tome ciência de irregularidades envolvendo as fundações estatais (art. 25, IV, *b*, da Lei n.º 8.625/1993; art. 6.º, XVII, *b*, da LC n.º 75/1993).

---

[12] No mesmo sentido: Carvalho Filho, José dos Santos. *Manual de Direito administrativo*. 18. ed. Rio de Janeiro: Lumen Juris, 2007, p. 468-469; Di Pietro, Maria Sylvia Zanella. *Direito administrativo*. 20. ed. São Paulo: Atlas, 2007, p. 407; Aragão, Alexandre Santos de. *Curso de Direito Administrativo*. Rio de Janeiro: Forense, 2012, p. 121.

Capítulo IX

CONSÓRCIOS PÚBLICOS

9.1. INTRODUÇÃO

No âmbito do denominado federalismo cooperativo, em que os Entes Federados devem atuar harmonicamente, a gestão associada de serviços representa uma prerrogativa importante consagrada pelo texto constitucional.

Em verdade, a atuação consensual, através da soma de interesses comuns, é uma característica importante do Direito Administrativo moderno. A Administração Pública, de maneira crescente, deixa de lado os atos impositivos para privilegiar o consenso na satisfação do interesse público. No âmbito da Administração Pública consensual, destaca-se a associação entre entes estatais (ex: consórcios entre Municípios, regiões metropolitanas etc.) e entre estes e a iniciativa privada (ex.: convênios – "contratos de gestão" e "termos de parceria" – formalizados com organizações sociais, organizações da sociedade civil de interesse público etc.).[1]

A conjugação de esforços entre os Entes Federativos não é vedada pelo texto constitucional;[2] ao contrário, a cooperação mútua entre os entes é uma meta que pode e deve ser implementada ("princípio da conduta amistosa federativa"[3]).

---

[1] No primeiro caso (associação entre Entes Federativos) teríamos uma "parceria público-pública", enquanto o segundo caso (associação entre o poder público e a iniciativa privada) revelaria uma "parceria público-privada" em sentido amplo. Lembre-se que a parceria público-privada em sentido estrito é aquela prevista na Lei n.º 11.079/2004. A expressão "parceria público-pública" foi sugerida, por exemplo, por Marcos Juruena. Vide: Souto, Marcos Juruena Villela. *Direito administrativo das parcerias.* Rio de Janeiro: Lumen Juris, 2005, p. 200.

[2] As Constituições anteriores já continham normas relativas à cooperação interadministrativa (ex.: art. 65, 1.º, da Constituição de 1891; arts. 5.º, § 1.º, e 7.º, parágrafo único, da Constituição de 1934; arts. 22 e 29 da Constituição de 1937; art. 18, § 3.º, da Constituição de 1946; arts. 8.º, § 1.º, e 16, § 4.º, da Constituição de 1967; art. 13, § 3.º, da Emenda n.º 1/1969.

[3] Hesse, Konrad. *Elementos de Direito Constitucional da República Federal da Alemanha.* Porto Alegre: Sergio Antonio Fabris, 1998, p. 212-215.

Ao lado da soma de esforços, a cooperação federativa pode ser realizada por meio de delegações de competências administrativas. A Lei n.º 9.277/1996, por exemplo, autoriza a União "a delegar, pelo prazo de até vinte e cinco anos, prorrogáveis por até mais vinte e cinco, aos Municípios, Estados da Federação ou ao Distrito Federal, ou a consórcio entre eles, a administração de rodovias e exploração de trechos de rodovias, ou obras rodoviárias federais".[4]

O art. 23, parágrafo único, da CRFB prevê, de forma genérica, a gestão associada de serviços comuns aos três Entes Federativos.

Em seguida, o art. 25, § 3.º, da CRFB trata da criação, pelos Estados, mediante lei complementar, de regiões metropolitanas, aglomerações urbanas e microrregiões, constituídas por agrupamentos de Municípios limítrofes com o objetivo de "integrar a organização, o planejamento e a execução de funções públicas de interesse comum".

Da mesma forma, o art. 241 da CRFB, com a redação dada pela EC n.º 19/1998 (Reforma Administrativa), faz referência expressa aos consórcios públicos e aos convênios de cooperação como importantes instrumentos de associação federativa de serviços públicos.

Segundo Marcos Juruena Villela Souto, enquanto o art. 23, parágrafo único, da CRFB disciplina a partilha de competência comum, o art. 241 da CRFB procura viabilizar a associação entre Entes Federados para o desenvolvimento de competências próprias, bem como de transferência de competências entre tais entes.[5]

Nesse contexto, em 6 de abril de 2005, foi publicada a Lei federal n.º 11.107/2005, que regulamentou os consórcios públicos e traçou linhas gerais para sua implementação. Em seguida, foi editado o Decreto n.º 6.017/2007 para regulamentar a citada Lei dos Consórcios Públicos.

Os consórcios públicos podem ser definidos como ajustes celebrados entre os Entes Federados para gestão associada de serviços públicos, bem como a transferência total ou parcial de encargos, serviços, pessoal e bens essenciais à continuidade dos serviços transferidos.

As novidades implementadas pela Lei n.º 11.107/2005 e o procedimento excessivamente formal exigido para a efetivação de consórcios públicos geram

---

[4] Frise-se, no entanto, não ser possível a delegação das competências políticas, notadamente as atividades legislativa e jurisdicional, sob pena de violação ao núcleo da Federação. Da mesma forma, não se pode admitir a delegação ou renúncia definitiva de atividades. Nesse sentido: Justen Filho, Marçal. Novos sujeitos na Administração Pública: os consórcios criados pela Lei n.º 11.107. In: *Direito Administrativo: estudos em homenagem a Diogo de Figueiredo Moreira Neto*. Rio de Janeiro: Lumen Juris, 2006, p. 686-687.

[5] Souto, Marcos Juruena Villela. *Direito administrativo das parcerias*. Rio de Janeiro: Lumen Juris, 2005, p. 202.

polêmicas e colocam em xeque o eventual sucesso na aplicação da referida Lei, como se passa a demonstrar.

9.2. OS CONSÓRCIOS PÚBLICOS ANTES DA LEI N.º 11.107/2005

Até o advento da Lei n.º 11.107/2005, competia precipuamente à doutrina estabelecer o perfil dos consórcios públicos.

Naquele contexto, a doutrina costumava afirmar que os consórcios públicos, ao lado dos contratos e outros ajustes, representavam uma forma de acordo de vontades. Apesar dessa similitude entre consórcios e contratos, a doutrina costumava apontar diferenças relevantes entre os dois ajustes.[6]

De um lado, os convênios administrativos e os consórcios públicos, espécies de atos administrativos complexos, eram caracterizados pela busca de interesses comuns dos partícipes. As pessoas conveniadas ou consorciadas somavam esforços para alcançar objetivos coincidentes. Trata-se de cooperação associativa em que a liberdade de ingresso e retirada (denúncia) é um traço característico, sendo vedada cláusula de permanência obrigatória dos partícipes.[7]

Por outro lado, nos contratos propriamente ditos as partes possuíam interesses contrapostos ou antagônicos. O poder público pretende atender o interesse público (ex.: realização de uma obra ou a prestação de serviço público), enquanto o particular pretende receber o preço e lucrar com o objeto contratual.

Como consequência da distinção apontada pela doutrina, o regime jurídico dos convênios/consórcios não se confundia com o dos contratos administrativos. Por essa razão, o art. 116 da Lei n.º 8.666/1993 determina a aplicação das normas de licitação e contratos aos convênios apenas "no que couber". Ora, se os convênios e os contratos fossem sinônimos, não faria sentido a ressalva feita pelo legislador, já que o tratamento jurídico seria o mesmo. Assim, a licitação é exigida, em regra, para a celebração de contratos

---

[6] A distinção entre os convênios/consórcios e contratos foi consagrada pelo saudoso professor Hely Lopes Meirelles: "No contrato as partes têm interesses diversos e opostos; no convênio os partícipes têm interesses comuns e coincidentes. Por outras palavras: no contrato há sempre duas partes (podendo ter mais de dois signatários), uma que pretende o objeto do ajuste (a obra, o serviço etc.), outra que pretende a contraprestação correspondente (o preço ou qualquer outra vantagem), diversamente do que ocorre no convênio, em que não há partes, mas unicamente partícipes com as mesmas pretensões." Meirelles, Hely Lopes. *Direito Administrativo brasileiro*. 22. ed. São Paulo: Malheiros, 1997, p. 359. No mesmo sentido, vide: Di Pietro, Maria Sylvia Zanella. *Direito Administrativo*. 20. ed. São Paulo: Atlas, 2007, p. 314-318; Carvalho Filho, José dos Santos. *Manual de Direito Administrativo*. 18. ed. Rio de Janeiro: Lumen Juris, 2007, p. 200.

[7] Nesse sentido: Meirelles, Hely Lopes. *Direito Administrativo brasileiro*. 22. ed. São Paulo: Malheiros, 1997, p. 359-360; Carvalho Filho, José dos Santos. *Manual de Direito Administrativo*, 18. ed. Rio de Janeiro: Lumen Juris, 2007, p. 200.

(art. 37, XXI, da CRFB e art. 2.º da Lei n.º 8.666/1993), sendo desnecessária para a formalização de convênios, justamente porque os partícipes, aqui, não buscam o lucro, não havendo competição (mas sim colaboração). Nos convênios, o valor pago pela Administração tem o objetivo apenas de cobrir, total ou parcialmente, os custos do particular.[8]

Outra característica importante dos convênios administrativos era a impossibilidade, em regra, de condicionar sua formalização à prévia autorização legal, tendo em vista o princípio da separação de poderes.[9]

Em razão da inexistência de norma legal expressa, não havia uma fórmula imperativa e única sobre a organização e o funcionamento do convênio e do consórcio. A Administração Pública poderia, portanto, dispor discricionariamente a respeito da melhor forma de se implementar a gestão desses ajustes, como, por exemplo, a escolha de um dos entes associados para ser o gestor/executor ou a criação de uma pessoa jurídica distinta para administrar o objeto do ajuste.

Veja-se que não havia qualquer regra legal que obrigasse a personalização do consórcio, mas apenas a opção (sugestão doutrinária) de criação de uma pessoa jurídica com o objetivo específico de executar o serviço de interesse comum.[10]

Em que pese a distinção sugerida por grande parte dos administrativistas, é importante lembrar que diversos autores, normalmente apoiados na doutrina de Tulio Ascarelli (contrato plurilateral),[11] admitiam contratos com a existência de interesses comuns e não vislumbram diferenças essenciais entre os convênios/consórcios e os contratos.

O professor e Ministro Eros Grau, por exemplo, sempre afirmou que os contratos (gênero) se dividiam em duas espécies: "contratos de intercâmbio" – em que os interesses das partes são opostos – e "contratos de comunhão de escopo" – em que os interesses são paralelos, convergentes.[12]

---

[8]   Nesse sentido, por exemplo: *Informativo* n.º 387 do STF; Di Pietro, Maria Sylvia Zanella. *Direito Administrativo*. 20. ed. São Paulo: Atlas, 2007, p. 318.

[9]   Nesse sentido: STF, ADIn 1166/DF, Rel. Min. Ilmar Galvão, Tribunal Pleno, julgamento: 05/09/2002, *DJ* 25/10/2002, p. 24; ADIn 342/PR, Rel. Min. Sidney Sanches, Tribunal Pleno, julgamento: 06/02/2003, *DJ* 11/04/2003, p. 25; ADIn 1857/SC, Rel. Min. Moreira Alves, Tribunal Pleno, julgamento: 05/02/2003, *DJ* 07/03/2003, p. 33. Em sentido contrário: Meirelles, Hely Lopes. *Direito Administrativo brasileiro*. 22. ed. São Paulo: Malheiros, 1997, p. 360.

[10]   Meirelles, Hely Lopes. *Direito Administrativo brasileiro*. 22. ed. São Paulo: Malheiros, 1997, p. 359-361.

[11]   Ascarelli, Túlio. *Problemas das sociedades anônimas e Direito comparado*. 2. ed. São Paulo: Saraiva, 1969, p. 266.

[12]   Grau, Eros Roberto. *Licitação e contrato administrativo*. São Paulo: Malheiros, 1995, p. 91. Da mesma forma, no âmbito do Direito Civil, Antonio Junqueira de Azevedo afirma o caráter contratual do consórcio, qualificando-o, a partir de diversos critérios, como ato bilateral/plurilateral de caráter obrigacional (contrato) ou, ainda, como um contrato de colaboração e relacional. Frise-se que, não obstante apontar o caráter obrigacional ao contrato de consórcio, a partir do art. 278, § 1.º, da Lei

Na Espanha, por exemplo, Rafael Entrena Cuesta diferencia os contratos administrativos de cooperação dos contratos de colaboração da seguinte maneira: nos contratos de cooperação, os entes possuem a titularidade dos serviços contratados e atuam em pé de igualdade; já nos contratos de colaboração, apenas um dos entes possui titularidade sobre o serviço, objeto do contrato, o que gera privilégios em seu favor.[13]

Conforme assinalado, de lado as controvérsias apontadas, grande parte da doutrina distinguia os ajustes de cooperação (convênios e consórcios) dos contratos. Esses autores costumavam, ainda, diferenciar os convênios dos consórcios, não a partir do conteúdo do ajuste, mas sim a partir da qualidade dos participantes. Os convênios seriam ajustes firmados por entidades administrativas, de natureza diversa, ou por estas entidades e particulares sem fins lucrativos (ex.: convênio celebrado entre a União e um Município ou entre o Estado e entidade privada). Já os consórcios seriam acordos formalizados por entidades administrativas da mesma espécie (ex.: consórcio celebrado entre Municípios ou entre Estados).[14] Por essa distinção, a União não poderia formalizar consórcios públicos, uma vez que inexistiria outra pessoa da mesma espécie.

Esta última distinção entre os convênios e os consórcios, a nosso ver, não se sustentava na época, pois os consórcios e os convênios não eram diferenciados pela legislação e possuíam os mesmos objetivos. Tanto isso é verdade que mesmo os autores que procuravam diferenciar os ajustes concluíam que ambos se submetiam ao mesmo regime jurídico.[15] Dessa forma, independentemente da nomenclatura utilizada, os dois instrumentos jurídicos seriam tratados da mesma maneira pelo ordenamento.[16]

Pode-se afirmar que, malgrado algumas controvérsias, grande parte da doutrina, antes da Lei n.º 11.107/2005, apontava as seguintes características

---

das Sociedades Anônimas, o eminente autor admite que o consórcio tenha a natureza de "ato estatutário" (Statusgeschäft), que cria, modifica ou suprime uma relação comunitária durável, quando o caso for de empresas consorciadas que formam uma nova pessoa jurídica (*corporate joint venture*). Azevedo, Antonio Junqueira de. Natureza jurídica do contrato de consórcio. Classificação dos atos jurídicos quanto ao número de partes e quanto aos efeitos. Os contratos relacionais. A boa-fé nos contratos relacionais. Contratos de duração. Alteração das circunstancias e onerosidade excessiva. Sinalagma e resolução contratual. Resolução parcial do contrato. Função social do contrato. *Revista dos Tribunais*, ano 94, v. 832, p. 120-123, São Paulo, fev. 2005.

[13] Cuesta, Rafael Entrena. Consideraciones sobre la teoría general de los contratos de la administración. *Revista de Administración Pública*, n.º 24, p. 71-72, 1957.

[14] Meirelles, Hely Lopes. *Direito Administrativo brasileiro*. 22. ed. São Paulo: Malheiros, 1997, p. 359-361.

[15] Hely Lopes Meirelles, logo após a diferenciação entre consórcio e convênio, afirmava: "Feita essa distinção, todos os princípios e preceitos regedores dos convênios são aplicáveis aos nossos consórcios administrativos [...]." Meirelles, Hely Lopes. *Direito Administrativo brasileiro*. 22. ed. São Paulo: Malheiros, 1997, p. 361.

[16] Nesse sentido: Carvalho Filho, José dos Santos. *Manual de Direito Administrativo*. 18. ed. Rio de Janeiro: Lumen Juris, 2007, p. 201.

dos consórcios públicos: a) possuíam a natureza de ajuste não contratual; b) poderiam ser formalizados apenas entre entidades administrativas da mesma espécie, o que retirava a possibilidade de sua utilização por parte da União; c) não havia obrigatoriedade de personalização do consórcio; d) a implementação não dependia de autorização legal específica, mas apenas da vontade do Executivo.

9.3. OS CONSÓRCIOS PÚBLICOS APÓS A LEI N.º 11.107/2005 E SUAS "NOVIDADES"

Esclareça-se, desde logo, que as "novidades" trazidas pela Lei n.º 11.107/2005 só podem ser entendidas se tomarmos como paradigma as características dos consórcios públicos apontadas por grande parte da doutrina tradicional. Ou seja: algumas regras da nova legislação já eram defendidas por alguns autores e, nesse caso, certamente não serão "novidades".

9.3.1. Contratualização do consórcio

Conforme assinalado anteriormente, grande parte da doutrina sempre procurou diferenciar o contrato, em que os interesses das partes seriam antagônicos, e o consórcio, caracterizado pela existência de objetivos comuns que seriam buscados pelos consorciados.

Todavia, a Lei n.º 11.107/2005 caracterizou o consórcio público como contrato, ao estabelecer, em seu art. 3.º: "O consórcio público será constituído por contrato cuja celebração dependerá da prévia subscrição de protocolo de intenções."[17]

Além de fixar a natureza contratual, restringiu sua aplicação apenas aos Entes Federados (art. 1.º), admitindo expressamente a possibilidade de sua utilização por parte da União.

Aqui, ainda que não intencionalmente, o legislador federal acabou por consagrar a ideia doutrinária de que os contratos podem ter dois conteúdos diferenciados:

a) "contratos de intercâmbio": contratos com interesses antagônicos (ex.: contrato entre a Administração e uma empreiteira para execução de obra); e
b) "contratos de comunhão de escopo": contratos com interesses convergentes (ex.: contrato de consórcio público).

---

[17] A menção ao caráter contratual do consórcio aparece em outras passagens da Lei n.º 11.107/2005, como, por exemplo: art. 1.º, art. 4.º, XII, e § 3.º, art. 5.º etc.

9.3.2. Partícipes

Os consórcios públicos, nos termos da Lei n.º 11.107/2005, são celebrados exclusivamente por Entes Federados (União, Estados, DF e Municípios), não sendo lícita a participação de entidades administrativas e de particulares no ajuste. Nesse sentido, o art. 2.º, I, do Decreto n.º 6.017/2007, ao definir o consórcio, afirma tratar-se de "pessoa jurídica formada exclusivamente por entes da Federação".

Deve ser ressaltada, ainda, uma restrição à participação da União em consórcios públicos. Consoante previsão contida no art. 1.º, § 2.º, da Lei n.º 11.107/2005, "a União somente participará de consórcios públicos em que também façam parte todos os Estados em cujos territórios estejam situados os Municípios consorciados".

A citada restrição, a nosso ver, não se justifica, uma vez que o condicionamento da formalização da gestão associada à participação obrigatória do respectivo Estado viola a autonomia federativa da União e dos Municípios (princípio federativo consagrado no art. 18 da CRFB) e coloca em risco a efetivação da gestão associada pretendida pelo texto constitucional (art. 241 da CRFB). Ora, a eventual falta de interesse do Estado na assinatura do protocolo de intenções e do contrato de consórcio impediria o consorciamento entre a União e os Municípios, o que seria completamente desproporcional.[18]

Por fim, o consórcio público, uma vez constituído, pode celebrar contratos, convênios e outros ajustes com entidades da Administração Indireta ou com particulares em geral (art. 2.º, § 1.º, da Lei n.º 11.107/2005).

9.3.3. Personalidade jurídica

Outra característica importante retirada da Lei n.º 11.107/2005 é a obrigatoriedade de personalização do consórcio público (art. 1.º, § 1.º, e art. 6.º).

Há necessidade de instituição de pessoa jurídica de Direito público (associação pública) ou de pessoa jurídica de Direito privado, que serão responsáveis pela gestação e execução do objeto do consórcio.

Até o advento da legislação do consórcio público, sua personalização era apenas uma sugestão doutrinária, mas não uma imposição legal.

9.3.4. Necessidade de autorização legislativa

Atualmente, a formalização de consórcios públicos depende da conjugação de vontades do Chefe do Executivo e do Legislativo. Isto porque a Lei

---

[18] Nesse sentido: Carvalho Filho, José dos Santos. *Consórcios Públicos*. Rio de Janeiro: Lumen Juris, 2009, p. 21.

n.º 11.107/2005 exige a participação do Poder Legislativo na elaboração do consórcio público.

O protocolo de intenções deve ser aprovado pela Casa legislativa do Ente que pretende se consorciar. A ratificação legal do protocolo, no entanto, é dispensada, caso já exista lei disciplinadora da sua participação em consórcios públicos (art. 5.º, *caput* e § 4.º, da Lei n.º 11.107/2005). Nessa última hipótese, o Ente Federado poderá celebrar consórcios com outros entes, desde que respeite a sua legislação específica.

Dessa forma, é imprescindível a autorização legislativa, prévia ou posterior, para formalização dos consórcios públicos.

9.4. DISCUSSÃO SOBRE A CONSTITUCIONALIDADE DA LEI N.º 11.107/2005 – COMPETÊNCIA LEGISLATIVA DA UNIÃO PARA LEGISLAR SOBRE NORMAS GERAIS?

O primeiro ponto de discórdia levantado pela doutrina refere-se à própria constitucionalidade da Lei n.º 11.107/2005. Em seu preâmbulo e no art. 1.º, *caput*, a Lei afirma estabelecer normas gerais para a União, os Estados, o Distrito Federal e os Municípios formalizarem consórcios públicos. Na doutrina, questiona-se a respeito da possibilidade de a União estabelecer normas gerais sobre consórcios públicos de observância obrigatória para os demais Entes Federados.

De um lado, alguns autores afirmam a inconstitucionalidade da Lei n.º 11.107/2005 por violação ao art. 241 da CRFB,[19] que dispõe:

> Art. 241. A União, os Estados, o Distrito Federal e os Municípios *disciplinarão por meio de lei* os consórcios públicos e os convênios de cooperação entre os Entes Federados, autorizando a gestão associada de serviços públicos, bem como a transferência total ou parcial de encargos, serviços, pessoal e bens essenciais à continuidade dos serviços transferidos. (Grifo nosso)

Ainda que em outras passagens a Constituição mencione a cooperação entre os Entes Federados, a menção expressa aos consórcios públicos aparece apenas no art. 241 da CRFB e, segundo sua disposição literal, todos os Entes

---

[19] Miguel Reale, por exemplo, ao analisar o projeto de lei que deu origem à Lei n.º 11.107/2005, afirma a sua inconstitucionalidade, tendo em vista que a criação de "instituição jurídica anômala", com competências conferidas pela Constituição aos Entes Federados, teria violado o pacto federativo e extrapolado do comando normativo contido no art. 241 da CRFB. Reale, Miguel. Parecer sobre consórcios públicos. Disponível em: http://www.miguelreale.com.br/parecer. Acesso em 10 mar. 2009.

Federados terão autonomia para disciplinar os consórcios, não possuindo a União competência para fixação de normas gerais.

Nessa linha de raciocínio, a Lei n.º 11.107/2005 teria chamado os consórcios públicos de contratos com o único objetivo de "legitimar" a atuação do legislador federal na tentativa de uniformizar nacionalmente o tratamento do tema. Isso porque, ao trazer a natureza contratual para os consórcios, abrir-se-ia o caminho para a União estabelecer normas gerais para todos os entes, com fulcro no art. 22, XXVII, da CRFB.

E a atitude do legislador federal, dessa forma, acabou por contrariar o pacto federativo ao concentrar indevidamente poderes nas mãos da União, restringindo a autonomia dos demais entes políticos. Essa é a lição do professor Diogo de Figueiredo Moreira Neto:

> Desse modo, a União, invadindo a competência político-administrativa das unidades menores para dispor autonomamente sobre esses instrumentos pactuais não contratuais, sob o fraco pretexto de "facilitar" o emprego dos consórcios, mas, na verdade, ditada por injustificáveis motivos de hegemonia e de controle político, inclusive no que toca ao comando das fontes de financiamentos oficiais, também os submeteu às suas normas gerais, como se contratos fossem, abrindo nova frente de concentração de poder em detrimento e na contramão do pacto federativo. (Grifo no original)[20]

A interpretação literal do texto constitucional, à primeira vista, realmente parece apontar para a inconstitucionalidade da Lei por duas razões: 1) se, por um lado, o art. 22, XXVII, da CRFB consagra a competência da União para as normas gerais sobre contratos; por outro lado a própria Constituição, em seu art. 241, tratando especificamente dos consórcios públicos, garante a possibilidade de todos os entes legislarem sobre consórcios públicos e convênios de cooperação. Ora, ainda que se admitisse a natureza contratual dos consórcios, poderia se afirmar que a própria Constituição pretendeu retirar o consórcio das normas gerais da União. Não fosse assim, não faria sentido, em princípio, a existência do art. 241 da CRFB; 2) no plano constitucional, a gestão associada de serviços pelos Entes Federados (cooperação), citada no art. 241 da CRFB, vem tratada de maneira genérica no art. 23, parágrafo único, da CRFB, que exige leis complementares para fixação de "normas para a cooperação entre a União e os Estados, o Distrito Federal e os Municípios, tendo em vista o equilíbrio do desenvolvimento e do bem-estar em âmbito

---

[20] Moreira Neto, Diogo de Figueiredo. Novo enfoque jurídico nos contratos administrativos. In: *Mutações do Direito Administrativo*. 3. ed. Rio de Janeiro: Renovar, 2007, p. 457. Da mesma forma, Jessé Torres entende que a Lei n.º 11.107/2005 é de duvidosa constitucionalidade à luz dos arts. 18 e 23, parágrafo único, da Constituição da República. Pereira Junior, Jessé Torres. *Comentários à Lei das Licitações e Contratações da Administração Pública*. 7. ed. Rio de Janeiro: Renovar, 2007, p. 286.

nacional". Ou seja, a Lei n.º 11.107/2005, ainda que pretendesse tratar genericamente de cooperação entre Entes Federados, deveria ter natureza de lei complementar, o que efetivamente não ocorreu.

Ainda que os argumentos utilizados em prol da inconstitucionalidade sejam fortes, não nos parecem insuperáveis.

A doutrina majoritária tem defendido a constitucionalidade da Lei n.º 11.107/2005, uma vez que este diploma legal, ao tratar os consórcios como contratos administrativos, estaria em harmonia com o art. 22, XXVII, da CRFB. Os autores, de modo geral, não verificam qualquer irregularidade na qualificação contratual e na consequente fixação de normas gerais, por parte da União, para os "contratos de consórcios".[21] Aliás, como visto anteriormente, importante parcela da doutrina já admitia a existência de contratos com interesses convergentes.

Há, ainda, o argumento de que o art. 241 da CRFB teria estabelecido uma competência concorrente para os entes legislarem sobre os consórcios públicos e, dessa forma, independentemente da discussão à respeito da natureza contratual do consórcio, a União, com fundamento no art. 24, *caput* e parágrafos, da CRFB, poderia editar normas gerais, de caráter nacional.[22]

O outro argumento, para a confirmação da presunção de constitucionalidade da Lei, é de ordem pragmática. Em razão da necessidade de uniformização dos consórcios públicos em âmbito nacional, a União deve realmente estabelecer as normas gerais. Se cada Ente Federado pudesse estabelecer, de maneira autônoma, as suas próprias normas, a efetivação do consórcio público restaria inviabilizada.

Realmente, parece salutar a competência da União para fixar as normas gerais sobre os consórcios públicos, mormente pelo fato de esse instrumento jurídico tratar da cooperação entre diversos Entes Federados, sendo certo que os interesses em jogo extrapolam os limites territoriais de cada ente.

Fato é que não existe um modelo pronto e acabado de federalismo, variando os modelos de Estado federal no tempo e no espaço. Há uma constante tensão nos Estados federais entre a centralização e a descentralização de competências (autonomias), bem como uma tendência na consagração do

---

[21] Nesse sentido, por exemplo: Justen Filho, Marçal. Novos sujeitos na Administração Pública: os consórcios criados pela Lei n.º 11.107. In: *Direito Administrativo: estudos em homenagem a Diogo de Figueiredo Moreira Neto*. Rio de Janeiro: Lumen Juris, 2006, p. 689; Medauar, Odete. *Consórcios públicos: comentários à Lei 11.107/05*. São Paulo: RT, 2006, p. 17-20; Krell, Andréas J. *Leis de normas gerais, regulamentação do Poder Executivo e cooperação intergovernamental em tempos de Reforma Federativa*. Belo Horizonte: Fórum, 2008, p. 57 e 60.

[22] Marques Neto, Floriano de Azevedo. Os consórcios públicos. *Revista Eletrônica de Direito de Estado*, n.º 3, p. 16 e 17, Salvador, Instituto de Direito Público da Bahia, jul.-ago.-set. 2005. Disponível em: www.direitodoestado.com.br. Acesso em 14 jan. 2007.

princípio da subsidiariedade com a valorização da atuação dos entes estatais mais próximos da população.[23]

É importante destacar, por oportuno, que o princípio da subsidiariedade não afasta a importância do ente estatal central, que deve criar condições favoráveis para a interação (cooperação) federativa. As normas gerais, de competência da União, são normalmente caracterizadas por serem de observância obrigatória a todos os Entes Federados e por garantirem um mínimo de homogeneidade federativa, respeitando, contudo, as particularidades locais e regionais (as normas gerais não devem tratar de pormenores).[24]

O federalismo cooperativo, consagrado atualmente na Constituição de 1988 (*v.g.*: arts. 23 e 241), pressupõe, por óbvio, a relativização de uma partilha rígida de competências para se buscar uma integração racional entre os Entes Federados.[25] Não se trata de estabelecer uma hierarquia em favor da União no desempenho de serviços comuns (centralização que, no passado, mostrou-se autoritária), mas sim de viabilizar que esse ente central estabeleça, por meio de normas gerais, procedimento homogêneo para formalização de parcerias federativas, como ocorre no âmbito dos consórcios públicos da Lei n.º 11.107/2005, garantindo segurança jurídica (homogeneidade normativa para assuntos que extrapolam os interesses de cada ente) e efetividade dos interesses constitucionais que o poder público deve satisfazer.

9.5. O PROCEDIMENTO LEGAL PARA FORMALIZAÇÃO DO CONSÓRCIO

A instituição do consórcio público depende da implementação do procedimento previsto na Lei n.º 11.107/2005, que compreende os seguintes

---

[23] No âmbito das relações políticas, a subsidiariedade denota a ideia de repartição de competências entre os Entes Federativos (ordem jurídica interna) ou entre Estados nacionais (ordem jurídica internacional), com importância destacada para o poder local que se encontra mais próximo do cidadão. Somente naqueles casos em que os "entes menores" não tiverem condições de satisfazer as necessidades da população, é que os "entes maiores" assumirão essa incumbência. Sobre o referido princípio, vide: Torres, Silvia Faber. *O princípio da subsidiariedade no Direito público contemporâneo.* Rio de Janeiro: Renovar, 2001; Baracho, José Alfredo de Oliveira. *O princípio da subsidiariedade: conceito e evolução.* Rio de Janeiro: Forense, 1996.

[24] Ainda que a doutrina apresente certo consenso em relação à definição teórica das normas gerais, na prática a discussão se coloca pontualmente, vide, por exemplo, a discussão em relação à Lei n.º 8.666/1993. O STF decidiu que as normas previstas nos preceitos do art. 17, I, *b*, e II, *b*, da Lei só teriam aplicação no âmbito federal (norma federal e não nacional), não vinculando os Estados e Municípios (ADI-MC 927/RS, Pleno, Min. Rel. Carlos Veloso, julgamento 03/11/1993, *DJ* 11/11/1994). Para aprofundamento do estudo das normas gerais, vide: Moreira Neto, Diogo de Figueiredo. Competência concorrente limitada: o problema da conceituação das normas gerais. *Revista de Informação Legislativa*, n.º 100, 1988.

[25] Krell, Andréas J. *Leis de normas gerais, regulamentação do Poder Executivo e cooperação intergovernamental em tempos de Reforma Federativa.* Belo Horizonte: Fórum, 2008, p. 60-64.

momentos principais: subscrição do protocolo de intenções, ratificação do protocolo pelo legislador, celebração do contrato de consórcio, personificação do consórcio, contrato de rateio e contrato de programa.

9.5.1. Protocolo de intenções

Os entes da Federação que pretendem se consorciar devem subscrever o denominado "protocolo de intenções", que representa uma espécie de minuta do futuro "contrato" de consórcio (art. 3.º da Lei n.º 11.107/2005).

As cláusulas essenciais do protocolo de intenções encontram-se definidas no art. 4.º da Lei n.º 11.107/2005:

a) a denominação, a finalidade, o prazo de duração e a sede do consórcio;

b) a identificação dos Entes da Federação consorciados;

c) a indicação da área de atuação do consórcio;

d) a previsão de que o consórcio público é associação pública ou pessoa jurídica de Direito privado sem fins econômicos;

e) os critérios para, em assuntos de interesse comum, autorizar o consórcio público a representar os Entes da Federação consorciados perante outras esferas de governo;

f) as normas de convocação e funcionamento da assembleia geral, inclusive para a elaboração, aprovação e modificação dos estatutos do consórcio público;

g) a previsão de que a assembleia geral é a instância máxima do consórcio público e o número de votos para as suas deliberações;

h) a forma de eleição e a duração do mandato do representante legal do consórcio público que obrigatoriamente deverá ser chefe do Poder Executivo de Ente da Federação consorciado;

i) o número, as formas de provimento e a remuneração dos empregados públicos, bem como os casos de contratação por tempo determinado para atender a necessidade temporária de excepcional interesse público;

j) as condições para que o consórcio público celebre contrato de gestão ou termo de parceria;

k) a autorização para a gestão associada de serviços públicos, explicitando: as competências cujo exercício se transferiu ao consórcio público; os serviços públicos objeto da gestão associada e a área em que serão prestados; e a autorização para licitar ou outorgar concessão, permissão ou autorização da prestação dos serviços; as condições a que deve obedecer o contrato de programa, no caso de a gestão associada envolver também a prestação de serviços por órgão ou entidade de um dos Entes da Federação consorciados;

Cap. IX – CONSÓRCIOS PÚBLICOS

os critérios técnicos para cálculo do valor das tarifas e de outros preços públicos, bem como para seu reajuste ou revisão; e

l) o direito de qualquer dos contratantes, quando adimplente com suas obrigações, exigir o pleno cumprimento das cláusulas do contrato de consórcio público.

9.5.2. Autorização legislativa

O protocolo de intenções deve ser ratificado por lei de cada ente que pretende se consorciar, salvo na hipótese de o legislador respectivo já disciplinar previamente as condições de participação no consórcio (art. 5.º, *caput* e § 4.º, da Lei n.º 11.107/2005).

Registre-se que o contrato de consórcio público pode ser celebrado por apenas uma parcela dos Entes da Federação, que subscreveram o protocolo de intenções, quando houver cláusula expressa nesse sentido (art. 5.º, § 1.º, da Lei n.º 11.107/2005).

O legislador, no caso, pode ratificar o protocolo com reserva que, aceita pelos demais entes subscritores, implicará consorciamento parcial ou condicional (art. 5.º, § 2.º, da Lei n.º 11.107/2005).

Caso a ratificação seja realizada após dois anos da subscrição do protocolo de intenções, será necessária a homologação da assembleia geral do consórcio público (art. 5.º, § 3.º, da Lei n.º 11.107/2005).

9.5.3. Contrato de consórcio

Com a ratificação legislativa, os Entes da Federação assinarão o contrato definitivo de consórcio. Nesse sentido, o art. 5.º da Lei n.º 11.107/2005 dispõe: "O contrato de consórcio público será celebrado com a ratificação, mediante lei, do protocolo de intenções."

9.5.4. Personificação do consórcio

A opção pela instituição de pessoa de Direito público (associação pública) ou pessoa de Direito privado deve constar em cláusula específica no protocolo de intenções (art. 4.º, IV, da Lei n.º 11.107/2005).[26]

---

[26] De acordo com o STJ, a sanção aplicada ao ente federado consorciado não alcança a pessoa jurídica instituída no âmbito do consórcio e integrante da Administração Indireta, tendo em vista o princípio da intranscendência das sanções (STJ, 2.ª Turma, REsp 1.463.921/PR, Rel. Min. Humberto Martins, DJe 15.02.2016, *Informativo de Jurisprudência do STJ* n. 577).

ORGANIZAÇÃO ADMINISTRATIVA – *Rafael Carvalho Rezende Oliveira*

A associação pública é instituída mediante a vigência das leis de ratificação do protocolo de intenções (art. 6.º, I, da Lei n.º 11.107/2005).

Por outro lado, a pessoa de Direito privado é instituída pelo registro do ato constitutivo, após aprovação do protocolo de intenções (art. 6.º, II, da Lei n.º 11.107/2005, c/c o art. 45 do CC).

9.5.5. Contrato de rateio

O contrato de rateio é o instrumento adequado para que os entes consorciados repassem recursos financeiros ao consórcio público (art. 8.º da Lei n.º 11.107/2005).

O prazo de vigência do contrato de rateio não pode ser superior a um ano, uma vez que os recursos financeiros, objeto do ajuste, devem estar previstos nas respectivas leis orçamentárias anuais, conforme dispõe o art. 8.º, § 1.º, da Lei n.º 11.107/2005.

Excepcionalmente, na forma da norma supracitada, o contrato de rateio poderá ter prazo superior a um ano em duas hipóteses:

a) projetos consistentes em programas e ações contemplados em plano plurianual; e

b) gestão associada de serviços públicos custeados por tarifas ou outros preços públicos.

Quanto à primeira exceção, o plano plurianual já ultrapassa o prazo anual, o que justifica a possibilidade de fixação de prazo diferenciado, assim como ocorre na legislação tradicional (art. 57, I, da Lei n.º 8.666/1993). No entanto, a segunda exceção é de difícil compreensão, uma vez que a celebração do contrato de rateio sequer faria sentido, pois os serviços seriam custeados por tarifa ou outros preços públicos, e não por dotação orçamentária. Nesse caso, a eventual celebração do contrato de rateio envolverá o repasse de recurso orçamentário e dependerá, por óbvio, da previsão dos respectivos recursos na legislação orçamentária, o que atrairia a restrição do prazo anual.

O ente consorciado que não consignar, em sua respectiva lei orçamentária ou em créditos adicionais, as dotações necessárias para cobrir as despesas previstas no contrato de rateio poderá ser excluído do consórcio público, após prévia suspensão (art. 8.º, § 5.º, da Lei n.º 11.107/2005).

É importante ressaltar que configura ato de improbidade administrativa a celebração de contrato de rateio sem suficiente e prévia dotação orçamentária, ou sem observância das formalidades previstas na lei (art. 10, XV, da Lei n.º 8.429/1992).

9.5.6. Contrato de programa

O contrato de programa tem por objetivo constituir e regulamentar as obrigações que um Ente da Federação constituir para com outro Ente da Federação ou para com consórcio público no âmbito de gestão associada de serviços públicos (art. 13 da Lei n.º 11.107/2005).

O objeto do contrato de programa envolve "a prestação de serviços públicos ou a transferência total ou parcial de encargos, serviços, pessoal ou de bens necessários à continuidade dos serviços transferidos" (art. 13 da Lei n.º 11.107/2005).[27]

Em regra, o contrato de programa pode ser celebrado entre Entes Federados ou entre estes e o consórcio. É possível, no entanto, a celebração desse ajuste por entidades da Administração Indireta, desde que haja previsão expressa no contrato de consórcio ou no convênio de cooperação (art. 13, § 5.º, da Lei n.º 11.107/2005).

O art. 13, § 4.º, da Lei n.º 11.107/2005 prevê a continuidade do contrato de programa "mesmo quando extinto o consórcio público ou o convênio de cooperação que autorizou a gestão associada de serviços públicos". Trata-se da denominada ultratividade do contrato de programa, uma vez que o contrato de programa permanece válido e eficaz mesmo com a permanência de uma única parte no ajuste.[28]

Apesar do silêncio da legislação, entendemos que a duração máxima do contrato de programa não pode ultrapassar o prazo inicialmente fixado para o contrato de consórcio público, tendo em vista a impossibilidade jurídica de imposição da contratação forçada com caráter perpétuo.

Recorde-se, por fim, que a expressão "contrato de programa" é nova no ordenamento brasileiro, mas já é utilizada há bastante tempo no Direito comparado, com enfoque diverso. Enquanto na França, por exemplo, o contrato de programa normalmente é formalizado entre o governo e as empresas públicas, com o objetivo de melhorar a situação deficitária destas últimas,

---

[27] Na visão de Floriano de Azevedo Marques Neto, o contrato de programa constitui uma forma peculiar de delegação de serviço público no âmbito da cooperação federativa (art. 241 da CRFB), distinta das formas tradicionais de delegação de serviço público a particulares (art. 175 da CRFB) (Marques Neto, Floriano de Azevedo. Os consórcios públicos. *Redae*, n.º 3, p. 42-43, Salvador, Instituto de Direito Público da Bahia, jul.-ago.-set. 2005. Disponível em: www.direitodoestado.com.br. Acesso em 14 jan. 2007).

[28] Odete Medauar e Gustavo Justino de Oliveira entendem que essa autonomia ou ultratividade do contrato de programa (continuidade do ajuste mesmo com o fim do consórcio) é essencial à segurança jurídica e à confiança legítima, sendo reforçada no art. 11, § 2.º, da Lei (Medauar, Odete; Oliveira, Gustavo Justino de. *Consórcios públicos: comentários à Lei 11.107/05*. São Paulo: RT, 2006, p. 110-111). Não se trata, é verdade, de novidade na legislação pátria, havendo exemplos de ultratividade contratual, com apenas uma parte, em outras normas jurídicas (ex.: art. 206, I, *d*, da Lei n.º 6.404/1976).

na Itália o contrato de programa é formalizado entre o Estado e empresas privadas, relacionando-se com as atividades econômicas.[29]

9.6. CONSÓRCIO PÚBLICO DE DIREITO PÚBLICO: ASSOCIAÇÃO PÚBLICA

Conforme já assinalado, os consórcios públicos devem ser, necessariamente, personalizados. As pessoas jurídicas, de Direito público (associações públicas) ou de Direito privado, instituídas para gerir a gestão associada, possuem características próprias e suscitam debates interessantes.

9.6.1. Natureza jurídica: autarquia interfederativa

A primeira possibilidade aberta para os entes é a constituição de pessoas jurídicas de Direito público, denominadas pela legislação "associações públicas" (art. 6.º, I, da Lei n.º 11.107/2005), expressão esta que, ao menos em termos de Direito positivo, representa uma novidade trazida pela legislação. Por essa razão, a nomenclatura deve ser utilizada, por enquanto, apenas para designar o consórcio público que assume a natureza de Direito público.

Tal assertiva se justifica pelo fato de existirem significados diversos para o termo no Direito comparado. Em Portugal, por exemplo, Vital Moreira, em obra específica sobre o tema, define a "associação pública" como uma pessoa coletiva de Direito público, de natureza associativa, criada por ato do poder público para desempenhar tarefas administrativas, relacionadas com os interesses de determinados particulares, com autonomia, embora sofra eventualmente tutela do Estado (ex.: ordens profissionais).[30]

No conceito supratranscrito, percebe-se que a expressão associação pública é utilizada como sinônimo de ente público corporacional formado por particulares que possuem interesses comuns, cujos exemplos característicos, em Portugal, são as ordens profissionais. Nesse sentido, as associações públicas, naquele país, não se confundiriam com os consórcios públicos (associações interadministrativas).[31]

---

[29] Vide: Medauar, Odete. *Consórcios públicos: comentários à Lei 11.107/05*. São Paulo: RT, 2006, p. 101-104.

[30] Moreira, Vital. *Administração autônoma e associações públicas*. Coimbra: Coimbra Editora, 2003, p. 382. Lembre-se que, no Brasil, excepcionado o caso da OAB (*Informativo* n.º 430 do STF), a jurisprudência tem afirmado o caráter autárquico dos conselhos profissionais. Vide, por exemplo: ADI 1717/DF, Pleno, Rel. Min. Sydney Sanches, julgamento 07/11/2002, *DJ* 28/03/2003, p. 61.

[31] Vital Moreira afirma que o conceito de associação pública, por ele adotado, não compreende os consórcios públicos (associações interadministrativas). Os consórcios não passariam de um instrumento de cooperação entre entidades administrativas para o desempenho de tarefas comuns. Moreira,

Na Lei n.º 11.107/2005, a opção legislativa foi considerar a associação pública pessoa jurídica de Direito público, criada por lei, que tem o objetivo de implementar o "contrato" de consórcio.

A associação pública, segundo expressa previsão legal (art. 6.º, § 1.º), integra a Administração Indireta de todos os entes consorciados. Vale dizer: a pessoa de Direito público criada vai integrar, ao mesmo tempo, a Administração de diversos entes políticos.

Há, todavia, controvérsia na doutrina e na jurisprudência sobre a possibilidade de instituição de entidade administrativa interfederativa.

Primeira posição: impossibilidade de entidades interefederativas no ordenamento jurídico pátrio, tendo em vista o princípio federativo que consagra a autonomia dos Entes Federados. Nesse sentido: Odete Medauar e Gustavo Justino de Oliveira.[32]

Segunda posição: viabilidade constitucional de entidades interfederativas. Nesse sentido: Floriano de Azevedo Marques Neto, Alice Gonzalez Borges, Alexandre Santos de Aragão.[33]

Sustentamos a possibilidade de instituição de entidades interfederativas, tendo em vista os seguintes argumentos:

a) compatibilidade com o federalismo cooperativo, sendo certo que a formatação da cooperação não é definida previamente pela Constituição, admitindo-se, portanto, a eventual personificação pelos entes consorciados que teriam a autonomia preservada;

b) o art. 241 da CRFB, após redação dada pela EC n.º 19/1998, remete ao legislador ordinário a disciplina da gestão associada por meio de consórcios públicos, o que viabilizaria a opção pela instituição de entidades interfederativas;

c) as entidades interfederativas não representam novidade no ordenamento jurídico, havendo, até, previsão em algumas Constituições estaduais.[34]

Vital. *Administração autônoma e associações públicas*. Coimbra: Coimbra Editora, 2003, p. 393-395. Lembre-se que Portugal, ao contrário do Estado federal brasileiro, é um Estado unitário, mas que convive com o regime autonômico insular e com as autarquias locais (art. 6.º/1 da Constituição portuguesa de 1976).

[32] Medauar, Odete; Oliveira, Gustavo Justino de. *Consórcios públicos: comentários à Lei 11.107/05*. São Paulo: RT, 2006, p. 77.

[33] Marques Neto, Floriano de Azevedo. Os consórcios públicos. *Redae*, n.º 3, p. 29, Salvador, Instituto de Direito Público da Bahia, jul.-ago.-set. 2005. Disponível em: www. direitodoestado.com.br. Acesso em 6 ago. 2011; Borges, Alice Gonzalez. Consórcios públicos, nova sistemática e controle. *Redae*, n.º 6, p. 6, Salvador, Instituto de Direito Público da Bahia, maio-jun.-jul. 2006. Disponível em www. direitodoestado.com.br. Acesso em 6 ago. 2011; Aragão, Alexandre Santos de. *Direito dos serviços públicos*. Rio de Janeiro: Forense, 2007, p. 758.

[34] Nesse sentido, por exemplo, dispõe o art. 351, parágrafo único, da Constituição do Estado do Rio de Janeiro: "Art. 351. Os Municípios podem celebrar convênios para execução de suas leis,

É oportuno registrar que o STF já afirmou a impossibilidade de constituição de autarquia interestadual de fomento ou desenvolvimento regional. O caso tratava do Banco Regional do Desenvolvimento do Extremo Sul (BRDES), criado em 1962, e assentou as seguintes premissas básicas:[35]

a) a criação legítima de autarquia pressupõe que as suas finalidades institucionais estejam compreendidas no âmbito material e territorial da entidade estatal matriz, o que reclama, em princípio, a unidade desta;
b) a instituição de autarquias interestaduais, à falta de entidades intermediárias entre a União e os Estados, só se poderia legitimar por força de norma constitucional federal, que não existe;
c) as atividades estatais de planejamento e fomento do desenvolvimento regional, a partir de 1934, foram reservadas privativamente à União que, no caso, não integrava a autarquia interestadual.

O precedente do STF não tem, contudo, o condão, salvo melhor juízo, de inviabilizar a instituição de entidade interfederativa, na linha prevista na lei dos consórcios, desde que o consórcio seja formatado para execução de atividades que sejam de titularidade de um ou mais entes consorciados. Ademais, a decisão do STF foi proferida com fundamento na EC n.º 1/1969, e a composição da Corte foi profundamente alteradas nos últimos anos.

Fixada a característica interfederativa da associação pública, o próximo passo é definir a sua natureza jurídica. Aqui também existe forte controvérsia doutrinária.

Primeira posição: a associação pública é uma nova entidade da Administração Indireta distinta das entidades tradicionais (autarquias, empresas

---

de seus serviços ou de suas decisões por outros órgãos ou servidores públicos federais, estaduais ou de outros Municípios. Parágrafo único. Os Municípios podem também através de convênios, prévia e devidamente autorizados por leis municipais, criar entidades intermunicipais de administração indireta para a realização de obras, atividades e serviços específicos de interesse comum, dotadas de personalidade jurídica própria, com autonomia administrativa e financeira e sediadas em um dos Municípios convenentes." Da mesma forma, o art. 181, III, da Constituição do Estado de Minas Gerais estabelece: "Art. 181. É facultado ao Município: [...] III – participar, autorizado por lei municipal, da criação de entidade intermunicipal para realização de obra, exercício de atividade ou execução de serviço específico de interesse comum." Por fim, cite-se, por exemplo, o caso da Companhia do Metropolitano de São Paulo (Metrô), em que o Estado de São Paulo e o Município de São Paulo participam como acionistas. O exemplo é citado por: Marques Neto, Floriano de Azevedo. Os consórcios públicos. *Redae*, n.º 3, p. 28, Salvador, Instituto de Direito Público da Bahia, jul.-ago.-set. 2005. Disponível em: www.direitodoestado.com.br. Acesso em 14 jan. 2007.

[35] STF, 1.ª Turma, RE 120932/RS, Rel. Min. Sepúlveda Pertence, j. 24.03.1992, *DJ* 30.04.1992, p. 5.725. Vide ainda: STF, Tribunal Pleno, ACO_503/RS, Min. Rel. Min. Moreira Alves, j. 25.10.2001, *DJ* 05.09.2003, p. 30, *Informativo de Jurisprudência do STF* n.º 247.

públicas, sociedades de economia mista e fundações estatais). Nesse sentido: Maria Sylvia Zanella Di Pietro e Marçal Justen Filho.[36]

Segunda posição: a associação pública é uma espécie de autarquia. Nesse sentido: Floriano de Azevedo Marques Neto, Alice Gonzalez Borges, Alexandre Santos de Aragão e José dos Santos Carvalho Filho.[37]

Em nossa opinião, as associações públicas são autarquias interfederativas (multi ou plurifederativas), tendo em vista os seguintes argumentos:

a) as associações possuem as mesmas características essenciais das autarquias (pessoas de Direito público, criadas por lei, que exercem atividades não econômicas e integram a Administração Indireta);

b) o art. 37, XIX, da CRFB, ao tratar das entidades integrantes da Administração Indireta, cita apenas as autarquias, empresas públicas, sociedades de economia mista e as fundações públicas, o que gera, em princípio, a necessidade de enquadramento da associação pública em uma daquelas quatro categorias de sujeitos;

c) o art. 16 da Lei n.º 11.107/2005 alterou o inciso IV do art. 41 do Código Civil para enquadrar a associação pública como espécie de autarquia;[38] e

d) a natureza autárquica da associação pública foi consagrada no art. 2.º, I, do Decreto n.º 6.017/2007, que regulamenta a Lei n.º 11.107/2005.

A peculiaridade da associação pública, quando comparada às autarquias tradicionais, é a natureza interfederativa. Atualmente, portanto, além das tradicionais autarquias federais, estaduais, distritais e municipais, o ordenamento admite a autarquia plurifederativa (multi ou interfederativa). Ex.: a União, o Estado do Rio de Janeiro e o Município do Rio de Janeiro instituíram a Autoridade Pública Olímpica (APO), consórcio público, sob a forma de autarquia em regime especial (art. 1.º da Lei n.º 12.396/2011). A referida norma foi revogada pela Lei n.º 13.474/2017 que transformou a APO na Autoridade de Governança do Legado Olímpico (AGLO).

---

[36] Di Pietro, Maria Sylvia Zanella. *Direito administrativo*. 22. ed. São Paulo: Atlas, 2009, p. 421 e 475; Justen Filho, Marçal. Novos sujeitos na Administração Pública: os consórcios criados pela Lei n.º 11.107. *Direito administrativo*: estudos em homenagem a Diogo de Figueiredo Moreira Neto. Rio de Janeiro: Lumen Juris, 2006, p. 690.

[37] Marques Neto, Floriano de Azevedo. Os consórcios públicos. *Redae*, n.º 3, p. 28, Salvador, Instituto de Direito Público da Bahia, jul.-ago.-set. 2005. Disponível em: www.direitodoestado. com.br. Acesso em 14 jan. 2007; Borges, Alice Gonzáles. Os consórcios públicos na sua legislação reguladora. *IP*, v. 32, p. 236, jul.-ago. 2005; Aragão, Alexandre Santos de. *Direito dos serviços públicos*. Rio de Janeiro: Forense, 2007, p. 758. O professor José dos Santos Carvalho Filho chama essas autarquias de "autarquias associativas". Carvalho Filho, José dos Santos. *Consórcios públicos*. Rio de Janeiro: Lumen Juris, 2009, p. 29.

[38] "Art. 41. São pessoas de Direito público interno: [...] IV – as autarquias, inclusive as associações públicas."

9.6.2. Criação

A associação pública é instituída mediante a vigência das leis de ratificação do protocolo de intenções, conforme preceitua o art. 6.º, I, da Lei n.º 11.107/2005.

Registre-se, no entanto, a dificuldade de definição do momento exato de instituição da associação pública, especialmente pela possibilidade de que as Casas Legislativas dos Entes Federados, que pretendem se consorciar, ratifiquem o protocolo de intenções em momentos distintos.

Odete Medauar e Gustavo Justino de Oliveira entendem que "a personalidade jurídica se adquire mediante a vigência de parcela das leis de ratificação, em número suficiente para se formar um consórcio", devendo o protocolo de intenções, na forma do art. 5.º, § 1.º, da Lei n.º 11.107/2005, prever a possibilidade de criação do consórcio com apenas parcela dos entes subscritores e indicar o número necessário de ratificações para formação do consórcio.[39] Nessa linha de raciocínio, não seria necessária a vigência de todas as leis e ratificação do protocolo de intenções, mas apenas de parcela delas.

Por outro lado, Di Pietro afirma que, de acordo com a sistemática da Lei n.º 11.107/2005, a personalidade jurídica surge em momentos diferentes para cada ente consorciado. A própria autora afirma que essa solução é "absurda", mas é o que decorre da lei.[40] Realmente, parece ser estranho o nascimento de uma mesma pessoa em momentos distintos.

José dos Santos Carvalho Filho entende que o ideal seria estabelecer uma mesma data para a vigência das leis que aprovam o protocolo de intenções, mas, se isso não for possível, a aquisição da personalidade jurídica só ocorreria com a vigência da última lei de ratificação do protocolo de intenções. Assim, como a Lei fala em "vigência das leis" (art. 6.º, I), seria necessário que todas as leis tivessem vigência para o surgimento da associação.[41]

O festejado professor afirma em seguida que, no caso de já existirem leis disciplinadoras de participação nos consórcios em cada ente integrante do consórcio, a lei de ratificação seria dispensável (art. 5.º, § 4.º), nascendo a personalidade jurídica com a publicação do protocolo de intenções, na forma do art. 7.º, § 2.º, do Decreto n.º 6.017/2007.[42]

Essa última hipótese não nos parece possível, pois contraria expressamente o art. 37, XIX, da CRFB, que exige lei específica para criação de autarquia, o que afasta a possibilidade de mera lei autorizativa.

---

[39] Medauar, Odete. *Consórcios públicos: comentários à Lei 11.107/05*. São Paulo: RT, 2006, p. 75.

[40] Di Pietro, Maria Sylvia Zanella. *Direito Administrativo*. 20. ed. São Paulo: Atlas, 2007, p. 446.

[41] Carvalho Filho, José dos Santos. *Consórcios públicos*. Rio de Janeiro: Lumen Juris, 2009, p. 31.

[42] Carvalho Filho, José dos Santos. *Consórcios públicos*. Rio de Janeiro: Lumen Juris, 2009, p. 32.

Ademais, para dificultar ainda mais a questão do nascimento da associação, o art. 5.º, § 2.º, da Lei n.º 11.107/2005 admite a ratificação do protocolo "com reserva", que, aceita pelos demais subscritores, implicará uma espécie de consórcio parcial ou condicional.

O ideal, a nosso sentir, é que o protocolo de intenções defina o momento em que a entidade deve ser constituída. Nesse caso, as respectivas leis de ratificação deveriam aprovar o protocolo com a previsão da data de início da personalidade. Ou seja: os legisladores respectivos deveriam estipular a mesma data futura para início da personalidade, e essas leis só teriam vigência a partir dessa data.[43]

9.6.3. Objeto

O objeto da associação pública será o desempenho de atividades administrativas que são da competência comum dos Entes consorciados ou, ainda, que venham a ser delegadas por um dos partícipes à autarquia plurifederativa.

Em razão da personalidade jurídica de Direito público, a associação pública, assim como ocorre com as demais autarquias, pode exercer atividade típica de Estado (poder de polícia), sendo vedado, no entanto, o exercício de atividades econômicas, uma vez que a atuação empresarial do Estado ocorre por meio da instituição de empresas estatais, observados os limites do art. 173 da CRFB.

Não bastasse a impropriedade do exercício de atividades econômicas por pessoas públicas, fato é que mesmo a pessoa jurídica de Direito privado, instituída no âmbito dos consórcios, não pode exercer essas atividades, tendo em vista a vedação contida no art. 4.º, IV, da Lei n.º 11.107/2005.

9.6.4. Regime de pessoal

O regime de pessoal das associações públicas apresenta controvérsias. Parcela da doutrina sustenta que o regime de pessoal é o celetista, diante do art. 4.º, IX, da Lei n.º 11.107/2005, que, ao tratar do protocolo de intenções dos consórcios públicos, faz menção tão somente aos "empregados públicos", expressão que remete ao vínculo celetista (emprego público).[44]

---

[43] O art. 8.º da LC n.º 95/1998 dispõe: "A vigência da lei será indicada de forma expressa e de modo a contemplar prazo razoável para que dela se tenha amplo conhecimento, reservada a cláusula 'entra em vigor na data de sua publicação' para as leis de pequena repercussão." O art. 1.º da LINDB, por sua vez, prevê: "Salvo disposição contrária, a lei começa a vigorar em todo o país quarenta e cinco dias depois de oficialmente publicada."

[44] Nesse sentido: Medauar, Odete. *Consórcios públicos: comentários à Lei n.º 11.107/2005*. São Paulo: RT, 2006, p. 57; Carvalho Filho, José dos Santos. *Consórcios públicos*. Rio de Janeiro: Lumen Juris,

Entendemos que o regime de pessoal da associação pública é o estatutário, em razão do retorno da exigência do regime jurídico único para as pessoas de Direito público por meio da decisão do STF proferida após o advento da Lei dos Consórcios Públicos.[45]

A dificuldade, no entanto, é identificar o regime estatutário que será aplicado aos servidores das associações públicas, em virtude da autonomia de cada ente para legislar sobre o assunto, o que acarreta a pluralidade de normas (leis federais, estaduais, distritais e municipais). O ente não pode fixar regras de pessoal para outros entes, bem como não pode haver renúncia de competência legislativa.

Na prática, uma possível solução seria a cessão de servidores pelos entes consorciados ao consórcio (art. 4.º, § 4.º, da Lei n.º 11.107/2005 e art. 23 do Decreto n.º 6.017/2007).[46] Nesse caso, os servidores permaneceriam submetidos ao regime de pessoal originário (art. 23, § 1.º, do Decreto n.º 6.017/2007) e a extinção do consórcio acarretaria o retorno dos servidores aos órgãos/entidades de origem.

9.6.5. Patrimônio

O patrimônio das associações públicas é formado por bens públicos, na forma do art. 98 do CC.

Em consequência, esses bens possuem as prerrogativas dos demais bens públicos: alienação condicionada pela lei, impenhorabilidade, imprescritibilidade e não onerabilidade.

A dificuldade reside na fixação do regime legal aplicável aos bens públicos da associação pública, tendo em vista o seu caráter interfederativo, pois cada Ente Federado possui autonomia para fixar o regime jurídico do respectivo patrimônio.

Com o intuito de superar o impasse, uma alternativa é a cessão dos bens públicos pelos entes consorciados às associações públicas, com a manutenção do regime jurídico do cedente e sem transferência da propriedade. Nesse caso, no final do consórcio, os bens cedidos serão revertidos ao seu proprietário.

2009, p. 76. É de notar, todavia, que a legislação é confusa ao se referir aos agentes que atuam nos consórcios. O art. 8.º, § 2.º, do Decreto n.º 6.017/2007, por exemplo, depois de utilizar a expressão "empregados públicos", faz referência aos respectivos "cargos", quando se sabe que, tecnicamente, os empregados ocupam, em verdade, empregos públicos.

[45] STF, Pleno, ADI 2135 MC/DF, Rel. p/ acórdão Min. Ellen Gracie, j. 02.08.2007, *DJ* 07.03.2008, *Informativo de Jurisprudência do STF* n.º 474.

[46] A cessão de servidores, segundo Marcos Juruena, seria uma opção que preservaria melhor a autonomia federativa (Souto, Marcos Juruena Villela. *Direito administrativo das parcerias*. Rio de Janeiro: Lumen Juris, 2005, p. 206).

Em relação à reversão dos bens cedidos aos consórcios, o art. 11, § 1.º, da Lei n.º 11.107/2005, ao tratar da retirada do ente do consórcio público, dispõe que os bens "somente serão revertidos ou retrocedidos no caso de expressa previsão no contrato de consórcio público ou no instrumento de transferência ou de alienação".

A rigor, a norma em comento acaba por estabelecer a irreversibilidade dos bens cedidos, caso não haja previsão explícita no contrato de consórcio ou no termo de cessão ou alienação.

Entendemos, todavia, que a ausência de previsão expressa em instrumento jurídico sobre a reversão não pode gerar o "perdimento" ou "confisco" dos bens por parte do consórcio, uma vez que a propriedade dos bens permanece com o ente consorciado.[47]

Excepcionalmente, poderia haver irreversibilidade, quando plenamente comprovada a necessidade do bem para a continuidade dos serviços públicos prestados pelo consórcio, surgindo, nesse caso, o direito à indenização por parte do proprietário.

9.6.6. Atos e contratos

As associações públicas editam atos próprios e celebram contratos com terceiros para atingir seus objetivos institucionais (art. 2.º, §§ 1.º a 3.º, da Lei 11.107/2005).

Em razão da personalidade jurídica de Direito público, as associações públicas, assim como as demais autarquias, editam, em regra, atos administrativos e celebram contratos administrativos.

É reconhecida a possibilidade de as associações públicas promoverem desapropriações, nos termos do art. 2.º, § 1.º, II, da Lei n.º 11.107/2005. Nesse caso, a competência para declarar a utilidade pública ou o interesse social na desapropriação é do Ente Federado (competência declaratória), cabendo à associação pública promover os atos necessários para a consumação da desapropriação (competência executória).

9.6.7. Foro processual

A definição do foro competente para processo e julgamento das associações públicas pode gerar polêmica, tendo em vista o caráter interfederativo da entidade e a ausência de definição do legislador.

---

[47] Em sentido semelhante, sustentando que "a regra deveria ser, sempre, a reversibilidade, seja imediata, seja no momento do término das obrigações vinculadas ao uso do bem", vide: Medauar, Odete. *Consórcios públicos: comentários à Lei 11.107/05.* São Paulo: RT, 2006, p. 98.

Em uma primeira interpretação, a competência processual para o julgamento das associações públicas seria definida em razão da qualidade de seus partícipes (consorciados).

Caso a União faça parte da associação pública, a autarquia plurifederativa teria, induvidosamente, caráter também federal, razão pela qual a competência para o processo e julgamento de suas causas seria da Justiça Federal, conforme estabelecido no art. 109, I, da CRFB. Em relação às demais associações públicas, a competência seria da Justiça Estadual.

Outra interpretação possível é a fixação da competência processual a partir do Chefe do Executivo, eleito pelos consorciados como representante legal do consórcio (art. 4.º, VIII, da Lei n.º 11.107/2005). Caso o representante legal do consórcio seja o Presidente da República, a competência seria da Justiça Federal. Nos demais casos, a competência seria da Justiça Estadual.

A rigor, em casos assemelhados, a competência tem sido fixada a partir do ente controlador da entidade administrativa. Em relação à empresa pública, admite-se a participação na composição do seu capital social de vários Entes Federados ou entidades administrativas, na forma do art. 5.º do DL n.º 900/1969.[48] A empresa pública, por exemplo, será considerada federal caso a maioria das ações com direito a voto esteja nas mãos da União. Nesse caso, a competência para o julgamento dessa entidade seria da Justiça Federal.

Em recente decisão, o STF afastou a competência fiscalizatória do TCU em relação à empresa estatal controlada pelo DF, com participação acionária da União.[49]

Ocorre que esta última interpretação, a nosso ver, não pode ser aplicada aos consórcios públicos, por uma razão simples: ao contrário das empresas estatais supracitadas, a associação pública integra, ao mesmo tempo, duas ou mais Administrações Indiretas de Entes Federados diversos. Não há falar em associação pública federal, estadual, distrital ou municipal, mas sim em associação pública (autarquia) plurifederativa.

Ressalte-se que, no consórcio público, a instância máxima decisória é a "assembleia geral", e o número de votos para as sua deliberações deverão constar do protocolo de intenções e do contrato de consórcio (art. 4.º, VII, da Lei n.º 11.107/2005).

---

[48] "Art. 5.º Desde que a maioria do capital votante permaneça de propriedade da União, será admitida, no capital da empresa pública (art. 5.º, inciso II, do Decreto-lei n.º 200, de 25 de fevereiro de 1967), a participação de outras pessoas jurídicas de Direito público interno, bem como de entidades da Administração Indireta da União, dos Estados, Distrito Federal e Municípios."

[49] O julgamento teve por objeto a competência para fiscalização das contas da Terracap, empresa estatal com participação da União (49% das ações), cujo controle acionário pertence ao DF (51%). STF, MS 24.423/DF, Rel. Min. Gilmar Mendes, Tribunal Pleno, *DJe*-35, 20/02/2009. Vide: *Informativo de Jurisprudência* n.º 519 do STF.

Cap. IX – CONSÓRCIOS PÚBLICOS **231**

Poderia se dizer que a competência seria fixada em razão da figura do representante legal do consórcio, que deve ser necessariamente o Chefe do Executivo de um dos entes consorciados (art. 4.º, VIII, da Lei n.º 11.107/2005). Caso fosse o Presidente da República, a competência seria da Justiça Federal.

Da mesma forma, esse argumento pode ser objetado pelo fato de não haver relação necessária entre o representante legal do consórcio e o controle da associação pública. Isso porque o representante legal não é o controlador da entidade interfederativa (o controle é exercido pela assembleia geral). Ademais, independentemente do representante legal, a entidade sempre será plurifederativa.

Apesar das dificuldades apontadas e da ausência de norma expressa sobre o tema, parece que a primeira interpretação é a mais adequada. Se a autarquia federal é processada e julgada perante a Justiça Federal (art. 109, I, da CRFB), com maior razão a autarquia plurifederativa, que conta com a participação da União. Em relação aos demais consórcios públicos, sem a participação da União, a competência é da Justiça Estadual da sede do consórcio.

9.6.8. Responsabilidade civil

As associações públicas, em razão da personalidade jurídica de Direito público, submetem-se à responsabilidade civil objetiva, na forma do art. 37, § 6.º, da CRFB.

Os Entes Federados consorciados possuem responsabilidade subsidiária pelas obrigações do consórcio público (art. 9.º do Decreto n.º 6.017/2007).

Em caso de alteração ou extinção do contrato de consórcio, os entes consorciados responderão solidariamente pelas obrigações remanescentes, enquanto não houver decisão que indique os responsáveis por cada obrigação, garantindo o direito de regresso diante dos entes beneficiados ou dos que deram causa à obrigação (art. 12, § 2.º, da Lei n.º 11.107/2005).

9.6.9. Controle do Tribunal de Contas

Não se pode olvidar que o Tribunal de Contas deve fiscalizar o consórcio público.

Ocorre que uma interpretação literal do art. 9.º, parágrafo único, da Lei n.º 11.107/2005 levaria à conclusão equivocada de que apenas o Tribunal de Contas, a que está vinculado o representante legal do consórcio, poderia fiscalizar o ajuste e a aplicação dos recursos orçamentários.[50]

---

[50] "Art. 9.º [...]. Parágrafo único. O consórcio público está sujeito à fiscalização contábil, operacional e patrimonial pelo Tribunal de Contas competente para apreciar as contas do Chefe do Poder Executivo

Em verdade, tal interpretação violaria frontalmente o texto constitucional (art. 70, *caput* e parágrafo único, da CRFB), razão pela qual todos os Tribunais de Contas, responsáveis pela fiscalização dos entes consorciados, deverão controlar o ajuste.[51]

9.7. CONSÓRCIO PÚBLICO DE DIREITO PRIVADO

Ao lado da possibilidade de constituição de uma associação pública, a Lei n.º 11.107/2005 autoriza a criação de uma pessoa jurídica de Direito privado para administrar o consórcio (art. 6.º, II, da Lei n.º 11.107/2005).

De início, parte da doutrina afirma ser inadequada a utilização de pessoa de natureza privada para gerir consórcio entre pessoas políticas. Não seria justificável, mesmo com as cautelas apontadas pela própria legislação, que um consórcio integrado exclusivamente por pessoas de Direito público tenha natureza privada, notadamente quando algumas competências conferidas aos consórcios reclamam o regime de Direito público.[52]

A utilização de instrumentos privados e de formas societárias privadas pelo poder público não representa, todavia, novidade. A Administração Pública Indireta possui pessoas jurídicas de Direito privado criadas pelo Estado, após autorização legal, tais como as empresas públicas, as sociedades de economia mista e as fundações públicas de Direito privado.

O que não se pode admitir é a utilização de formas privadas para burlar a aplicação de normas de Direito público. Malgrado a regência predominante pelo Direito civil, essas "associações estatais privadas"[53] submetem-se à licitação, às formalidades para celebração de contratos, à prestação de contas (controle pelo Tribunal de Contas) e ao concurso público, sendo o pessoal regido pela CLT (art. 6.º, § 2.º, da Lei n.º 11.107/2005).

---

representante legal do consórcio, inclusive quanto à legalidade, legitimidade e economicidade das despesas, atos, contratos e renúncia de receitas, sem prejuízo do controle externo a ser exercido em razão de cada um dos contratos de rateio."

[51] Nesse sentido: Carvalho Filho, José dos Santos. *Consórcios públicos*. Rio de Janeiro: Lumen Juris, 2009, p. 111; Di Pietro, Maria Sylvia Zanella. *Direito Administrativo*. 20. ed. São Paulo: Atlas, 2007, p. 444.

[52] Nesse sentido: Borges, Alice Gonzáles. Os consórcios públicos na sua legislação reguladora. In: *Interesse Público*, n.º 32, p. 238, Porto Alegre, jul.-ago. 2005; Medauar, Odete. *Consórcios públicos: comentários à Lei 11.107/05*. São Paulo: RT, 2006, p. 76; Marques Neto, Floriano de Azevedo. Os consórcios públicos. *Revista Eletrônica de Direito de Estado*, n.º 3, p. 15 e 16, Salvador, Instituto de Direito Público da Bahia, jul.-ago.-set. 2005. Disponível em: www.direitodoestado.com.br. Acesso em 14 jan. 2007. Frise-se que o PL n.º 3.884/2004, que deu origem à Lei do Consórcio Público, somente previa a criação de pessoa jurídica de Direito público.

[53] A expressão não foi adotada pela legislação e é apenas sugestiva: "associação", em razão do vínculo associativo e pelo caráter não econômico da entidade; "estatal", pois a entidade é criada pelo Estado; e "privada", tendo em vista o caráter privado da pessoa e a aplicação de normas preponderantemente privadas.

9.7.1. Natureza jurídica: fundação estatal de Direito privado interfederativa

Ao contrário do que ocorre com as associações públicas, a Lei n.º 11.107/2005 não aloca expressamente a pessoa de Direito privado no âmbito da Administração Indireta.

Por essa razão, alguns autores excluem essa pessoa privada da Administração Indireta, enquadrando-a como associação civil, prevista no art. 44, I, do Código Civil e disciplinada pela legislação civil, mormente pelo fato de a Lei dos Consórcios, em seu art. 15, determinar a aplicação subsidiária da legislação que rege as associações civis.[54]

Não obstante o silêncio da lei, não se pode conceber que uma pessoa jurídica criada pelo Estado, não importando a natureza de sua personalidade (pública ou privada), seja localizada fora da Administração Pública.

As pessoas jurídicas, no Brasil, podem ser alocadas em dois "lugares": na Administração, quando a pessoa é criada pelo Estado; ou na iniciativa privada, quando a pessoa é constituída por particulares. No caso, por ser criada pelo próprio Estado para o exercício de atividades descentralizadas, submetendo-se, no que couber, às diversas normas de Direito público, a pessoa jurídica de Direito privado deve ser considerada integrante da Administração Pública Indireta.[55]

Em razão do enquadramento na Administração Pública Indireta e das respectivas entidades mencionadas no art. 37, XIX, da CRFB, entendemos que a pessoa jurídica de Direito privado, verdadeira associação estatal privada interfederativa, poderia ser enquadrada como espécie de empresa pública, prestadora de serviço público, ou de fundação estatal de Direito privado.[56]

---

[54] Nesse sentido: Medauar, Odete. *Consórcios públicos: comentários à Lei 11.107/05*. São Paulo: RT, 2006, p. 52 e 78.

[55] Essa também é a lição da professora Di Pietro: "Embora o art. 6.º só faça essa previsão com relação aos consórcios constituídos como pessoas jurídicas de Direito público, é evidente que o mesmo ocorrerá com os que tenham personalidade de Direito privado. Não há como uma pessoa jurídica política (União, Estados, Distrito Federal e Municípios) instituir pessoa jurídica administrativa para desempenhar atividades próprias do ente instituidor e deixá-la fora do âmbito de atuação do Estado, como se tivesse sido instituída pela iniciativa privada." Di Pietro, Maria Sylvia Zanella. *Direito Administrativo*. 20. ed. São Paulo: Atlas, 2007, p. 442. Nesse sentido: Gasparini, Diógenes. *Direito Administrativo*. 12. ed. São Paulo: Saraiva, 2007, p. 421; Carvalho Filho, José dos Santos. *Consórcios Públicos*. Rio de Janeiro: Lumen Juris, 2009, p. 40.

[56] Em sentido semelhante: Di Pietro, Maria Sylvia Zanella. *Direito Administrativo*. 20. ed. São Paulo: Atlas, 2007, p. 443. Por óbvio, essa pessoa de Direito privado não poderia ser enquadrada nos gêneros "autarquias e fundações públicas de Direito público", pois essas pessoas têm personalidade jurídica de Direito público. Também não poderia ser considerada espécie de sociedade de economia mista, já que é integrada apenas por pessoas políticas (não há a participação da iniciativa privada no quadro societário, como acontece na sociedade de economia mista). Por fim, em razão da vedação do exercício de atividades econômicas, a entidade não poderia ser considerada uma empresa pública econômica.

9.7.2. Criação

As dificuldades apontadas para o momento de instituição das associações públicas são minimizadas em relação às pessoas jurídicas de Direito privado que gerem os consórcios públicos, pois essas entidades são instituídas, após a autorização legal, com a inscrição do ato constitutivo no respectivo registro (art. 6.º, II, da Lei n.º 11.107/2005 e art. 45 do CC).

9.7.3. Objeto

A opção pela instituição de pessoa jurídica de Direito privado impede o exercício de atividades típicas de Estado, que só podem ser desempenhadas por pessoas de Direito público (ex.: poder de polícia).[57]

É também vedado o exercício de atividades econômicas pelos consórcios públicos: enquanto a impossibilidade do exercício de atividade econômica por associações públicas decorre da própria natureza autárquica da entidade, o impedimento para os consórcios públicos de Direito privado decorre da legislação (art. 4.º, IV, da Lei n.º 11.107/2005 e art. 2.º, I, do Decreto n.º 6.017/2007).

Destarte, os consórcios públicos de natureza privada só podem desenvolver atividades administrativas (ex.: serviços públicos, fomento etc.) que não envolvam poder de autoridade.

9.7.4. Regime de pessoal

O quadro de pessoal do consórcio público de Direito privado é composto por empregados celetistas, contratos por concurso público, conforme dispõe o art. 6.º, § 2.º, da Lei n.º 11.107/2005.

Compete, privativamente, à União legislar sobre Direito do trabalho, o que garante unidade normativa ao regime celetista.

Admite-se, ainda, a cessão de servidores pelos entes consorciados ao consórcio (art. 4.º, § 4.º, da Lei n.º 11.107/2005 e art. 23 do Decreto n.º 6.017/2007), que permaneceriam submetidos ao regime de pessoal originário (art. 23, § 1.º, do Decreto n.º 6.017/2007).

---

[57] Lembre-se que o STF, no julgamento da ADIn 1717, ao analisar a constitucionalidade do art. 58 da Lei n.º 9649/1998, que estabeleceu o caráter privado dos conselhos responsáveis pela fiscalização de profissões regulamentadas, corroborou a ideia de que só pessoas de Direito público podem desempenhar atividades típicas de Estado. Apesar desse precedente, o próprio STF, no *Informativo* n.º 430, afirmou que a OAB não teria natureza autárquica e não integraria a Administração Pública.

9.7.5. Patrimônio

O patrimônio dos consórcios públicos de Direito privado é formado por bens privados (art. 98 do CC).

Malgrado esses bens privados não possuam as prerrogativas inerentes aos bens públicos, deve ser reconhecida a aplicação de algumas prerrogativas de Direito público, tais como a impossibilidade da penhora dos bens afetados aos serviços públicos e a necessidade de cumprimento dos requisitos legais para alienação (art. 17 da Lei n.º 8.666/1993).

9.7.6. Atos e contratos

Os consórcios públicos de Direito privado editam atos privados e celebram os denominados "contratos privados da Administração".

Não obstante, o regime jurídico dessas entidades é híbrido, uma vez que devem observar as derrogações constitucionais ao regime privado (ex.: concurso público para contratação de pessoal, licitação para celebração de contratos, teto remuneratório, controle do Tribunal de Contas). Os atos praticados no exercício de atividades administrativas devem ser considerados atos administrativos, notadamente para fins de controle.

9.7.7. Foro processual

A determinação do foro competente para processar e julgar as pessoas privadas plurifederativas, instituídas no âmbito dos consórcios, está relacionada à natureza jurídica dessas entidades.

Em razão da natureza jurídica de fundação pública de Direito privado, entendemos que tais entidades devem ser processadas e julgadas na Justiça Estadual, uma vez que a competência da Justiça Federal, prevista no art. 109 da CRFB, não contempla as fundações estatais privadas, ainda que federais.

A questão pode suscitar polêmica, já que, em tese, se a entidade for considerada empresa pública de serviços públicos, com caráter plurifederativo, a competência seria da Justiça Federal, com fundamento no art. 109, I, da CRFB. No entanto, entendemos que a entidade é uma verdadeira fundação em razão da vedação legal de exercício da atividade econômica.

Ressalte-se que a competência da Justiça Estadual, no caso, também seria defensável para aqueles autores que situam essas pessoas jurídicas de Direito privado fora da Administração Indireta, posição da qual discordamos, conforme já salientado. De qualquer forma, caso se compreenda a entidade como não integrante da Administração Indireta, não haverá dúvida de que a competência será da Justiça Estadual.

9.7.8. Responsabilidade civil

As pessoas jurídicas de Direito privado, instituídas para a execução da gestão associadas de atividades administrativas, submetem-se à responsabilidade civil objetiva, na forma do art. 37, § 6.º, da CRFB, já que são prestadoras de serviços públicos.

Lembre-se ser inviável a execução de atividades econômicas por essas entidades, o que reforça o caráter administrativo de suas atividades e demonstra a necessidade de fixar a responsabilidade civil objetiva pelos danos causados a terceiros.

Assim como ocorre com as associações públicas, há responsabilidade subsidiária dos Entes Federados consorciados pelos danos causados por essas entidades privadas (art. 9.º do Decreto n.º 6.017/2007).

Do mesmo modo, em caso de alteração ou extinção do contrato de consórcio, os entes consorciados responderão solidariamente pelas obrigações remanescentes, enquanto não houver decisão que indique os responsáveis por cada obrigação, garantindo o direito de regresso diante dos entes beneficiados ou dos que deram causa à obrigação (art. 12, § 2.º, da Lei n.º 11.107/2005).

9.7.9. Controle do Tribunal de Contas

Os consórcios públicos de Direito privado submetem-se ao controle do Tribunal de Contas, nos moldes indicados no item 9.6.9.

9.8. ALTERAÇÕES LEGISLATIVAS PROMOVIDAS PELA LEI DOS CONSÓRCIOS PÚBLICOS

A Lei dos Consórcios Públicos promoveu importantes alterações em outras leis específicas, trazendo algumas novidades, por exemplo, no âmbito das licitações e da improbidade administrativa.

9.8.1. Licitação (Lei n.º 8.666/1993)

O art. 17 da Lei n.º 11.107/2005 implementou diversas alterações na Lei n.º 8.666/1993, com o intuito de estabelecer tratamento diferenciado e favorável ao consórcio público.

9.8.1.1. Valores diferenciados para escolha da modalidade de licitação (art. 23, § 8.º, da Lei n.º 8.666/1993)

A primeira novidade que merece destaque é o acréscimo do § 8.º ao art. 23 da Lei n.º 8.666/1993, que aumentou os limites dos valores necessários à escolha de modalidade licitatória (concorrência, tomada de preços e convite).

Dispõe a referida norma: "no caso de consórcios públicos, aplicar-se-á o dobro dos valores mencionados no *caput* deste artigo quando formado por até três Entes da Federação, e o triplo, quando formado por maior número".

Assim, por exemplo, se um Ente Federado, isoladamente, pretender contratar a prestação de serviços, que não sejam de engenharia, no montante de até R$ 80.000,00, poderá utilizar a modalidade convite, na forma do art. 23, II, *a*, da Lei n.º 8.666/1993.[58]

No caso do consórcio público, formado por até três Entes Federados, o convite pode ser utilizado nas contratações com valor estimado de até R$ 160.000,00. Se formado por mais de três entes, o valor do convite será de R$ 240.000,00.

9.8.1.2. Nova hipótese de dispensa de licitação (art. 24, XXVI, da Lei n.º 8.666/1993)

A segunda novidade refere-se à instituição de nova modalidade de dispensa de licitação no rol do art. 24 da Lei n.º 8.666/1993 que, no inciso XXVI, prevê agora a possibilidade de celebração direta de contrato de programa entre o consórcio e o Ente da Federação ou com entidade da Administração Indireta.

O contrato de programa, regulado no art. 13 da Lei n.º 11.107/2005, tem por objeto a definição das

> [...] obrigações que um Ente da Federação constituir para com outro Ente da Federação ou para com consórcio público no âmbito de gestão associada em que haja a prestação de serviços públicos ou a transferência total ou parcial de encargos, serviços, pessoal ou de bens necessários à continuidade dos serviços transferidos.

É possível concluir, portanto, pela existência de dois contratos de programa: a) contrato celebrado pelo Ente Federado com o consórcio público (de Direito público ou de Direito privado); e b) contrato ajustado entre Entes Federados.

---

[58] O art. 23, II, *a*, da Lei n.º 8.666/1993 dispõe: "Art. 23. As modalidades de licitação a que se referem os incisos I a III do artigo anterior serão determinadas em função dos seguintes limites, tendo em vista o valor estimado da contratação: [...] II – para compras e serviços não referidos no inciso anterior: a) convite – até R$ 80.000,00 (oitenta mil reais)."

O art. 24, XXVI, da Lei n.º 8.666/1993 parece não mencionar apenas o contrato de programa firmado entre Entes Federados, independentemente da formalização do contrato de consórcio. Entendemos que, mesmo nesse caso, o referido contrato de programa não seria precedido de licitação, pois se trata de espécie do gênero convênios.

9.8.1.3. *Valores diferenciados para dispensa de licitação (art. 24, § 1.º, da Lei n.º 8.666/1993)*

A terceira novidade é a ampliação dos valores para dispensa da licitação nos contratos firmados pelos consórcios públicos. Isso porque o § 1.º do art. 24 da Lei 8.666/1993 determina que os consórcios públicos podem dispensar a licitação para as contratações com valor estimado de até 20% dos limites fixados nos incisos I e II do *caput* do art. 24 da Lei de Licitações.

Da mesma forma que ocorre com as agências executivas e as empresas estatais, os consórcios públicos podem celebrar, sem licitação, contratos com valores estimados maiores (dobrados) do que aqueles celebrados pela Administração em geral.

Isso não quer dizer, a nosso sentir, que os valores para fins de dispensa sejam exatamente os mesmos para essas entidades, uma vez que, no caso dos consórcios, o art. 24 deve ser interpretado em conjunto com o art. 23, I, *a*, II, *a* e § 8.º, da Lei de Licitações.[59]

Os valores que devem ser considerados pelas entidades administrativas em geral para definição da modalidade e para eventual dispensa de licitação, são aqueles constantes do art. 23, I e II, da Lei n.º 8.666/1993.

Ocorre que tais valores nunca serão utilizados pelos consórcios, uma vez que o art. 23, § 8.º, da Lei n.º 8.666/1993 impõe a duplicação ou a triplicação dos valores, dependendo do número de entes consorciados.

Assim, imaginemos os exemplos da contratação de compras e serviços que não sejam de engenharia.

Em regra, as entidades administrativas podem dispensar a licitação se o valor estimado do contrato for de até R$ 8.000,00, o que equivale a 10% sobre o valor previsto no art. 23, II, *a*, conforme previsão contida no art. 24, II, da Lei n.º 8.666/1993.

Na hipótese de contratação realizada por entidades mencionadas no art. 24, § 1.º, da Lei n.º 8.666/1993, o percentual de 10% é elevado para 20%,

---

[59] Oliveira, Rafael Carvalho Rezende. *Licitações e contratos administrativos*. 3. ed. São Paulo: Método, 2014, p. 150-151; Motta, Carlos Pinto Coelho. *Eficácia nas licitações e contratos*. 12. ed. Belo Horizonte: Del Rey, 2011, p. 313.

razão pela qual a dispensa de licitação é possível para contratos com valores estimados de até R$ 16.000,00.

A dispensa de licitação para contratos firmados por consórcios públicos merece, todavia, interpretação diferente, senão vejamos.

O art. 23, § 8.º, da Lei n.º 8.666/1993 dispõe que, no caso dos consórcios públicos, os valores mencionados no *caput* do artigo serão dobrados quando o consórcio envolver até três Entes da Federação, e triplicados quando formado por maior número.

Conforme destacado anteriormente, o art. 24, § 1.º, da Lei n.º 8.666/1993, ao fazer referência aos limites citados nos incisos I e II do *caput* do mesmo artigo, deve ser interpretado em consonância com o art. 23, I, *a*, II, *a* e § 8.º, da Lei de Licitações.

Os exemplos a seguir servem para facilitar a compreensão da tese aqui defendida:

a) caso 1: consórcio público, formado por até três entes, pretende contratar serviços que não sejam de engenharia. Nesse caso, o valor para o convite é dobrado, ou seja, R$ 160.000,00. A dispensa da licitação, nesse caso, é possível para contratações com valor estimado de até 20% sobre esse valor (art. 24, § 1.º, c/c o art. 23, II, *a* e § 8.º, da Lei de Licitações), perfazendo o total de R$ 32.000,00;

b) caso 2: consórcio público, formado por mais três entes, instaura procedimento licitatório para contratar os mesmos serviços citados no caso *supra*. Nessa hipótese, o valor normalmente utilizado para o convite é triplicado, perfazendo o total de R$ 240.000,00. Em consequência, a dispensa da licitação é possível para contratações com valor estimado de até 20% sobre esse valor (art. 24, § 1.º, c/c o art. 23, II, *a* e § 8.º, da Lei de Licitações), perfazendo o total de R$ 48.000,00.

O mesmo raciocínio deve ser aplicado às contratações de obras e serviços de engenharia por consórcios públicos, conforme dispõe o art. 24, § 1.º, c/c o art. 23, I, *a* e § 8.º, da Lei de Licitações. Caso o consórcio seja formado por até três Entes da Federação, o valor da dispensa será equivalente a R$ 60.000,00. Por outro lado, na hipótese de consórcio formado por mais de três entes, a licitação será dispensável para os contratos de até R$ 90.000,00.

Em resumo, a dispensa de licitação com base no valor estimado do contrato (art. 24, I, II e § 1.º, da Lei n.º 8.666/1993) pode ser visualizada no quadro esquemático a seguir:

Entidades Objeto contratual	Entidades administrativas: dispensa de licitação (art. 24, I e II)	Sociedade de economia mista, empresa pública e agências executivas: dispensa de licitação (art. 24, § 1.º)	Consórcios públicos formados por *até três Entes da Federação*: dispensa de licitação (arts. 23, § 8.º, e 24, § 1.º)	Consórcios públicos formados por *mais de três Entes da Federação*: dispensa de licitação (arts. 23, § 8.º, e 24, § 1.º)
Obra e serviços de engenharia	até R$ 15.000,00	até R$ 30.000,00	até R$ 60.000,00	até R$ 90.000,00
Compras e serviços	até R$ 8.000,00	até R$ 16.000,00	até R$ 32.000,00	até R$ 48.000,00

Por fim, vale mencionar que o art. 26 da Lei n.º 8.666/1993 foi modificado tão somente para se amoldar às alterações implementadas por leis específicas a partir de 2004, inclusive a Lei n.º 11.107/2005, já que, na redação anterior, esse artigo fazia menção aos incisos III a XXIV do art. 24, sendo certo que, agora, existem outros incisos que admitem a dispensa de licitação.[60]

9.8.1.4. Licitação compartilhada (art. 112 da Lei n.º 8.666/1993)

A última novidade importante que merece destaque é a instituição da denominada "licitação compartilhada" no art. 112 da Lei n.º 8.666/1993.

Os consórcios públicos estão autorizados a realizar licitação de que, nos termos do edital, decorram contratos administrativos celebrados por órgãos ou entidades dos Entes da Federação consorciados, na forma do art. 112, § 1.º, da Lei n.º 8.666/1993.

Em sentido semelhante, o art. 19 do Decreto n.º 6.017/2007, que regulamenta a Lei n.º 11.107/2005, dispõe:

> Os consórcios públicos, se constituídos para tal fim, podem realizar licitação cujo edital preveja contratos a serem celebrados pela Administração Direta ou Indireta dos Entes da Federação consorciados, nos termos do § 1.º do art. 112 da Lei n.º 8.666, de 21 de junho de 1993.

---

[60] "Art. 26. As dispensas previstas nos §§ 2.º e 4.º do art. 17 e no inciso III e ss. do art. 24, as situações de inexigibilidade referidas no art. 25, necessariamente justificadas, e o retardamento previsto no final do parágrafo único do art. 8.º desta Lei deverão ser comunicados, dentro de 3 (três) dias, à autoridade superior, para ratificação e publicação na imprensa oficial, no prazo de 5 (cinco) dias, como condição para a eficácia dos atos."

O objetivo da legislação é permitir a realização de um único certame pelo consórcio do qual decorram contratos celebrados pelos entes consorciados. Ao concentrar em uma única licitação quantitativos maiores que serão contratados, a tendência, com esse ganho de escala, é a redução de preços pelos licitantes interessados, em consonância com o princípio da economicidade.

9.8.2. Improbidade administrativa (Lei n.º 8.429/1992)

A Lei dos Consórcios Públicos também realizou importantes alterações na Lei n.º 8.429/1992 para tipificar duas novas condutas que caracterizam improbidade administrativa.

Com efeito, o art. 18 da Lei n.º 11.107/2005 incluiu dois incisos no art. 10 da Lei n.º 8.429/1992, que trata dos atos de improbidade que causam prejuízos ao Erário:

a) inciso XIV do art. 10 da Lei de Improbidade: prevê como ato de improbidade a celebração de "contrato ou outro instrumento que tenha por objeto a prestação de serviços públicos por meio da gestão associada sem observar as formalidades previstas na lei".

b) inciso XV do art. 10 da Lei de Improbidade: configura ato de improbidade a celebração de "contrato de rateio de consórcio público sem suficiente e prévia dotação orçamentária, ou sem observar as formalidades previstas na lei". Lembre-se, ainda, que o ente consorciado que não consignar em sua lei orçamentária ou em créditos adicionais as dotações necessárias para cobrir as despesas assumidas no contrato de rateio poderá ser excluído, após prévia suspensão, do consórcio público (art. 8.º, § 5.º, da Lei n.º 11.107/2005).

Duas considerações, ao menos, devem ser feitas em relação à nova redação.

Em primeiro lugar, o art. 10 da Lei n.º 8.429/1992 exige dano ao Erário para que se tenha ato de improbidade, sendo certo que as condutas descritas nos incisos XIV e XV não geram, necessariamente, dano ao Erário.

Malgrado o equívoco da topografia normativa do inciso, nada impede que as condutas em comento acarretem a aplicação do art. 11 da Lei n.º 8.429/1992, que descreve atos de improbidade por violação aos princípios aplicáveis à Administração, o que compreende o princípio da legalidade.[61]

---

[61] Neves, Daniel Amorim Assumpção; Oliveira, Rafael Carvalho Rezende. *Manual de improbidade administrativa*. 2. ed. São Paulo: Método, 2014, p. 85. Note-se que o STJ tem exigido má-fé para caracterização do ato de improbidade previsto no art. 11 da Lei n.º 8.429/1992, especialmente em razão da abertura da norma, para se evitar que meras irregularidades no dia a dia da Administração

Em segundo lugar, deve ser interpretada de maneira adequada a parte final dos incisos XIV e XV do art. 10 ("sem observar as formalidades previstas na lei").

Aqui não é apenas a violação à Lei dos Consórcios que deve ser levada em consideração, mas sim a violação a qualquer lei que trate dos consórcios. Isso não apenas pela previsão genérica da norma ("previstas na lei", ou seja, qualquer lei), mas principalmente pelo fato de existirem diversos instrumentos possíveis para gestão associada de serviços públicos, tais como o contrato de programa (dentro ou fora de um consórcio público), o convênio de cooperação (praticamente esquecido pela Lei dos Consórcios), os convênios administrativos em geral (art. 116 da Lei n.º 8.666/1993) e os consórcios na área da saúde, que continuam submetidos aos princípios, diretrizes e normas que regulam o Sistema Único de Saúde (SUS) (art. 1.º, § 3.º, da Lei n.º 11.107/2005, c/c o art. 10 da Lei n.º 8.080/1990).[62]

---

sejam caracterizadas como ímprobas. STJ, REsp 480387/SP, Min. Luiz Fux, Primeira Turma, data do julgamento:16/03/2004, *DJ* 24.05.2004, p. 163.

[62] Em algumas situações, a legislação exige a observância da Lei n.º 11.107/2005. A Lei n.º 11.445/2007, que estabelece diretrizes nacionais para o saneamento básico, faz menção, em diversas passagens (arts. 3.º, II; 8.º; 13; 15), aos consórcios públicos e aos convênios de cooperação do art. 241 da CFRB e da Lei n.º 11.107/2005.

Terceira Parte
(Segundo Setor)

CONCESSIONÁRIOS DE SERVIÇOS PÚBLICOS

Capítulo X

SERVIÇOS PÚBLICOS

10.1. A EXPRESSÃO "SERVIÇO PÚBLICO" E SUA EVOLUÇÃO

A noção de serviço público tem variado no tempo e no espaço. A evolução social, econômica, tecnológica e jurídica acarreta transformações importantes na própria caracterização das atividades que devem ser prestadas pelo Estado. Por outro lado, em razão do quadro normativo diverso, determinadas atividades podem ser classificadas como serviço público em determinado país, e como atividades econômicas em outros países.

Não há, portanto, um conceito definitivo de serviço público. Isso não impede, todavia, o estabelecimento da noção de serviço público vigente hoje no Brasil.

Antes, contudo, é importante demarcar a evolução do serviço público.

10.1.1. O serviço público na França: origem do instituto

Na França, a noção de serviço público foi objeto de construção doutrinária e jurisprudencial (Conselho de Estado).[1] O serviço público francês, não obstante as diversas acepções doutrinárias existentes, considerado verdadeiro mito,[2] fundamentou o Direito público (em especial, o Direito Administrativo) e legitimou a atuação do Estado.

Afirma-se, normalmente, que a origem da noção de serviço público remonta ao "caso Blanco" (*Arrêt Blanco*), julgado pelo Tribunal de Conflitos de 1873.[3]

---

[1] É oportuno ressaltar que durante o Antigo Regime, no período antecedente à Revolução, a França conhecia atividades análogas ao serviço público, mas que não recebiam essa denominação. A ideia formal de serviço público é posterior à Revolução Francesa. Nesse sentido: Grotti, Dinorá Adelaide Mussetti. *O serviço público e a Constituição brasileira de 1988*. São Paulo: Malheiros, 2003, p. 20.

[2] Chevallier, Jacques. *Le service public*. 7. ed. Paris: PUF, 2008, p. 3.

[3] Long, M; Weil, P.; Braibant, G.; Devolvé, P.; Genevois, B. *Les grands arrêts de la jurisprudence administrative*. 16. ed. Paris: Dalloz, 2007, p. 1-7.

Nesse caso, uma criança de 5 anos, Agnès Blanco, havia sido atropelada por uma vagonete pertencente à Companhia Nacional de Manufatura de Fumo. O Tribunal de Conflitos, ao apreciar uma espécie de conflito negativo de competência entre o Conselho de Estado e a Corte de Cassação, responsáveis, respectivamente, pela jurisdição administrativa e pela jurisdição comum, fixou a competência do Conselho de Estado para o julgamento da causa, tendo em vista a presença do serviço público naquele caso e a necessidade de aplicação de regras publicísticas, diferenciadas daquelas aplicáveis aos particulares.

A decisão proferida no "caso Blanco" tem sido celebrada por estabelecer a autonomia do Direito Administrativo e por consagrar a importância do serviço público na definição da competência do Conselho de Estado.[4]

A teorização do serviço público na França ficou a cargo da denominada "Escola do Serviço Público" ou "Escola de Bordeaux", no início do século XX.

Léon Duguit, fundador da referida escola, utilizou a noção de serviço público para substituir a ideia de soberania (*puissance*) como fundamento do Direito público. O serviço público funcionaria, ao mesmo tempo, como fundamento e limite do poder estatal.

A partir do postulado sociológico, Duguit concebeu o serviço público como fruto da realidade social vigente em determinado período histórico. O serviço público, em sua visão, seria "toda atividade cujo cumprimento deve ser regulado, assegurado e controlado pelos governantes, por ser indispensável à realização e ao desenvolvimento da interdependência social, e de tal natureza que só possa ser assegurado plenamente pela intervenção da força do governante".[5]

Os serviços públicos, nessa acepção, não seriam criados pelo Estado, mas sim pela própria sociedade, que reconheceria a necessidade de determinada atividade atender às necessidades essenciais da coletividade.

Independentemente do regime jurídico da atividade (Direito público ou Direito privado) e da titularidade, o serviço público abrangeria toda e qualquer atividade que atendesse às necessidades coletivas. O critério material (interesse público) seria fundamental para caracterização do serviço

---

[4] A utilização do serviço público, como critério de definição de competência do Conselho de Estado francês, foi feita no julgamento do Caso Terrier, julgado em 1903, em que um cidadão (M. Terrier) pretendia receber indenização da Administração local pelo serviço de caça às víboras, tendo em vista a promessa de recompensa feita pelo Conselho Geral de Saône-et-Loire. A novidade nesse julgado é que nem toda demanda envolvendo serviço público deveria ser julgada pela jurisdição administrativa, mas apenas aquelas que envolvam os serviços públicos objeto de "gestão pública", excluídos, portanto, os serviços públicos prestados sob gestão privada. Long, M; Weil, P.; Braibant, G.; Devolvé, P.; Genevois, B. *Les grands arrêts de la jurisprudence administrative*. 16. ed. Paris: Dalloz, 2007, p. 73-76.

[5] Duguit, Léon. *Las transformaciones generales del Derecho*. Buenos Aires: Heliasta, 2001, p. 37.

público, mas não os critérios subjetivo (titularidade do serviço) e formal (regime jurídico). Estariam incluídas nesse conceito ampliado de serviço público todas as atividades estatais (legislativas, jurisdicionais e administrativas), ainda que possuam diferenças fundamentais, o que retiraria a utilidade do conceito.[6]

Gaston Jèze, também integrante da Escola do Serviço Público, afastando-se da noção sociológica defendida por Duguit, afirmou uma noção predominantemente jurídica de serviço público, considerando-o atividade prestada, direta ou indiretamente, pelo Estado, sob regime de Direito público.

O serviço público, segundo Jèze, seria a pedra angular do Direito Administrativo francês.[7]

As atividades de interesse geral não seriam consideradas, necessariamente, serviços públicos, mas apenas aquelas prestadas sob regime jurídico especial (procedimento de Direito público), ou seja, com regras derrogatórias do Direito privado. As demais atividades, prestadas por procedimentos privados, estariam excluídas da noção de serviço público, sendo caracterizadas como gestão administrativa (*gestion administrative*).[8] Destaque-se, nessa visão, o aspecto formal (regime jurídico) na conceituação do serviço público.

Maurice Hauriou, em contraposição à Escola do Serviço Público, não considerava o serviço público o centro do Direito Administrativo, mas sim o poder de império estatal. O poder administrativo seria, sob o ponto de vista jurídico, o elemento primordial do regime jurídico administrativo.[9]

O poder de império, afirma Hauriou, deve, todavia, ser exercido com limites. Nesse sentido, o serviço público representaria um limite ao poder administrativo. Nas palavras do autor:

> Se o regime administrativo repousa essencialmente sobre o poder, deve ser reconhecido que esse poder é instituído, ou seja, é enquadrado em uma organização submetida a uma ideia. Essa ideia é a do serviço a ser prestado ao público ou de serviço público. [...] O essencial é que seja a ideia de servir, de prestar serviço, ao invés daquela de pressionar e oprimir, que é mais facilmente a tentação do poder.[10]

---

6   Nesse sentido: Aragão, Alexandre Santos de. *Direito dos serviços públicos*. Rio de Janeiro: Forense, 2007, p. 85.

7   "Le service public est, aujourd'hui, la pierre angulaire du Droit administratif français." A afirmação consta do prefácio, datado de 1914, da obra: Jèze, Gaston, *Les principes généraux du Droit administratif*, t. I. Paris: Dalloz, 2005.

8   Jèze, Gaston, *Les principes généraux du Droit administratif*, t. II. Paris: Dalloz, 2005, p. 7.

9   "Le pouvoir administratif est, au point de vue juridique, l'élément primordial du regime administratif." Hauriou, Maurice. *Précis de Droit administratif et de Droit public*. Paris: Dalloz, 2002, p. 8.

10   Hauriou, Maurice. *Précis de Droit administratif et de Droit public*. Paris: Dalloz, 2002, p. 13-14.

10.1.2. As *public utilities* e o sistema da *common law*

Os Estados Unidos, por sua vez, não adotam a noção de serviço público francesa.

Aliás, é importante notar que o próprio Direito Administrativo norte-americano é recente. Isso porque o sistema da *common law*, em razão das suas características inerentes, sempre constituiu um obstáculo ao desenvolvimento do Direito Administrativo como ramo jurídico autônomo.[11] Entre outros fatores, a ideia da *judicial supremacy*, que atribui ao Judiciário o poder de controle sobre qualquer ato do poder público, inexistindo uma jurisdição administrativa especializada nos moldes franceses, consubstanciava o principal fator pelo reconhecimento tardio da autonomia do Direito Administrativo.[12]

O surgimento desse ramo do Direito nos Estados Unidos ocorre em virtude da necessidade de atuação crescente do Estado na área social e econômica, notadamente por intermédio das agências. Costuma-se dizer, por isso, que o Direito Administrativo norte-americano é basicamente o "direito das agências".[13]

Em razão do caráter liberal do Estado norte-americano, as atividades econômicas, com raras exceções, sempre foram livres aos particulares (livre iniciativa). As atividades são reguladas pelos próprios particulares (autorregulação) ou pelo Estado Regulador.

Determinadas atividades, no entanto, em razão do forte relevo social envolvido, são destacadas pelo Estado e submetidas a forte poder de polícia. São as denominadas *public utilities*, consideradas atividades privadas sujeitas a regulamentações e a controles especiais.

É possível afirmar que a principal distinção entre o serviço público francês e as *public utilities* encontra-se na titularidade da atividade: enquanto o serviço público é de titularidade do Estado, as *public utilities* são titularizadas pelos particulares, com limitações (poder de polícia) colocadas pelo Estado.

---

[11]   Nesse sentido: Cretella Júnior, José. *Direito Administrativo comparado*. São Paulo: Bushatsky/Edusp, 1972, p. 92.

[12]   Na lição de Caio Tácito: "Sabidamente, foi tardia a acolhida, no Direito anglo-saxão, da autonomia do Direito Administrativo. Identificando a disciplina com o regime francês de dupla jurisdição – que interditava aos tribunais comuns o controle da Administração –, os autores ingleses, com Dicey à frente, repudiavam o *Droit administratif* (expressão que até mesmo se escusavam de traduzir) por incompatível como princípio da supremacia do Judiciário, que era um dos pilares da *rule of law*, em que repousava, na *common law*, o sentido da Constituição e do Estado de Direito." Tácito, Caio. Presença norte-americana no Direito Administrativo brasileiro. In: *Temas de Direito público (estudos e pareceres)*, 1.º vol. Rio de Janeiro: Renovar, 1997, p. 15.

[13]   Carbonell, Eloísa; Muga, José Luis. *Agências y procedimiento administrativo em Estados Unidos de América*. Madri: Marcial Pons/Ediciones Jurídicas y Sociales, 1996, p. 22.

10.1.3. Os "serviços de interesse econômico geral" ou "serviços universais" na União Europeia

A tendência atual é a aproximação da noção francesa de serviço público e as *public utilities* norte-americanas, notadamente pela aproximação dos sistemas jurídicos da *common law* e romano-germânico, naquilo que pode ser denominado "globalização jurídica".[14]

Trata-se de uma tendência do mundo globalizado e interligado. Por essa razão, a doutrina, ao lado dos juízes, assume papel de destaque no processo de aclimatação do modelo jurídico importado. Na lição de Jean Rivero:

> A tendência geral é no sentido de aproximação dos Direitos anglo--saxônicos e continentais. [...]
>
> Nesse contexto de aproximação das famílias jurídicas americanas e europeias, a doutrina assume papel fundamental: "Os doutrinadores são, cada um a sua maneira, os responsáveis pela unidade dos Direitos, os fatores determinantes dessa unidade."[15]

Nesse contexto, a doutrina tem destacado a nova noção de serviço público, adotada no âmbito da União Europeia, que representaria, em última análise, a aproximação entre o serviço público francês e as *public utilities* norte-americanas.

O Direito comunitário europeu, ao mencionar os "serviços universais" ou "serviços de interesse econômico geral", consagra o princípio da concorrência na prestação de atividades econômicas de interesse geral, retirando a exclusividade do Estado.[16]

Os arts. 16 e 86, item 2, do Tratado que institui a Comunidade Europeia estabelecem:

> Artigo 16. Sem prejuízo do disposto nos arts. 73.º, 86.º e 87.º, e atendendo à posição que os serviços de interesse econômico geral ocupam no conjunto dos valores comuns da União e ao papel que desempenham na promoção da coesão social e territorial, a Comunidade e os seus

---

[14] Vide: Cassese, Sabino. *La globalización jurídica*. Madri: Marcial Pons, 2006. A expressão também é empregada por Oriol Mir Puigpelat: Puigpelat, Oriol Mir. *Globalización, Estado y Derecho: las transformaciones recientes del Derecho Administrativo*. Madri: Civitas, 2004, p. 63.

[15] Rivero, Jean. *Curso de Direito Administrativo comparado*. São Paulo: RT, 1995, p. 167. Da mesma forma, René David aponta para a tendência de aproximação entre as famílias da *common law* e da tradição romano-germânica. David, René, *Os grandes sistemas do Direito contemporâneo*. 2. ed. Lisboa: Meridiano, 1978, p. 48.

[16] Nesse sentido: Justen, Monica Spezia. *A noção de serviço público no Direito Europeu*. São Paulo: Dialética, 2003, p. 184; Aragão, Alexandre Santos de. *Direito dos serviços públicos*. Rio de Janeiro: Forense, 2007, p. 110.

Estados-membros, dentro do limite das respectivas competências e no âmbito de aplicação do presente Tratado, zelarão por que esses serviços funcionem com base em princípios e em condições que lhes permitam cumprir as suas missões. [...]

Artigo 86. [...] 2. As empresas encarregadas da gestão de serviços de interesse económico geral ou que tenham a natureza de monopólio fiscal ficam submetidas ao disposto no presente Tratado, designadamente às regras de concorrência, na medida em que a aplicação destas regras não constitua obstáculo ao cumprimento, de direito ou de facto, da missão particular que lhes foi confiada. O desenvolvimento das trocas comerciais não deve ser afectado de maneira que contrarie os interesses da Comunidade.

Os serviços de interesse econômico geral têm gerado intenso debate na doutrina europeia, especialmente nas tentativas de caracterizá-los ora como serviços públicos, ora como *public utilities*. Por um lado, esses serviços não são titularizados, ao menos com exclusividade, pelo Estado (princípio da concorrência e do livre acesso). Por outro lado, tais serviços submetem-se à forte interferência estatal, em razão da presença do interesse público.

A intensa prestação de serviços públicos tradicionais por particulares e a crescente regulação estatal em relação às atividades privadas de interesse geral demonstram a aproximação entre as noções tradicionais. A indeterminação e fluidez da expressão "serviço de interesse econômico geral" permitem a sua aclimatação pelos países integrantes da União Europeia: uma mesma atividade pode ser considerada *public utility* em países da *common law* e como serviço público nos países de tradição romano-germânica.

10.1.4. A crise permanente do serviço público e suas tendências

Não se trata da "morte" do serviço público, como sustentou Ariño Ortiz,[17] ou da sua "crise",[18] mas da própria evolução da expressão.

Por essa razão, Fausto Quadros afirma que o novo conceito de serviço público se preocupa em ser mais um serviço "ao público" do que em ser apenas um serviço público burocrático ou administrativo. Em suas palavras: "com o Direito comunitário, o conceito de serviço público não morreu, como ele morreu, por exemplo, para o Direito norte-americano: ao

---

[17]   Ortiz, Ariño. *Princípios de Derecho público econômico*. Granada: Comares, 1999, p. 550.

[18]   É comum a menção doutrinária à crise do serviço público. Vide, por exemplo: Grotti, Dinorá Adelaide Mussetti. *O serviço público e a Constituição brasileira de 1988*. São Paulo: Malheiros, 2003, p. 53-61.

contrário, o Direito comunitário apenas reformulou, robusteceu e ampliou aquele conceito".[19]

Nunca houve consenso sobre a noção de serviço público, que variou ao longo do tempo e sofreu interpretações variadas nos diversos ordenamentos jurídicos.

Pelo simples fato de inexistir um conceito atemporal de serviço público, a sua noção sofre mutação constante, não havendo paradigma preciso para se afirmar a extinção do conceito e a sua crise. A rigor, a crise do serviço público é permanente.

É lícito, todavia, apontar algumas tendências do serviço público na atualidade, como, por exemplo:

a) a submissão do serviço público ao regime de competição (concorrência), admitindo-se, apenas excepcionalmente, o monopólio ou a exclusividade na sua prestação (ex.: art. 16 da Lei n.º 8.987/1995: "A outorga de concessão ou permissão não terá caráter de exclusividade, salvo no caso de inviabilidade técnica ou econômica justificada no ato a que se refere o art. 5.º desta Lei");[20]

b) a fragmentação do serviço público (*unbundling*), dissociando as diversas etapas de prestação e atribuindo-as aos particulares, com o intuito de evitar a concentração econômica ou abuso econômico (ex.: o fornecimento de energia elétrica pode ser fragmentado em diversas etapas, tais como a geração, a transmissão, a distribuição e a comercialização);

c) o compartilhamento compulsório das redes e infraestruturas (*essential facilities doctrine*) necessárias à prestação dos serviços públicos; e

d) a redução das hipóteses de titularidade exclusiva do Estado e o incremento de serviços públicos de titularidade compartilhada com os particulares.

10.1.5. O serviço público no Direito brasileiro

A evolução da noção de serviço público, conforme já salientado, demonstra a dificuldade de fixação de um conceito preciso.[21]

---

[19] Quadros, Fausto. Serviço público e Direito comunitário. In: *Os caminhos da privatização da Administração Pública.* Coimbra: Coimbra Editora, 2001, p. 293.

[20] Sobre a ausência de titularidade exclusiva do Estado em relação aos serviços públicos e a competição na sua prestação, *vide*: SCHIRATO, Vitor Rhein. *Livre iniciativa nos serviços públicos*, Belo Horizonte: Fórum, 2012, p. 184; MARQUES NETO, Floriano de Azevedo. *Concessões*, Belo Horizonte: Fórum, 2015, p. 123-124.

[21] A dificuldade pode ser demonstrada, por exemplo, na caracterização do serviço postal como serviço público ou atividade econômica. Luis Roberto Barroso defende o caráter econômico do serviço postal, que estaria aberto à livre iniciativa (Barroso, Luis Roberto. Regime constitucional do serviço postal: legitimidade da atuação da iniciativa privada. In: *Temas de Direito Constitucional,* t. II. Rio de

O serviço público é uma espécie de atividade econômica em sentido amplo, pois se destina à circulação de bens e/ou serviços do produtor ao consumidor final. Não se confunde, no entanto, com as atividades econômicas em sentido estrito, tendo em vista o objetivo dos serviços públicos: atendimento do interesse público.[22]

Por essa razão, a doutrina, ao longo dos tempos, apresentou diversas acepções para o vocábulo, sendo possível apresentar, na linha proposta por Alexandre Santos de Aragão,[23] quatro sentidos de "serviços públicos":

a) concepção amplíssima: defendida pela Escola do Serviço Público, com algumas variações, considera serviço público toda e qualquer atividade exercida pelo Estado. Essa noção clássica é criticada por inserir no conceito de serviço público as atividades legislativa e jurisdicional, o que retiraria a utilidade do conceito;

b) concepção ampla: serviço público é toda atividade prestacional voltada ao cidadão, independentemente da titularidade exclusiva do Estado e da forma de remuneração;

c) concepção restrita: serviço público abrange as atividades prestacionais do Estado prestadas aos cidadãos, de forma individualizada e com fruição quantificada. Esse conceito não considera serviço público o denominado serviço *uti universi*, mas apenas o serviço *uti singuli*. Nesse sentido: Alexandre Santos de Aragão;[24]

d) concepção restritíssima: serviço público é a atividade prestacional de titularidade do Estado, prestada mediante concessão ou permissão, remunerada por taxa ou tarifa. Nessa noção, estão excluídos os serviços *uti universi* e os serviços sociais, que não são da titularidade exclusiva do Estado.

No Brasil, tem prevalecido a concepção ampla de serviço público, especialmente pelos seguintes fatores:

a) distinção entre o serviço público e outras atividades estatais (poder de polícia, fomento e intervenção na ordem econômica), o que afasta a noção amplíssima;

b) admissão dos serviços públicos *uti universi*, ao contrário do sustentado nas concepções restrita e restritíssima; e

---

Janeiro: Renovar, 2003, p. 145-188). Conforme afirmamos na primeira edição, a tendência seria pela caracterização dessa atividade como serviço público. Nesse sentido, o STF, ao concluir o julgamento da ADPF 46, decidiu que o serviço postal é serviço público (*Informativo de Jurisprudência do STF* n.º 554).

[22] Grau, Eros Roberto. *A ordem econômica na Constituição de 1988.* 4. ed. São Paulo: Malheiros, 1998, p. 137-139.

[23] Aragão, Alexandre Santos de. *Direito dos serviços públicos.* Rio de Janeiro: Forense, 2007, p. 144-149.

[24] Aragão, Alexandre Santos de. *Direito dos serviços públicos.* Rio de Janeiro: Forense, 2007, p. 157.

c) possibilidade de serviços públicos sociais, cuja titularidade não é exclusiva do Estado, mas compartilhada com os cidadãos, o que exclui a noção restritíssima.

Dessa forma, o serviço público pode ser definido com uma atividade prestacional, titularizada, com ou sem exclusividade, pelo Estado, criada por lei, com o objetivo de atender as necessidades coletivas, submetida ao regime predominantemente público.

A concepção tradicional de serviço público, no Direito brasileiro, segundo a doutrina vigente, é composta por três elementos: subjetivo (ou orgânico), material e formal.[25]

Em primeiro lugar, o elemento subjetivo ou orgânico relaciona-se com a pessoa que presta o serviço público. Atualmente, o Estado, titular do serviço público, pode prestá-lo direta ou indiretamente, neste último caso mediante concessão ou permissão.

Em segundo lugar, o elemento material ou objetivo define o serviço público como atividade que satisfaz os interesses da coletividade.

Por fim, o elemento formal caracteriza o serviço público como atividade submetida ao regime de Direito público.

Nenhum dos critérios apontados é suficiente para, de forma isolada, conceituar o serviço público.

O critério subjetivo é insuficiente, pois nem toda atividade prestada pelo Estado é caracterizada como serviço público (ex.: poder de polícia, fomento etc.).

Da mesma forma, o critério material também é incompleto, uma vez que os particulares prestam atividades de interesse geral, que não são consideradas serviços públicos (ex.: atividades sociais prestadas por fundações privadas). Ademais, todas as atividades do Estado devem atender o interesse público, mas nem toda atividade estatal é, necessariamente, serviço público.

Por outro lado, o critério formal é inadequado, tendo em vista que o regime jurídico não é condição para conceituação do serviço público, mas consequência da definição de determinada atividade como serviço público.[26]

---

[25] Nesse sentido: Justen Filho, Marçal. *Teoria geral das concessões de serviço público*. São Paulo: Dialética, 2003, p. 20; Carvalho Filho, José dos Santos. *Manual de Direito Administrativo*. 18. ed. Rio de Janeiro: Lumen Juris, 2007, p. 287; Di Pietro, Maria Sylvia Zanella. *Direito Administrativo*. 20. ed. São Paulo: Atlas, 2007, p. 88; Grotti, Dinorá Adelaide Mussetti. *O serviço público e a Constituição brasileira de 1988*. São Paulo: Malheiros, 2003, p. 43-47.

[26] Charles Debbasch e Frédéric Colin afirmam: "La soumission totale ou partielle au Droit administratif n'est plus alors qu'une conséquence de la reconnaissance du caractère de service public d'une activité" (tradução livre: a submissão total ou parcial ao Direito Administrativo não passa de uma

O regime jurídico, portanto, depende da caracterização prévia da atividade prestada pelo Estado: caso a atividade seja de natureza econômica, o regime jurídico preponderante será o de Direito privado (art. 173, § 1.º, II, da CRFB); se a atividade for de natureza pública, o regime jurídico será basicamente de Direito público.

10.2. CRIAÇÃO DO SERVIÇO PÚBLICO (*PUBLICATIO*)

A tarefa de definir determinada atividade como serviço público é exercida pelo constituinte ou pelo legislador.[27]

Isso porque a atividade econômica, caracterizada como serviço público, é retirada da livre iniciativa (*publicatio*), e a sua prestação por particulares somente será possível por meio de concessão e permissão.

É evidente, no entanto, que o legislador não possui liberdade absoluta na publicização das atividades. Nem toda atividade econômica pode ser transformada em serviço público.

Nesse sentido, Marçal Justen Filho[28] afirma que serviço público não é sinônimo de serviço ao público, mas, sim, "serviço indispensável, diretamente relacionado com a satisfação de necessidades essenciais à integridade do ser humano".

Alexandre Santos de Aragão[29] prefere vincular o serviço público ao "bem-estar da coletividade", ao invés de ao princípio da dignidade da pessoa humana, pois determinados serviços públicos possuem apenas liame indireto com a dignidade das pessoas (ex.: serviços públicos mais ligados à infraestrutura, tais como o fornecimento de energia elétrica a grandes indústrias e transporte hidroviário de minério).

Portanto, a criação legislativa de novos serviços públicos é limitada, principalmente, pela essencialidade das atividades e por sua vinculação estreita com a dignidade da pessoa humana ou com o bem-estar da coletividade.

Ressalte-se que o tratamento legislativo dos serviços públicos deve respeitar a repartição constitucional de competências, motivo pelo qual o STF, por exemplo, declarou a inconstitucionalidade de normas estaduais que tratavam

---

consequência do reconhecimento do caráter de serviço público de uma atividade). Debbasch, Charles; Cólin, Frédéric. *Droit Administratif.* 8. ed. Paris: Econômica, 2007, p. 335.

[27] Nesse sentido, por exemplo: Di Pietro, Maria Sylvia Zanella. *Direito administrativo.* 20. ed. São Paulo: Atlas, 2007, p. 88; Aragão, Alexandre Santos de. *Direito dos serviços públicos.* Rio de Janeiro: Forense, 2007, p. 341-348. O citado autor ressalva os serviços públicos sociais, em que a *publicatio* está ausente.

[28] Justen Filho, Marçal. *Teoria geral das concessões de serviço público.* São Paulo: Dialética, 2003, p. 47.

[29] Aragão, Alexandre Santos de. *Direito dos serviços públicos.* Rio de Janeiro: Forense, 2007, p. 163.

dos serviços de telecomunicações que são de competência federal (arts. 21, XI, e 22, IV, da CRFB).[30]

10.3. PRINCÍPIOS

O serviço público revela uma categoria singular do Direito Administrativo sujeita a regime jurídico próprio. A prestação de serviços públicos, por pessoa pública ou privada, é impregnada por princípios específicos que garantem identidade própria a esse instituto do Direito.

Tradicionalmente, os três princípios norteadores dos serviços públicos foram elencados na França por Louis Rolland[31] (Leis de Rolland) da seguinte forma: a) princípio da continuidade (*continuité*); b) princípio da igualdade (*égalité*); e c) princípio da mutabilidade (*mutabilité*).

Outros princípios, no entanto, foram reconhecidos posteriormente, tendo em vista a própria evolução da noção de serviço público, não havendo consenso doutrinário, atualmente, em relação ao elenco e à nomenclatura dos princípios modernos que regem essa atividade administrativa.

O art. 6.º, § 1.º, da Lei n.º 8.987/1995 considera serviço adequado aquele que satisfaz "as condições de regularidade, continuidade, eficiência, segurança, atualidade, generalidade, cortesia na sua prestação e modicidade das tarifas", o que revela a consagração de princípios jurídicos aplicáveis aos serviços públicos. Cumpre observar, no entanto, que o rol em comento não é taxativo, pois existem outros princípios, como o da igualdade, que não foram mencionados expressamente, mas que devem ser respeitados. Veja que o CDC, em seu art. 22, exige que os serviços públicos sejam "adequados, eficientes, seguros e, quanto aos essenciais, contínuos".

É oportuno ressaltar que, a rigor, os denominados "princípios dos serviços públicos" são, em verdade, princípios que norteiam todas as atividades administrativas. Isso porque toda e qualquer atividade administrativa deve atender necessariamente o interesse público, o que pressupõe uma atuação conforme os princípios fundamentais. O atendimento eficiente do interesse público não se coaduna com atividades administrativas descontínuas, desiguais ou imunes à evolução social.

Essa é a opinião de Alexandre Santos de Aragão quando afirma que os princípios dos serviços públicos, normalmente apontados pela doutrina

---

[30] ADI, 2.615, Rel. Min. Gilmar Mendes, Tribunal Pleno, *DJe*-091 18.05.2015, *Informativo de Jurisprudência do STF* n. 777; ADI 3.959/SP, Rel. Min. Roberto Barroso, Tribunal Pleno, *DJe*-094 11.05.2016, *Informativo de Jurisprudência do STF* n. 822.

[31] Vide: Chevallier, Jacques. *Le service public*. Paris: PUF, 2008, p. 21.

ORGANIZAÇÃO ADMINISTRATIVA – *Rafael Carvalho Rezende Oliveira*

tradicional (continuidade, igualdade etc.), são aplicados, ainda que parcialmente, às outras atividades administrativas e algumas atividades privadas (ex.: atividades privadas de saúde, como os planos de saúde), tendo em vista especialmente a publicização de contratos privados, a eficácia horizontal dos direitos privados e as imposições de ordem pública pela legislação consumerista.[32]

Realmente, os princípios que norteiam as atividades administrativas extrapolam, por vezes, os limites físicos do Estado, sendo aplicáveis às atividades privadas de caráter social. Veja, por exemplo, que a legislação em vigor prevê a reversão dos bens cedidos para as organizações sociais, em caso de desqualificação, bem como a necessidade de manutenção da atividade social desenvolvida (arts. 16, § 2.º, e 22, II, da Lei n.º 9.637/1998). A mesma ideia de continuidade de atividades privadas de caráter social é consagrada para as organizações da sociedade civil de interesse público (art. 4.º, IV e V, da Lei n.º 9.790/1999).

Não obstante isso, a doutrina nacional majoritária tem apontado para os princípios que seriam aplicáveis à prestação dos serviços públicos. Com as ressalvas já apontadas e de lado as dificuldades no elenco desses princípios, podem ser citados os seguintes princípios dos serviços públicos na atualidade: a) continuidade; b) igualdade ou uniformidade ou neutralidade; c) mutabilidade ou atualidade; d) generalidade ou universalidade; e e) modicidade.

10.3.1. Princípio da continuidade

Em razão da necessidade de a população usufruir determinadas comodidades, bem como pelo dever do Estado em satisfazer e promover direitos fundamentais, o serviço público deve ser prestado de forma contínua (ininterrupta).

A continuidade pressupõe a regularidade na prestação do serviço público, com observância das normas vigentes e, no caso dos concessionários, das condições do contrato de concessão. Em suma: a continuidade pressupõe a regularidade, pois seria inadequado exigir que o prestador continuasse a prestar um serviço irregular.

A continuidade não impõe, necessariamente, que todos os serviços públicos sejam prestados diariamente e em período integral.[33] Em verdade, a continuidade do serviço público está vinculada à essencialidade da atividade

---

[32] Aragão, Alexandre Santos de. *Direito dos serviços públicos*. Rio de Janeiro: Forense, 2007, p. 146-147.

[33] Juan Carlos Cassagne, com propriedade, ensina que o princípio da continuidade "no implica, en todos los supuestos, la continuidad física de la actividad pues sólo se requiere que sea prestada cada vez que aparezca la necesidad (*v.g.*, servicio público de extinción de incendios)". Cassagne, Juan Carlos. *Derecho Administrativo*, t. II. 8. ed. Buenos Aires: Abeledo-Perrot, 2006, p. 420.

e à necessidade da população, sendo lícito distinguir a necessidade absoluta da necessidade relativa. Na necessidade absoluta, o serviço deve ser prestado sem qualquer interrupção, uma vez que a população necessita permanentemente da disponibilidade do serviço (ex.: hospitais, distribuição de água etc.).

Ao revés, na necessidade relativa, o serviço público pode ser prestado periodicamente, em dias e horários determinados pelo poder público, levando em consideração as necessidades intermitentes da população (ex.: biblioteca pública, museus, quadras esportivas etc.).

Há, por certo, dificuldades em estabelecer os níveis de "essencialidade" do serviço público, tendo em vista a textura aberta da expressão. O art. 22 do CDC, por exemplo, determina a obrigatoriedade de prestação contínua apenas para os "serviços essenciais", sem explicar, no entanto, o que seriam tais serviços.

A Lei n.º 7.783/1989, que trata da greve dos empregados celetistas, define os serviços essenciais como aqueles "indispensáveis ao atendimento das necessidades inadiáveis da comunidade", necessidades estas que, não atendidas, colocam "em perigo iminente a sobrevivência, a saúde ou a segurança da população" (art. 11, *caput* e parágrafo único). O art. 10 da citada Lei enumera os serviços ou as atividades essenciais: "tratamento e abastecimento de água; produção e distribuição de energia elétrica, gás e combustíveis" (I); "assistência médica e hospitalar" (II); "distribuição e comercialização de medicamentos e alimentos" (III); "funerários" (IV); "transporte coletivo" (V); "captação e tratamento de esgoto e lixo" (VI); "telecomunicações" (VII); "guarda, uso e controle de substâncias radioativas, equipamentos e materiais nucleares" (VIII); "processamento de dados ligados a serviços essenciais" (IX); "controle de tráfego aéreo" (X); e "compensação bancária" (XI).

É imperioso reconhecer que a continuidade poderá ser afastada em situações excepcionais, expressamente consagradas na legislação. Nesse sentido, o art. 6.º, § 3.º, da Lei n.º 8.987/1995 afirma não haver descontinuidade quando o serviço público é interrompido, em situação de emergência ou após prévio aviso, quando "motivada por razões de ordem técnica ou de segurança das instalações" (I) ou "por inadimplemento do usuário, considerado o interesse da coletividade" (II).

Três questões polêmicas e atuais podem ser apontadas em relação à aplicação concreta do princípio da continuidade dos serviços públicos.

A primeira delas, que será analisada em tópico específico adiante, refere-se à possibilidade de interrupção dos serviços públicos em caso de inadimplemento do usuário.

O STJ tem admitido a possibilidade do corte do serviço nessa hipótese, com fundamento na primazia da legislação especial (art. 6.º, § 3.º, II, da Lei n.º 8.987/1995) em relação à legislação geral (art. 22 do CDC). Em hipóteses excepcionais, o Tribunal afasta a possibilidade da suspensão do serviço público em relação a determinados órgãos públicos (hospitais, postos de saúde, escolas etc.), pois essas unidades administrativas prestam serviços essenciais e inadiáveis à coletividade.

A segunda hipótese concreta de aplicação do princípio da continuidade relaciona-se com o direito de greve dos servidores públicos estatutários.

Na forma do art. 37, VII, da CRFB, "o direito de greve será exercido nos termos e nos limites definidos em lei específica".[34] O direito de greve dos servidores deve ser exercido dentro de certos limites para não colocar em risco o princípio da continuidade do serviço público.

É importante ressaltar que a Constituição trata do direito de greve em duas normas distintas:

a) **art. 9.º da CRFB (regulamentado pela Lei n.º 7.783/1989):** direito de greve dos trabalhadores em geral; e

b) **art. 37, VII, da CRFB (pendente de regulamentação):** direito de greve dos servidores públicos.

Os empregados públicos das empresas estatais submetem-se ao art. 9.º da CRFB e podem exercer o direito de greve legitimamente em conformidade com a Lei n.º 7.783/1989, pois o art. 173, § 1.º, II, da CRFB exige a sujeição das empresas estatais, no que couber, ao regime jurídico próprio das empresas privadas, inclusive quanto aos direitos e obrigações trabalhistas.[35] Da mesma forma, os empregados públicos (celetistas) das fundações estatais de Direito privado podem se valer do direito de greve previsto no art. 9.º da CRFB.

Portanto, o art. 37, VII, da CRFB aplica-se aos servidores públicos das pessoas jurídicas de Direito público.

Conforme já averbado, ainda não foi promulgada a lei específica necessária à regulamentação do direito de greve dos servidores. Nesse ponto, devem ser feitas algumas considerações.

Inicialmente, cabe destacar a competência autônoma de cada Ente Federado para legislar sobre o direito de greve dos seus respectivos servidores públicos, pois a matéria (servidor público) relaciona-se ao Direito Administrativo e deve ser preservada a autonomia federativa.[36]

---

[34] Até o advento da EC n.º 19/1998, exigia-se lei complementar para regulamentar o direito de greve. Agora, basta lei ordinária.

[35] No mesmo sentido: Di Pietro, Maria Sylvia Zanella. *Direito administrativo*. 22. ed. São Paulo: Atlas, 2009, p. 545.

[36] Nesse sentido: Di Pietro, Maria Sylvia Zanella. *Direito administrativo*. 22. ed. São Paulo: Atlas, 2009, p. 544-545. Em sentido contrário: Carvalho Filho, José dos Santos. *Manual de Direito Administrativo*.

Ademais, é oportuno lembrar que o STF sempre considerou o art. 37, VII, da CRFB norma de eficácia limitada ou norma não autoaplicável, razão pela qual, enquanto não promulgada a lei específica, o direito de greve não poderia ser exercido de maneira legítima.[37]

Contudo, o entendimento tradicional do STF foi alterado para se reconhecer o direito de greve, independentemente da elaboração da lei específica exigida no art. 37, VII, da CRFB. Na visão atual da Corte, após o julgamento de mandados de injunção, o direito de greve pode ser exercido pelos servidores públicos, com fundamento na aplicação analógica da Lei n.º 7.783/1989, especialmente os arts. 9.º a 11, que tratam das atividades essenciais, enquanto a omissão não for devidamente regulamentada por lei específica.[38] É importante notar que, ao julgar essa questão, também modificou o seu entendimento tradicional em relação à efetividade do mandado de injunção, pois admitiu que o Judiciário, em vez de declarar a mora do legislador, supra a omissão legislativa.

Cabe destacar que a greve é expressamente proibida para os servidores militares, na forma do art. 142, § 3.º, IV, da CRFB, vedação que foi reconhecida pelo STF também para os policiais civis (Tema 541 da Tese de Repercussão Geral do STF).

Por fim, a terceira questão controversa quanto à aplicação do princípio da continuidade é aquela ligada à *exceptio non adimpleti contractus* nos contratos da Administração Pública.

Essa discussão merecerá destaque em tópico específico, mas aqui é possível sintetizar a admissão da exceção de contrato não cumprido nas hipóteses legalmente admitidas (art. 78, XIV e XV, da Lei n.º 8.666/1993). Todavia, a exceção não é admitida, em princípio, nos contratos administrativos, cujo objeto é a prestação do serviço público, em razão do princípio da continuidade.[39]

10.3.2. Princípio da igualdade ou uniformidade ou neutralidade

O princípio da igualdade, no âmbito da prestação dos serviços públicos, nada mais é do que o princípio da impessoalidade que rege toda a Administração Pública.

---

22. ed. Rio de Janeiro: Lumen Juris, 2009, p. 716; Gasparini, Diógenes. *Direito Administrativo*. 12. ed. São Paulo: Saraiva, 2007, p. 196.

[37] STF, Tribunal Pleno, MI 20/DF, Rel. Min. Celso de Mello, *DJ* 22.11.1996, p. 45.690.

[38] STF, Tribunal Pleno, MI 670/ES, Rel. p/ acórdão Min. Gilmar Mendes, *DJe*-206 31.10.2008, p. 1; MI 708/DF, Rel. Min. Gilmar Mendes, Tribunal Pleno, *DJe*-206 31.10.2008, p. 207; MI 712/PR, Rel. Min. Eros Grau, Tribunal Pleno, *DJe*-206 31.10.2008, p. 384. Vide: *Informativo de Jurisprudência do STF* n.º 485.

[39] Sobre a exceção de contrato não cumprido nos contratos administrativos, remetemos o leitor para o nosso livro *Licitações e contratos administrativos*. 3. ed. São Paulo: Método, 2014.

Desta forma, o poder público e o delegatário têm o dever de prestar o serviço público de maneira igualitária, a todos os particulares que satisfaçam as condições legais, sem qualquer distinção de caráter pessoal. Ou seja: todos os particulares que estiverem na mesma situação técnico-jurídica e preencherem os requisitos legais para obtenção do serviço público poderão exigir o serviço do respectivo prestador (Estado ou concessionário).

A igualdade, no entanto, deve ser interpretada e compreendida à luz da proporcionalidade. É conhecida a ideia segundo a qual a igualdade pressupõe tratamento isonômico para as pessoas que se encontram na mesma situação jurídica, e tratamento diferenciado entre as pessoas que estão em posição de natural desigualdade. Igualdade, destarte, significa tratamento igual para os iguais e desigual, mas proporcional, para os desiguais.

É justamente isso que justifica, por exemplo, tratamento diferenciado na universalização do serviço para atender a população de baixa renda, com regras diferenciadas; a concessão de gratuidade no serviço público para determinado grupo de pessoas (idosos, estudantes etc.); a cobrança de tarifas diferenciadas, na forma do art. 13 da Lei n.º 8.987/1995 e da Súmula n.º 407 do STJ, que dispõe: "É legítima a cobrança da tarifa de água fixada de acordo com as categorias de usuários e as faixas de consumo."

10.3.3. Princípio da mutabilidade ou atualidade

O princípio da mutabilidade ou atualidade leva em consideração o fato de que os serviços públicos devem se adaptar à evolução social e tecnológica. As necessidades da população variam no tempo e as tecnologias evoluem rapidamente, havendo a necessidade constante de adaptação das atividades administrativas.

A necessidade de atualização dos serviços públicos, com o intuito de evitar sua deterioração pelo decurso do tempo, "compreende a modernidade das técnicas, do equipamento e das instalações e a sua conservação, bem como a melhoria e expansão do serviço" (art. 6.º, § 2.º, da Lei n.º 8.987/1995).

Em razão da mutabilidade, as relações entre as concessionárias de serviços públicos e os usuários apresentam peculiaridades quando comparadas às relações privadas, com destaque para o reconhecimento da prerrogativa de alteração unilateral do contrato por parte do poder concedente (ex.: alteração de cláusula regulamentar para exigir a utilização de novas tecnologias na prestação do serviço), bem como para ausência de direito adquirido da concessionária à manutenção das condições iniciais do ajuste (ex.: necessidade de observar as novas gratuidades previstas em lei), com a ressalva de que, nessas hipóteses, a concessionária terá direito ao reequilíbrio econômico-financeiro do contrato.

10.3.4. Princípio da generalidade ou universalidade

Atrelado ao princípio da igualdade, o princípio da universalidade ou generalidade exige que a prestação do serviço público atinja o maior número possível de beneficiários. O responsável pela prestação do serviço deve empreender esforços para levar as comodidades materiais para as pessoas que ainda não recebem o serviço. Com a universalização do serviço e a sua disponibilidade para o maior número possível de pessoas, o Estado efetiva o princípio geral da igualdade.

No Brasil, o princípio da generalidade ou universalidade é consagrado expressamente na Constituição da República (saúde: art. 196, *caput*; educação: arts. 208, II, e 211, § 4.º). A legislação, que trata genericamente das concessões e permissões de serviços públicos, prevê a universalidade como característica inerente à prestação desses serviços (art. 6.º, § 1.º, da Lei n.º 8.987/1995 e art. 3.º, IV, da Lei n.º 9.074/1995). Existem, ainda, leis especiais que reiteram a ideia de universalização (ex.: arts. 18, III, e 80 da Lei n.º 9.472/1997 – Anatel).

A universalização do serviço denota o caráter social do serviço público que não deve ser elitizado. Ao contrário, o serviço público é um importante instrumento de atendimento dos direitos fundamentais básicos das pessoas e de efetivação concreta da dignidade da pessoa humana.

10.3.5. Princípio da modicidade

Apesar de algumas controvérsias doutrinárias, não há um princípio que imponha a gratuidade para todos os serviços públicos, de modo que a remuneração por parte do usuário é uma possibilidade colocada ao poder público.

A inexistência do dever geral de gratuidade e a possibilidade de remuneração dos serviços públicos são justificadas por pelo menos duas razões: a) a concessão e a permissão de serviços públicos pressupõem remuneração do delegatário que, normalmente, é efetivada por tarifa; e b) a Constituição apenas exige gratuidade para determinados serviços públicos (ex: serviço público de ensino – art. 206, IV, da CRFB; transporte público para o idoso – art. 230, § 2.º, da CRFB), admitindo, ainda que implicitamente, a cobrança pelos demais serviços.

É claro, no entanto, que, por opção política, o legislador pode prever gratuidade para determinados serviços públicos e, se os serviços forem prestados por concessionários, deverá ser respeitado o princípio da manutenção do equilíbrio econômico-financeiro do contrato, com a indicação da respectiva fonte de custeio.

Assentada a possibilidade de remuneração do serviço público, o princípio da modicidade significa que o valor cobrado do usuário deve ser proporcional ao custo do respectivo serviço.

A modicidade das tarifas impõe a fixação de tarifas razoáveis com o intuito de tornar o serviço acessível ao maior número possível de usuários. Aqui, o princípio da modicidade serve como importante instrumento de efetivação do princípio da universalidade ou generalidade.

Eventualmente, o valor da tarifa, quando considerado apenas o custo elevado de determinado serviço, pode impedir sua utilização por pessoas carentes, o que seria ilegítimo. A saída, nessa situação, pode ser a previsão das denominadas "receitas alternativas" nos contratos de concessão, com o objetivo de possibilitar outras formas de receitas pelos concessionários que reduziriam o valor da tarifa (a utilização de receitas alternativas como mecanismos para efetivação da modicidade tarifária está prevista no art. 11 da Lei n.º 8.987/1995).

10.4. CLASSIFICAÇÃO

As classificações doutrinárias procuram facilitar o estudo dos institutos jurídicos. Em relação aos serviços públicos, diversos critérios são utilizados para fixação das respectivas classificações.

Ainda que não haja consenso absoluto sobre todas as possíveis classificações, pretendemos abordar, neste momento, as principais classificações defendidas na doutrina:

a) critério dos destinatários: *uti universi* e *uti singuli*;
b) critério da titularidade federativa: federais, estaduais, distritais, municipais e comuns;
c) quanto ao objeto: administrativos, econômicos e sociais;
d) critério da essencialidade: essenciais e não essenciais;
e) critério da titularidade estatal: próprios x impróprios (virtuais); e
f) quanto à criação: inerentes e por opção legislativa.

10.4.1. *Uti universi* e *uti singuli*

Quanto aos destinatários, os serviços públicos dividem-se em duas espécies:[40]

a) serviços públicos *uti universi* (gerais ou coletivos): são os serviços prestados à coletividade em geral, sem a identificação individual dos usuários e, portanto, sem a possibilidade de determinar a parcela do serviço usufruída

---

[40] Meirelles, Hely Lopes. *Direito Administrativo brasileiro*. 22. ed. São Paulo: Malheiros, 1997, p. 300.

por cada pessoa (ex.: iluminação pública, calçamento etc.).[41] Considerados serviços indivisíveis, o seu custeio deve ser feito, em regra, por imposto, não sendo possível a cobrança de taxa ou tarifa; e

b) serviços públicos *uti singuli* (individuais ou singulares): são os serviços prestados a usuários determinados, sendo possível mensurar sua utilização por cada um deles (ex.: fornecimento domiciliar de água e de energia elétrica, transporte público, telefonia etc.). A remuneração dos serviços individuais pode ser feita por taxa (regime tributário) ou por tarifa (regime contratual).

É forçoso reconhecer que alguns autores só admitem a remuneração dos serviços específicos e divisíveis por taxa, tendo em vista tratar-se de atividade imposta, por lei, ao Estado. A remuneração por preço, nessa linha de raciocínio, daria a falsa ideia de que o Estado possui a disponibilidade de prestar ou não o serviço.[42]

Hoje, todavia, prevalece a possibilidade de cobrança de taxa ou tarifa, especialmente pela previsão contida nos arts. 145, II, e 175, parágrafo único, III, ambos da CRFB, que preveem, respectivamente, a taxa e a tarifa como forma de remuneração dos serviços públicos específicos. Ao tratar da prestação de serviços públicos, por meio de concessão e permissão, o texto constitucional admitiu que a remuneração fosse feita por tarifa.

Há uma profunda discussão doutrinária em relação ao critério adequado para distinguir as duas formas remuneratórias. A solução para a celeuma é importante do ponto de vista prático-jurídico, pois as taxas, espécies de tributos, submetem-se às limitações constitucionais tributárias (princípio da legalidade, princípio da anterioridade etc.), o que não ocorre em relação às tarifas (ou preços públicos).

O critério que tem prevalecido para definir uma ou outra forma de remuneração é aquele que leva em conta a obrigatoriedade ou a facultatividade (liberdade) que o particular possui para utilizar o serviço.

Dessa forma, caso o usuário tenha liberdade para escolher entre usar ou não o serviço, a remuneração deve ser feita por meio de tarifa (ex.: particular pode utilizar a energia fornecida por concessionária ou energia solar). Por outro lado, se não houver liberdade para o usuário, a remuneração será efetivada por taxa (ex.: taxa de coleta domiciliar de lixo, taxa de coleta de esgoto sanitário, taxa judiciária).

---

[41] Súmula Vinculante n.º 41 do STF: "o serviço de iluminação pública não pode ser remunerado mediante taxa".

[42] Ataliba, Geraldo. Sabesp. Serviço público – Delegação a empresa estatal. Imunidade a impostos. Regime de taxas. *RDP* n.º 92, p. 89-90, out.-dez. 1989.

Essa distinção foi consagrada na Súmula 545 do STF, que dispõe: "preços de serviços públicos e taxas não se confundem, porque estas, diferentemente daqueles, são compulsórias e têm sua cobrança condicionada à prévia autorização orçamentária, em relação à lei que as instituiu."[43]

É importante notar que, independentemente da existência de opções para o usuário, o serviço público, ainda que obrigatório, quando prestado por concessionárias, será necessariamente remunerado por tarifa, tendo em vista a impossibilidade de pessoas jurídicas de Direito privado figurarem no polo ativo das obrigações tributárias. Essa é a opinião de Alexandre Santos de Aragão ao sustentar que o art. 175 da CRBF é uma exceção ao regime tributário previsto na Constituição para os serviços remunerados por taxa e, por essa razão, sempre que o serviço público (compulsório ou não) for prestado por concessionária, a sua remuneração deverá ocorrer por meio de tarifa.[44] Aliás, conforme mencionado pelo autor, o art. 9.º, § 1.º, da Lei n.º 8.987/1995 admite, ainda que implicitamente, a cobrança de tarifa mesmo sem a existência de serviço alternativo para o particular.

No mesmo sentido, posiciona-se a professora Maria Sylvia Zanella Di Pietro:

> Não se pode admitir que a taxa seja estipulada contratualmente, em decorrência do princípio da legalidade tributária (art. 150, I, da Constituição). Sendo fixada por lei, é incompatível com a concessão, porque esta, por sua própria natureza, envolve a ideia de equilíbrio econômico-financeiro, a ser mantido precisamente por meio da tarifa. Não haveria como utilizar a taxa para essa finalidade.[45]

Entendemos que a compulsoriedade do serviço não constitui um critério absoluto para diferenciar as hipóteses, pois determinados serviços essenciais e obrigatórios são prestados por concessionários e, nesse caso, remunerados por tarifa (ex.: fornecimento domiciliar de água).[46] Portanto, ao lado da

---

[43] O STF, por exemplo, considerou inconstitucional a "tarifa básica de limpeza urbana" (preço público), instituída pelo Decreto n.º 196/1975 no Município do Rio de Janeiro, pois a coleta do lixo, por ser um serviço essencial e obrigatoriamente prestado pelo Estado, deve ser remunerada por taxa e respeitar o princípio da legalidade tributária. RExt 89.876/RJ, Rel. Min. Moreira Alves, Tribunal Pleno, julgamento: 04/09/1980, *DJ* 10/10/1980, p. 390.

[44] Aragão, Alexandre Santos de. *Direito dos serviços públicos*. Rio de Janeiro: Forense, 2007, p. 610.

[45] Di Pietro, Maria Sylvia Zanella. *Parcerias na Administração Pública*. 5. ed. São Paulo: Atlas, 2005, p. 391.

[46] Apesar das polêmicas em relação à natureza da contraprestação cobrada pelo serviço público de água, o STF entende tratar-se de tarifa (RExt 77.162/SP, Rel. Min. Leitão de Abreu, 2.ª Turma, j. 24.05.1977, *DJ* 09.08.1977, p. 763). Da mesma forma, o STJ considera a contraprestação do serviço de fornecimento de água, prestado por concessionárias, como tarifa ou preço público (*Informativo de Jurisprudência do STJ* n.º 349).

compulsoriedade, a taxa pressupõe o exercício do poder de autoridade estatal, indelegável ao particular.[47]

Em síntese, a remuneração dos serviços individuais ocorre da seguinte forma:

a) quando os serviços forem executados por concessionárias, a tarifa será, necessariamente, a forma remuneratória;

b) quando o serviço for prestado diretamente pelo Estado, a tarifa será cobrada nos serviços individuais que não envolvam o poder de autoridade estatal, e a taxa será instituída para os serviços individuais, cuja prestação dependa da autoridade pública).

Por fim, a doutrina costuma apontar outra consequência para a distinção entre os serviços gerais e individuais. Trata-se do reconhecimento do direito subjetivo do indivíduo à prestação do serviço individual, direito não consagrado para os usuários de serviços gerais. Ou seja: apenas os serviços individuais podem ser exigidos judicialmente.[48]

Essa distinção, no entanto, deve ser relativizada na atualidade, notadamente pela possibilidade de utilização de ações coletivas para exigir a prestação de serviços gerais.

10.4.2. Federais, estaduais, distritais, municipais e comuns

Quanto à titularidade federativa, os serviços públicos são classificados em cinco categorias:

a) **federais:** titularidade da União (ex.: transporte rodoviário internacional e interestadual – art. 21, XII, *e*, da CRFB);

b) **estaduais:** competência dos Estados (ex.: transporte intermunicipal);

c) **distritais:** concentra as competências estaduais e municipais;

d) **municipais:** pertencem aos Municípios (ex.: transporte coletivo – art. 30, V, da CRFB); e

e) **comuns:** serviços de titularidade comum dos entes (ex.: art. 23 da CRFB).

---

[47] Carvalho Filho, José dos Santos. *Manual de Direito administrativo.* 18. ed. Rio de Janeiro: Lumen Juris, 2007, p. 297.

[48] Meirelles, Hely Lopes. *Direito administrativo brasileiro.* 22. ed. São Paulo: Malheiros, 1997, p. 300; Carvalho Filho, José dos Santos. *Manual de Direito Administrativo.* 18. ed. Rio de Janeiro: Lumen Juris, 2007, p. 292.

10.4.3. Administrativos, comerciais (ou industriais) e sociais

Quanto ao objeto, a doutrina costuma diferenciar três categorias de serviços públicos:

a) **serviços públicos administrativos:** são executados pela Administração Pública para atender às suas necessidades internas ou como forma de preparação para outros serviços que serão prestados ao público (ex.: imprensa oficial);

b) **serviços públicos comerciais (ou industriais):** serviços que produzem renda para os seus prestadores (ex.: transporte público, energia, água), excluídos os serviços que devem ser necessariamente gratuitos (ex.: saúde e educação, quando prestados pelo Estado). A execução dos serviços públicos comerciais pode ser delegada, por concessão ou permissão, aos particulares; e

c) **serviços públicos sociais:** serviços que atendem as necessidades coletivas de caráter social (direitos fundamentais sociais). Esses serviços podem ser prestados pelo Estado ou pelo particular. A peculiaridade desses serviços reside na ausência de exclusividade, na sua titularidade, por parte do Estado (serviços não reservados ou não exclusivos), uma vez que o texto constitucional admite que os particulares prestem tais serviços, sem a necessidade de delegação formal do poder público (ex.: saúde – art. 199 da CRFB; educação – art. 209 da CRFB; assistência social – art. 204, I e II, da CRFB; e previdência social – art. 202 da CRFB).

O traço da ausência de exclusividade na titularidade estatal do serviço social acaba por confundir, a nosso ver, esses serviços sociais com os denominados "serviços públicos impróprios", que serão estudados a seguir.

A rigor, ainda que as semelhanças sejam fortes, notadamente pela ausência de exclusividade de titularidade por parte do Estado, devem ser apontadas diferenças, ao menos no âmbito teórico, entre as nomenclaturas "serviços sociais" e "serviços públicos impróprios". Isso em razão de se originarem de classificações distintas e, portanto, com critérios diferenciados. Os denominados serviços sociais deveriam ser assim considerados em razão das necessidades que atendem: direitos sociais das pessoas. Ao contrário, a classificação que aponta a existência dos serviços públicos impróprios, que serão abordados a seguir, leva em consideração justamente a ausência de titularidade exclusiva do Estado em relação ao serviço. Na prática, os serviços sociais e os impróprios são tratados, em regra, com o mesmo sentido.

Conforme salientado, os particulares podem prestar serviços públicos sociais autonomamente, sem a necessidade de delegação estatal, justamente porque são titulares dessas atividades. Em consequência, o problema é saber se esses serviços devem ser sempre considerados serviços públicos, mesmo quando os particulares atuam em nome próprio, ou se apenas quando prestados pelo Estado é que receberão essa qualificação jurídica.

Os serviços sociais serão "serviços públicos" apenas quando forem prestados pelo Estado e, ao contrário, serão "atividades privadas de interesse público" quando desempenhados por particulares (serviços públicos impróprios).

Em relação à saúde, por exemplo, a Constituição utiliza a expressão "serviço público", ao tratar dos serviços de saúde prestados pelo Estado (art. 198 da CRFB – "serviços públicos de saúde"), e faz uso de outra expressão ("serviços de relevância pública") para se referir aos serviços de saúde prestados por particulares.

Por essa razão, Alexandre Santos de Aragão, após denominar os serviços sociais "serviços compartidos", afirma que esses serviços, quando explorados por particulares, são atividades econômicas privadas e, quando exploradas pelo poder público, são serviços públicos sociais. Em consequência, afirma o autor, os serviços públicos sociais prestados pelo Estado não se submetem ao art. 173 da CRFB, que se aplica apenas às atividades econômicas *stricto sensu* não monopolizadas pelo Estado. Destarte, não poderia uma escola privada arguir a concorrência desleal das escolas públicas, que recebem favores do poder público e são custeadas com recursos públicos para assegurar a gratuidade do ensino.[49]

Ao lado dos serviços sociais, é comum a menção aos denominados serviços públicos culturais, tendo em vista as características semelhantes entre eles. A diferença entre esses serviços reside na finalidade que procuram alcançar: enquanto os serviços sociais pretendem satisfazer necessidades sociais (ex.: saúde, assistência social etc.), os serviços culturais procuram atender os direitos culturais (ex.: cultura, lazer etc.).

10.4.4. Essenciais e não essenciais

A partir do critério da essencialidade, a doutrina classifica os serviços duas categorias.[50]

a) **serviços essenciais ou serviços de necessidade pública:** são, em princípio, de execução privativa da Administração Pública, e são considerados indispensáveis à coletividade (ex.: segurança pública, serviços judiciários); e

b) **serviços não essenciais ou serviços de utilidade pública:** são aqueles que podem ser prestados por particulares (ex.: serviços funerários).

---

[49]   Aragão, Alexandre Santos de. *Direito dos serviços públicos*. Rio de Janeiro: Forense, 2007, p. 185-188.

[50]   Essa classificação é adotada, por exemplo, por: Gasparini, Diógenes. *Direito Administrativo*. 12. ed. São Paulo: Saraiva, 2007, p. 296.

Entendemos, contudo, que o critério da essencialidade não é completamente adequado para classificação dos serviços públicos, tendo em vista três argumentos:

a) a indelegabilidade ao particular não depende da essencialidade, mas da necessidade de exercício do poder de autoridade estatal;
b) a própria Constituição Federal qualifica como essenciais serviços que podem ser delegados aos particulares (ex.: art. 30, V, da CRFB); e
c) todos os serviços públicos, em razão da vinculação aos direitos fundamentais, são, em maior ou menor medida, essenciais, e a essencialidade não é atributo exclusivo dos serviços públicos, alcançando também algumas atividades privadas de caráter social envolvido (ex.: art. 10 da Lei n.º 7.783/1989).

Conforme já mencionado, a essencialidade maior ou menor do serviço público ou da atividade privada tem sido considerada pela jurisprudência e pela doutrina nas questões envolvendo a possibilidade de sua interrupção.

10.4.5. Próprios e impróprios (virtuais)

Quanto à titularidade do serviço, os serviços públicos dividem-se em duas espécies:

a) **serviços públicos próprios:** são de titularidade exclusiva do Estado e a execução pode ser feita diretamente pelo poder público ou indiretamente por meio de concessão ou permissão (ex.: transporte público, considerado direito fundamental social, na forma do art. 6.º da CRFB, alterado pela EC 90/2015); e
b) **serviços públicos impróprios ou virtuais:** são as atividades, executadas por particulares, que atendem às necessidades da coletividade, mas que não são titularizadas, ao menos com exclusividade, pelo Estado.

Tais serviços são nomeados como impróprios ou virtuais, justamente por não serem serviços públicos propriamente ditos, uma vez ausente o requisito da *publicatio* (ou publicização).[51]

São, em verdade, atividades titularizadas por particulares, e não pelo Estado, com a peculiaridade de que satisfazem o interesse social (atividades privadas de utilidade ou de relevância pública), motivo pelo qual se encontram submetidas ao poder de polícia do Estado e a determinados princípios

---

[51] Di Pietro, Maria Sylvia Zanella. *Direito Administrativo*. 20. ed. São Paulo: Atlas, 2007, p. 96; Cassagne, Juan Carlos. *Derecho Administrativo*, t. II. 8. ed. Buenos Aires: Abeledo-Perrot, 2006, p. 414.

típicos dos serviços públicos, tais como a continuidade (ex.: necessidade de continuidade para atividade de compensação bancária, com requisitos especiais para o direito de greve dos respectivos empregados – art. 10, XI, da Lei n.º 7.783/1989).

10.4.6. Inerentes e por opção legislativa

Quanto à criação do serviço, os serviços públicos são divididos em duas modalidades:[52]

a) **serviços públicos inerentes:** são aqueles geneticamente ligados às funções estatais típicas, que envolvem o exercício do poder de autoridade. Em razão disso, é dispensável a sua caracterização normativa como serviço público, uma vez que a natureza da atividade já demonstra seu caráter de serviço público (ex.: prestação jurisdicional); e

b) **serviços públicos por opção legislativa:** são atividades econômicas consideradas serviços públicos por determinada norma jurídica. A legislação, no caso, retira determinadas atividades econômicas do regime da livre-iniciativa, colocando-as sob a titularidade estatal. A prestação desses serviços pode ser delegada à iniciativa privada (art. 175 da CRFB), como acontece, por exemplo, nos serviços públicos de transporte.

Conforme mencionado anteriormente, a criação de novos serviços públicos depende de previsão constitucional ou legal e deve ser pautada pela essencialidade das atividades e por sua vinculação estreita com a dignidade da pessoa humana ou com o bem-estar da coletividade.

10.5 LEI DE PARTICIPAÇÃO, PROTEÇÃO E DEFESA DOS DIREITOS DO USUÁRIO DOS SERVIÇOS PÚBLICOS (LEI DE DEFESA DO USUÁRIO DO SERVIÇO PÚBLICO)

A Lei 13.460/2017 (também denominada "Lei de Defesa do Usuário do Serviço Público" ou "Código de Defesa do Usuário do Serviço Público") estabelece as normas sobre participação, proteção e defesa dos direitos do usuário dos serviços públicos da Administração Pública.[53]

---

[52] Barroso, Luis Roberto. Regime constitucional do serviço postal: legitimidade da atuação da iniciativa privada. *Temas de Direito constitucional*, t. II. Rio de Janeiro: Renovar, 2003, p. 157-167.

[53] A Lei 13.460, que foi publicada no Diário Oficial no dia 27/06/2017, entra em vigor, a contar da sua publicação, em (art. 25 da Lei): a) 360 dias para a União, os Estados, o Distrito Federal e os Municípios com mais de quinhentos mil habitantes; b) 540 dias para os Municípios entre cem mil e quinhentos mil habitantes; e c) 720 dias para os Municípios com menos de cem mil habitantes.

O referido diploma legislativo regulamenta, inicialmente, o art. 37, § 3.º da CRFB, alterado pela EC 19/1998, que remete ao legislador ordinário a disciplina das formas de participação do usuário na administração pública direta e indireta, regulando especialmente: I – as reclamações relativas à prestação dos serviços públicos em geral, asseguradas a manutenção de serviços de atendimento ao usuário e a avaliação periódica, externa e interna, da qualidade dos serviços; II – o acesso dos usuários a registros administrativos e a informações sobre atos de governo, observado o disposto no art. 5º, X e XXXIII; e III – a disciplina da representação contra o exercício negligente ou abusivo de cargo, emprego ou função na administração pública. Contudo, a partir da análise do conteúdo da Lei 13.460/2017, percebe-se que as respectivas normas regulam, de forma preponderante, o citado inciso I. O acesso à informação (inciso II) é regulado pela Lei 12.527/2011 (Lei de Acesso à Informação) e a representação contra os abusos praticados por agentes públicos continua regulada pela Lei 4.898/1965 (Lei de Abuso de Autoridade) e pelos Estatutos Funcionais.

A Lei 13.460/2017 encontra fundamento, ainda, no art. 175, parágrafo único, II e IV, da CRFB, que delega ao legislador a tarefa de dispor sobre os direitos dos usuários e a obrigação de manter serviço adequado. Nesse ponto, a Lei em comento deverá ser harmonizada com as leis que dispõem sobre concessão e permissão de serviços públicos (exs.: Lei 8.987/1995, Lei 11.079/2004).

Ademais, a Lei 13.460/2017 regulamenta o art. 27 da EC 19/1998, que estabeleceu o prazo de 120 dias, contados da promulgação da referida Emenda, para o Congresso Nacional elaborar a Lei de defesa do usuário de serviços públicos.

Conforme dispõe o seu art. 1.º, § 1.º, a Lei de Defesa do Usuário do Serviço Público tem alcance nacional, aplicando-se à Administração Pública direta e indireta da União, dos Estados, do Distrito Federal e dos Municípios.

Trata-se de opção legislativa que pode suscitar debate quanto à sua constitucionalidade, uma vez que o art. 37, § 3.º, da CRFB remeteu o tema à "lei", sem especificar o Ente federativo responsável. Em razão da autonomia federativa e do conteúdo eminentemente de Direito Administrativo, seria razoável concluir, ao menos a partir dessa norma constitucional, que a matéria poderia ser disciplinada por cada Ente federado, inexistindo, *a priori*, competência da União para fixar normas gerais de alcance nacional.

Contudo, o art. 27 da EC 19/1998 dispôs, expressamente, que a Lei de Defesa do Usuário do Serviço Público seria elaborada pelo Congresso Nacional, o que autorizaria a interpretação de que a lei em questão seria nacional e não apenas federal, o que seria confirmado pela própria presunção de constitucionalidade da Lei 13.460/2017.

De qualquer forma, nada impede, a nosso juízo, que algumas de suas normas sejam consideradas federais, com aplicação restrita à Administração Pública Federal, notadamente aqueles que tratam da instituição de órgãos públicos (exs.: ouvidorias, conselhos de usuários).

A aplicação da Lei de Defesa do Usuário do Serviço Público, na forma do seu art. 1.º, § 2.º, não afasta a necessidade de cumprimento das "normas regulamentadoras específicas, quando se tratar de serviço ou atividade sujeitos a regulação ou supervisão" (parece redundância, uma vez que não existe serviço ou atividade fora do alcance de regulação ou supervisão) e da Lei 8.078/1990, "quando caracterizada relação de consumo" (aqui, a norma demonstra que alguns serviços públicos não caracterizam relação de consumo, conforme polêmica apresentada no item 13.7).

De acordo com o disposto no art. 1.º, § 3.º, a Lei de Defesa do Usuário do Serviço Público deve ser aplicada, subsidiariamente, "aos serviços públicos prestados por particular", o que parece englobar todo e qualquer serviço público, próprio (serviços titularizados pelo Estado e que podem ser delegados, por concessão ou permissão, à iniciativa privada) ou impróprio (exs.: serviços de saúde e de educação prestados, independentemente de delegação, por particulares). Isto porque o art. 1.º da Lei já estabeleceu, no *caput*, a incidência de suas normas aos "serviços públicos prestados direta ou indiretamente pela administração pública", o que abrangeria, naturalmente, serviços prestados diretamente pelo Estado e, indiretamente, por concessão e permissão. Logo, o § 3.º do art. 1.º da Lei, ao determinar a incidência subsidiária do diploma legal "aos serviços públicos prestados por particular" evidenciou a sua intenção de abarcar os denominados serviços públicos impróprios de titularidade não exclusiva do Poder Público.

Ademais, o art. 2.º, II, da Lei de Defesa do Usuário do Serviço Público apresenta a seguinte definição de "serviço público": "atividade administrativa ou de prestação direta ou indireta de bens ou serviços à população, exercida por órgão ou entidade da administração pública". O conceito apresenta equívoco ao restringir o serviço público à atividade "exercida" pela Administração Pública, uma vez que o art. 175 da CRFB e o próprio art. 1.º da sobredita Lei admitem que os serviços públicos sejam prestados direta ou indiretamente pela Administração, admitindo-se, portanto, a delegação de sua execução à iniciativa privada. Em razão disso, seria melhor substituir a expressão "exercida" por "titularizada" pela Administração Pública no inciso II do art. 2.º da Lei.

Os arts. 5º ao 8º da Lei 13.460/2017 dispõem sobre as diretrizes que deverão ser observadas pelos agentes públicos, os direitos e os deveres dos usuários. Merece destaque a obrigatoriedade de elaboração da denominada "Carta de Serviços ao Usuário", que tem por objetivo informar o usuário sobre os serviços prestados pelo órgão ou entidade, as formas de acesso a esses serviços e seus compromissos e padrões de qualidade de atendimento ao público (art. 7.º, § 1.º). A Carta será atualizada periodicamente e será divulgada de forma permanente mediante publicação em sítio eletrônico do órgão ou entidade na internet, cabendo ao regulamento de cada Poder e esfera de Governo dispor sobre a sua operacionalização (art. 7.º, § 4.º e 5.º).[54]

As normas relativas às manifestações dos usuários de serviços públicos encontram-se previstas nos arts. 9º ao 12 da Lei 13.460/2017. As manifestações, que poderão ser apresentadas pela forma eletrônica, por correspondência convencional ou de forma verbal (nesse último caso, a manifestação será reduzida a termo) deverão conter a identificação do requerente, vedadas quaisquer exigências relativas aos motivos determinantes da apresentação de manifestações perante a ouvidoria.[55] Caso não haja ouvidoria, as manifestações serão direcionadas diretamente ao órgão ou entidade responsável pela execução do serviço e ao órgão ou entidade a que se subordinem ou se vinculem.

O recebimento das manifestações não poderá ser recuado pelo agente público, sob pena de sua responsabilização (art. 11). A efetiva resolução das manifestações dos usuários compreende (art. 12, parágrafo único): a) recepção da manifestação no canal de atendimento adequado; b) emissão de comprovante de recebimento da manifestação; c) análise e obtenção de informações, quando necessário; d) decisão administrativa final; e e) ciência ao usuário.

As ouvidorias, por sua vez, são regulamentadas pelos arts. 13 ao 17 da Lei 13.460/2017. Além de outras atribuições que poderão ser conferidas por regulamento próprio, compete às ouvidorias, no mínimo (art. 13): a) promover a participação do usuário na administração pública, em cooperação com outras entidades de defesa do usuário; b) acompanhar a prestação dos serviços, visando a garantir a sua efetividade; c) propor aperfeiçoamentos na prestação dos serviços; d) auxiliar na prevenção e correção dos atos e procedimentos incompatíveis com os princípios estabelecidos nesta Lei;

---

[54] Lei 13.460/2017: "Art. 7.º (...) § 2.º Carta de Serviços ao Usuário deverá trazer informações claras e precisas em relação a cada um dos serviços prestados, apresentando, no mínimo, informações relacionadas a: I – serviços oferecidos; II – requisitos, documentos, formas e informações necessárias para acessar o serviço; III – principais etapas para processamento do serviço; IV – previsão do prazo máximo para a prestação do serviço; V – forma de prestação do serviço; e VI – locais e formas para o usuário apresentar eventual manifestação sobre a prestação do serviço. § 3.º Além das informações descritas no § 2.º, a Carta de Serviços ao Usuário deverá detalhar os compromissos e padrões de qualidade do atendimento relativos, no mínimo, aos seguintes aspectos: I – prioridades de atendimento; II – previsão de tempo de espera para atendimento; III – mecanismos de comunicação com os usuários; IV – procedimentos para receber e responder as manifestações dos usuários; e V – mecanismos de consulta, por parte dos usuários, acerca do andamento do serviço solicitado e de eventual manifestação."

[55] Registre-se que a identificação do requerente é informação pessoal protegida com restrição de acesso nos termos da Lei 12.527/2011 (art. 10, § 7.º, da Lei 13.460/2017).

e) propor a adoção de medidas para a defesa dos direitos do usuário, em observância às determinações desta Lei; f) receber, analisar e encaminhar às autoridades competentes as manifestações, acompanhando o tratamento e a efetiva conclusão das manifestações de usuário perante órgão ou entidade a que se vincula; e g) promover a adoção de mediação e conciliação entre o usuário e o órgão ou a entidade pública, sem prejuízo de outros órgãos competentes.

As ouvidorias devem receber, analisar e responder, por meio de mecanismos proativos e reativos, as manifestações encaminhadas por usuários de serviços públicos, bem como elaborar, anualmente, relatório de gestão, que deverá consolidar as informações apresentadas pelos usuários, com a indicação das falhas e a sugestão de melhorias na prestação dos serviços públicos (art. 14).[56]

Os atos normativos específicos de cada Poder e esfera de Governo disporão sobre a organização e o funcionamento de suas ouvidorias (art. 17).

Os arts. 18 ao 22 da Lei 13.460/2017 tratam dos Conselhos de Usuários, órgãos consultivos que devem (art. 18, parágrafo único): a) acompanhar a prestação dos serviços; b) participar na avaliação dos serviços; c) propor melhorias na prestação dos serviços; d) contribuir na definição de diretrizes para o adequado atendimento ao usuário; e e) acompanhar e avaliar a atuação do ouvidor. Além disso, o conselho de usuários poderá ser consultado quanto à indicação do ouvidor (art. 20).

A composição dos conselhos deve observar os critérios de representatividade e pluralidade das partes interessadas, com o intuito de garantir o equilíbrio em sua representação, exigindo-se a realização de processo aberto ao público e diferenciado por tipo de usuário a ser representado para escolha dos representantes (art. 19, *caput* e parágrafo único). A participação do usuário no conselho será considerada serviço relevante e sem remuneração (art. 21).

Assim como ocorre com as ouvidorias, cada Poder e esfera de Governo, por meio de regulamento específico, definirá as normas de organização e funcionamento dos conselhos de usuários (art. 22).

Os órgãos e entidades públicos abrangidos pela Lei de Defesa do Usuário do Serviço Público deverão avaliar os serviços prestados, nos seguintes aspectos (art. 23): a) satisfação do usuário com o serviço prestado; b) qualidade do

---

[56] Lei 13.460/2017: "Art. 15. O relatório de gestão de que trata o inciso II do *caput* do art. 14 deverá indicar, ao menos: I – o número de manifestações recebidas no ano anterior; II – os motivos das manifestações; III – a análise dos pontos recorrentes; e IV – as providências adotadas pela administração pública nas soluções apresentadas. Parágrafo único. O relatório de gestão será: I – encaminhado à autoridade máxima do órgão a que pertence a unidade de ouvidoria; e II – disponibilizado integralmente na internet.

atendimento prestado ao usuário; c) cumprimento dos compromissos e prazos definidos para a prestação dos serviços; d) quantidade de manifestações de usuários; e e) medidas adotadas pela administração pública para melhoria e aperfeiçoamento da prestação do serviço.

A avaliação será realizada por pesquisa de satisfação feita, no mínimo, a cada um ano, ou por qualquer outro meio que garanta significância estatística aos resultados, cujo resultado será integralmente publicado no sítio do órgão ou entidade, incluindo o *ranking* das entidades com maior incidência de reclamação dos usuários, e servirá de subsídio para reorientar e ajustar os serviços prestados, em especial quanto ao cumprimento dos compromissos e dos padrões de qualidade de atendimento divulgados na Carta de Serviços ao Usuário (art. 23, §§ 1.º e 2.º).

A avaliação da efetividade e dos níveis de satisfação dos usuários serão especificados em regulamentos próprios de cada Poder e esfera de Governo (art. 24).

10.6. MODALIDADES DE EXECUÇÃO: DIRETA E INDIRETA

O poder público pode prestar serviços públicos diretamente, por meio de sua Administração Direta e Indireta, ou indiretamente, a partir de concessões ou permissões à iniciativa privada, na forma do art. 175 da CRFB.

A prestação direta dos serviços será formalizada por lei que determinará a sua prestação por órgãos da Administração Direta (desconcentração) ou por entidades da Administração Indireta (descentralização legal). Na prestação indireta, o Estado (poder concedente) delega por contrato de concessão ou de permissão, precedido de licitação, o serviço público.

Capítulo XI

CONCESSÃO COMUM DE SERVIÇOS PÚBLICOS

11.1. CONCEITO, FONTES NORMATIVAS E MODALIDADES

A concessão de serviços públicos pode ser compreendida como um contrato administrativo por meio do qual o poder público (poder concedente) delega a execução de serviços públicos a terceiros.

É importante esclarecer a polissemia do termo "concessão" no universo jurídico. A concessão, em verdade, comporta aplicações e definições variadas que não podem ser confundidas.

Na França, por exemplo, que inspirou o nosso Direito Administrativo, Pierre Devolvé[1] elenca quatro espécies de delegação de serviços públicos: a) *concession de service public*: é a modalidade clássica de delegação, definida como contrato pelo qual uma pessoa pública transfere a prestação do serviço público para outra pessoa, que se compromete a prestá-lo, normalmente, mediante remuneração, oriunda dos preços pagos pelos usuários. Existem concessões, no entanto, sem encargos (*redevances*) dos usuários. O concessionário se obriga a realizar investimentos, instituindo a infraestrutura necessária à prestação adequada do serviço; b) *Affermage de service public*: é uma convenção pela qual a pessoa pública transfere ao concessionário a execução do serviço público, mediante remuneração dos usuários. O concessionário, aqui, não recebe a incumbência de realizar investimentos ou criar infraestrutura, já que tais obrigações continuam sob responsabilidade do poder público; c)

---

[1] Devolvé, Pierre. *Droit public de l'économie*. Paris: Dalloz, 1998, p. 611-615. Além das quatro formas de delegação de serviços públicos citados por Devolvé, é possível fazer menção ainda a outros dois tipos de contratos: a) *marché d'entreprise de travaux publics*: o concessionário tem a incumbência de realizar uma obra pública e de explorá-la, com o pagamento de remuneração pelo poder público; b) *bail emphytéotique administratif*: o particular realiza obra em imóvel público, necessária à prestação do serviço público, remunerando-se por meio da exploração de outras obras realizadas no imóvel (ex.: construção de um hospital e um *shopping*).

Régie intéressée: o serviço público é executado pelo concessionário, mediante remuneração paga diretamente pelo Estado, variável em função da qualidade do serviço e da quantidade de usuários; e d) *gérance*: a gestão do serviço público é atribuída ao concessionário, mas os riscos relativos aos déficits e aos lucros permanecem com o poder público.

No Brasil, ao lado da concessão pura e simples de serviços públicos, podem ser inseridas outras modalidades, reguladas normalmente pela Lei n.º 8.987/1995: concessão de serviços públicos, precedidas de obras públicas, concessão para exploração de obra pública a ser edificada e concessão da exploração de obras já existentes.[2]

Recentemente, a legislação introduziu duas novas modalidades de concessão: a) as parcerias público-privadas (PPPs), previstas na Lei n.º 11.079/2004: representam uma nova forma de concessão de serviços públicos, conforme será destacado a seguir; b) concessão florestal,[3] inserida pela Lei n.º 11.284/2006 e regulamentada pelo Decreto n.º 6.063/2007, que, a rigor, não envolve delegação de serviço público, mas sim o exercício de atividade econômica com exploração de bens públicos, sendo definida como "delegação onerosa, feita pelo poder concedente, do direito de praticar manejo florestal sustentável para exploração de produtos e serviços numa unidade de manejo, mediante licitação, à pessoa jurídica, em consórcio ou não, que atenda às exigências do respectivo edital de licitação e demonstre capacidade para seu desempenho, por sua conta e risco e por prazo determinado" (art. 3.º, VII, da citada Lei).

Neste trabalho, serão destacadas as concessões que envolvem a delegação de serviços públicos.

É fácil perceber a inexistência de uniformidade de tratamento normativo das diferentes hipóteses de concessão, especialmente aquelas que envolvem a delegação de serviços públicos no ordenamento pátrio. Não obstante isso, pretendem-se destacar as principais normas constitucionais e legais relativas às concessões em geral.

No âmbito constitucional, a delegação de serviços públicos é tratada, primordialmente, no art. 175, que estabelece: "Incumbe ao poder público, na forma da lei, diretamente ou sob regime de concessão ou permissão, sempre através de licitação, a prestação de serviços públicos".

Em outras passagens, a Constituição faz alusão à delegação de serviços federais por meio da concessão, da permissão e da autorização (art. 21, XI e

---

[2]   Sobre o itinerário histórico das concessões, vide: Marques Neto, Floriano de Azevedo. *Concessões*, Belo Horizonte: Fórum, 2015.

[3]   Em relação às concessões florestais, vide: Freitas, Rafael Véras de. A concessão de florestas e o desenvolvimento sustentável. *Revista de Direito Público da Economia*, n.º 26, p. 107-133, abr.-jun. 2009.

XII, da CRFB). A discussão sobre a possibilidade de utilização da autorização como forma de delegação de serviços públicos será estudada no final do capítulo.

A partir do ordenamento jurídico vigente, as concessões de serviços públicos podem ser divididas, em princípio, da seguinte forma:

a) concessão comum (Lei n.º 8.987/1995):

a.1) concessão de serviços públicos propriamente dita; e

a.2) concessão de serviços públicos precedida de obra pública;

b) concessão especial (Parceria Público-Privada: Lei n.º 11.079/2004):

b.1) PPP patrocinada; e

b.2) PPP administrativa de serviços públicos.[4]

Ao lado dos modelos indicados, existem regimes jurídicos peculiares aplicáveis às concessões de serviços públicos específicos, tais como ocorre no transporte aéreo de passageiros (Lei 7.565/1986 – Código Brasileiro de Aeronáutica – e Lei 11.182/2005 – ANAC), na radiodifusão (Lei 4.117/1962 – Código Brasileiro de Telecomunicações), nos portos (Lei 12.815/2013), nas telecomunicações (Lei 9.472/1997 – ANATEL) etc.

11.2. CONCESSÃO DE SERVIÇO PÚBLICO E AUTORIZAÇÃO LEGISLATIVA: CONTROVÉRSIAS

Há importante controvérsia doutrinária a respeito da necessidade de autorização legislativa para delegação de serviços públicos, por meio de concessão e permissão.

O art. 175 da CRFB dispõe que o poder público, na forma da lei, prestará os serviços públicos diretamente ou sob o regime de concessão ou permissão. A dificuldade reside em saber se a expressão "na forma da lei" exige a prévia autorização para delegação de determinado serviço público ou se a atuação legislativa terá a finalidade de estabelecer as condições genéricas da delegação.

Na legislação infraconstitucional, o art. 2.º da Lei n.º 9.074/1995 dispõe ser vedado ao poder público executar serviços públicos por meio de concessão ou permissão sem lei autorizativa.

Em relação à prestação de serviços públicos por entidades da Administração Indireta, a necessidade de autorização legislativa decorre do princípio

---

[4] Registre-se que a PPP administrativa pode englobar, também, a contratação de serviços administrativos, ou seja, serviços privados prestados à Administração Pública, conforme será demonstrado adiante.

da reserva legal, que deve ser respeitado no ato de criação das autarquias, empresas públicas, sociedades de economia mista e fundações públicas.

No tocante à delegação de serviços públicos por meio de concessão ou permissão, alguns autores defendem a necessidade de lei autorizativa prévia, com fundamento no art. 175 da CRFB. Nesse sentido, Marçal Justen Filho afirma:

> A decisão de transferir a gestão do serviço para particulares envolve, portanto, interesses muito relevantes e de natureza transcendente. Não se trata de decisão inserida na órbita de competência do Poder Executivo. Depende do exame, aprovação e regulamentação do Poder Legislativo, por meio de cuja manifestação retrata-se a concordância do povo à alternativa adotada.[5]

Entendemos, todavia, que a exigência de autorização legislativa específica para delegação do serviço público é inconstitucional. Isso porque a competência para prestar serviços públicos é do Poder Executivo, inserindo-se no seu poder decisório a escolha pela prestação direta ou sobre regime de delegação. A interferência prévia do Poder Legislativo nos atos de gestão do Poder Executivo, sem expressa previsão constitucional, viola o princípio da separação de poderes.

Aliás, não poderia o legislador federal (art. 2.º da Lei n.º 9.074/1995) exigir a autorização legislativa para concessões e permissões estaduais e municipais. Não bastasse a violação ao princípio da separação de poderes, o dispositivo legal viola o princípio federativo, já que as normas gerais não podem interferir, de maneira desproporcional, na autonomia dos Entes Federados.

Esta é a opinião de Maria Sylvia Zanella Di Pietro:

> [...] a autorização legislativa para que o Executivo pratique atos ou celebre contratos que se inserem dentro das suas funções tipicamente administrativas constitui ato de controle (prévio) de um Poder sobre outro e, por isso mesmo, exceção ao princípio da separação de poderes, somente cabível nos casos expressos na Constituição Federal, na estadual ou na lei orgânica; note-se que a Constituição Federal elenca, nos arts. 49, 51 e 52, os atos que devem ser autorizados pelo Congresso Nacional, Câmara dos Deputados e Senado Federal, entre eles não se incluindo a autorização para concessão ou permissão de serviço público, mesmo porque o art. 175 já diz expressamente que a execução dos serviços públicos pode ser feita diretamente ou mediante concessão ou permissão.[6]

---

[5] Justen Filho, Marçal. *Teoria geral das concessões de serviço público*. São Paulo: Dialética, 2003, p. 176.

[6] Di Pietro, Maria Sylvia Zanella. *Parcerias na Administração Pública*. 5. ed. São Paulo: Atlas, 2005, p. 89.

Com a mesma opinião, Marcos Juruena Villela Souto leciona:

A delegação do serviço público mediante concessão configura ato de gestão, que, na sistemática constitucional da separação de poderes, cabe, principiologicamente, ao Poder Executivo. Desta forma, não deve o Poder Legislativo interferir em atribuição de outro Poder, já que, não obstante os controles constitucionais recíprocos, são ambos independentes e autônomos no exercício de suas respectivas funções.[7]

Destarte, em atenção ao princípio da separação de poderes, deve ser considerada, em princípio, inconstitucional a exigência de autorização legislativa específica para efetivação de cada concessão ou permissão. A decisão pontual sobre a forma de prestação do serviço público (direta ou indireta) é exclusiva do Poder Executivo. Nada impede, todavia, que a lei estabeleça as condições genéricas de prestação do serviço e dos respectivos instrumentos jurídicos.

11.3. CONCESSÃO X PERMISSÃO DE SERVIÇO PÚBLICO

Tradicionalmente, a concessão e a permissão representavam duas hipóteses distintas de delegação negocial de serviços públicos. A doutrina e a jurisprudência costumavam apontar as seguintes distinções:

a) quanto à formalização da delegação: a concessão seria formalizada por contrato administrativo, enquanto a permissão seria efetivada por meio de ato administrativo discricionário e precário.

b) prazo e indenização: a concessão, como ocorre em qualquer contrato administrativo, deveria ter prazo determinado e a sua extinção, antes do termo final e sem culpa do concessionário, geraria direito à indenização do particular; ao revés, a permissão não possuía, em regra, prazo determinado, e a sua revogação não gerava indenização.

c) vulto dos investimentos necessários à exploração dos serviços: a concessão era utilizada para os serviços públicos que exigissem significativos investimentos por parte do concessionário, já que o contrato garantiria ao particular maior segurança jurídica (os direitos e deveres das partes estariam insculpidos nas cláusulas contratuais); a permissão era recomendável para os serviços públicos que não envolvessem investimentos vultosos do permissionário, pois o vínculo precário do ajuste aumentaria consideravelmente os riscos do permissionário.

---

[7] Souto, Marcos Juruena Villela. *Direito das concessões*. 5. ed. Rio de Janeiro: Lumen Juris, 2004, p. 48.

Atualmente, no entanto, a distinção entre as duas modalidades de delegação de serviços públicos, nos moldes supracitados, não pode subsistir, especialmente pela contratualização da permissão de serviço público.

O art. 175 da CRFB, ao tratar das concessões e permissões de serviços públicos, exige a precedência da licitação ("sempre através de licitação"), o que, de início, afasta a costumeira discricionariedade da permissão. Tanto para a concessão quanto para a permissão, o poder público deverá realizar o procedimento licitatório com o intuito de efetivar os princípios da moralidade e da impessoalidade, entre outros.

Da mesma forma, o art. 175, parágrafo único, I, da CRFB utiliza a expressão "contrato" ao fazer referência à concessão e à permissão de serviços públicos. Na forma da norma constitucional em comento, a lei deverá dispor, por exemplo, do "regime das empresas concessionárias e permissionárias de serviços públicos, o caráter especial de seu contrato e de sua prorrogação, bem como as condições de caducidade, fiscalização e rescisão da concessão ou permissão".

O caráter contratual da permissão de serviço público teria sido corroborado pelo art. 40 da Lei n.º 8.987/1995, que define a permissão "contrato de adesão".[8] É verdade que essa definição legal de permissão de serviço público é repleta de incorreções técnicas, o que obscurece a real intenção do legislador.

Após fixar o caráter contratual da permissão, a norma utiliza expressões que são reservadas pela doutrina aos atos administrativos, tais como a "precariedade" e a "revogabilidade unilateral". Ora, o ato administrativo é que, em princípio, pode ser considerado precário e revogável. O contrato administrativo, ainda que possa ser alterado unilateralmente pelo poder público, não deve ser considerado precário, mas sim mutável. A precariedade traz consigo a ideia de que as alterações implementadas pelo poder público devem ser aceitas pelo administrado e não são, em regra, passíveis de indenização, o que não ocorre com as eventuais mutações (alterações) unilaterais dos contratos, que devem ser acompanhadas da respectiva revisão para preservação do princípio da manutenção do equilíbrio econômico e financeiro do ajuste. Por fim, em vez de revogação, o ideal seria referir-se à rescisão do contrato.

Outro equívoco na definição legal é a referência ao "contrato de adesão".

Primeiro, porque não há propriamente contrato de adesão, tendo em vista a ausência dos seus requisitos. O simples fato de uma das partes da relação contratual impor as cláusulas do ajuste não o transforma em contrato

---

[8] "Art. 40. A permissão de serviço público será formalizada mediante contrato de adesão, que observará os termos desta Lei, das demais normas pertinentes e do edital de licitação, inclusive quanto à precariedade e à revogabilidade unilateral do contrato pelo poder concedente."

de adesão. Na lição de Marçal Justen Filho, a caracterização do contrato de adesão "pressupõe presença permanente no mercado, em condições de superioridade econômica, gerando contratações contínuas, de molde a eliminar ou reduzir o juízo crítico dos possíveis contratantes".[9] Tal não ocorre nos contratos administrativos.

Segundo, porque todos os contratos administrativos possuem como característica cláusulas estabelecidas, em regra, unilateralmente pelo poder público, sendo inócua a referência ao contrato de adesão.

Por conta dessa incorreção legislativa, e do fato de que seria impróprio admitir que a Constituição tivesse consagrado dois instrumentos de delegação de serviços públicos com características similares, parte da doutrina continua a afirmar que a permissão possui natureza de ato administrativo.

Nesse sentido, Marcos Juruena Villela Souto entende que a permissão deve ser compreendida, ainda, como ato administrativo. A partir dos planos que comportam a análise dos atos jurídicos, o ilustre autor apresenta a seguinte distinção: na concessão, o concessionário participa na criação do ato bilateral (plano da existência), ao acordar com o poder público os conteúdos das cláusulas contratuais econômicas (as cláusulas de serviços são predeterminadas pelo poder concedente); na permissão, considerada ato unilateral, o instrumento da delegação já está pronto (plano da existência) e deve ser considerado presumidamente válido (plano da validade), devendo o particular aderir aos seus termos para que a delegação surta efeitos (plano da eficácia).[10]

Todavia, parece que a intenção do legislador foi a de conferir o caráter contratual à permissão, o que reduz (e muito) as diferenças entre essas modalidades de delegação de serviços públicos e a concessão.[11]

O STF, no julgamento do pedido de liminar formulado em ação direta de inconstitucionalidade contra dispositivos da Lei n.º 9.295/1996, que dispõe sobre serviços de telecomunicações e sua organização, reconheceu a natureza contratual da permissão de serviços públicos, em razão do art. 175, parágrafo único, I, da CF, o que afastaria qualquer distinção conceitual entre permissão e concessão.[12]

---

9   Justen Filho, Marçal. *Teoria geral das concessões de serviço público*. São Paulo: Dialética, 2003, p. 110.

10   Souto, Marcos Juruena Villela. *Direito das concessões*. 5. ed. Rio de Janeiro: Lumen Juris, 2004, p. 29. O art. 118, *caput* e parágrafo único, da Lei n.º 9.472/1997 trata da permissão de serviços de telecomunicações diante de situação excepcional, definindo-a como ato administrativo.

11   Ressalte-se, por oportuno, que a discussão sobre a contratualização da permissão existe apenas em relação à permissão de serviços públicos, já que as demais permissões (ex.: permissão de uso de bem público) são consideradas atos administrativos.

12   STF, ADInMC 1.491-DF, rel. Min. Carlos Velloso, 01/07/1998 (*Informativo de Jurisprudência do STF n.º 117*).

Em razão disso, José dos Santos Carvalho Filho conclui não subsistir diferenças entre a concessão e a permissão.[13]

Independentemente das dificuldades apontadas, a interpretação literal das definições legais de concessão e de permissão, contidas no art. 2.º, II e IV, da Lei n.º 8.987/1995, enseja duas diferenças, a nosso juízo, irrelevantes:

a) Quanto à figura do delegatário: na concessão, o concessionário deve ser pessoa jurídica ou consórcio de empresas, ao passo que na permissão o permissionário é pessoa física ou jurídica.

b) Quanto à modalidade de licitação: a Lei exige concorrência pública para a concessão e não define qual será a modalidade de licitação para a permissão, o que levaria à possibilidade de escolha de qualquer modalidade licitatória prevista em Lei.

Ressalte-se que, em relação à modalidade de licitação, não pode prevalecer a interpretação literal, notadamente pela possibilidade de concessão de serviço público instrumentalizada por outra modalidade que não a concorrência. O STF já admitiu, no âmbito da desestatização, a realização de leilão para formalização da concessão de determinados serviços públicos, na forma do art. 4.º, § 3.º, da Lei n.º 9.491/1997.[14]

A mitigação (ou ausência) da relevância fundamental na diferenciação entre concessão e permissão, hoje, pode ser demonstrada por três características comuns desses institutos jurídicos, a saber:

a) são formalizados por contratos administrativos;
b) servem para o mesmo fim: delegação de serviços públicos; e
c) submetem-se ao mesmo regime jurídico (o art. 40, parágrafo único, da Lei n.º 8.987/1995 prevê a aplicação das normas que tratam das concessões às permissões).

Essa última característica, ao que parece, é suficiente para afastar, em princípio, a importância das tentativas doutrinárias de diferenciação dos institutos, já que, independentemente da nomenclatura utilizada pelo poder público no caso concreto, as normas aplicáveis às concessões deverão ser observadas, em regra, nas permissões.

---

[13] Carvalho Filho, José dos Santos. *Manual de Direito Administrativo*. 18. ed. Rio de Janeiro: Lumen Juris, 2007, p. 369.

[14] STF, MS 27.516/DF, Rel. Min. Ellen Gracie, Tribunal Pleno, Julgamento: 22/10/2008, *DJe*-232, 5/12/2008 (*Informativo de Jurisprudência do STF* n.º 525). O art. 4.º, § 3.º, da Lei n.º 9.491/1997 dispõe: "Art. 4.º [...] § 3.º Nas desestatizações executadas mediante as modalidades operacionais previstas nos incisos I, IV, V, VI e VII deste artigo, a licitação poderá ser realizada na modalidade de leilão." O inciso VI do referido art. 4.º, por sua vez, refere-se às concessões, às permissões ou autorizações de serviços públicos.

Isso não impede, todavia, que a doutrina procure outros critérios para diferenciar a concessão e a permissão.

Nesse sentido, a similitude de tratamento jurídico, requerida pelo art. 40, parágrafo único, da Lei n.º 8.987/1995, deve ser compatibilizada com as demais normas que categoricamente estabelecem conceitos distintos para as concessões e permissões (arts. 2.º, II e IV, e 40, *caput*, da Lei n.º 8.987/1995). Não faz sentido a fixação legal de conceitos diferentes para, em seguida, impor a submissão às mesmas regras. Portanto, a aplicação das normas legais às permissões deve ocorrer "no que couber".

Não é razoável concluir que a Constituição (arts. 21, XI e XII, e 175) e o legislador (Lei n.º 8.987/1995) tenham pretendido fazer uso de expressões diferentes (concessão e permissão) com significados idênticos, já que a lei não contém palavras inúteis. Com a contratualização da permissão, devem ser buscados outros critérios para diferenciá-la da concessão.

Marçal Justen Filho, após reconhecer que as diferenças entre os dois institutos são cada vez menores, afirma que a concessão e a permissão não são equivalentes ou fungíveis, não havendo discricionariedade na utilização desses instrumentos. A diferença principal, no caso, relaciona-se com o caráter "precário" da permissão (arts. 2.º, IV, e 40 da Lei n.º 8.987/1995). Assim, a permissão deve ser utilizada nas delegações em que a remuneração do permissionário é obtida em prazos reduzidos, não sendo necessária a realização de grandes investimentos, nem haverá bens reversíveis ao patrimônio público. A revogação da permissão, por isso, não acarreta indenização. Já a concessão deve ser instrumentalizada para os serviços que devem ser prestados por prazos médios ou longos, pois necessitam de investimentos relevantes e, normalmente, de bens que serão revertidos ao poder público no final da delegação.[15]

No mesmo sentido, Alexandre Santos de Aragão sustenta que o intuito da Lei n.º 8.987/1995, ao utilizar os termos "precariedade" e "revogabilidade", foi afastar o direito à indenização na permissão, ainda que ela seja extinta antes do prazo estipulado. Em consequência, para que não haja "expropriação de direitos adquiridos do permissionário ou exclusão da responsabilidade civil do Estado de indenizar seus danos", a permissão será destinada apenas aos casos em que a referida extinção da permissão, antes do prazo da permissão, não acarrete prejuízos ao permissionário, o que supõe a inexistência de bens reversíveis. A permissão, destarte, deve ser manejada para os serviços que demandam investimentos reduzidos, de curto período e sem bens reversíveis. Dessa forma, independentemente da nomenclatura utilizada, a delegação de

---

[15] Justen Filho, Marçal. *Teoria geral das concessões de serviço público*. São Paulo: Dialética, 2003, p. 114.

serviços públicos, que envolver bens reversíveis e, por isso, necessidade de indenização do delegatário, será necessariamente concessão.[16]

Semelhante entendimento é sustentado pela professora Maria Sylvia Zanella Di Pietro quando afasta o direito à indenização do permissionário, em caso de extinção extemporânea da delegação, em razão da precariedade do instituto.[17]

A permissão, por conta de sua precariedade, não exige investimentos relevantes por parte do permissionário nem a utilização de bens reversíveis, sendo descabida, em regra, a indenização em caso de extinção antes do prazo contratual. De outra banda, a concessão pressupõe investimentos importantes do concessionário e, normalmente, a utilização de bens reversíveis, fazendo jus à indenização em caso de extinção precoce do ajuste.

Entendemos que a precariedade não pode ser um critério diferenciador entre a concessão e a permissão. A extinção dos negócios jurídicos antes do termo final pode suscitar o direito à indenização do particular, ainda que não existam bens reversíveis, tendo em vista os princípios da boa-fé, da segurança jurídica e da confiança legítima. Lembre-se, por exemplo, que a doutrina sustenta a redução da discricionariedade na permissão de uso de bem público, quando existe prazo fixado pela Administração Pública. Trata-se da permissão qualificada, garantindo-se certa estabilidade ao permissionário e, devido a isso, caso o prazo não seja respeitado, deverá haver indenização.[18]

Por essa razão, não existem diferenças substanciais entre a concessão e a permissão de serviços públicos. São contratos administrativos de delegação de serviços públicos, sujeitos ao mesmo regime jurídico.

11.4. REMUNERAÇÃO DO CONCESSIONÁRIO: TARIFA E RECEITAS ALTERNATIVAS

A remuneração do concessionário, que explora o serviço público por sua conta e risco, é uma característica essencial do contrato de concessão. Isso porque a remuneração servirá para cobrir os custos da execução dos serviços e a margem de lucro do particular, atraindo seu interesse na parceria com o poder público.

Como regra geral, a remuneração do concessionário é efetivada pela cobrança da tarifa dos usuários do serviço público concedido. A tarifa,

---

[16] Aragão, Alexandre Santos de. *Direito dos serviços públicos*. Rio de Janeiro: Forense, 2007, p. 719-724.

[17] Di Pietro, Maria Sylvia Zanella. *Parcerias na Administração Pública*. 5. ed. São Paulo: Atlas, 2005, p. 150.

[18] Di Pietro, Maria Sylvia Zanella. *Direito Administrativo*. 20. ed. São Paulo: Atlas, 2007, p. 638-639.

prevista no contrato de concessão e fixada nos termos da proposta vencedora na licitação, deverá ser atualizada e revista durante a execução do contrato, como forma de preservação do equilíbrio econômico-financeiro do ajuste.[19]

A tarifa deve remunerar o serviço público utilizado pelo usuário. Não obstante isso, o STJ admite em alguns casos a cobrança de "tarifa básica" do usuário para cobrir custos de disponibilização do serviço, mesmo que o particular dele não se utilize efetivamente. Nesse sentido, a Súmula n.º 356 do STJ dispõe: "É legítima a cobrança da tarifa básica pelo uso dos serviços de telefonia fixa."

Ao lado da tarifa, é possível a instituição de "receitas alternativas", que deverão constar do edital e do contrato de concessão, na forma dos arts. 11 e 18, VI, da Lei n.º 8.987/1995. Enquanto a tarifa relaciona-se ao serviço público e ao respectivo usuário, as receitas alternativas referem-se aos serviços privados conexos ao serviço público delegado (ex.: publicidade na prestação do serviço – *outdoors* em ônibus, a exploração de espaços adjacentes à concessão para instalação de empreendimentos comerciais – postos de gasolina, restaurantes, etc.).[20]

Há, contudo, controvérsia a respeito da possibilidade das referidas receitas advirem do orçamento ou de outra contribuição pública, tendo em vista o veto presidencial ao art. 24 do Projeto de Lei n.º 179/1990, que deu origem à legislação vigente e admitia uma receita bruta mínima paga pelo poder concedente ao concessionário.

Não obstante o sobredito veto presidencial, a doutrina majoritária admite que o Estado colabore com a remuneração do concessionário desde que tal colaboração tenha o escopo de assegurar a modicidade da tarifa, garantindo o acesso ao serviço a um número maior de pessoas (universalidade do serviço).[21]

É importante alertar que a subvenção do poder público não pode servir como subterfúgio para afastar os riscos ordinários da exploração empresarial

---

[19] Arts. 9.º, *caput* e parágrafos, e 10 da Lei n.º 8.987/1995.

[20] "Art. 11. No atendimento às peculiaridades de cada serviço público, poderá o poder concedente prever, em favor da concessionária, no edital de licitação, a possibilidade de outras fontes provenientes de receitas alternativas, complementares, acessórias ou de projetos associados, com ou sem exclusividade, com vistas a favorecer a modicidade das tarifas, observado o disposto no art. 17 desta Lei." "Art. 18. O edital de licitação será elaborado pelo poder concedente, observados, no que couber, os critérios e as normas gerais da legislação própria sobre licitações e contratos e conterá, especialmente: [...] VI – as possíveis fontes de receitas alternativas, complementares ou acessórias, bem como as provenientes de projetos associados."

[21] Nesse sentido: Justen Filho, Marçal. *Teoria geral das concessões de serviço público.* São Paulo: Dialética, 2003, p. 93 e 103; Celso Antônio Bandeira de Mello admite a adoção de tarifas subsidiadas pelo poder público. Mello, Celso Antônio Bandeira de. *Curso de Direito Administrativo.* 21. ed. São Paulo: Malheiros, 2006, p. 705.

dos serviços públicos, mais sim como instrumento garantidor da modicidade da tarifa e da universalização do serviço.[22]

Da mesma forma, em razão do princípio da impessoalidade (isonomia), a subvenção do poder público depende de previsão legal e deve ser colocada à disposição de todos os licitantes, antes, portanto, da assinatura do contrato de concessão (art. 17 da Lei n.º 8.987/1995). Excepcionalmente, as subvenções estatais serão efetivadas, sem previsão contratual, caso haja superveniência de fatos imprevisíveis durante a execução do contrato.

Cabe lembrar que a Lei n.º 11.079/2004, ao tratar das PPPs, corrobora a possibilidade de concessões subsidiadas pelo Estado ao exigir a contraprestação pecuniária do poder público ao parceiro privado para configuração dessas modalidades especiais de concessão (art. 2.º, § 3.º).

11.5. LICITAÇÃO: PECULIARIDADES

A exigência de licitação para formalização da delegação de concessão de serviço público decorre da própria natureza contratual do ajuste (art. 37, XXI, da CRFB), mas também por conta da exigência específica no art. 175 da CRFB, que exige "sempre" licitação para as concessões e permissões de serviços públicos.

No âmbito infraconstitucional, as licitações relativas às concessões e permissões comuns de serviços públicos serão regidas basicamente pelos arts. 14 a 22 da Lei n.º 8.987/1995 e legislação correlata, além da aplicação subsidiária da Lei n.º 8.666/1993.

11.5.1. Projeto básico, projeto executivo e Procedimento de Manifestação de Interesse (PMI): elaboração por entidades privadas e participação na licitação para contratação de concessão comum de serviços públicos

O primeiro ponto que merece destaque nas licitações para contratação de concessões em geral, refere-se à responsabilidade pela elaboração dos projetos básico e executivo.

Tradicionalmente, a realização de obras e a prestação de serviços pressupõem a elaboração do "projeto básico" (art. 6.º, IX, da Lei 8.666/1993) e do "projeto executivo" (art. 6.º, X, da Lei 8.666/1993), que devem estabelecer, de

---

[22] Nesse sentido: Justen Filho, Marçal. *Teoria geral das concessões de serviço público*. São Paulo: Dialética, 2003, p. 93.

maneira clara e precisa, todos os aspectos técnicos e econômicos do objeto a ser contratado, tendo em vista o dever de planejamento estatal.

As licitações para contratação de obras e serviços dependem, dentre outras exigências, da elaboração do projeto básico que deve ser aprovado pela autoridade competente e disponibilizado para consulta dos interessados em participar do processo licitatório (art. 7.º, § 2.º, I, da Lei 8.666/1993). Ressalte-se, contudo, que a licitação pode ser iniciada sem a elaboração prévia do projeto executivo, desde que haja decisão motivada por parte da autoridade administrativa, hipótese em que o projeto deverá ser desenvolvido concomitantemente com a execução das obras e serviços (arts. 7.º, § 1.º, e 9.º, § 2.º, da Lei 8.666/1993).

Não podem participar da licitação para contratação de obras e serviços (art. 9.º, I e II, da Lei 8.666/1993): a) os autores do projeto básico ou executivo; e b) as empresas responsáveis pela elaboração do projeto básico ou executivo ou da qual o autor do projeto seja dirigente, gerente, acionista ou detentor de mais de 5% (cinco por cento) do capital com direito a voto ou controlador, responsável técnico ou subcontratado.

Contudo, o art. 31 da Lei 9.074/1995 estabelece que, nas licitações para concessão e permissão de serviços públicos ou de uso de bem público, os autores ou responsáveis economicamente pelos projetos (básico ou executivo) podem participar, direta ou indiretamente, da licitação ou da execução de obras ou serviços.

Em consequência, as vedações indicadas no art. 9.º, I e II, da Lei 8.666/1993 não se aplicam às licitações para concessão de serviços públicos.

A Administração Pública pode instituir, inclusive, Procedimento de Manifestação de Interesse (PMI) para apresentação de projetos, levantamentos, investigações ou estudos, por pessoa física ou jurídica de direito privado, com a finalidade de subsidiar a Administração na estruturação de empreendimentos objeto de concessão ou permissão de serviços públicos, de parceria público-privada, de arrendamento de bens públicos ou de concessão de direito real de uso. Ao lado do PMI, é possível utilizar a expressão Manifestação de Interesse da Iniciativa Privada (MIP), especialmente nas hipóteses em que o projeto é apresentado pela iniciativa privada, por iniciativa própria, à Administração Pública.

O PMI encontra fundamento legal no art. 21 da Lei 8.987/1995.[23] Em âmbito federal, o PMI encontra-se regulamentado pelo Decreto 8.428/2015,

---

[23] Lei 8.987/1995: "Art. 21. Os estudos, investigações, levantamentos, projetos, obras e despesas ou investimentos já efetuados, vinculados à concessão, de utilidade para a licitação, realizados pelo poder concedente ou com a sua autorização, estarão à disposição dos interessados, devendo o vencedor da licitação ressarcir os dispêndios correspondentes, especificados no edital".

que revogou o Decreto 5.977/2006, o qual, em síntese, apresenta as seguintes características:[24]

a) apresentação de projetos, levantamentos, investigações ou estudos, por pessoa física ou jurídica de direito privado, com a finalidade de subsidiar a Administração Pública na estruturação de empreendimentos objeto de concessão ou permissão de serviços públicos, de parceria público-privada, de arrendamento de bens públicos ou de concessão de direito real de uso;

b) a instituição do PMI é uma faculdade da Administração Pública (art. 1.º, § 1.º);

c) as normas do Decreto 8.428/2015 não se aplicam aos PMIs previstos em legislação específica e aos projetos, levantamentos, investigações e estudos elaborados por organismos internacionais dos quais o Brasil faça parte e por autarquias, fundações públicas, empresas públicas ou sociedades de economia mista (art. 1.º, § 3.º);

d) o PMI possui três fases: i) abertura, de ofício ou por provocação de pessoa física ou jurídica interessada, por meio de publicação de edital de chamamento público; ii) autorização para a apresentação de projetos, levantamentos, investigações ou estudos; e iii) avaliação, seleção e aprovação (arts. 1.º, § 4.º, e 3.º);

e) a competência para abertura, autorização e aprovação de PMI será exercida pela autoridade máxima ou pelo órgão colegiado máximo do órgão ou entidade da Administração Pública federal competente para proceder à licitação do empreendimento ou para a elaboração dos projetos, levantamentos, investigações ou estudos (art. 2.º);

f) a autorização para apresentação de projetos, levantamentos, investigações e estudos no PMI possui as seguintes características: i) será conferida sem exclusividade; ii) não gerará direito de preferência no processo licitatório do empreendimento; iii) não obrigará o Poder Público a realizar licitação; iv) não implicará, por si só, direito a ressarcimento de valores envolvidos em sua elaboração; v) será pessoal e intransferível; vi) não implica, em nenhuma hipótese, responsabilidade da Administração perante terceiros por atos praticados por pessoa autorizada (art. 6.º, *caput* e § 1.º);

g) os valores relativos a projetos, levantamentos, investigações e estudos selecionados serão ressarcidos pelo vencedor da licitação, desde que sejam efetivamente utilizados no certame, inexistindo, em qualquer

---

[24] Diversos Estados editaram regulamentação específica sobre PMI, a saber: Minas Gerais (Decreto 44.565/2007), Ceará (Decreto 30.328/2010), Bahia (Decreto 16.522/2015), Goiás (Decreto 7.365/2011), Rio de Janeiro (Decreto 45.294/2015), São Paulo (Decreto 57.289/2011).

Cap. XI – CONCESSÃO COMUM DE SERVIÇOS PÚBLICOS

hipótese, responsabilidade pecuniária pelo Poder Público (art. 16, *caput* e parágrafo único); e

h) os autores ou responsáveis economicamente pelos projetos, levantamentos, investigações e estudos poderão participar direta ou indiretamente da licitação ou da execução de obras ou serviços, exceto se houver disposição em contrário no edital de abertura do chamamento público do PMI (art. 18).

11.5.2. Modalidades de licitação

Em regra, a modalidade de licitação adequada para as concessões e permissões de serviços públicos é a concorrência, na forma dos art. 2.º, II, III e IV, c/c o art. 40, parágrafo único, da Lei n.º 8.987/1995.

É possível, todavia, a utilização de outras modalidades de licitação, quando autorizadas por legislações específicas. Assim, por exemplo, o art. 27, I, da Lei n.º 9.074/1995 admite o leilão, quando o serviço é inicialmente prestado por pessoas controladas direta ou indiretamente "para promover a privatização simultaneamente com a outorga de nova concessão ou com a prorrogação das concessões existentes", exceto quanto aos serviços públicos de telecomunicações. As modalidades concorrência e leilão também são admitidas para exploração de potenciais hidráulicos (art. 24 da Lei n.º 9.427/1996).

Da mesma forma, o art. 4.º, § 3.º, da Lei n.º 9.491/1997, que trata do Programa Nacional de Desestatização (PND), admite a utilização do leilão para delegações de serviços públicos. O STF considerou constitucional a utilização do leilão para desestatização de linhas de serviço de transporte rodoviário.[25]

É possível a inversão da ordem das fases de habilitação e julgamento nas licitações, conforme autorização contida no art. 18-A da Lei n.º 8.987/1995. Nessa hipótese, após o julgamento das propostas, o poder público verificará os documentos de habilitação apenas do licitante vencedor, o que por certo afigura-se medida salutar e de acordo com a eficiência administrativa.

11.5.3. Tipos de licitação

Em relação aos critérios objetivos que poderão ser utilizados para escolha da proposta mais vantajosa para o poder público, a legislação também consagra novidades em relação à legislação tradicional de licitações e contratos.

---

[25] STF, MS 27.516/DF, Rel. Min. Ellen Gracie, Tribunal Pleno, *DJe* 05/12/2008, p. 104. *Informativo de Jurisprudência do STF* n.º 525.

Consoante dispõe o art. 15 da Lei n.º 8.987/1995, os tipos de licitação para concessão de serviços públicos são:

a) o menor valor da tarifa do serviço público a ser prestado (inciso I);
b) a maior oferta, nos casos de pagamento ao poder concedente pela outorga da concessão (inciso II);
c) a combinação, dois a dois, dos critérios referidos nos incisos I, II e VII (inciso III);
d) melhor proposta técnica, com preço fixado no edital (inciso IV);
e) melhor proposta em razão da combinação dos critérios de menor valor da tarifa do serviço público a ser prestado com o de melhor técnica (inciso V);
f) melhor proposta em razão da combinação dos critérios de maior oferta pela outorga da concessão com o de melhor técnica (inciso VI); ou
g) melhor oferta de pagamento pela outorga após qualificação de propostas técnicas (inciso VII).

Os critérios técnicos, quando o tipo de licitação assim exigir (art. 15, IV, V, VI e VII), deverão ser definidos no edital de licitação, conforme exigência contida no art. 15, § 2.º, da Lei n.º 8.987/1995.

As propostas manifestamente inexequíveis ou financeiramente incompatíveis com os objetivos da licitação serão recusadas pelo poder concedente (art. 15, § 3.º, da Lei n.º 8.987/1995).

Por fim, em igualdade de condições, a legislação reconhece a preferência à proposta apresentada por empresa brasileira (art. 15, § 4.º, da Lei n.º 8.987/1995).

11.5.4. Contratação direta: dispensa e inexigibilidade

A regra constitucional da licitação é colocada em termos peremptórios para delegação de serviços de serviços públicos (art. 175 da CRFB).

Não obstante a literalidade da norma supracitada, a possibilidade, excepcional, de delegação direta de serviços públicos, sem a realização prévia da licitação, tem sido reconhecida pela doutrina.

Em relação à inexigibilidade, em razão da inviabilidade de competição, deve ser reconhecida a legitimidade da contratação direta. Isso porque, independentemente de previsão legal expressa, há inexigibilidade sempre que houver a impossibilidade de competição prévia, devendo ser considerado exemplificativo o rol do art. 25 da Lei n.º 8.666/1993.

Por outro lado, a possibilidade de dispensa de licitação tem gerado questionamentos na doutrina.

Isso porque os casos de dispensa de licitação, enumerados no art. 24 da Lei n.º 8.666/1993, são taxativos, e a competição, em tese, é possível. Ademais, ao contrário do que ocorre nas concessões, em que o poder público concede o serviço público aos particulares para exploração por sua conta e risco, as hipóteses de dispensa relacionam-se normalmente às contratações de bens e serviços particulares pelo poder público.

Nesse sentido, Maria Sylvia Zanella Di Pietro[26] admite a concessão de serviços públicos, sem licitação, nos casos de inexigibilidade de licitação, mesmo naquelas hipóteses em que tais casos estiverem previstos de maneira equivocada no rol do art. 24 da Lei n.º 8.666/1993 (casos de guerra, grave perturbação da ordem ou calamidade pública; nos casos de situação de emergência; e nos casos de licitação deserta, em que não acudirem interessados). A autora, no entanto, não admite a aplicação indiscriminada das hipóteses de dispensa da licitação do art. 24 da Lei n.º 8.666/1993 às concessões em razão da incompatibilidade daquelas hipóteses com as peculiaridades dos contratos de concessão.

Em posição semelhante, Alexandre Santos de Aragão[27] admite a aplicação excepcional de apenas dois casos de dispensa de licitação: casos de urgência e de baixo valor do serviço concedido (art. 24, I e IV, da Lei n.º 8.666/1993).

Entendemos que a aplicação da dispensa de licitação às concessões de serviços públicos só será possível nas hipóteses de urgência ou necessidade da contratação direta (art. 24, III, IV e IX, da Lei n.º 8.666/1993), quando a licitação seria um obstáculo à promoção célere do interesse público, bem como na hipótese de licitação deserta (art. 24, V, da Lei n.º 8.666/1993), sempre com a devida motivação por parte do poder público.[28]

11.6. CONTRATO DE CONCESSÃO COMUM: PECULIARIDADES

A concessão de serviço público é instrumentalizada por meio de contrato administrativo (contrato de concessão), em que se transfere a execução do serviço público a outrem (concessionário) por determinado prazo.

É importante frisar que a concessão implica apenas a delegação da execução do serviço público, mas não da titularidade, que permanece com o Estado. Em razão da titularidade do serviço público, o poder concedente possui prerrogativas e poder de controle em relação ao contrato de concessão,

---

[26] Di Pietro, Maria Sylvia Zanella. *Parcerias na Administração Pública*. 5. ed. São Paulo: Atlas, 2005, p. 137.

[27] Aragão, Alexandre Santos de. *Direito dos serviços públicos*. Rio de Janeiro: Forense, 2007, p. 577.

[28] Nesse sentido: Souto, Marcos Juruena Villela. *Direito das concessões*. 5. ed. Rio de Janeiro: Lumen Juris, 2004, p. 46-47.

sendo possível, até mesmo, a sua extinção (encampação) antes do advento do termo contratual por razões de interesse público.

11.6.1. Cláusulas essenciais

O contrato de concessão de serviço público é caracterizado como contrato administrativo típico, razão pela qual a legislação reconhece prerrogativas em favor do poder concedente (cláusulas exorbitantes) e sujeições por parte do concessionário.

O contrato é composto por cláusulas regulamentares ou de serviço, que estipulam as condições de execução do serviço público, e por cláusulas econômicas ou financeiras, relacionadas com o valor do contrato.

As cláusulas essenciais do contrato de concessão encontram-se enumeradas no art. 23 da Lei n.º 8.987/1995, a saber:

I – ao objeto, à área e ao prazo da concessão;

II – ao modo, forma e condições de prestação do serviço;

III – aos critérios, indicadores, fórmulas e parâmetros definidores da qualidade do serviço;

IV – ao preço do serviço e aos critérios e procedimentos para o reajuste e a revisão das tarifas;

V – aos direitos, garantias e obrigações do poder concedente e da concessionária, inclusive os relacionados às previsíveis necessidades de futura alteração e expansão do serviço e consequente modernização, aperfeiçoamento e ampliação dos equipamentos e das instalações;

VI – aos direitos e deveres dos usuários para obtenção e utilização do serviço;

VII – à forma de fiscalização das instalações, dos equipamentos, dos métodos e práticas de execução do serviço, bem como a indicação dos órgãos competentes para exercê-la;

VIII – às penalidades contratuais e administrativas a que se sujeita a concessionária e sua forma de aplicação;

IX – aos casos de extinção da concessão;

X – aos bens reversíveis;

XI – aos critérios para o cálculo e a forma de pagamento das indenizações devidas à concessionária, quando for o caso;

XII – às condições para prorrogação do contrato;

XIII – à obrigatoriedade, forma e periodicidade da prestação de contas da concessionária ao poder concedente;

XIV – à exigência da publicação de demonstrações financeiras periódicas da concessionária; e

XV – ao foro e ao modo amigável de solução das divergências contratuais.

11.6.2. Prazo

Os contratos da Administração devem ser celebrados com prazo determinado, uma vez que o art. 57, § 3.º, da Lei n.º 8.666/1993 veda o contrato com prazo indeterminado.

Em regra, os contratos celebrados pela Administração Pública têm duração de até um ano, pois a vigência desses contratos está adstrita à respectiva vigência dos créditos orçamentários (art. 57, *caput*, da Lei n.º 8.666/1993). Ora, tendo em vista que a lei orçamentária é anual, a duração do contrato deverá respeitar esse prazo. A intenção do legislador, certamente, foi exigir responsabilidade financeira do administrador que pretende contratar com dinheiro público, evitando gastos públicos sem previsão no orçamento.

Todavia, o próprio art. 57 da Lei n.º 8.666/1993, que consagra a regra do prazo anual para os contratos, prevê as seguintes exceções:

a) **Projetos previstos no Plano Plurianual** (ex.: construção de um grande hospital ou de uma rodovia);

b) **Serviços contínuos**, admitida a prorrogação por iguais e sucessivos períodos com a finalidade de obter preços e condições mais vantajosas para a Administração, limitado o prazo a sessenta meses, ou seja, cinco anos (ex.: serviços de limpeza, de conservação, de vigilância, de manutenção);

c) **Aluguel de equipamentos e utilização de programas de informática**, hipóteses em que a duração pode chegar a quarenta e oito meses, ou seja, quatro anos (ex.: aluguel de computadores);

d) **As contratações previstas nos incisos IX, XIX, XXVIII e XXXI do art. 24 da Lei n.º 8.666/1993** poderão ter vigência por até cento e vinte meses (dez anos), caso haja interesse da administração (art. 57, V, da Lei n.º 8.666/1993, inserido pela Lei n.º 12.349/2010).

Os contratos de concessão de serviços públicos, espécies de contratos administrativos, devem possuir prazo determinado (arts. 2.º, II e III; 18, I; e 23, I, da Lei n.º 8.987/1995).

Ocorre que a Lei n.º 8.987/1995 não prevê o prazo do contrato de concessão, ao contrário do que ocorre, por exemplo, com a concessão especial (PPP), em que o art. 5.º, I, da Lei n.º 11.079/2004 impõe prazos mínimo e máximo ao ajuste (o prazo varia de cinco a trinta e cinco anos).

Em razão do silêncio da Lei n.º 8.987/1995, poderia se cogitar da aplicação da regra geral do prazo anual, prevista no art. 57 da Lei n.º 8.666/1993, uma vez que, repita-se, o contrato de concessão é espécie de contrato administrativo.

Essa solução, porém, é equivocada e contraria o espírito da lei.

Primeiro, porque o art. 57 da Lei n.º 8.666/1993 dirige-se aos contratos em que a remuneração do contratado advém dos cofres públicos (recursos orçamentários), o que não ocorre na concessão de serviço público comum, cuja remuneração da concessionária é efetivada, em regra, por meio de tarifa paga pelos usuários.

Segundo, porque a concessão de serviço público, em razão dos investimentos de grande vulto realizados pela concessionária, depende de um prazo contratual maior para amortização de seus investimentos e retorno financeiro pactuado, de modo a garantir a modicidade tarifária. Caso o prazo contratual fosse reduzido, o valor da tarifa seria elevado e impediria, por certo, o acesso ao serviço concedido por grande parte dos usuários.

Dessa forma, o prazo do contrato de concessão comum deverá ser fixado nas legislações específicas dos Entes Federados[29] ou, na sua falta, concretamente em cada contrato.

11.6.3. Prorrogação

Há controvérsia sobre a viabilidade de prorrogação do contrato de concessão.

Marçal Justen Filho sustenta o descabimento jurídico e econômico da previsão, no edital e no contrato de concessão, da prorrogação do prazo contratual. Sob o ponto de vista jurídico, a prorrogação asseguraria ao concessionário uma vantagem incompatível com o princípio da isonomia. Afirma o autor que "o particular obtém a concessão em vista da vitória numa licitação, a qual se orientou à contratação por prazo determinado". Sob a ótica econômica, a prorrogação não se justifica, já que "as tarifas são fixadas segundo critérios que permitam a recuperação dos investimentos realizados ao longo do prazo de concessão". Eventual prorrogação, de caráter excepcional, somente seria possível no final da concessão, "como decorrência de desvios que ocorreram de modo indesejável".[30]

---

[29] No Município do Rio de Janeiro, por exemplo, o art. 140, § 3.º, da Lei Orgânica admite o prazo de até cinquenta anos.

[30] Justen Filho, Marçal. *Teoria geral das concessões de serviço público*. São Paulo: Dialética, 2003, p. 269-270.

Entendemos que a prorrogação deve ser encarada como medida excepcional, mas isso não impede a sua previsão nos editais de licitação e nos respectivos contratos de concessão.[31]

Ressalte-se, no entanto, que a prorrogação só pode ser feita pela Administração Pública, sendo inconstitucional a prorrogação efetivada pela lei, em razão do princípio da separação de poderes e da impessoalidade, conforme já decidiu o STF.[32]

Ademais, a prorrogação deve estar prevista no edital e na minuta do contrato, anexa ao instrumento convocatório (art. 23, XII, da Lei n.º 8.987/1995), ressalvadas as hipóteses de prorrogação como instrumento de recomposição do equilíbrio econômico-financeiro do contrato.[33]

Por fim, o contrato deve estabelecer, de maneira objetiva e razoável, os casos em que a prorrogação terá lugar, sendo vedada a autorização genérica e sem parâmetros da prorrogação (ex.: prorrogação condicionada ao cumprimento de objetivos estabelecidos pelo poder concedente, fomentando a eficiência do concessionário). Nesse caso, os licitantes, cientes dos casos em que a prorrogação seria possível, levariam em conta esse aspecto na formulação de suas propostas.

11.6.4. Subcontratação, subconcessão e transferência da concessão ou do controle acionário

A concessionária é a responsável pela prestação do serviço público concedido, "cabendo-lhe responder por todos os prejuízos causados ao poder concedente, aos usuários ou a terceiros, sem que a fiscalização exercida pelo órgão competente exclua ou atenue essa responsabilidade" (art. 25 da Lei n.º 8.987/1995).

Isso não afasta a possibilidade de contratação (ou subcontratação) com terceiros de atividades inerentes, acessórias ou complementares ao serviço concedido, bem como a implementação de projetos associados ao serviço público, hipóteses em que a concessionária mantém a responsabilidade exclusiva pela correta prestação do serviço público (art. 25, § 1.º, da Lei n.º 8.987/1995).

As relações jurídicas travadas entre as concessionárias de serviços públicos e os terceiros, subcontratados, são de Direito privado. Por essa razão, o

---

[31] Nesse sentido: Aragão, Alexandre Santos de. *Direito dos serviços públicos*. Rio de Janeiro: Forense, 2007, p. 580-582; Di Pietro, Maria Sylvia Zanella. *Parcerias na Administração Pública*. 5. ed. São Paulo: Atlas, 2005, p. 131.

[32] Nesse sentido: ADI 118 MC/PR, Rel. p/ acórdão Min. Néri da Silveira, Tribunal Pleno, *DJ* 03/12/1993, p. 26.337.

[33] Oliveira, Rafael Carvalho Rezende; Freitas, Rafael Véras de. A prorrogação dos contratos de concessão de aeroportos. *Interesse Público*, v. v.17 n. 93, p. 145-162, 2015; Marques Neto, Floriano de Azevedo. *Concessões*, Belo Horizonte: Fórum, 2015, p. 168.

art. 25, § 2.º, da Lei n.º 8.987/1995 dispõe que esses contratos serão privados e não acarretarão vínculo jurídico entre os terceiros e o poder concedente.

No mesmo sentido, o art. 31, parágrafo único, da Lei n.º 8.987/1995 prevê que "as contratações, inclusive de mão de obra, feitas pela concessionária serão regidas pelas disposições de Direito privado e pela legislação trabalhista, não se estabelecendo qualquer relação entre os terceiros contratados pela concessionária e o poder concedente".

Da mesma forma, respeitados os limites legais, é possível a subconcessão do serviço público, hipótese em que a prestação do serviço público será subdelegada parcialmente ao terceiro (subconcessionário), que se sub-rogará em todos os direitos e obrigações do subconcedente (art. 26, § 2.º, da Lei n.º 8.987/1995).

A subconcessão do serviço público, por sua vez, somente será admitida quando respeitados três requisitos (art. 26, *caput* e § 1.º, da Lei n.º 8.987/1995):

a) previsão dessa possibilidade no contrato de concessão;
b) autorização do poder concedente; e
c) realização de licitação, sob a modalidade concorrência.

A autorização expressa do poder concedente é exigida em razão da sua permanente titularidade em relação ao serviço concedido. Da mesma forma, em razão de a subconcessão encerrar verdadeira (sub)delegação de serviço público, a observância da licitação é fundamental.

Há divergência doutrinária em relação à responsabilidade pela realização da concorrência na subconcessão, uma vez que a Lei n.º 8.987/1995 não foi clara nesse ponto.

Maria Silvia Zanella Di Pietro[34] sustenta que o poder concedente pode realizar a concorrência ou outorgar essa prerrogativa à concessionária, sendo preferível esta última hipótese, já que a relação contratual vai se estabelecer entre a concessionária (subconcedente) e a subconcessionária.

Entendemos, todavia, que a realização da concorrência incumbe ao poder concedente, por se tratar de procedimento administrativo típico, bem como pela instituição de relação jurídica entre a subconcessionária e o poder concedente.[35]

Por meio da subconcessão, a prestação do serviço público será subdelegada parcialmente ao terceiro (subconcessionário), que se sub-rogará em todos os direitos e obrigações do subconcedente (art. 26, § 2.º, da Lei n.º 8.987/1995).

---

[34] Di Pietro, Maria Sylvia Zanella. *Parcerias na Administração Pública*. 5. ed. São Paulo: Atlas, 2005, p. 127.

[35] Nesse sentido: Justen Filho, Marçal. *Teoria geral das concessões de serviço público*. São Paulo: Dialética, 2003, p. 526; Mello, Celso Antônio Bandeira de. *Curso de Direito Administrativo*. 21. ed. São Paulo: Malheiros, 2006, p. 693.

Por fim, o art. 27 da Lei n.º 8.987/1997 admite a transferência da concessão ou do controle societário da concessionária, exigindo apenas a prévia anuência do poder concedente, sob pena de caducidade da concessão.

A transferência da concessão implica verdadeira cessão da posição jurídica da figura do concessionário. Com essa modificação subjetiva do contrato de concessão, substitui-se o concessionário por outra pessoa jurídica, com a qual o poder concedente passará a se relacionar.

Por outro lado, a transferência do controle acionário da concessionária, a rigor, acarreta uma alteração do quadro societário, mas a pessoa jurídica permanece a mesma, não havendo, tecnicamente, alteração subjetiva no contrato.

A efetivação da transferência e do controle acionário da concessionária pressupõe o atendimento, pelo novo concessionário ou pelo controlador, das exigências de capacidade técnica, idoneidade financeira e regularidade jurídica e fiscal necessárias à assunção do serviço, e o comprometimento de que serão observadas todas as cláusulas do contrato em vigor (art. 27, § 1.º, da Lei n.º 8.987/1995).[36]

Entendemos que, apesar do silêncio da Lei, deve ser realizada licitação para a efetivação da transferência da concessão, tendo em vista duas razões:[37]

a) a transferência da concessão representa delegação de serviço público e o art. 175 da CRFB exige a realização do certame para escolha do delegatário; e

b) se a subconcessão, ainda que parcial, pressupõe licitação, com maior razão a transferência total da concessão para novo concessionário.

A exigência de licitação, no entanto, não se aplica à transferência do controle acionário, pois não há alteração da concessionária, mas apenas do seu controle, como assinalado anteriormente.

11.6.5. Alteração contratual

As cláusulas regulamentares dos contratos administrativos em geral podem ser alteradas para melhor adequação ao interesse público, desde que respeitados os limites fixados no art. 65, § 1.º, da Lei 8.666/1993, que dispõe:

---

[36] Nas condições estabelecidas no contrato de concessão, o poder concedente poderá autorizar a assunção do controle ou da administração temporária da concessionária por seus financiadores e garantidores com quem não mantenha vínculo societário direto, para promover sua reestruturação financeira e assegurar a continuidade da prestação dos serviços (art. 27-A da Lei 8.987/1995, incluído pela Lei 13.097/2015).

[37] Nesse sentido: Di Pietro, Maria Sylvia Zanella. *Parcerias na Administração Pública*. 5. ed. São Paulo: Atlas, 2005, p. 128.

Art. 65 (...)

§ 1º O contratado fica obrigado a aceitar, nas mesmas condições contratuais, os acréscimos ou supressões que se fizerem nas obras, serviços ou compras, até 25% (vinte e cinco por cento) do valor inicial atualizado do contrato, e, no caso particular de reforma de edifício ou de equipamento, até o limite de 50% (cinquenta por cento) para os seus acréscimos.

Entendemos, todavia, que os limites indicados no art. 65, § 1.º, da Lei 8.666/1993 não abrangem os contratos de concessão. Teoricamente, os limites seriam aplicáveis aos contratos de concessão que são considerados espécies de contratos administrativos, submetendo-se, subsidiariamente e no que couber, às normas gerais das contratações públicas previstas na Lei de Licitações.

Todavia, entendemos que os contratos de concessão possuem peculiaridades que justificariam o afastamento dos referidos limites, notadamente a longa duração, a complexidade e a incerteza da relação contratual.

A inaplicabilidade do art. 65, § 1.º, da Lei de Licitações não significa um "cheque em branco" ao Poder Concedente e ao concessionário, que devem, por exemplo, (i) justificar a necessidade das eventuais alterações ao atendimento do interesse público e (ii) preservar o equilíbrio econômico-financeiro da concessão.[38]

11.7. ENCARGOS DO PODER CONCEDENTE E DA CONCESSIONÁRIA

A titularidade do serviço público, inabalada com a transferência da execução do serviço público ao concessionário, justifica a prerrogativa (poder-dever) de controle da execução do contrato por parte do poder concedente, na forma prevista no art. 29 da Lei n.º 8.987/1995.

Em consequência, o poder concedente deve fiscalizar permanentemente a prestação do serviço público concedido, com o intuito de assegurar o correto cumprimento do contrato de concessão e da legislação em vigor, bem como zelar pela boa qualidade do serviço (art. 29, I, VI e VII, da Lei n.º 8.987/1995).

---

[38] Nesse sentido, o art. 22 da Lei 13.448/2017, que estabelece diretrizes gerais para prorrogação e relicitação dos contratos de parceria regulados pela Lei 13.334/2016, nos setores rodoviário, ferroviário e aeroportuário da Administração Pública federal, dispõe: "As alterações dos contratos de parceria decorrentes da modernização, da adequação, do aprimoramento ou da ampliação dos serviços não estão condicionadas aos limites fixados nos §§ 1º e 2º do art. 65 da Lei 8.666, de 21 de junho de 1993". De forma semelhante: Di Pietro, Maria Sylvia Zanella. *Parcerias na Administração Pública*, 5. ed., São Paulo: Atlas, 2005, p. 98; Guimarães, Fernando Vernalha. *Concessão de serviço público*, 2. ed., São Paulo: Saraiva, 2014, p. 298; Moreira, Egon Bockmann. *Direito das concessões de serviço público*, São Paulo: Malheiros, 2010, p. 379-380.

Constatada eventual irregularidade na execução do contrato de concessão, o poder concedente, após a efetivação da ampla defesa e do contraditório, deve aplicar sanções à concessionária, intervir na concessão ou extingui-la, conforme o caso (art. 29, II, III e IV, da Lei n.º 8.987/1995).

Em relação à mencionada intervenção na concessão, tal medida deve ser formalizada por decreto do poder concedente, que conterá a designação do interventor, o prazo da intervenção e os objetivos e limites da medida (art. 32, *caput* e parágrafo único, da Lei n.º 8.987/1995).

Formalizada a intervenção, o poder concedente deverá instaurar, no prazo de trinta dias, procedimento administrativo para comprovar as supostas irregularidades e apurar responsabilidades, respeitado o princípio da ampla defesa e do contraditório (art. 33 da Lei n.º 8.987/1995).

Finda a intervenção e constatada a possibilidade de continuidade do contrato de concessão, será efetuada a prestação de contas pelo interventor, que responderá pelos atos praticados durante a sua gestão, e o serviço será devolvido à concessionária (art. 34 da Lei n.º 8.987/1995).

Outras duas prerrogativas importantes relacionam-se com a necessidade de restrições à propriedade privada.

Em primeiro lugar, o poder concedente pode declarar de utilidade pública dos bens necessários à execução do serviço ou obra pública, promovendo as desapropriações, diretamente ou mediante outorga de poderes à concessionária, caso em que será desta a responsabilidade pelas indenizações cabíveis (art. 29, VIII, da Lei n.º 8.987/1995).

Em segundo lugar, é admissível também a declaração, pelo poder concedente, de necessidade ou utilidade pública, para fins de instituição de servidão administrativa, dos bens necessários à execução de serviço ou obra pública, promovendo-a diretamente ou mediante outorga de poderes à concessionária, caso em que será desta a responsabilidade pelas indenizações cabíveis (art. 29, IX, da Lei n.º 8.987/1995).

Por fim, o art. 29 da Lei n.º 8.987/1995 prevê outros encargos do poder concedente, a saber: homologar reajustes e proceder à revisão das tarifas na forma dessa Lei, das normas pertinentes e do contrato (inciso V); estimular o aumento da qualidade, produtividade, preservação do meio ambiente e conservação (inciso X); incentivar a competitividade (inciso XI); e estimular a formação de associações de usuários para defesa de interesses relativos ao serviço (inciso XII).

Da mesma forma, a concessionária, responsável pela execução do serviço público, possui uma série de encargos ou obrigações, previstas no art. 31 da Lei n.º 8.987/1995, que devem ser observadas durante todo o contrato, sob pena de caracterização de inadimplemento contratual e aplicação de sanções.

Em razão do princípio da continuidade, a concessionária tem o dever de prestar serviço adequado, na forma prevista na legislação, nas normas técnicas aplicáveis ao serviço e no contrato (art. 31, I, da Lei n.º 8.987/1995).

A continuidade do serviço público não impede, no entanto, sua interrupção em situação de emergência ou após prévio aviso, quando motivada por razões de ordem técnica ou de segurança das instalações e por inadimplemento do usuário, considerado o interesse da coletividade (art. 6.º, § 3.º, I e II, da Lei n.º 8.987/1995).

Outros encargos da concessionária, previstos no art. 31 da Lei n.º 8.987/1995 e necessários à manutenção do serviço público adequado, são: a) cumprimento das normas do serviço e as cláusulas contratuais da concessão (inciso IV); b) possibilidade de promoção das desapropriações e constituição de servidões, autorizadas pelo poder concedente, conforme previsto no edital e no contrato (inciso VI); c) zelar pela integridade dos bens vinculados à prestação do serviço, bem como segurá-los adequadamente (inciso VII); e d) captar, aplicar e gerir os recursos financeiros necessários à prestação do serviço (inciso VIII).

Por derradeiro, a concessionária deve propiciar a fiscalização do contrato de serviço público por parte do poder concedente, adotando as seguintes medidas: a) manter em dia o inventário e o registro dos bens vinculados à concessão (inciso II); prestar contas da gestão do serviço ao poder concedente e aos usuários, nos termos definidos no contrato (inciso III); permitir, aos encarregados da fiscalização, livre acesso, em qualquer época, às obras, aos equipamentos e às instalações integrantes do serviço, bem como a seus registros contábeis (inciso V).

11.8. DIREITOS E OBRIGAÇÕES DOS USUÁRIOS

A prestação do serviço público tem por objetivo gerar comodidades materiais que possam ser usufruídas pelos particulares. A necessidade de atendimento do interesse público e da efetivação dos direitos fundamentais, característica comum de toda e qualquer atividade administrativa, demonstra a importância do usuário, destinatário final do serviço público. É possível dizer que o serviço público é assim qualificado pela importância dos interesses dos usuários a serem satisfeitos.

Por essa razão, o art. 175, parágrafo único, II, da CRFB remeteu ao legislador ordinário a tarefa de estabelecer os direitos e os deveres dos usuários.

Nesse sentido, o art. 7.º da Lei n.º 8.987/1995 elenca direitos e obrigações dos usuários, sem prejuízo daqueles previstos no CDC, conforme será abordado a seguir.

Os usuários possuem os seguintes direitos, na forma do art. 7.º, I a III, da Lei n.º 8.987/1995:

a) recebimento do serviço público adequado, assim considerado aquele que "satisfaz as condições de regularidade, continuidade, eficiência, segurança, atualidade, generalidade, cortesia na sua prestação e modicidade das tarifas" (art. 6.º, § 1.º, da Lei n.º 8.987/1995);
b) obtenção de informações do poder concedente e da concessionária para a defesa de interesses individuais ou coletivos; e
c) utilização do serviço, com liberdade de escolha entre vários prestadores de serviços, quando for o caso, observadas as normas do poder concedente.

Ademais, o art. 7.º-A da Lei n.º 8.987/1995 obriga as concessionárias de serviços públicos, de Direito público e privado, nos estados e no Distrito Federal, a oferecer ao consumidor e ao usuário, dentro do mês de vencimento, o mínimo de seis datas opcionais para os dias de vencimento de seus débitos.

Por outro lado, o art. 7.º, IV a VI, da Lei n.º 8.987/1995 institui obrigações para os usuários, a saber:

a) levar ao conhecimento do poder público e da concessionária as irregularidades de que tenham conhecimento, referentes ao serviço prestado;
b) comunicar às autoridades competentes os atos ilícitos praticados pela concessionária na prestação do serviço; e
c) contribuir para a permanência das boas condições dos bens públicos através dos quais lhes são prestados os serviços.

Outra obrigação do usuário é pagar a tarifa à concessionária pelo serviço público utilizado. Em caso de inadimplemento, o art. 6.º, § 3.º, II, da Lei n.º 8.987/1995 admite a interrupção do serviço público, sem que tal fato constitua descontinuidade ilícita.

A Lei 13.460/2017 dispõe sobre a participação, proteção e defesa dos direitos do usuário dos serviços públicos da administração pública, conforme destacado no item 10.5.

11.9. SERVIÇO PÚBLICO E O CDC

A prestação dos serviços públicos, segundo a legislação vigente, encontra-se submetida ao CDC. Nesse sentido, o art. 7.º da Lei n.º 8.987/1995, que enumera os direitos e obrigações dos usuários, consagra expressamente a aplicação da Lei n.º 8.078/1990 aos serviços públicos. Da mesma forma, o CDC faz referência aos serviços públicos (arts. 4.º, VII, 6.º, X, e 22).

Há controvérsias, no entanto, sobre a amplitude da aplicação do CDC aos serviços públicos, pois o art. 3.º, § 2.º, do CDC exige a remuneração do serviço, prestado por fornecedor público ou privado, para qualificação da relação de consumo, sendo certo que os serviços públicos podem ser remunerados ou não. A remuneração dos serviços públicos, quando instituída pelo poder público, depende da espécie de serviço:

a) serviços públicos *uti universi*: remunerados, normalmente, por impostos (ex.: iluminação pública);
b) serviços públicos *uti singuli*: remunerados por taxa (ex.: serviços judiciários, quando houver compulsoriedade e autoridade estatal, ou tarifa (ex.: fornecimento de energia elétrica domiciliar), na hipótese de serviços facultativos decorrentes de relações contratuais. Sobre o tema, existem três entendimentos:

1.º entendimento (tese ampliativa): todos os serviços públicos submetem-se ao CDC, que menciona os serviços públicos sem qualquer distinção, bem como pelo fato de que todos os serviços públicos seriam remunerados, ainda que genericamente por impostos. Nesse sentido: Marcos Juruena Villela Souto e Antônio Herman de Vasconcellos e Benjamin.[39]

2.º entendimento (tese intermediária): o CDC deve ser aplicado aos serviços públicos *uti singuli*, que são remunerados individualmente pelos usuários-consumidores (taxa ou tarifa), em conformidade com o art. 3.º, § 2.º, do CDC, excluídos, portanto, os serviços públicos *uti universi*. Nesse sentido: Cláudia Lima Marques e Dinorá Adelaide Musetti Grotti.[40]

3.º entendimento (tese restritiva): o CDC incide apenas sobre os serviços individuais, remunerados por tarifas, excluídos da sua aplicação os serviços *uti universi* e os serviços individuais remuneradas por taxa.

Entendemos que a aplicação do CDC ocorre apenas em relação aos serviços públicos *uti singuli*, que sejam remunerados individualmente por tarifa.

O art. 3.º, § 2.º, do CDC exige a remuneração do serviço e, nesse caso, estariam excluídos do conceito legal os serviços *uti universi* ou gerais, que não são remunerados individualmente pelo usuário. É verdade que, a rigor,

---

[39] Souto, Marcos Juruena Villela. *Direito administrativo da economia*. 3. ed. Rio de Janeiro: Lumen Juris, 2003, p. 338; Benjamin, Antônio Herman de Vasconcellos e. *Comentários ao Código de Proteção ao Consumidor*. Oliveira, Juarez de. (coord.). São Paulo: Saraiva, 1991, p. 110-111.

[40] Marques, Claudia Lima. *Contratos no Código de Defesa do Consumidor*. 4. ed. São Paulo: RT, 2002, p. 486; Grotti, Dinorá Adelaide Mussetti. *O serviço público e a Constituição brasileira de 1988*. São Paulo: Malheiros, 2003, p. 347.

os serviços públicos gerais são remunerados, ainda que indiretamente, por impostos, mas o CDC, ao utilizar a expressão "mediante remuneração", teve certamente a intenção de exigir a remuneração específica do usuário-consumidor. Não fosse assim, a expressão "remuneração", encontrada na norma legal em comento, não faria qualquer sentido, dado que, a partir de uma visão extremada, não existe serviço genuinamente gratuito, pois sempre haverá alguém responsável por cobrir os custos de sua prestação.

Dessa forma, os serviços públicos que não envolvem remuneração específica do usuário, pois são custeados por impostos (ex.: escolas e hospitais públicos), estão excluídos do CDC. Nesse sentido, o STJ decidiu ser inaplicável o CDC aos serviços de saúde prestados por hospitais públicos, tendo em vista a ausência de remuneração específica:

> Processual civil. Recurso especial. Exceção de competência, Ação indenizatória. **Prestação de serviço público. Ausência de remuneração. Relação de consumo não configurada.** Desprovimento do recurso especial.
>
> 1. Hipótese de discussão do foro competente para processar e julgar ação indenizatória proposta contra o Estado, em face de morte causada por prestação de serviços médicos em hospital público, sob a alegação de existência de relação de consumo.
>
> 2. **O conceito de "serviço" previsto na legislação consumerista exige para a sua configuração, necessariamente, que a atividade seja prestada mediante remuneração (art. 3.º, § 2.º, do CDC).**
>
> 3. Portanto, no caso dos autos, **não se pode falar em prestação de serviço subordinada às regras previstas no Código de Defesa do Consumidor, pois inexistente qualquer forma de remuneração direta referente ao serviço de saúde prestado pelo hospital público, o qual pode ser classificado como uma atividade geral exercida pelo Estado à coletividade em cumprimento de garantia fundamental (art. 196 da CF).**
>
> 4. Referido serviço, em face das próprias características, normalmente é prestado pelo Estado de maneira universal, o que impede a sua individualização, bem como a mensuração de remuneração específica, afastando a possibilidade da incidência das regras de competência contidas na legislação específica.
>
> 5. Recurso especial desprovido.[41] (Grifo nosso)

A inaplicabilidade do CDC aos serviços públicos individuais, remunerados por taxas, justifica-se pela natureza tributária e não contratual da relação jurídica.

---

[41] STJ, REsp 493.181/SP, Rel. Min. Denise Arruda, Primeira Turma, *DJ* 01/02/2006, p. 431.

Sob o ponto de vista jurídico, contribuinte não se confunde com o consumidor, devendo ser aplicada à relação entre o Estado e o contribuinte a legislação tributária, e não o CDC.

Em outras palavras: a figura do contribuinte não se confunde com a de consumidor. Desse modo, na relação entre o Estado e o contribuinte devem ser aplicadas as normas da legislação tributária e não aquelas previstas no CDC.[42]

Vale ressaltar que o STJ tem aplicado o CDC aos serviços públicos individuais e remunerados por tarifas, por exemplo, nos casos de fornecimento domiciliar de energia (REsp 772486/RS), de água (REsp 943850/SP), de telefonia (REsp 742640/MG) e serviços de manutenção de rodovias por meio de pedágio (REsp 647710/RJ). Após estabelecer a natureza tarifária da remuneração do serviço público de água e de esgoto, o STJ admitiu a incidência do CDC, conforme se verifica da ementa a seguir transcrita:

Consumidor e administrativo. Agravo regimental. Serviço de água e esgoto. Aumento abusivo do valor cobrado. Natureza jurídica da contraprestação. Preço público (ou tarifa). Interesse individual homogêneo consumerista. Relevância social presumida. Legitimidade ativa do MP. Arts. 81, p. ún., inc. III, e 82, inc. I, do CDC.

1. Após intenso debate no Supremo Tribunal Federal e no Superior Tribunal de Justiça, esta Corte está se adequando à jurisprudência daquele Tribunal, passando a tratar a quantia recolhida a título de prestação do serviço de esgoto como preço público (ou tarifa), e não como taxa. Precedentes.

2. **Tratando-se de tarifa, é plenamente aplicável a disciplina do Código de Defesa do Consumidor (CDC) em casos de aumento abusivo**. Note-se que os interesses defendidos pelo recorrente, na hipótese, têm caráter divisível, derivando de origem comum, motivo pelo qual são enquadrados pela legislação consumerista como individuais homogêneos (CDC, art. 81, p. ún., inc. III), mas têm relevante espectro social, o que autoriza a legitimidade ativa do Parquet (art. 82 do CDC).

---

[42] Nesse sentido, José Geraldo Brito Filomeno afirma: "Importante salientar-se, desde logo, que aí não se inserem os 'tributos', em geral, ou 'taxas' e 'contribuições de melhoria', especialmente, que se inserem no âmbito das relações de natureza tributária. Não há que se confundir, por outro lado, referidos tributos com as 'tarifas', estas, sim, inseridas no contexto de 'serviços' prestados diretamente pelo poder público, ou então mediante sua concessão ou permissão pela iniciativa privada. O que se pretende dizer é que o 'contribuinte' não se confunde com 'consumidor', já que no primeiro caso o que subsiste é uma relação de Direito Tributário, inserida a prestação de serviços públicos, genérica e universalmente considerada, na atividade precípua do Estado, ou seja, a persecução do bem comum." Grinover, Ada Pellegrini *et al. Código Brasileiro de Defesa do Consumidor comentado pelos autores do anteprojeto*. 7. ed. Rio de Janeiro: Forense Universitária, 2001, p. 44.

Cap. XI – CONCESSÃO COMUM DE SERVIÇOS PÚBLICOS

3. Mesmo que não se admitisse comprovado, na hipótese, o relevante interesse social, doutrina e jurisprudência são unânimes em admitir que o Ministério Público tem legitimidade ativa de interesses individuais homogêneos na seara do Direito do consumidor, pois presume-se a importância da discussão para a coletividade.

4. Agravo regimental não provido.[43] (Grifo nosso)

É oportuno registrar, ainda, o potencial conflito entre o Direito Administrativo e o Direito do Consumidor, uma vez que os serviços públicos e as relações de consumo apresentam peculiaridades próprias que devem ser levadas em consideração pelo intérprete.

O Direito do Consumidor, que remonta ao Direito norte-americano, tem por objetivo principal proteger os consumidores no âmbito das atividades econômicas em sentido estrito, submetidas ao princípio da livre-iniciativa (art. 170 da CRFB).[44]

Os serviços públicos, por sua vez, são titularizados pelo Estado, admitindo-se a execução por particulares na hipótese de delegação formal (art. 175 da CRFB). Os serviços públicos possuem caráter coletivo, servindo como instrumento de distribuição de renda e efetivação da dignidade da pessoa humana, o que não ocorre no sistema privatista do CDC.[45]

Assim, por exemplo, é possível o aumento da tarifa do serviço público para compensar a concessionária por gratuidades conferidas pelo poder concedente a determinado grupo de usuários, tendo em vista o princípio constitucional do equilíbrio econômico-financeiro dos contratos administrativos. Isso seria inadmissível sob a ótica do Direito do Consumidor, que consideraria o aumento tarifário abusivo por não corresponder apenas à utilidade individualmente usufruída por cada usuário (arts. 39, V, e 51, IV, da CDC). Vale dizer: os valores não arrecadados pela concessionária, em virtude da gratuidade conferida pelo poder concedente, seriam repassados para os demais usuários do serviço público.

Aliás, as cláusulas exorbitantes previstas nos contratos administrativos (art. 58 da Lei n.º 8.666/1993), especialmente a prerrogativa de alteração unilateral do contrato de concessão, decorrente da mutabilidade (*jus variandi*) dos serviços públicos, demonstram a dificuldade de compatibilização entre o Direito Administrativo e o Direito do Consumidor (ex.: o poder concedente pode alterar as regras pertinentes aos serviços de telefonia fixa, com reflexos para os usuários, que não poderiam invocar o direito adquirido, o que não

---

[43] STJ, AgRg no REsp 856.378/MG, Rel. Min. Mauro Campbell Marques, Segunda Turma, *DJe* 16/04/2009.

[44] Justen Filho, Marçal. *Teoria geral das concessões de serviço público.* São Paulo: Dialética, 2003, p. 555.

[45] Aragão, Alexandre Santos de. *Direito dos serviços públicos.* Rio de Janeiro: Forense, 2007, p. 521.

seria possível, em princípio, nas relações de consumo regidas exclusivamente pelo CDC).[46]

Registre-se, também, que o próprio texto constitucional confere tratamento formal distinto entre os usuários de serviços públicos e os consumidores em geral. De um lado, o art. 5.º, XXXII, e o art. 48 do ADCT fundamentam a existência do Código de Defesa do Consumidor. Por outro lado, o art. 175, parágrafo único, II, ao tratar especificamente da concessão e da permissão de serviços públicos, remete ao legislador ordinário a incumbência de definir os direitos dos usuários, o que ocorreu, por exemplo, com a promulgação da Lei n.º 8.987/1995 e legislação correlata.

A intenção do legislador constitucional em diferenciar a situação jurídica do usuário e do consumidor ficou ainda mais evidente com a promulgação da EC n.º 19/1998, que, em seu art. 27, fixou o prazo de 120 dias (há muito ultrapassado) para o Congresso Nacional elaborar a "lei de defesa do usuário de serviços públicos".

Destarte, as características e peculiaridades inerentes ao regime jurídico dos serviços públicos revelam a dificuldade de sua submissão completa ao CDC.

Em caso de conflito, deve ser reconhecida, em regra, a primazia do Direito Administrativo sobre o Direito do Consumidor, tendo em vista o critério da especialidade.[47] Nesse sentido, o STJ admite, em regra, o corte do serviço público concedido ao usuário inadimplente, tendo em vista a especialidade do art. 6.º, § 3.º, II, da Lei n.º 8.987/1995 em detrimento dos arts. 22 e 42 do CDC.[48]

Em outra oportunidade, o STJ voltou a afirmar a prevalência dos princípios norteadores dos serviços públicos em detrimento das normas de consumo. Trata-se da Súmula n.º 356 daquela Corte, que dispõe: "É legítima a cobrança da tarifa básica pelo uso dos serviços de telefonia fixa". A cobrança de tarifa básica para os serviços de telefonia, independentemente da utilização efetiva do serviço, não foi considerada cobrança abusiva, vedada pelo CDC, já que seu objetivo é remunerar os custos de disponibilização do serviço. Ademais, segundo a Corte, a tarifa básica encontra fundamento de validade nas normas que tratam dessa categoria de serviços públicos, notadamente: art. 175, parágrafo único, III, da CRFB, art. 2.º, II, da Lei n.º 8.987/1995, arts. 19, IV e X, e 93, VII, da Lei n.º 9.472/1997 e Resolução n.º 85/1998 da Anatel.[49]

---

[46] Justen Filho, Marçal. *Teoria geral das concessões de serviço público*. São Paulo: Dialética, 2003, p. 557.

[47] *Idem*, p. 560. No mesmo sentido: Aragão, Alexandre Santos de. *Direito dos serviços públicos*. Rio de Janeiro: Forense, 2007, p. 525.

[48] STJ, 2.ª Turma, REsp 510.478/PB, Rel. Min. Franciulli Netto, j. 10.06.2003, *DJ* 08.09.2003, p. 312.

[49] A Resolução n.º 85/1998 foi revogada pela Resolução n.º 426/2005, que dispõe: "Art. 3.º [...] XXIV – tarifa ou preço de assinatura: valor devido pelo assinante em contrapartida da manutenção da

Por fim, há interessante controvérsia sobre a possibilidade de o Estado ser considerado consumidor em determinada relação jurídica, à luz do conceito fixado pelo art. 2.º da Lei n.º 8.078/1990.[50] Alguns autores sustentam que o Estado não pode ser considerado consumidor, pois essa qualificação depende necessariamente da vulnerabilidade da pessoa em relação ao fornecedor dos produtos e dos serviços (art. 4.º, I, da Lei n.º 8.078/1990), sendo certo que o Estado ocupa posição de supremacia nas relações jurídicas com particulares, especialmente pela presença das cláusulas exorbitantes (art. 58 da Lei n.º 8.666/1993).[51]

Outro argumento normalmente utilizado para negar a possibilidade do "Estado consumidor" é o fato de que as cláusulas contratuais, em sua quase totalidade, são unilateralmente estabelecidas pelo próprio poder público. As cláusulas regulamentares ou de serviço são elaboradas pelo Estado e constam da minuta do contrato anexado ao edital de licitação, restando ao particular participar da formação das cláusulas econômicas, financeiras ou monetárias.

Entendemos que, em determinados casos, o Estado pode ser considerado consumidor, recebendo a proteção do CDC, tendo em vista a possibilidade de existir vulnerabilidade técnica por parte dos agentes públicos em relação ao fornecedor, bem como pelo fato de o conceito legal de consumidor (art. 2.º do CDC) não estabelecer qualquer restrição nesse sentido.[52]

É verdade que a Lei n.º 8.666/1993, em regra, protege suficientemente o Estado em situações de inadimplemento contratual ou de necessidade de mudanças contratuais para o melhor atendimento do interesse público. Todavia, o CDC confere proteção suplementar importante e, por vezes, necessária ao Estado, tais como: a) responsabilidade civil por vício ou defeito do produto ou serviço: o Estado poderia se valer da responsabilidade civil solidária e objetiva, prevista no CDC, para pleitear ressarcimento não apenas em relação ao fornecedor, mas também no tocante às demais pessoas que participaram da cadeia de consumo (arts. 12 e 18 do CDC);[53] b) aplicação de sanções: o Estado-consumidor poderia aplicar sanções especificamente previstas no

---

disponibilidade do acesso telefônico de forma individualizada para fruição contínua do serviço." Cabe notar que a cobrança de tarifa básica encontrava previsão anterior nas Portarias n.ᵒˢ 217 e 226, ambas de 3 de abril de 1997, editadas pelo Ministério das Comunicações.

[50] "Art. 2.º Consumidor é toda pessoa física ou jurídica que adquire ou utiliza produto ou serviço como destinatário final."

[51] Justen Filho, Marçal. *Comentários à Lei de Licitações e Contratos Administrativos*. 9. ed. São Paulo: Dialética, 2002, p. 520.

[52] Nos contratos privados da Administração, a aplicação do CDC é reforçada pela inexistência, em regra, das cláusulas exorbitantes e pela incidência do regime jurídico predominantemente privado (art. 62, § 3.º, I, da Lei n.º 8.666/1993).

[53] Nesse sentido: Garcia, Flávio Amaral. *Licitações e contratos administrativos*. Rio de Janeiro: Lumen Juris, 2007, p. 164-165.

CDC, por exemplo, a inscrição do nome do contratado no cadastro de maus pagadores ou a exigência de "contrapropaganda".[54]

A rigor, a aplicação do CDC aos contratos privados da Administração não encontra maiores dificuldades. Ao contrário do que ocorre nos contratos administrativos, em que existe um natural desequilíbrio contratual em favor do poder público (relação de verticalidade), tendo em vista a incidência legal das cláusulas exorbitantes, independentemente de previsão contratual expressa, nos contratos privados da Administração as partes se encontram em posição de igualdade (relação de horizontalidade) e o ajuste se submete, predominantemente, às regras de Direito privado (art. 62, § 3.º, I, da Lei n.º 8.666/1993). Nesse caso, tais contratos privados da Administração podem ser regidos pelo CDC e, eventualmente, o Estado é qualificado como consumidor.

A aplicação do CDC aos contratos privados da Administração fica mais evidente quando se está diante das empresas públicas e sociedades de economia mista que desenvolvem atividade econômica, pois essas entidades submetem-se, em regra, às normas aplicáveis aos particulares em geral, o que incluiria o CDC (art. 173, § 1.º, II, da CRFB).

11.10. INTERRUPÇÃO DO SERVIÇO PÚBLICO POR INADIMPLE-MENTO DO USUÁRIO

A remuneração do serviço público prestado pela concessionária advém, como regra, da tarifa paga pelo usuário.

Questão que tem gerado polêmica na doutrina é a possibilidade de interrupção do serviço pela concessionária em razão do inadimplemento do usuário.

Inicialmente, é importante lembrar mais uma vez que os serviços públicos prestados por concessionárias são singulares (*uti singuli*) e remunerados necessariamente por tarifa, admitida a instituição de receita alternativa.

Os serviços públicos individuais, remunerados por taxa, são compulsórios e, portanto, de fruição obrigatória pelo particular. Nessas hipóteses, o Estado tem a obrigação de prestar o serviço e o particular, o dever de usufruí-lo, não sendo lícita a sua interrupção em caso de inadimplemento.

Por isso, o debate em torno da interrupção do serviço público em razão do inadimplemento do usuário restringe-se aos serviços remunerados por tarifa, tal como ocorre com os serviços prestados por concessionárias de serviços públicos.

---

[54] Nesse sentido: Pimentel, Maria Helena Pessoa. A Administração Pública como consumidora nas relações de consumo. *Boletim de Direito Administrativo*, v. 17, n. 4, p. 276-282 São Paulo, NDJ, abr. 2001.

De um lado, alguns sustentam a impossibilidade de suspensão do serviço público, mesmo em caso de inadimplemento do usuário, em razão dos seguintes fundamentos:

a) princípio da dignidade da pessoa humana (art. 1.º, III, da CRFB): a suspensão do serviço público privaria o particular de serviços básicos e integrantes do núcleo essencial da sua dignidade;

b) o art. 22 do CDC exige das concessionárias e permissionárias de serviços públicos a prestação de "serviços adequados, eficientes, seguros e, quanto aos essenciais, contínuos", sendo lícito considerar todo serviço público essencial, o que justifica, também, a retirada dessa atividade da livre iniciativa dos particulares;

c) a suspensão do serviço representaria uma forma abusiva de execução privada (autotutela) dos interesses da concessionária;

d) o art. 42 do CDC, ao tratar da cobrança de créditos, veda a exposição do consumidor inadimplente a ridículo, nem a sua submissão a qualquer tipo de constrangimento ou ameaça;

e) princípio da vedação do retrocesso: as normas do CDC, que vedam a interrupção do serviço público, não poderiam ser revogadas pela Lei n.º 8.987/1995, já que as normas protetivas do consumidor representam direitos fundamentais que devem ser efetivados de maneira progressiva, sendo inconstitucional a atuação legislativa que retrocede em matéria de direitos fundamentais.[55]

Todavia, tem prevalecido a tese a favor da interrupção do serviço público em razão do inadimplemento do usuário.[56] Podem ser citados como fundamentos para essa posição:

a) o art. 6.º, § 3.º, II, da Lei n.º 8.987/1995 admite a interrupção do serviço público, após prévio aviso, quando houver inadimplemento do usuário, considerado o interesse da coletividade;[57]

---

[55] Em relação ao princípio da vedação do retrocesso, afirma Felipe Derbli: "[...] veda-se ao legislador a possibilidade de, injustificadamente, aniquilar ou reduzir o nível de concretização legislativa já alcançado por um determinado direito fundamental social, facultando-se ao indivíduo recorrer à proteção, em esfera judicial, contra a atuação retrocedente do Legislativo, que se pode consubstanciar numa revogação pura e simples da legislação concretizadora ou mesmo na edição de ato normativo que venha a comprometer a concretização já alcançada". Derbli, Felipe. *O princípio da proibição do retrocesso social na Constituição de 1988*. Rio de Janeiro: Renovar, 2007, p. 243.

[56] Carvalho Filho, José dos Santos. *Manual de Direito Administrativo*. 18. ed. Rio de Janeiro: Lumen Juris, 2007, p. 297-298.

[57] A possibilidade do corte e os respectivos limites estão previstos ainda na legislação especial, por exemplo: art. 17 da Lei n.º 9.427/1996 e Resolução da Aneel 414/2010. Da mesma forma, a Lei n.º 11.445/2007, que trata do saneamento básico, em seu art. 40, V, admite a interrupção do serviço público de água, quando houver inadimplemento do usuário, após prévia notificação formal.

ORGANIZAÇÃO ADMINISTRATIVA – *Rafael Carvalho Rezende Oliveira*

b) necessidade de manutenção do equilíbrio econômico-financeiro do contrato de concessão, que restaria abalado caso a concessionária fosse obrigada a prestar o serviço ao consumidor inadimplente; e

c) a continuidade do serviço público facultativo pressupõe o cumprimento de deveres por parte do usuário, notadamente o pagamento da tarifa.

Nesse sentido, o STJ,[58] por meio da Primeira Seção, ao julgar o REsp 363.943/MG, assim decidiu:

> Administrativo – Energia elétrica – Corte – Falta de pagamento. É lícito à concessionária interromper o fornecimento de energia elétrica, se, após aviso prévio, o consumidor de energia elétrica permanecer inadimplente no pagamento da respectiva conta (Lei n.º 8.987/1995, art. 6.º, § 3.º, II).

A possibilidade da suspensão do serviço público tem sido justificada, principalmente, pela aplicação do critério da especialidade, utilizado na resolução de antinomias normativas, segundo o qual a norma especial prevalece sobre a norma geral. Desta forma, a Lei n.º 8.987/1995 (art. 6.º, § 3.º, II) deve ser considerada norma especial em relação ao CDC (art. 22).

Esse também é o entendimento consagrado pelo TJ/RJ e contido na Súmula n.º 83: "É lícita a interrupção do serviço pela concessionária, em caso de inadimplemento do usuário, após prévio aviso, na forma da lei."

É importante destacar nessa discussão a situação em que o usuário do serviço público, prestado por concessionária, é o próprio poder público. O Estado utiliza-se, por exemplo, de serviços de água, energia elétrica e telefonia, devendo remunerar a concessionária por meio da tarifa. Indaga-se: é possível a suspensão do serviço público pela concessionária quando o poder público (usuário) se encontra inadimplente?

O STJ, em vários julgados, sedimentou a necessidade de diferenciar os serviços prestados pelo poder público, que poderão sofrer a interrupção do serviço público concedido. Na linha consagrada pelo tribunal, a concessionária pode suspender o serviço em relação aos órgãos e entidades administrativas inadimplentes, salvo na hipótese em que tais órgãos e entidades prestam serviços essenciais à população. Isso porque, nesta última hipótese, a interrupção do serviço concedido colocaria em risco a continuidade dos serviços essenciais, prestados diretamente pelo poder público à coletividade.

A dificuldade certamente será a definição da expressão "serviço essencial", uma vez que se trata de conceito jurídico indeterminado.

---

[58] STJ, REsp 363.943/MG, Rel. Min. Humberto Gomes de Barros, Primeira Seção, *DJ* 01/03/2004, p. 119.

Não obstante isso, a Lei n.º 7.783/1989, que trata da greve dos empregados celetistas, define os serviços essenciais como aqueles "indispensáveis ao atendimento das necessidades inadiáveis da comunidade", necessidades essas que, não atendidas, colocam "em perigo iminente a sobrevivência, a saúde ou a segurança da população" (art. 11, *caput* e parágrafo único).[59]

Da mesma forma, o STJ tem fornecido alguns exemplos de serviços essenciais: hospitais, postos de saúde, escolas, creches etc. Nesses casos, a concessionária não pode interromper o serviço público. Por outro lado, é possível a interrupção do serviço público concedido em relação aos serviços não essenciais, tais como: ginásio de esportes, piscina municipal, biblioteca municipal, almoxarifado, oficinas, depósitos etc.[60]

Em que pese o STJ, em regra, só impedir a interrupção do serviço público ao Estado usuário, como prestador de serviços essenciais, entendemos que tais limites devem ser observados, em alguns casos, aos usuários particulares.

Primeiramente, é importante distinguir o usuário inadimplente, que não possui condições financeiras de pagar a tarifa, daquele usuário que não paga a tarifa por opção pessoal.

Em segundo lugar, em situações extremas, a interrupção do serviço público pode gerar lesão ao núcleo essencial de direitos fundamentais dos particulares. Imaginemos o exemplo hipotético de uma pessoa idosa, internada em sua residência, que sobrevive com ajuda de aparelhos elétricos. A interrupção do serviço, nessa hipótese, colocaria em risco a saúde e a própria vida do usuário.

A tendência, a nosso ver, é o estabelecimento de limites, abstratos e concretos, à interrupção do serviço público, a partir da ponderação dos interesses colidentes, que deverá levar em conta, por exemplo, a maior ou menor essencialidade do serviço e a situação financeira do usuário inadimplente.[61] Nas

---

[59] O art. 10 da Lei n.º 7.783/1989 enumera os serviços ou atividades essenciais: "tratamento e abastecimento de água; produção e distribuição de energia elétrica, gás e combustíveis" (I); "assistência médica e hospitalar" (II); "distribuição e comercialização de medicamentos e alimentos" (III); "funerários" (IV); "transporte coletivo" (V); "captação e tratamento de esgoto e lixo" (VI); "telecomunicações" (VII); "guarda, uso e controle de substâncias radioativas, equipamentos e materiais nucleares" (VIII); "processamento de dados ligados a serviços essenciais" (IX); "controle de tráfego aéreo" (X); e "compensação bancária" (XI).

[60] REsp 460.271/SP, Min. Rel. Eliana Calmon, Segunda Turma, *DJ* 21/02/2005 (*Informativo de Jurisprudência do STJ* n.º 207). Vide, ainda, outras decisões noticiadas nos *Informativos de Jurisprudência do STJ* n.ºs 294, 297, 365 e 378.

[61] Nesse sentido, Marcos Juruena Villela Souto sustenta a necessidade de ponderação para concluir pela possibilidade da interrupção do serviço: "É importante levar ao Judiciário qual é o valor preponderante, no caso concreto: o risco para a coletividade ao se deixar de fornecer a um usuário inadimplente ou deixar de fornecer a todos, impactando a estabilidade financeira da concessionária". Souto, Marcos Juruena Villela. *Direito Administrativo em debate*. Rio de Janeiro: Lumen Juris, 2004, p. 113.

hipóteses em que a concessionária for obrigada a fornecer o serviço público ao usuário inadimplente, o Estado deveria compensar o prejuízo financeiro do contrato de concessão, tendo em vista o princípio da manutenção do equilíbrio econômico-financeiro do contrato (art. 37, XXI, da CRFB).

11.11. GRATUIDADE DO SERVIÇO PÚBLICO E O CONTRATO DE CONCESSÃO: LIMITES E POSSIBILIDADES

Conforme já assinalado, a remuneração é uma característica do contrato de concessão e, normalmente, ela é efetivada por meio do pagamento da tarifa paga pelo usuário.

Não obstante isso, o Estado, por meio de lei, pode estabelecer hipóteses de gratuidade para fruição do serviço público por determinada categoria de usuários, mormente em razão da necessidade de efetivação do princípio da dignidade da pessoa humana e de outros direitos fundamentais.

Nessas hipóteses, todavia, a gratuidade, concedida durante a vigência do contrato de concessão, acarretará, necessariamente, perda de receita para a concessionária e desequilíbrio econômico no contrato. Ressalte-se que, na hipótese, a gratuidade representa verdadeiro fato do príncipe (para alguns, teoria da imprevisão), já que o desequilíbrio contratual tem por causa fato extracontratual praticado pelo Estado.

Tendo em vista o princípio constitucional da manutenção do equilíbrio econômico-financeiro do contrato (art. 37, XXI, da CRFB), a legislação, que estabelece a gratuidade, deve prever a respectiva fonte de custeio, ou seja, a origem dos recursos financeiros que compensarão a concessionária e garantirão o equilíbrio econômico-financeiro do contrato.

É o que dispõe o art. 35 da Lei n.º 9.074/1995: "A estipulação de novos benefícios tarifários pelo poder concedente fica condicionada à previsão, em lei, da origem dos recursos ou da simultânea revisão da estrutura tarifária do concessionário ou permissionário, de forma a preservar o equilíbrio econômico-financeiro do contrato."

Por outro lado, em razão do princípio da impessoalidade (isonomia), a concessão de gratuidade no serviço público deve beneficiar uma classe ou coletividade de usuários, sendo vedados benefícios singulares (art. 35, parágrafo único, da Lei n.º 9.074/1995).

O art. 195, § 5.º, da CRFB determina que "nenhum benefício ou serviço da seguridade social poderá ser criado, majorado ou estendido sem a correspondente fonte de custeio total".

A Constituição do Estado do Rio de Janeiro (Cerj), em seu art. 112, § 2.º, prevê que "não será objeto de deliberação proposta que vise conceder gratuidade em serviço público prestado de forma indireta, sem a correspondente indicação da fonte de custeio." Da mesma forma, o art. 151 da Lei Orgânica do Município do Rio de Janeiro exige que a lei concessiva da gratuidade no serviço público, prestado de forma direta ou indireta, indique a correspondente fonte de custeio.

Em razão disso, o TJ/RJ, em diversas oportunidades, declarou a inconstitucionalidade de leis municipais e estaduais que garantiram a gratuidade para determinadas categorias de usuários sem a respectiva fonte de custeio.[62]

Vale ressaltar que o STF,[63] no julgamento da ADIn 3.225/RJ, declarou a constitucionalidade do art. 112, § 2.º, da Cerj, conforme ementa a seguir transcrita:

> Ementa: Inconstitucionalidade. Ação direta. Art. 112, § 2.º, da Constituição do Estado do Rio de Janeiro. Serviço público. Prestação indireta. Contratos de concessão e permissão. Proposta legislativa de outorga de gratuidade, sem indicação da correspondente fonte de custeio. Vedação de deliberação. Admissibilidade. Inexistência de ofensa a qualquer cláusula constitucional. Autolimitação legítima do Poder Legislativo estadual. Norma dirigida ao regime de execução dos contratos em curso. Ação julgada improcedente. Voto vencido. É constitucional o disposto no art. 112, § 2.º, da Constituição do Estado do Rio de Janeiro.

Como se vê, a exigência de previsão da fonte de custeio na lei concessiva de gratuidades no serviço público concedido tem sido considerada condição para sua constitucionalidade. De um lado, admite-se a concessão de gratuidades às pessoas carentes (do ponto de vista social e econômico) e, por outro lado, garante-se o equilíbrio do contrato de concessão.

Questão que tem gerado debate na doutrina e na jurisprudência refere-se ao momento em que a gratuidade, prevista na lei, será efetivada.

---

[62] Foi o que ocorreu em relação ao art. 401 da Lei Orgânica do Município do Rio de Janeiro, que elencou diversas "gratuidades" sem apontar a respectiva fonte de custeio, fato que violou o art. 112, § 2.º, da Cerj. O TJ/RJ assim decidiu: "Representação por inconstitucionalidade com pedido de suspensão liminar de eficácia da Lei n.º 3.167/2000 do Município do Rio de Janeiro, que "Assegura o exercício das gratuidades previstas no art. 401 da Lei Orgânica do Município do Rio de Janeiro, mediante a instituição do Sistema de Bilhetagem Eletrônica nos serviços de transporte público de passageiros por ônibus do Município do Rio de Janeiro e dá outras providências". Gratuidade em serviços públicos de transportes coletivos prestados de forma indireta. Direitos constitucionais prestacionais. Natureza e efetividade. Necessidade de fonte de custeio. Desatendimento a norma constitucional que prevê o estabelecimento de critérios de contrapartidas necessárias à compensação de custos em decorrência de gratuidades concedidas pelo poder concedente." TJ/RJ, RI 2006.007.00041, Rel. Des. Roberto Wider, Órgão Especial, julgamento: 02/04/2007.

[63] STF, ADI 3.225/RJ, Rel. Min. Cezar Peluso, Tribunal Pleno, *DJe*-131, 26/10/2007, p. 28 (*Informativo de Jurisprudência do STF* n.º 480).

Alguns autores têm sustentado que a gratuidade só pode ser exigida da concessionária no momento em que a fonte de custeio for implementada. Em outras palavras: a gratuidade depende da manutenção do equilíbrio econômico e financeiro do contrato de concessão. Esse entendimento é extraído a partir da interpretação de duas normas legais:

a) art. 9.º, § 4.º, da Lei n.º 8.987/1995, que exige o restabelecimento do equilíbrio econômico financeiro do contrato concomitantemente à sua alteração unilateral pelo poder público; e

b) art. 35 da Lei n.º 9.074/1995, que condiciona a estipulação de novos benefícios tarifários pelo poder concedente à previsão, em lei, da origem dos recursos ou da simultânea revisão da estrutura tarifária do concessionário ou permissionário.

Essa é a posição de Floriano de Azevedo Marques Neto:[64]

Decorre daí que o ordenamento jurídico, no caso das concessões, ao par de assegurar e garantir o direito do concessionário ao reequilíbrio econômico e financeiro, introduz uma exigência de que a restauração deste seja concomitante ao evento desequilibrador. É o que vemos predicado no art. 9.º, § 4.º, da Lei n.º 8.987/1995. Isso porque se apercebeu o legislador de que, nas complexas modelagens do contrato de concessão, mormente a partir da introdução dos referidos *project finance*, de nada servirá recompor o equilíbrio ao final do contrato, pois até lá poderá já estar inviabilizado todo o projeto.

No mesmo sentido, Gustavo Binenbojm sustenta que, em virtude do princípio do equilíbrio econômico-financeiro, a "imposição estatal geradora de novo encargo ao concessionário deve fazer-se acompanhar da fórmula pela qual a equação econômico-financeira original será restabelecida". A eficácia da gratuidade, destarte, está condicionada à existência de efetivo mecanismo de manutenção do equilíbrio econômico-financeiro, em razão do art. 35 da Lei n.º 9.074/1995. Em suas palavras, "a compensação do concessionário, em virtude de alteração contratual que importe agravamento de sua situação econômico-financeira, deve ser compreendida como condição suspensiva da eficácia do ato instituidor do benefício."[65]

---

[64] Marques Neto, Floriano de Azevedo. Breves considerações sobre o equilíbrio econômico-financeiro nas concessões. *Revista de Informação Legislativa* n.º 159, p. 196, jul.-set. 2003.

[65] Binenbojm, Gustavo. Isenções e descontos tarifários de caráter assistencial em serviços públicos concedidos: requisitos de validade e eficácia. In: *Temas de Direito administrativo e constitucional*. Rio de Janeiro: Renovar, 2008, p. 390 e 393.

Cap. XI – CONCESSÃO COMUM DE SERVIÇOS PÚBLICOS **315**

Alexandre Santos de Aragão, ao tratar da alteração unilateral do contrato, exige também a concomitante recomposição do equilíbrio econômico-financeiro do contrato. Nesse caso, "será mais correto falar em obrigação de manutenção do equilíbrio econômico-financeiro do que de sua recomposição, já que ele nem pode chegar a ser alterado para depois ser recomposto". Em relação às demais áleas, que não se dirigem especificamente ao contrato, a recomposição imediata do equilíbrio contratual seria inviável, mas deveria ser implementada "o mais imediatamente possível".[66]

O STF,[67] no julgamento da ADIn 2.733/ES, declarou a inconstitucionalidade de legislação estadual que concedeu gratuidades e descontos em pedágios sem qualquer compensação das concessionárias:

> Ação direta de inconstitucionalidade. Lei n.º 7.304/2002 do estado do Espírito Santo. Exclusão das motocicletas da relação de veículos sujeitos ao pagamento de pedágio. Concessão de desconto, aos estudantes, de cinquenta por cento sobre o valor do pedágio. Lei de iniciativa parlamentar. Equilíbrio econômico-financeiro dos contratos celebrados pela administração. Violação. Princípio da harmonia entre os poderes. Afronta. 1. A lei estadual afeta o equilíbrio econômico-financeiro do contrato de concessão de obra pública, celebrado pela Administração capixaba, ao conceder descontos e isenções sem qualquer forma de compensação. 2. Afronta evidente ao princípio da harmonia entre os poderes, harmonia e não separação, na medida em que o Poder Legislativo pretende substituir o Executivo na gestão dos contratos administrativos celebrados. 3. Pedido de declaração de inconstitucionalidade julgado procedente.

Recentemente, no entanto, o STF, em duas oportunidades, garantiu a gratuidade imediata, desvinculando-a da necessidade de imediata compensação do concessionário. Aliás, nessas hipóteses, a Suprema Corte afirmou, até, a desnecessidade de fonte de custeio para previsão legal dessas gratuidades.

O primeiro caso envolvia a gratuidade no transporte público aos idosos com mais de 65 anos. No julgamento da ADIn 3.768/DF, o STF[68] confirmou a constitucionalidade do art. 39 da Lei n.º 10.741/2003 (Estatuto do Idoso), que assegura a gratuidade aos idosos com mais de 65 anos no transporte público urbano:

---

[66] Aragão, Alexandre Santos de. *Direito dos serviços públicos*. Rio de Janeiro: Forense, 2007, p. 643-644.

[67] STF, ADIn 2.733/ES, Rel. Min. Eros Grau, Tribunal Pleno, *DJ* 03/02/2006, p. 11.

[68] STF, ADIn 3.768/DF, Rel. Min. Cármen Lúcia, Tribunal Pleno, *DJe*-131 26/10/07 (*Informativo de Jurisprudência do STF n.º* 480).

Ação direta de inconstitucionalidade. Art. 39 da Lei n.º 10.741, de 1.º de outubro de 2003 (Estatuto do Idoso), que assegura gratuidade dos transportes públicos urbanos e semiurbanos aos que têm mais de 65 anos. Direito constitucional. Norma constitucional de eficácia plena e aplicabilidade imediata. Norma legal que repete a norma constitucional garantidora do direito. Improcedência da ação. 1. O art. 39 da Lei n.º 10.741/2003 (Estatuto do Idoso) apenas repete o que dispõe o § 2.º do art. 230 da Constituição do Brasil. A norma constitucional é de eficácia plena e aplicabilidade imediata, pelo que não há eiva de invalidade jurídica na norma legal que repete os seus termos e determina que se concretize o quanto constitucionalmente disposto. 2. Ação direta de inconstitucionalidade julgada improcedente.

A peculiaridade, no julgamento em comento, é a existência de norma constitucional, de eficácia plena e imediata, que já assegura a gratuidade no transporte aos idosos (art. 230, § 2.º, da CRFB), o que dispensa a necessidade de outra norma para efetivação desse direito.

Conforme ressaltado pela Ministra Cármen Lúcia, seria juridicamente imprópria a pretensão de condicionar essa gratuidade à previsão contratual (entre o ente delegante e a empresa delegada) da forma de assunção desse ônus financeiro pelo poder público. Compete ao concessionário a comprovação, detalhada e específica, da ruptura do equilíbrio econômico-financeiro do contrato. Em seu voto, destacou a Ministra:

> De outra parte, não há direito adquirido a se contrapor a direitos previstos constitucionalmente, como os que se referem aos idosos. Logo, mesmo nos contratos de concessão ou permissão assinados antes da promulgação da Constituição, em respeito à garantia de equilíbrio, o máximo que poderiam requerer os delegados dos serviços de transporte municipal e intermunicipal seria da alteração dos contratos para cobrir-se, financeiramente, com os ônus comprovados em planilha sobre o uso dos transportes delegados pelos idosos.

O segundo caso, julgado pelo STF,[69] versava sobre a gratuidade no transporte público interestadual aos deficientes físicos comprovadamente carentes, prevista na Lei n.º 8.899/1994. Transcreva-se a ementa da decisão:

> Ação direta de inconstitucionalidade: Associação Brasileira das Empresas de Transporte Rodoviário Intermunicipal, Interestadual e Internacional de

---

[69] STF, ADIn 2.649/DF, Rel. Min. Cármen Lúcia, Tribunal Pleno, *Dje*-197 17/10/2008, p. 29 (*Informativo de Jurisprudência do STF* n.º 505).

Cap. XI – CONCESSÃO COMUM DE SERVIÇOS PÚBLICOS

Passageiros (Abrati). Constitucionalidade da Lei n.º 8.899, de 29 de junho de 1994, que concede passe livre às pessoas portadoras de deficiência. Alegação de afronta aos princípios da ordem econômica, da isonomia, da livre iniciativa e do direito de propriedade, além de ausência de indicação de fonte de custeio (arts. 1.º, inc. IV, 5.º, inc. XXII, e 170 da Constituição da República): Improcedência. 1. A Autora, associação de associação de classe, teve sua legitimidade para ajuizar ação direta de inconstitucionalidade reconhecida a partir do julgamento do Agravo Regimental na Ação Direta de Inconstitucionalidade n.º 3.153, Rel. Min. Celso de Mello, *DJ* 09.09.2005. 2. Pertinência temática entre as finalidades da Autora e a matéria veiculada na lei questionada reconhecida. 3. Em 30.03.2007, o Brasil assinou, na sede das Organizações das Nações Unidas, a Convenção sobre os Direitos das Pessoas com Deficiência, bem como seu Protocolo Facultativo, comprometendo-se a implementar medidas para dar efetividade ao que foi ajustado. 4. A Lei n.º 8.899/1994 é parte das políticas públicas para inserir os portadores de necessidades especiais na sociedade e objetiva a igualdade de oportunidades e a humanização das relações sociais, em cumprimento aos fundamentos da República de cidadania e dignidade da pessoa humana, o que se concretiza pela definição de meios para que eles sejam alcançados. 5. Ação direta de inconstitucionalidade julgada improcedente.

Os argumentos utilizados pelo STF para julgar improcedente a ação e declarar a constitucionalidade da norma podem ser assim resumidos: a) princípio constitucional da solidariedade (art. 3.º, I, da CRFB); b) ausência de violação ao princípio da livre iniciativa (art. 170 da CRFB), já que este princípio se dirige às atividades empresariais, sendo certo que a prestação do serviço público depende de delegação formal do Estado (art. 175 da CRFB); c) respeito ao princípio da igualdade, que exige tratamentos desiguais para se igualar a oportunidade de acesso aos serviços públicos pelos deficientes; e d) a gratuidade no transporte público ("passe livre") não configura benefício da seguridade social e, portanto, não está condicionada à previsão de fonte de custeio, não sendo aplicável o art. 195, § 5.º, da CRFB, que versa sobre os benefícios sociais que geram impacto no orçamento.

Em relação ao princípio do equilíbrio econômico-financeiro do contrato de concessão, destacou a Ministra Cármen Lúcia:[70]

Tanto se resolve na comprovação dos dados econômicos a serem apresentados quando da redefinição das tarifas nas renegociações contratuais com o poder concedente. Se sobrevier desequilíbrio da equação econômico-financeira do contrato a matéria será objeto de ilegalidade,

---

[70] STF, ADIn 2.649/DF, Rel. Min. Cármen Lúcia, Tribunal Pleno, *Dje*-197 17/10/2008.

a se provar em caso específico, nada tendo a prevalecer em relação à validade ou invalidade constitucional da lei em pauta.

Dessa forma, o STF afasta a necessidade de previsão expressa da fonte de custeio para a constitucionalidade da gratuidade prevista em lei, que deve ser imediatamente cumprida pela concessionária, a partir da vigência da lei, devendo ser discutida posteriormente, com o poder concedente, a recomposição do equilíbrio econômico-financeiro do contrato de concessão.

11.12. EXTINÇÃO DA CONCESSÃO

As formas de extinção do contrato de concessão estão previstas no art. 35 da Lei n.º 8.987/1995, a saber:

a) Advento do termo contratual: é a extinção natural do contrato de concessão pelo término do prazo pactuado.

b) Encampação: é a retomada do serviço público pelo poder concedente por razões de interesse público, mediante lei autorizativa específica e após prévio pagamento da indenização (art. 37 da Lei n.º 8.987/1995).

A exigência de lei para autorizar a encampação afigura-se, em nosso juízo, inconstitucional, pois representa uma interferência indevida do Legislativo sobre a atuação do Executivo, o que afronta o princípio da separação de poderes, mas a presunção de constitucionalidade da norma tem sido apontada pela maioria da doutrina.[71]

c) Caducidade: refere-se à extinção decorrente da inexecução total ou parcial do contrato de concessão (art. 38 da Lei n.º 8.987/1995).[72] A caducidade deve ser precedida de processo administrativo, em que seja assegurado

---

[71] No sentido da inconstitucionalidade: Di Pietro, Maria Sylvia Zanella. *Parcerias na Administração Pública: concessão, permissão, franquia, terceirização, parceria público-privada e outras formas*. 5. ed. São Paulo: Atlas, 2005, p. 132. Em sentido contrário, afirmando a constitucionalidade da exigência de lei específica para encampação: Justen Filho, Marçal. *Teoria geral das concessões de serviço público*. São Paulo: Dialética, 2003, p. 582-583.

[72] As hipóteses de inadimplemento contratual que acarretam a caducidade estão previstas no § 1.º do art. 38 da Lei n.º 8.987/1995: a) o serviço estiver sendo prestado de forma inadequada ou deficiente, tendo por base as normas, critérios, indicadores e parâmetros definidores da qualidade do serviço (inciso I); b) a concessionária descumprir cláusulas contratuais ou disposições legais ou regulamentares concernentes à concessão (inciso II); c) a concessionária paralisar o serviço ou concorrer para tanto, ressalvadas as hipóteses decorrentes de caso fortuito ou força maior (inciso III); d) a concessionária perder as condições econômicas, técnicas ou operacionais para manter a adequada prestação do serviço concedido (inciso IV); e) a concessionária não cumprir as penalidades impostas por infrações, nos devidos prazos (inciso V); f) a concessionária não atender a intimação do poder concedente no sentido de regularizar a prestação do serviço (inciso VI); e g) a concessionária não atender a intimação do poder concedente para, em 180 (cento e oitenta) dias, apresentar a documentação relativa a regularidade fiscal, no curso da concessão, na forma do art. 29 da Lei nº 8.666, de 21 de junho de 1993. (inciso VII).

o direito de ampla defesa, e sua declaração será feita por decreto (art. 38, §§ 2.º e 4.º, da Lei n.º 8.987/1995). Em virtude do inadimplemento contratual do concessionário, a caducidade não pressupõe indenização prévia, ressalvados os valores devidos por parte do poder concedente em virtude dos bens reversíveis. A reversibilidade relaciona-se aos bens da concessionária, necessários à prestação do serviço público, que serão transferidos ao patrimônio do poder concedente, no final do contrato de concessão, mediante indenização, uma vez que não se admite o confisco (art. 38, § 5.º, da Lei n.º 8.987/1995).

É possível estabelecer um quadro de diferenças entre a encampação e a caducidade do contrato de concessão:

	Encampação	Caducidade
Fundamento	Interesse público	Inadimplemento da concessionária
Formalização	Lei autorizativa e decreto	Processo administrativo e decreto
Indenização	Indenização prévia do concessionário	Indenização eventual e posterior do concessionário

d) Rescisão: relaciona-se ao descumprimento das normas contratuais pelo poder concedente (art. 39 da Lei n.º 8.987/1995). Enquanto a caducidade refere-se ao inadimplemento do concessionário, a rescisão concerne ao inadimplemento do poder concedente.

Na hipótese, caso não haja acordo administrativo, a rescisão do contrato de concessão deverá ser declarada por sentença judicial. O concessionário, no caso, não poderá se valer da "exceção de contrato não cumprido", tendo em vista o princípio da continuidade do serviço público. Nesse sentido, o parágrafo único do art. 39 da Lei n.º 8.987/1995 dispõe que "os serviços prestados pela concessionária não poderão ser interrompidos ou paralisados, até a decisão judicial transitada em julgado".

É importante ressaltar que a interpretação literal da norma em comento colocaria em risco, em determinadas hipóteses concretas, a existência da própria concessionária, prejudicada pelo inadimplemento do poder concedente e pela demora do processo judicial. Destarte, é razoável admitir a possibilidade de suspensão dos serviços por decisão judicial liminar, quando houver risco à própria existência da concessionária, notadamente pelo fato de não ser lícito excluir do Poder Judiciário a apreciação não só de lesões, mas também de ameaças de lesão aos direitos (art. 5.º, XXXV, da CRFB).[73]

---

[73] Justen Filho, Marçal. *Teoria geral das concessões de serviço público*. São Paulo: Dialética, 2003, p. 610-611; Aragão, Alexandre Santos de. *Direito dos serviços públicos*. Rio de Janeiro: Forense, 2007, p. 660.

e) Anulação: decorre da ilegalidade na licitação ou no respectivo contrato de concessão (art. 35, V, da Lei n.º 8.987/1995). A anulação deve ser declarada na própria via administrativa (autotutela: Súmulas n.ºs 346 e 473 do STF) ou na esfera judicial, assegurado, em qualquer caso, o direito à ampla defesa e ao contraditório. Na anulação do contrato de concessão, caso o concessionário não tenha contribuído para o vício e esteja de boa-fé, deverá ser indenizado pelo poder concedente, na forma do art. 59, parágrafo único, da Lei n.º 8.666/1993.[74]

f) Falência ou extinção da empresa concessionária: é a extinção do contrato na hipótese de desaparecimento do concessionário e de falência (art. 35, VI, da Lei n.º 8.987/1995).

g) Distrato (extinção por ato bilateral e consensual), desaparecimento do objeto e força maior: são hipóteses de extinção do contrato de concessão não previstas no art. 35 da Lei n.º 8.987/1995.[75]

11.13. INAPLICABILIDADE DA *EXCEPTIO NON ADIMPLETI CONTRACTUS*

O inadimplemento contratual do poder concedente pode acarretar a rescisão do contrato de concessão, que pode ser pleiteada pelo concessionário na via administrativa ou por meio de processo judicial.

É forte a discussão, nos contratos administrativos, acerca da possibilidade de utilização, pelo contratado, da *exceptio non adimpleti contractus* ("exceção de contrato não cumprido"). Entende-se por "exceção de contrato não cumprido" a impossibilidade de parte contratante inadimplente exigir da outra o cumprimento de suas obrigações (art. 476 do CC).

Tradicionalmente, alguns autores refutavam essa possibilidade, apoiados nos seguintes argumentos:[76] (i) princípio da legalidade: não havia previsão legal da *exceptio non adimpleti contractus* nos contratos administrativos; (ii) princípio da supremacia do interesse público sobre o interesse privado: o particular, contratado, não poderia sobrepor o seu interesse privado (lucro) ao interesse da coletividade, paralisando a execução do contrato; (iii) princípio

---

[74] Nesse sentido: Justen Filho, Marçal. *Teoria geral das concessões de serviço público*. São Paulo: Dialética, 2003, p. 614. Em sentido contrário, Hely Lopes Meirelles defendia a ausência de indenização do concessionário, pois a anulação pressupõe ilegalidade e produz efeitos *ex tunc* ou retroativos (Meirelles, Hely Lopes. *Direito administrativo brasileiro*. 22. ed. São Paulo: Malheiros, 1997, p. 354).

[75] Aragão, Alexandre Santos de. *Direito dos serviços públicos*. Rio de Janeiro: Forense, 2007, p. 656; Justen Filho, Marçal. *Teoria geral das concessões de serviço público*. São Paulo: Dialética, 2003, p. 616-617.

[76] Meirelles, Hely Lopes. *Direito administrativo brasileiro*. 22. ed. São Paulo: Malheiros, 1997, p. 200.

da continuidade do serviço público: a suspensão das obrigações contratuais acarretaria a descontinuidade do serviço público, objeto do contrato.

Atualmente, no entanto, a doutrina tem admitido a *excepito non adimpleti contractus* nos contratos administrativos, relativizando os argumentos recém-apontados.[77]

Em primeiro lugar, existe hoje expressa previsão legal da "exceção de contrato não cumprido" no art. 78, XIV e XV, da Lei n.º 8.666/1993.[78] Salvo as hipóteses de calamidade pública, grave perturbação da ordem interna ou guerra, o contratado poderá pleitear a rescisão do ajuste ou suspender as suas obrigações contratuais (*exceptio non adimpleti contractus*) em duas situações: a) suspensão de sua execução, por ordem escrita da Administração, por prazo superior a 120 dias, ou, ainda, por repetidas suspensões que totalizem o mesmo prazo (inciso XIV); e b) atraso superior a 90 dias dos pagamentos devidos pela Administração decorrentes de obras, serviços ou fornecimento, ou parcelas destes, já recebidos ou executados (inciso XV).

Em segundo lugar, o princípio da supremacia do interesse público, que sofre severas críticas na atualidade,[79] não pode servir como escudo para prática de ilícitos por parte da Administração Pública. Certamente, é contrária ao interesse público a atuação da Administração que represente ilícito contratual (inadimplemento).

Da mesma forma, é oportuno lembrar a distinção entre interesse público "primário" e "secundário".[80] Enquanto o interesse público primário prende-se à ideia de satisfação de necessidades coletivas (justiça, segurança e bem-estar), o interesse público secundário seria o interesse do próprio Estado, como sujeito

---

[77] Carvalho Filho, José dos Santos. *Manual de Direito Administrativo*. 18. ed. Rio de Janeiro: Lumen Juris, 2007, p. 178-179; Di Pietro, Maria Sylvia Zanella. *Direito Administrativo*. 20. ed. São Paulo: Atlas, 2007, p. 255-256; Mello, Celso Antônio Bandeira de. *Curso de Direito Administrativo*. 21. ed. São Paulo: Malheiros, 2006, p. 601.

[78] "Art. 78. Constituem motivo para rescisão do contrato: [...] XIV – a suspensão de sua execução, por ordem escrita da Administração, por prazo superior a 120 (cento e vinte) dias, salvo em caso de calamidade pública, grave perturbação da ordem interna ou guerra, ou ainda por repetidas suspensões que totalizem o mesmo prazo, independentemente do pagamento obrigatório de indenizações pelas sucessivas e contratualmente imprevistas desmobilizações e mobilizações e outras previstas, assegurado ao contratado, nesses casos, o direito de optar pela suspensão do cumprimento das obrigações assumidas até que seja normalizada a situação; XV – o atraso superior a 90 (noventa) dias dos pagamentos devidos pela Administração decorrentes de obras, serviços ou fornecimento, ou parcelas destes, já recebidos ou executados, salvo em caso de calamidade pública, grave perturbação da ordem interna ou guerra, assegurado ao contratado o direito de optar pela suspensão do cumprimento de suas obrigações até que seja normalizada a situação."

[79] Já tivemos a oportunidade de demonstrar a discussão sobre o princípio da supremacia do interesse público em obra anterior: Oliveira, Rafael Carvalho Rezende. *A constitucionalização do Direito Administrativo: o princípio da juridicidade, a releitura da legalidade administrativa e a legitimidade das agências reguladoras*. Rio de Janeiro: Lumen Juris, 2009.

[80] A distinção entre interesse público primário e secundário remonta ao autor italiano Renato Alessi, em *Sistema istituzionale del Diritto amministrativo italiano*. Milão: Giuffrè, 1960, p. 197.

de direitos e obrigações, ligando-se fundamentalmente à noção de interesse do Erário. Segundo a doutrina majoritária, o princípio da supremacia do interesse público relaciona-se ao interesse público primário.[81]

Em consequência, não é lícito ao Estado justificar seu inadimplemento no interesse público secundário, mesmo porque esse interesse público instrumental também pressupõe o respeito ao ordenamento jurídico.

Em terceiro lugar, o princípio da continuidade do serviço público não será óbice intransponível à utilização da "exceção de contrato não cumprido", tendo em vista que os contratos administrativos, em regra, não possuem por objeto a prestação de serviço público (ex.: contratos de compra e venda, de obras, de prestação de serviços administrativos etc.).

Por outro lado, nos contratos de concessão de serviço público, o princípio da continuidade realmente será um obstáculo à "exceção de contrato não cumprido". Dessa forma, o parágrafo único do art. 39 da Lei n.º 8.987/1995 dispõe que "os serviços prestados pela concessionária não poderão ser interrompidos ou paralisados, até a decisão judicial transitada em julgado".

Conforme já ressaltado anteriormente, ainda que a regra seja a impossibilidade de *exceptio non adimpleti contractus* nos contratos de concessão, deve ser admitida a sua incidência em situações excepcionais, quando alguns direitos fundamentais da concessionária (e a própria existência da empresa) estiverem ameaçados. Todavia, nessas hipóteses excepcionais, a suspensão das obrigações da concessionária depende de decisão judicial liminar, tendo em vista o princípio da inafastabilidade do controle judicial (art. 5.º, XXXV, da CRFB).[82]

11.14. ARBITRAGEM

A utilização da arbitragem nos contratos celebrados pela Administração Pública tem sido objeto de discussões na doutrina e na jurisprudência.

A convenção de arbitragem, na forma do art. 3.º da Lei n.º 9.307/1996, consistirá em cláusula compromissória, constante do contrato, ou compromisso arbitral.

---

[81] Nesse sentido, entre outros: Osório, Fabio Medina. Existe uma supremacia do interesse público sobre o privado no Direito Administrativo brasileiro? *Revista de Direito Administrativo*, v. 220, p. 69-107, abr.-jun. 2000; Borges, Alice Gonzalez Borges. Supremacia do interesse público: desconstrução ou reconstrução? *Revista Interesse Público* n.º 37, p. 29-48; Barroso, Luís Roberto. O Estado contemporâneo, os direitos fundamentais e a redefinição da supremacia do interesse público (Prefácio). In: *Interesses públicos versus interesses privados: desconstruindo o princípio de supremacia do interesse público*. Rio de Janeiro: Lumen Juris, 2005; Mello, Celso Antônio Bandeira de. *Curso de Direito Administrativo*. 21. ed. São Paulo: Malheiros, 2006, p. 62.

[82] Nesse sentido: Justen Filho, Marçal. *Teoria geral das concessões de serviço público*. São Paulo: Dialética, 2003, p. 610-611; Aragão, Alexandre Santos de. *Direito dos serviços públicos*. Rio de Janeiro: Forense, 2007, p. 660.

Tradicionalmente, a doutrina não admitia a utilização da arbitragem nos contratos administrativos, com fundamento nos seguintes argumentos: (i) princípio da inafastabilidade do controle judicial: o instituto da arbitragem seria contrário ao referido princípio (art. 5.º, XXXV, da CRFB); (ii) princípio da legalidade: ausência de lei prevendo a utilização de arbitragem em contratos administrativos; e (iii) princípio da indisponibilidade do interesse público: não poderia o poder público remeter ao particular (árbitro) a decisão sobre o correto atendimento do interesse público.

Atualmente, todavia, prevalece a possibilidade de arbitragem nos contratos da Administração Pública.[83]

Em primeiro lugar, é importante ressaltar que a arbitragem não ofende o princípio da inafastabilidade do controle judicial. Trata-se, em verdade, de meio alternativo de solução de litígios, considerado constitucional pelo STF.[84]

Em segundo lugar, a ausência de lei específica não impede a utilização de arbitragem pelo poder público. É inerente ao contrato administrativo a possibilidade de sua extinção antes do advento do termo final, por razões de interesse público, por inadimplemento das partes ou por razões de legalidade. É possível, portanto, que o poder público, apoiado no princípio da eficiência administrativa e no princípio da boa administração, estabeleça cláusula arbitral para solução eficiente (técnica e célere) das controvérsias contratuais.

O princípio da legalidade, em sua concepção moderna,[85] não significa que toda e qualquer atuação administrativa deva estar necessariamente contida na lei. Há importante margem de atuação discricionária do poder público, fulcrada no ordenamento jurídico (juridicidade), que possibilita a formalização de ajustes consensuais com particulares.

Em relação aos contratos privados celebrados por empresas estatais, executoras de atividades econômicas, a viabilidade da arbitragem decorre diretamente do art. 173, § 1.º, II, da CRFB, que determina a submissão dessas entidades administrativas ao regime próprio das empresas privadas. Nesse

---

[83] Nesse sentido, por exemplo: Tácito, Caio. Arbitragem nos litígios administrativos. *RDA*, n.º 210, p. 111-115, out.-dez. 1997; Moreira Neto, Diogo de Figueiredo. Arbitragem nos contratos administrativos. *RDA*, n.º 209, p. 81-90, jul.-set. 1997; Carvalho Filho, José dos Santos. *Manual de Direito Administrativo*. 22. ed. Rio de Janeiro: Lumen Juris, 2009, p. 210-211; Grinover, Ada Pellegrini. Arbitragem e prestação de serviços públicos. *RDA*, n.º 233, p. 377-385, jul.-set. 2003.

[84] STF, Sentença Estrangeira (SE) 5.206/EP, Rel. Min. Sepúlveda Pertence, Tribunal Pleno, *DJ* 30/04/2004, p. 29.

[85] Já tivemos a oportunidade de tratar da evolução do princípio da legalidade no livro: Oliveira, Rafael Carvalho Rezende. *A constitucionalização do Direito Administrativo: o princípio da juridicidade, a releitura da legalidade administrativa e a legitimidade das agências reguladoras.* Rio de Janeiro: Lumen Juris, 2009.

ORGANIZAÇÃO ADMINISTRATIVA – Rafael Carvalho Rezende Oliveira

sentido, o STJ[86] já decidiu pela possibilidade de arbitragem em contratos formalizados por sociedades de economia mista:

> Processo civil. Juízo arbitral. Cláusula compromissória. Extinção do processo. Art. 267, VII, do CPC. Sociedade de economia mista. Direitos disponíveis. Extinção da ação cautelar preparatória por inobservância do prazo legal para a proposição da ação principal.
>
> 1. Cláusula compromissória é o ato por meio do qual as partes contratantes formalizam seu desejo de submeter à arbitragem eventuais divergências ou litígios passíveis de ocorrer ao longo da execução da avença. Efetuado o ajuste, que só pode ocorrer em hipóteses envolvendo direitos disponíveis, ficam os contratantes vinculados à solução extrajudicial da pendência.
>
> 2. A eleição da cláusula compromissória é causa de extinção do processo sem julgamento do mérito, nos termos do art. 267, inciso VII, do Código de Processo Civil.
>
> 3. São válidos e eficazes os contratos firmados pelas sociedades de economia mista exploradoras de atividade econômica de produção ou comercialização de bens ou de prestação de serviços (CF, art. 173, § 1.º) que estipulem cláusula compromissória submetendo à arbitragem eventuais litígios decorrentes do ajuste.
>
> 4. Recurso especial parcialmente provido.

Quanto aos contratos administrativos (contratos públicos, por excelência), a utilização da arbitragem é admitida expressamente pelas leis que tratam das concessões de serviços públicos (art. 23-A da Lei n.º 8.987/1995 e art. 11, III, da Lei n.º 11.079/2004).[87] A arbitragem deve ser realizada no Brasil e em língua portuguesa.

Em terceiro lugar, a arbitragem não ofende o princípio da indisponibilidade do interesse público, justamente por se referir aos interesses disponíveis, ou seja, interesses com caráter predominantemente patrimonial. Ao

---

[86] STJ, REsp 612.439/RS, Rel. Min. João Otávio de Noronha, Segunda Turma, *DJ* 14/09/2006, p. 299.

[87] Art. 23-A da Lei n.º 8.987/1995: "Art. 23-A. O contrato de concessão poderá prever o emprego de mecanismos privados para resolução de disputas decorrentes ou relacionadas ao contrato, inclusive a arbitragem, a ser realizada no Brasil e em língua portuguesa, nos termos da Lei n.º 9.307, de 23 de setembro de 1996." Art. 11, III, da Lei n.º 11.079/2004: "Art. 11. O instrumento convocatório conterá minuta do contrato, indicará expressamente a submissão da licitação às normas desta Lei e observará, no que couber, os §§ 3.º e 4.º do art. 15, os arts. 18, 19 e 21 da Lei n.º 8.987, de 13 de fevereiro de 1995, podendo ainda prever: [...] III – o emprego dos mecanismos privados de resolução de disputas, inclusive a arbitragem, a ser realizada no Brasil e em língua portuguesa, nos termos da Lei n.º 9.307, de 23 de setembro de 1996, para dirimir conflitos decorrentes ou relacionados ao contrato."

contrário do interesse público primário, o interesse público secundário, de caráter patrimonial e instrumental, é disponível pela Administração Pública.

Dessa forma, a arbitragem pode ser implementada nos contratos de concessão de serviços públicos, com os seguintes limites: a) o local da arbitragem deve ser o Brasil; b) necessidade de utilização da língua portuguesa; e c) deve versar sobre interesses disponíveis.

11.15. REVERSÃO DOS BENS

A reversão é a transferência ao poder concedente dos bens do concessionário, afetados ao serviço público e necessários à sua continuidade, no término do contrato de concessão (arts. 35 e 36 da Lei n.º 8.987/1995).

O fundamento da reversão é o princípio da continuidade do serviço público, já que os bens, necessários à prestação do serviço público, deverão ser utilizados pelo poder concedente, após o término do contrato de concessão.

Nesse sentido, o art. 18 da Lei n.º 8.987/1995 dispõe que o edital de licitação deve indicar os bens reversíveis (inciso X), as suas características e as condições em que estes serão postos à disposição, nos casos em que houver sido extinta a concessão anterior (inciso XI).

Da mesma forma, ao dispor sobre as cláusulas essenciais do contrato de concessão, o art. 23 da Lei n.º 8.987/1995 determina a necessidade de cláusula relativa aos bens reversíveis (inciso X).

A reversão refere-se a todo e qualquer bem necessário à prestação adequada do serviço público. Por essa razão, tanto os bens eventualmente cedidos pelo poder concedente à concessionária quanto os bens de propriedade da própria concessionária devem ser transferidos ao poder concedente no final do contrato.

No caso de transferência dos bens de propriedade da concessionária ao poder concedente, a indenização será sempre devida, pois, caso contrário, teríamos verdadeiro confisco.

O pagamento da indenização pode ocorrer de duas maneiras: 1) o valor dos bens reversíveis pode ser embutido na remuneração da concessionária (tarifa), hipótese em que a indenização será paga durante o prazo do contrato; e 2) o valor será pago ao final da concessão e levará em conta os bens reversíveis ainda não amortizados (art. 36 da Lei n.º 8.987/1995).

11.16. RESPONSABILIDADE CIVIL

As pessoas jurídicas de Direito privado, prestadoras de serviços públicos, encontram-se submetidas ao regime da responsabilidade civil objetiva, na forma do art. 37, § 6.º, da CRFB. Por essa razão, as concessionárias de serviços públicos submetem-se à responsabilidade civil objetiva.

Não obstante a clareza da norma constitucional, o STF, inicialmente, em decisão que gerou inúmeras críticas doutrinárias, entendeu que a natureza da responsabilidade civil das concessionárias, prestadores do serviço público de transporte de passageiros, varia em razão da vítima que suporta o dano: se o dano é causado ao usuário do serviço público, a responsabilidade da concessionária seria objetiva; ao contrário, se o dano é suportado por terceiro (não usuário), a responsabilidade da concessionária seria subjetiva, conforme a regra geral prevista no Código Civil. A ementa da referida decisão assim estabeleceu:

> Constitucional. Administrativo. Civil. Responsabilidade civil do Estado: Responsabilidade objetiva. Pessoas jurídicas de Direito privado prestadoras de serviço público. Concessionário ou permissionário do serviço de transporte coletivo. CF, art. 37, § 6.º. I – **A responsabilidade civil das pessoas jurídicas de Direito privado prestadoras de serviço público é objetiva relativamente aos usuários do serviço, não se estendendo a pessoas outras que não ostentem a condição de usuário**. Exegese do art. 37, § 6.º, da CF. II – RE conhecido e provido. (Grifo nosso)[88]

Segundo o Ministro Carlos Velloso, relator do acórdão, apenas o usuário do serviço público teria direito subjetivo ao serviço público ideal e, por isso, ficaria dispensado do ônus de provar a culpa da concessionária. Já os não usuários, estranhos à prestação do serviço, não seriam beneficiados pela norma do art. 37, § 6.º, da CRFB e deveriam comprovar a culpa da concessionária para lograr indenização (responsabilidade civil subjetiva).

Conforme mencionamos na primeira edição deste livro, a citada conclusão não encontrava qualquer compatibilidade com os textos constitucional e infraconstitucional vigentes.

Posteriormente, o STF, por meio do seu plenário, retificou seu entendimento anterior para consagrar a responsabilidade civil objetiva pelos danos ocasionados aos usuários e aos não usuários dos serviços concedidos, na forma da ementa a seguir colacionada:

> Constitucional. Responsabilidade do Estado. Art. 37, § 6.º, da Constituição. Pessoas jurídicas de Direito privado prestadoras de serviço público. Concessionário ou permissionário do serviço de transporte coletivo. Responsabilidade objetiva em relação a terceiros não usuários do serviço.

---

[88] STF, RExt 262.651/SP, Rel. Min. Carlos Velloso, Segunda Turma, julgamento: 16/11/2005, *DJ* 06/05/2005, p. 38 (*Informativo de Jurisprudência do STF* n.º 370).

Cap. XI – CONCESSÃO COMUM DE SERVIÇOS PÚBLICOS

Recurso desprovido. I – A responsabilidade civil das pessoas jurídicas de Direito privado prestadoras de serviço público é objetiva relativamente a terceiros usuários e não usuários do serviço, segundo decorre do art. 37, § 6.º, da Constituição Federal. II – A inequívoca presença do nexo de causalidade entre o ato administrativo e o dano causado ao terceiro não usuário do serviço público é condição suficiente para estabelecer a responsabilidade objetiva da pessoa jurídica de Direito privado. III – Recurso extraordinário desprovido.[89]

Realmente, a literalidade do art. 37, § 6.º, da CRFB determina a objetivação da responsabilidade civil para os danos causados aos "terceiros", que não possuem vínculo com o Estado, não sendo lícita a exclusão da aplicação da norma em relação aos não usuários de serviços públicos concedidos.

A responsabilidade da concessionária, portanto, deve ser considerada objetiva, não sendo relevante a condição da vítima (usuária ou não).[90]

A qualidade da vítima, a nosso ver, é importante apenas para apontar os respectivos fundamentos da responsabilidade objetiva, senão vejamos.

Quanto ao não usuário, a responsabilidade civil é objetiva, justamente porque o art. 37, § 6.º, da CRFB utiliza-se da expressão "terceiros".

Art. 37. [...]

§ 6.º As pessoas jurídicas de Direito público e as de Direito privado prestadoras de serviços públicos responderão pelos danos que seus agentes, nessa qualidade, causarem a terceiros, assegurado o direito de regresso contra o responsável nos casos de dolo ou culpa.

Ou seja: a norma constitucional consagra a responsabilidade civil objetiva das empresas prestadoras de serviços públicos pelos danos que estas causarem a terceiros, pessoas que não possuem qualquer vínculo contratual ou especial com a concessionária, sendo consideradas não usuárias. Nesse contexto da responsabilidade civil extracontratual, a Constituição consagra a responsabilidade civil objetiva.

Ademais, o art. 25 da Lei n.º 8.987/1995 prevê a responsabilidade civil objetiva da concessionária pelos danos causados aos usuários e a terceiros.

---

[89] STF, RExt 591.874/MS, Rel. Min. Ricardo Lewandowski, Tribunal Pleno, julgamento: 26/08/2009, Dje-237, 18/12/2009, p. 1.820 (*Informativos de Jurisprudência do STF* n.ᵒˢ 557 e 563).

[90] A doutrina, de modo geral, defende a tese da responsabilidade civil objetiva das concessionárias pelos danos causados aos usuários e a terceiros, discordando expressamente do STF. Podem ser citados, por exemplo: Souto, Marcos Juruena Villela. *Direito Administrativo em debate*, 2.ª série. Rio de Janeiro: Lumen Juris, 2007, p. 189-209; Carvalho Filho, José dos Santos. *Manual de Direito Administrativo*. 18. ed. Rio de Janeiro: Lumen Juris, 2007, p. 493.

Art. 25. Incumbe à concessionária a execução do serviço concedido, cabendo-lhe responder por todos os prejuízos causados ao poder concedente, aos usuários ou a terceiros, sem que a fiscalização exercida pelo órgão competente exclua ou atenue essa responsabilidade.

Por fim, o não usuário, que sofre um dano por parte da concessionária, pode ser considerado consumidor por equiparação e, nesse caso, ele será beneficiado pela proteção do Código de Defesa do Consumidor (CDC), que dispõe sobre a responsabilidade objetiva dos prestadores de serviços em geral, conforme disposições contidas nos arts. 14 e 17 do CDC.

Art. 14. O fornecedor de serviços responde, independentemente da existência de culpa, pela reparação dos danos causados aos consumidores por defeitos relativos à prestação dos serviços, bem como por informações insuficientes ou inadequadas sobre sua fruição e riscos.

[...]

Art. 17. Para os efeitos desta Seção, equiparam-se aos consumidores todas as vítimas do evento.

Em relação ao usuário, a responsabilidade civil da concessionária é certamente objetiva, como aduziu o STF.

No entanto, ao contrário do entendimento da Corte Suprema, consideramos que o fundamento dessa responsabilidade objetiva não seria o art. 37, § 6.º, da CRFB.

Isso porque a referida norma constitucional aplica-se tão somente à responsabilidade civil extracontratual ("danos causados a terceiros") e não às relações contratuais. Ora, não se pode olvidar que o usuário do serviço público prestado pela concessionária possui com esta vínculo contratual. No âmbito do transporte público de passageiros, por exemplo, o usuário e a concessionária firmam, ainda que implicitamente, verdadeiro contrato de transporte, regido pela legislação das concessões e pelo CDC.

O usuário, portanto, não é "terceiro", mas sim parte em contrato celebrado com a concessionária, razão pela qual em relação a ele deve ser aplicada a lógica da respectiva responsabilidade civil contratual. Em caso análogo, o STF aplicou o presente raciocínio:

Ementa – Responsabilidade civil do Estado: furto de automóvel em estacionamento mantido por Município: condenação por responsabilidade contratual que não contraria o art. 37, § 6.º, da Constituição. Ao oferecer à freguesia do mercado a comodidade de estacionamento fechado por grades e cuidado por vigias, o Município assumiu o dever específico de zelar pelo bem que lhe foi entregue, colocando-se em posição contratual similar à do depositário, obrigado por lei "a ter na guarda e conservação da coisa depositada o cuidado e diligência que costuma com o que lhe pertence" (Cód. Civ., art. 1.266). Em tal hipótese, a responsabilidade do Município por dano causado ao proprietário do bem colocado sob sua guarda não se funda no art. 37, § 6.º, da Constituição, mas no descumprimento de uma obrigação contratual. (Grifo nosso).[91]

Ainda que não seja aplicável o art. 37, § 6.º, da CRFB às relações contratuais das pessoas prestadoras de serviços públicos, a responsabilidade será objetiva com fundamento na legislação infraconstitucional que rege o respectivo contrato: art. 25 da Lei n.º 8.987/1995 e art. 14 da Lei n.º 8.078/1990.

Em relação à responsabilidade civil do Estado por danos causados por atos das concessionárias, a doutrina tem afirmado majoritariamente que essa responsabilidade seria subsidiária, ou seja, caso a concessionária não tivesse condições de arcar com a indenização no caso concreto.[92] Há, contudo, entendimento no sentido da existência de solidariedade entre o Estado e a concessionária, com fundamento no CDC, que estabelece a solidariedade para as relações de consumo, o que inclui a prestação de serviços públicos.[93]

Entendemos, contudo, que a responsabilidade do poder concedente é subsidiária, pois o art. 25 da Lei n.º 8.987/1995, que estabelece a responsabilidade primária da concessionária, é norma especial em relação ao CDC.

É importante destacar que a responsabilidade civil da concessionária de serviços públicos só será objetiva quando a entidade privada causar danos durante a prestação de serviços públicos. A concessionária, enquanto pessoa jurídica de Direito privado, não presta exclusivamente serviços públicos e, por essa razão, edita atos e celebra contratos privados com outros particulares, que não guardam relação direta com os serviços públicos delegados.

Por essa razão, nas relações jurídicas privadas, travadas entre a concessionária e outros particulares, sem qualquer relação com a prestação do serviço público delegado, não incidem o art. 37, § 6.º, da CRFB e o art. 25 da Lei n.º 8.987/1995, razão pela qual sua eventual responsabilidade deverá ser analisada à luz da legislação civil.

---

[91] STF, RExt 255.731/SP, Rel. Min. Sepúlveda Pertence, Primeira Turma, julgamento: 09/11/1999, *DJ* 26/11/1999, p. 135.

[92] Carvalho Filho, José dos Santos. *Manual de Direito Administrativo*. 18. ed. Rio de Janeiro: Lumen Juris, 2007, p. 505; Di Pietro, Maria Sylvia Zanella. *Direito Administrativo*. 20. ed. São Paulo: Atlas, 2007, p. 276.

[93] Nesse sentido: Tepedino, Gustavo. A evolução da responsabilidade civil no Direito brasileiro e suas controvérsias na atividade estatal. In: *Temas de Direito Civil*. 3. ed. Rio de Janeiro: Renovar, 2004, p. 216.

Em síntese, é possível concluir pela responsabilidade civil objetiva das concessionárias, em razão dos danos causados em decorrência da prestação dos serviços públicos, independentemente da "natureza" do sujeito passivo (usuário ou não usuário), ainda que por fundamentos diversos:

a) usuário: responsabilidade contratual objetiva (art. 25 da Lei n.º 8.987/1995 e art. 14 do CDC);
b) não usuário: responsabilidade extracontratual objetiva (art. 37, § 6.º, da CRFB; art. 25 da Lei n.º 8.987/1995 e arts. 14 e 17 do CDC).

Registre-se que, na forma da Súmula Vinculante 27 do STF, a Justiça estadual é competente para "julgar causas entre consumidor e concessionária de serviço público de telefonia, quando a Anatel não seja litisconsorte passiva necessária, assistente, nem opoente." De forma semelhante, a Súmula 506 do STJ dispõe: "A Anatel não é parte legítima nas demandas entre a concessionária e o usuário de telefonia decorrentes de relação contratual."

11.17. AUTORIZAÇÃO DE SERVIÇO PÚBLICO: POLÊMICAS

Há controvérsia acerca da possibilidade de utilização da autorização como modalidade de delegação de serviços públicos, ao lado da concessão e da permissão.

A controvérsia se justifica em razão da falta de clareza do texto constitucional, que ao tratar especificamente da delegação de serviços públicos, menciona apenas a concessão e a permissão (art. 175 da CRFB), mas em outros dispositivos faz referência à autorização, ao lado da concessão e da permissão (art. 21, XI e XII, da CRFB).[94]

Primeira posição: autorização pode ser considerada instrumento de delegação de serviços públicos, em razão da sua previsão expressa no art. 21, XI e XII, da CRFB. Ao contrário da concessão e permissão, a autorização de serviços públicos é considerada ato administrativo precário e discricionário, editado no interesse preponderante do autorizatário, sendo desnecessária a

---

[94] "Art. 21. Compete à União: [...] XI – explorar, diretamente ou mediante autorização, concessão ou permissão, os serviços de telecomunicações, nos termos da lei, que disporá sobre a organização dos serviços, a criação de um órgão regulador e outros aspectos institucionais; XII – explorar, diretamente ou mediante autorização, concessão ou permissão: a) os serviços de radiodifusão sonora, e de sons e imagens; b) os serviços e instalações de energia elétrica e o aproveitamento energético dos cursos de água, em articulação com os estados onde se situam os potenciais hidroenergéticos; c) a navegação aérea, aeroespacial e a infraestrutura aeroportuária; d) os serviços de transporte ferroviário e aquaviário entre portos brasileiros e fronteiras nacionais, ou que transponham os limites de Estado ou território; e) os serviços de transporte rodoviário interestadual e internacional de passageiros; f) os portos marítimos, fluviais e lacustres." A Constituição se refere à autorização em outras passagens, como, por exemplo: art. 174, § 4.º; 176, § 1.º, § 3.º, § 4.º; 209, II; e 223 da CRFB.

licitação. Nesse sentido: Hely Lopes Meirelles, Diogo de Figueiredo Moreira Neto, Maria Sylvia Zanella Di Pietro e Marcos Juruena Villela Souto.[95]

A autorização de serviços públicos, segundo ensina o professor Diogo de Figueiredo Moreira Neto, só poderia ser utilizada pela União, uma vez tratar-se de modalidade excepcional de delegação de serviços públicos, prevista apenas para alguns serviços federais (art. 21, XI e XII, da CRFB). Para os demais serviços públicos federais e para os serviços estaduais e municipais, a delegação será instrumentalizada na forma da regra geral consagrada no art. 175 da CRFB (concessão ou permissão).[96] Marcos Juruena Villela Souto concorda com essa assertiva, mas admite que as Constituições estaduais e as leis orgânicas estabeleçam autorizações de serviços públicos estaduais e municipais.[97]

Segunda posição: a delegação de serviços públicos deve ser formalizada por concessão ou permissão, na forma do art. 175 da CRFB, sendo certo que a autorização representa manifestação do poder de polícia do Estado. Nesse sentido: Marçal Justen Filho, José dos Santos Carvalho Filho, Alexandre Santos de Aragão e Celso Antônio Bandeira de Mello.[98]

Em nossa opinião, a autorização não representa instrumento hábil para delegação de serviços públicos, em razão dos seguintes argumentos:

a) os instrumentos específicos de delegação de serviços públicos são a concessão e a permissão, mencionadas especificamente no art. 175 da CRFB;

b) o art. 21, XI e XII, da CRFB elenca serviços públicos, sujeitos à concessão e à permissão, e serviços privados de interesse coletivo, prestados no interesse predominante do prestador, sujeitos à autorização;

c) é inconcebível a afirmação de que determinado serviço público seja prestado no interesse primordial do próprio prestador, pois a noção de serviço público pressupõe benefícios para coletividade;

---

[95] Meirelles, Hely Lopes. *Direito administrativo brasileiro.* 22. ed. São Paulo: Malheiros, 1997, p. 357-358; Moreira Neto, Diogo de Figueiredo. *Curso de Direito administrativo.* 14. ed. Rio de Janeiro: Forense, 2006, p. 274-275; Di Pietro, Maria Sylvia Zanella. *Parcerias na Administração Pública: concessão, permissão, franquia, terceirização, parceria público-privada e outras formas.* 5. ed. São Paulo: Atlas, 2005, p. 150-153; Souto, Marcos Juruena Villela. *Direito das concessões.* 5. ed. Rio de Janeiro: Lumen Juris, 2004, p. 31-32.

[96] Moreira Neto, Diogo de Figueiredo. *Mutações do Direito administrativo.* 3. ed. Rio de Janeiro: Renovar, 2007, p. 137.

[97] Souto, Marcos Juruena Villela. *Direito das concessões.* 5. ed. Rio de Janeiro: Lumen Juris, 2004, p. 31.

[98] Justen Filho, Marçal. *Curso de Direito administrativo.* São Paulo: Saraiva, 2006, p. 562-563; Carvalho Filho, José dos Santos. *Manual de Direito administrativo.* 18. ed. Rio de Janeiro: Lumen Juris, 2007, p. 392-394; Aragão, Alexandre Santos de. *Direito dos serviços públicos.* Rio de Janeiro: Forense, 2007, p. 224-237 e 724-730; Bandeira de Mello, Celso Antônio. *Curso de Direito administrativo.* 21. ed. São Paulo: Malheiros, 2006, p. 661. É importante ressaltar que o professor Celso Antônio admite, excepcionalmente, a autorização de serviços públicos para hipóteses emergenciais até a adoção definitiva das medidas necessárias à consumação da concessão e da permissão.

d) a autorização para prestação de atividades privadas de interesse coletivo possui natureza jurídica de consentimento de polícia por se tratar de condicionamento ao exercício da atividade econômica (art. 170, parágrafo único, da CRFB).

A autorização, portanto, seria expressão do poder de polícia do Estado. A manifestação do poder de polícia envolve, basicamente, quatro momentos ("ciclo de polícia"):[99]

a) ordem: é a norma legal que estabelece, de forma primária, as restrições e as condições para o exercício das atividades privadas;

b) consentimento: é a anuência do Estado para que o particular desenvolva determinada atividade ou utilize a propriedade particular. Nesse caso, o consentimento estatal pode ser dividido em pelo menos duas categorias:

b.1) licença: trata-se de ato vinculado por meio do qual a Administração reconhece o direito do particular (ex.: licença para dirigir veículo automotor ou para o exercício de determinada profissão); e

b.2) autorização: é o ato discricionário pelo qual a Administração, após a análise da conveniência e da oportunidade, faculta o exercício de determinada atividade privada ou a utilização de bens particulares, sem criação, em regra, de direitos subjetivos ao particular (ex.: autorização para porte de arma);

c) fiscalização: é a verificação do cumprimento, pelo particular, da ordem e do consentimento de polícia (ex.: fiscalização de trânsito, fiscalização sanitária etc.); e

d) sanção: é a medida coercitiva aplicada ao particular que descumpre a ordem de polícia ou os limites impostos no consentimento de polícia (ex.: multa de trânsito, interdição do estabelecimento comercial irregular, apreensão de mercadorias estragadas etc.).

É justamente no âmbito do consentimento de polícia que se coloca a autorização.

Essa é a concepção de autorização prevista na Constituição da República que admite a sua utilização, pelo Estado, para condicionar o exercício de determinadas atividades privadas. Ao dispor sobre as atividades econômicas, o art. 170, parágrafo único, da CRFB afirma: "é assegurado a todos o livre exercício de qualquer atividade econômica, independentemente de autorização de órgãos públicos, salvo nos casos previstos em lei".

---

[99] Oliveira, Rafael Carvalho Rezende. *Curso de Direito Administrativo.* 2. ed. São Paulo: Método, 2014, p. 243; Moreira Neto, Diogo de Figueiredo. *Mutações do Direito Administrativo.* 3. ed. Rio de Janeiro: Renovar, 2007, p. 398-401.

O art. 7.º da Lei n.º 9.074/1995, alterado pela Lei n.º 13.360/2016, normalmente citado pela primeira corrente como exemplo de autorização de serviço público, dispõe que será objeto de autorização: "a implantação de usinas termoelétricas de potência superior a 5.000 kW (cinco mil quilowatts) destinadas a uso exclusivo do autoprodutor e a produção independente de energia" (inciso I) e "o aproveitamento de potenciais hidráulicos de potência superior a 5.000 kW (cinco mil quilowatts) e igual ou inferior a 50.000 kW (cinquenta mil quilowatts) destinados a uso exclusivo do autoprodutor e a produção independente de energia" (inciso II).

Nessas duas hipóteses, a nosso ver, a autorização tem por objeto a prestação de atividades privadas de interesse coletivo e não propriamente a execução de serviços públicos,[100] especialmente em razão de os serviços mencionados serem "destinados a uso exclusivo do autoprodutor". Ou seja: o autorizatário explora os potenciais energéticos para o seu próprio consumo, não havendo a geração de comodidades materiais para os particulares em geral, como seria da essência do serviço público, devendo a autorização, no caso, ser considerada manifestação do poder de polícia.

Conclui-se, dessa forma, que a autorização não representa propriamente delegação de serviço público ao particular, mas sim o exercício do poder de Polícia do Estado. A delegação do serviço público ao particular só pode ser efetivada por meio da concessão e da permissão.

---

[100] Em sentido semelhante, Marçal Justen Filho afirma: "Se um sujeito produz energia elétrica para o próprio consumo – por exemplo, para fins industriais –, a atividade não configurará serviço público. Quando muito, haverá fiscalização por parte do Estado." Justen Filho, Marçal. *Curso de Direito Administrativo*. São Paulo: Saraiva, 2006, p. 496.

Capítulo XII

CONCESSÃO ESPECIAL DE SERVIÇOS PÚBLICOS: AS PARCERIAS PÚBLICO-PRIVADAS (PPPS)

12.1. ORIGEM E JUSTIFICATIVAS PARA IMPLEMENTAÇÃO DAS PPPS

A busca por parceiros privados, pelo Estado, para consecução de fins públicos não representa novidade. Tradicionalmente, em maior ou em menor medida, entes públicos sempre se utilizaram da iniciativa privada para execução de serviços públicos e de outras atividades administrativas (*v.g.*, contratos e convênios).

No estágio atual de evolução do Estado, no entanto, há uma tendência marcante pela valorização da iniciativa privada na execução de tarefas públicas, tendo em vista o princípio da subsidiariedade,[1] que propõe a valorização dos indivíduos e da sociedade civil, bem como a necessidade de satisfação eficiente dos direitos fundamentais. Essa tendência, no Brasil, ganhou força na década de 1990, durante o período intenso de desestatização, quando as parcerias entre o poder público e os particulares foram intensificadas.[2]

É importante destacar, desde logo, que o termo "parceria público-privada", utilizado pela Lei n.º 11.079/2004, refere-se às duas novas formas de contratações públicas (concessões patrocinadas e concessões administrativas) que se submetem ao regime jurídico diferenciado.

---

[1]   Torres, Silvia Faber. *O princípio da subsidiariedade no Direito público contemporâneo*. Rio de Janeiro: Renovar, 2001.

[2]   A década de 1990 foi marcada pela liberalização da economia e pela desestatização. No âmbito constitucional, as Emendas Constitucionais n.os 6/1995 e 7/1995 abriram a economia para o capital estrangeiro, e as Emendas Constitucionais n.os 5/1995, 8/1995 e 9/1995 atenuaram os monopólios estatais. Nesse período, foi instituído o Programa Nacional de Desestatização (PND), pela Lei n.º 8.031/1990, substituída posteriormente pela Lei n.º 9.491/1997.

Costuma-se afirmar que as PPPs foram inspiradas na Private Finance Iniciative (PFI) inglesa,[3] uma forma especial de concessão em que a remuneração do parceiro privado, em vez de ser necessariamente proveniente dos usuários (tarifa), advém do próprio poder público. Nesse sentido, Vital Moreira afirma que a PFI não passa de uma modalidade da tradicional concessão de serviços públicos e que a novidade seria a sua utilização para prestação dos serviços públicos não onerosos (ensino, saúde, etc.). A diferença, afirma o autor, é que tais serviços não são pagos pelos utentes e sim pelo próprio poder público, mediante pagamentos regulares durante o período do contrato, "de acordo com a 'produção' do serviço concessionado".[4]

Atualmente, o modelo tradicional de concessão de serviços públicos, previsto na Lei n.º 8.987/1995, não atende satisfatoriamente as necessidades do poder público, titular do serviço, e dos particulares (usuários). Isso porque os serviços públicos, que hoje podem ser delegados à iniciativa privada, exigem fortes investimentos que o Estado não pode implementar (limites fiscais) e o particular não tem interesse em assumir (ausência de garantias idôneas, risco do empreendimento etc.).

Resumidamente, os fatores que levaram à implementação dessa nova forma de concessão (PPP) no ordenamento pátrio podem ser assim enumerados:

a) limitação ou esgotamento da capacidade de endividamento público: os limites moralizadores colocados pela Lei de Responsabilidade Fiscal (LC n.º 101/2000) reduzem ou esgotam a capacidade de investimento pelo poder público na prestação direta dos serviços públicos e na criação de infraestrutura adequada ("gargalos" de infraestrutura);

b) necessidade de prestação de serviços públicos não autossustentáveis: após o período de desestatização na década de 1990, quando grande parte dos serviços públicos "atrativos" foi concedida aos particulares, o Estado permaneceu com a obrigação de prestar serviços não autossustentáveis, assim definidos por necessitarem de investimentos de grande vulto ou pela impossibilidade jurídica ou política de cobrança de tarifa do usuário.

---

[3] Oficialmente, a *Private Finance Iniciative* (PFI) foi lançada em 1992, durante o governo conservador do Primeiro-Ministro John Major, mas a sua existência remonta ao ano de 1987, data da assinatura do contrato da ponte Queen Elizabeth II. A utilização da PFI ocorreu de forma mais intensa a partir de 1997, durante o governo Blair. Marty, Frédéric; Trosa, Sylvie; Voisin, Arnaud. *Les partenariats public-privé*. Paris: La Découverte, 2006, p. 11-12. Nos países desenvolvidos, segundo esses autores, a maior parte dos contratos de parcerias público-privadas tem por objeto a concessão de serviços de transportes. Na Inglaterra, por exemplo, cerca de 51% dos contratos são relacionados ao transporte público, com destaque para as operações de modernização e manutenção do metrô londrino. (p. 13-14)

[4] Moreira, Vital. A tentação da "Private Finance Iniciative (PFI)". In: Marques, Maria Manuel Leitão; Moreira, Vital. *A mão visível: mercado e regulação*. Coimbra: Almedina, 2003, p. 188. Note-se que o autor, em seguida, pede cautela com essa "solução milagrosa" consistente no financiamento privado de obras, estabelecimentos e serviços públicos isentos de pagamentos pelos utentes (p. 190).

c) princípio da subsidiariedade e necessidade de eficiência do serviço: o Estado subsidiário valoriza a atuação privada, considerada mais eficiente que a atuação estatal direta.

Em consequência, o legislador estabeleceu regime jurídico especial para as PPPs, com a introdução de novas garantias, a repartição de riscos na prestação dos serviços, novas formas de remuneração do parceiro privado, entre outras mudanças, que objetivam atrair investidores privados na parceria a ser formalizada com o Estado no atendimento do interesse público.

A fórmula encontrada pelo legislador brasileiro para incentivar novas parcerias entre o setor público e o setor privado, aprimorando o modelo tradicional de concessão de serviço público, foi a incorporação do modelo de PPP, já amplamente utilizado no Direito comparado, ao ordenamento jurídico pátrio.

12.2. COMPETÊNCIA LEGISLATIVA

Em matéria contratual, todos os Entes Federativos possuem competência normativa. Todavia, a União possui competência privativa para legislar sobre normas gerais (art. 22, XXVII, da CRFB), cabendo aos demais entes a elaboração de normas específicas.

Conforme mencionado anteriormente, a Lei n.º 11.079/2004 trata de duas modalidades de contratos (concessões patrocinadas e administrativas), o que demonstra a competência legislativa da União para fixar as respectivas normas gerais, na forma do art. 22, XXVII, da CRFB.

O art. 1.º, *caput* e parágrafo único, da Lei 11.079/2004, alterado pela Lei 13.137/2015, dispõe sobre a sua aplicação aos Poderes dos entes federados, inclusive o Legislativo, fundos especiais, entidades da Administração Indireta e demais entidades controladas, direta ou indiretamente, pelo Poder Público.

Por outro lado, todos os Entes Federativos (União, Estados, Distrito Federal e Municípios) possuem competência legislativa autônoma para estabelecer as normas específicas sobre esses contratos administrativos.

Vários Estados já possuem legislação própria sobre o assunto, cabendo destacar, por exemplo: Minas Gerais (Lei estadual n.º 14.868/2003 – essa foi a primeira lei no país sobre o assunto –, revogada pela Lei n.º 22.606/2017), São Paulo (Lei estadual n.º 11.688/2004), Bahia (Lei estadual n.º 9.290/2004), Goiás (Lei estadual n.º 14.910/2004), Santa Catarina (Lei estadual n.º 17.156/2017), Ceará (Lei estadual n.º 14.391/2009); Rio Grande do Sul (Lei estadual n.º 12.234/2005), Pernambuco (Lei estadual n.º 12.765/2005), Piauí (Lei n.º 5.494/2005), Rio Grande do Norte (LC estadual n.º 307/2005), Distrito Federal (Lei estadual n.º 3.792/2006), Rio de Janeiro (Lei estadual n.º 5.068/2007).

Igualmente, diversos Municípios promulgaram suas leis específicas sobre o tema, tais como: Belo Horizonte (Lei municipal n.º 9.038/2005), Porto Alegre (Lei municipal n.º 9.875/2005), Curitiba (Lei municipal n.º 11.929/2006), Manaus (Lei municipal n.º 1.333/2009), São Paulo (Lei municipal n.º 14.517/2007), Rio de Janeiro (LC municipal n.º 105/2009), Natal (Lei municipal n.º 6.182/2011), Vitória (Lei municipal n.º 8.538/2013), Recife (Lei municipal n.º 17.855/2013).

As normas estaduais e municipais, anteriores à legislação federal, deverão se adaptar às normas gerais contidas na Lei n.º 11.079/2004.

É importante ressaltar que a ausência de legislação específica não impede a utilização das PPPs por Estados e Municípios, já que estes poderão se valer das normas gerais previstas na Lei n.º 11.079/2004.

A identificação do caráter geral ou específico de determinada norma é fundamental para concluir pela incidência de sua aplicação. As normas gerais possuem aplicação nacional (lei nacional), vinculando todos os Entes Federados; já as normas específicas se aplicam apenas ao respectivo ente que as estabeleceu (leis federais, estaduais, distritais e municipais).

Há uma dificuldade tradicional na conceituação e no elenco das denominadas normas gerais.[5] Costuma-se afirmar que as normas gerais são aquelas que estabelecem princípios e as diretrizes básicas, garantindo, com isso, homogeneidade sobre determinado assunto, sem adentrar em especificidades.

Ainda que existam dificuldades concretas no elenco das normas gerais encontradas em determinada lei, a Lei n.º 11.079/2004 já explicitou as normas que se destinam apenas à União (capítulo VI – arts. 14 a 22) e, nesse caso, tais normas seriam federais (Lei federal). Ao contrário, as demais normas são, em regra, gerais ou nacionais, destinando-se a todos os Entes Federados (Lei nacional).

A distinção realizada pelo próprio legislador não afasta, contudo, o debate doutrinário e jurisprudencial sobre o caráter genérico ou específico das normas da Lei n.º 11.079/2004, como será demonstrado, por exemplo, no ponto relacionado ao valor mínimo do contrato de PPP.[6]

Em suma, é possível afirmar que a Lei n.º 11.079/2004 possui caráter híbrido:[7] é predominantemente uma lei nacional, no que tange às normas

---

[5] Moreira Neto, Diogo de Figueiredo. Competência concorrente limitada: o problema da conceituação das normas gerais. *Revista de Informação Legislativa*, n.º 100, 1988.

[6] Como será demonstrado a seguir, a doutrina já apresenta divergência em relação ao caráter geral ou específico de algumas normas da Lei n.º 11.079/2004.

[7] O caráter híbrido (nacional e federal) de determinada lei não representa novidade. A Lei n.º 8.666/1993, por exemplo, possui essa característica, pois, apesar de estabelecer, em regra, normas gerais de licitação e contratos, o STF já reconheceu que algumas de suas normas (art. 17, I, *b*, e II, *b*) se destinam unicamente à União. Nesse sentido: STF, ADI-MC 927/RS, Pleno, Min. Rel. Carlos Veloso, julgamento em 03/11/1993, *DJ* 11/11/1994.

gerais, mas também possui *status* de lei federal em relação às normas específicas destinadas exclusivamente à União.

12.3. PPPS: SENTIDOS AMPLO E RESTRITO DA EXPRESSÃO

A expressão "parcerias público-privadas" não é unívoca e admite dois sentidos: amplo e restrito.

O sentido amplo da expressão engloba todo e qualquer ajuste entre o Estado e o particular para consecução do interesse público (ex.: concessões, permissões, convênios, terceirizações, etc.). Em verdade, a amplitude da expressão faz que seja impossível tratar de maneira uniforme os diversos vínculos jurídicos que podem ser formalizados com particulares, em razão da pluralidade de regimes jurídicos envolvidos. Da mesma forma, o tema é aberto às inovações legislativas, que se apresentam no desenvolvimento do aparelho estatal, mormente com a tendência atual do Estado subsidiário em buscar novos instrumentos de parcerias com a iniciativa privada (ex.: contratos de gestão com as organizações sociais e termos de parceria com as organizações da sociedade civil de interesse público).[8]

No Direito comparado, as parcerias público-privadas (*Public-Private Partnerships*)[9] possuem geralmente essa acepção ampla, englobando, por exemplo, as concessões, com remuneração pelos usuários ou pelo Estado, *joint ventures*, contratos de gestão e terceirizações.[10] Na experiência britânica,

---

[8] A professora Maria Sylvia Zanella Di Pietro, em obra clássica, tratou das parcerias em sentido amplo. Vide: Di Pietro, Maria Sylvia Zanella. *Parcerias na Administração Pública*. 5. ed. São Paulo: Atlas, 2005. O sentido amplo foi utilizado, também, pela Lei 13.334/2016, que criou o Programa de Parcerias de Investimentos – PPI, e inseriu na expressão "contratos de parceria" a concessão comum, a concessão patrocinada, a concessão administrativa, a concessão regida por legislação setorial, a permissão de serviço público, o arrendamento de bem público, a concessão de direito real e os outros negócios público-privados que, em função de seu caráter estratégico e de sua complexidade, especificidade, volume de investimentos, longo prazo, riscos ou incertezas envolvidos, adotem estrutura jurídica semelhante (art. 1.º, § 2.º).

[9] A expressão *Public-Private Partnerships* (PPPs), no sentido amplo, é utilizada no Direito inglês, norte-americano e canadense. Na França, utiliza-se a nomenclatura *partenariats public-privé* (PPPs); na Itália, *partenariato pubblico-privato* (PPP) e *finanza de progetto*; em Portugal, utiliza-se a mesma expressão encontrada no ordenamento brasileiro. Daí a sigla PPP ter se popularizado mundialmente.

[10] Na França, a *Ordonnance* n.º 2004-559 de 17/06/2004, que disciplina a PPP, estabelece um conceito relativamente amplo ao afirmar que se trata de contrato administrativo pelo qual o Estado ou entidade administrativa pública confere a um terceiro, por um período determinado e necessário para amortização dos investimentos, a obrigação de fazer investimentos, construções, transformações, assistência técnica, manutenção, exploração e gestão de obras, de equipamentos e de bens imateriais necessários aos serviços públicos (art. 1.º). Em Portugal, o conceito amplo de PPP é encontrado no art. 2.º, 1, do Decreto-lei n.º 86/2003: "Para os efeitos do presente diploma, entende-se por parceria público-privada o contrato ou a união de contratos, por via dos quais entidades privadas, designadas por parceiros privados, se obrigam, de forma duradoura, perante um parceiro público, a assegurar o desenvolvimento de uma actividade tendente à satisfação de uma necessidade colectiva, e em que

por exemplo, as PFIs têm sido implementadas de três formas basicamente: a) *free standing*: projetos em que a remuneração integral vem do usuário final; b) *joint ventures*: projetos em que o poder público e os particulares se unem, mas os particulares possuem o controle dos procedimentos e as decisões relevantes; c) serviços vendidos ao setor público: serviços prestados por particulares ao setor público (ex.: tratamentos hospitalares, acompanhamento de idosos e crianças).[11]

O sentido restrito da expressão, por sua vez, refere-se exclusivamente às parcerias público-privadas previstas na Lei n.º 11.079/2004. Em outras palavras: apenas as concessões patrocinadas e as concessões administrativas são consideradas parcerias público-privadas no sentido restrito.

Em síntese, a expressão "parcerias público-privadas" admite dois sentidos:

a) **sentido amplo:** PPP é todo e qualquer ajuste firmado entre o Estado e o particular para consecução do interesse público (ex.: concessões, permissões, convênios, terceirizações, contratos de gestão, termos de parceria etc.);

b) **sentido restrito:** PPP refere-se exclusivamente às parcerias público-privadas previstas na Lei n.º 11.079/2004, sob a modalidade patrocinada ou administrativa.

No presente estudo, o termo PPP refere-se às parcerias público-privadas em sentido restrito, reguladas na Lei n.º 11.079/2004.

12.4. MODALIDADES DE PPPS (PPP PATROCINADA E PPP ADMINISTRATIVA) E SUAS DIFERENÇAS

As PPPs possuem natureza jurídica de contratos administrativos. Em suma, são novos contratos submetidos, prioritariamente, à Lei n.º 11.079/2004, que prevê duas modalidades de PPPs: concessão patrocinada e concessão administrativa.

É verdade que a PPP encerra, geralmente, uma modalidade de concessão de serviço público ao particular, mas é possível a sua utilização para contratação de serviços prestados por particulares ao próprio Estado.

A PPP patrocinada "é a concessão de serviços públicos ou de obras públicas de que trata a Lei n.º 8.987, de 13 de fevereiro de 1995, quando

---

o financiamento e a responsabilidade pelo investimento e pela exploração incumbem, no todo ou em parte, ao parceiro privado."

[11] Coutinho, Diogo Rosenthal. Relatos de algumas experiências internacionais. In: Sundfeld, Carlos Ari. *Parcerias público-privadas.* São Paulo: Malheiros, 2005, p. 55-56.

envolver, adicionalmente à tarifa cobrada dos usuários, contraprestação pecuniária do parceiro público ao parceiro privado."[12]

Por outro lado, a PPP administrativa "é o contrato de prestação de serviços de que a Administração Pública seja a usuária direta ou indireta, ainda que envolva execução de obra ou fornecimento e instalação de bens".[13]

A partir das definições legais, é possível apontar, sem caráter exaustivo, algumas diferenças importantes entre as PPPs patrocinadas e as PPPs administrativas.

12.4.1. Remuneração

Em primeiro lugar, retira-se uma diferença em relação à forma de remuneração entre as duas modalidades de parcerias.

Na concessão patrocinada, a remuneração envolve necessariamente a tarifa paga pelo usuário do serviço público e a contraprestação pecuniária do poder público ao contratado, além das demais modalidades de contraprestação indicadas no art. 6.º da Lei n.º 11.079/2004.

Quando, nas concessões patrocinadas, a Administração Pública for responsável por mais de 70% da remuneração do parceiro privado, a contratação dependerá de autorização legislativa.[14] Apesar da omissão legal, entendemos que a exigência de autorização legislativa deve ser aplicada também às PPPs administrativas, uma vez que a remuneração, nessas concessões, será realizada integralmente pelo Estado.

De outra banda, a concessão administrativa será remunerada integralmente pelo Estado, não havendo previsão de cobrança de tarifa dos usuários. A contraprestação devida pelo parceiro público ao parceiro privado pode ser pecuniária ou por meio das demais possibilidades previstas no art. 6.º da Lei n.º 11.079/2004.

A tarifa, na concessão administrativa, não será cobrada por razões políticas ou econômicas. Por essa razão, sua utilização pode ser uma saída para a formatação da parceria para prestação de serviços que não sejam economicamente sustentáveis à luz do modelo tradicional de concessão.

Não vislumbramos qualquer óbice constitucional à previsão de concessões sem pagamento de tarifa por parte do usuário. Ao se referir à "política

---

[12] Art. 2.º, § 1.º, da Lei n.º 11.079/2004.

[13] Art. 2.º, § 2.º, da Lei n.º 11.079/2004.

[14] "Art. 10. [...] § 3.º As concessões patrocinadas em que mais de 70% (setenta por cento) da remuneração do parceiro privado for paga pela Administração Pública dependerão de autorização legislativa específica."

tarifária", o art. 175 da CRFB não pretendeu que a remuneração, na concessão, tivesse de ser necessariamente efetivada, ainda que parcialmente, por tarifa. Pode ser mais interessante para o atendimento do interesse público a ausência de cobrança de tarifa, o que desoneraria os usuários, permitindo o acesso universal aos serviços delegados. Em suma: a "política tarifária" significa que o administrador, com fundamento na lei, terá a possibilidade de decidir politicamente pela utilização ou não da tarifa como forma de remuneração da concessão.

Em Portugal, por exemplo, no setor rodoviário, as concessões receberam, em alguns casos, a denominação "Scut" (Sem Custo para o Utilizador), pois o pedágio não seria pago pelo usuário do serviço, mas sim pelo próprio Estado. Trata-se do "pedágio-sombra" (*shadow toll*), em que não há cobrança de tarifa do usuário e a remuneração do concessionário, auferida em razão do número de veículos que utilizaram a rodovia, vem diretamente do poder público (orçamento).[15]

12.4.2. Objeto do contrato

Outra distinção possível relaciona-se ao objeto do contrato. Como será demonstrado, não obstante o contrato de PPP envolver, normalmente, a concessão de serviço público, que será prestado à coletividade, ele pode envolver ainda a prestação de serviços diretamente ao Estado.

A razão dessa diferenciação está nas expressões utilizadas nos conceitos de PPP patrocinada e PPP administrativa.

De um lado, a Lei se utiliza da expressão "serviços públicos" para as concessões patrocinadas (art. 2.º, § 1.º, da Lei n.º 11.079/2004). Por outro lado, ao se referir às concessões administrativas, a Lei faz uso da expressão genérica "serviços" e afirma, ainda, que a Administração Pública pode ser usuária direta ou indireta desses serviços (art. 2.º, § 2.º, da Lei n.º 11.079/2004).

É necessário, então, compreender a intenção da norma. Para tanto, é preciso lembrar, de início, que a expressão "serviços" representa um gênero, do qual são espécies ao menos duas modalidades de serviços: os serviços públicos e os serviços administrativos.

Apesar das dificuldades em estabelecer um conceito preciso de serviços públicos em razão da sua mutação temporal e espacial, a doutrina tradicional costuma afirmar que são serviços prestados pelo Estado, diretamente ou por

---

[15] Disponível em: http://www.portugal.gov.pt/Portal/PT/Governos. Acesso em 10 mar. 2009. Sobre as PPPs em Portugal e no Direito comparado, *vide*: p. Martins, Licínio Lopes. *Empreitada de obras públicas*: o modelo normativo do regime do contrato administrativo e do contrato público (em especial, o equilíbrio económico-financeiro), Coimbra: Almedina, 2015, p. 333-389.

meio de delegação, a fim de satisfazer necessidades coletivas, sob regime de Direito público.[16]

Dessa forma, os serviços públicos, de titularidade do Estado,[17] só podem ser prestados por particulares por meio de delegação formal e têm por objetivo beneficiar diretamente a coletividade. Ou seja: os particulares são, em regra, os usuários diretos do serviço público, e a Administração Pública é a beneficiária indireta, pois implementa, por meio da concessão, o seu dever constitucional de satisfazer as necessidades da coletividade.

Os serviços administrativos, ao revés, são serviços privados por excelência. Por se tratar de atividade econômica, no sentido estrito, esses serviços são prestados por particulares em ambiente de livre iniciativa (art. 170 da CRFB). Todavia, são considerados "administrativos" por serem prestados por particulares à Administração Pública. Nesses serviços, destarte, a atividade é livre ao particular, que não necessita de delegação para sua prestação, e o Estado é o seu usuário direto.

Ressalte-se, mais uma vez, que a Lei n.º 11.079/2004 utiliza a expressão "serviço público" apenas para a PPP patrocinada, já que, em relação às PPPs administrativas, é prevista a noção mais ampla "serviços" que, como visto, envolve os serviços públicos e os serviços administrativos.

Em consequência, é lícito afirmar que a PPP patrocinada envolve necessariamente a prestação de serviços públicos, enquanto a PPP administrativa pode envolver a prestação de serviços públicos ou a prestação de serviços administrativos.

Essa conclusão é ratificada pela afirmação legal no sentido de que, na concessão administrativa, a Administração Pública pode ser "usuária direta ou indireta" dos serviços contratados (art. 2.º, § 2.º, da Lei n.º 11.079/2004). Caso a PPP administrativa tenha por objeto a prestação de serviços públicos, a Administração será a usuária indireta (a coletividade será a usuária direta); de outra banda, se o contrato se referir à prestação de serviços administrativos, a Administração Pública será a usuária direta (os particulares serão beneficiários indiretos).

A PPP administrativa de serviços administrativos se aproxima dos contratos de prestação de serviços (terceirização) e de execução de obras, previstos na

---

[16]   O conceito geralmente é decomposto em três elementos constitutivos: subjetivo (quem presta o serviço), material (conteúdo da atividade) e formal (regime jurídico aplicável). A dificuldade na identificação precisa dos serviços públicos pode ser demonstrada atualmente pela discussão, em andamento no STF, a respeito da inclusão ou não do serviço postal nessa categoria (Vide ADPF 46).

[17]   Excepcionalmente, alguns serviços públicos não serão da titularidade exclusiva do Estado, e a prestação da atividade é franqueada, pelo próprio texto constitucional, aos particulares (ex.: saúde, educação e previdência).

Lei n.º 8.666/1993, mas com eles não se confunde.[18] A diferença marcante está na complexidade da PPP administrativa, que exige do parceiro privado investimentos para criação, ampliação ou recuperação de infraestrutura, a serem amortizados durante o prazo de vigência do contrato. A formatação da PPP administrativa pressupõe o cumprimento dos requisitos elencados no art. 2.º, § 4.º, da Lei n.º 11.079/2004, entre os quais está a proibição da utilização da PPP para simples contratação de mão de obra ou para execução de obras públicas. O parceiro privado deverá gerir, em princípio, o objeto contratual.

É lícito afirmar que a denominação "concessão administrativa" de serviços administrativos apresenta uma pequena impropriedade, pois não envolve tecnicamente uma delegação de atividade titularizada pelo poder público ao particular, tal como ocorre na concessão de serviço público. Em verdade, o contrato em comento tem por objeto a contratação de serviços privados, livremente prestados por particulares.

12.5. QUADRO COMPARATIVO (PPP PATROCINADA X PPP ADMINISTRATIVA), EXEMPLOS E A QUESTÃO RELATIVA À INDELEGABILIDADE DO PODER DE POLÍCIA

As diferenças entre as modalidades de PPPs não se resumem exclusivamente às apontadas anteriormente, especialmente pela possibilidade de aplicação supletiva de normas diferenciadas. De um lado, a Lei n.º 11.079/2004 determina a aplicação subsidiária da Lei n.º 8.987/1995 e da legislação correlata às PPPs patrocinadas; por outro lado, só seriam aplicáveis, em princípio, os arts. 21, 23, 25 e 27 a 39 da Lei n.º 8.987/1995 e o art. 31 da Lei n.º 9.074/1995 às PPPs administrativas.

De qualquer forma, as principais diferenças, entre as duas modalidades de PPPs, são estabelecidas a partir da remuneração e do objeto contratual, conforme quadro comparativo a seguir colacionado.

PPPs / Critérios	PPP PATROCINADA	PPP ADMINISTRATIVA
Remuneração	tarifa + orçamento e outras modalidades de contraprestação estatal	Orçamento ou outras modalidades de contraprestação estatal

---

[18] Nesse sentido: Sundfeld, Carlos Ari. Guia jurídico das parcerias público-privadas. In: Sundfeld, Carlos Ari. *Parcerias público-privadas*. São Paulo: Malheiros, 2005, p. 31; Souto, Marcos Juruena Villela. Parcerias público-privadas. *Revista de Direito da Associação dos Procuradores do Novo Estado do Rio de Janeiro*, v. XVII. Rio de Janeiro: Lumen Juris, 2006, p. 27.

PPPs / Critérios	PPP PATROCINADA	PPP ADMINISTRATIVA
Objeto	Serviços públicos Usuário direto: particular Usuário indireto: Administração Pública	Serviços públicos Usuário direto: particular Usuário indireto: Administração Pública
		Serviços administrativos Usuário direto: Administração Pública Usuário indireto: particular

As possibilidades de utilização de PPPs são variadas e já existem estudos em andamento, nos diversos Entes da Federação, com o escopo de discutir a viabilidade e a conveniência de implementação desse modelo contratual em áreas estratégicas. Em âmbito federal, a maior parte dos projetos de PPPs refere-se à exploração de rodovias e à criação e manutenção de serviços de irrigação.[19] De qualquer sorte, é possível apontar alguns possíveis exemplos de utilização concreta da parceria:

a) **PPP patrocinada:** tem por objeto a prestação de serviços públicos, e a remuneração envolve o pagamento de tarifas, além da contraprestação pecuniária por parte da Administração (ex.: exploração de rodovias pelo parceiro privado com remuneração por meio de tarifa e contraprestação pecuniária do Estado);

b) **PPP administrativa de serviços públicos:** tem por finalidade a execução de serviços públicos (a Administração é a "usuária indireta" e a coletividade, a "usuária direta") que serão remunerados integralmente pelo poder público (ex.: serviço de coleta de lixo domiciliar, sem contraprestação específica dos usuários); e

c) **PPP administrativa de serviços administrativos:** tem por objetivo a contratação de empresa privada que prestará serviços ao Estado (a Administração será a "usuária direta" e a coletividade, a "usuária indireta") com remuneração integralmente assumida pelo Estado (ex.: serviço de "hotelaria" em presídios, construção e operação de uma rede de creches ou restaurantes para servidores públicos, construção e gestão de arenas esportivas etc.).

A utilização da PPP administrativa de serviços administrativos para construção e gestão de arenas esportivas foi a solução encontrada por alguns

---

[19] Podem ser citados como exemplos os seguintes projetos: Projeto BR 116/381 – MG; Projeto BR 040 – MG; Projeto de Irrigação do Pontal; Projeto de Irrigação Salitre; Projeto de Irrigação Irecê. Vide http://www.planejamento.gov.br/hotsites/ppp/conteudo/Projetos/index.htm.

Estados para sediar jogos da Copa de 2014, como ocorreu, por exemplo, com o estádio da Fonte Nova na Bahia e com a "PPP cidade da Copa 2014" em Pernambuco.[20]

Tem havido grande discussão sobre a possibilidade de PPP no âmbito do sistema penitenciário ("privatização" dos presídios). Não se pode perder de vista que é inviável a utilização da PPP para delegação do poder de polícia para o particular. Não bastasse o entendimento dominante na doutrina e no STF,[21] no sentido da impossibilidade de delegação de atividade típica de Estado (poder de polícia) aos particulares, o art. 4.º, III, da Lei n.º 11.079/2004 é categórico em ratificar tal vedação.

No entanto, é possível a parceria com o particular para execução de atividades instrumentais ao poder de polícia, que não envolvam diretamente o exercício do poder de autoridade estatal. Nesses casos, o particular não restringiria os direitos fundamentais e interesses dos demais particulares, garantindo o respeito ao princípio constitucional da igualdade. O parceiro privado executaria apenas atividades privadas que são fundamentais para o exercício final do poder de autoridade do Estado. Recentemente, o STJ reconheceu a possibilidade de particulares executarem atos materiais precedentes do poder de polícia, como a fiscalização de trânsito por meio de "pardais" (equipamentos fotossensores).[22]

Daí ser possível, por meio de PPP administrativa de serviços administrativos, a execução de serviços de "hotelaria" ou "hospedaria" em presídios, desde que não haja, por óbvio, exercício de segurança pública pelo parceiro privado.[23] A nosso sentir, não é possível a delegação das funções de direção e de coerção na esfera prisional.

No Estado de Minas Gerais, por exemplo, foi implementada PPP administrativa para "construção e gestão do complexo penal", pelo qual a concessionária ficará responsável pela implantação da infraestrutura e prestação de serviços assistenciais (jurídicos, educacionais, recreativos, médicos, assistência

---

[20]   Em relação à PPP da Fonte Nova, vide o Edital de Concorrência n.º 1/2009, disponível em http://www.sefaz.ba.gov.br/administracao/ppp/index.htm. Sobre a "PPP cidade da Copa 2014" de Pernambuco, vide http://www2.ppp.seplag.pe.gov.br/web/portal-ppp/home. Acesso em 8 nov. 2010.

[21]   ADI 1717/DF, Tribunal Pleno, Rel. Min. Sydney Sanches, julgamento: 07/11/2002, *DJ* 28/03/2003, p. 61; ADI 2310 MC/DF, Rel. Min. Marco Aurélio, julgamento: 19/12/2000, *DJ* 01/02/2001, p. 5.

[22]   REsp 712312/DF, Ministro Castro Meira, Segunda Turma, julgamento: 18/08/2005, *DJ* 21/03/2006, p. 113 (*Informativo de Jurisprudência do STJ* n.º 373).

[23]   Nesse sentido: Guimarães, Fernando Vernalha. Parcerias público-privadas e a transferência de atividades de suporte ao poder de polícia – Em especial, a questão dos contratos de gestão privada de serviços em estabelecimentos prisionais. In: Sundfeld, Carlos Ari. *Parcerias público-privadas.* São Paulo: Malheiros, 2005, p. 368-405; Freitas, Juarez. Parcerias público-privadas (PPPs): natureza jurídica. In: Cardozo, José Eduardo Martins *et al.* (orgs.). *Curso de Direito administrativo econômico*, v. I. São Paulo: Malheiros, 2006, p. 697; Aragão, Alexandre Santos de. *Direito dos serviços públicos.* Rio de Janeiro: Forense, 2007, p. 676.

social e religiosa) e fornecimento de bens (assistência material: alimentos, produtos de higiene etc.) aos presos. No caso, a concessionária deverá fazer o monitoramento interno dos presos, mas o exercício do poder de polícia (direção do presídio e a segurança dos muros) permanecerá com o Estado.[24]

12.6. CONCESSÕES COMUNS E PPPS: DIFERENÇAS

A necessidade de novas formas de parcerias e a inadequação, em alguns casos, da legislação tradicional de concessões de serviços públicos (Lei n.º 8.987/1995 e legislação correlata) para as necessidades atuais do Estado fizeram que o legislador estabelecesse regras diferenciadas para as PPPs.

A Lei n.º 11.079/2004 prevê, por exemplo, algumas características que não eram encontradas no modelo tradicional de concessão, a saber:

a) valor mínimo do contrato (valor tem de ser igual ou superior a 10 milhões de reais);[25]

b) prazo de vigência não inferior a cinco, nem superior a 35 anos, incluindo eventual prorrogação;

c) remuneração pelo parceiro público ao parceiro privado somente após a disponibilização do serviço;

d) remuneração variável pelo parceiro público ao parceiro privado vinculada ao seu desempenho;

e) compartilhamento de risco entre o parceiro público e o parceiro privado;

f) garantias diferenciadas de adimplemento das obrigações financeiras do parceiro público relativamente ao parceiro privado, com destaque para o fundo garantidor (FGP).

Em razão disso, é possível destacar, nos itens seguintes, de maneira exemplificativa, algumas diferenças relevantes entre a concessão comum (Lei n.º 8.987/1995) e a concessão especial (Lei n.º 11.079/2004).[26]

---

[24] Concorrência n.º 1/2008 – Seds/MG. Disponível em http://www.ppp.mg.gov.br. Acesso em 15/05/2009. Da mesma forma, o Estado de Pernambuco utilizou-se da PPP administrativa para construção e gestão do "Centro Integrado de Ressocialização de Itaquitinga". Concorrência CGPE 001/2008. Disponível em http://www2.ppp.seplag.pe.gov.br/web/portal-ppp/home. Acesso em 8 nov. 2010.

[25] Tradicionalmente, o valor mínimo do contrato de PPP era de R$ 20.000.000,00 (vinte milhões de reais). Ocorre que a Lei 13.529/2017 alterou o art. 2º, §4.º, I, da Lei 11.079/2004 e estabeleceu o valor mínimo de R$ 10.000.000,00 (dez milhões de reais) para os contratos de PPPs.

[26] As denominações "concessão comum" (Lei n.º 8.987/1995) e "concessão especial" (Lei n.º 11.079/2004) são meramente sugestivas. A legislação não faz uso, em regra, dessas nomenclaturas, apesar de a Lei n.º 11.079/2004 utilizar, em algumas oportunidades (ex.: art. 2.º, § 3.º), a expressão "concessão comum" para se referir à concessão da Lei n.º 8.987/1995.

12.6.1. Remuneração

Na concessão comum, a remuneração do concessionário é efetivada, em regra, por meio de tarifa paga pelo usuário como contrapartida da efetiva utilização do serviço público.

Ao lado da tarifa, a Lei n.º 8.987/1995 (arts. 11 e 18, VI) admite que a remuneração seja feita por meio de "receitas alternativas". Conforme mencionado, sempre existiu controvérsia a respeito da possibilidade de essas receitas advirem do orçamento.

Malgrado o sobredito veto presidencial, a doutrina majoritária admitia que o Estado colaborasse com a remuneração do concessionário, com fundamento na necessidade de modicidade da tarifa e universalização do serviço.

De qualquer modo, verifica-se que a remuneração, na concessão comum, é realizada por meio da tarifa, e excepcionalmente é possível haver recursos orçamentários subsidiando a concessão.

Na concessão especial, ao contrário, é da própria essência da PPP a contraprestação pecuniária do parceiro público (poder concedente) ao parceiro privado (concessionário). Nesse sentido é a previsão contida no art. 2.º, § 3.º, da Lei n.º 11.079/2004 que afirma não constituir PPP a concessão comum de serviços públicos, prevista na Lei n.º 8.987/1995, "quando não envolver contraprestação pecuniária do parceiro público ao parceiro privado".

A legislação, como se vê, exige o ingresso de dinheiro do orçamento ("contraprestação pecuniária") na concessão especial. A remuneração na PPP, por isso, pode ser feita integralmente com dinheiro público (concessão administrativa) ou apenas parcialmente com recursos orçamentários, caso em que haverá também o pagamento de tarifa pelo usuário (concessão patrocinada). Caso contrário, o contrato será considerado concessão comum.

Em busca de maior eficiência do particular, pode ser estipulada no contrato remuneração variável para o particular, vinculada ao seu desempenho, conforme metas e padrões de qualidade e disponibilidade definidos no contrato (art. 6.º, § 1.º, da Lei n.º 11.079/2004).

Admite-se, ainda, a estipulação contratual de aporte de recursos em favor do parceiro privado para a realização de obras e aquisição de bens reversíveis, nos termos dos incisos X e XI do *caput* do art. 18 da Lei n.º 8.987/1995, desde que autorizado no edital de licitação, se contratos novos, ou em lei específica, se contratos celebrados até 8/8/2012 (art. 6.º, § 2.º, da Lei n.º 11.079/2004). Nesse caso, no momento da extinção do contrato, o parceiro privado não receberá indenização pelas parcelas de investimentos vinculados a bens reversíveis ainda não amortizadas ou depreciadas, quando tais investimentos houverem sido realizados com valores provenientes do referido aporte de recursos (art. 6.º, § 5.º, da Lei n.º 11.079/2004).

Cap. XII – CONCESSÃO ESPECIAL DE SERVIÇOS PÚBLICOS: AS PARCERIAS PÚBLICO-PRIVADAS (PPPS) **349**

Ademais, só poderá haver contraprestação da Administração Pública após a disponibilização do serviço objeto do contrato de parceria público-privada (art. 7.º da Lei n.º 11.079/2004).

Não obstante a regra geral supracitada, indaga-se: existe PPP sem contraprestação pecuniária do poder público?

A nosso ver, é possível estabelecer uma exceção à regra geral. Isso porque o art. 2.º, § 3.º, da Lei n.º 11.079/2004, ao exigir a remuneração com recursos orçamentários, refere-se apenas às concessões que envolvam a prestação de serviços públicos, tradicionalmente previstas na Lei n.º 8.987/1995.

Ora, geralmente as PPPs têm por objeto a prestação de serviços públicos, mas existe uma hipótese em que a parceria pode ter como objeto a prestação de serviços administrativos ao Estado e, nesse caso, não existe norma expressa a exigir remuneração em pecúnia proveniente do Estado. É o caso da PPP administrativa de serviços administrativos, em que a contraprestação do poder público não precisa ser necessariamente oriunda do orçamento.[27]

As razões para admitir essa exceção podem ser sintetizadas da seguinte forma:

a) ausente a prestação de serviços públicos propriamente ditos, não incide a exigência do art. 2.º, § 3.º, da Lei n.º 11.079/2004;

b) nos conceitos legais de PPPs, contidos nos §§ 1.º e 2.º do art. 2.º da Lei n.º 11.079/2004, apenas se exige "contraprestação pecuniária" do parceiro público na PPP patrocinada, sendo silente a lei em relação à PPP administrativa; e

c) a legislação admite outras formas de contraprestação do poder público que não sejam necessariamente pecuniárias (orçamento), conforme previsão exemplificativa contida no art. 6.º da Lei n.º 11.079/2004.[28]

Destarte, enquanto na concessão comum a remuneração é feita geralmente por meio de tarifa, admitindo-se excepcionalmente contraprestação pecuniária

---

[27] Carlos Ari Sundfeld admite concessões administrativas sem contraprestação pecuniária do poder público. Sundfeld, Carlos Ari. Guia jurídico das parcerias público-privadas. In: Sundfeld, Carlos Ari. *Parcerias público-privadas*. São Paulo: Malheiros, 2005, p. 55-56. Entendemos, a partir dos argumentos colocados pelo próprio autor, que a exceção citada só pode se referir às PPPs administrativas de serviços administrativos, pois, em relação às PPPs administrativas de serviços públicos, existe o óbice do art. 2.º, § 3.º, da Lei n.º 11.079/2004. Lembre-se, ainda, a posição sustentada por Di Pietro, que admite contraprestação não pecuniária tanto nas PPPs patrocinadas quanto nas PPPs administrativas, com fundamento no art. 6.º da Lei n.º 11.079/2004. Di Pietro, Maria Sylvia Zanella. *Parcerias na Administração Pública*. 5. ed. São Paulo: Atlas, 2005, p. 170.

[28] "Art. 6.º A contraprestação da Administração Pública nos contratos de parceria público-privada poderá ser feita por: I – ordem bancária; II – cessão de créditos não tributários; III – outorga de direitos em face da Administração Pública; IV – outorga de direitos sobre bens públicos dominicais; V – outros meios admitidos em lei."

do poder público, na concessão especial (PPP) tal contraprestação pecuniária do poder público ao concessionário é, em regra, da essência do contrato.

12.6.2. Repartição de riscos

A segunda diferença fundamental que pode ser apontada entre a concessão comum e a concessão especial refere-se aos riscos do negócio jurídico.

Nas concessões comuns, os riscos ordinários (previsíveis e calculáveis), inerentes a todo e qualquer negócio jurídico, são suportados pelo concessionário. O art. 2.º, II, da Lei n.º 8.987/1995, ao defini-la, diz que o concessionário prestará o serviço "por sua conta e risco".

É verdade, no entanto, que a assunção dos riscos pelo concessionário, na concessão comum, não envolve os riscos extraordinários (eventos imprevisíveis). Nessas hipóteses, em razão do princípio da manutenção do equilíbrio econômico-financeiro do contrato, caso ocorra o evento imprevisível ou previsível, mas de consequências incalculáveis, que onere o concessionário, este fará jus à revisão do contrato para restaurar o equilíbrio perdido (art. 9.º, §§ 2.º e 3.º, 18, VIII, 23, IV, e 29, V, da Lei n.º 8.987/1995). Em razão desses eventos, devem ser aplicadas as teorias tradicionais para o reequilíbrio contratual: teoria da imprevisão, fato do príncipe e o caso fortuito e a força maior.

Frise-se que, nos contratos administrativos em geral, submetidos à Lei n.º 8.666/1993, que não envolvem a delegação de serviços públicos, o risco ordinário do negócio é normalmente assumido pela Administração Pública, que deverá remunerar o particular que realizou a obra ou forneceu o bem ou o serviço, independentemente da maior ou menor utilização do objeto contratado. Em relação aos eventos imprevisíveis, a Administração tem o dever e o particular, o direito à revisão contratual.

Nas concessões especiais, a legislação exige a repartição objetiva de riscos (arts. 4.º, VI, e 5.º, III, da Lei n.º 11.079/2004).[29] Trata-se de uma diretriz fundamental da parceria e uma cláusula obrigatória do contrato. A Lei não prevê de maneira detalhada como deve ser efetivada essa repartição, limitando-se a remeter o assunto ao contrato.

É importante salientar que a Lei não exige a repartição equânime dos riscos, de modo que uma das partes pode assumir, contratualmente, mais riscos que a outra (em razão da lógica econômica, quanto maior o risco assumido pelo particular, maior será a contrapartida do poder público).

---

[29] Sobre a repartição de riscos na PPP, vide: Almeida, Aline Paola Correa B. A. Compartilhamento de riscos nas parcerias público-privadas. *Revista de Direito da Associação dos Procuradores do Novo Estado do Rio de Janeiro*, v. XVII, p. 241-268, Rio de Janeiro, Lumen Juris, 2006.

Não obstante o silêncio da Lei, existem limites à repartição de riscos. Marcos Juruena Villela Souto afirma, exemplificativamente, que os riscos políticos, cambiais, de interpretação judicial, de disponibilidade financeira, de relações internacionais, que não são gerenciáveis pelo particular, devem ser assumidos pelo Estado. Ao revés, "os riscos ligados à construção, operação, rendimento, tecnologia, competição devem ser suportados pelo particular".[30]

Da mesma forma, Maria Sylvia Zanella Di Pietro afirma a necessidade de limitar a liberdade contratual relativa à repartição, que só seria possível em relação aos eventos que não podem ser imputados às partes. Não seria lícito, dessa forma, impor ao particular o risco por ato causado pelo próprio poder público, como ocorre, por exemplo, no fato do príncipe (fato extracontratual que gera desequilíbrio contratual) e no fato da administração (fato contratual – inadimplemento da Administração), pois, caso contrário, teríamos violação ao art. 37, § 6.º, da CRFB e ao princípio geral de direito, consagrado no art. 186 do Código Civil, segundo o qual aquele que causa dano a outrem tem o dever de repará-lo.[31]

O art. 5.º, III, da Lei n.º 11.079/2004, no entanto, prevê que a repartição objetiva dos riscos versará, inclusive, sobre caso fortuito, força maior, fato do príncipe e álea econômica extraordinária.

É importante anotar, na linha defendida por Juarez Freitas, que a repartição objetiva dos riscos não altera o regime da responsabilidade civil inerente à prestação do serviço público (art. 37, § 6.º, da CRFB). O parceiro privado, quando prestador de serviço público, possui responsabilidade civil primária e objetiva pelos danos causados a terceiros, enquanto o Estado pode ser responsabilizado subsidiariamente.[32] Destarte, a repartição dos riscos possui natureza interna (contratual), como fator importante para a fixação da remuneração do parceiro privado e para a manutenção do equilíbrio econômico-financeiro do contrato, não gerando responsabilidade solidária perante terceiros.

Duas considerações finais podem ser lançadas em relação à repartição objetiva dos riscos nas PPPs:

a) não há falar em inconstitucionalidade da repartição objetiva de riscos em razão da suposta violação ao princípio da manutenção do equilíbrio econômico-financeiro do contrato, consagrado no art. 37, XXI, da CRFB. Isso porque o edital de licitação (e a minuta de contrato a ele anexada) já deve

---

[30] Souto, Marcos Juruena Villela. Parcerias público-privadas. *Revista de Direito da Associação dos Procuradores do Novo Estado do Rio de Janeiro*, v. XVII, p. 35, Rio de Janeiro, Lumen Juris, 2006.

[31] Di Pietro, Maria Sylvia Zanella. *Parcerias na Administração Pública*. 5. ed. São Paulo: Atlas, 2005, p. 171.

[32] Freitas, Juarez. As PPPs: natureza jurídica. In: Cardozo, José Eduardo Martins *et al.* (orgs.). *Curso de Direito Econômico*, v. I. São Paulo: Malheiros, 2006, p. 692.

ORGANIZAÇÃO ADMINISTRATIVA – *Rafael Carvalho Rezende Oliveira*

estipular a repartição de riscos, razão pela qual o concessionário já conhecia, quando da apresentação de sua proposta, os riscos do negócio, e em razão deles quantificou o seu preço. Em outras palavras: o concessionário não é prejudicado, pois os riscos foram embutidos no seu preço, não sendo lícito afirmar, posteriormente, onerosidade excessiva do contrato.[33]

b) a repartição de riscos, em relação aos eventos imprevisíveis, corrige (ou tenta corrigir) o problema de interpretação do art. 78, XVII, c/c o art. 79, § 2.º, da Lei n.º 8.666/1993. As citadas normas estipulam, nos contratos em geral, o dever de a Administração Pública indenizar o contratado mesmo diante do caso fortuito e da força maior. Fato é que essa previsão legal sempre gerou controvérsia doutrinária quanto à constitucionalidade de impor, abstratamente, ao poder público o dever de indenizar mesmo em hipóteses tradicionais de excludentes do nexo causal, tendo em vista o disposto no art. 37, § 6.º, da CRFB. Agora, com a possibilidade de repartição de riscos no contrato de PPP, a Administração Pública pode afastar sua responsabilidade por tais eventos.[34]

12.6.3. Requisitos específicos para as PPPs

É possível apontar outras diferenças a partir das vedações legais à celebração de PPPs contidas no art. 2.º, § 4.º, da Lei n.º 11.079/2004. A partir dessas vedações, a Lei acaba por estabelecer requisitos específicos para as PPPs que não são encontrados na concessão comum.

12.6.3.1. Valor mínimo do contrato de concessão

Na concessão comum, a celebração do contrato não está condicionada a valores. O Estado pode conceder serviços públicos aos particulares, mediante licitação, independentemente do valor do respectivo contrato e do custo da prestação do serviço público.[35]

---

[33] Nesse sentido: Pinto, Marcos Barbosa. A função econômica das PPPs. *Revista de Direito Eletrônica de Direito Administrativo Econômico*, n.º 2, p. 9, Salvador, Instituto de Direito Público da Bahia, maio-jul. 2005; Binenbojm, Gustavo. As parcerias público-privadas (PPPs e a Constituição). *Revista de Direito da Associação dos Procuradores do Novo Estado do Rio de Janeiro*, v. XVII, p. 99, Rio de Janeiro, Lumen Juris, 2006.

[34] Nesse sentido: Souto, Marcos Juruena Villela. Parcerias público-privadas. *Revista de Direito da Associação dos Procuradores do Novo Estado do Rio de Janeiro*, v. XVII, p. 35, Rio de Janeiro, Lumen Juris, 2006.

[35] A doutrina tradicional, apesar do silêncio da Lei n.º 8.987/1995, costumava distinguir a concessão comum da permissão de serviço público a partir da natureza do ajuste e dos investimentos necessários à prestação do serviço público. A concessão, em razão do caráter contratual, que confere maior estabilidade aos contratos, seria recomendável para os serviços públicos que exigissem maiores investimentos por parte do concessionário (ex.: concessão de transporte público operado por ônibus). Já a permissão, tradicionalmente considerada ato administrativo e marcada por uma instabilidade maior da relação jurídica (discricionariedade), seria utilizada para os serviços públicos que exigissem investimentos reduzidos (ex.: permissão de táxi). Essa diferenciação, hoje, deve ser relativizada, em

Cap. XII – CONCESSÃO ESPECIAL DE SERVIÇOS PÚBLICOS: AS PARCERIAS PÚBLICO-PRIVADAS (PPPS) **353**

Na concessão especial, ao contrário, é vedada a utilização de PPP quando o valor do contrato seja inferior a R$ 10.000.000,00, conforme dispõe o art. 2.º, § 4.º, I, da Lei n.º 11.079/2004, alterado pela Lei n.º 13.529/2017. Ou seja: só é possível a celebração de PPP se o valor do contrato for igual ou superior a 10 milhões de reais.

Há uma clara intenção do legislador em reduzir a discricionariedade do administrador na escolha do modelo de concessão de serviço público, vedando a utilização da PPP em contratos de menor expressão econômica.

Certamente, a norma em comento já apresenta uma dificuldade interpretativa: o valor mínimo de 10 milhões de reais (até a alteração promovida pela Lei n.º 13.529/2017, o valor mínimo do contrato era de 20 milhões de reais) se refere ao valor do investimento realizado pelo particular, ao valor da remuneração a cargo da Administração ou à soma de todas as receitas estimadas do parceiro privado?

Sobre esse tema, Carlos Ari Sundfeld sustenta que o valor mínimo representa o montante mínimo a ser investido pelo parceiro privado e não a soma das parcelas que deve ser paga pelo poder público ao contratado. Não seria razoável imaginar que a Lei pretendesse simplesmente tornar mais caro o contrato administrativo. Na lição do autor, a interpretação aqui defendida efetiva a razão de ser da PPP, consagrada no art. 5.º, I, da Lei n.º 11.079/2004: "obtenção de investimentos privados na criação de infraestrutura pública".[36]

Por outro lado, Floriano de Azevedo Marques afirma que o valor mínimo corresponde ao montante a ser pago para o parceiro privado ao longo do contrato de PPP.[37]

Diógenes Gasparini entende que, a partir da literalidade do art. 2.º, § 4.º, I, da Lei n.º 11.079/2004, o valor mínimo representa o valor do próprio contrato e não o investimento mínimo que deve ser feito pelo particular.[38] No entanto, o autor não esclarece como seria calculado o referido valor.

É forçoso reconhecer que a Lei n.º 11.079/2004 exige que o "valor do contrato" não seja inferior a 10 milhões, sem fazer qualquer menção expressa ao valor que o parceiro privado deve investir no projeto contratado.

Não se pode olvidar que uma das principais justificativas da consagração dessa nova forma de parceria é justamente a necessidade de buscar

---

razão da contratualização da permissão de serviço público (art. 175, parágrafo único, I, da CRFB e art. 40, parágrafo único, da Lei n.º 8.987/1995).

[36] Sundfeld, Carlos Ari. Guia jurídico das parcerias público-privadas. In: Sundfeld, Carlos Ari. *Parcerias público-privadas*. São Paulo: Malheiros, 2005, p. 26.

[37] Marques Neto, Floriano de Azevedo. As parcerias público-privadas no saneamento ambiental. In: Sundfeld, Carlos Ari. *Parcerias público-privadas*. São Paulo: Malheiros, 2005, p. 304.

[38] Gasparini, Diógenes. *Direito Administrativo*. 12. ed. São Paulo: Saraiva, 2007, p. 414.

investimentos junto ao setor privado, em razão da impossibilidade de gastos diretos e imediatos pelo poder público.

Todavia, o contrato de PPP deverá estabelecer, nos moldes da proposta vencedora na licitação, a remuneração do particular, que certamente levará em consideração não só os investimentos realizados, mas também o retorno esperado pelo parceiro privado (margem de lucro) e a repartição dos riscos do negócio (quanto maior o risco assumido pelo parceiro privado, maior será o valor por ele cobrado). Os investimentos realizados pelo parceiro privado serão amortizados (pagos) ao longo do prazo contratual, normalmente extenso, e a remuneração do poder público envolverá recursos orçamentários e outras formas de contraprestação previstas na Lei, além da possibilidade de cobrança de tarifa na concessão patrocinada.

A nosso ver, em princípio, pode ser considerado valor mínimo do contrato o montante a ser pago ao parceiro privado, constante da proposta vencedora na licitação, na qual são estimados os custos, os riscos e as receitas necessárias para a execução do contrato.

Outra discussão relacionada à previsão de um valor mínimo envolve a sua aplicação aos Estados e aos Municípios, uma vez que esses Entes Federativos, em razão da realidade econômica atual, ficariam impossibilitados de celebrar PPP. O valor fixo e elevado teria considerado a realidade econômica da União, mas desprezado as dificuldades e peculiaridades econômicas dos demais entes, colocando em dúvida a sua constitucionalidade em razão do princípio federativo (art. 18 da CRFB).

Em verdade, a celeuma passa pelo caráter geral (nacional) ou específico (federal) da norma insculpida no art. 2.º, § 4.º, I, da Lei n.º 11.079/2004. Caso a norma seja considerada geral, sua observância será obrigatória por todos os entes políticos; ao revés, se a norma possuir caráter federal, sua aplicação ocorrerá tão somente no âmbito federal, sendo lícito aos Estados, Distrito Federal e Municípios fixar valores diferenciados.

A controvérsia pode ser resumida a dois entendimentos a seguir expostos.

Primeira posição: o valor mínimo deve ser observado por todos os Entes da Federação, pois a Lei n.º 11.079/2004 consagra como regra normas gerais de PPPs (art. 1.º, *caput* e parágrafo único); e as normas específicas, direcionadas exclusivamente à União, constam do capítulo VI da Lei (arts. 14 a 22). Por outro lado, o caráter nacional da norma não ofenderia o princípio federativo, pois a eventual insuficiência econômica dos Entes Federados para alcance do valor mínimo poderia ser suprida pela formatação prévia de consórcios públicos. Nesse sentido: Alexandre Santos de Aragão e Carlos Ari Sundfeld.[39]

---

[39] Aragão, Alexandre Santos de. *Direito dos serviços públicos*. Rio de Janeiro: Forense, 2007, p. 683, nota 37; Sundfeld, Carlos Ari. Guia jurídico das parcerias público-privadas. In: Sundfeld, Carlos Ari. *Parcerias público-privadas*. São Paulo: Malheiros, 2005, p. 26-27.

Segunda posição: o valor mínimo de R$ 10.000.000,00 (dez milhões de reais) aplica-se apenas à União, sob pena de inviabilizar a utilização de PPPs no âmbito da maioria dos Estados e Municípios, que não teriam capacidade econômica para celebração de contratos vultosos, colocando em risco a Federação. Nesse sentido: Juarez Freitas, Gustavo Binenbojm e Flavio Amaral Garcia.[40]

Perfilhamos o entendimento de que a norma deve ser considerada federal e não nacional, aplicando-se exclusivamente à União, tendo em vista dois argumentos:

a) o elenco de normas federais no capítulo VI (arts. 14 a 22) da Lei n.º 11.079/2004 não significa que as demais normas sejam necessariamente gerais;[41]

b) o eventual caráter nacional da norma impediria o uso da PPP pela maioria dos Estados e Municípios, o que contrariaria o princípio federativo (art. 18 da CRFB), razão pela qual cada Ente Federativo tem autonomia para fixar os respectivos valores mínimos, levando em consideração cada realidade socioeconômica.

A discussão é importante e existem bons argumentos nas duas correntes doutrinárias.

É verdade que existe uma tentação centralizadora da União no momento da fixação das normas gerais, notadamente quando verificamos que o valor mínimo foi inspirado no art. 2.º, 5, *d*, do DL n.º 86/2003 da legislação portuguesa, oriunda de um Estado Unitário.[42]

Reitere-se, contudo, que a norma em comento deve ser considerada destinada apenas à União, preservando-se, dessa forma, a autonomia dos demais entes, que levarão em conta suas peculiaridades econômicas na fixação dos respectivos valores mínimos, bem como garante a efetivação do princípio da razoabilidade. Não nos parece adequado exigir a celebração de consórcio público como condição para formalização de determinados contratos, já que nenhum ente é obrigado a se associar ou a se manter associado.

---

[40] Freitas, Juarez. Parcerias público-privadas (PPPs): natureza jurídica. In: Cardozo, José Eduardo Martins *et al.* (orgs.). *Curso de Direito econômico*, v. I. São Paulo: Malheiros, 2006, p. 698-699; Binenbojm, Gustavo. As parcerias público-privadas (PPPs e a Constituição). *Revista de Direito da Associação dos Procuradores do Novo Estado do Rio de Janeiro*, v. XVII, p. 99, Rio de Janeiro, Lumen Juris, 2006; Garcia, Flavio Amaral. *Licitações e contratos administrativos*. Rio de Janeiro: Lumen Juris, 2007, p. 287.

[41] Vale lembrar que, em relação à Lei n.º 8.666/1993, o STF já teve a oportunidade de decidir que, não obstante a afirmação de que todas as normas ali previstas fossem gerais (art. 1.º), os dispositivos do art. 17, I, *b*, e II, *b*, seriam aplicáveis apenas à União (ADI-MC 927/RS, Pleno, Rel. Min. Carlos Veloso, j. 03.11.1993, *DJ* 11.11.1994, p. 30.635).

[42] Nesse sentido: Souto, Marcos Juruena Villela. Parcerias público-privadas. *Revista de Direito da Associação dos Procuradores do Novo Estado do Rio de Janeiro*, v. XVII, p. 32, Rio de Janeiro, Lumen Juris, 2006.

12.6.3.2. Prazo contratual

Os contratos administrativos devem possuir prazo determinado, e sua duração, em geral, fica adstrita à respectiva vigência do crédito orçamentário (art. 57, *caput* e § 3.º, da Lei n.º 8.666/1993). A preocupação do legislador é exigir responsabilidade com os gastos públicos, evitando contratações sem os recursos orçamentárias suficientes para o pagamento das obrigações assumidas pelo poder público.

Contudo, a regra do prazo máximo de um ano admite exceções. Algumas dessas exceções estão previstas no próprio art. 57 da Lei n.º 8.666/1993.[43]

Com relação à concessão comum, a Lei n.º 8.987/1995 não prevê prazo máximo para o respectivo contrato. Isso não quer dizer que, em razão do silêncio legal, a regra geral do prazo anual deve ser observada, pois tal regra, como assinalado, tem o condão de evitar contratações sem a necessária suficiência de fundos no orçamento e, na concessão comum, a remuneração do concessionário é efetivada normalmente por meio de tarifa.

Por essa razão, o prazo do contrato de concessão comum pode ser previsto na legislação específica do ente contratante ou será fixado discricionariamente pelo poder público em cada caso.

Quanto à concessão especial, a legislação estabeleceu previamente o prazo mínimo de cinco anos e o prazo máximo de 35 anos para o contrato de PPP (art. 2.º, § 4.º, II, e art. 5.º, I, da Lei n.º 11.079/2004). A estipulação desses prazos leva em consideração a necessidade de amortização dos investimentos realizados pelo parceiro privado e a diluição dos pagamentos devidos pelo poder público, além de satisfazer a modicidade tarifária (neste último caso, em relação à concessão patrocinada).

É possível imaginar abusos na utilização da PPP, especialmente quando se verifica que o governante, responsável pela celebração do contrato, deixará a PPP como legado para os governantes futuros. Em razão disso, é indispensável o planejamento criterioso e a apresentação de justificativas para utilização dessa forma contratual.

A preocupação com a responsabilidade fiscal e com o uso adequado da PPP, como não poderia ser diferente, pode ser encontrada em várias passagens

---

[43] "Art. 57. A duração dos contratos regidos por esta Lei ficará adstrita à vigência dos respectivos créditos orçamentários, exceto quanto aos relativos: I – aos projetos cujos produtos estejam contemplados nas metas estabelecidas no Plano Plurianual, os quais poderão ser prorrogados se houver interesse da Administração e desde que isso tenha sido previsto no ato convocatório; II – à prestação de serviços a serem executados de forma contínua, que poderão ter a sua duração prorrogada por iguais e sucessivos períodos com vistas à obtenção de preços e condições mais vantajosas para a administração, limitada a sessenta meses; III – (Vetado); IV – ao aluguel de equipamentos e à utilização de programas de informática, podendo a duração estender-se pelo prazo de até 48 meses após o início da vigência do contrato; V – às hipóteses previstas nos incisos IX, XIX, XXVIII e XXXI do art. 24, cujos contratos poderão ter vigência por até 120 (cento e vinte) meses, caso haja interesse da administração."

da legislação, sendo oportuno destacar o art. 10, que condiciona a abertura do processo licitatório ao cumprimento de algumas exigências, tais como: a) apresentação de estudo técnico, aprovado pela autoridade competente e que respeite a LC n.º 101/2000 (LRF); b) elaboração de estimativa do impacto orçamentário-financeiro nos exercícios respectivos ao prazo do contrato; c) declaração do ordenador da despesa atestando a compatibilidade do contrato com a lei de diretrizes orçamentárias e com a lei orçamentária anual; d) "estimativa do fluxo de recursos públicos suficientes para o cumprimento, durante a vigência do contrato e por exercício financeiro, das obrigações contraídas pela Administração Pública"; e) previsão do objeto contratual no Plano Plurianual; f) realização de consulta pública em relação às minutas do edital e do contrato; e g) licença ambiental e adequação às exigências ambientais.

12.6.3.3. Objeto complexo

Tradicionalmente, a concessão comum pode ter por objeto único a prestação de serviço público ou, ainda, a prestação do serviço após a execução de obra pública pelo concessionário. A Lei n.º 8.987/1995, assim, prevê duas formas de concessão comum: a "concessão de serviço público" e a "concessão de serviço público precedida da execução de obra pública" (art. 2.º, II e III). Não há, na concessão comum, qualquer restrição ao objeto do contrato, que será sempre a prestação do serviço público para a coletividade, havendo, eventualmente, a necessidade de execução prévia de obra.

Ao revés, na concessão especial, a Lei n.º 11.079/2004 impõe restrições em relação ao objeto do contrato. O art. 2.º, § 4.º, III, da citada Lei veda a celebração de PPP "que tenha como objeto único o fornecimento de mão de obra, o fornecimento e instalação de equipamentos ou a execução de obra pública".

Com isso, conforme já assinalado, o legislador evita a utilização da PPP administrativa de serviços administrativos como substituta dos tradicionais contratos de serviços e obras previstos na Lei n.º 8.666/1993. Não é possível o simples fornecimento de mão de obra ou a mera execução de obra pública por meio da PPP. A complexidade é, na visão de Carlos Ari Sundfeld, uma característica indispensável do objeto do contrato de parceria.[44]

Da mesma forma, nas demais PPPs, que envolvam a prestação de serviços públicos, o parceiro privado não será um mero prestador de serviço público, já que ele terá a gestão do serviço, sendo responsável por investimentos vultosos e pela criação da infraestrutura adequada.

---

[44]   Sundfeld, Carlos Ari. Guia jurídico das parcerias público-privadas. In: Sundfeld, Carlos Ari. *Parcerias público-privadas*. São Paulo: Malheiros, 2005, p. 31.

12.6.4. Quadro comparativo (concessões comuns e PPPs)

As principais diferenças entre a concessão comum e a concessão especial (PPP) podem ser descritas no quadro sinótico a seguir:

	CONCESSÃO COMUM Lei n.º 8.987/1995	CONCESSÃO ESPECIAL (PPP) Lei n.º 11.079/2004
Contraprestação do parceiro público	Facultativa	Obrigatória
Risco ordinário do negócio	Risco do concessionário	Repartição objetiva dos riscos
Valor mínimo	Inexistente	R$ 10.000.000,00
Prazo	Não prevê prazo mínimo ou máximo	Mínimo: 5 anos Máximo: 35 anos
Objeto	Serviços públicos	Serviços públicos e/ou administrativos

12.7. O ENQUADRAMENTO JURÍDICO DAS PPPS

Estabelecidas as principais características das PPPs, bem como fixadas as linhas principais que as diferenciam de outros ajustes contratuais, é possível apresentar dois quadros esquemáticos que demonstram a inserção dessas "novas" figuras contratuais no estudo tradicional dos contratos administrativos. As PPPs podem ser inseridas, em regra, no estudo das concessões de serviços públicos e, ainda, no âmbito dos contratos de prestação de serviços administrativos.

Dessa forma, os contratos de concessão de serviço público e os contratos para prestação de serviços administrativos, atualmente, podem ser assim classificados:

I) CONCESSÃO DE SERVIÇO PÚBLICO:

    I.a) Concessão comum (Lei n.º 8.987/1995):

      i) Concessão de serviços públicos; e

      ii) Concessão de serviços públicos precedida de obra pública.

    I.b) Concessão especial (Lei n.º 11.079/1995):

      i) PPP patrocinada; e

      ii) PPP administrativa de serviços públicos.

II) CONTRATO DE SERVIÇOS ADMINISTRATIVOS:

    II.a) contrato de serviços administrativos da Lei n.º 8.666/1993 (terceirização); e

    II.b) PPP administrativa de serviços administrativos.

Cap. XII – CONCESSÃO ESPECIAL DE SERVIÇOS PÚBLICOS: AS PARCERIAS PÚBLICO-PRIVADAS (PPPS) **359**

12.8. LICITAÇÃO E CONTRATOS DE PPPS: PECULIARIDADES

As licitações para contratação de Parcerias Público-Privadas (PPPs), reguladas pela Lei n.º 11.079/2004, com aplicação subsidiária das Leis n.ºˢ 8.987/1995 e 8.666/1993, apresentam peculiaridades em relação às licitações para concessão de serviços públicos comuns.

12.8.1. Projeto básico, projeto executivo e Procedimento de Manifestação de Interesse (PMI): elaboração por entidades privadas e participação na licitação para contratação de concessão especial de serviços públicos (PPPs)

Assim como ocorre com as concessões comuns de serviços públicos (item 11.5.1.), aplica-se às PPPs o disposto no art. 31 da Lei 9.074/1995, que permite a participação, direta ou indireta, dos autores ou responsáveis economicamente pelos projetos (básico ou executivo) da licitação ou da execução de obras ou serviços, afastando-se, portanto, as vedações constantes do art. 9.º, I e II, da Lei 8.666/1993 não se aplicam às licitações para concessão de serviços públicos.

No tocante às licitações para celebração de PPPs administrativas, o art. 3.º da Lei 11.079/2004 determina a aplicação do art. 31 da Lei 9.074/1995, que admite a participação, direta ou indireta, dos autores ou responsáveis pelos projetos, básico ou executivo, nas licitações para concessão e permissão de serviços públicos ou de uso de bem público.[45] A norma em comento também é aplicável às PPPs patrocinadas, tendo em vista o disposto no art. 3.º, § 1.º, da Lei 11.079/2004, que prevê a aplicação subsidiária da Lei 8.987/1995 e legislação correlata, incluindo, portanto, a Lei 9.074/95, que dispõe sobre normas para outorga e prorrogações das concessões e permissões de serviços públicos.

É oportuno registrar que o inciso II do art. 11 da Lei 11.079/2004, que permitia atribuir ao contratado a responsabilidade pela elaboração dos projetos executivos das obras, foi vetado pelo Chefe do Executivo sob o argumento de que a referida atribuição deveria englobar também a elaboração dos projetos básicos.[46]

---

[45] O art. 31 da Lei 9.074/1995 dispõe: "Art. 31. Nas licitações para concessão e permissão de serviços públicos ou uso de bem público, os autores ou responsáveis economicamente pelos projetos básico ou executivo podem participar, direta ou indiretamente, da licitação ou da execução de obras ou serviços".

[46] Em suas razões de veto, o Chefe do Executivo afirmou: "O inciso II do art. 11 permite que apenas a elaboração do projeto executivo das obras seja delegada ao parceiro privado. Dessume-se do seu texto que a Administração teria a obrigação de realizar o projeto básico das obras. Isto seria reproduzir para as parcerias público-privadas o regime vigente para as obras públicas, ignorando a semelhança entre as parcerias e as concessões – semelhança esta que levou o legislador a caracterizar as parcerias público-privadas brasileiras como espécies de concessões, a patrocinada e a administrativa. As parcerias público-privadas só se justificam se o parceiro privado puder prestar os serviços

O intuito é permitir que o particular contribua com a sua *expertise* para elaboração do caminho que será utilizado para prestação do serviço, garantindo maior eficiência à parceria.

Vale ressaltar que, nas concessões tradicionais de serviços públicos e nas PPPs, quando o projeto envolver a execução de obras, a Administração Pública não está obrigada a elaborar o projeto básico, o que não afasta a obrigatoriedade de definir os "elementos do projeto básico que permitam sua plena caracterização" (art. 18, XV, da Lei 8.987/1995).[47]

Verifica-se, destarte, que o legislador admitiu que os projetos básico e executivo fossem elaborados pelos concessionários/parceiros privados, devendo ser afastadas das PPPs as vedações constantes do art. 9.º, I e II, da Lei 8.666/1993.[48] Aliás, a elaboração dos projetos mencionados pelo particular interessado na contratação também foi admitida pelo denominado "Regime Diferenciado de Contratações Públicas" (RDC).

Tal como permitido para as contratações de concessão ou permissão de serviços públicos, de arrendamento de bens públicos e de concessão de direito real de uso, admite-se a utilização do Procedimento de Manifestação de Interesse (PMI) para apresentação de projetos, levantamentos, investigações ou estudos, por pessoa física ou jurídica de direito privado, com a

---

contratados de forma mais eficiente que a administração pública. Este ganho de eficiência pode advir de diversas fontes, uma das quais vem merecendo especial destaque na experiência internacional: a elaboração dos projetos básico e executivo da obra pelo parceiro privado. (...)". As razões de veto foram apresentadas na Mensagem 1.006, de 30.12.2004. Disponível em: <http://www.planalto.gov.br/ccivil_03/_ato2004-2006/2004/Msg/Vep/VEP-1006-04.htm>. Acesso em: 10 maio 2012.

[47] Na lição de Mauricio Portugal Ribeiro: "no caso do projeto de concessão ou PPP envolver obras, a Lei de Concessões, no que é seguida pela Lei de PPP, exige que a Administração disponibilize os 'elementos do projeto básico' da obra (art. 18, inc. XV, da Lei 8.987/95). 'Elementos do projeto básico' é bem menos do que o projeto básico da obra". O estudo deve ser suficiente, afirma o autor, para definir claramente os indicadores de desempenho que o parceiro privado deverá cumprir e para estimar os custos de investimento e operacionais ao longo de todo o contrato. RIBEIRO, Mauricio Portugal. *Concessões e PPPs*: melhores práticas em licitações e contratos. São Paulo: Atlas, 2011. p. 40-41.

[48] Nesse sentido, admitindo a elaboração dos projetos, básico e executivo, pelos concessionários, posiciona-se a maioria da doutrina: MOREIRA, Egon Bockmann. A experiência das licitações para obras de infraestrutura e a nova Lei de Parcerias Público-Privadas. *Parcerias Público-Privadas*. São Paulo: Malheiros, 2005. p. 131; FREITAS, Juarez. PPPs: natureza jurídica. *Curso de direito administrativo econômico*. São Paulo: Malheiros, 2006. v. I, p. 706; NETO, Benedicto Porto. Licitação para contratação de Parceria Público-Privada. *Parcerias Público-Privadas*. São Paulo: Malheiros, 2005. p. 147-148; ARAGÃO, Alexandre Santos de. As Parcerias Público-Privadas – PPPs no Direito positivo brasileiro. *Revista de Direito da Associação dos Procuradores do Novo Estado do Rio de Janeiro*, Rio de Janeiro, vol. XVII, p. 80-82, 2006; MOTTA, Carlos Pinto Coelho. *Eficácia nas concessões, permissões e parcerias*. Belo Horizonte: Del Rey, 2007. p. 270; SUNDFELD, Carlos Ari. Guia Jurídico das Parcerias Público-Privadas. *Parcerias Público-Privadas*. São Paulo: Malheiros, 2005. p. 40. Aliás, a elaboração dos projetos mencionados pelo particular interessado na contratação também foi admitida pelo denominado "Regime Diferenciado de Contratações Públicas" (RDC), na forma do art. 9.º, *caput* e § 1.º, da Lei 12.462/2011.

finalidade de subsidiar a Administração na estruturação de empreendimentos objeto de PPP.[49]

O PMI encontra fundamento legal no art. 21 da Lei 8.987/1995, aplicável às PPPs, na forma do art. 3.º, *caput* e § 1.º, da Lei 11.079/2004, bem como do Decreto 8.428/2015.[50]

12.8.2. Justificativa para formatação da PPP

O Estado pode realizar obras e prestar serviços públicos diretamente, por meio de seus agentes públicos, ou indiretamente, com a formatação de parcerias (em sentido amplo) com os particulares (ex.: contratos administrativos de obras e serviços – Lei 8.666/1993, concessões comuns de serviços públicos simples ou precedidas de obras públicas – Lei 8.987/1995, PPPs patrocinada ou administrativa – Lei 11.079/2004). A escolha do meio mais adequado para satisfação do interesse público depende da ponderação de uma série de fatores, tais como: risco do negócio, necessidade de financiamento público, capacidade de endividamento público, potencial interesse de investidores privados na execução do projeto etc.

No caso das PPPs, a sua utilização depende da elaboração de estudo técnico que demonstre a conveniência e a oportunidade da contratação, com a identificação das respectivas razões que justifiquem a utilização desse modelo (art. 10, I, "a", da Lei 11.079/2004).[51] A apresentação das razões que justifiquem a utilização da PPP, em detrimento de outras formas de parceria, especialmente a concessão comum, pode ser explicada pelo fato de que a

---

[49] Em síntese, os projetos podem ser elaborados a partir de três caminhos: a) elaboração pela própria Administração Pública (ex.: o BNDES, além da função tradicional de financiamento, tem atuado na elaboração de projetos em contratos de concessão e de infraestrutura); b) contratação de pessoa da iniciativa privada para elaboração do projeto, por meio de licitação, seja na modalidade concurso (art. 13, I, § 1.º, da Lei 8.666/1993), seja na modalidade concorrência ("melhor técnica" ou "técnica e preço", na forma do art. 46 da Lei 8.666/1993), admitindo-se, ainda, a inexigibilidade de licitação, com fundamento no art. 25, II, da Lei 8.666/1993); e c) realização de PMI para seleção de projeto. No campo privado, algumas entidades têm apresentado projetos à Administração, tais como a Fundação Getulio Vargas e a Estruturadora Brasileira de Projetos (EBP), empresa privada sob a forma de sociedade anônima de capital fechado, que tem como acionistas oito instituições financeiras do Brasil e o BNDES, que coordena e integra atividades voltadas à realização de investigações, levantamentos e estudos de viabilidade para a estruturação de concessões e parcerias público-privadas a serem licitados pelo ente estatal.

[50] Art. 21 da Lei 8.987/1995: "Art. 21. Os estudos, investigações, levantamentos, projetos, obras e despesas ou investimentos já efetuados, vinculados à concessão, de utilidade para a licitação, realizados pelo poder concedente ou com a sua autorização, estarão à disposição dos interessados, devendo o vencedor da licitação ressarcir os dispêndios correspondentes, especificados no edital".

[51] As vantagens na utilização da PPP não devem ficar adstritas ao campo econômico (economicidade), devendo ser ponderadas e demonstradas, também, as vantagens sociais, ambientais, dentre outras. Nesse sentido: FREITAS, Juarez. PPPs: natureza jurídica. *Curso de direito administrativo econômico.* São Paulo: Malheiros, 2006. v. I, p. 707.

parceria envolve contribuições pecuniárias por parte do Poder Público, o que não ocorre, em regra, no modelo tradicional de concessão.

12.8.3. PPP e responsabilidade fiscal

A responsabilidade fiscal é uma diretriz para celebração e execução das PPPs, na forma do art. 4.º, IV, da Lei 11.079/2004.[52] A necessidade de responsabilidade fiscal nas contratações públicas não representa novidade, pois se trata de exigência contida na LC 101/2000 (Lei de Responsabilidade Fiscal – LRF). No caso dos contratos de PPPs, todavia, o legislador consagrou exigências mais intensas no tocante à responsabilidade fiscal, notadamente pelo fato de essas contratações envolverem contraprestações orçamentárias vultosas por grande período de tempo, ultrapassando, inclusive, os limites temporais do Plano Plurianual.

Em síntese, as principais exigências de caráter fiscal que deverão ser adimplidas pelo Poder Público no momento de instaurar o procedimento licitatório para celebração de PPP são:

a) a realização da licitação depende da elaboração de estudo técnico que demonstre: a.1) que as despesas criadas ou aumentadas não afetarão as metas de resultados fiscais previstas no Anexo referido no art. 4.º, § 1.º, da LC 101/00 (LRF), devendo seus efeitos financeiros, nos períodos seguintes, ser compensados pelo aumento permanente de receita ou pela redução permanente de despesa (art. 10, I, "b", da Lei 11.079/2004); e a.2) quando for o caso, conforme as normas editadas na forma do art. 25 da Lei de PPP, a observância dos limites e condições decorrentes da aplicação dos arts. 29, 30 e 32 da LRF, pelas obrigações contraídas pela Administração Pública relativas ao objeto do contrato (art. 10, I, "c", da Lei 11.079/2004).[53] O estudo técnico deverá apontar as premissas e a metodologia de cálculo utilizadas, observadas as normas gerais para consolidação das contas públicas, sem prejuízo do exame de compatibilidade das despesas com as demais normas do Plano Plurianual e da Lei de Diretrizes Orçamentárias (art. 10, § 1.º, da Lei 11.079/2004);

---

[52] Sobre a relação entre a PPP e a Lei de Responsabilidade Fiscal, vide: VALLE, Vanice Lírio do. *Parcerias público-privadas e responsabilidade fiscal*: uma conciliação possível. Rio de Janeiro: Lumen Juris, 2005. Apesar da polêmica no enquadramento do contrato de PPP como endividamento ou despesas de capital ou pagamento de despesas de custeio, Marcos Juruena Villela Souto sustenta que o instituto se enquadra melhor como despesa de custeio, pois a Administração busca a gestão privada do serviço. SOUTO, Marcos Juruena Villela. *Direito administrativo das parcerias*. Rio de Janeiro: Lumen Juris, 2005. p. 43.

[53] A Portaria da Secretaria do Tesouro Nacional 614, de 21 de agosto de 2006, estabelece normas gerais relativas à consolidação das contas públicas aplicáveis aos contratos de Parceria Público-Privada – PPP, de que trata a Lei 11.079/2004.

b) elaboração de estimativa do impacto orçamentário-financeiro nos exercícios em que deva vigorar o contrato de parceria público-privada (art. 10, II, da Lei 11.079/2004);

c) declaração do ordenador da despesa de que as obrigações contraídas pela Administração Pública no decorrer do contrato são compatíveis com a Lei de Diretrizes Orçamentárias e estão previstas na Lei Orçamentária Anual, bem como que seu objeto se encontra previsto no Plano Plurianual (PPA) em vigor (art. 167, § 1.º, da CRFB e art. 10, III e V, da Lei 11.079/2004); e

d) estimativa do fluxo de recursos públicos suficientes para o cumprimento, durante a vigência do contrato e por exercício financeiro, das obrigações contraídas pela Administração Pública.

A referida exigência é importante para o cumprimento dos limites fixados nos arts. 22 e 28 da Lei 11.079/2004.[54] Os limites previstos no *caput* do art. 28 da Lei das PPPs aplicam-se à Administração Pública Direta (União, Estados, DF e Município) e Indireta (autarquias, empresas públicas, sociedades de economia mista e fundações estatais de direito público e de direito privado, bem como entidades controladas, direta ou indiretamente, pelo Poder Público), excluídas as empresas estatais não dependentes (art. 28, § 2.º, da Lei 11.079/2004).[55] Ademais, as contraprestações estatais não pecuniárias, previstas no art. 6.º da Lei 11.079/2004 (ex.: outorga de direitos em face da Administração Pública, outorga de direitos sobre bens públicos dominicais), não estão incluídas no limite de 5% da receita corrente líquida previsto no art. 28 da mesma Lei.[56]

---

[54] Os arts. 22 e 28 da Lei 11.079/2004 dispõem: "Art. 22. A União somente poderá contratar parceria público-privada quando a soma das despesas de caráter continuado derivadas do conjunto das parcerias já contratadas não tiver excedido, no ano anterior, a 1% (um por cento) da receita corrente líquida do exercício, e as despesas anuais dos contratos vigentes, nos 10 (dez) anos subsequentes, não excedam a 1% (um por cento) da receita corrente líquida projetada para os respectivos exercícios". (...) "Art. 28. A União não poderá conceder garantia ou realizar transferência voluntária aos Estados, Distrito Federal e Municípios se a soma das despesas de caráter continuado derivadas do conjunto das parcerias já contratadas por esses entes tiver excedido, no ano anterior, a 5% (cinco por cento) da receita corrente líquida do exercício ou se as despesas anuais dos contratos vigentes nos 10 (dez) anos subsequentes excederem a 5% (cinco por cento) da receita corrente líquida projetada para os respectivos exercícios"(Redação dada pela Lei 12.766, de 2012).

[55] Na forma do art. 2.º, III, da LRF, a empresa estatal dependente é a "empresa controlada que receba do ente controlador recursos financeiros para pagamento de despesas com pessoal ou de custeio em geral ou de capital, excluídos, no último caso, aqueles provenientes de aumento de participação acionária". Em sentido semelhante, o art. 1.º, § 1.º, II, da Resolução 40/01 do Senado Federal dispõe: "Art. 1.º (...) § 1.º Considera-se, para os fins desta Resolução, as seguintes definições: (...) II – empresa estatal dependente: empresa controlada pelo Estado, pelo Distrito Federal ou pelo Município, que tenha, no exercício anterior, recebido recursos financeiros de seu controlador, destinados ao pagamento de despesas com pessoal, de custeio em geral ou de capital, excluídos, neste último caso, aqueles provenientes de aumento de participação acionária, e tenha, no exercício corrente, autorização orçamentária para recebimento de recursos financeiros com idêntica finalidade".

[56] Nesse sentido: PRADO, Lucas Navarro. Condições prévias para a licitação de uma PPP. *Estudos sobre a Lei das Parcerias Público-Privadas*. Belo Horizonte: Fórum, 2011. p. 67. Essa também é a tese consagrada no Manual de demonstrativos fiscais, aprovado pela Portaria STN 407/2011, que, ao

Por fim, quando o contrato de PPP for assinado em exercício diverso daquele em que for publicado o edital, a autoridade administrativa deverá atualizar os estudos e as demonstrações técnicas que comprovem o respeito às exigências fiscais (art. 10, § 2.º, da Lei 11.079/2004).

12.8.4. Edital e consulta pública

A primeira novidade nas licitações para contratação de PPPs refere-se à fase interna, uma vez que a legislação impõe a submissão das minutas do edital e do contrato de PPP à consulta pública prévia (art. 10, VI, da Lei 11.079/2004).

É importante destacar que a legislação tradicional já estabelecia a exigência de participação popular, por meio de audiências públicas, para as contratações de grande vulto, conforme previsão contida no art. 39 da Lei 8.666/1993.[57]

A realização de consultas e audiências públicas representa uma tendência do Direito Administrativo moderno, fortemente marcado pela democratização da administração pública por meio da participação do cidadão na formação da decisão do agente público e o consequente reforço de sua legitimidade.[58]

Apesar do avanço na previsão da consulta pública das minutas do edital e dos contratos de PPPs, a legislação foi tímida na fixação das regras que deverão ser observadas pelo poder concedente, sendo possível a aplicação subsidiária dos arts. 31 a 35 da Lei 9.784/1999.

Desta forma, a consulta pública na PPP deve observar, ao menos, as seguintes regras: a) ampla divulgação da consulta para possibilitar a participação do maior número de cidadãos, mediante publicação na imprensa oficial, em jornais de grande circulação e por meio eletrônico, que deverá

---

tratar do demonstrativo das despesas de PPP, estabelece: "Devem abranger as despesas com a parcela fixa da contraprestação pecuniária, com a parcela variável vinculada ao desempenho do parceiro privado e com os diferentes riscos provisionados". Brasil. Secretaria do Tesouro Nacional. *Manual de demonstrativos fiscais: aplicado à União e aos Estados, Distrito Federal e Municípios / Ministério da Fazenda, Secretaria do Tesouro Nacional.* 4. ed. Brasília: Secretaria do Tesouro Nacional, Coordenação-Geral de Normas de Contabilidade Aplicadas à Federação, 2011, p. 353.

[57] O art. 39 da Lei 8.666/1993 dispõe: "Sempre que o valor estimado para uma licitação ou para um conjunto de licitações simultâneas ou sucessivas for superior a 100 (cem) vezes o limite previsto no art. 23, inciso I, alínea 'c', desta Lei, o processo licitatório será iniciado, obrigatoriamente, com uma audiência pública concedida pela autoridade responsável com antecedência mínima de 15 (quinze) dias úteis da data prevista para a publicação do edital, e divulgada, com a antecedência mínima de 10 (dez) dias úteis de sua realização, pelos mesmos meios previstos para a publicidade da licitação, à qual terão acesso e direito a todas as informações pertinentes e a se manifestar todos os interessados".

[58] Já tivemos a oportunidade de tratar do princípio da participação administrativa em outro trabalho: Oliveira, Rafael Carvalho Rezende. *A constitucionalização do direito administrativo*: o princípio da juridicidade, a releitura da legalidade administrativa e a legitimidade das agências reguladoras. Rio de Janeiro: Lumen Juris, 2009. p. 107-120. A exigência de submissão da minuta do edital de licitação à prévia consulta popular também se encontra em outras legislações, por exemplo: art. 8.º da Lei 11.284/2006 (concessão florestal), art. 39 da Lei 8.666/1993 (licitações para contratações de valores elevados) etc.

informar a justificativa para a contratação, a identificação do objeto, o prazo de duração do contrato, seu valor estimado; b) fixação de prazo razoável para apresentação das manifestações (prazo mínimo de 30 dias para recebimento de sugestões, cujo termo dar-se-á pelo menos sete dias antes da data prevista para a publicação do edital); c) dever de apresentação, pelo poder concedente, de resposta fundamentada, que poderá ser comum a todas as alegações substancialmente iguais; d) publicação do resultado da consulta.

Em caso de ausência ou deficiência da consulta pública, a licitação será nula e, por consequência, o respectivo contrato de PPP. É possível, em casos extremos, quando o vício é constatado no curso do contrato, que a irregularidade no procedimento não acarrete necessariamente a declaração de nulidade do próprio contrato de PPP, garantindo-se a continuidade da prestação do serviço público, sem olvidar da possibilidade, em qualquer caso, de punição dos agentes públicos responsáveis pelo vício formal.

12.8.5. Licenciamento ambiental

A preocupação com a sustentabilidade ambiental é uma das principais tendências nas contratações públicas naquilo que se convencionou chamar de "licitações verdes".[59] Nas licitações públicas para contratação de empreendimentos que exigem licenciamento ambiental, o projeto básico deve conter o Estudo de Impacto Ambiental (EIA) e o Relatório de Impacto Ambiental (RIMA).[60]

Em relação às licitações para contratação de PPPs, a legislação exige a licença ambiental prévia ou da expedição das diretrizes para o licenciamento ambiental do empreendimento, na forma do regulamento, sempre que o objeto do contrato exigir (art. 10, VII, da Lei 11.079/2004). De acordo com a referida norma, o Poder Público pode dispensar a apresentação inicial do licenciamento ambiental para execução do contrato de PPP, restringindo-se a apresentar diretrizes para o licenciamento ambiental que deverão ser observadas pelo futuro contrato. A hipótese é justificada pela possibilidade, já aventada anteriormente, de licitação para concessão de serviços públicos, sem a elaboração prévia do projeto básico, cuja responsabilidade pode ser transferida ao próprio interessado (art. 3.º, *caput* e § 1.º, da Lei 11.079/2004 e art. 31 da Lei 9.074/1995), limitando-se o Poder Público a fixar os "elementos do projeto básico". Nesse caso,

---

[59] Sobre a preocupação ambiental nas licitações, podem ser citados os seguintes exemplos: art. 6.º, XII, da Lei 12.187/2009, que institui a Política Nacional sobre Mudança do Clima (PNMC); Instrução Normativa 1/2010 do Ministério do Planejamento, Orçamento e Gestão, que "dispõe sobre os critérios de sustentabilidade ambiental na aquisição de bens, contratação de serviços ou obras pela Administração Pública Federal direta, autárquica e fundacional"; arts. 4.º, § 1.º, I, II, III, e 14, parágrafo único, II, da Lei 12.462/2011 (RDC).

[60] Art. 10 da Lei 6.938/1981, Anexo 1 da Resolução 237/1997 e art. 2.º da Resolução 1/1986 do CONAMA.

o parceiro privado poderia apresentar o licenciamento ambiental no momento da confecção do projeto básico necessário à execução das obras.[61]

12.8.6. Necessidade de autorização legislativa em determinados casos

Outra novidade que diz respeito à fase interna relaciona-se com a exigência de autorização legislativa prévia para realização de licitação e celebração de contrato de PPP patrocinada, quando mais de 70% da remuneração do parceiro privado for paga pela Administração Pública (art. 10, § 3.º, da Lei 11.079/2004).

Entendemos que, apesar do silêncio da Lei, a necessidade de autorização legislativa deve ser aplicada também às PPPs administrativas, uma vez que a remuneração, nessas concessões, será realizada integralmente pelo Estado.

12.8.7. Modalidade de licitação: concorrência, lances de viva voz e inversão de fases

A modalidade de licitação exigida para as PPPs é a concorrência, na forma do art. 10 da Lei 11.079/2004. Trata-se, no entanto, de concorrência com algumas peculiaridades em relação àquela versada na Lei 8.666/1993.

Em primeiro lugar, o poder concedente pode inverter as fases de habilitação e julgamento, hipótese em que o julgamento será realizado com a fixação da ordem de classificação e posterior análise dos documentos de habilitação do licitante vencedor (art. 13 da Lei 11.079/2004), prerrogativa também inserida nas concessões comuns (art. 18-A da Lei 8.987/1995, com redação dada pela Lei 11.196/2005).

A realização do julgamento antes da fase de habilitação acarreta maior celeridade ao certame, uma vez que a Administração Pública, após identificar o licitante vencedor, restringe a análise dos documentos relacionados à habilitação apresentados pelo primeiro colocado na ordem de classificação, sem a necessidade de verificação dos documentos dos demais licitantes que não serão contratados. Ademais, como a etapa de habilitação se circunscreve aos documentos do vencedor, não se abre a oportunidade para eventual interposição de recurso administrativo, com efeito suspensivo, contra inabilitação dos demais interessados.[62]

---

[61] De acordo com Lucas Navarro Prado, "a expedição das diretrizes também se assenta na ideia de explorar a eficiência produtiva do particular, fazendo-o realizar o licenciamento ao ensejo da elaboração do projeto básico das obras necessárias à execução do escopo contratual". Prado, Lucas Navarro. Condições prévias para a licitação de uma PPP. *Estudos sobre a Lei das Parcerias Público-Privadas.* Belo Horizonte: Fórum, 2011. p. 85.

[62] A inversão de fases, com a realização do julgamento antes da etapa de habilitação, foi consagrada no pregão (art. 4.º, XII, da Lei 10.520/2002). Enquanto a inversão é obrigatória no pregão, na concorrência para contratação de PPP a inversão é uma faculdade da Administração Pública, pois

É recomendável que a Administração estabeleça a inversão de fases no edital de licitação para garantir maior eficiência à licitação, conforme explicado anteriormente.[63] Nesse caso, encerrada a fase de classificação das propostas ou o oferecimento de lances, será aberto o envelope com os documentos de habilitação do licitante classificado em primeiro lugar, para verificação do atendimento das condições fixadas no edital e, uma vez habilitado, será declarado vencedor.

Na hipótese de inabilitação do primeiro colocado, a Administração analisará os documentos de habilitação do segundo colocado e assim sucessivamente, até que um licitante classificado atenda às condições fixadas no edital, na forma do art. 13, III, da Lei 11.079/2004. Com a proclamação do resultado final, o objeto será adjudicado ao vencedor nas condições técnicas e econômicas por ele ofertadas (art. 13, IV, da Lei 11.079/2004).

A segunda peculiaridade da concorrência nas PPPs refere-se à possibilidade de lances em viva voz, após a apresentação de propostas escritas (art. 12, III e § 1.º, da Lei 11.079/2004). Existe, aqui, discricionariedade por parte da Administração Pública, que deve definir no edital a melhor forma de apresentação das propostas: a) propostas escritas, apresentadas em envelopes lacrados, ou b) propostas escritas, seguidas de lances em viva voz. Admitida a apresentação de propostas verbais, os lances em viva voz serão sempre oferecidos na ordem inversa da classificação das propostas escritas, sendo vedado ao edital limitar a quantidade de lances. No entanto, o edital pode restringir a apresentação de lances em viva voz aos licitantes cuja proposta escrita for, no máximo, 20% maior que o valor da melhor proposta (art. 12, § 1.º, I e II, da Lei 11.079/2004).

As novidades acima foram inspiradas na legislação do pregão, que também estabelece a possibilidade de apresentação de lances verbais, complementares às propostas escritas, bem como a inversão das fases de habilitação e julgamento. Em razão dessa combinação, alguns autores denominam a concorrência na PPP de "concorrência-pregão".[64]

12.8.8. Qualificação técnica e tipos de licitação

A fase de julgamento, nas licitações para PPPs, poderá ser precedida de etapa de qualificação técnica das propostas, admitindo-se a desclassificação

---

o art. 13 da Lei 11.079/2004 dispõe que "o edital poderá prever a inversão da ordem das fases de habilitação e julgamento". A inversão de fases de habilitação e julgamento também foi prevista no Regime Diferenciado de Contratação – RDC (art. 12, IV e V, da Lei 12.462/2011).

[63] Em sentido semelhante, defendendo a obrigatoriedade da inversão, *vide*: Carvalho Filho, José dos Santos. *Manual de direito administrativo*. 24. ed. Rio de Janeiro: Lumen Juris, 2011. p. 407; Fortini, Cristiana. *Contratos administrativos*: franquia, concessão, permissão e PPP. 2. ed. São Paulo: Atlas, 2009. p. 148.

[64] Sundfeld, Carlos Ari. Guia Jurídico das Parcerias Público-Privadas. *Parcerias público-privadas*. São Paulo: Malheiros, 2005. p. 39-40.

dos licitantes que não alcançarem a pontuação mínima estabelecida no edital (art. 12, I, da Lei 11.079/2004).

Em relação aos tipos de licitação, além dos critérios previstos nos incisos I e V do art. 15 da Lei 8.987/1995 (menor valor da tarifa do serviço público a ser prestado e combinação dos critérios de menor valor da tarifa do serviço público com o de melhor técnica), o art. 12, II, da Lei 11.079/2004 acrescenta duas outras possibilidades: a) menor valor da contraprestação a ser paga pela Administração Pública e b) melhor proposta em razão da combinação do critério da alínea "a" com o de melhor técnica, de acordo com os pesos estabelecidos no edital. Não se admite a utilização do critério da maior outorga (ou maior oferta) paga pelo licitante vencedor e prevista no art. 15, II, da Lei 8.987/1995, pois, além de não mencionado na legislação específica da PPP, tal critério é naturalmente incompatível com o perfil da parceria que pressupõe, ao contrário, contraprestação pecuniária do parceiro público ao parceiro privado (art. 2.º, § 3.º, da Lei 11.079/2004).[65]

Os dois primeiros critérios de julgamento (menor valor da tarifa do serviço público a ser prestado e combinação dos critérios de menor valor da tarifa e melhor técnica) são utilizados, exclusivamente, nas licitações para celebração de PPPs patrocinadas, que admitem a cobrança de tarifa dos usuários, devendo ser consideradas incompatíveis com as PPPs administrativas que não envolvem o pagamento de tarifa (art. 2.º, §§ 1.º e 2.º, da Lei 11.079/2004).

As propostas manifestamente inexequíveis ou financeiramente incompatíveis com os objetivos da licitação serão recusadas pelo poder concedente (art. 11 da Lei 11.079/2004 e art. 15, § 3.º, da Lei 8.987/1995).

Em caso de empate, será dada preferência à proposta apresentada por empresa brasileira e, se for o caso, sorteio entre os empatados (art. 11 da Lei 11.079/2004, art. 15, § 4.º, da Lei 8.987/1995, e art. 45, § 2.º, da Lei 8.666/1993). O ideal, no entanto, seria a fixação de outro critério para desempate de propostas que levasse em consideração fatores de eficiência econômica, social ou ambiental, por exemplo.[66]

---

[65] Em sentido semelhante: Garcia, Flavio Amaral. *Licitações e contratos administrativos*. 3. ed. Rio de Janeiro: Lumen Juris, 2010. p. 420.

[66] Mencione-se, por exemplo, que, nas licitações submetidas ao Regime Diferenciado de Contratações (RDC), a legislação adotou outros critérios de desempate, que devem ser adotados preferencialmente ao sorteio, tendo em vista a necessidade de se ampliar a competitividade entre os licitantes, garantindo a obtenção da melhor proposta. Nesse sentido, o art. 25 da Lei 12.462/2011 dispõe que, em caso de empate entre duas ou mais propostas, serão utilizados os seguintes critérios de desempate, nesta ordem: a) disputa final, em que os licitantes empatados poderão apresentar nova proposta fechada em ato contínuo à classificação; b) avaliação do desempenho contratual prévio dos licitantes, desde que exista sistema objetivo de avaliação instituído (Administração Pública de Resultados); c) critérios de preferência para os seguintes bens e serviços: produzidos no País, produzidos ou prestados por empresas brasileiras com tecnologia desenvolvida no País, produzidos ou prestados por empresas

12.8.9. Saneamento de falhas

A licitação nas PPPs possui outra novidade importante. Trata-se da possibilidade ampla de saneamento de falhas de documentação no curso do procedimento nos prazos fixados no edital, na forma do art. 12, IV, da Lei 11.079/2004.

Trata-se de novidade que relativiza a vedação constante no § 3.º do art. 43 da Lei 8.666/1993, norma que permite apenas a apresentação de esclarecimentos sobre documentos constantes do procedimento e veda a inclusão de novos documentos.

O saneamento de falhas nas licitações para contratação de PPPs confirma que o formalismo deve ser moderado, de forma a não prejudicar a contratação de propostas mais vantajosas por equívocos formais que não contaminam substancialmente.

A correção de falhas pode ocorrer em relação a qualquer ato praticado no certame, mas deve ser utilizado com parcimônia, em estrita observância dos princípios da isonomia, da razoabilidade e da boa-fé, entre outros.

12.8.10. Arbitragem

Quanto aos contratos de PPPs, além das peculiaridades examinadas ao longo deste trabalho (repartição objetiva dos riscos, remuneração variável de acordo com o desempenho do parceiro privado etc.), vale lembrar que a Lei admite expressamente a utilização de arbitragem para resolução de disputas contratuais (art. 11, III, da Lei n.º 11.079/2004), o que já era possível na concessão comum (art. 23-A da Lei n.º 8.987/1995). Apesar de entendimentos contrários, tem sido admitida a utilização de arbitragem, pela doutrina e pela jurisprudência, em contratos celebrados pelo poder público para resolução de interesses disponíveis.[67]

A viabilidade jurídica da arbitragem nas contratações públicas em geral foi corroborada com a promulgação da Lei 13.129/2015, que alterou a Lei 9.307/1996 (Lei de Arbitragem), para estabelecer, de forma expressa, que a Administração Pública, direta e indireta, por meio da autoridade competente para realização de acordos e transações, poderá estabelecer convenção de arbitragem de direito (e não por equidade) para dirimir conflitos relativos a direitos patrimoniais disponíveis, respeitado o princípio da publicidade (art. 1.º, §§ 1.º e 2.º, e art. 2.º, § 3.º, da Lei 9.307/1996).

---

que invistam em pesquisa e no desenvolvimento de tecnologia no País ou produzidos de acordo com processo produtivo básico (art. 3.º, § 2.º, da Lei 8.666/1993 c/c art. 3.º da Lei 8.248/1991); e d) sorteio.

[67] Remetemos o leitor aos tópicos 7.7.3 e 11.14.

12.9. SOCIEDADE DE PROPÓSITO ESPECÍFICO (SPE)

O contrato de PPP, segundo o art. 9.º da Lei n.º 11.079/2004, deve ser formalizado pelo parceiro público com uma sociedade de propósito específico (SPE).

A SPE deve ser criada, sob qualquer roupagem societária, pelo parceiro privado com o único objetivo de implantar e gerir o objeto da parceria, como se fosse uma *joint venture* personalizada, o que facilita o controle da execução do contrato de parceria, já que ocorre uma segregação patrimonial, contábil e jurídica entre essa sociedade e a empresa licitante vencedora.[68]

Tradicionalmente, a concessionária não tinha a obrigação de prestar apenas o objeto do contrato de concessão (prestação de serviços públicos), sendo lícita a execução de outras atividades econômicas. A pluralidade de atividades executadas pelas concessionárias sempre gerou problemas para o controle da concessão, em razão da dificuldade de separação das receitas e despesas inerentes à prestação do serviço público e aquelas relativas às demais atividades desenvolvidas pela concessionária.

Com a instituição da SPE, essas dificuldades de controle acabam afastadas, pois a sociedade, que assinará o contrato e executará a parceria, não pode ter outro objetivo que não seja a implementação do projeto de PPP.

O momento exato da criação da SPE não é definido pelo legislador. O art. 9.º da Lei n.º 11.079/2004 exige apenas que a SPE seja criada antes do contrato de PPP, o que é justificável, pois a sociedade em comento será a responsável pela execução do contrato de parceria e, em razão do princípio da relatividade dos contratos, deve fazer parte do ajuste.

Apesar de não haver vedação legal, deve ser considerada ilegal a exigência, no edital, de instituição da SPE como condição para participação na licitação, tendo em vista que tal exigência frustraria a competitividade, reduzindo o número de interessados, bem como violaria o princípio da proporcionalidade/razoabilidade, dado que apenas a licitante vencedora assinará o contrato de PPP, sendo desnecessário onerar excessivamente os demais participantes.

Não obstante o silêncio da Lei, algumas limitações e possibilidades podem ser apontadas em relação à instituição da SPE.

Quanto aos limites, parece salutar a necessidade de que apenas aquelas pessoas que venceram a licitação façam parte da SPE, tendo em vista os princípios da isonomia e da competitividade. Assim, uma entidade que não participou do certame não pode, em princípio, fazer parte da SPE, sob pena

---

[68] Nesse sentido: Aragão, Alexandre Santos de. *Direito dos serviços públicos*. Rio de Janeiro: Forense, 2007, p. 713-714.

de, por via oblíqua, o contrato administrativo ser celebrado com sociedade estranha ao procedimento licitatório.

Da mesma forma, deve ser vedada a união entre a primeira colocada na licitação com outras licitantes, pois, nesse caso, o contrato seria formalizado com entidade que efetivamente não apresentou a melhor proposta, além do risco de arranjo (conluio) entre as licitantes para elevar os valores de suas propostas e, no final, todas (ou algumas delas) se juntariam na SPE e se beneficiariam do contrato.

Em relação às possibilidades, é possível imaginar que, normalmente, a constituição da SPE ocorrerá no final da licitação e antes da celebração do contrato. Nesse caso, a partir das regras estipuladas no edital, teríamos ao menos duas possibilidades:[69] a) o licitante vencedor deverá constituir uma subsidiária; ou b) caso o licitante vencedor seja um consórcio, este deverá receber personalidade jurídica, transformando-se em SPE; ou c) a participação minoritária do Estado na SPE, ao lado da sociedade vencedora da licitação, o que viabiliza, inclusive, maior ingerência estatal na gestão do empreendimento.

A SPE poderá assumir a forma de companhia aberta, com valores mobiliários negociados no mercado, e a eventual transferência do controle acionário dependerá de expressa autorização da Administração Pública, nos termos do edital e do contrato, observado o disposto no art. 27, § 1.º, I e II, e 27-A, da Lei 8.987/1995, alterada pela Lei 13.097/2015 (art. 9.º, §§ 1.º e 2.º, da Lei 11.079/2004).

Cabe notar que a possibilidade de assumir a forma de companhia aberta, com ações negociadas no mercado, não afasta as sugestões aqui apresentadas.

Isso porque a negociação de ações em bolsa de valores é precedida de ampla divulgação e competição fundada na lei da oferta e da procura, satisfazendo com isso os princípios da publicidade e da impessoalidade.[70]

A SPE deverá obedecer a padrões de governança corporativa e adotar contabilidade e demonstrações financeiras padronizadas, conforme regulamento (art. 9.º, § 3.º, da Lei n.º 11.079/2004).

Registre-se que o art. 9.º, § 4.º, da Lei n.º 11.079/2004 proíbe que o controle acionário da SPE seja assumido pelo Estado, ressalvada a hipótese excepcional prevista no § 5.º da citada norma, mas não impede a participação societária minoritária estatal na entidade.[71]

---

[69] As duas possibilidades iniciais também são apontadas por Alexandre Santos de Aragão. Aragão, Alexandre Santos de. *Direito dos serviços públicos*. Rio de Janeiro: Forense, 2007, p. 714.

[70] Ao tratar da alienação de ações de empresas estatais em bolsa de valores, Marcos Juruena Villela Souto apresenta raciocínio semelhante. Souto, Marcos Juruena Villela. *Desestatização: privatização, concessões, terceirizações e regulação*. 4. ed. Rio de Janeiro: Lumen Juris, 2001, p. 41-43.

[71] Forgioni, Paula A. PPPs e participação minoritária do Estado-acionista: o direito societário e sua instrumentalidade para o direito administrativo. *Revista de Direito Público da Economia – RDPE*, n.º 16, p. 177-182, Belo Horizonte, out.-dez. 2006. O art. 9.º, §§ 4.º e 5.º, da Lei n.º 11.079/2004

12.10. GARANTIAS DIFERENCIADAS E A CONSTITUCIONALI-DADE DO FGP

As garantias de cumprimento das obrigações assumidas pela Administração nos contratos de PPPs encontram-se enumeradas no art. 8.º da Lei 11.079/2004:

a) vinculação de receitas, observado o disposto no inciso IV do art. 167 da Constituição;

b) instituição ou utilização de fundos especiais previstos em lei;

c) contratação de seguro-garantia com as companhias seguradoras que não sejam controladas pelo poder público;

d) garantia prestada por organismos internacionais ou instituições financeiras que não sejam controladas pelo poder público;

e) garantias prestadas por fundo garantidor ou empresa estatal criada para essa finalidade; e

f) outros mecanismos admitidos em lei.

No rol de garantias previstas na legislação, destaca-se o Fundo Garantidor de Parcerias (FGP), mencionado nos arts. 16 e ss. da Lei n.º 11.079/2004.

O FGP será instituído pela União, seus fundos especiais, suas autarquias, suas fundações públicas e suas empresas estatais dependentes, no valor de até R$ 6 bilhões de reais, com o objetivo de prestar garantia de pagamento de obrigações pecuniárias assumidas pelos parceiros públicos federais, distritais, estaduais ou municipais em suas respectivas PPPs.

O FGP possui natureza privada e patrimônio separado dos cotistas (União, autarquias e fundações públicas), devendo ser administrado por instituição financeira controlada, direta ou indiretamente, pela União (arts. 16 e 17 da Lei n.º 11.079/2004).

Ademais, o FGP é sujeito de direitos e obrigações e a sua finalidade é prestar garantia de pagamento de obrigações pecuniárias assumidas pelos parceiros públicos federais em virtude das PPPs por eles celebradas (art. 16, *caput* e § 1.º, da Lei n.º 11.079/2004).

A primeira controvérsia já suscitada na doutrina, em relação ao FGP, reside na existência ou não de personalidade do fundo. Tradicionalmente, os fundos não possuem personalidade jurídica, mas a Lei n.º 11.079/2004 afirma que o fundo é sujeito de direitos e obrigações. Sobre o tema, existem duas opiniões:

---

dispõe: "Art. 9.º Antes da celebração do contrato, deverá ser constituída sociedade de propósito específico, incumbida de implantar e gerir o objeto da parceria. [...] § 4.º Fica vedado à Administração Pública ser titular da maioria do capital votante das sociedades de que trata este Capítulo. § 5.º A vedação prevista no § 4.º deste artigo não se aplica à eventual aquisição da maioria do capital votante da sociedade de propósito específico por instituição financeira controlada pelo poder público em caso de inadimplemento de contratos de financiamento." Os arts. 5º, § 2º, I,

Primeira posição: o FGP não possui personalidade jurídica, mas, em razão da possibilidade legal de contrair direitos e obrigações, o fundo seria considerado uma espécie de "patrimônio de afetação" ou universalidade de direito. Nesse sentido: Alexandre Santos de Aragão e José dos Santos Carvalho Filho.[72]

Segunda posição: o FGP possui personalidade jurídica e pode ser considerado uma espécie de empresa pública. Nesse sentido: Carlos Ari Sundfeld e Gustavo Binenbojm.[73] Em São Paulo, por exemplo, a legislação autorizou a criação da Companhia Paulista de Parcerias (CPP), sob a forma de sociedade anônima, que pode dar garantias para as obrigações assumidas pelo Estado (arts. 12 e 15, VI e VII, da Lei n.º 11.688/2004).

Entendemos que o FGP deve ser considerado pessoa jurídica, pois se trata de sujeito de direitos e obrigações e as suas características são similares àquelas previstas para as empresas públicas (a criação depende de autorização legal, os cotistas são entes e entidades da Administração Pública e sua natureza é privada).

A maior polêmica, em verdade, diz respeito à constitucionalidade do FGP:

Primeira posição: inconstitucionalidade do FGP, tendo em vista os seguintes argumentos:

a) violação ao art. 100 da CRFB, pois o Fundo seria uma maneira de burlar o regime dos precatórios. As pessoas públicas, cotistas do Fundo, normalmente respondem por seus débitos judiciais por meio dos precatórios, mas, com a criação de um fundo de natureza privada, o pagamento seria feito diretamente por ele;

b) violação ao art. 165, § 9.º, II, da CRFB, uma vez que a criação de fundos só poderia ser feita por lei complementar.

Nesse sentido: Celso Antônio Bandeira de Mello e Maria Sylvia Zanella Di Pietro.[74]

---

e 5º-A da Lei 11.079/2004, alterada pela Lei 13.097/2015, disciplinam a transferência do controle e a administração temporária da SPE.

[72] Aragão, Alexandre Santos de. *Direito dos serviços públicos*. Rio de Janeiro: Forense, 2007, p. 693; Carvalho Filho, José dos Santos. *Manual de Direito administrativo*. 22. ed. Rio de Janeiro: Lumen Juris, 2009, p. 417.

[73] Sundfeld, Carlos Ari. Guia jurídico das parcerias público-privadas. In: Sundfeld, Carlos Ari. *Parcerias público-privadas*. São Paulo: Malheiros, 2005, p. 43; Binenbojm, Gustavo. As parcerias público-privadas (PPPs e a Constituição). *Revista de Direito da Associação dos Procuradores do Novo Estado do Rio de Janeiro*, v. XVII, p. 104, Rio de Janeiro, Lumen Juris, 2006.

[74] Bandeira de Mello, Celso Antônio. *Curso de Direito administrativo*. 21. ed. São Paulo: Malheiros, 2006, p. 748-750; Di Pietro, Maria Sylvia Zanella. *Direito administrativo*. 22. ed. São Paulo: Atlas, 2009, p. 323-324.

Segunda posição: o FGP é constitucional. Nesse sentido: Carlos Ari Sundfeld, Alexandre Santos de Aragão, Gustavo Binenbojm e José dos Santos Carvalho Filho.[75]

Sustentamos a compatibilidade do FGP com o texto constitucional pelas seguintes razões:

a) não há violação ao art. 100 da CRFB, que estabelece a regra geral do precatório, pois a referida norma constitucional somente se aplica aos débitos judiciais das pessoas jurídicas de Direito público, sendo inaplicável às pessoas de Direito privado, como ocorre na instituição do FGP e das entidades com personalidade de Direito privado integrantes da Administração Indireta (empresas públicas, sociedades de economia mista e fundações estatais de Direito privado);

b) não há violação ao art. 165, § 9.º, II, da CRFB, tendo em vista que a norma constitucional em comento exige lei complementar apenas para fixação das "condições para a instituição e funcionamento de fundos", e não para criação específica de cada fundo, sendo certo que as referidas condições encontram-se previstas basicamente na Lei n.º 4.320/1964, recepcionada com *status* de lei complementar.

12.11. PPPS E OS CONSÓRCIOS PÚBLICOS

Outra questão polêmica refere-se à possibilidade de celebração de PPPs por consórcios públicos.

É importante lembrar, de início, que os consórcios públicos, regulados na Lei n.º 11.107/2005, devem ser necessariamente personalizados. Os entes consorciados devem constituir pessoa de Direito público (associação pública) ou pessoa de Direito privado (art. 1.º, § 1.º, e art. 6.º da Lei n.º 11.107/2005), que será responsável pela execução do "contrato de consórcio".

Em razão da personalização (de Direito público ou de Direito privado), não se discute a capacidade contratual dos consórcios públicos. Tais pessoas jurídicas interfederativas celebram contratos e outros ajustes para alcançar seus objetivos institucionais (art. 2.º, § 1.º, I e III, da Lei n.º 11.107/2005).

No âmbito de sua capacidade contratual, os consórcios públicos podem delegar (concessão, permissão e autorização) a execução de obras e serviços

---

[75] Nesse sentido: Sundfeld, Carlos Ari. Guia jurídico das parcerias público-privadas. In: Sundfeld, Carlos Ari. *Parcerias público-privadas*. São Paulo: Malheiros, 2005, p. 43-44; Aragão, Alexandre Santos de. *Direito dos serviços públicos*. Rio de Janeiro: Forense, 2007, p. 694-695; Binenbojm, Gustavo. As parcerias público-privadas (PPPs e a Constituição). *Revista de Direito da Associação dos Procuradores do Novo Estado do Rio de Janeiro*, v. XVII, p. 104, Rio de Janeiro, Lumen Juris, 2006; Carvalho Filho, José dos Santos. *Manual de Direito administrativo*. 22. ed. Rio de Janeiro: Lumen Juris, 2009, p. 416-417.

públicos, mediante autorização prevista no contrato de consórcio público (art. 2.º, § 3.º, da Lei n.º 11.107/2005). Os consórcios públicos, assim como as demais concessionárias de serviços públicos, necessitam de autorização contratual para efetivar subconcessões (art. 26 da Lei n.º 8.987/1995).

Na análise da polêmica, devem ser diferenciadas duas situações: consórcios públicos como parceiros públicos e como parceiros privados na PPP.

Quanto ao primeiro caso, parece ser possível que o consórcio público seja parceiro público em PPP por, ao menos, dois argumentos:

a) o art. 1.º, parágrafo único, da Lei n.º 11.079/2004 dispõe que as normas relativas às PPPs devem ser aplicadas à Administração Pública Direta e Indireta, bem como às demais entidades controladas direta ou indiretamente pelo poder público (conforme salientado anteriormente, as pessoas jurídicas de Direito público ou de Direito privado, criadas para gerir o contrato de consórcio, integram a Administração Pública Indireta dos Entes Federativos consorciados);[76] e

b) quando se tratar de PPP patrocinada e PPP administrativa de serviços públicos, o consórcio público realizaria, em última análise, subconcessão de serviço público, sendo necessária a autorização expressa do poder concedente, previsão no contrato do consórcio e licitação na modalidade concorrência (art. 2.º, § 3.º, da Lei n.º 11.107/2005 e art. 26, *caput* e parágrafos, da Lei n.º 8.987/1995). No caso da PPP administrativa de serviços administrativos, por não envolver delegação de serviço público, a possibilidade é inerente à própria capacidade genérica de contratação das pessoas jurídicas em geral.[77]

Aliás, alguns autores sugerem a formatação de consórcios públicos por Municípios e Estados com menor capacidade econômica, para que tais Entes Federativos tenham possibilidade de celebrar PPP, adimplindo, com isso, o requisito de valor mínimo, previsto no art. 2.º, § 4.º, I, da Lei n.º 11.079/2004 (é vedada a celebração de PPP cujo valor do contrato seja inferior a 10 milhões de reais).[78]

---

[76] Mesmo para os autores, que colocam a pessoa de Direito privado, criada para gerir o consórcio, fora da Administração Pública Indireta, o argumento seria válido, pois a entidade privada, no caso, seria controlada pelos entes consorciados, trazendo a aplicação do art. 1.º, parágrafo único, da Lei n.º 11.079/2004.

[77] A professora Di Pietro, em princípio, afirma ser vedado à Administração Pública ser parceira pública na PPP patrocinada, por envolver serviços públicos que não são titularizados pela entidade administrativa, mas sim pelo Ente Federativo. Nada impede, todavia, que a Administração seja parceira pública em PPP administrativa, quando não envolver serviços públicos. Todavia, no final, a autora afirma a possibilidade de a entidade da Administração Indireta realizar subconcessões, com fundamento no art. 26 da Lei n.º 8.987/1995. Di Pietro, Maria Sylvia Zanella. *Direito Administrativo*. 20. ed. São Paulo: Atlas, 2007, p. 283-284.

[78] Nesse sentido: Aragão, Alexandre Santos de. *Direito dos serviços públicos*. Rio de Janeiro: Forense, 2007, p. 683, nota 33.

Já em relação ao segundo caso, a solução é diversa, não sendo lícito, em princípio, que o consórcio público seja parceiro privado em contrato de PPP.

Em que pese a possibilidade de entidades administrativas serem delegatárias de serviços públicos (ex.: Sabesp em São Paulo), o problema, aqui, seria a restrição inserida no art. 9.º, § 4.º, da Lei n.º 11.079/2004, que veda à Administração Pública ser titular da maioria do capital votante da sociedade de propósito específico.[79]

A Lei n.º 11.079/2004 exige a criação da SPE pelo licitante vencedor antes da assinatura do contrato de PPP, a qual terá a incumbência de implantar e gerir o objeto da parceria. Daí a impossibilidade de o consórcio público ser parceiro privado na PPP, uma vez que a SPE, no caso, acabaria sendo controlada pela própria Administração Pública.[80]

12.12. RESPONSABILIDADE CIVIL NAS PPPS

A natureza jurídica da responsabilidade civil das contratadas deve levar em consideração as distintas modalidades de PPPs e seus respectivos objetos.

Conforme assinalado anteriormente, as PPPs patrocinadas têm por objeto a prestação de serviços públicos. As concessionárias, nesse caso, por serem pessoas privadas prestadoras de serviços públicos, respondem de maneira objetiva pelos danos causados a terceiros, na forma do art. 37, § 6.º, da CRFB.

Da mesma forma, a responsabilidade objetiva será aplicável às cncessionárias quando se tratar de PPPs administrativas de serviços públicos.

Por outro lado, as parceiras privadas nas PPPs administrativas de serviços prestados à Administração ("serviços administrativos") não prestam serviços públicos. É inaplicável, nesse caso, a responsabilidade objetiva prevista no art. 37, § 6.º, da CRFB, razão pela qual a responsabilidade, como regra geral, deve ser considerada subjetiva, com fundamento no art. 927, *caput*, do Código Civil.

---

[79] Apenas excepcionalmente, o art. 9.º, § 5.º, da Lei n.º 11.079/2004 admite que instituição controlada pelo poder público adquira a maioria do capital votante da SPE em caso de inadimplemento do contrato de financiamento.

[80] Nesse sentido, Carlos Ari Sundfeld afirma a impossibilidade de empresa estatal ser, em princípio, parceira privada, tendo em vista a vedação constante do art. 9.º, § 4.º, da Lei n.º 11.079/2004. Sundfeld, Carlos Ari. Guia jurídico das parcerias público-privadas. In: Sundfeld, Carlos Ari. *Parcerias público-privadas*. São Paulo: Malheiros, 2005, p. 41. Em sentido contrário, sem fazer referência à vedação contida no art. 9.º, § 4.º, da Lei n.º 11.079/2004, Di Pietro admite que a entidade da Administração Indireta seja parceira privada. Di Pietro, Maria Sylvia Zanella. *Direito Administrativo*. 20. ed. São Paulo: Atlas, 2007, p. 283-284.

Quarta Parte
(Terceiro Setor)

AS ENTIDADES PÚBLICAS NÃO ESTATAIS

Capítulo XIII

O TERCEIRO SETOR

13.1. FUNDAMENTOS DO TERCEIRO SETOR

A expressão "Terceiro Setor" refere-se às entidades da sociedade civil sem fins lucrativos, que desempenham atividades de interesse social mediante vínculo formal de parceria com o Estado.

O surgimento do Terceiro Setor pode ser justificado a partir de três fundamentos:

a) **a passagem da Administração Pública imperativa para a Administração Pública consensual;**

b) **a consagração do princípio da subsidiariedade; e**

c) **o fomento estatal às atividades privadas de caráter social.**

Em primeiro lugar, a Administração Pública do Estado pluriclasse deve atuar de forma ponderada, a fim de satisfazer os interesses complexos consagrados no texto constitucional. A legitimidade da atuação administrativa está intimamente relacionada com a satisfação dos direitos fundamentais, e as parcerias com os particulares representam um importante instrumento para o alcance desse objetivo.

A atividade administrativa imperativa dá lugar à administração consensual, em que as atividades socialmente relevantes serão executadas por particulares, mediante acordos administrativos ou atos administrativos complexos (contratos de gestão e termos de parceria).

Quanto ao segundo fundamento, o princípio da subsidiariedade pressupõe o protagonismo dos indivíduos e das entidades privadas no desempenho de atividades econômicas e no desempenho de atividades de interesse público.

O princípio da subsidiariedade, cunhado a partir da doutrina social da Igreja Católica (Encíclica *Quadragesimo Anno*, do Papa Pio XI, de 1931), que propugnava pela defesa da autonomia dos indivíduos, dá ensejo ao denominado "Estado subsidiário", caracterizado pela ausência de intervenção direta quando a sociedade for capaz de atender aos interesses sociais.[1]

Percebe-se, pela noção do referido princípio, uma valorização da sociedade civil na satisfação do interesse público, devendo o Estado criar condições materiais para que os cidadãos possam atuar.[2]

Em consequência, a subsidiariedade relaciona-se com a democracia quando afasta a concepção tradicional de monopólio do Estado na promoção do interesse público, reconhecendo a primazia dos indivíduos, da família, associações e outros "corpos sociais intermédios" na consecução do interesse público.[3]

No plano internacional, o princípio da subsidiariedade é consagrado, por exemplo, no art. 3B do Tratado da União Europeia (Tratado de Maastricht).

No plano interno, a subsidiariedade é princípio implícito, retirado da interpretação de diversas normas da Constituição de 1988, tais como: arts. 1.º, IV, 170, 173, 174, 175, 197, 198, III, 204, I e II, 205, 209, 216, § 1.º, 217, etc.

A subsidiariedade acarreta efeitos relevantes nas relações políticas e socioeconômicas. No âmbito político, a subsidiariedade denota a ideia de repartição de competências entre os entes federativos (ordem jurídica interna)[4] ou entre Estados nacionais (ordem jurídica internacional),[5] com importância

---

[1] Registre-se que as ideias iniciais da subsidiariedade haviam sido apresentadas na Encíclica *Rerum Novarum*, do Papa Leão XIII, de 1891, que pregava a defesa da propriedade privada, do trabalhador e da dignidade da pessoa humana. Na Encíclica *Quadragesimo Anno*, do Papa Pio XI, de 1931, a subsidiariedade é consagrada de forma definitiva, e reafirmada posteriormente nas Encíclicas *Mater et Magistra*, do Papa João, de 1961, *Pacem in Terris*, do Papa João XXIII, de 1963, e *Centesimo Anno*, do Papa João Paulo II, de 1991.

[2] Na lição de Silvia Faber Torres: "A subsidiariedade eleva a sociedade civil a primeiro plano na estrutura organizacional do Estado e concebe a cidadania ativa como pressuposto básico para sua realização, colocando a instância privada a serviço do interesse geral a partir, também, da ideia de solidariedade, que se funda, principalmente, na maior eficiência da ação social sobre a ação estatal junto aos grupos menores." Torres, Silvia Faber. *O princípio da subsidiariedade no Direito público contemporâneo*. Rio de Janeiro: Renovar, 2001, p. 15.

[3] Nesse sentido: Quadros, Fausto de. *O princípio da subsidiariedade no Direito comunitário após o Tratado da União Europeia*. Coimbra: Almedina, 1995, p. 18.

[4] No plano interno, o princípio confere importância para os Municípios, tendo em vista que o "poder local", por estar mais próximo do cidadão, teria melhores condições de diagnosticar os problemas e encontrar as soluções. Como exemplo de municipalização de serviços, enfatizando o caráter da subsidiariedade, pode ser citada a Lei n.º 8.080/1990, que estabelece, como um dos princípios do Sistema Único de Saúde, a "descentralização político-administrativa, com direção única em cada esfera de governo", com "ênfase na descentralização dos serviços para os Municípios" (art. 7.º, IX, *a*).

[5] No âmbito da União Europeia, o art. 3B do Tratado de Maastrich consagrou expressamente o princípio da subsidiariedade, enfatizando a soberania dos Estados nacionais e conferindo à atuação da União Europeia o caráter subsidiário: "A Comunidade atuará nos limites das atribuições que lhe são conferidas e dos objetivos que lhe são cometidos pelo presente Tratado. Nos domínios que não sejam das suas atribuições exclusivas, a Comunidade intervém apenas de acordo com o princípio da subsidiariedade, se e na medida em que os objetivos da ação encarada não possam ser suficientemente realizados pelos Estados membros, e possam, pois, ser melhor alcançados em nível comunitário."

destacada para o poder local que se encontra mais próximo do cidadão. Somente naqueles casos em que os "entes menores" não tiverem condições de satisfazer as necessidades da população, é que os "entes maiores" assumirão essa incumbência.

A partir do princípio da subsidiariedade, a organização administrativa é implementada por meio de duas técnicas principais: a) desconcentração: especialização de funções dentro da sua própria estrutura estatal, com a instituição de órgãos públicos (ex.: ministérios, secretarias estaduais e secretarias municipais); e b) descentralização: transferência da atividade administrativa para outra pessoa, física ou jurídica, integrante ou não do aparelho estatal (ex.: descentralização de atividades para entidades da Administração Indireta – autarquias, empresas públicas, sociedades de economia mista e fundações públicas – e para particulares – concessionários e permissionários de serviços públicos).

Por outro lado, no âmbito socioeconômico, a subsidiariedade confere importância à atuação do indivíduo na realização de tarefas públicas e, consequentemente, na satisfação do interesse público. Há uma crescente "democratização do interesse público" na medida em que a satisfação desse interesse passa a ser uma tarefa também da própria sociedade civil, não mais monopolizada pelo Estado. Destacam-se, por exemplo, as concessões de serviços públicos, as terceirizações, as parcerias com o Terceiro Setor.

A subsidiariedade, como destaca Silvia Faber Torres, enfatiza os limites à ação do Estado (sentido negativo) – que deve respeitar as competências e as responsabilidades naturais dos indivíduos –, e também a ajuda (sentido positivo) que o Estado deve prestar à sociedade para atingir o "bem comum".[6]

Por fim, no tocante ao terceiro fundamento, o fomento estatal ao exercício de atividades sociais por particulares é importante para a compreensão do Terceiro Setor.

O fomento, entendido como o "sentido positivo" do princípio da subsidiariedade, conforme destacado anteriormente, passa a ser considerado importante instrumento para a satisfação das necessidades coletivas, notadamente a partir da década de 1990, com a implementação da administração gerencial.

Isso porque a administração gerencial pressupõe a prestação dos serviços não exclusivos por particulares dentro daquilo que se convencionou denominar "esfera pública não estatal". No sentido material, as atividades executadas por esses particulares poderiam ser consideradas "públicas", já que atendem as necessidades da coletividade (ex.: saúde, educação etc.). No

---

[6]   Torres, Silvia Faber. *O princípio da subsidiariedade no Direito público contemporâneo*. Rio de Janeiro: Renovar, 2001, p. 18. Vide também: Baracho, José Alfredo de Oliveira. *O princípio da subsidiariedade: conceito e evolução*. Rio de Janeiro: Forense, 1996, p. 50.

sentido formal, seriam entidades "não estatais", pois não integram formalmente a Administração Pública.

O fomento estatal à atuação de entidades privadas não lucrativas, que desempenham atividades de forte cunho social (Terceiro Setor),[7] demonstra o transbordamento do interesse público para fora dos limites do Estado.

13.2. SIGNIFICADO DA EXPRESSÃO "TERCEIRO SETOR" E SUAS CARACTERÍSTICAS GERAIS

O denominado "Terceiro Setor" vem inserido em uma nova forma de organização da Administração Pública e de atendimento ao interesse público.

A Administração, em vez de utilizar órgãos e pessoas administrativas, estabelece formas diferenciadas de parcerias com a iniciativa privada para satisfação das finalidades públicas previstas no ordenamento jurídico. O Estado, por meio da atividade de fomento, cria incentivos com a finalidade de atrair a iniciativa privada para o exercício de atividades de relevância social.

A expressão "Terceiro Setor", que engloba as entidades da sociedade civil sem fins lucrativos, surge justamente como uma "terceira via" possível no atendimento do interesse público.

Usualmente, o Primeiro Setor, formado pelo Estado (Entes Federados e entidades da Administração Pública Indireta), e o Segundo Setor, relativo ao mercado (entidades privadas com fins lucrativos, tais como os concessionários e os permissionários de serviços públicos), eram os responsáveis pelo atendimento do interesse público.

Atualmente, como visto, em virtude da aproximação entre o Estado e a sociedade civil, a iniciativa privada, que presta atividades socialmente relevantes, vai ser fomentada notadamente pelo recebimento de benefícios públicos (recursos orçamentários, cessão de bens, entre outros previstos em lei).

Em verdade, as entidades que integram o Terceiro Setor não representam novidades intrínsecas do ponto de vista organizacional. São entidades privadas que assumem formas organizacionais conhecidas há bastante tempo e compatíveis com a ausência do escopo do lucro: fundações privadas ou associações civis. O que existe de novidade, destarte, é a qualificação jurídica que será atribuída a tais entidades e o respectivo regime jurídico consagrado em leis especiais.

---

[7] O "Terceiro Setor", englobado por entidades privadas sem fins lucrativos (*v.g.*, serviços sociais autônomos – Sistema S; organizações sociais – OS, organizações da sociedade civil de interesse público – OSCIPs), revela um importante espaço, fora da estrutura formal do Estado, de defesa de necessidades coletivas.

Muito embora sejam pessoas da iniciativa privada, não integrantes da Administração Pública Indireta, as entidades do Terceiro Setor formalizam vínculos com o Estado (lei, contrato de gestão e termo de parceria) e dele recebem benefícios. Tal parceria acaba por influenciar o regime jurídico dessas pessoas, fazendo incidir, quando expressamente previsto no ordenamento, normas de caráter público, o que tem gerado controvérsias no âmbito da doutrina e da jurisprudência.[8]

É importante destacar as principais características das entidades do Terceiro Setor:

a) são criadas pela iniciativa privada;
b) não possuem finalidade lucrativa;
c) não integram a Administração Pública Indireta;
d) prestam atividades privadas de relevância social;
e) possuem vínculo legal ou negocial com o Estado; e
f) recebem benefícios públicos.

13.3. AS QUALIFICAÇÕES JURÍDICAS NO TERCEIRO SETOR

O Estado, com o intuito de valorizar a sociedade civil, sem fins lucrativos, tem criado qualificações jurídicas de modo a viabilizar o reconhecimento de benefícios públicos e a formalização de parcerias para consecução de objetivos sociais. Dessa forma, cada Ente Federado, no âmbito de sua autonomia político-administrativa, possui liberdade para criar qualificações jurídicas diversas, não havendo um rol exaustivo e definitivo para tais qualificações.

Não obstante a variedade de nomenclaturas e de fontes normativas, merecem destaque as seguintes qualificações jurídicas: os "Serviços Sociais Autônomos" (Sistema "S"), as "Organizações Sociais" ("OS"), as "Organizações da Sociedade Civil de Interesse Público" ("OSCIP"), as fundações de apoio e as "Organizações da Sociedade Civil" ("OSC").[9]

Saliente-se que a Lei n.º 9.637/1998 (Organizações sociais) e a Lei n.º 9.790/1999 (Organizações da sociedade civil de interesse público) são consideradas leis federais, aplicáveis somente à União, mas nada impede que

---

[8] Na lição de Paulo Modesto, "as entidades de colaboração não são delegadas do Estado e não gozam de prerrogativas de Direito público, processuais ou materiais. Não editam atos administrativos nem estão sujeitas ao processo administrativo para decidir. São entidades privadas, não estatais, que colaboram com o Estado, mas não se equiparam a ele ou a qualquer órgão do poder público" (Modesto, Paulo. O Direito administrativo do terceiro setor: a aplicação do Direito público às entidades privadas sem fins lucrativos. In: *Terceiro setor e parcerias na área de saúde*. Belo Horizonte: Fórum, 2011, p. 32).

[9] O rol é meramente exemplificativo, existindo outras qualificações no ordenamento, tais como as entidades beneficentes de assistência social, citadas na Lei n.º 8.742/1993, dentre outras.

Estados, DF e Municípios instituam, por suas respectivas leis, as qualificações de OS e OSCIP.[10]

Por essa razão, os Estados, o DF e os Municípios promulgaram suas respectivas leis sobre terceiro setor:

a) Estados: Acre: Lei n.º 1.428/2002 (OSCIP); Amapá: Lei n.º 496/2000 (OSCIP) e Lei n.º 599/2001 (OS); Amazonas: Lei n.º 3.017/2005 (OSCIP); Bahia: Lei n.º 8.647/2003 (OS); Ceará: Lei n.º 12.781/1997 (OS); Espírito Santo: LC n.º 158/1999 (OS); Goiás: Lei n.º 15.503/2005 (OS) e Lei n.º 15.731/2006 (OSCIP); Maranhão: Lei n.º 7.066/1998 (OS); Mato Grosso: LC n.º 150/2004 (OS) e Lei n.º 8.687/2007 (OSCIP); Minas Gerais: Lei n.º 14.870/2003 (OSCIP); Pará: Lei n.º 5.980/1996 (OS); Pernambuco: Lei n.º 11.743/2000 (OS e OSCIP); Piauí: Lei n.º 5.519/2005 (OS); Rio de Janeiro: Lei n.º 5.498/2009 (OS) e Lei n.º 5.501/2009 (OSCIP); Rio Grande do Norte: LC n.º 271/2004 (OS e OSCIP); Rio Grande do Sul: Lei n.º 12.901/2008 (OSCIP); Santa Catarina: Lei n.º 12.929/2004 (OS); São Paulo: LC n.º 846/1998 (OS); Sergipe: Lei n.º 5.217/2003 (OS) e Lei n.º 5.850/2006 (OSCIP);
b) DF: a Lei n.º 2.415/1999 (OS);
c) Municípios: Curitiba: Lei n.º 9.226/1997 (OS); Fortaleza: Lei n.º 8.704/2003 (OS); Rio de Janeiro: Lei n.º 5.026/2009 (OS); São Paulo: Lei n.º 14.132/2006 (OS) etc.

Lembre-se de que outras qualificações poderiam ser citadas, tais como as fundações de apoio e as entidades beneficentes de assistência social, mencionadas na Lei 8.742/1993.

13.3.1. Serviços sociais autônomos (Sistema S)

Os serviços sociais autônomos são criados por confederações privadas (Confederação Nacional do Comércio – CNC; e da Indústria – CNI), após autorização legal, para exercerem atividade de amparo a determinadas categorias profissionais, recebendo contribuições sociais, cobradas compulsoriamente da iniciativa privada, na forma do art. 240 da CRFB. Ex.: Serviço Social da Indústria (SESI), Serviço Social do Comercio (SESC), Serviço Nacional de Aprendizagem Industrial (SENAI), Serviço Nacional de Aprendizagem Comercial (SENAC).[11]

---

[10] Nesse sentido: Di Pietro, Maria Sylvia Zanella. *Direito administrativo*. 20. ed. São Paulo: Atlas, 2007, p. 465.

[11] Mencionem-se, por exemplo, alguns diplomas normativos que autorizaram a instituição de serviços sociais autônomos: Decreto-lei n.º 4.048/1942 (Senai), Decreto-lei n.º 9.403/1946 (Sesi), Decreto-lei n.º 8.621/1946 (Senac) e Decreto-lei n.º 9.853/1946 (Sesc).

Tais entidades, uma vez constituídas, receberão, entre outras receitas, "dinheiro público" (contribuições sociais), cobrado compulsoriamente da iniciativa privada,[12] conforme previsão do art. 240 da CRFB, e serão submetidas ao controle estatal.[13]

Destaque-se que essas contribuições parafiscais são de instituição exclusiva da União (art. 149 da CRFB), mas isso não impede a constituição de serviços sociais pelos Estados, DF e Municípios, que seriam custeados de outras formas.[14]

Ressalte-se, por oportuno, que a exigência de autorização legal para a criação dos serviços sociais autônomos decorre da necessidade de lei impositiva das contribuições sociais, espécie tributária, e da sua respectiva destinação. Em outras palavras: não se trata da autorização legislativa prevista no art. 37, XIX, da CRFB, mas sim da necessidade de lei (princípio da legalidade) para criação de tributos e para o seu repasse às mencionadas pessoas privadas, tendo em vista o disposto no art. 240 da CRFB.

Por fim, os serviços sociais autônomos, na linha do entendimento consagrado no STJ e no STF, por constituírem pessoas jurídicas privadas, não se submetem ao regime do precatório em relação ao pagamento de seus débitos, por sentença judicial.[15]

13.3.2. Organizações Sociais (OS)

A qualificação jurídica "organização social", que será conferida por ato administrativo (ato de reconhecimento) às pessoas privadas sem fins lucrativos e que desempenham determinadas atividades de caráter social (ensino, pesquisa científica, desenvolvimento tecnológico, proteção e preservação do meio ambiente, cultura, saúde, entre outras atividades previstas em lei), permite a celebração de parceria com o Estado, com o recebimento de benefícios públicos.

As organizações sociais são entidades privadas, qualificadas na forma da Lei n.º 9.637/1998, que celebram "contrato de gestão" com o Estado para

---

[12] Normalmente, a arrecadação é realizada pelo INSS e repassada aos serviços sociais.

[13] O DL n.º 200/1967, em seu art. 183, estabelece: "As entidades e organizações em geral, dotadas de personalidade jurídica de Direito privado, que recebem contribuições parafiscais e prestam serviços de interesse público ou social, estão sujeitas à fiscalização do Estado nos termos e condições estabelecidas na legislação pertinente a cada uma." Nesse sentido, por exemplo, o Sesi, Senai, Sesc e Senac, por força do Decreto n.º 74.296/1974, vinculam-se ao Ministério do Trabalho.

[14] Nesse sentido: Moreira Neto, Diogo de Figueiredo. *Curso de Direito Administrativo*. 14. ed. Rio de Janeiro: Forense, 2006, p. 267.

[15] STJ, REsp 968.080/PR, Rel. Min. Napoleão Nunes Maia Filho, Quinta Turma, *DJe* 17/11/2008 (*Informativo de Jurisprudência* n.º 372 do STJ); STF, AI-RG 349.477/PR, Rel. Min. Celso de Mello, Segunda Turma, *DJU* 28/02/2003.

cumprimento de metas de desempenho e recebimento de benefícios públicos (ex.: recursos orçamentários, permissão de uso de bens públicos, cessão especial de servidores públicos).[16] Em âmbito federal, o Decreto 9.190/2017 dispõe sobre o Programa Nacional de Publicização – PNP.[17]

O STF julgou parcialmente procedente a ADI 1923/DF, para conferir interpretação conforme à Constituição para que, observando os princípios do *caput* do art. 37 da CRFB:

a) o procedimento de qualificação seja conduzido de forma pública, objetiva e impessoal;

b) a celebração do contrato de gestão seja conduzida de forma pública, objetiva e impessoal;

c) as hipóteses de dispensa de licitação para contratações (Lei 8.666/1993, art. 24, XXIV) e outorga de permissão de uso de bem público (Lei 9.637/1998, art. 12, § 3.º) sejam conduzidas de forma pública, objetiva e impessoal;

d) os contratos a serem celebrados pela Organização Social com terceiros, com recursos públicos, sejam conduzidos de forma pública, objetiva e impessoal, e nos termos do regulamento próprio a ser editado por cada entidade;

e) a seleção de pessoal pelas Organizações Sociais seja conduzida de forma pública, objetiva e impessoal, e nos termos do regulamento próprio a ser editado por cada entidade; e

f) para afastar qualquer interpretação que restrinja o controle, pelo Ministério Público e pelo TCU, da aplicação de verbas públicas.

A elaboração do contrato de gestão deverá observar os princípios da Administração Pública (legalidade, impessoalidade, moralidade, publicidade, economicidade etc.) e, ainda, os seguintes preceitos (art. 7.º da Lei n.º 9.637/1998):

a) especificação do programa de trabalho proposto pela organização social, a estipulação das metas a serem atingidas e os respectivos prazos de execução, bem como previsão expressa dos critérios objetivos de avaliação de desempenho a serem utilizados, mediante indicadores de qualidade e produtividade;

---

[16] STF, ADI 1923/DF, Rel. Min. Luiz Fux, Tribunal Pleno, *DJe* 254 17.12.2015, Informativo de Jurisprudência do STF 781.

[17] O referido Decreto dispõe sobre as diretrizes para qualificação de OS; a decisão de publicização; as regras para seleção da entidade; a publicação do ato de qualificação; a celebração, execução e avaliação do contrato de gestão; orçamento; e o processo de desqualificação.

b) a estipulação dos limites e critérios para despesa com remuneração e vantagens de qualquer natureza a serem percebidas pelos dirigentes e empregados das organizações sociais, no exercício de suas funções.

O contrato de gestão será fiscalizado pelo órgão ou entidade supervisora da área de atuação correspondente à atividade fomentada e pelo Tribunal de Contas (arts. 8.º e 9.º da Lei n.º 9.637/1998).

Frise-se que o contrato de gestão celebrado com a organização social não se confunde com o contrato de gestão formalizado com as agências executivas (art. 51, II, da Lei n.º 9.649/1998, c/c o art. 37, § 8.º, da CRFB).[18] Os pontos em comum entre esses dois instrumentos jurídicos, além da nomenclatura, são: a) o conteúdo desses acordos é a fixação de metas de desempenho pelo Estado que devem ser alcançadas por essas pessoas; b) em ambos os casos, não se tem propriamente a figura do contrato, mas sim a de um verdadeiro convênio, tendo em vista a busca por interesses comuns das "partes".[19]

A diferença principal entre tais "contratos" reside nas "vantagens" conferidas às entidades parceiras. No que tange à OS, o contrato de gestão serve para permitir o repasse de benefícios públicos (recursos orçamentários, permissão de uso de bens públicos e cessão especial de servidores públicos) para a parceira privada. Por outro lado, em relação às agências executivas, o citado contrato é formalizado no âmbito interno da própria Administração e tem por objetivo ampliar a autonomia gerencial, orçamentária e financeira dessas entidades administrativas.[20]

Essa diferença decorre, como se vê, da concepção clássica do princípio da legalidade, que, para os particulares, significa que eles podem fazer tudo

---

[18] A expressão "agência executiva" é uma qualificação jurídica que pode ser atribuída, por decreto, pelo Chefe do Executivo à autarquias e fundações que, após a celebração do contrato de gestão, terão metas de desempenho a alcançar e receberão, em contrapartida, maior autonomia gerencial, orçamentária e financeira.

[19] Tradicionalmente, a doutrina majoritária costuma diferenciar os contratos dos atos administrativos complexos (convênios, consórcios etc.), afirmando que, no primeiro caso (contratos), as partes buscam interesses contrapostos, enquanto, no segundo (atos administrativos complexos), os interesses seriam convergentes. Nesse sentido, entre outros: Moreira Neto, Diogo de Figueiredo. *Curso de Direito Administrativo*. 14. ed. Rio de Janeiro: Forense, 2006, p. 185. Lembre-se, todavia, que a Lei n.º 11.107/2005 parece contrariar a doutrina ao afirmar que o consórcio público é uma espécie de contrato.

[20] Apesar da literalidade do art. 37, § 8.º, da CRFB, com a redação dada pela EC n.º 19/1998, é de estranhar a previsão de ampliação da autonomia de autarquias, como é o caso da agência executiva, por acordo, uma vez que as atividades dessas entidades só podem ser aquelas previstas na respectiva lei de criação (art. 37, XIX, da CRFB). A literalidade, no caso, parece contrariar o princípio da legalidade, cláusula pétrea (art. 60, § 4.º, da CRFB) que deve ser respeitada diante do Poder Constituinte Derivado. O acordo, portanto, só poderia servir para estabelecer prioridades ou metas relacionadas às atividades previstas na lei de criação da autarquia, e a consequência prática mais importante do rótulo "agência executiva" seria a maior liberdade para contratações sem licitação (art. 24, § 1.º, da Lei n.º 8.666/1993).

aquilo que a lei não proibir (autonomia da vontade), ao passo que, para a Administração, denota a ideia de que ela só pode atuar quando expressamente autorizada pela lei (legalidade administrativa). Ora, seria inconcebível pensar em utilizar o contrato de gestão para ampliar a autonomia da OS, pois essa entidade privada já possui autonomia ampla, limitada apenas por expressa previsão no ordenamento jurídico.

13.3.3. Organizações da Sociedade Civil de Interesse Público (OSCIP)

A qualificação "Organização da Sociedade Civil de Interesse Público" ("OSCIP"), na forma do art. 1.º da Lei Federal 9.790/1999, alterada pela Lei 13.019/2014, será conferida às entidades privadas, constituídas e em regular funcionamento há, no mínimo, 3 anos, que não exercerem atividades lucrativas e desempenharem as atividades especialmente citadas pela Lei.

As entidades interessadas na qualificação de OSCIP devem atender a um dos seguintes objetivos sociais (art. 3.º da Lei 9.790/1999, alterado pela Lei 13.204/2015): assistência social; cultura, defesa e conservação do patrimônio histórico e artístico; promoção gratuita da educação de forma complementar; promoção gratuita da saúde de forma complementar; segurança alimentar e nutricional; defesa, preservação e conservação do meio ambiente e promoção do desenvolvimento sustentável; voluntariado; desenvolvimento econômico e social e combate à pobreza; experimentação, não lucrativa, de novos modelos socioprodutivos e de sistemas alternativos de produção, comércio, emprego e crédito; promoção de direitos estabelecidos, construção de novos direitos e assessoria jurídica gratuita de interesse suplementar; promoção da ética, da paz, da cidadania, dos direitos humanos, da democracia e de outros valores universais; estudos e pesquisas, desenvolvimento de tecnologias alternativas, produção e divulgação de informações e conhecimentos técnicos e científicos que digam respeito às atividades mencionadas neste artigo; estudos e pesquisas para o desenvolvimento, a disponibilização e a implementação de tecnologias voltadas à mobilidade de pessoas, por qualquer meio de transporte.

É vedada a concessão da qualificação de OSCIP às seguintes entidades (art. 2.º da Lei n.º 9.790/1999): sociedades comerciais; sindicatos, associações de classe ou de representação de categoria profissional; instituições religiosas ou voltadas para a disseminação de credos, cultos, práticas e visões devocionais e confessionais; organizações partidárias e assemelhadas, inclusive suas fundações; entidades de benefício mútuo destinadas a proporcionar bens ou serviços a um círculo restrito de associados ou sócios; entidades e empresas que comercializam planos de saúde e assemelhados; instituições hospitalares privadas não gratuitas e suas mantenedoras; escolas privadas dedicadas ao ensino formal não gratuito e suas mantenedoras; organizações sociais;

cooperativas; fundações públicas; fundações, sociedades civis ou associações de Direito privado criadas por órgão público ou por fundações públicas; organizações creditícias que tenham qualquer tipo de vinculação com o sistema financeiro nacional a que se refere o art. 192 da Constituição Federal.

Uma vez qualificadas, tais entidades poderão firmar "termo de parceria" com o poder público, que estabelecerá programas de trabalho (metas de desempenho), e estarão aptas a receber recursos orçamentários do Estado (art. 10). A celebração do termo de parceria será precedida de consulta aos Conselhos de Políticas Públicas das áreas correspondentes de atuação existentes, nos respectivos níveis de governo (art. 10, § 1.º, da Lei 9.790/1999).[21]

São cláusulas essenciais do Termo de Parceria (art. 10, § 2.º, da Lei n.º 9.790/1999):

a) objeto do ajuste: programa de trabalho proposto pela OSCIP (inciso I);
b) estipulação de metas e dos resultados a serem atingidos e os respectivos prazos de execução ou cronograma (inciso II);
c) critérios objetivos para avaliação de desempenho (inciso III);
d) previsão das receitas e despesas a serem realizadas em seu cumprimento, estipulando item por item as categorias contábeis usadas pela organização e o detalhamento das remunerações e benefícios de pessoal a serem pagos, com recursos oriundos ou vinculados ao termo de parceria, a seus diretores, empregados e consultores (inciso IV);
e) prestação de contas periódicas (inciso V); e
f) publicação, na imprensa oficial do Município, do Estado ou da União, conforme o alcance das atividades celebradas entre o órgão parceiro e a organização da sociedade civil de interesse público, de extrato do termo de parceria e de demonstrativo da sua execução física e financeira, sob pena de não liberação dos recursos previstos no termo de parceria.

O termo de parceria será fiscalizado pelo órgão ou entidade supervisora da área de atuação correspondente à atividade fomentada, bem como pelos Conselhos de Políticas Públicas das áreas correspondentes de atuação existentes, em cada nível de governo, e pelo Tribunal de Contas. Deverá ser criada, por comum acordo entre o órgão parceiro e a OSCIP, comissão de avaliação, com atribuição para analisar os resultados atingidos com a execução do termo de parceria, que deverá enviar à autoridade competente relatório conclusivo sobre a avaliação procedida (art. 11, *caput*, §§ 1.º e 2.º, e art. 12 da Lei n.º 9.790/1999).

---

[21] O problema em relação à efetivação dessa exigência é a aparente desnecessidade de criação do referido Conselho (art. 10, § 2.º, do Decreto n.º 3.100/1999).

13.3.4. OS x OSCIP: quadro sinótico

O procedimento e as características gerais das organizações sociais e das organizações da sociedade civil de interesse público são bastante semelhantes. Nos dois casos, as entidades privadas sem fins lucrativos que preencherem os requisitos legais receberão a respectiva qualificação jurídica do Estado e, eventualmente, formalizarão vínculos jurídicos (contrato de gestão ou termo de parceria) para cumprirem metas sociais e receberem benefícios públicos.

As peculiaridades de cada parceria com o Terceiro Setor dependerão, no entanto, da respectiva legislação (federal, estadual, distrital ou municipal).[22] Em âmbito federal, a partir da interpretação literal das Leis n.ºs 9.637/1998 e 9.790/1990, as principais diferenças entre a OS e a OSCIP podem ser exemplificadas no quadro sinótico a seguir:

ENTIDADES / CRITÉRIOS	Organizações sociais (Lei n.º 9.637/1998)	Organizações da sociedade civil de interesse público (Lei n.º 9.790/1999)
Qualificação	Discricionária (arts. 1.º e 2.º, II)	vinculada (art. 1.º, § 2.º)
Competência para qualificação	Ministério ou órgão regulador responsável pela área de atuação da entidade privada requerente (art. 2.º, II)	Ministério da Justiça (art. 5.º)
Órgão de deliberação superior da entidade	Presença obrigatória de representante do poder público (art. 2.º, I, d).	Presença facultativa de servidor público na composição do Conselho da entidade (art. 4.º, parágrafo único)
Vínculo jurídico (parceria)	Contrato de gestão (art. 5.º)	Termo de parceria (art. 9.º)
Fomento	Repasse de recursos orçamentários, permissão de uso de bens públicos e cessão especial de servidor sem custo para a entidade (arts. 12 e 14)	Repasse de recursos orçamentários e permissão de uso de bens públicos (art. 12)

---

[22] No Estado do Rio de Janeiro, por exemplo, a legislação estabelece peculiaridades em comparação à legislação federal, tal como ocorre com o caráter vinculado da qualificação de OS (art. 4.º da Lei n.º 5.498/2009).

13.3.5. Fundações de apoio

As denominadas "fundações de apoio" são instituídas por particulares com o objetivo de auxiliar a Administração Pública, por meio da elaboração de convênios ou contratos.

No âmbito federal, a Lei n.º 8.958/1994 estabelece normas sobre as relações entre as instituições federais de ensino superior e de pesquisa científica e tecnológica e as fundações de apoio. Os demais Entes Federados possuem autonomia para promulgar suas respectivas legislações.

As instituições federais de ensino superior (Ifes), bem como as instituições científicas e tecnológicas (ICTs), mencionadas na Lei n.º 10.973/2004, podem realizar convênios e celebrar contratos diretamente (sem licitação) com as fundações de apoio com o objetivo de apoiar projetos de ensino, pesquisa, extensão, desenvolvimento institucional, científico e tecnológico e estímulo à inovação, inclusive a gestão administrativa e financeira estritamente necessária à execução desses projetos, na forma do art. 24, XIII, da Lei n.º 8.666/1993 e art. 1.º da Lei 8.958/1994.[23]

A atuação da fundação de apoio em projetos de desenvolvimento institucional para melhoria de infraestrutura limita-se às obras laboratoriais, aquisição de materiais e equipamentos e outros insumos especificamente relacionados às atividades de inovação e pesquisa científica e tecnológica. Nesse caso, os materiais e equipamentos adquiridos com recursos transferidos integrarão o patrimônio da Ifes ou ICT contratante (art. 1.º, §§ 2.º e 5.º, da Lei n.º 8.958/1994).

A legislação veda a subcontratação total do objeto dos ajustes realizados pelas Ifes e ICTs com as fundações de apoio, bem como a subcontratação parcial que delegue a terceiros a execução do núcleo do objeto contratado (art. 1.º, § 4.º, da Lei n.º 8.958/1994).

As fundações de apoio podem ser contratadas, por prazo determinado e sem licitação, na forma do art. 24, XIII, da Lei n.º 8.666/1993, pela Financiadora de Estudos e Projetos (Finep), pelo Conselho Nacional de Desenvolvimento Científico e Tecnológico (CNPq) e pelas Agências Financeiras Oficiais

---

[23] De acordo com o art. 1.º, § 1.º, da Lei n.º 8.958/1994, entende-se por desenvolvimento institucional "os programas, projetos, atividades e operações especiais, inclusive de natureza infraestrutural, material e laboratorial, que levem à melhoria mensurável das condições das Ifes e demais ICTs, para cumprimento eficiente e eficaz de sua missão, conforme descrita no plano de desenvolvimento institucional, vedada, em qualquer caso, a contratação de objetos genéricos, desvinculados de projetos específicos". Excluem-se do conceito de "desenvolvimento institucional": a) atividades como manutenção predial ou infraestrutural, conservação, limpeza, vigilância, reparos, copeiragem, recepção, secretariado, serviços administrativos na área de informática, gráficos, reprográficos e de telefonia e demais atividades administrativas de rotina, bem como as respectivas expansões vegetativas, inclusive por meio do aumento no número total de pessoal; e b) realização de outras tarefas que não estejam objetivamente definidas no plano de desenvolvimento institucional da instituição apoiada (art. 1.º, § 3.º, da Lei n.º 8.958/1994).

de Fomento, com a finalidade de dar apoio às Ifes e às ICTs, inclusive na gestão administrativa e financeira dos projetos de ensino, pesquisa e extensão e de desenvolvimento institucional, científico e tecnológico, com a anuência expressa das instituições apoiadas (art. 1.º-A da Lei n.º 8.958/1994).

As fundações de apoio não integram a Administração Pública e possuem natureza de fundações de Direito privado, sujeitas à fiscalização pelo Ministério Público, à legislação trabalhista e ao prévio registro e credenciamento no Ministério da Educação e do Desporto e no Ministério da Ciência e Tecnologia, renovável bienalmente (art. 2.º da Lei n.º 8.958/1994).[24]

Na execução de convênios, contratos, acordos e demais ajustes que envolvam recursos provenientes do poder público, as fundações de apoio adotarão regulamento específico de aquisições e contratações de obras e serviços, a ser editado por meio de ato do Poder Executivo de cada nível de governo (art. 3.º da Lei n.º 8.958/1994).

Ademais, na execução dos referidos ajustes, as fundações de apoio deverão (art. 3.º-A da Lei n.º 8.958/1994):

a) prestar contas dos recursos aplicados aos entes financiadores;
b) submeter-se ao controle de gestão pelo órgão máximo da Instituição Federal de Ensino ou similar da entidade contratante; e
c) submeter-se ao controle finalístico pelo órgão de controle governamental competente.

As fundações de apoio podem se utilizar de servidores públicos federais, que não possuirão vínculo empregatício com a fundação e poderão receber bolsas de ensino, de pesquisa e de extensão, respeitadas as condições e os limites fixados em regulamento (art. 4.º, *caput* e § 1.º, da Lei n.º 8.958/1994).

É vedada a utilização de fundações de apoio para prestação de serviços ou atendimento de necessidades de caráter permanente das Ifes e ICTs contratantes (art. 4.º, § 3.º, da Lei n.º 8.958/1994). As Ifes e ICTs contratantes não podem pagar os débitos contraídos pelas fundações de apoio e não possuem qualquer responsabilidade em relação às pessoas contratadas por essas fundações. A ausência de responsabilidade abrange os atos praticados por servidores públicos utilizados pelas fundações (art. 5.º da Lei n.º 8.958/1994).

Com o intuito de garantir transparência na gestão das fundações de apoio, o art. 4.º-A da Lei n.º 8.958/1994 exige a divulgação de contratos, prestação de contas e relatórios na rede mundial de computadores.

---

[24] O art. 2.º da Lei n.º 8.958/1994, alterado pela Lei n.º 12.349/2010, dispõe que as fundações de apoio são regidas pelo Código Civil brasileiro e por estatutos cujas normas expressamente disponham sobre a observância dos princípios da legalidade, impessoalidade, moralidade, publicidade, economicidade e eficiência.

É permitida a concessão de bolsas de ensino, pesquisa e extensão e de estímulo à inovação aos estudantes de cursos técnicos, de graduação e pós-graduação e aos servidores vinculados a projetos institucionais, inclusive em rede, das Ifes e ICTs, apoiadas na forma da regulamentação específica, observados os princípios da legalidade, impessoalidade, moralidade, publicidade, economicidade e eficiência (art. 4.º-B da Lei n.º 8.958/1994).

As fundações de apoio, por meio de instrumento jurídico específico, podem se utilizar de bens e serviços das Ifes e ICTs apoiadas, pelo prazo necessário à elaboração e execução do projeto de ensino, pesquisa e extensão e de desenvolvimento institucional, científico e tecnológico e de estímulo à inovação, mediante ressarcimento previamente definido para cada projeto (art. 6.º da Lei n.º 8.958/1994).

A doutrina tem criticado a instituição de fundações de apoio, pois a prática tem revelado a sua utilização como forma de burlar a aplicação do regime jurídico administrativo.[25] Assim como ocorre com as demais entidades privadas, que formalizam parcerias com o Estado, o regime jurídico das fundações de apoio deve sofrer influxos de normas publicísticas, de modo a compatibilizar a natureza privada da entidade com os objetivos públicos que devem ser alcançados por meio, inclusive, de dinheiro público, servidores cedidos e utilização do patrimônio público.

13.3.6. Organizações da Sociedade Civil (OSC)

A Lei 13.019/2014, alterada pela Lei 13.204/2015, estabelece o novo marco regulatório das parcerias entre a Administração Pública e as organizações da sociedade civil (OSCs).[26]

Com efeito, a referida legislação tem por objetivo regular, em âmbito nacional, o regime jurídico das parcerias voluntárias, envolvendo ou não transferências de recursos financeiros, firmadas entre a Administração Pública e as organizações da sociedade civil sem fins lucrativos. Tradicionalmente,

---

[25] Nesse sentido: Di Pietro, Maria Sylvia Zanella. *Parcerias na Administração Pública: concessão, permissão, franquia, terceirização, parceria público-privada e outras formas*. 5. ed. São Paulo: Atlas, 2005, p. 284. O TCU, por exemplo, ao analisar a validade de utilização de fundações de apoio para prestação de serviços de saúde junto aos hospitais públicos, concluiu pela sua inviabilidade, tendo em vista a impossibilidade de terceirização da atividade-fim (saúde), em razão do princípio constitucional do concurso público (art. 37, II, da CRFB) (TCU, Plenário, Acórdão 1.193/2006, Rel. Min. Marcos Vinicios Vilaça, *DOU* 24.07.2006).

[26] De acordo com o art. 88 da Lei 13.019/2014, alterado pela Lei 13.204/2015, o diploma legal entrou em vigor 540 dias após a sua publicação. Em relação aos Municípios, a vigência ocorreu a partir de 01.01.2017, admitindo-se que, por meio de ato administrativo, esta fosse iniciada na mesma data fixada como regra geral para os demais Entes federados. Em âmbito federal, a lei foi regulamentada pelo Decreto 8.726/2016.

as parcerias entre a Administração e as OSCs eram reguladas por normas jurídicas esparsas e, muitas vezes, lacunosas, o que sempre acarretou insegurança jurídica aos administradores públicos e particulares.[27]

O novo marco regulatório das parcerias entre a Administração Pública e as organizações da sociedade civil (OSCs), introduzido pela Lei 13.019/2014, representa importante avanço na busca de segurança jurídica, eficiência, democratização e eficiência na atuação consensual da Administração Pública brasileira.

Não obstante os inúmeros avanços da nova Lei, sustentamos a ausência de competência da União para impor normas gerais sobre o tema, aplicáveis aos Estados, Distrito Federal, Municípios e respectivas entidades da Administração Indireta.

Isso porque as referidas parcerias não são instrumentalizadas por contratos, mas, sim, por convênios (ou, como prefere a norma, termo de colaboração ou termo de fomento).

A diferenciação entre os contratos e os convênios é encontrada também no próprio ordenamento constitucional (exs.: arts. 22, XXVII; 37, XXII e § 8.º; 39, § 2.º; 71, VI; 199, § 1.º; 241, todos da CRFB), o que sugere instrumentos jurídicos diversos, uma vez que o legislador não utiliza palavras inúteis.

É forçoso concluir que a Constituição apenas estabelece a competência da União para elaborar normas gerais sobre contratos, na forma do art. 22, XXVII, da CRFB, inexistindo idêntica autorização em relação aos convênios.[28]

Em consequência, ausente norma constitucional que contemple a prerrogativa de fixação de normas gerais, por parte da União, para os convênios, a conclusão é no sentido de reconhecer a autonomia federativa dos entes para estabelecerem as suas próprias normas, na forma do art. 18 da CRFB.[29] A Lei

---

[27] Em âmbito federal, os convênios de natureza financeira são regulamentados no Decreto 6.170/2007, alterado pelos Decretos 6.619/2008, 7.568/2011 e 8.943/2016 e na Portaria Interministerial 424/2016. Podem ser mencionadas, ainda, outras normas importantes que tratam, em alguma medida, de convênios: art. 116 da Lei 8.666/1993; Lei 9.637/1998; Lei 9.790/1999; Lei 8.080/1990 etc.

[28] "Art. 22. Compete privativamente à União legislar sobre: (...) XXVII – normas gerais de licitação e contratação, em todas as modalidades, para as administrações públicas diretas, autárquicas e fundacionais da União, Estados, Distrito Federal e Municípios, obedecido o disposto no art. 37, XXI, e para as empresas públicas e sociedades de economia mista, nos termos do art. 173, § 1.º, III". Destaque-se que a literalidade do art. 1.º da Lei 13.019/2014, que afirma o caráter geral (nacional) de suas normas, por si só, não tem o condão de afastar o raciocínio aqui defendido. Mencione-se, por exemplo, a Lei 8.666/1993, que, de forma semelhante, afirma o seu caráter geral (art. 1.º), o que não impediu que o STF afirmasse que alguns de seus dispositivos devem ser considerados apenas federais, vinculando a União, mas não os demais entes da Federação (ADI 927 MC/RS, Pleno, Rel. Min. Carlos Veloso, j. 03.11.1993, *DJ* 11.11.1994, p. 30.635).

[29] Em sentido semelhante, Diogo de Figueiredo Moreira Neto leciona: "Quanto aos consórcios e convênios, não obstante o art. 116, da Lei n.º 8.666, de 21 de junho de 1993, fazer menção abrangente a convênios, acordos, ajustes e outros instrumentos congêneres, por não se tratarem de pactos do

13.019/2014 deve ser interpretada em conformidade com a Constituição para ser considerada, em princípio, lei federal (e não nacional) aplicável à União, não obstante seja recomendável que os demais entes federados adotem, em suas respectivas legislações, as exigências, os princípios e as demais ideias consagradas pelo legislador federal, especialmente pelo caráter moralizador das referidas normas.

Destaquem-se as principais novidades da Lei 13.019/2014, alterada pela Lei 13.204/2015:[30]

a) Aplicabilidade: parcerias entre a Administração Direta e Indireta (exceto estatais prestadoras de serviços públicos não dependentes e estatais econômicas) e organizações da sociedade civil (entidades privadas sem fins lucrativos).[31]

b) Inaplicabilidade da Lei (art. 3.º): b.1) transferências de recursos homologadas pelo Congresso Nacional ou autorizadas pelo Senado Federal naquilo em que as disposições dos tratados, acordos e convenções internacionais específicas conflitarem com a Lei 13.019/2014, quando os recursos envolvidos forem integralmente oriundos de fonte externa de financiamento; b.2) contratos de gestão celebrados com Organizações Sociais (OS), na forma estabelecida pela Lei 9.637/1998; b.3) convênios e contratos celebrados com entidades filantrópicas e sem fins lucrativos no âmbito do SUS, nos termos do § 1.º do art. 199 da CRFB; b.4) termos de compromisso cultural, mencionados no § 1.º do art. 9.º da Lei 13.018/2014; b.5) termos de parceria celebrados com Organizações da Sociedade Civil de Interesse Público (OSCIPs), desde que cumpridos os requisitos previstos na Lei 9.790/1999; b.6) transferências referidas no art. 2.º da Lei 10.845/2004 (Programa de Complementação ao Atendimento Educacional Especializado às Pessoas Portadoras de Deficiência

---

gênero contrato, mas do gênero acordo, obviamente, não estão sujeitos às normas gerais de contratação que passaram à competência da União, pois elas só teriam aplicação a esses pactos de natureza não contratual se fosse possível admitir-se uma interpretação extensiva do art. 22, XXVII, da Constituição – uma exegese incompatível com a sistemática da partilha de competências político-administrativas adotada, na qual, em princípio, cada entidade da Federação dispõe sobre sua própria administração, só se admitindo exceções explícitas à autonomia administrativa federativa – portanto, contrárias ao princípio federativo". MOREIRA NETO, Diogo de Figueiredo. *Curso de direito administrativo*. 16. ed. Rio de Janeiro: Forense, 2014. p. 182.

[30] Para aprofundar as novidades da referida Lei, remetemos o leitor ao livro: OLIVEIRA, Rafael Carvalho Rezende. *Licitações e contratos administrativos*. 5. ed. São Paulo: Método, 2015. Em verdade, muitas "novidades" foram inspiradas na doutrina, na jurisprudência, inclusive do TCU, e nas normas já existentes sobre convênios, Ficha Limpa (inelegibilidades), licitações, entre outras.

[31] O art. 2º da Lei 13.019/2015, alterado pela Lei 13.204/2015, ao definir Administração Pública, menciona a "União, Estados, Distrito Federal, Municípios e respectivas autarquias, fundações, empresas públicas e sociedades de economia mista prestadoras de serviço público, e suas subsidiárias, alcançadas pelo disposto no § 9º do art. 37 da Constituição Federal", afastando da sua incidência as estatais não dependentes (aquelas que não recebem do ente controlador recursos financeiros para pagamento de despesas com pessoal ou de custeio em geral) e as estatais econômicas.

– PAED), e nos arts. 5.º e 22 da Lei 11.947/2009 (Programa Nacional de Alimentação Escolar – PNAE e Programa Dinheiro Direto na Escola – PDDE); b.7) pagamentos realizados a título de anuidades, contribuições ou taxas associativas em favor de organismos internacionais ou entidades que sejam obrigatoriamente constituídas por membros de Poder ou do Ministério Público; dirigentes de órgão ou de entidade da administração pública; pessoas jurídicas de direito público interno; pessoas jurídicas integrantes da administração pública; b.8) parcerias entre a administração pública e os serviços sociais autônomos (Sistema S).[32]

c) Procedimentos de seleção das organizações: c.1) Procedimento de Manifestação de Interesse Social – PMIS (arts. 18 a 21 da Lei): instrumento por meio do qual as organizações da sociedade civil, movimentos sociais e cidadãos poderão apresentar propostas ao Poder Público para que este avalie a possibilidade de realização de um chamamento público, objetivando a celebração de parceria;[33] e **c.2) Chamamento público** (arts. 23 a 32 da Lei):[34] procedimento que tem por objetivo selecionar organização da sociedade civil para firmar parceria por meio de termo de colaboração ou de fomento, com a observância dos princípios da isonomia, da legalidade, da impessoalidade, da moralidade, da igualdade, da publicidade, da probidade administrativa, da vinculação ao instrumento convocatório, do julgamento objetivo, dentre outros.[35] Algumas peculiaridades do chamamento público merecem destaque:

---

[32] Antes da alteração promovida pela Lei 13.204/2015, o art. 3º da Lei 13.019/2015 afastava da sua incidência, por exemplo, as OS, mas determinava a sua aplicação sobre as OSCIPs. Na 3ª edição desta obra sustentamos a ausência de justificativa razoável para a apontada distinção de tratamento, especialmente pelas semelhanças entre as referidas entidades do Terceiro Setor. A nossa tese foi, agora, consagrada com a nova redação dada pela Lei 13.204/2015.

[33] Trata-se de instituto semelhante àquele previsto nas concessões comuns e especiais (PPPs) de serviços públicos. O PMI encontra fundamento legal no art. 21 da Lei 8.987/1995, aplicável às PPPs (art. 3º, *caput* e § 1º, da Lei 11.079/2004 e Decreto Federal 8.428/2015). O Procedimento de Manifestação de Interesse (PMI) ou Manifestação de Interesse da Iniciativa Privada (MIP), no âmbito das PPPs, tem por objeto a apresentação de propostas, estudos ou levantamentos de Parcerias Público-Privadas, por pessoas físicas ou jurídicas da iniciativa privada. Assim como ocorre com o PMI das PPPs, o PMIS não acarreta o dever de realização do chamamento público, existindo discricionariedade administrativa sobre o tema (art. 21 da Lei 13.019/2014). A realização do PMIS não dispensa a realização do chamamento público na hipótese em que a Administração decidir pela formalização da parceria, sendo admitida a participação da organização da sociedade civil, que apresentou o PMIS, no certame (art. 21, §§ 1º e 2º, da Lei). Ademais, o art. 21, § 3º, da referida, alterado pela Lei 13.204/2015, veda o condicionamento da realização de chamamento público ou a celebração de parceria à prévia realização de PMIS.

[34] A exigência de chamamento público já era consagrada no TCU (ex.: TCU, Plenário, Acórdão 1.331/08, Rel. Min. Benjamin Zymler, *DOU* 11.07.2008), na doutrina (ex.: Oliveira, Rafael Carvalho Rezende. *Licitações e contratos administrativos*. 3. ed. São Paulo: Método, 2014. p. 132) e na legislação especial (ex.: arts. 4º e 5º do Decreto 6.170/2007).

[35] Com a revogação do inciso VII do § 1º do art. 24 da Lei 13.019/2014 pela Lei 13.204/2015, não se exige mais a comprovação do prazo mínimo de 3 anos de existência da OSC; da experiência prévia na realização, com efetividade, do objeto da parceria ou de natureza semelhante; e da capacidade técnica e operacional para o desenvolvimento das atividades previstas e o cumprimento das metas

o critério de julgamento deve levar em consideração o grau de adequação da proposta aos objetivos específicos objeto da parceria e, quando for o caso, o valor de referência constante do chamamento público (art. 27); o julgamento antecede a fase da habilitação (art. 28) etc.

d) Parcerias diretas: casos de dispensa (art. 30)[36] e inexigibilidade (art. 31)[37] de chamamento público.

e) Instrumentos jurídicos de parceria: e.1) termo de colaboração (art. 16 da Lei): instrumento de parceria para consecução de finalidades públicas propostas pela Administração; **e.2) termo de fomento** (art. 17 da Lei): instrumento de parceria para consecução de finalidades públicas propostas pelas organizações da sociedade civil; e **e.3) acordo de cooperação** (art. 2.º, VIII-A, da Lei): instrumento de parceria que não envolva a transferência de recursos financeiros. Os referidos ajustes não se submetem à Lei 8.666/1993 (art. 84 da Lei) e somente produzirão efeitos jurídicos após a publicação dos respectivos extratos no meio oficial de publicidade da Administração (art. 38 da Lei). Em relação aos termos de colaboração e de fomento, entendemos a diferenciação sem qualquer relevância jurídica, pois os dois termos são, na essência, idênticos: quanto ao conteúdo, ambos têm por objetivo a viabilização de parcerias entre a Administração e entidades privadas sem fins lucrativos; e quanto à formalização, ambos são precedidos de chamamento público. Em verdade, o legislador, mais uma vez, institui nomenclaturas diversas para fazer referência aos tradicionais convênios, cuja característica básica é a formalização de parcerias entre a Administração e entidades privadas para consecução de objetivos comuns (exs.: contratos de gestão, contratos

---

estabelecidas. De acordo com o art. 24, § 2º da Lei, o ato convocatório pode prever a seleção de propostas apresentadas exclusivamente por concorrentes sediados ou com representação atuante e reconhecida na unidade da Federação onde será executado o objeto da parceria, bem como estabelecer cláusula que delimite o território ou a abrangência da prestação de atividades ou da execução de projetos, conforme estabelecido nas políticas setoriais.

[36] De acordo com o art. 30 da Lei 13.019/2014, alterado pela Lei 13.204/2015, os casos de dispensa de chamamento público são: a) urgência decorrente de paralisação ou iminência de paralisação de atividades de relevante interesse público, pelo prazo de até 180 dias; b) guerra, calamidade pública, grave perturbação da ordem pública ou ameaça à paz social; c) realização de programa de proteção a pessoas ameaçadas ou em situação que possa comprometer a sua segurança; d) atividades voltadas ou vinculadas a serviços de educação, saúde e assistência social, desde que executadas por organizações da sociedade civil previamente credenciadas pelo órgão gestor da respectiva política.

[37] Será considerado inexigível o chamamento público na hipótese de inviabilidade de competição entre as OSCs, em razão da natureza singular do objeto da parceria ou se as metas somente puderem ser atingidas por uma entidade específica, especialmente quando: a) o objeto da parceria constituir incumbência prevista em acordo, ato ou compromisso internacional, no qual sejam indicadas as instituições que utilizarão os recursos; b) a parceria decorrer de transferência para OSC que esteja autorizada em lei na qual seja identificada expressamente a entidade beneficiária, inclusive quando se tratar da subvenção prevista no inciso I do § 3º do art. 12 da Lei 4.320/1964, observado o disposto no art. 26 da Lei Complementar 101/2000.

de repasse, termos de parcerias, termos de cooperação etc.).[38] Até a promulgação da Lei 13.204/2015, o art. 84 da Lei 13.019/2014 determinava que a expressão "convênios" ficaria restrita às parcerias celebradas entre os Entes federados, o que foi objeto de crítica de nossa parte nas edições anteriores desta obra, quando sustentamos a possibilidade de utilização da nomenclatura também para parcerias entre a Administração e as entidades privadas sem fins lucrativos, reguladas por legislação especial, especialmente em razão da aplicação do critério da especialidade na resolução de antinomias jurídicas. A tese foi corroborada pela nova redação dos arts. 84, parágrafo único, e 84-A da Lei 13.019/2014, que determinam a utilização da expressão "convênios" para os ajustes celebrados entre Entes federados ou pessoas jurídicas a eles vinculadas, bem como aqueles celebrados no âmbito do SUS.

f) **Parcerias "ficha limpa"**: com o objetivo de garantir moralidade nas relações entre a Administração e as entidades privadas, o art. 39 da Lei 13.019/2014 veda a celebração de parcerias nos seguintes casos exemplificativos: entidade omissa no dever de prestar contas de parceria anteriormente celebrada; que tenha como dirigente membro de Poder ou do Ministério Público, ou dirigente de órgão ou entidade da administração pública da mesma esfera governamental na qual será celebrado o termo de colaboração ou de fomento, estendendo-se a vedação aos respectivos cônjuges ou companheiros, bem como parentes em linha reta, colateral ou por afinidade, até o segundo grau; que tenha tido as contas rejeitadas pela Administração nos últimos cinco anos (exceto nas seguintes hipóteses: saneamento da irregularidade que motivou a rejeição e quitados os débitos eventualmente imputados; reconsideração ou revisão da decisão que rejeitou as contas; e quando a apreciação das contas estiver pendente de decisão sobre recurso com efeito suspensivo); punida com suspensão de participação em licitação e impedimento de contratar com a administração, bem como declaração de inidoneidade; que tenha contas de parceria julgadas irregulares ou rejeitadas por Tribunal ou Conselho de Contas de qualquer esfera da Federação, em decisão irrecorrível, nos últimos oito anos etc. Em qualquer caso, independentemente dos prazos fixados, os impedimentos permanecem até o momento em que houver o ressarcimento do dano ao erário (art. 39, § 2.º, da Lei).

---

[38] No mesmo sentido, Alexandre Santos de Aragão afirma que: "Muitas vezes os convênios são formalmente denominados por outros termos. A expressão 'Termo de cooperação', por exemplo, não corresponde a uma natureza jurídica própria, a um instituto específico do Direito Administrativo. Trata-se de mais uma expressão entre as muitas análogas que têm sido adotadas na práxis administrativa ('termo de Cooperação Técnica', 'termo de Cooperação Institucional', 'Acordo de Programa', 'Protocolo de Intenções', 'ajuste de desenvolvimento de projetos', etc.), que vai corresponder a uma das duas modalidades de negócios jurídicos travados pela Administração Pública: o contrato administrativo ou o convênio administrativo". ARAGÃO, Alexandre Santos de. *Direito dos serviços públicos*. 3. ed. Rio de Janeiro: Forense, 2013. p. 717.

g) Contratações realizadas pelas organizações da sociedade civil: os arts. 34, VIII, e 43 da Lei 13.019/2014 dispunham que as contratações de bens e serviços realizadas pelas entidades da sociedade, com recursos públicos, deveriam observar procedimento que atendesse aos princípios da Administração, com a elaboração do "regulamento de compras e contratações" pela OSC, devidamente aprovado pela Administração. Ocorre que as referidas normas foram revogadas pela Lei 13.204/2015, e, atualmente, o art. 80 da Lei 13.019/2014 determina que as compras e contratações que envolvam recursos financeiros provenientes de parceria poderão ser efetuadas por meio de sistema eletrônico disponibilizado pela Administração às OSCs, aberto ao público via internet, que permita aos interessados formular propostas.[39]

h) Despesas vedadas (art. 45 da Lei): utilizar recursos para finalidade alheia ao objeto da parceria.[40]

i) Pessoal contratado pela entidade parceira: a inadimplência da Administração não transfere à OSC a responsabilidade pelo pagamento de obrigações vinculadas à parceria com recursos próprios (art. 46, § 1.º, da Lei), e a remuneração da equipe de trabalho com recursos da parceria não gera vínculo trabalhista com a Administração (art. 46, § 3.º, da Lei).

j) Atuação em rede das entidades privadas: admite-se a atuação em rede, por duas ou mais organizações da sociedade civil, mantida a integral responsabilidade da organização celebrante do termo de fomento ou de colaboração, desde que a OSC signatária do termo possua: mais de cinco anos de inscrição no CNPJ e capacidade técnica e operacional para supervisionar e orientar diretamente a atuação da organização que com ela estiver atuando em rede (art. 35-A da Lei). Apesar da revogação do art. 25, I, da Lei 13.019/2014, entendemos que a possibilidade de participação em rede deve constar expressamente do instrumento convocatório a partir da aplicação analógica do entendimento consagrado para participação de consórcios empresariais nas licitações e o risco de restrição à competitividade.

k) Transparência, participação social, prestação de contas e *accountability*: com o intuito de garantir maior transparência, a Administração deverá manter, em seu sítio oficial na internet, a relação das parcerias

---

[39] Em âmbito federal, o Decreto 8.726/2016 dispõe: "Art. 36. As compras e contratações de bens e serviços pela organização da sociedade civil com recursos transferidos pela administração pública federal adotarão métodos usualmente utilizados pelo setor privado. (...) § 4º Será facultada às organizações da sociedade civil a utilização do portal de compras disponibilizado pela administração pública federal".

[40] A Lei 13.204/2015 afastou outras vedações que constavam do art. 45 da Lei 13.019/2014, tais como: despesas a título de taxa de administração, de gerência ou similar; realização de despesa em data anterior à vigência da parceria; pagamento em data posterior à vigência da parceria, salvo se expressamente autorizado pela autoridade competente da administração pública; transferência de recursos para clubes, associações de servidores, partidos políticos ou quaisquer entidades congêneres etc.

celebradas e dos respectivos planos de trabalho, até 180 dias após o respectivo encerramento, bem como deverá divulgar os meios de representação sobre a aplicação irregular dos recursos envolvidos na parceria (arts. 10 e 12 da Lei). A administração divulgará, na forma de regulamento, nos meios públicos de comunicação por radiodifusão de sons e de sons e imagens, campanhas publicitárias e programações desenvolvidas por OSCs, mediante o emprego de recursos tecnológicos e de linguagem adequados à garantia de acessibilidade por pessoas com deficiência, sendo facultada a criação, pelo Poder Executivo federal, do Conselho Nacional de Fomento e Colaboração, de composição paritária entre representantes governamentais e organizações da sociedade civil, com a finalidade de divulgar boas práticas e de propor e apoiar políticas e ações voltadas ao fortalecimento das relações de fomento e de colaboração (arts. 14 e 15 da Lei).[41] A OSC, por sua vez, deverá divulgar na internet e em locais visíveis de suas sedes sociais e dos estabelecimentos em que exerça suas ações todas as parcerias celebradas com a Administração (art. 11 da Lei). A Lei contém normas detalhadas sobre a prestação de contas por parte da entidade privada (arts. 63 a 72 da Lei). A organização da sociedade civil é obrigada a prestar contas finais da boa e regular aplicação dos recursos recebidos no prazo de até 90 dias a partir do término da vigência da parceria ou no final de cada exercício, se a duração da parceria exceder 1 ano (art. 69 da Lei).

l) Destino dos bens remanescentes: os termos de colaboração e de fomento devem conter cláusula com a definição do destino dos bens remanescentes, assim considerados aqueles de natureza permanente adquiridos com recursos financeiros envolvidos na parceria, necessários à consecução do objeto, mas que a ele não se incorporam, admitindo-se a doação, ao término da parceria, quando os bens não forem necessários à continuidade do objeto pactuado (arts. 2.º, XIII, 36, *caput* e parágrafo único, e 42, X, da Lei). Os equipamentos e materiais permanentes adquiridos pela OSC, com recursos provenientes da celebração da parceria, serão gravados com cláusula de inalienabilidade, e a entidade parceira deverá formalizar promessa de transferência da propriedade à Administração, na hipótese de sua extinção (art. 35, § 5.º, da Lei).

m) Responsabilidade e sanções: a organização da sociedade civil possui responsabilidade exclusiva pelos encargos trabalhistas, previdenciários, fiscais e comerciais relacionados à execução do objeto da parceria, inexistindo

---

[41] O art. 83 do Decreto 8.726/2016 instituiu, em âmbito federal, o Conselho Nacional de Fomento e Colaboração (Confoco), órgão colegiado paritário de natureza consultiva, integrante da estrutura do Ministério do Planejamento, Orçamento e Gestão, com a finalidade de divulgar boas práticas e de propor e apoiar políticas e ações voltadas ao fortalecimento das relações de parceria das organizações da sociedade civil com a administração pública federal.

responsabilidade solidária ou subsidiária da Administração na hipótese de inadimplemento (art. 42, XX, da Lei).[42] O descumprimento do instrumento de parceria e da legislação em vigor acarreta, após prévia defesa, as seguintes sanções administrativas: a) advertência; b) suspensão temporária da participação em chamamento público e impedimento de celebrar parceria ou contrato com órgãos e entidades da esfera de governo da Administração Pública sancionadora, por prazo não superior a dois anos; c) declaração de inidoneidade para participarem de chamamento público ou celebrar parceria ou contrato com órgãos e entidades de todas as esferas de governo, enquanto perdurarem os motivos determinantes da punição ou até que seja promovida a reabilitação perante a própria autoridade que aplicou a penalidade, que será concedida sempre que a OSC ressarcir a Administração pelos prejuízos resultantes, e após decorrido o prazo de 2 anos.[43] As sanções submetem-se ao prazo prescricional de 5 anos, contado a partir da data da apresentação da prestação de contas, que será interrompido com a edição de ato administrativo voltado à apuração da infração (art. 73, §§ 2.º e 3.º, da Lei). Ao contrário do art. 87 da Lei 8.666/1993, a Lei 13.019/2014 não prevê a multa no rol de sanções. Da mesma forma, a nova legislação não menciona o ressarcimento integral do dano. Contudo, apesar da omissão legislativa, deve ser reconhecida a prerrogativa da Administração em buscar o ressarcimento integral do dano, para recompor o erário, sendo certo que o ressarcimento não possui caráter de sanção.[44]

13.4. ASPECTOS RELEVANTES E CONTROVERTIDOS NO TERCEIRO SETOR

Conforme mencionado anteriormente, as entidades do Terceiro Setor não integram a Administração Pública Indireta, mas possuem vínculos jurídicos

---

[42] Verifica-se que, ao contrário da previsão contida no art. 71, § 2º, da Lei 8.666/1993, a Lei 13.019/2014 não estabelece responsabilidade solidária entre o Poder Público e a pessoa jurídica de direito privado pelos encargos previdenciários.

[43] A suspensão temporária e a declaração de inidoneidade são de competência exclusiva do Ministro de Estado ou do Secretário Estadual, Distrital ou Municipal, conforme o caso, facultada a defesa do interessado no respectivo processo, no prazo de 10 dias da abertura de vista, podendo a reabilitação ser requerida após 2 anos de sua aplicação (art. 73, § 1º, da Lei 13.019/2014). No campo das licitações e contratações públicas, apenas a declaração de inidoneidade é de competência exclusiva das autoridades mencionadas anteriormente, na forma do art. 87, § 3º, da Lei 8.666/1993.

[44] "Apesar da imprescritibilidade da pretensão de ressarcimento ao erário ser reconhecida pelo STJ (REsp 1.089.492/RO, 1ª Turma, Rel. Min. Luiz Fux, DJe 18.11.2010; REsp 1.069.723/SP, 2ª Turma, Rel. Min. Humberto Martins, DJe 02.04.2009), o STF, em sede de repercussão geral, decidiu que 'é prescritível a ação de reparação de danos à Fazenda Pública decorrente de ilícito civil' (RE 669.069/MG, Tribunal Pleno, Rel. Min. Teori Zavascki, julgado em 03/02/2016). Quanto à não caracterização de sanção do ressarcimento ao erário, que se revela consequência necessária do prejuízo causado, vide: STJ, REsp 1.184.897/PE, Rel. Min. Herman Benjamin, DJe 27.04.2011."

com o Estado (lei, contrato de gestão e termo de parceria) e dele recebem benefícios.

Tal parceria acaba por influenciar no regime jurídico dessas pessoas, fazendo incidir, quando expressamente previsto no ordenamento, normas de caráter público, o que tem gerado controvérsias no âmbito da doutrina e da jurisprudência.

13.4.1. Foro processual competente para as causas do Terceiro Setor

Um primeiro ponto, que chegou a suscitar dúvidas, especialmente em relação aos serviços sociais autônomos, refere-se ao foro competente para o processo e julgamento das causas envolvendo o Terceiro Setor. O Sistema S, repita-se, recebe contribuições sociais instituídas pela União, o que poderia demonstrar o interesse deste Ente Federado e fixar a competência da Justiça Federal para o julgamento dos feitos.

O Supremo Tribunal Federal (STF), instado a se manifestar sob a égide da Constituição de 1967, entendeu que o Sesi é entidade privada e, por ausência de previsão expressa no texto constitucional, não possui foro diferenciado na Justiça Federal. Daí a edição da Súmula n.º 516 do STF: "O Serviço Social da Indústria (Sesi) está sujeito à jurisdição da Justiça Estadual."[45]

Aqui, o STF foi coerente com a sua jurisprudência em casos análogos, especialmente quando estabeleceu a competência da Justiça Estadual para o processo e julgamento das causas envolvendo as sociedades de economia mista federais.[46] Só serão processadas na Justiça Federal, em princípio, aquelas pessoas expressamente citadas no art. 109, I, da CRFB, e as sociedades de economia mista, ao contrário das empresas públicas federais, não estão previstas naquele rol. Se essas pessoas administrativas, integrantes da Administração

---

[45] A atual Constituição, em seu art. 109, I, que estabelece a competência da Justiça Federal, também não menciona os serviços sociais autônomos. Por essa razão, o STF reiterou o entendimento anterior no julgamento do RExt 366168/SC, Rel. Min. Sepúlveda Pertence, julgamento: 03/02/2004, Primeira Turma, *DJ* 14/05/2004, p. 45. Vide *Informativo de Jurisprudência* n.º 335: "Compete à Justiça comum o julgamento de causas que envolvam o Sebrae e congêneres, por aplicação analógica do Enunciado n.º 516 da Súmula do STF ('O Serviço Social da Indústria – Sesi – está sujeito à jurisdição da Justiça estadual'). Com base nesse entendimento, a Turma manteve acórdão do TRF da 4.ª Região, que, afastando a apreciação pela Justiça Federal, entendera competir à Justiça comum do Estado de Santa Catarina o julgamento de ação popular em que o Sebrae figura como réu. Entendeu-se que a alínea *f* do art. 20 da Lei n.º 4.717/1965 (Lei da Ação Popular), ao considerar como autarquia as entidades de Direito privado que recebam e apliquem contribuições parafiscais, como é o caso do Sebrae, não instituiu regra de competência, mas apenas incluiu o patrimônio de tais entidades no rol de proteção abrangido pela ação popular. RExt 366.168/SC, rel. Min. Sepúlveda Pertence, 3.2.2004. (RE-366168)."

[46] Súmula n.º 517: "As sociedades de economia mista só têm foro na Justiça Federal, quando a União intervém como assistente ou opoente"; Súmula n.º 556: "É competente a Justiça comum para julgar as causas em que é parte sociedade de economia mista."

Pública Indireta federal e vinculadas (não se trata de subordinação) à União, são julgadas por cortes estaduais, com muito mais razão o serão os serviços sociais autônomos, que sequer integram a Administração Pública Indireta.

Dessa forma, o foro competente para processar e julgar as causas que envolvem as entidades do Terceiro Setor, inclusive aquelas que formalizam parcerias com a União, é da Justiça estadual.

13.4.2. Controle pelo Tribunal de Contas e controle social

As entidades do Terceiro Setor, que formalizam parcerias com o poder público, são fiscalizadas pelo respectivo Ente Federativo parceiro, pelo Ministério Público e pelo Tribunal de Contas.

Quanto ao controle da Corte de Contas, vale notar que as entidades do Terceiro Setor são "administradoras" de dinheiro público e, eventualmente, de bens públicos, justificando a aplicação do art. 70, parágrafo único, da CRFB.[47]

Da mesma forma, a sociedade civil também poderá fiscalizar as referidas pessoas, seja indiretamente, por meio da atuação do Ministério Público,[48] seja diretamente, por qualquer cidadão, nesse último caso com a propositura, especialmente, da ação popular.[49]

É importante ressaltar, ainda, outra importante forma de controle social no âmbito do Terceiro Setor: segundo a legislação vigente, a formalização do termo de parceria pela OSCIP depende da prévia manifestação do Conselho de Políticas Públicas, que fiscalizará também a execução das metas estabelecidas para a entidade privada e a respectiva gestão de recursos públicos.[50] Os referidos conselhos deverão ser compostos, via de regra, por representantes do Governo e da sociedade civil.

13.4.3. Regime de pessoal

Quanto ao regime de pessoal das entidades do Terceiro Setor, tendo em vista seu caráter privado, não há dúvidas em relação à aplicação do regime celetista.

---

[47] "Art. 70. [...] Parágrafo único. Prestará contas qualquer pessoa física ou jurídica, pública ou privada, que utilize, arrecade, guarde, gerencie ou administre dinheiros, bens e valores públicos ou pelos quais a União responda, ou que, em nome desta, assuma obrigações de natureza pecuniária." O art. 4.º, VII, *d*, da Lei n.º 9.790/1999 é expresso em relação ao controle pelo Tribunal de Contas.

[48] Vide, por exemplo, os arts. 10 da Lei n.º 9.637/1998 e 13 da Lei n.º 9.790/1999.

[49] Para facilitar o controle dos cidadãos, a Lei n.º 9.790/1999, por exemplo, em seu art. 4.º, VII, *b*, estabeleceu a necessidade de publicidade do relatório de atividades e das demonstrações financeiras da entidade para possibilitar a fiscalização por qualquer cidadão.

[50] Arts. 10, § 1.º, e 11 da Lei n.º 9.790/1999.

Por não integrarem a Administração Pública, essas pessoas não se submetem à regra do concurso público (art. 37, II, da CRFB), porém a contratação de pessoal, em razão do emprego do dinheiro público, deve ser feita mediante processo seletivo objetivo, em respeito aos princípios da impessoalidade e da moralidade.[51] Devem ser refutadas as contratações pautadas exclusivamente por critérios subjetivos, tais como análise curricular, avaliação psicológica, dinâmica de grupo e entrevistas.

A tese aqui sustentada foi consagrada na redação originária da Lei n.º 13.019/2014, que trata das parcerias entre a Administração Pública e as OSCs. A seleção da equipe de trabalho, responsável pela execução da parceria, deveria respeitar os princípios da moralidade e da impessoalidade, com a realização de processo seletivo, com regras transparentes, impessoais e objetivas para seleção dos empregados, bem como promover a divulgação das remunerações da equipe de trabalho, na forma do art. 47, §§ 3.º e 4.º, da Lei n.º 13.019/2014.

Registre-se que a revogação do art. 47 da Lei 13.019/2014, pela Lei 13.204/2015, não tem o condão de afastar a necessidade de processo seletivo com regras impessoais, uma vez que tal exigência decorre da interpretação do texto constitucional.

Essa é a orientação consagrada no TCU,[52] que, em relação ao Sistema S (o raciocínio poderia ser estendido às organizações sociais e organizações da sociedade civil de interesse público), afirmou a ausência de obrigatoriedade de realização de concurso público, mas, por outro lado, a necessidade de realização de processo seletivo, desde que observados os princípios constitucionais da legalidade, da publicidade, da moralidade, da impessoalidade, entre outros.

Por essa razão, o TCU decidiu pela inviabilidade de processo seletivo, em que não seja respeitada a ampla divulgação, bem como a impossibilidade de seleção de candidatos fundada exclusivamente em análise curricular, avaliação psicológica, dinâmica de grupo e entrevistas em seus processos seletivos, dada a subjetividade que permeia tais instrumentos.

A seleção de candidatos, na linha daquela Corte, deve contemplar, em sua essência, a realização de provas que estabeleçam critérios objetivos, com o intuito de afastar a subjetividade da escolha e resguardar a isonomia do certame.

De forma semelhante, o STF afirmou a inaplicabilidade do concurso público aos serviços sociais autônomos: "Os serviços sociais autônomos

---

[51] Nesse sentido: Di Pietro, Maria Sylvia Zanella. *Direito Administrativo*. 20. ed. São Paulo: Atlas, 2007, p. 459.

[52] TCU, Acórdão 1.461/06, Plenário, Rel. Min. Marcos Bemquerer, *DOU* 18/08/2006.

integrantes do denominado Sistema "S" não estão submetidos à exigência de concurso público para contratação de pessoal, nos moldes do art. 37, II, da Constituição Federal" (Tema 569 da Tese de Repercussão Geral do STF).

Da mesma maneira, seria recomendável estabelecer limites aos salários que seriam pagos ao pessoal das entidades do Terceiro Setor, com recursos orçamentários nos moldes dos tetos estabelecidos aos agentes públicos.[53]

A ausência de teto salarial para a remuneração devida aos empregados dessas entidades poderia servir como um mecanismo indireto de burla ao art. 37, XI, da Constituição. Isso porque a atividade que seria, em princípio, exercida por agentes públicos será exercida por empregados privados, cuja remuneração também será efetivada com os recursos públicos repassados.

Não obstante isso, o Tribunal de Contas da União (TCU) já entendeu ser inaplicável o art. 37, XI, da Constituição aos empregados do Sistema S.[54]

De qualquer forma, a legislação, nesse ponto, buscou estabelecer alguns limites remuneratórios dos empregados do Terceiro Setor. Em relação à OSCIP, por exemplo, há previsão de que a remuneração dos dirigentes deverá respeitar "os valores praticados pelo mercado, na região correspondente à sua área de atuação", bem como há necessidade de detalhamento, no termo de parceria, das remunerações e benefícios dos diretores, empregados e consultores.[55]

De igual forma, o contrato de gestão formalizado com a OS deve estabelecer "limites e critérios para despesa com remuneração e vantagens de qualquer natureza a serem percebidas pelos dirigentes e empregados das organizações sociais, no exercício de suas funções".[56]

13.4.4. Patrimônio

Em virtude da natureza privada das entidades do Terceiro Setor, os bens integrantes do seu patrimônio serão considerados bens privados.

Nada obsta, no entanto, a cessão temporária de bens públicos às entidades privadas para serem utilizados na satisfação das metas sociais. Nessa

---

[53] Nesse sentido, manifestando-se expressamente sobre as organizações sociais: Di Pietro, Maria Sylvia Zanella. *Direito Administrativo*, 20. ed. São Paulo: Atlas, 2007, p. 464. No Estado do Rio de Janeiro, o art. 4.º, VII, da Lei n.º 5.501/2009 determina a aplicação do teto remuneratório aos administradores, gerentes ou diretores da OSCIP. Da mesma forma, o art. 5.º, IV, *e*, da Lei n.º 5.498/2009 exige que a remuneração dos diretores executivos da OS respeite o art. 37, XI, da CRFB.

[54] TCU, Acórdão 2.328/06, Plenário, Rel. Min. Ubiratan Aguiar, *DOU* 13/12/2006.

[55] Arts. 4.º e 10, § 2.º, IV, da Lei n.º 9.790/1999.

[56] Art. 7.º, II, da Lei n.º 9.637/1998. No Estado do Rio de Janeiro, o art. 9.º, IV, da Lei n.º 5.498/2009 dispõe que o contrato de gestão deve prever "estipulação de limites e critérios para remuneração e vantagens, de qualquer natureza, a serem percebidos pelos dirigentes e empregados da organização social, no exercício de suas funções".

hipótese, por óbvio, os bens serão considerados públicos, pois permanecem sob a titularidade estatal.

Os bens privados, integrantes do patrimônio das entidades privadas, não se submetem, em regra, às normas publicísticas, por exemplo, a inalienabilidade (ou alienação condicionada), a impenhorabilidade e a imprescritibilidade.

Todavia, os bens adquiridos por entidades privadas do Terceiro Setor, com recursos públicos repassados pelo Estado, sofrem limitações legais importantes. Nesse caso, a legislação impõe uma espécie de propriedade resolúvel em favor da entidade privada, pois, em caso de sua extinção, os bens deverão ser transferidos ao patrimônio de outra entidade similar ou ao patrimônio do Estado (ex.: art. 2.º, I, *i*, da Lei n.º 9.637/1998; art. 4.º, IV, da Lei n.º 9.790/1999; art. 33, III, da Lei n.º 13.019/2014).[57]

A justificativa para a transferência dos bens, preferencialmente, para entidades similares, em caso de extinção da entidade parceira, é a necessidade de continuidade das atividades sociais e do atendimento das metas públicas.

Por essa razão, é possível entender que, em determinadas hipóteses, os bens dessas entidades privadas sejam considerados impenhoráveis, em razão da necessidade de continuidade das atividades sociais. O princípio da continuidade, conforme já assinalado, ainda que se dirija normalmente aos serviços públicos, pode ser aplicado também às atividades privadas, socialmente relevantes (ex.: Lei n.º 7.783/1989).

Admite-se, por fim, a cessão temporária de bens públicos às entidades privadas para serem utilizados na satisfação das metas sociais.

13.4.5. Licitação e contratos

Quanto ao tema da aplicação das regras de licitação ao Terceiro Setor, a análise deve levar em consideração duas questões distintas:

---

[57] Lei n.º 9.637/1998: "Art. 2.º São requisitos específicos para que as entidades privadas referidas no artigo anterior habilitam-se à qualificação como organização social: I – comprovar o registro de seu ato constitutivo, dispondo sobre: [...] *i* – previsão de incorporação integral do patrimônio, dos legados ou das doações que lhe foram destinados, bem como dos excedentes financeiros decorrentes de suas atividades, em caso de extinção ou desqualificação, ao patrimônio de outra organização social qualificada no âmbito da União, da mesma área de atuação, ou ao patrimônio da União, dos Estados, do Distrito Federal ou dos Municípios, na proporção dos recursos e bens por estes alocados." Lei n.º 9.790/1999: "Art. 4.º Atendido o disposto no art. 3.º, exige-se ainda, para qualificarem-se como organizações da sociedade civil de interesse público, que as pessoas jurídicas interessadas sejam regidas por estatutos cujas normas expressamente disponham sobre: [...] IV – a previsão de que, em caso de dissolução da entidade, o respectivo patrimônio líquido será transferido a outra pessoa jurídica qualificada nos termos desta Lei, preferencialmente que tenham o mesmo objeto social da extinta." Essa exigência é prevista também na legislação sobre organizações sociais (art. 9.º, II, da Lei n.º 5.498/2009) e sobre organizações da sociedade civil de interesse público do Estado do Rio de Janeiro (art. 4.º, V e VI, e art. 20, § 2.º, da Lei n.º 5.501/2009).

a) formalização da parceria (contrato de gestão e termo de parceria); e

b) utilização de recursos públicos nas contratações realizadas pelas entidades do Terceiro Setor com terceiros.

13.4.5.1. A necessidade de processo objetivo para celebração do contrato de gestão e do termo de parceria

A primeira questão polêmica envolve a eventual obrigatoriedade de licitação para escolha da OS e da OSCIP que formalizarão, respectivamente, o contrato de gestão e o termo de parceria. Sobre o tema, é possível apontar dois entendimentos:

1.º entendimento: obrigatoriedade de licitação. Nesse sentido: Marçal Justen Filho.[58]

2.º entendimento: inaplicabilidade da licitação, uma vez que os contratos de gestão e os termos de parceria são verdadeiros convênios, caracterizados pela busca de interesses comuns dos partícipes, sendo certo que a regra da licitação é direcionada aos contratos administrativos. Nesse sentido: José dos Santos Carvalho Filho e TCU.[59]

Concordamos com a segunda posição. A licitação é aplicável aos contratos administrativos, e não aos convênios (art. 37, XXI, da CRFB e art. 2.º da Lei n.º 8.666/1993).

Dessa forma, o art. 116 da Lei n.º 8.666/1993 determina a aplicação das normas de licitação aos convênios apenas "no que couber". Ora, se os convênios e os contratos fossem sinônimos, não faria sentido a ressalva feita pelo legislador, uma vez que o tratamento jurídico seria o mesmo.[60]

Todavia, a ausência de licitação formal não afasta a necessidade de obediência aos princípios constitucionais, notadamente a impessoalidade e a moralidade, na celebração de convênios com entidades privadas do Terceiro Setor.[61]

---

[58] Marçal Justen Filho, ao analisar a formalização do contrato de gestão, afirma a "necessidade de prévia licitação para configurar o contrato de gestão e escolher a entidade privada que será contratada", salvo as situações de dispensa e de inexigibilidade, bem como de credenciamento (Justen Filho, Marçal. *Comentários à Lei de Licitações e Contratos Administrativos*. 9. ed. São Paulo: Dialética, 2002, p. 36). No mesmo sentido: STJ, 1.ª Turma, REsp 623.197/RS, Min. José Delgado, *DJ* 08.11.2004, p. 177.

[59] Carvalho Filho, José dos Santos. *Manual de Direito administrativo*. 22. ed. Rio de Janeiro: Lumen Juris, 2009, p. 244-245; TCU, Plenário, Acórdão 1.006/2011, Rel. Min. Ubiratan Aguiar, 20.04.2011, *Informativo de Jurisprudência sobre Licitações e Contratos do TCU* n.º 59.

[60] Ressalte-se que o art. 81 do Anteprojeto de Lei de Normas Gerais sobre Administração Pública Direta e Indireta, entidades paraestatais e entidades de colaboração, dispõe que os instrumentos jurídicos celebrados com as entidades privadas sem fins lucrativos não se submetem às normas da Lei n.º 8.666/1993, salvo no tocante ao disposto no art. 116 daquela Lei. O texto integral do anteprojeto encontra-se disponível em: http://www.planejamento.gov.br/secretarias/upload/Arquivos/seges/comissao_jur/arquivos/090729_seges_Arq_leiOrganica.pdf. Acesso em 20 mar. 2011.

[61] Nesse sentido, por exemplo: art. 7.º da Lei n.º 9.637/1998.

Em consequência, caso existam várias entidades potencialmente interessadas no contrato de gestão ou no termo de parceria, deve o poder público estabelecer procedimento administrativo prévio para a escolha da entidade beneficiária do convênio, sob pena de violar a igualdade.

A tese aqui defendida foi consagrada no art. 23 do Decreto n.º 3.100/1999, com redação conferida pelo Decreto n.º 7.568/2011, que regulamenta a Lei 9.790/1999, prevendo a obrigatoriedade do denominado "concurso de projetos" como forma de restringir a subjetividade na escolha da OSCIP, garantindo o cumprimento dos princípios da igualdade e da eficiência.[62]

Vale ressaltar que o art. 4.º do Decreto n.º 6.170/2007 dispõe que a celebração de convênio ou contrato de repasse com entidades privadas, sem fins lucrativos, será precedida de chamamento público, a ser realizado pelo órgão ou entidade concedente, visando à seleção de projetos ou entidades que tornem mais eficaz o objeto do ajuste (art. 4.º do Decreto n.º 6.170/2007, alterado pelo Decreto n.º 7.568/2011).[63]

Da mesma forma, os arts. 23 a 32 da Lei n.º 13.019/2014 exigem a realização do "chamamento público" para seleção das organizações da sociedade civil que celebrarão parcerias com a Administração Pública, confirmando a tendência sustentada nas edições anteriores desta obra.

É importante notar que o art. 24, XXIV, da Lei n.º 8.666/1993 dispensa a realização de licitação para a "celebração de contratos de prestação de serviços com as organizações sociais, qualificadas no âmbito das respectivas esferas de governo, para atividades contempladas no contrato de gestão".

Não obstante a norma em questão refira-se tão somente às organizações sociais e o rol do art. 24 da Lei n.º 8.666/1993 seja considerado taxativo,

---

[62] Em sua redação originária, o art. 23 do Decreto n.º 3.100/1999 não tornava obrigatória a utilização do concurso de projetos, que dependeria da análise discricionária do poder público. O TCU, analisando a questão, determinou ao Poder Executivo a realização de aperfeiçoamento no Decreto n.º 3.100/1999 para, entre outras medidas, tornar, em princípio, obrigatória a realização do concurso de projetos (TCU, Plenário, Decisão 931/1999, Rel. Min. Marcos Vilaça, *BTCU* 78/1999). Com a alteração promovida pelo Decreto n.º 7.568/2011, o concurso de projetos passou a ser obrigatório.

[63] Em relação ao chamamento público, o art. 8.º da Portaria Interministerial 424/2016 dispõe: "Art. 8º Para a celebração dos instrumentos regulados por esta Portaria, o órgão ou entidade da Administração Pública Federal, com vista a selecionar projetos e órgãos, entidades públicas ou entidades privadas sem fins lucrativos que tornem mais eficaz a execução do objeto, poderá realizar chamamento público no SICONV, que deverá conter, no mínimo: I - a descrição dos programas a serem executados de forma descentralizada; e II - os critérios objetivos para a seleção do convenente, com base nas diretrizes e nos objetivos dos respectivos programas. § 1º Deverá ser dada publicidade ao chamamento público, pelo prazo mínimo de 15 (quinze) dias, especialmente por intermédio da divulgação na primeira página do sítio oficial do órgão ou entidade concedente, bem como no Portal dos Convênios. § 2º É obrigatória a realização prévia de chamamento público para a celebração de convênio ou contrato de repasse com entidades privadas sem fins lucrativos, salvo para transferências do Ministério da Saúde destinadas a serviços de saúde integrantes do Sistema Único de Saúde - SUS."

entendemos que a referida dispensa deve ser aplicada também às OSCIPs,[64] tendo em vista os seguintes argumentos: a) princípios constitucionais da isonomia e da razoabilidade: as duas entidades possuem, na essência, características similares que justificam tratamento isonômico em matéria de licitação; b) o inciso XXIV foi inserido ao art. 24 da Lei n.º 8.666/1993 pela Lei n.º 9.648/1998, ou seja, antes da instituição normativa da OSCIP, que só ocorreu em 1999 (Lei n.º 9.790/1999); e c) o "contrato" com entidades privadas, sem fins lucrativos, constitui verdadeiro convênio, o que afastaria a necessidade de licitação. Ainda que se considere contrato propriamente dito, o art. 24, XIII, da Lei n.º 8.666/1993 justificaria a dispensa nos casos nele elencados.

13.4.5.2. *A controvérsia a respeito da necessidade de licitação nas contratações com dinheiro público pelo Terceiro Setor*

A segunda questão controvertida refere-se à necessidade de licitação para contratações realizadas por entidades do Terceiro Setor (serviços sociais autônomos, organizações sociais e organizações da sociedade civil de interesse público) com dinheiro público. Existem três entendimentos doutrinários sobre o assunto:

1.º entendimento: desnecessidade de licitação. Seria inconstitucional a inclusão das "entidades controladas direta ou indiretamente" pela Administração Direta e Indireta no rol dos destinatários da regra da licitação (arts. 1.º, parágrafo único, e 119 da Lei n.º 8.666/1993), tendo em vista a impossibilidade de interferência estatal (art. 5.º, XVII, da CRFB), salvo nos casos expressamente autorizados pelo próprio texto constitucional, não sendo referida qualquer exceção no tocante à exigência de licitação. A Lei n.º 8.666/1993 não poderia ampliar o rol de destinatários da regra constitucional da licitação, que menciona apenas as entidades da Administração Pública, não incluídas as entidades privadas do Terceiro Setor. Nesse sentido, Diogo de Figueiredo Moreira Neto.[65]

2.º entendimento: necessidade de licitação para as contratações realizadas pelo Terceiro Setor, inseridas na expressão "demais entidades controladas direta ou indiretamente" pela Administração Direta, contida no art. 1.º, parágrafo único, da Lei 8.666/1993. A Constituição menciona as entidades da Administração como destinatárias da licitação, mas não impede a menção

---

[64] É importante notar que não há novidade na admissão de interpretações extensivas de itens constantes de listas taxativas. O STF, no tocante à lista de serviços sujeitos ao ISS, constante do DL n.º 406/1968, afirma que o rol de serviços é taxativo, "embora comportem interpretação ampla os seus tópicos". RExt 361.829/RJ, Rel. Min. Carlos Velloso, Segunda Turma, *DJ* 24/02/2006, p. 51. Sobre o tema: Oliveira, Rafael Carvalho Rezende. *Licitações e contratos administrativos*. 3.ª ed. São Paulo: Método, 2014.

[65] Moreira Neto, Diogo de Figueiredo. Natureza jurídica dos serviços sociais autônomos. *RDA*, v. 207, p. 93, jan.-mar. 1997.

legal a outras pessoas que possuem vínculos formais com o poder público. Nesse sentido: José dos Santos Carvalho Filho.[66]

3.º entendimento: desnecessidade de licitação na forma da Lei n.º 8.666/1993, mas obrigatoriedade de realização de procedimento simplificado, previsto pela própria entidade privada, que assegure o respeito aos princípios constitucionais (impessoalidade, moralidade etc.). Essa é a exigência contida nos arts. 17 da Lei n.º 9.637/1998 e 14 da Lei n.º 9.790/1999, que estabelecem a necessidade de edição de regulamentos próprios, respectivamente, pela OS e pela OSCIP, contendo os procedimentos que tais entidades devem adotar "para a contratação de obras e serviços, bem como para compras com emprego de recursos provenientes do poder público". Nesse sentido: TCU.[67]

Entendemos que a razão está com o terceiro entendimento.

A interpretação moderada da questão evita o engessamento das entidades privadas, que seria causado pela aplicação da Lei n.º 8.666/1993, mas garante a observância dos princípios constitucionais por meio da exigência de procedimento simplificado e objetivo para contratações realizadas com dinheiro público repassado.

De um lado, a submissão às regras da Lei n.º 8.666/1993 pelo Terceiro Setor poderia engessar sobremaneira a atuação das pessoas privadas, burocratizando seus procedimentos e dificultando o alcance de seus objetivos sociais. Ora, a própria ideia de parceria entre o Estado e a sociedade civil justifica-se pela ineficiência e burocracia inerentes à maquina administrativa, o que gerou a mencionada "fuga para o Direito privado".

---

[66] Carvalho Filho, José dos Santos. *Manual de Direito administrativo.* 22. ed. Rio de Janeiro: Lumen Juris, 2009, p. 512-513.

[67] Em relação ao Sistema S: TCU, Plenário, Decisão 907/1997, Rel. Min. Lincoln Magalhães da Rocha, *DOU* 26.12.1997. Quanto às OS e OSCIPs: TCU, Plenário, Acórdão 1.777/05, Rel. Min. Marcos Vinicios Vilaça, *DOU* 22.11.2005. Em decisões posteriores, as 1.ª e 2.ª Câmaras do TCU afirmaram a necessidade de adoção da modalidade pregão, preferencialmente eletrônico, para aquisição de bens e serviços comuns pelo Sistema S e OS, com a utilização de recursos públicos, tendo em vista os princípios da eficiência e da economicidade. TCU, Acórdão 3.153/12, 2.ª Câmara, Rel. Min. José Jorge, 08.05.2012 (*Informativo de Jurisprudência sobre Licitações e Contratos do TCU* n.º 105); TCU, Acórdão 5.613/12, 1.ª Câmara, Rel. Min. José Múcio Monteiro, 18.09.2012 (*Informativo de Jurisprudência sobre Licitações e Contratos do TCU* n.º 124). Recentemente, o TCU afirmou que as entidades do Sistema S "não estão obrigadas a seguir rigorosamente os termos da Lei n.º 8.666/1993 e não são alcançadas pelo comando contido no art. 4.º do Decreto n.º 5.450/2005, que impõe a utilização da modalidade pregão para a aquisição de bens e serviços comuns, no âmbito da União. Tais entidades, que não integram a Administração Direta nem a Indireta, estão obrigadas ao cumprimento de seus regulamentos próprios, os quais devem estar pautados nos princípios gerais do processo licitatório e consentâneos ao contido no art. 37, *caput*, da Constituição Federal". TCU, Plenário, Acórdão 1.392/13, Rel. Min. Raimundo Carreiro, 05.06.2013 (*Informativo de Jurisprudência sobre Licitações e Contratos do TCU* n.º 154). O Plenário do TCU tem afirmado a desnecessidade de realização de licitação por entidades privadas, que recebem recursos oriundos de convênios celebrados com entes da Administração Federal, admitindo-se a adoção de procedimentos simplificados, desde que observem os princípios da igualdade, legalidade, moralidade, publicidade e eficiência administrativa. TCU, Acórdão 1.907/12, Plenário, Rel. Min. José Jorge, 18.07.2012 (*Informativo de Jurisprudência sobre Licitações e Contratos do TCU* n.º 116).

Por outro lado, a liberação total do Terceiro Setor das "amarras" do poder público pode servir como um convite às praticas (a)imorais com o dinheiro público. Em vez de realizar a licitação, o poder público, de forma fraudulenta e disfarçada, poderia repassar o dinheiro público para as pessoas do Terceiro Setor, criadas sob encomenda, que contratariam apenas com os padrinhos políticos daquele governante.

Dessa forma, as entidades do Terceiro Setor devem observar procedimentos, com regras objetivas, para utilização dos recursos públicos. Ainda que se aproxime das regras de licitação, fato é que serão regras próprias e simplificadas, não se aplicando, neste ponto, a Lei n.º 8.666/1993.

Aliás, essa solução foi consagrada na legislação especial (arts. 17 da Lei n.º 9.637/1998 e 14 da Lei n.º 9.790/1999).[68] O Chefe do Executivo, portanto, ao editar o decreto em comento, exorbitou do seu poder regulamentar na parte em que exigiu a realização de licitação, na modalidade pregão, às organizações sociais e organizações da sociedade civil de interesse público.

A tese defendida na presente obra chegou a ser consagrada no art. 43 da Lei n.º 13.019/2014, que exigiu a elaboração de "regulamento de compras e contratações" por parte da entidade privada, aprovado pela Administração Pública, com o objetivo de disciplinar as contratações de bens e serviços realizadas com recursos públicos, observados os princípios da Administração Pública.

Ocorre que o referido art. 43 foi revogado pela Lei 13.204/2015 e o art. 80 da Lei 13.019/2014, alterado pelo mesmo diploma legal, determina que as compras e contratações que envolvam recursos financeiros provenientes de parceria poderão ser efetuadas por meio de sistema eletrônico disponibilizado pela Administração às Organizações da Sociedade Civil, aberto ao público via internet, que permita aos interessados formular propostas.

13.4.6. Responsabilidade civil

O tema da responsabilidade civil das entidades do Terceiro Setor tem gerado polêmicas doutrinárias, apesar de poucos estudos específicos sobre o tema, como será demonstrado a seguir.

---

[68] Lei n.º 9.637/1998: "Art. 17. A organização social fará publicar, no prazo máximo de noventa dias contado da assinatura do contrato de gestão, regulamento próprio contendo os procedimentos que adotará para a contratação de obras e serviços, bem como para compras com emprego de recursos provenientes do poder público." O Estado do Rio de Janeiro (art. 31 da Lei n.º 5.498/2009) e o Município do Rio de Janeiro (art. 17 da Lei n.º 5.026/2009) estabeleceram regras semelhantes. Lei n.º 9.790/1999: "Art. 14. A organização parceira fará publicar, no prazo máximo de trinta dias, contado da assinatura do termo de parceria, regulamento próprio contendo os procedimentos que adotará para a contratação de obras e serviços, bem como para compras com emprego de recursos provenientes do poder público, observados os princípios estabelecidos no inciso I do art. 4.º desta Lei." A legislação do Estado do Rio de Janeiro dispõe no mesmo sentido: art. 11, IV, da Lei n.º 5.501/2009.

13.4.6.1. A responsabilidade civil das entidades que integram o Terceiro Setor

Inicialmente, será abordada a natureza da responsabilidade civil das próprias entidades integrantes do Terceiro Setor quando estas, no desempenho de suas atividades sociais, causarem prejuízos a terceiros.

Há controvérsia doutrinária sobre a natureza (objetiva ou subjetiva) da responsabilidade civil das entidades integrantes do Terceiro Setor.

1.º entendimento: responsabilidade objetiva, na forma do art. 37, § 6.º, da CRFB, uma vez que as entidades possuem vínculos jurídicos com o poder público com o intuito de substituí-los na execução de atividades sociais que podem ser qualificadas como serviços públicos. Nesse sentido: Cristiana Fortini.[69]

2.º entendimento: responsabilidade objetiva dos serviços sociais autônomos, em virtude do caráter eminentemente social das atividades desempenhadas, qualificadas como serviços públicos, e o vínculo formal (lei autorizativa) com o Estado. Por outro lado, a OS e a OSCIP respondem de forma subjetiva, pois exercem "parceria desinteressada". Nesse sentido: José dos Santos Carvalho Filho.[70]

3.º entendimento: responsabilidade subjetiva em razão da inexistência de serviço público, sendo inaplicável o art. 37, § 6.º, da CRFB. Nesse sentido: Marcos Juruena Villela Souto.[71]

Entendemos que a responsabilidade das entidades do Terceiro Setor é subjetiva.

Em primeiro lugar, não se pode considerar serviço público a atividade desempenhada no âmbito do Terceiro Setor para fins de incidência do art. 37, § 6.º, da CRFB. Isso porque, não obstante a polissemia da expressão "serviço público" e da evolução do seu sentido no Direito comparado, vigora, majoritariamente no Brasil, a ideia de que o serviço público é de titularidade do Estado e que a sua prestação por particulares só pode decorrer de delegação formal (legal ou negocial).

Mesmo em relação aos serviços públicos de cunho social, abertos pela própria Constituição à iniciativa privada sem necessidade de delegação formal

---

[69] Fortini, Cristiana. Organizações Sociais: natureza jurídica da responsabilidade civil das organizações sociais em face dos danos causados a terceiros. *Revista Eletrônica sobre a Reforma do Estado*, n.º 6, p. 6, Salvador, jun.-jul.-ago. 2006. Disponível em: http://www. direitodoestado.com.br. Acesso em 28 out. 2007.

[70] Carvalho Filho, José dos Santos. *Manual de Direito administrativo*. 18. ed. Rio de Janeiro: Lumen Juris, 2007, p. 494.

[71] Souto, Marcos Juruena Villela. *Direito administrativo em debate*. 2.ª série. Rio de Janeiro: Lumen Juris, 2007, p. 201.

(saúde e educação), não se aplicaria o art. 37, § 6.º, da CRFB. Conforme a jurisprudência pátria, tais serviços só são considerados verdadeiramente públicos quando prestados pelo Estado, sendo tratados como atividades privadas de relevância pública quando prestados pela iniciativa privada.

No âmbito do Terceiro Setor, dessa forma, não há tecnicamente delegação de atividades estatais (concessão ou permissão de serviços públicos) para entidades privadas,[72] mas apenas um reconhecimento formal por parte do Estado da importância de determinadas pessoas privadas para a consecução de finalidades sociais, o que afasta a incidência do art. 37, § 6.º, da CRFB.[73]

Vale dizer: as atividades prestadas por tais entidades são privadas e de relevância social, prestadas em nome próprio, independentemente de delegação do poder público, razão pela qual não podem ser qualificadas como serviços públicos propriamente ditos. Os vínculos jurídicos formalizados com entidades do Terceiro Setor não têm por objetivo a delegação de serviços, mas o fomento público por meio de parcerias com determinadas pessoas privadas para a consecução de finalidades sociais.

Em segundo lugar, a distinção de tratamento entre o Sistema S, a OS e a OSCIP, com fundamento no desinteresse da parceria entre essas pessoas e o Estado, não se nos afigura a mais adequada, pois todas elas prestam atividades desinteressadas, se tal expressão for considerada sinônimo de ausência de lucro.

Portanto, a responsabilidade dessas pessoas deve ser analisada à luz da legislação civil e, portanto, considerada índole subjetiva, admitindo-se a responsabilidade objetiva nos casos expressamente previstos em lei ou quando a atividade, por sua própria natureza, implicar risco para as pessoas (art. 927, parágrafo único, do CC).

---

[72] Marçal Justen Filho, ao tratar das atividades desenvolvidas no bojo dos contratos de gestão das organizações sociais, asseverou com propriedade: "[...] essas atividades poderiam ser objeto de desenvolvimento autônomo por qualquer particular, em nome próprio e sob regime de Direito privado. A única peculiaridade reside em que o particular, através do contrato de gestão, atuará em nome próprio, sob regime de Direito privado, mas receberá apoio estatal". Justen Filho, Marçal. *Comentários à Lei de Licitações e Contratos Administrativos*. 9. ed. São Paulo: Dialética, 2002, p. 33. Não obstante, o autor, em seguida, afirma que o regime da concessão se aplica, em alguns aspectos, à OS, sendo objetiva a sua responsabilidade (art. 37, § 6.º, da CRFB), pois as suas atividades são substitutivas da atuação estatal.

[73] Nesse sentido, quanto à OS e à OSCIP, é a lição do professor Marcos Juruena: "No caso das organizações sociais (OS) e organizações da sociedade civil de interesse público (OSCIP), não há delegação de serviço público, mas, em homenagem ao princípio da subsidiariedade, fomento estatal a uma atividade privada de interesse público. Logo, aí não cabe responsabilidade objetiva." Souto, Marcos Juruena Villela. *Direito administrativo em debate*, 2.ª série. Rio de Janeiro: Lumen Juris, 2007, p. 201. Vide também: Araújo, Valter Shuenquener de. Terceiro Setor: a experiência brasileira. *Revista da Seção Judiciária do Rio de Janeiro*, n.º 14, p. 232, Rio de Janeiro, JFRJ, 2005.

13.4.6.2. A responsabilidade civil do Estado em razão dos danos causados por entidades do Terceiro Setor

O Estado, recorde-se mais uma vez, com o intuito de fomentar determinadas atividades sociais, estabelece parcerias formais com as pessoas privadas, possuindo, em determinados casos, responsabilidade pelos danos que venham a ser causados na atuação do Terceiro Setor.

Para compreender a responsabilidade do Estado, é importante destacar algumas situações que podem ocorrer e suas respectivas peculiaridades.

De plano, é fundamental advertir que a simples concessão de qualificações jurídicas por parte do Estado às entidades privadas não atrai, por si só, para ele responsabilidades diferenciadas.

De acordo com a sistematização estabelecida pela legislação vigente, as entidades privadas sem fins lucrativos que preencherem os requisitos legais poderão ser qualificadas como OS ou OSCIP. Essas qualificações não geram obrigações para as pessoas privadas nem para o Estado, apenas possibilitam a celebração, futura e eventual, de uma parceria. Na realidade, só com a formalização, respectivamente, do contrato de gestão e do termo de parceria, é que as pessoas privadas terão metas de desempenho, que deverão ser alcançadas com o apoio estatal, e o Estado passará a ter responsabilidades, inclusive a de fiscalizar a atividade social desenvolvida.[74]

Em consequência, só é possível discutir eventual responsabilidade civil do Estado quando houver efetiva formalização de vínculos jurídicos com as entidades do Terceiro Setor.

Partindo da premissa apontada, não se pode olvidar que o Estado possui responsabilidade por danos causados por pessoas do Terceiro Setor, uma vez que não são simples particulares, mas, sim, parceiras do Estado no desempenho de atividades de interesse da coletividade.

No entanto, à falta de norma específica, a responsabilidade do Estado, nesse caso, deve ser considerada subsidiária, por algumas razões a seguir apontadas.

---

[74] A Lei n.º 9.637/1998 prevê: "Art. 6.º O contrato de gestão, elaborado de comum acordo entre o órgão ou entidade supervisora e a organização social, discriminará as atribuições, responsabilidades e obrigações do poder público e da organização social."; "Art. 8.º A execução do contrato de gestão celebrado por organização social será fiscalizada pelo órgão ou entidade supervisora da área de atuação correspondente à atividade fomentada." Da mesma forma, a Lei n.º 9.790/1999 estabelece: "Art. 10. O termo de parceria firmado de comum acordo entre o poder público e as organizações da sociedade civil de interesse público discriminará direitos, responsabilidades e obrigações das partes signatárias."; "Art. 11. A execução do objeto do termo de parceria será acompanhada e fiscalizada por órgão do poder público da área de atuação correspondente à atividade fomentada, e pelos conselhos de políticas públicas das áreas correspondentes de atuação existentes, em cada nível de governo."

Primeiramente, porque o Terceiro Setor é formado por pessoas que têm autonomia e personalidade jurídica própria, devendo responder primariamente por seus atos. A responsabilidade solidária, lembre-se, não se presume (art. 265 do Código Civil).

Em segundo lugar, deve ser aplicado, por analogia, o art. 70 da Lei n.º 8.666/1993, que fixa a responsabilidade primária do contratado por danos causados a terceiros. Isso porque, especialmente em relação à OS e à OSCIP, os instrumentos jurídicos da parceria (contrato de gestão e termo de parceria), como já frisado, possuem a natureza jurídica de convênio. Por essa razão, a norma citada pode ser aplicada na atuação do Terceiro Setor por força do art. 116 da citada Lei, que manda aplicar aos convênios, no que couber, as normas de licitações e contratos.

Apenas na eventual hipótese de ausência ou equivocada fiscalização estatal das atividades desenvolvidas no âmbito da parceria poderia se falar em responsabilidade primária do poder público. Como se está diante de omissão imputável ao poder público, a responsabilidade, em que pese a controvérsia clássica sobre o tema, deveria ser analisada sob o prisma subjetivo (*culpa in vigilando*).[75]

Aliás, a eventual falha na fiscalização estatal do cumprimento das obrigações trabalhistas por parte de suas entidades parceiras pode acarretar a responsabilidade do Estado pelos encargos trabalhistas, na forma do art. 71, § 1.º, da Lei n.º 8.666/1993 e Enunciado n.º 331, IV e V, do TST. O Plenário do STF, em sede de repercussão geral, fixou a seguinte tese: "O inadimplemento dos encargos trabalhistas dos empregados do contratado não transfere automaticamente ao Poder Público contratante a responsabilidade pelo seu pagamento, seja em caráter solidário ou subsidiário, nos termos do art. 71, § 1.º, da Lei nº 8.666/93."[76]

Destaque-se, todavia, que a Lei 13.019/2014 dispõe que a organização da sociedade civil possui responsabilidade exclusiva pelos encargos trabalhistas, previdenciários, fiscais e comerciais relativos à execução do objeto da parceria, inexistindo responsabilidade solidária ou subsidiária da Administração na hipótese de inadimplemento (art. 42, XX, da Lei), o que nos parece de

---

[75] Recentemente, o STJ afirmou ser subjetiva a responsabilidade civil do Estado em caso de omissão. Vide: REsp 721439/RJ, Min. Eliana Calmon, Segunda Turma, julgamento 21/08/2007, *DJ* 31/08/2007 p. 221 (*Informativo* n.º 328 do STJ).

[76] Tema 246 da Tese de Repercussão Geral do STF, Tribunal Pleno, RE 760.931/DF, Rel. p/ acórdão Min. Luiz Fux, DJe-206 12.09.2017, Informativos de Jurisprudência do STF n. 859 e 862. A responsabilidade subsidiária do Estado pela falha na fiscalização dos encargos trabalhistas das entidades do Terceiro Setor foi reconhecida em algumas decisões da Justiça do Trabalho: TRT 3, Processo 01022-2010-034-03-00-8 RO, 7.ª T., Rel. Des. Alice Monteiro de Barros, *DEJT* 12/05/2011; TRT 3, 00668-2012-033-03-00-3-RO, 7.ª T., Rel. Convocada Erica Aparecida Pires Bessa, *DEJT* 19/04/2013.

duvidosa constitucionalidade, especialmente na parte em que afasta qualquer responsabilidade do Estado pela execução de suas próprias parcerias, mesmo em situações de falha de fiscalização e controle.[77]

Por fim, o simples não cumprimento das metas fixadas no contrato de gestão ou no termo de parceria não acarreta, em princípio, a responsabilidade do Estado. Este tem o dever de fiscalizar o cumprimento das metas, mas a responsabilidade pela sua implementação é da entidade privada parceira, que, descumprindo com o avençado, será desqualificada e responsabilizada pelos danos causados, como já decidiu o STJ:

> Direito administrativo – Mandado de segurança – Lei n.º 9.637/1998 – Organização social – Descumprimento de contrato de gestão – Desqualificação da entidade impetrante – Ato da Ministra de Estado do Meio Ambiente – Ausência de violação dos princípios da ampla defesa, contraditório e devido processo legal – Análise da substanciosa defesa apresentada pela impetrante – Legalidade e constitucionalidade do processo administrativo que culminou com o ato impetrado – Ausência de direito líquido e certo a ser protegido pela via eleita – Denegação da ordem – Prejudicado o exame do agravo regimental.
>
> [...] 5. Assim, o exame dos autos e a análise da legislação de regência demonstram, com absoluta segurança, que não há nenhuma ilegalidade no processo que, motivadamente, desqualificou a impetrante como organização social.
>
> [...] 7. **A responsabilidade pelo não cumprimento de todas as metas do contrato de gestão objeto do *writ* é imputável tão somente à entidade impetrante, não havendo como atribuir ao poder público, que lhe transferiu recursos financeiros e lhe cedeu servidores públicos, a "culpa" pelo cumprimento de percentual insatisfatório das metas contratualmente estipuladas**. Além disso, conforme bem observado pelo parecer que fundamentou o ato impetrado, a impetrante admite o descumprimento parcial do contrato e não justifica os motivos desse descumprimento, apenas discorre que o poder público não lhe orientou de maneira suficiente para que as metas pudessem ser atingidas.
>
> 8. Registre-se que as alegações da impetrante são contrárias aos princípios que regem a Administração Pública e as atividades do chamado "Terceiro Setor", pois a qualificação de entidades como organizações sociais e a celebração de contratos de gestão tiveram origem na necessidade de se desburocratizar e otimizar a prestação de serviços à coletividade, bem

---

[77] Ao contrário da previsão contida no art. 71, § 2.º, da Lei n.º 8.666/1993, a Lei n.º 13.019/2014 não estabelece responsabilidade solidária entre o poder público e a pessoa jurídica de Direito privado pelos encargos previdenciários.

como viabilizar o fomento e a execução de atividades relativas às áreas especificadas na Lei n.º 9.637/1998 (ensino, pesquisa científica, desenvolvimento tecnológico, proteção e preservação do meio ambiente, cultura e saúde). Assim, apesar de, na espécie, competir ao Ministério do Meio Ambiente a fiscalização, a avaliação e o acompanhamento dos resultados do contrato de gestão, essas providências não afastam a responsabilidade do impetrante de cumprir as metas acordadas com o poder público.

[...] 10. Segurança denegada, restando prejudicado o exame do agravo regimental interposto pela impetrante. (Grifos nossos)[78]

Dessa forma, conclui-se que o Estado responde pelos danos causados por entidades do Terceiro Setor de maneira subsidiária, sendo certo que a ausência de cumprimento de metas pela entidade parceira não é fato suficiente para gerar responsabilidade estatal.

13.4.7. Imunidade tributária

As entidades do Terceiro Setor, como já sedimentado, possuem natureza jurídica de fundações ou associações civis. Em outras palavras: são entidades privadas, sem fins lucrativos, que desempenham atividades sociais.

Em consequência, as referidas entidades possuem tratamento tributário privilegiado, como se passa a demonstrar.

O texto constitucional, sem fazer referência ao termo "Terceiro Setor", reconhece, garante, em determinadas situações, imunidade tributária às entidades privadas sem fins lucrativos.

A primeira hipótese de imunidade tributária é aquela prevista no art. 150, VI, c, da CRFB, que dispõe:

Art. 150. Sem prejuízo de outras garantias asseguradas ao contribuinte, é vedado à União, aos Estados, ao Distrito Federal e aos Municípios:

[...] VI – instituir impostos sobre:

[...] c) patrimônio, renda ou serviços dos partidos políticos, inclusive suas fundações, das entidades sindicais dos trabalhadores, das instituições de educação e de assistência social, sem fins lucrativos, atendidos os requisitos da lei; [...].

De acordo com a Súmula Vinculante 52 do STF: "Ainda quando alugado a terceiros, permanece imune ao IPTU o imóvel pertencente a qualquer das

---

[78] STJ, MS 10527/DF, Min. Denise Arruda, Primeira Seção, *DJ* 07.11.2005, p. 75.

entidades referidas pelo art. 150, VI, "c", da Constituição Federal, desde que o valor dos aluguéis seja aplicado nas atividades para as quais tais entidades foram constituídas."

Nessa hipótese, as instituições privadas de educação e de assistência social[79] que não possuírem fins lucrativos gozam de imunidade em relação aos impostos sobre patrimônio, renda e serviços relacionados com as suas finalidades essenciais (art. 150, § 4.º, da CRFB e art. 14, § 2.º, do CTN).

A segunda hipótese de imunidade tributária encontra-se prevista no art. 195, § 7.º, da CRFB, que prevê: "§ 7.º São isentas de contribuição para a seguridade social as entidades beneficentes de assistência social que atendam às exigências estabelecidas em lei."

Apesar da nomenclatura utilizada pela norma constitucional (isenção), a hipótese é, certamente, de imunidade tributária, pelo simples fato de ser uma hipótese de "incompetência tributária" prevista na Constituição.[80]

Ao contrário da imunidade prevista no art. 150, VI, *c*, da CRFB, a imunidade tributária do art. 195, § 7.º, da CRFB exige que a entidade privada seja "beneficente" e não apenas "sem fins lucrativos".

Destarte, quanto à imunidade tributária da seguridade social (art. 195, § 7.º, da CRFB), a entidade privada, além de não possuir fins lucrativos, deverá ser beneficente, ou seja, prestar serviços gratuitos aos necessitados.[81]

Tem havido controvérsia em relação aos requisitos legais para concessão das imunidades tributárias previstas nos arts. 150, VI, *c*, e 195, § 7.º, da CRFB.

De um lado, alguns autores, como, por exemplo, Geraldo Ataliba, Paulo de Barros Carvalho e Leandro Marins de Souza,[82] têm sustentado que apenas lei complementar (art. 14 do CTN)[83] pode tratar das imunidades tributárias,

---

[79] A assistência social é tratada no art. 203 da CRFB: "A assistência social será prestada a quem dela necessitar, independentemente de contribuição à seguridade social, e tem por objetivos: I – a proteção à família, à maternidade, à infância, à adolescência e à velhice; II – o amparo às crianças e adolescentes carentes; III – a promoção da integração ao mercado de trabalho; IV – a habilitação e reabilitação das pessoas portadoras de deficiência e a promoção de sua integração à vida comunitária; V – a garantia de um salário mínimo de benefício mensal à pessoa portadora de deficiência e ao idoso que comprovem não possuir meios de prover à própria manutenção ou de tê-la provida por sua família, conforme dispuser a lei."

[80] Souza, Leandro Marins de. *Tributação do Terceiro Setor no Brasil*. São Paulo: Dialética, 2004, p. 224.

[81] *Idem*, p. 232.

[82] Nesse sentido: Ataliba, Geraldo. Imunidade de instituições de educação e assistência. *Revista de Direito Tributário*, n.º 55, p. 136, jan.-mar. 1991; Carvalho, Paulo de Barros. *Curso de Direito Tributário*. 12. ed. São Paulo: Dialética, 2001, p. 24; Souza, Leandro Marins de. *Tributação do Terceiro Setor no Brasil*. São Paulo: Dilalética, 2004, p. 182-192 e 233-239.

[83] "Art. 14. O disposto na alínea *c* do inciso IV do artigo 9.º é subordinado à observância dos seguintes requisitos pelas entidades nele referidas: I – não distribuírem qualquer parcela de seu patrimônio ou de suas rendas, a qualquer título; II – aplicarem integralmente, no País, os seus recursos na manutenção dos seus objetivos institucionais; III – manterem escrituração de suas receitas e despesas

sendo vedada a utilização de lei ordinária. Isso porque a imunidade tributária constitui verdadeira limitação ao poder de tributar, devendo ser observado o art. 146, II, da CRFB.[84]

Nessa ótica, o art. 12 da Lei n.º 9.532/1997, que regula o art. 150, VI, c, da CRFB, seria inconstitucional.[85]

Por outro lado, a partir da premissa de que a lei complementar só é necessária para as hipóteses taxativamente elencadas na Constituição, há interpretação no sentido de que os parâmetros para concessão das imunidades, previstas nos arts. 150, VI, c, e 195, § 7.º, da CRFB, são fixados por lei ordinária, uma vez que as citadas normas constitucionais se utilizaram do vocábulo "lei".

Em relação aos arts. 1.º, 4.º, 5.º e 7.º, todos da Lei n.º 9.732/1998, que alteraram a Lei n.º 8.212/1991, o STF, após ressaltar a controvérsia em relação à inconstitucionalidade informal (inviabilidade de tratamento da imunidade tributária por lei ordinária), mas sem acolhê-la, concedeu parcialmente a liminar para suspender, com fundamento na inconstitucionalidade material (os dispositivos impugnados estabeleceram requisitos que desvirtuam o próprio conceito constitucional de entidade beneficente de assistência social, bem como limitaram a própria extensão da imunidade, o que não poderia ser feito sequer por lei complementar), a eficácia dos dispositivos legais citados. Em março de 2018, a Suprema Corte concluiu o julgamento das ações diretas que questionavam a necessidade de lei complementar para definir a isenção tributária de entidades beneficentes. Por maioria, o Plenário deu procedência aos pedidos, declarando as normas questionadas inconstitucionais. O acórdão encontra-se pendente de publicação, mas a Corte fixou o entendimento de que "os requisitos para o gozo de imunidade hão de estar previstos em lei complementar".[86]

É importante ressaltar que, em relação às OSCIPs, o art. 18, *caput* e parágrafos, da Lei n.º 9.790/1999 veda que essas entidades possuam outras qualificações jurídicas.[87] Por essa razão, é possível sustentar, por exemplo, que a OSCIP não poderá manter a qualificação de entidade beneficente de

---

em livros revestidos de formalidades capazes de assegurar sua exatidão. § 1.º Na falta de cumprimento do disposto neste artigo, ou no § 1.º do artigo 9.º, a autoridade competente pode suspender a aplicação do benefício. § 2.º Os serviços a que se refere à alínea c do inciso IV do artigo 9.º são exclusivamente, os diretamente relacionados com os objetivos institucionais das entidades de que trata este artigo, previstos nos respectivos estatutos ou atos constitutivos."

[84] "Art. 146. Cabe à lei complementar: [...] II – regular as limitações constitucionais ao poder de tributar."

[85] Souza, Leandro Marins de. *Tributação do Terceiro Setor no Brasil*. São Paulo: Dialética, 2004, p. 182-192 e 233-239.

[86] ADI 2028 MC/DF, Rel. Min. Moreira Alves, Tribunal Pleno, *DJ* 16/06/2000, p. 30. Sobre a julgamento do mérito, *vide*: <http://www.stf.jus.br/portal/cms/verNoticiaDetalhe.asp?idConteudo=337319>. Acesso em: 19 mar. 2018.

[87] No Estado do Rio de Janeiro, o art. 32 da Lei n.º 5.501/2009 admite a cumulação da qualificação de entidade de utilidade pública com a qualificação de OSCIP.

assistência social (Certificado de Entidade Beneficente de Assistência Social – CEBAS), impedindo-a de se ver imunizada em relação às contribuições sociais destinadas ao financiamento da seguridade social (ex.: CSSL, PIS, COFINS).

O citado impedimento não alcança a OS que pode ser qualificada, também, como entidade beneficente para fins da imunidade da seguridade social.

Além das imunidades tributárias reconhecidas pela Constituição Federal, a legislação infraconstitucional reconhece, em várias situações, isenções tributárias às entidades privadas sem fins lucrativos, por exemplo: a) isenção em relação ao imposto de renda e à contribuição social sobre o lucro líquido das instituições de caráter filantrópico, recreativo cultural e científico e associações civis (art. 15 da Lei n.º 9.532/1997); b) isenção, relativa ao imposto de importação e ao imposto sobre produtos industrializados, destinada aos partidos políticos, às instituições de educação e de assistência social (art. 2.º, I, *b*, da Lei n.º 8.032/1990, art. 1.º, IV, da Lei n.º 8.402/1992 e arts. 136, I, *b*, e 250 do Decreto n.º 6.759/2009).

Quinta Parte

CONCLUSÕES

Capítulo XIV

CONCLUSÃO E PROPOSIÇÕES FINAIS

Conforme demonstrado no presente trabalho, a organização administrativa sofreu mutações importantes nos últimos anos, justificadas pela evolução do Estado, da sociedade e do Direito.

A organização administrativa, na atualidade, não se deve fundar em justificativas burocráticas, nem pode ser caracterizada por excessivo apego às formas jurídicas. Ao revés, deve ser caracterizada como instrumento voltado, necessariamente, à satisfação dos direitos fundamentais.

No cenário da Administração Pública Indireta, as agências reguladoras representam uma resposta à necessidade de despolitização de assuntos predominantemente técnicos. O conhecimento específico exigido no setor regulado e a velocidade das mudanças tecnológicas justificaram o reconhecimento de autonomia diferenciada às agências, dotadas de agentes públicos qualificados, de poderes normativos técnicos e de autonomia financeira.

A exigência de eficiência administrativa foi responsável pela instituição de instrumentos jurídicos internos e externos à Administração com o intuito de estabelecer o planejamento na execução de tarefas administrativas, com metas de desempenho e de resultados.

No interior da Administração, o contrato de programa e os contratos de gestão são exemplos importantes da tendência atual de consagração da Administração consensual e eficiente.

Da mesma forma, a exigência de cooperação entre Entes Federados, na forma do art. 241 da CRFB, justificou a regulamentação dos consórcios públicos e, em consequência, a necessidade de instituição de pessoas jurídicas de Direito público (associações públicas) e de Direito privado com caráter interfederativo. Trata-se da efetivação do denominado "Estado cooperativo", marcado pela necessidade de cooperação entre Entes Federados, no âmbito de determinado país, e entre Estados nacionais (cooperação internacional).

Por outro lado, as parcerias entre o poder público e a iniciativa privada foram incrementadas com a possibilidade de formalização de uma nova modalidade de concessão de serviço público (PPP), incorporado ao ordenamento pátrio como forma de atender, ao mesmo tempo, as necessidades de contenção de gastos públicos e de prestação eficiente de serviços públicos.

Ademais, além do mercado, a sociedade civil sem fins lucrativos passou a representar uma importante fonte de parcerias com o poder público para consecução de objetivos públicos. Com a consagração do princípio da subsidiariedade, as entidades públicas não estatais, integrantes do Terceiro Setor, passaram a receber qualificações diferenciadas (ex.: OS, OSCIP etc.) com o objetivo de firmar parcerias com o Estado (ex.: contrato de gestão, termo de parceria etc.).

As transformações do Direito Administrativo, portanto, afetaram, por certo, a organização administrativa, gerando uma reengenharia estatal.

A constatação de que o Estado é um instrumento para satisfação das necessidades públicas e a valorização do setor privado demonstram a insuficiência dos modelos de organização tradicionais.

Dessa forma, a organização administrativa, atualmente, deve ser estudada a partir das pessoas administrativas, mas, fundamentalmente, das pessoas privadas que formalizam parcerias com o Estado para o desempenho de atividades socialmente relevantes com o auxílio estatal.

BIBLIOGRAFIA

ALEMANY GARCÍA, Macario. El concepto y la justificación del paternalismo. *Doxa, Cuadernos de Filosofia del Derecho*, n.º 28, p. 265-303, 2005.

ALESSI, Renato. *Sistema Istituzionale del Diritto amministrativo italiano.* Milão: Giuffrè, 1960.

ALMEIDA, Aline Paola Correa. *As tarifas e as demais formas de remuneração dos serviços públicos.* Rio de Janeiro: Lumen Juris, 2009.

_____. Compartilhamento de riscos nas parcerias público-privadas. *Revista de Direito da Associação dos Procuradores do Novo Estado do Rio de Janeiro*, v. XVII, Rio de Janeiro, Lumen Juris, 2006.

AMARAL, Diogo Freitas do. *Curso de Direito administrativo*, v. I, 2. ed. Coimbra: Almedina, 2005.

AMARAL, Flávio. Conflito de competência entre o Cade e as agências reguladoras que atuam no campo dos serviços públicos. In: *Direito empresarial público*. Rio de Janeiro: Lumen Juris, 2002.

AMARAL, Gustavo. *Direito, escassez & escolha.* 2. ed. Rio de Janeiro: Lumen Juris, 2010.

ARAGÃO, Alexandre Santos de. *Empresa público-privada. Empresas públicas e sociedades de economia mista.* Belo Horizonte: Fórum, 2015.

_____. *Agências reguladoras e a evolução do Direito administrativo econômico.* Rio de Janeiro: Forense, 2002.

_____. As fundações públicas e o novo Código Civil. *RDA*, n.º 231, jan.-mar. 2003.

_____. *Curso de Direito administrativo.* Rio de Janeiro: Forense, 2012.

_____. *Direito dos serviços públicos.* Rio de Janeiro: Forense, 2007.

_____. Empresas estatais e o controle pelos Tribunais de Contas. *Revista de Direito Público da Economia*, n° 23, p. 9-40, Belo Horizonte, Fórum jul.-set. 2008.

_____. Supervisão ministerial das agências reguladoras: limites, possibilidades e o Parecer AGU n.º AC – 051. *RDA*, v. 245, São Paulo, Atlas, maio-ago. 2007.

ARAÚJO, Valter Shuenquener de. Terceiro Setor: a experiência brasileira. *Revista da Seção Judiciária do Rio de Janeiro*, n.º 14, Rio de Janeiro, JFRJ, 2005.

ARQUER, José Manuel Sala. El Estado neutral: contribución al estudio de las administraciones independientes. *Revista Española de Derecho Administrativo – Reda*, n.º 42, abr.-jun. 1984.

ASCARELLI, Túlio. *Problemas das sociedades anônimas e Direito comparado*. 2. ed. São Paulo: Saraiva, 1969.

ATALIBA, Geraldo. Imunidade de instituições de educação e assistência. *Revista de Direito Tributário*, n.º 55, jan.-mar. 1991.

_____. Sabesp. Serviço público – Delegação a empresa estatal. Imunidade a impostos. Regime de taxas. *RDP* n.º 92, out.-dez. 1989.

ÁVILA, Humberto. Repensando o "princípio da supremacia do interesse público sobre o particular". *Revista Trimestral de Direito Público*, n.º 24, São Paulo, Malheiros, 1998.

AZEVEDO, Antonio Junqueira de. Natureza jurídica do contrato de consórcio. Classificação dos atos jurídicos quanto ao número de partes e quanto aos efeitos. Os contratos relacionais. A boa-fé nos contratos relacionais. Contratos de duração. Alteração das circunstancias e onerosidade excessiva. Sinalagma e resolução contratual. Resolução parcial do contrato. Função social do contrato. *Revista dos Tribunais*, ano 94, v. 832, São Paulo, fev. 2005.

BAPTISTA, Patrícia. *Transformações do Direito administrativo*. Rio de Janeiro: Renovar, 2003.

BARACHO, José Alfredo de Oliveira. *O princípio da subsidiariedade: conceito e evolução*. Rio de Janeiro: Forense, 1996.

BARCELLOS, Ana Paula de. *Ponderação, racionalidade e atividade jurisdicional*. Rio de Janeiro: Renovar, 2005.

BARROSO, Luís Roberto. Agências reguladoras: Constituição, transformações do Estado e legitimidade democrática. In: *Temas de Direito constitucional*, t. II. Rio de Janeiro: Renovar, 2003.

_____. A ordem econômica constitucional e os limites à atuação estatal no controle de preços. In: *Temas de Direito constitucional*, t. II. Rio de Janeiro: Renovar, 2003.

_____. O Estado contemporâneo, os direitos fundamentais e a redefinição da supremacia do interesse público. Prefácio. In: *Interesses públicos versus interesses privados: desconstruindo o princípio de supremacia do interesse público*. Rio de Janeiro: Lumen Juris, 2005.

_____. Regime constitucional do serviço postal: legitimidade da atuação da iniciativa privada. In: *Temas de Direito constitucional*, t. II. Rio de Janeiro: Renovar, 2003.

BECK, Ulrich. *La société du risque: sur la voie d'une autre modernité*. Paris: Flammarion, 2008.

BEMQUERER, Marcos. *O regime jurídico das empresas estatais após a Emenda Constitucional n.º 19/1998*. Belo Horizonte: Fórum, 2012.

BENJAMIN, Antônio Herman de Vasconcellos e. In: *Comentários ao Código de Proteção ao Consumidor* (OLIVEIRA, Juarez de (coord.). São Paulo: Saraiva, 1991.

BINENBOJM, Gustavo. As parcerias público-privadas (PPPs e a Constituição). *Revista de Direito da Associação dos Procuradores do Novo Estado do Rio de Janeiro*, v. XVII, Rio de Janeiro, Lumen Juris, 2006.

_____. *Temas de Direito administrativo e constitucional.* Rio de Janeiro: Renovar, 2008.

_____. *Uma teoria do Direito administrativo.* Rio de Janeiro: Renovar, 2006.

BOBBIO, Norberto. *Da estrutura à função: novos estudos de teoria do Direito.* São Paulo: Manole, 2007.

BORBA, José Edwaldo Tavares. *Direito societário.* 12. ed. Rio de Janeiro: Renovar, 2010.

BORGES, Alice Gonzáles. Os consórcios públicos na sua legislação reguladora. *Interesse Público*, v. 32, jul-ago. 2005.

_____. Supremacia do interesse público: desconstrução ou reconstrução? *Revista Interesse Público*, n.º 37.

BREYER, Stephen G. *et al. Administrative Law and Regulatory Policy: Problems, Text and Cases.* 6. ed. Npva York: Aspen, 2006.

CARBONELL, Eloísa; MUGA, José Luis. *Agências y procedimiento administrativo em Estados Unidos de América.* Madri: Marcial Pons/Ediciones Jurídicas y Sociales, 1996.

CARBONELL, Miguel (org.). *Neoconstitucionalismo(s).* 2. ed. Madri: Trotta, 2005.

CARVALHO, Paulo de Barros. *Curso de Direito tributário.* 12. ed. São Paulo: Dialética, 2001.

CARVALHO FILHO, José dos Santos. Agências reguladoras e poder normativo. In: ARAGÃO, Alexandre Santos de (coord.). *O poder normativo das agências reguladoras.* Rio de Janeiro: Forense, 2006.

_____. *Consórcios públicos.* Rio de Janeiro: Lumen Juris, 2009.

_____. *Manual de Direito administrativo.* 18. ed. Rio de Janeiro: Lumen Juris, 2007.

CASSAGNE, Juan Carlos. *Derecho administrativo*, t. I. 8. ed. Buenos Aires: Abeledo-Perrot, 2006.

_____. *Derecho administrativo*, t. II. 8. ed. Buenos Aires: Abeledo-Perrot, 2006.

CASSESE, Sabino. *La crisis del Estado.* Buenos Aires: Abeledo Perrot, 2003.

_____. *La globalización jurídica.* Madri: Marcial Pons, 2006.

_____. *Le basi del Diritto amministrativo.* 6. ed. Milão: Garzanti, 2000.

CASTELLS, Manuel. *A sociedade em rede.* Rio de Janeiro: Paz e Terra, 1999.

CASTRO, Guilherme Couto de. *A responsabilidade civil objetiva no Direito brasileiro.* Rio de Janeiro: Forense, 1997.

CAVALIERI FILHO, Sergio. *Programa de responsabilidade civil.* 2. ed. São Paulo: Malheiros, 1998.

CHEVALLIER, Jacques. *Le service public.* 7. ed. Paris: PUF, 2008.

COOTER, Robert; ULEN, Thomas. *Law & Economics.* 5. ed. Boston: Pearson, 2008.

CORRÊA, Sérvulo. Fundações e associações de Direito privado. In: *Os caminhos da privatização da Administração Pública.* Coimbra: Coimbra Editora, 2001.

COTARELO, Ramon. *Del Estado del Bienestar al Estado del Malestar.* 2. ed. Madri: Centro de Estudios Constitucionales, 1990.

COUTINHO, Diogo Rosenthal. Relatos de algumas experiências internacionais. In: SUNDFELD, Carlos Ari, *Parcerias público-privadas*. São Paulo: Malheiros, 2005.

CRETELLA JÚNIOR, José. *Curso de Direito administrativo*. Rio de Janeiro: Forense, 1986.

_____. *Direito administrativo comparado*. São Paulo: Bushatsky/Edusp, 1972.

CUESTA, Rafael Entrena. Consideraciones sobre la teoría general de los contratos de la administración. *Revista de Administración Pública*, n.º 24, 1957.

DAVID, René. *Os grandes sistemas do Direito contemporâneo*. 2. ed. Lisboa: Meridiano, 1978.

DEBBASCH, Charles; CÓLIN, Frédéric. *Droit administratif*. 8. ed. Paris: Econômica, 2007.

DEVOLVÉ, Pierre. *Droit public de l'économie*. Paris: Dalloz, 1998.

DI PIETRO, Maria Sylvia Zanella. *Direito administrativo*. 20. ed. São Paulo: Atlas, 2007.

_____. *Parcerias na Administração Pública: concessão, permissão, franquia, terceirização, parceria público-privada e outras formas*. 5. ed. São Paulo: Atlas, 2005.

DUGUIT, Léon. *Las transformaciones generales del Derecho*. Buenos Aires: Heliasta, 2001.

DWORKIN, Ronald. *Freedom's Law: the Moral Reading of the American Constitution*. Cambridge: Harvard University Press, 1996.

EPSTEIN, Richard A. *Takings: Private Property and The Power of Eminent Domain*. Cambridge: Harvard University Press, 1985.

ESTORNINHO, Maria João. *A fuga para o Direito privado: contributo para o estudo da actividade de Direito privado da Administração Pública*, Coimbra: Almedina, 1999.

FAGUNDES, Miguel Seabra. *O controle dos atos administrativos pelo Poder Judiciário*. 7. ed. Rio de Janeiro: Forense, 2006.

FERRAJOLI, Luigi. Pasado y futuro del Estado de Derecho. In: CARBONELL, Miguel (org.). *Neoconstitucionalismo(s)*. 2. Ed. Madri: Trotta, 2005.

FERRAZ JR., Tércio Sampaio. Congelamento de preços: tabelamentos oficiais. *RDP*, n.º 91, p. 76-86, jul.-set. 1989.

FERREIRA, Sergio de Andréa. As fundações estatais e as fundações com participação estatal. In: MODESTO, Paulo (coord.). *Nova organização administrativa brasileira*. Belo Horizonte: Forum, 2009.

_____. O Direito administrativo das empresas governamentais brasileiras. *RDA*, n.º 136, abr.-jun. 1979.

FIGUEIREDO, Lúcia Valle. *Curso de Direito administrativo*. 2. ed. São Paulo: Malheiros, 1995.

FISCHEL, William A. *Regulatory Takings: Law, Economics, and Politics*. Cambridge: Harvard University Press, 1995.

FORGIONI, Paula A. PPPs e participação minoritária do Estado-acionista: o Direito societário e sua instrumentalidade para o Direito administrativo. *Revista de Direito Público da Economia – RDPE*, n.º 16, p. 177-182, Belo Horizonte, out.-dez. 2006.

FORTINI, Cristiana. A função social dos bens públicos e o mito da imprescritibilidade. *Revista Brasileira de Direito Municipal (RBDM)*, n.º 12, abr.-jun. 2004.

_____. Organizações sociais: natureza jurídica da responsabilidade civil das organizações sociais em face dos danos causados a terceiros. *Revista Eletrônica sobre a Reforma do Estado*, n.º 6, Salvador, jun.-jul.-ago. 2006.

FREITAS, Juarez. *Estudos sobre Direito administrativo*. São Paulo: Malheiros, 1995.

_____. Parcerias público-privadas (PPPs): natureza jurídica. In: CARDOZO, José Eduardo Martins *et al.* (orgs.). *Curso de Direito administrativo econômico*, v. I. São Paulo: Malheiros, 2006.

_____. Usucapião de terras devolutas em face de uma interpretação constitucional teleológica. *Revista Trimestral de Jurisprudência dos Estados*, n.º 121, v. 18, fev. 1994.

FREITAS, Rafael Veras de. A concessão de florestas e o desenvolvimento sustentável. *Revista de Direito Público da Economia*, n.º 26, abr.-jun. 2009.

FURTADO, Lucas Rocha. *Curso de Direito administrativo*. 2. ed. Belo Horizonte: Fórum, 2010.

GALDINO, Flávio. *Introdução à teoria dos custos do Direito: direitos não nascem em árvores*. Rio de Janeiro: Lumen Juris, 2005.

GARCIA, Flávio Amaral. *Licitações e contratos administrativos*. Rio de Janeiro: Lumen Juris, 2007.

GARCÍA DE ENTERRÍA, Eduardo. *Legislacion delegada, potestad reglamentaria y control judicial*. 3. ed. Madri: Civitas, 1998.

GARZÓN VALDÉS, Ernesto. ¿Es éticamente justificable el paternalismo jurídico? *Doxa, Cuadernos de Filosofia del Derecho*, n.º 5, p. 154-173, 1988.

GASPARINI, Diógenes. *Direito administrativo*. 12. ed. São Paulo: Saraiva, 2007.

GIANINNI, Massimo Severo. *Derecho administrativo*, v. 1. Madri: MAP, 1991.

_____. *Diritto pubblico dell'economia*, Bolonha: Il Mulino, 1995.

GOMES, Joaquim B. Barbosa. Agências reguladoras: a "metamorfose" do Estado e da democracia: uma reflexão de Direito constitucional e comparado. *Revista de Direito da Associação dos Procuradores do novo Estado do Rio de Janeiro*, v. XI, Rio de Janeiro, Lumen Juris, 2002.

GORDILLO, Augustín. *Tratado de Derecho administrativo*, t. 1. 7. ed. Belo Horizonte: Del Rey, 2003.

GRAU, Eros Roberto. *A ordem econômica na Constituição de 1988*. 4. ed. São Paulo: Malheiros, 1998.

_____. *Licitação e contrato administrativo*. São Paulo: Malheiros, 1995.

GRAU, Eros; FORGIONI, Paula A. Cade *v.* Bacen: conflitos de competência entre autarquias e a função da Advocacia-Geral da União. *Revista de Direito Público da Economia*, ano 2, n.º 8, p. 51-77, out.-dez. 2004.

GRINOVER, Ada Pellegrini. Arbitragem e prestação de serviços públicos. *RDA*, n.º 233, jul.-set. 2003.

GRINOVER, Ada Pellegrini *et al. Código Brasileiro de Defesa do Consumidor comentado pelos autores do anteprojeto.* 7. ed. Rio de Janeiro: Forense Universitária, 2001.

GROTTI, Dinorá Adelaide Mussetti. *O serviço público e a Constituição brasileira de 1988.* São Paulo: Malheiros, 2003.

GUASTINI, Riccardo. La "constitucionalización" del ordenamiento jurídico: el caso italiano. In: CARBONELL, Miguel (org.). *Neoconstitucionalismo(s)?* 2. ed. Madri: Trotta, 2005.

GUEDES, Filipe Machado. *A atuação do Estado na economia como acionista minoritário: possibilidades e limites,* São Paulo: Almedina, 2015.

GUIMARÃES, Fernando Vernalha. *Concessão de serviço público,* 2. ed., São Paulo: Saraiva, 2014.

_____. Parcerias público-privadas e a transferência de atividades de suporte ao poder de polícia – em especial, a questão dos contratos de gestão privada de serviços em estabelecimentos prisionais. In: SUNDFELD, Carlos Ari. *Parcerias público-privadas.* São Paulo: Malheiros, 2005.

HARSANYI, David. *O Estado babá.* Rio de Janeiro: Litteris, 2011.

HAURIOU, Maurice. *Précis de Droit administratif et de Droit public.* Paris: Dalloz, 2002.

HESSE, Konrad. *A força normativa da Constituição.* Trad. Gilmar Ferreira Mendes. Porto Alegre: Sergio Antonio Fabris, 1991.

_____. *Elementos de Direito constitucional da República Federal da Alemanha.* Porto Alegre: Sergio Antonio Fabris, 1998.

HOLMES, Stephen; SUNSTEIN, Cass R. *The Cost of Rights*: why Liberty Depends on Taxes. Nova York: W. W. Norton, 1999.

JACOBS, Scott H. Current Trends in the Process and Methods of Regulatory Impact Assessment: Mainstreaming RIA into Policy Process. In: *Regulatory Impact Assessment: towards Better Regulation?* Massachusetts: Edward Elgar, 2007.

JÈZE, Gaston, *Les principes généraux du Droit administratif,* t. I. Paris: Dalloz, 2005.

_____. *Les principes généraux du Droit administratif,* t. II, Paris: Dalloz, 2005.

JUSTEN, Monica Spezia. *A noção de serviço público no Direito Europeu,* São Paulo: Dialética, 2003.

JUSTEN FILHO, Marçal. Empresas estatais e a superação da dicotomia "prestação de serviço público/exploração de atividade econômica". In: *Estudos de Direito Público em homenagem a Celso Antônio Bandeira de Mello.* São Paulo: Malheiros, 2006.

_____. *Comentários à Lei de Licitações e Contratos Administrativos.* 9. ed. São Paulo: Dialética, 2002.

_____. *Curso de Direito administrativo.* São Paulo: Saraiva, 2006.

_____. Novos sujeitos na Administração Pública: os consórcios criados pela Lei n.º 11.107. In: *Direito Administrativo: estudos em homenagem a Diogo de Figueiredo Moreira Neto.* Rio de Janeiro: Lumen Juris, 2006.

_____. *O Direito das agências reguladoras*. São Paulo: Dialética, 2002.

_____. *Teoria geral das concessões de serviço público*. São Paulo: Dialética, 2003.

KERWIN, Cornelius. *Rulemaking: how Government Agencies Write Law and Make Policy*. 2. ed. Washington: Congressional Quarterly, 1999.

KEYNES, John Maynard. *The End of Laissez-Faire*. Londres: Hogarth, 1926.

KIRKPATRICK, Colin; PARKER, David. Regulatory Impact Assessment: an Overview. *Regulatory Impact Assessment: towards Better Regulation?* Massachusetts: Edward Elgar, 2007.

KRELL, Andréas J. *Leis de normas gerais, regulamentação do Poder Executivo e cooperação intergovernamental em tempos de Reforma Federativa*. Belo Horizonte: Fórum, 2008.

KUHN, Thomas. *A Revolução Copernicana*. Lisboa: Edições 70, 2002.

LASHERAS, Miguel Angel. *La regulación económica de los servicios públicos*. Barcelona: Ariel, 1999.

LONG, Marceau; WEIL, Prosper; BRAIBANT, Guy; DEVOLVÉ, Pierre; GENEVOIS, Bruno. *Les grands arrêts de la jurisprudence administrative*. 16. ed. Paris: Dalloz, 2007.

LUCINDA, Cláudio R. Regulação tarifária: princípios introdutórios. *Direito econômico: Direito econômico regulatório*. São Paulo: Saraiva, 2010.

LUHMANN, Niklas. *Introdução à teoria dos sistemas*. 2. ed. Rio de Janeiro: Vozes, 2010.

MARQUES, Claudia Lima. *Contratos no Código de Defesa do Consumidor*. 4. ed. São Paulo: RT, 2002.

MARQUES, Maria Manuel Leitão; MOREIRA, Vital Moreira. *A mão visível: mercado e regulação*. Coimbra: Almedina, 2003.

MARQUES NETO, Floriano de Azevedo. *Concessões*, Belo Horizonte: Fórum, 2015.

_____. *Agências reguladoras independentes: fundamentos e seu regime jurídico*. Belo Horizonte: Fórum, 2009.

_____. As parcerias público-privadas no saneamento ambiental. In: SUNDFELD, Carlos Ari. *Parcerias público-privadas*. São Paulo: Malheiros, 2005.

_____. *Bens públicos: função social e exploração econômica: o regime jurídico das utilidades públicas*. Belo Horizonte: Fórum, 2009.

_____. Breves considerações sobre o equilíbrio econômico-financeiro nas concessões. *Revista de Informação Legislativa* n.º 159, jul.-set. 2003.

_____. Os consórcios públicos. *Revista Eletrônica de Direito de Estado*, n.º 3, Salvador, Instituto de Direito Público da Bahia, jul.-ago.-set. 2005.

MARTINS, Licínio Lopes. *Empreitada de obras públicas:* o modelo normativo do regime do contrato administrativo e do contrato público (em especial, o equilíbrio econômico-financeiro), Coimbra: Almedina, 2015.

MARTY, Frédéric; TROSA, Sylvie; VOISIN, Arnaud. *Les partenariats public-privé*. Paris: La Découverte, 2006.

MEDAUAR, Odete. *Consórcios públicos: comentários à Lei 11.107/05*. São Paulo: RT, 2006.

_____. *Direito administrativo moderno*. 10. ed. São Paulo: RT, 2006.

MEIRELLES, Hely Lopes. *Direito administrativo brasileiro*. 22. ed. São Paulo: Malheiros, 1997.

MELLO, Célia Cunha. *O fomento da Administração Pública*. Belo Horizonte: Del Rey, 2003.

MELLO, Celso Antônio Bandeira de. *Curso de Direito administrativo*. 21. ed. São Paulo: Malheiros, 2006.

MELLO, Oswaldo Aranha Bandeira de. *Princípios gerais de Direito administrativo*, v. II. Rio de Janeiro: Forense, 1979.

MENDONÇA, José Vicente Santos de. Análise de impacto regulatório: o novo capítulo das agências reguladoras. *Revista Justiça e Cidadania*, p. 33-34, Rio de Janeiro, 15 set. 2010.

_____. Uma teoria do fomento público: critérios em prol de um fomento público democrático, eficiente e não paternalista. *Revista dos Tribunais*, n.º 890, dez. 2009.

MITCHELL, William C.; SIMMONS, Randy T. *Beyond Politics: Markets, Welfare and the Failure of Bureaucracy*. Oxford: Westview, 1994.

MODESTO, Paulo. As fundações estatais de Direito privado e o debate sobre a nova estrutura orgânica da Administração Pública. *Revista Eletrônica sobre a Reforma do Estado*, n.º 14, Salvador, IBDP, jun.-jul.-ago. 2008.

MOREIRA, Egon Bockmann. *Direito das concessões de serviço público*, São Paulo: Malheiros, 2010,

_____. Agências reguladoras independentes, déficit democrático e a "elaboração processual de normas". *Revista de Direito Público da Economia*, v. 2, p. 221-255, Belo Horizonte, 2003.

MOREIRA, Vital. *Autorregulação profissional e Administração Pública*. Coimbra: Almedina, 1997.

_____. Serviço público e concorrência. In: *Os caminhos da privatização da Administração Pública*. Coimbra: Coimbra Editora, 2001.

_____. *Administração autônoma e associações públicas*. Coimbra: Coimbra Editora, 2003.

MOREIRA, Vital; MAÇÃS, Fernanda. *Autoridades reguladoras independentes: estudo e projeto de lei-quadro*. Coimbra: Coimbra Editora, 2003.

MOREIRA NETO, Diogo de Figueiredo. Arbitragem nos contratos administrativos. *RDA*, n.º 209, jul.-set. 1997.

_____. Competência concorrente limitada: o problema da conceituação das normas gerais. *Revista de Informação Legislativa*, n.º 100, 1988.

_____. Coordenação gerencial na Administração Pública. *RDA*, n.º 214, out.-dez. 1998.

_____. *Curso de Direito administrativo*. 14. ed. Rio de Janeiro: Forense, 2006.

_____. *Direito regulatório*. Rio de Janeiro: Renovar, 2003.

_____. *Mutações do Direito administrativo*. 3. ed. Rio de Janeiro: Renovar, 2007.

_____. Natureza jurídica dos serviços sociais autônomos. In: *RDA*, 207, jan.-mar. 1997.

_____. Novo enfoque jurídico nos contratos administrativos. In: *Mutações do Direito administrativo*. 3. ed. Rio de Janeiro: Renovar, 2007.

_____. *Quatro paradigmas do Direito administrativo pós-moderno: legitimidade, finalidade, eficiência e resultados*. Belo Horizonte: Fórum, 2008.

MOREIRA NETO, Diogo de Figueiredo; SOUTO, Marcos Juruena Villela. Arbitragem em contratos firmados por empresas estatais. *RDA*, n.º 236, abr.-jun. 2004.

MUKAI, Toshio. *O Direito administrativo e os regimes jurídicos das empresas estatais*. Belo Horizonte: Fórum, 2004.

NEGREIROS, Teresa. A dicotomia público-privado frente ao problema da colisão de princípios. In: TORRES, Ricardo Lobo (org.). *Teoria dos direitos fundamentais*. 2. ed. Rio de Janeiro: Renovar, 2001.

NESTER, Alexandre Wagner. *Regulação e concorrência: compartilhamento de infraestruturas e redes*. São Paulo: Dialética, 2006.

NUSDEO, Ana Maria de Oliveira. Agências reguladoras e concorrência. In: *Direito administrativo econômico*. São Paulo: Malheiros, 2006.

OCDE. *Building an Institutional Framework for Regulatory Impact Analysis (RIA): Guidance for Policy Makers*, OCDE, 2008. Disponível em: http://www.oecd.org/dataoecd/44/15/40984990.pdf.

_____. *The Essential Facilities Concept. Organisation for Economic Cooperation and Development*, OCDE, Paris, 1996. Disponível em: http://www.oecd.org.

OLIVEIRA, Gustavo Justino de. *Direito do Terceiro Setor*. Belo Horizonte: Fórum, 2008.

OLIVEIRA, Rafael Carvalho Rezende. *A constitucionalização do Direito administrativo: o princípio da juridicidade, a releitura da legalidade administrativa e a legitimidade das agências reguladoras*. Rio de Janeiro: Lumen Juris, 2009.

_____. A releitura do Direito administrativo à luz do pragmatismo jurídico. *RDA*, v. 256, p. 129-163, 2011.

_____. *Curso de Direito administrativo*. 2. ed. São Paulo: Método, 2014.

_____. Governança e análise de impacto regulatório. *Revista de Direito Público da Economia – RDPE*, ano 9, n.º 36, Belo Horizonte, Fórum, out.-dez. 2011.

_____. *Licitações e contratos administrativos*. 3. ed. São Paulo: Método, 2014.

_____. O modelo norte-americano de agências reguladoras e sua recepção pelo Direito brasileiro. *Boletim de Direito Administrativo*, n.º 2, fev.-2007.

_____. *Princípios do Direito administrativo*. 2. ed. São Paulo: Método, 2013.

_____. Novo perfil da regulação estatal: Administração Pública de Resultados e Análise de Impacto Regulatório. São Paulo: Método, 2015.

_____. As licitações na Lei 13.303/2016 (Lei das Estatais): mais do mesmo? *Revista Colunistas de Direito do Estado*, n. 230, 9 ago. 2016.

OLIVEIRA, Rafael Carvalho Rezende; FREITAS, Rafael Véras de. A prorrogação dos contratos de concessão de aeroportos. *Interesse Público*, v. v.17 n. 93, p. 145-162, 2015.

ORTIZ, Ariño. *Princípios de Derecho público econômico*. Granada: Comares, 1999.

OSÓRIO, Fabio Medina. Existe uma supremacia do interesse público sobre o privado no Direito administrativo brasileiro? *Revista de Direito Administrativo*, n.º 220, abr.-jun. 2000.

PAPACHRISTOS, Athanase C. *La réception des droits privés étrangers comme phénomène de sociologie juridique*. Paris: Librarie Générale de Droit et de Jurisprudence, 1975.

PAREJO ALFONSO, Luciano. *Derecho administrativo*. Barcelona: Ariel, 2003.

PEREIRA, Luiz Carlos Bresser. Gestão do setor público: estratégia e estrutura para um novo Estado. In: *Reforma do Estado e Administração Pública gerencial*. 7. ed. Rio de Janeiro: FGV, 2008.

PEREIRA, Luiz Carlos Bresser; GRAU, Nuria Cunill. Entre o Estado e o mercado: o público não estatal. In: *O público não estatal na reforma do Estado*. Rio de Janeiro: FGV, 1999.

PEREIRA JUNIOR, Jessé Torres. *Comentários à Lei das Licitações e Contratações da Administração Pública*. 7. ed. Rio de Janeiro: Renovar, 2007.

PIÇARRA, Nuno. *A separação dos poderes como doutrina e princípio constitucional*. Coimbra: Coimbra Editora, 1989.

PIMENTEL, Maria Helena Pessoa. A Administração Pública como consumidora nas relações de consumo. *Boletim de Direito Administrativo*, São Paulo, NDJ, abr. 2001.

PINTO, Marcos Barbosa. A função econômica das PPPs. *Revista de Direito Eletrônica de Direito Administrativo Econômico*, n.º 2, Salvador, Instituto de Direito Público da Bahia, maio-jul. 2005.

PINTO JUNIOR, Mario Engler. *Empresa estatal: função econômica e dilemas societários*. São Paulo: Atlas, 2010.

POGREBINSCHI, Thamy. *Pragmatismo: teoria social e política*. Rio de Janeiro: Relume Dumará, 2005.

POSNER, Richard A. Teorias da regulação econômica. In: MATTOS, Paulo (coord.). *Regulação econômica e democracia: o debate norte-americano*. São Paulo: Editora 34, 2004.

POZAS, Luis Jordana de. Ensaio de una teoria general del fomento en el Derecho administrativo. In: *Estudios de administración local y general. Homenage al professor Jordana de Pozas*. Madri: Instituto de Estudios de Administración Local, 1961.

PUIGPELAT, Oriol Mir. *Globalización, Estado y Derecho: las transformaciones recientes del Derecho administrativo.* Madri: Civitas, 2004.

QUADROS, Fausto de. *A nova dimensão do Direito administrativo: o Direito administrativo português na perspectiva comunitária.* Coimbra: Almedina, 1999.

_____. *O princípio da subsidiariedade no Direito comunitário após o Tratado da União Europeia.* Coimbra: Almedina, 1995.

_____. Serviço público e Direito comunitário. In: *Os caminhos da privatização da Administração Pública.* Coimbra: Coimbra Editora, 2001.

REALE, Miguel. *Novo Código Civil brasileiro.* 2. ed. São Paulo: RT, 2002.

_____. Controle ministerial de preços. *RDP*, v. 22, n.º 89, p. 235-241, jan.-mar. 1989.

_____. Parecer sobre consórcios públicos. Disponível em: http://www.miguelreale.com.br/parecer.

REIMANN, Mathias. Droit positif et culture juridique: l'américanisation du Droit européen par réception. In: *Archives de Philosophie du Droit. L'américanisation du Droit*, t. 45. Paris: Dalloz, 2001.

RIVERO, Jean. *Direito administrativo.* Coimbra: Almedina, 1981.

_____. *Curso de Direito administrativo comparado.* São Paulo: RT, 1995.

ROIG, Antoni. *La deslegalización: orígenes y límites constitucionales en Francia, Itália y Espana.* Madri: Dykinson, 2003.

ROSE-ACKERMAN, Susan. *Rethinking the Progressive Agenda: the Reform of Regulatory State.* Nova York: Free Press, 1992.

SALGADO Lucia Helena; BORGES, Eduardo Bizzo de Pinho. *Análise de impacto regulatório: uma abordagem exploratória.* Brasília: Ipea, 2010.

SALOMÃO FILHO, Calixto. *Regulação da atividade econômica (princípios e fundamentos jurídicos).* 2. ed. São Paulo: Malheiros, 2008.

SANTAMARÍA PASTOR, Juan Alfonso. *Principios de Derecho administrativo general I.* Madri: Iustel, 2004.

SCHIER, Paulo Ricardo. *Filtragem constitucional: construindo uma nova dogmática jurídica.* Porto Alegre: Sergio Antonio Fabris, 1999.

SCHIRATO, Vitor Rhein. *Livre iniciativa nos serviços públicos*, Belo Horizonte: Fórum, 2012.

SCHMITT, Carl. *La defesa de la Constitución: estudio acerca de las diversas especies y possibilidade de savaguardia de la Constitución.* Barcelona: Labor, 1931.

SCHWIND, Rafael Wallbach. O Estado acionista: empresas estatais e empresas privadas com participação estatal, São Paulo: Almedina, 2017.

SILVA, Rodrigo Crelier Zambão da. A captura das estatais pelo regime jurídico de direito público: algumas reflexões. *Empresas públicas e sociedades de economia mista.* Alexandre Santos de Aragão (Coord.). Belo Horizonte: Fórum, 2015.

SILVA, José Afonso da. *Aplicabilidade das normas constitucionais*. 2. ed. São Paulo: RT, 1982.

SOUTO, Marcos Juruena Villela As fundações públicas e o novo Código Civil. In: *Direito administrativo em debate*. Rio de Janeiro: Lumen Juris, 2004.

_____. *Desestatização: privatização, concessões, terceirizações e regulação*. 4. ed. Rio de Janeiro: Lumen Juris, 2001.

_____. *Direito administrativo da economia*. 3. ed. Rio de Janeiro: Lumen Juris, 2003.

_____. *Direito administrativo das parcerias*. Rio de Janeiro: Lumen Juris, 2005.

_____. *Direito administrativo em debate*, 2.ª série. Rio de Janeiro: Lúmen Juris, 2007.

_____. *Direito administrativo empresarial*. Rio de Janeiro: Lumen Juris, 2006.

_____. *Direito administrativo regulatório*. 2. ed. Rio de Janeiro: Lumen Juris, 2005.

_____. *Direito das concessões*. 5. ed. Rio de Janeiro: Lumen Juris, 2004.

_____. Extensão do poder normativo das agências reguladoras. In: ARAGÃO, Alexandre Santos de (coord.). *O poder normativo das agências reguladoras*. Rio de Janeiro: Forense, 2006.

_____. Parcerias público-privadas. *Revista de Direito da Associação dos Procuradores do Novo Estado do Rio de Janeiro*, v. XVII, Rio de Janeiro, Lumen Juris, 2006.

SOUZA, Leandro Marins de. *Tributação do Terceiro Setor no Brasil*. São Paulo: Dialética, 2004.

STIGLER, George J. A teoria da regulação. In: MATTOS, Paulo (coord.). *Regulação econômica e democracia: o debate norte-americano*. São Paulo: Editora 34, 2004.

STOCO, Rui. *Tratado de responsabilidade civil*. 6. ed. São Paulo: RT, 2004.

SUNDFELD, Carlos Ari. *Direito administrativo ordenador*. São Paulo: Malheiros, 2003.

_____. Estudo jurídico sobre o preço de compartilhamento de infraestrutura de energia elétrica. *Revista Diálogo Jurídico*, v. I, n.º 7, p. 20, Salvador, CAJ – Centro de Atualização Jurídica, out. 2001.

_____. *Fundamentos de Direito público*. São Paulo: Malheiros, 1992.

_____. Guia jurídico das parcerias público-privadas. In: *Parcerias público-privadas*. São Paulo: Malheiros, 2005.

_____. Não é livre a demissão sem justa causa de servidor celetista. *BDA*, v. 7, jul. 1995.

_____. O Cade e a competição nos serviços públicos. *Revista Trimestral de Direito Público*, v. 33, São Paulo, Malheiros, p. 54, 2001.

SUNDFELD, Carlos Ari; CÂMARA, Jacintho Arruda. Conselhos de fiscalização profissional: entidades públicas não estatais. *RDE* n.º 4, out.-dez. 2006.

_____; _____. A regulação e as listas telefônicas. *Revista Eletrônica de Direito Administrativo Econômico (Redae)*, n.º 19, p. 9, Salvador: IBDP, ago.-set.-out. 2009.

SUSTEIN, Cass R. Cognition and Cost-Benefit Analysis. In: ADLER, Matthew D.; POSNER, Eric A. *Cost-Benefit Analysis: Legal, Economic and Philosophical Perspectives*. Chicago: The University of Chicago Press, 2001.

_____. O constitucionalismo após o *New Deal*. In: MATTOS, Paulo (coord.). *Regulação econômica e democracia: o debate norte-americano*. São Paulo: Editora 34, 2004.

_____. *Radical in Robes: why Extreme Right-Wing Court are Wrong for America*. Nova York: Basic, 2005.

TÁCITO, Caio. Arbitragem nos litígios administrativos. *RDA*, n.º 210, out.-dez. 1997.

_____. O retorno do pêndulo: serviço público e empresa privada: o exemplo brasileiro. *RDA*, n.º 202, out.-dez. 1995.

_____. Presença norte-americana no Direito administrativo brasileiro. In: *Temas de Direito público (estudos e pareceres)*, 1.º vol. Rio de Janeiro: Renovar, 1997.

TAVARES, Ana Lúcia de Lyra. Notas sobre as dimensões do Direito constitucional comparado. *Revista Direito, Estado e Sociedade*, n.º 14, Rio de Janeiro: Departamento de Direito da PUC-RJ, 1999.

_____. O estudo das recepções de Direito. In: *Estudos jurídicos em homenagem ao Professor Haroldo Valladão*. Rio de Janeiro: Freitas Bastos, 1983.

TEPEDINO, Gustavo. A evolução da responsabilidade civil no Direito brasileiro e suas controvérsias na atividade estatal. In: *Temas de Direito civil*. 3. ed. Rio de Janeiro: Renovar, 2004.

TEUBNER, Gunther. Substantive and Reflexive Elements in Modern Law. *Law & Society Review*, v. 17, n.º 2, 1983.

THALER, Richard H.; SUNSTEIN, Cass. *Nudge*: Improving Decisions about Health, Wealth, and Happiness. New York: Penguin, 2009.

TORRES, Silvia Faber. *O princípio da subsidiariedade no Direito público contemporâneo*. Rio de Janeiro: Renovar, 2001.

TULLOCK, Gordon; SELDON, Arthur; BRADY, Gordon L. *Government Failure: a Primer in Public Choice*. Washington: Cato, 2002.

TVERSKY, Amos; KAHNEMAN, Daniel. Julgamento sob incerteza: heurísticas e vieses. In: KAHNEMAN, Daniel. *Rápido e devagar*: duas formas de pensar. Rio de Janeiro: Objetiva, 2012.

VERGOTTINI, Giuseppe de. A "Delegificação" e a sua incidência no sistema das fontes do Direito. In: *Direito constitucional: estudos em homenagem a Manoel Gonçalves Ferreira Filho*. São Paulo: Dialética, 1999.

VIEGAS, Cláudia; MACEDO, Bernardo. Falhas de mercado: causas, efeitos e controles. *Direito econômico: Direito econômico regulatório*. São Paulo: Saraiva, 2010.

VIEIRA, José Ribas (org.). *A Constituição europeia: o projeto de uma nova teoria constitucional*. Rio de Janeiro: Renovar, 2004.

VILLAS BÔAS FILHO, Orlando. *Teoria dos sistemas e o Direito brasileiro*. São Paulo: Saraiva, 2009.

WEATHERILL, Stephen. The Challenge of Better Regulation. In: *Better Regulation*. Oxford: Hart, 2007.

WILLEMAN, Flávio de Araújo. A responsabilidade civil das pessoas de Direito público e o Código Civil de 2002 (Lei nacional 10.406/2002). *Fórum Administrativo*, ano 5, n.º 56, Belo Horizonte, out. 2005.

WHITTINGTON, Keith E. Judicial Supremacy in the Twentieth Century. In: GRABER, Mark A.; PERHAC, Michael. *Marbury* v. *Madison: Documents and Commentary*. Washington, D.C.: CQ Press, 2002.

ROTAPLAN
GRÁFICA E EDITORA LTDA
Rua Álvaro Seixas, 165
Engenho Novo - Rio de Janeiro
Tels.: (21) 2201-2089 / 8898
E-mail: rotaplanrio@gmail.com